DIERCKE WELTATLAS

Ausgeführt in der Kartographischen Anstalt Georg Westermann, Braunschweig Gesamtbearbeitung und kartographische Leitung: Dr. Ferdinand Mayer

Planungsmitarbeit, kartographische Technik:
Heinz Sprengel
Kartenredakteure:
Dipl.-Geogr. Theo Topel
Dipl.-Geogr. Ralph Janke (zeitweise)

Ständige Fachberater:
Prof. Dr.-Ing. h. c. Dr. Erik Arnberger, Wien
Prof. Dr. Robert Geipel, München
Prof. Dr. Wolfram Hausmann, Augsburg
Prof. Dr. Adolf Karger, Tübingen
Prof. Dr. Friedrich Pfrommer, Karlsruhe
Min.-Rat a. D. Dr. Werner Witt, Kiel

Für thematische Einzelbeiträge, didaktische Beratung, unterrichtliche Erprobung und sonstige freundliche Mithilfe bei der Atlasgestaltung ist zu danken:

Dr.-Ing. Martin Ahrend, Oberkochen
Prof. Dr. Dr. h. c. Fritz Baade, Kiel
Helmut Bätz, Duisburg
Prof. Jean Bastié, Paris/Nanterre
Dr. Lothar Beckel, Bad Ischl
Prof. Dr. Friedrich Becker, Offenbach
Prof. Heinrich C. Berann, Innsbruck-Lans
Prof. Dr. Arnold Beuermann, Braunschweig
Dr. Walter Binder, Graz
Prof. Dr. Josef Birkenhauer, Freiburg
Dr. Gerald Blake, Durham/UK
Prof. Dr. Dr. h. c. Joachim Blüthgen, Münster
Prof. Dr. Helmut Blume, Tübingen
Prof. Dr. Hans Bobek, Wien
Prof. Dr. Johann Bodechtel, München
Prof. Dr. Hans Boesch, Zürich
Dr. Hans Böhm, Bonn
Prof. Dr. Martin Born, Saarbrücken
Prof. Dr. Josef Breu, Wien
Dr. Julius Brinkmann, Offenbach
StDir. Ambros Brucker, München
Prof. Dr. Ekkehard Buchhofer, Marburg
Prof. Dr. Jürgen Bünstorf, Münster
Prof. Francisco Calvo, Murcia
Prof. Dr. Bernd van Deenen, Bonn
Prof. Dr. Wilhelm Dege,
    Suderburg-Hösseringen
Prof. Dr. Klaus Dettmann, Bayreuth
Prof. Dr. Eckart Ehlers, Marburg
Prof. Dr. Eugen Ernst, Gießen
J. S. Feodoroff, South Melbourne
Prof. Dr. Karl Emil Fick, Frankfurt
Prof. Dr. Julius Fink, Wien
Prof. Dr. Erhard Gabriel, Hamburg/Köln
Prof. Dr. Folkwin Geiger, Lörrach
Prof. Dr. Klaus Gießner, Würzburg
Dr. Dietmar Gohl, Nürnberg
Dr. Klaus Grenzebach, Gießen
Prof. Dr. Harold Haefner, Zürich
Prof. Peter Hartleb, Karlsruhe
Prof. Dr. Hartwig Haubrich, Freiburg
StDir. Dr. Helmtraut Hendinger, Hamburg
Prof. Dr. Klaus Hingst, Kiel
StDir. Dr. Günter Hoffmann, Bremen
Prof. Dr. Burkhard Hofmeister, Berlin
Prof. Dr. Wolf Hütteroth, Erlangen
Prof. Ryuziro Isida, Tokyo
Prof. Dr. Ralph Jätzold, Trier
Prof. Dr. Yehuda Karmon, Jerusalem
Prof. Dr. Kurt Kayser, Köln
Dr. Fritz Kelnhofer, Wien
Prof. Dr. Gerd Kohlhepp, Frankfurt
Dr. Hans-Peter Kosack, Bonn
Prof. Dr. Anneliese Krenzlin, Frankfurt
Dr. Ingrid Kretschmer, Wien
Dr. Johannes Küchler, Berlin
Prof. Dr. Wolfgang Kuls, Bonn
Reg.-Verm.-Dir. Walter Leibbrand, Stuttgart
Prof. Dr. Wilhelm Leitner, Graz
Prof. Dr. Elisabeth Lichtenberger, Wien
Dr. Erwin Mai, Eutin
Prof. Dr. Jörg Maier, Bayreuth
Prof. Dr. Horst Malberg, Berlin
Dr. Sándor Marosi, Budapest
Dr. Werner Matti, Hamburg

Prof. Dr. Josef Matznetter, Frankfurt
Prof. Dr. Wolfgang Meibeyer, Braunschweig
Dr.-Ing. Karl-Heinz Meine, Hannover
Prof. Dr. Horst Mensching, Hamburg
Prof. Dr. Günter Mertins, Marburg
Dr. Claus Möllenhoff, Heidelberg
Prof. Dr. Felix Monheim, Aachen
Dr. Hans-Martin Müller, Münster
Prof. Dr. Dieter Neukirch, Gießen
Dr. Jürgen Newig, Kiel
Prof. Henri Nicolaï, Brüssel
Prof. Dr. Hans-Jürgen Nitz, Göttingen
Prof. Dr. Dr. h. c. Erich Otremba, Köln
Prof. Dr. Heinz Pape, Dortmund
Prof. Dr. Herbert Paschinger, Graz
Dr. Ernst Reiner, Nieder-Gelpe
Min.-Rat Dr. Herbert Reiners, Düsseldorf
StDir. Dr. Dieter Richter, Großburgwedel
Prof. Dr. Wigand Ritter, Nürnberg
Prof. Dr. Helmut Ruppert, Bayreuth
Prof. Dr. Karl Ruppert, München
Prof. Dr. Gerhard Sandner, Hamburg
Prof. Dr. Friedrich Sauerwein, Heidelberg
Prof. Dr. Franz Schaffer, Augsburg
Dr. Heinz Schamp, Bonn
Dr. Heinrich Schiffers, Köln
Dr. Eberhard Schinke, Gießen
Dr. Helmut Schrettenbrunner, München
Hubert Schulgen, Goslar
Ltd. Dir. Dipl.-Ing. Hans L. Schulz, Hannover
Dr. Heidrun Schweinfurth-Marby, Heidelberg
Prof. Dr. Günther Schweizer, Tübingen
Prof. Dr. Martin Schwind, Hannover
Prof. Dr. Arno Semmel, Frankfurt
Prof. Dr. Robert Sinclair, Detroit
Prof. Dr. Karl A. Sinnhuber, Wien/Guildford
Prof. Wolfgang Sitte, Wien
Prof. Axel Sømme, Bergen
Prof. Dr. Walter Sperling, Trier
Prof. William John Talbot, Kapstadt
Dr. Wolf Tietze, Wolfsburg
Manfred Traut, Bonn
Prof. Dr. Harald Uhlig, Gießen
Roberto Verreet, São Paulo
Prof. Dr. Horst Wachendorf, Braunschweig
Prof. Dr. Ernst Weigt, Nürnberg
Prof. Dipl.-Ing. Heinz Weyl, Hannover
Prof. Gunnar Wicklund-Hansen, Bergen
Prof. Dr. Friedrich Wilhelm, München
Prof. Dr. Herbert Wilhelmy, Tübingen
Prof. Dr. Eugen Wirth, Erlangen
Prof. Michael J. Wise, London
Dr. Franz Zwittkovits, Nürnberg

Zahlreiche Institute, Bundesbehörden, Verwaltungen, Organisationen, Firmen und sonstige Dienststellen im In- und Ausland haben Kartenunterlagen und Zahlenmaterial zur Verfügung gestellt oder sonstige Mithilfe geleistet. Ihnen allen danken wir für die bereitwillige Unterstützung.

Kartenbearbeitung

Alle im DIERCKE WELTATLAS enthaltenen Karten und kartenverwandten Darstellungen wurden in der Kartographischen Anstalt Georg Westermann in Originalgröße hergestellt. Die Aufbereitung der Karteninhalte erfolgte in der Regel in der DIERCKE-Kartenredaktion. Bei den nachstehend zitierten Kartenseiten sind jene Fachautoren genannt, deren Beiträge (Kartenrohentwürfe, Kartenveröffentlichungen, diverse sonstige Unterlagen oder Sachhinweise) bei den betreffenden Karten Verwendung fanden. Zum Teil haben Fachautoren auch vollständig ausgearbeitete Kartenentwürfe geliefert, die beim Autorennamen jeweils durch Sternchen * gekennzeichnet sind.

Seite Karte	
8 I–III	W. Witt, Kiel
11 VII	W. Matti, Hamburg
12 III	H. Bätz, Duisburg
13 I/II	D. Richter, Großburgwedel*
16/17 I	W. Kuls / H. Böhm, beide Bonn
17 II–IV	H. Pape, Dortmund
23 I	K. Ruppert, München J. Maier, Bayreuth
23 II/III	A. Brucker, München*
24 I	F. Becker, Offenbach
26/27	H. Wachendorf, Braunschweig
32 II	B. van Deenen, Bonn
32 III	J. Birkenhauer, Freiburg
33 IV	A. Semmel, Frankfurt*
34 I	W. Leibbrand, Stuttgart
34 II	B. Benthien, Greifswald
35 I–III	E. Ernst, Gießen*
35 IV	W. Meibeyer, Braunschweig*
38 II	J. Güth, Saarbrücken
40 I	H. Reiners, Düsseldorf
41 II	K. Sinnhuber, Wien/Guildford
42 II	W. Witt, Kiel
44 I	H. Pape, Dortmund
47 IV	S. Marosi, Budapest*
50 I	H. Haefner / H. Boesch, beide Zürich
52/53 I/II	W. Sitte / J. Breu, beide Wien
54 I	E. Lichtenberger, Wien*
54 II	E. Arnberger, Wien*
54 IV	F. Zwittkovits, Nürnberg*
55	W. Ritter, Nürnberg*
56 IV	H. Nicolaï, Brüssel*
60 II	E. Lichtenberger, Wien
61 II	K. Sinnhuber, Wien/Guildford*
	M. J. Wise, London
70/71 I, 72 I–III, 73 I	G. Wicklund-Hansen, Bergen
75 II	F. Geiger, Lörrach*
75 III, 77 III	J. Matznetter, Frankfurt
78 I	H. Paschinger, Graz*
79 I	W. Leitner, Graz*
79 III, 80/81 I–V	A. Beuermann, Braunschweig
79 IV	F. Sauerwein, Heidelberg
83 II–IV, 88 I	J. Blüthgen, Münster
87 III/IV	F. Baade, Kiel
88/89 III	J. Fink, Wien*
91 II	B. Ohlson, Turku
95 II	J. Breu, Wien*
95 III	H.-P. Kosack, Bonn
98 I	K. Hingst / J. Newig, beide Kiel*
98/99 II	W. Ritter, Nürnberg*
98 III	U. Riedel, Bremen*
99 V	W. Binder, Graz – J. Pottendorfer, Wien*
100/101 I (Nordafrika)	H. Mensching, Hamburg – K. Gießner, Würzburg
100/101 II	H. Schiffers, Köln

Seite Karte	
102 II, 104 I/IV	J. Blüthgen, Münster
105 VI	M. Born, Saarbrücken
108 I	K. Grenzebach, Gießen
108 II	K. Kayser, Köln
109 I/II	E. Weigt, Nürnberg
109 III	H. Schamp, Bonn*
110 I	J. Matznetter, Frankfurt
110 II	H. Nicolaï, Brüssel*
111 V	E. Mai, Eutin
114 II/III, 115 II	J. Blüthgen, Münster
116/117 I	E. Wirth, Erlangen
117 III	E. Gabriel, Hamburg/Köln*
118 I	Y. Karmon, Jerusalem*
118 III	G. Blake, Durham/UK
119 III	H. Ruppert, Bayreuth
119 IV	G. Schweizer, Tübingen
119 V	E. Ehlers, Marburg
123, 124/125, 128 III/IV, 129 I/II	A. Karger, Tübingen
128 I/II	E. Schinke, Gießen
130/131, 132/133	J. Küchler, Berlin
134 II	M. Schwind, Hannover
135 IV	R. Isida, Tokyo
137 III	J. Nitz, Göttingen*
137 IV	H. Schweinfurth-Marby, Heidelberg
138/139 V	F. Stang, Aachen
139 II	K. Dettmann, Bayreuth*
140 IV	J. Küchler, Berlin
143 IV–VI	J. Blüthgen, Münster
145 I/III	J. S. Feodoroff, South Melbourne
145 IV	E. Reiner, Nieder-Gelpe
147 III/IV, 148 IV	J. Blüthgen, Münster
150 II/III, 158 III	B. Hofmeister, Berlin
151 II	H. Blume, Tübingen – B. Hofmeister, Berlin
151 V	F. Kelnhofer / H. Nigmann (Geländedarstellung), beide Wien
152/153 I	R. Sinclair, Detroit/Wien
158 I/II, 159	R. Geipel, München
160/161 I/II/IV	H. Blume, Tübingen
160/161 III	G. Sandner, Hamburg – H. Blume, Tübingen
163 III–V	J. Blüthgen, Münster
166 IV, 167 (Peru)	F. Monheim, Aachen
167 (Kolumbien)	G. Mertins, Gießen
166 III, 168/169 I (La Plata-Länder)	H. Wilhelmy, Tübingen
168/169 I (Brasilien), 169 II/III	R. Verreet, São Paulo
169 IV	G. Kohlhepp, Frankfurt*
169 V	J. Bünstorf, Münster
174/175 II/III	J. Blüthgen, Münster
176/177 I	J. Blüthgen/H.-M.Müller, beide Münster*
184 II	R. Jätzold, Trier*
185 IV	H.-P. Kosack, Bonn
186/187 I/II	J. Breu, Wien*
186/187 III/IV	J. Breu, Wien
188/189 II	H. Boesch, Zürich
196	K.-H. Meine, Hannover
200 I	H. Malberg, Berlin

Kartenverzeichnis

Kartenverzeichnis

Kartenverzeichnis

Kartenverzeichnis nach Ländern*

Land	physische Karten	politische Karten	Wirtschaftskarten, exempl. Beispiele
A			
Ägypten	106/107	103 III, IV	104 V, 100/101 I, 109 III, 116/117 I, 193 IV
Äquatorialguinea	106/107	103 III, IV	110 I
Äthiopien	106/107	103 III, IV	104/105 II, III, 116/117 I
Afghanistan	136/137 I	112 I, II	138/139 I
Albanien	80/81 I	84, 85 I, III	86/87 I, 90/91 I, 100/101 I
Algerien	106/107	103 III, IV	100/101 I, II
Angola	110/111 IV	103 III, IV	104/105 II, III
Argentinien	164/165 I	172/173 I	168/169 I, 169 V, 171 III
Australien	142/143 I	172/173 I	144, 143 II, III, 145 III, IV
B			
Bangla Desh	136/137 I	112 I, II	138/139 I, 139 IV
Belgien	56 I	84, 85 I, III	64–69, 30/31, 36/37 II, 56 IV
Belize (Brit.-Honduras)	146	172/173 I	160/161 III
Benin (Dahomey)	106/107	103 III, IV	108 I
Bhutan	136/137 I, 195 VI	112 I, II	138/139 I
Birma	136/137 I	112 I, II	138/139 I
Bolivien	164/165 I	172/173 I	167, 168/169 I
Botswana	110/111 IV	103 III, IV	108 II
Brasilien	164/165 I	172/173 I	167, 168/169 I–IV
Bulgarien	80/81 I	84, 85 I, III	86/87 I, 90/91 I, 100/101 I,
Bundesrepublik Deutschland	6/7, 14/15, 20/21	28 I–III	1–45 (dar. 30/31, 36/37, 38, 32 I), 93 II, 98 I, 193 III, 194 I, II
Burundi	110/111 IV	103 III, IV	109 II
C			
Chile	164/165 I, 165 III	172/173 I	168/169 I, 171 III
China, Volksrep.	130/131 I	112 I, II	132/133, 131 IV	131 II, III,
Costa Rica	146	172/173 I	160/161 III
D			
Dänemark	70/71 I	84, 85 I, III	72 IV, 64–69, 63 III
Deutsche Demokratische Rep.	6/7, 14/15	28 I–III	30/31, 36/37, 39, 8 III, 32 I, 11 III, 13, 34 II, 41 II
Deutschland, Bundesrepublik	6/7, 14/15, 20/21	28 I–III	1–45 (dar. 30/31, 36/37, 38, 32 I), 93 II, 98 I, 193 III, 194 I, II
Djibouti	106/107	103 III, IV	116/117 I
Dominikan. Rep.	146	172/173 I	160/161 III
E			
Ecuador	164/165 I, 165 II	172/173 I	167
Elfenbeinküste	106/107	103 III, IV	108 I
El Salvador	146	172/173 I	160/161 III
F			
Finnland	70/71 I	84, 85 I, III	86/87 I, 90/91 I, 92/93 I, 73 II, III
Frankreich	58/59 I	84, 85 I, III	64–69, 59 II–IV, 60, 98 IV
Franz.-Guayana	164/165 I	172/173 I	163 I
G			
Gabun	110/111 IV	103 III, IV	104/105 II, III
Gambia	106/107	103 III, IV	104/105 II, III
Ghana	106/107	103 III, IV	108 I
Griechenland	80/81 I	84, 85 I, III	81 IV, V, 79 III, IV, 86/87 I, 100/101 I
Grönland	146, 170 I	172/173 I	170 II, III
Großbritannien und Nordirland	62/63 I	84, 85 I, III	64–69, 91 IV, 61, 62/63 II, 63 III, 86/87 I, 90/91 I, 92/93 I, 171 III
Guatemala	146	172/173 I	160/161 III
Guinea	106/107	103 III, IV	108 I
Guinea-Bissau	106/107	103 III, IV	104/105 II
Guyana	164/165 I	172/173 I	163 I, II
H			
Haiti	146	172/173 I	160/161 III
Honduras	146	172/173 I	160/161 III
I			
Indien	136/137 I	112 I, II	138/139 I, 138/139 V, 139 III, IV, 137 III
Indonesien	112/113 III, 136/137 I	112 I, II	140/141 III, V
Irak	106/107	112 I, II	116/117 I, II
Iran	112/113 III, 120/121	112 I, II	116/117 I–III, 119 IV, V
Irland	62/63 I	84, 85 I, III	64–69, 86/87 I, 90/91 I, 92/93 I
Island	70 II	84, 85 I, III	86/87 I
Israel	118 IV	84, 112 I, II	119 I, II, 118 I–III
Italien	76/77 I, 51 I, 52/53 II	84, 85 I, III	64–69, 77 III, IV, 78, 86/87 I, 90/91 I, 36/37 II, 92/93 I, 98 IV, 100/101 I
J			
Jamaika	146	172/173 I	160/161 III
Japan	130/131 I	112 I, II	134/135 I, 183 III
Jemen, Arab. Rep.	106/107	112 I, II	116/117 I
Jemen, Volksrep.	106/107	112 I, II	116/117 I
Jordanien	106/107, 118 IV	84, 112 I, II	116/117 I, 118 III, 119 I
Jugoslawien	80/81 I, 52/53 II	84, 85 I, III	64–69, 79 II, 86/87 I, 90/91 I, 100/101 I
K			
Kambodscha	136/137 I	112 I, II	138/139 I
Kamerun	106/107	103 III, IV	104/105 II, III
Kanada	146, 148/149 II	172/173 I	156/157 II, 152/153, 155 II
Katar	106/107	112 I, II	116/117 I
Kenia	110/111 IV	103 III, IV	109 II, 184 II
Kolumbien	164/165 I	172/173 I	167
Kongo, Volksrep.	110/111 IV	103 III, IV	104/105 II, III, 110 II
Kuba	146	172/173 I	161 II
Kuwait	106/107	112 I, II	116/117 I, II
L			
Laos	136/137 I	112 I, II	138/139 I
Libanon	106/107	84, 112 I, II	116/117 I, 118 III, 119 III
Liberia	106/107	103 III, IV	108 I
Libyen	106/107	103 III, IV	100/101 I, 101 III
Luxemburg	56 I, 14/15	84, 85 I, III	30/31, 64–69
M			
Madagaskar	110/111 IV	103 III, IV	104/105 II, III
Malawi	110/111 IV	103 III, IV	104/105 II, III
Mali	106/107	103 III, IV	108 I

Land	physische Karten	politische Karten	Wirtschaftskarten, exempl. Beispiele
Malaysia	136/137 I	112 I, II	140/141 III, 140 II
Marokko	106/107	103 III, IV	100/101 I
Mauretanien	106/107	103 III, IV	104/105 II, III
Mexiko	146, 148/149 II	172/173 I	160/161 III, 160 I
Moçambique	110/111 IV	103 III, IV	108 II
Mongolische VR	130/131 I	112 I, II	132/133 I

N

Land	physische Karten	politische Karten	Wirtschaftskarten, exempl. Beispiele
Namibia (Südwestafrika)	110/111 IV	103 III, IV	108 II
Nepal	136/137 I	112 I, II	138/139 I, 137 II, 195 VI
Neuseeland	142/143 I	172/173 I	145 V
Nicaragua	146	172/173 I	160/161 III
Niederlande	56 I	84, 85 I, III	30/31, 56/57 I, III, V, VI, 64–69, 36/37 II, 63 III, 93 III
Niger	106/107	103 III, IV	108 I
Nigeria	106/107	103 III, IV	108 I
Nordkorea	130/131 I	112 I, II	132/133 I, 134/135 I
Norwegen	70/71 I	84, 85 I, III	86/87 I, 72 I, II, 73 I, 90/91 I, 63 III, 91 II, 92/93 I

O

Land	physische Karten	politische Karten	Wirtschaftskarten, exempl. Beispiele
Obervolta	106/107	103 III, IV	108 I
Österreich	52/53 II	52 I, 84, 85 I, III	30/31, 36/37, 54, 55, 64–69, 99 V
Oman	112/113 III	112 I, II	116/117 I
Ozeanien	142/143 I	172/173 I	145 II, 141 VI

P

Land	physische Karten	politische Karten	Wirtschaftskarten, exempl. Beispiele
Pakistan	136/137 I	112 I, II	138/139 I, 139 II, III
Panamá (-Kanalzone)	162, 164/165 I	172/173 I	160/161 III, 161 V, 193 V
Papua-Neuguinea	142/143 I	172/173 I	140/141 III, 145 I
Paraguay	164/165 I	172/173 I	168/169 I
Peru	164/165 I	172/173 I	167, 168/169 I, 166 IV
Philippinen	142/143 I, 130/131 I	112 I, II	140/141 III, 140 I
Polen	48/49	84, 85 I, III	30/31, 64–69, 47 I–III
Portugal	74/75 I	84, 85 I, III	86/87 I, 75 III, 90/91 I, 100/101 I

R

Land	physische Karten	politische Karten	Wirtschaftskarten, exempl. Beispiele
Rhodesien (Zimbabwe)	110/111 IV	103 III, IV	108 II
Ruanda	110/111 IV	103 III, IV	109 II
Rumänien	48/49	84, 85 I, III	64–69, 81 III, 86/87 I, 90/91 I, 100/101 I

S

Land	physische Karten	politische Karten	Wirtschaftskarten, exempl. Beispiele
Sambia	110/111 IV	103 III, IV	104/105 II, III, 105 VII
Saudi-Arabien	106/107	112 I, II	116/117 I, II
Schweden	70/71 I	84, 85 I, III	72 III, IV, 86/87 I, 90/91 I, 91 III, 73 II, 92/93 I
Schweiz	51 I	51 II, 84, 85 I, III	55, 50, 64–69
Senegal	106/107	103 III, IV	104/105 II, III, 108 I
Sierra Leone	106/107	103 III, IV	108 I
Somalia	106/107	103 III, IV	104/105 II, III

Land	physische Karten	politische Karten	Wirtschaftskarten, exempl. Beispiele
Sowjetunion (UdSSR)	120/121	112 I, II, 122 II	126/127, 124/125, 86/87 I, 90/91 I, 92/93 I, 122 I, 123, 128, 129, 170 III, 171 III
Spanien	74/75 I, 75 IV	84, 85 I, III	86/87 I, 75 II, 98 III, 90/91 I, 100/101 I
Sri Lanka (Ceylon)	136/137 I	112 I, II	138/139 I, 137 IV
Sudan	106/107	103 III, IV	104/105 II, III, VI
Südafrika	110/111 IV	103 III, IV	108 II, 110 III, 111 V, 187 III, IV
Südkorea	130/131 I	112 I, II	134/135 I
Surinam	164/165 I	172/173 I	163 II
Syrien	106/107	112 I, II	116/117 I
Singapur	136/137 I	112 I, II	140 IV

T

Land	physische Karten	politische Karten	Wirtschaftskarten, exempl. Beispiele
Taiwan	130/131 I	112 I, II	132/133 I
Tansania	110/111 IV	103 III, IV	109 I, II
Thailand	136/137 I	112 I, II	138/139 I
Togo	106/107	103 III, IV	108 I
Trinidad und Tobago	164/165 I	172/173 I	161 IV
Tschad	106/107	103 III, IV	104/105 II, III
Tschecho-slowakei	48/49	84, 85 I, III	30/31, 64–69, 47 III
Türkei	82/83 I, 80/81 I	84, 112 I, II	86/87 I, 116/117 I, 79 I
Tunesien	106/107	103 III, IV	100/101 I

U

Land	physische Karten	politische Karten	Wirtschaftskarten, exempl. Beispiele
Uganda	110/111 IV	103 III, IV	109 II
Ungarn	48/49	84, 85 I, III	64–69, 86/87 I, 47 IV
Uruguay	164/165 I	172/173 I	168/169 I

V

Land	physische Karten	politische Karten	Wirtschaftskarten, exempl. Beispiele
Venezuela	164/165 I	172/173 II	167, 166 III
Vereinigte Arab. Emirate	106/107	112 I, II	116/117 I, 112/113 III
Vereinigte Staaten von Amerika (USA)	148/149 II, 148 I, III	172/173 I	156/157, 152/153, 150/151, 154/155, 158/159, 163 I, 170 III, 171 III, 195 IV, V, 196 III
Vietnam	136/137 I	112 I, II	138/139 I

Z

Land	physische Karten	politische Karten	Wirtschaftskarten, exempl. Beispiele
Zaire	110/111 IV	103 III, IV	104/105 II, III, 105 VII, 110 II
Zentralafrika (Kaiserreich)	106/107	103 III, IV	104/105 II, III
Zypern	82/83 I	84, 85 I, III	100/101 I

* Das nach Ländern (außer Kleinststaaten) in alphabetischer Reihenfolge geordnete Kartenverzeichnis dient zur leichteren Auffindung der jeweils gewünschten Karte oder Kartengruppe (physische Karte, politische Karte, Wirtschaftsdarstellungen und exemplarische Beispiele). In das Verzeichnis wurden im allgemeinen nur die Karten mit den jeweils größten Maßstäben in den einzelnen Kartengruppen aufgenommen. Unberücksichtigt bleiben daher die Kontinent- und Weltkarten, soweit sie andere Themenbereiche betreffen. – Ein thematisches Kartenverzeichnis ist im DIERCKE HANDBUCH enthalten; es gliedert die Karten nach Themenbereichen der Natur- und Kulturgeographie.

Sachwortregister

Das Register enthält Fachausdrücke und Bezeichnungen aus dem Stoffgebiet der Geographie und ihren fächerübergreifenden Randgebieten, ferner Begriffe aus neugefaßten Richtlinien für den Erdkundeunterricht sowie einschlägige und häufig gebrauchte Ausdrücke aus dem aktuellen Zeitgeschehen. Durch die Nennung mehrerer Kartenbeispiele zu einem Stichwort werden neben der Themenvielfalt auch stoffübergreifende Sachzusammenhänge in weltweiter Orientierung aufgezeigt. Stichworte, die schon als Kartentitel im Kartenverzeichnis enthalten sind, wurden hier in der Regel nicht aufgenommen. Die jeweiligen Verweise beziehen sich auf Seitenzahlen (z. B. 60) und Einzelkarten (z. B. II).

Sachwortregister

Netzentwürfe der wichtigsten Atlaskarten ▷

1. Abstandstreuer Entwurf auf den Kegelmantel
Seiten 4–11, 13–15, 18–22, 28, 30/31, 38, 39, 47,
48/49, 51, 52/53, 55–81, 109, 110/111 I–III, 118 IV,
119 V, 124/125, 128 IV/V, 129, 132/133 III, 134/135 II,
IV und V, 136/137 II, 138/139 II und IV, 140/141 I und
IV–VI, 145 II, 154 III, 155 II und III, 160/161 IV und V,
167 III und IV, 168/169 III, 184/185 II

**2. Flächentreuer zwischenständiger
Azimutalentwurf nach Lambert**
Seiten 82/83, 84, 86/87, 90–95, 97, 98/99 II und III,
100/101 I, 110/111 IV und V, 112/113, 116/117 I, 120/121,
122 II, 126/127, 130/131 I, 132/133 I, 134/135 I,
136/137 I, 138/139 I, 140/141 II, 142/143, 144, 145 V,
146, 148/149, 150, 152/153, 155 II, 156/157, 160/161 I
und III, 162, 164/165, 167, 168/169 I

**3. Mittabstandstreuer polständiger
Azimutalentwurf nach Lambert**
Seiten 170, 171

4. Flächentreuer äquatorständiger Azimutalentwurf
Seiten 198, 199

5. Winkels Entwurf (vermittelnd)
Seiten 172–183, 184/185 I, III und IV, 186/187 I und II,
188–193

Kartennetzentwürfe

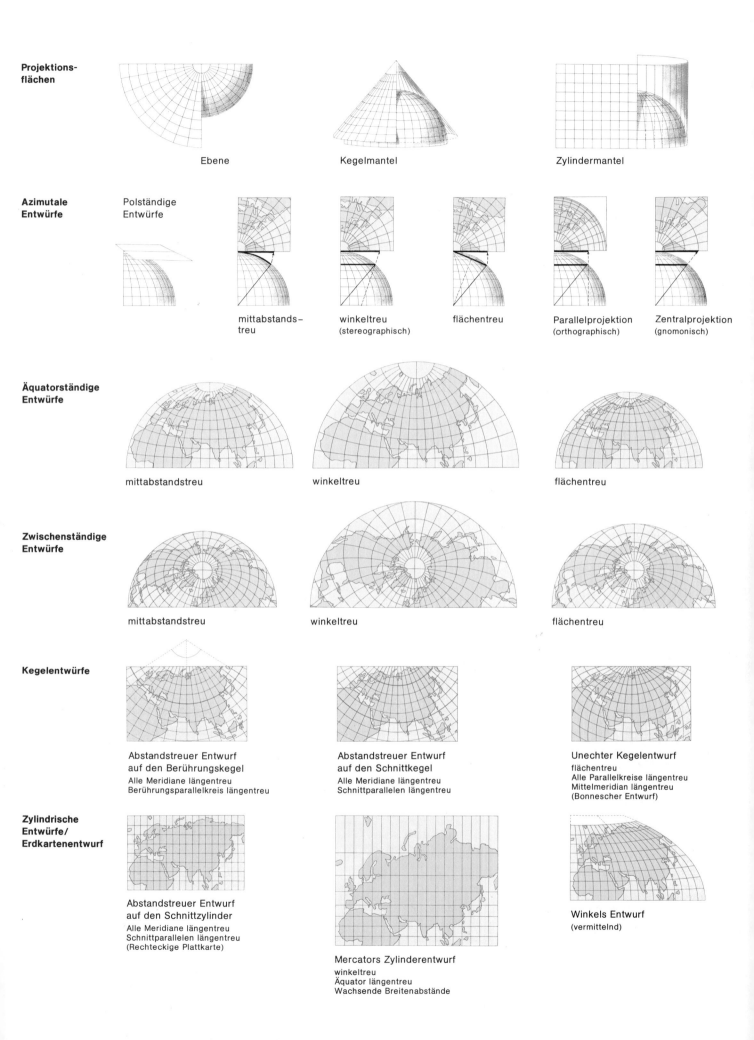

Projektions-flächen

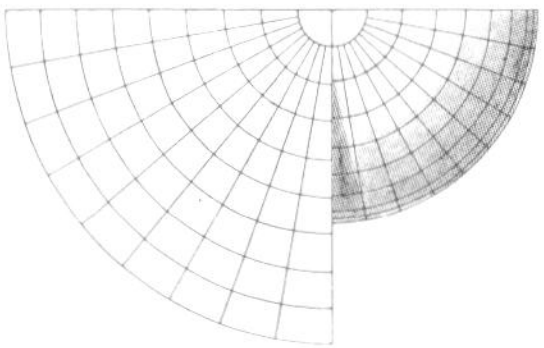

Ebene
Kegelmantel
Zylindermantel

Azimutale Entwürfe

Polständige Entwürfe

mittabstands-treu
winkeltreu (stereographisch)
flächentreu
Parallelprojektion (orthographisch)
Zentralprojektion (gnomonisch)

Äquatorständige Entwürfe

mittabstandstreu
winkeltreu
flächentreu

Zwischenständige Entwürfe

mittabstandstreu
winkeltreu
flächentreu

Kegelentwürfe

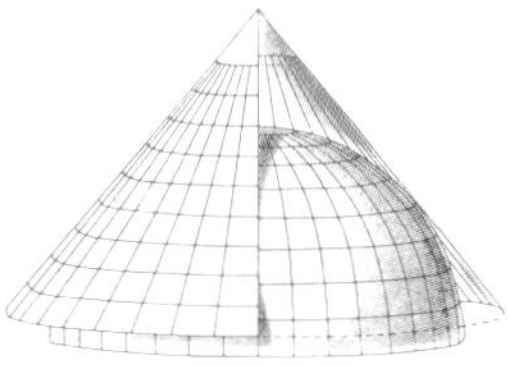

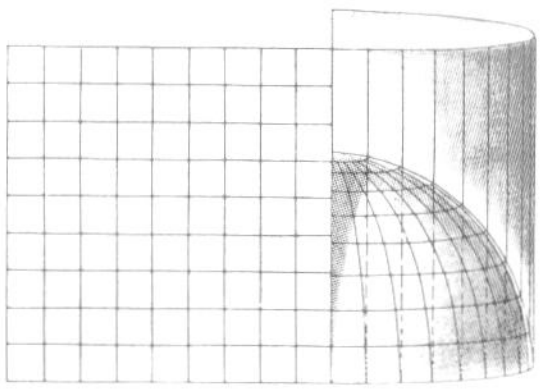

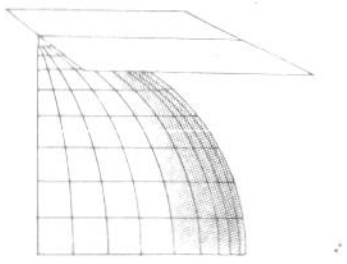

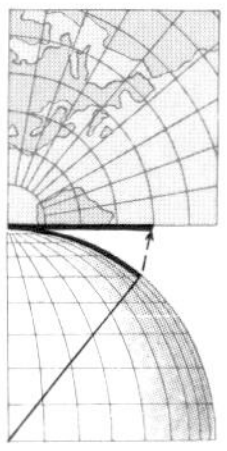

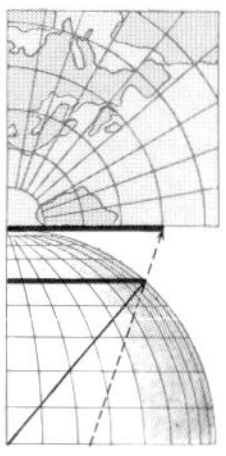

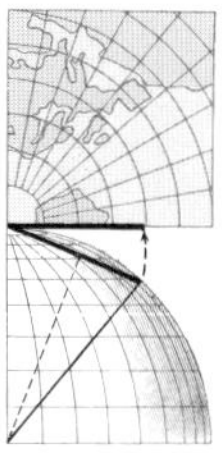

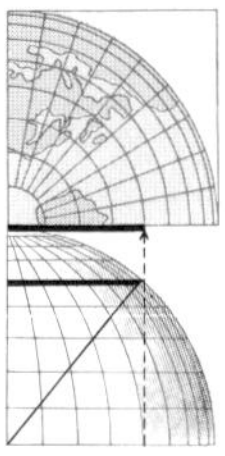

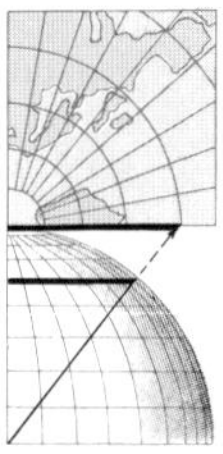

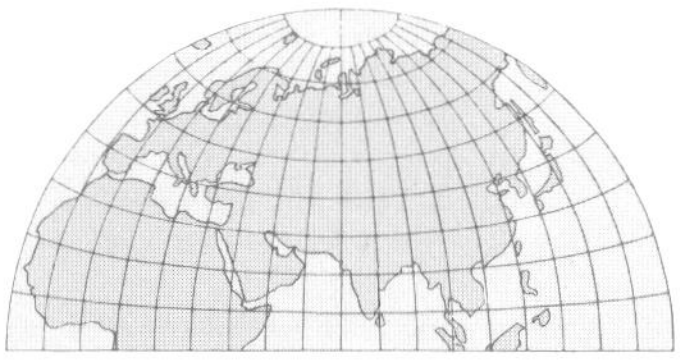

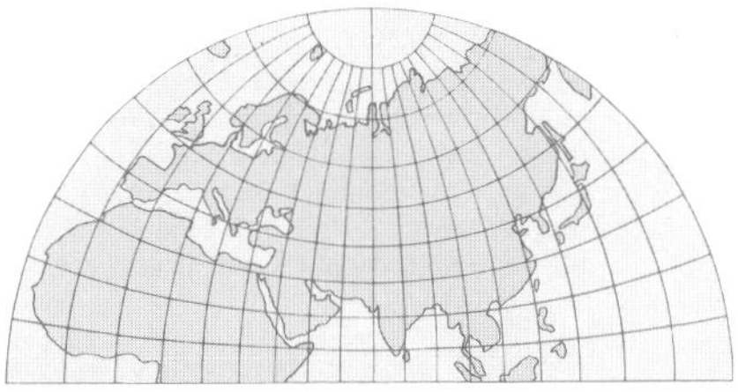

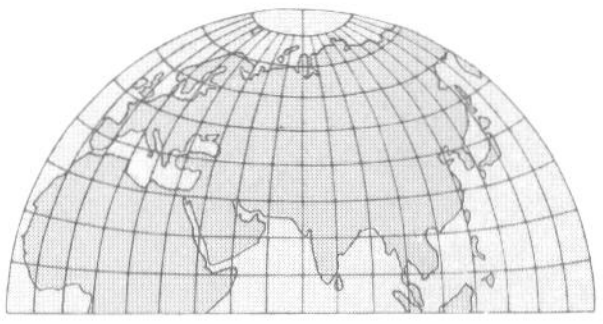

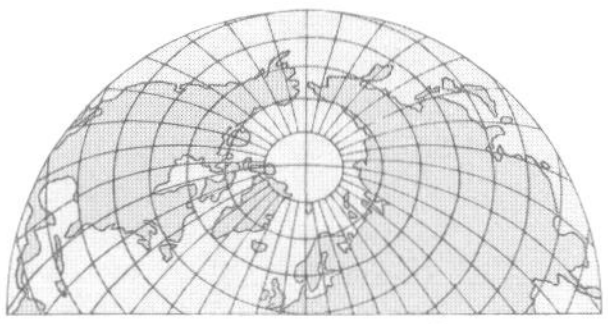

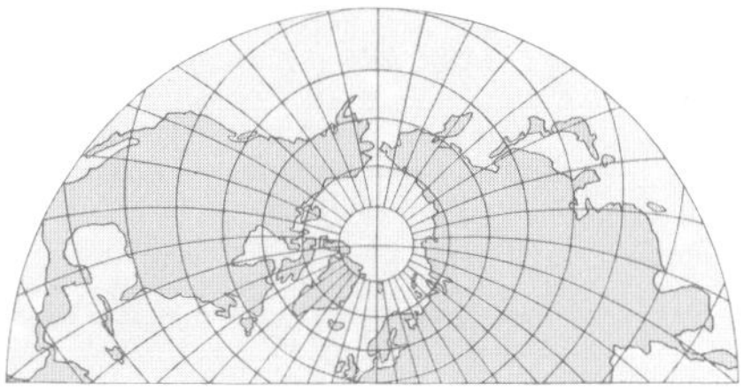

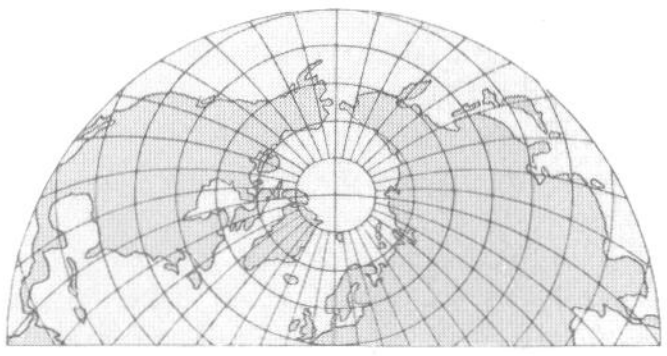

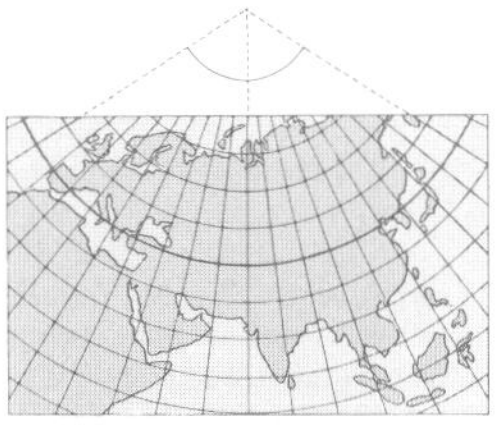

Abstandtreuer Entwurf auf den Berührungskegel
Alle Meridiane längentreu
Berührungsparallelkreis längentreu

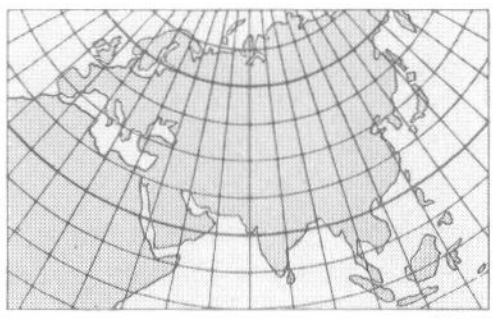

Abstandtreuer Entwurf auf den Schnittkegel
Alle Meridiane längentreu
Schnittparallelen längentreu

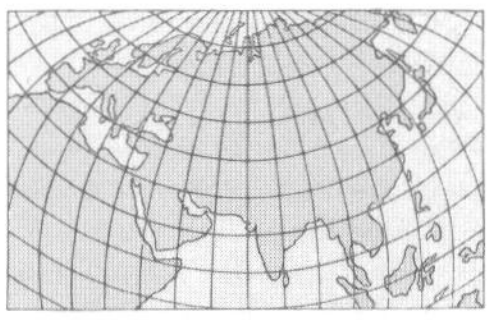

Unechter Kegelentwurf
flächentreu
Alle Parallelkreise längentreu
Mittelmeridian längentreu
(Bonnescher Entwurf)

Zylindrische Entwürfe/ Erdkartenentwurf

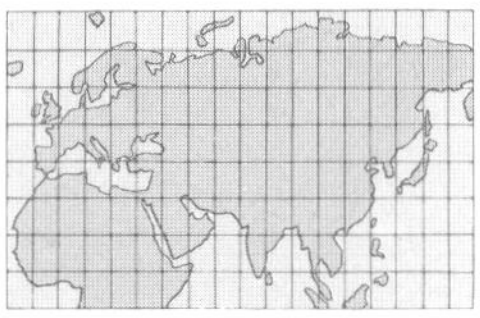

Abstandtreuer Entwurf auf den Schnittzylinder
Alle Meridiane längentreu
Schnittparallelen längentreu
(Rechteckige Plattkarte)

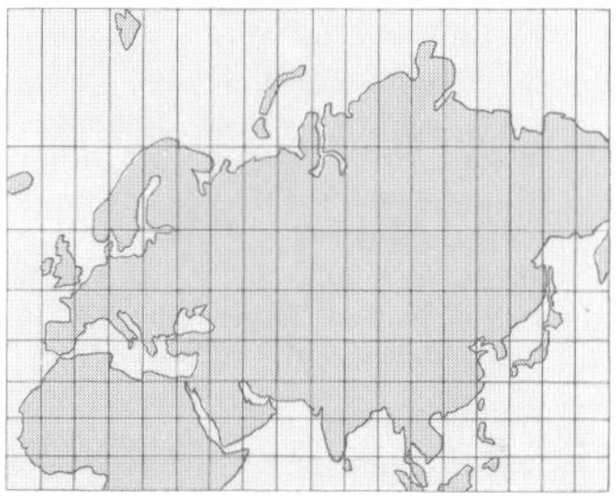

Mercators Zylinderentwurf
winkeltreu
Äquator längentreu
Wachsende Breitenabstände

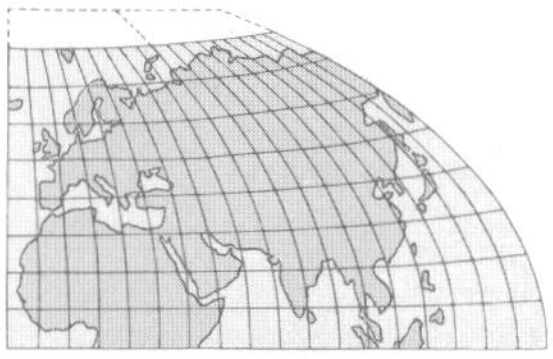

Winkels Entwurf
(vermittelnd)

Ausspracheregeln

Im DIERCKE WELTATLAS sind in Gebieten außerhalb des deutschen Sprachraumes die herkömmlichen deutschen Ortsbezeichnungen gleichwertig neben den landeseigenen Bezeichnungen eingetragen. Im allgemeinen wird das so gehandhabt, daß bei den physischen Karten deutsche Ortsbezeichnungen an erster Stelle stehen und darunter jeweils die landeseigene Bezeichnung in Klammern. Bei den Wirtschaftskarten, wo der aktuelle Bezug im Vordergrund steht, wurde dagegen hauptsächlich die landeseigene Ortsbezeichnung gewählt.

Alle Namen in den Ländern mit Lateinalphabeten sind in der landeseigenen Schreibung unter Berücksichtigung aller Akzente und Sonderzeichen wiedergegeben. Für die Namen in den Staaten mit nichtlateinischen Schriften (Cyrillisch, Arabisch, Griechisch, außer Chinesisch) wurde die lautgetreue deutsche Umschriftung gewählt. Die folgende, alphabetisch geordnete Übersicht gibt die wichtigsten Ausspracheregeln für eine Auswahl von 14 europäischen Sprachen mit Lateinschriften an; sie sind jedoch auf die Besonderheiten in der Aussprache jener Buchstaben und Buchstabengruppen, die von der deutschen Lautform abweichen, beschränkt.

Für die Umschriftung des Chinesischen (Hanyu-pinyin) gelten die beigegebenen Aussprachehilfen.

Dänisch – Norwegisch

å (früher aa) = offenes o (Århus); **æ** = ä (Næstved); **av** = au vor Mitlauten und im Auslaut (Frederikshavn), = aw vor Selbstlauten (Endelave); **c** = s oder ts vor e und i (Fredericia), sonst k; **ej** = ai (Vejle); **gj** (norw.) = j (Gjövik); **gn** (norw.) = ngn (Sognefjord); **h** = stumm vor j und v (Hjørring), **o** (norw.) = meist u (Bodø), **ø** = ö (Rødby); **øi, øy** (norw.) = eui (Andøy); **øj** = oi (Bavnehøj); **ov** = ou vor Mitlauten und im Auslaut (Nakskov), = ow vor Selbstlauten (Orehoved); **sj, skj** (norw.) = sch (Mosjøen); **v** = w (Viborg).

Englisch

Angegeben sind nur die wichtigsten und allgemein gültigen Regeln; die vielen Ausnahmen bleiben unberücksichtigt.
a, ai, ay = e (Wales, Mainland, Bay); **a** (kurzer Selbstlaut) = ä (Man), vor l und ll = o (Walsall), vor r = a (Cardiff), nach w = o (Wash); **c** vor e, i, y = scharfes c (City), sonst k (Cornwall); **ch** = tsch (Greenwich); **e** (in offener Silbe), **ea, ee, ei** = i (Eton, Swansea, Aberdeen, Leith); **ea** = e (Gateshead); **e** vor r = ö (Perth); **eu, ew** = ju (Europe, Newcastle); **g, dg** vor e und i = stimmhaftes dsch (Dungeness, Cambridge); **gh** am Silbenende = stumm (Scarborough, Brighton); **i** = ai (Iowa, Wight), **i** vor r = ö (Birmingham); **kn** = n (Knox City); **oo** = u (Blackpool); **ou, ow** = au (Southend, Downs); **ou** = auch kurzes ö (Portsmouth); **ow** = auch o (u) (Glasgow); **sh** = sch (Sheffield); **th** = Lispellaut (Bath); **u** = offenes ö (Hull); **u** = a (Humber); **v** = w (Dover); **w** im Anlaut = u (Westminster), meist stumm in den Namen auf -wich (Greenwich) und -wick (Warwick); **y** vor Selbstlauten = j (Great Yarmouth), als Selbstlaut ai (Hyde Park) oder i (Derby).

Französisch

ai, aî = ä (Saint Nazaire), vor l und ll = aj (Versailles); **au** = o (Crau); **ay, aye** = ä (Hendaye); **c** vor a, o, u und Mitlauten = k (Calais), vor e, i, y = ß (Nancy), nach n stumm (Mont Blanc); **ç** = ß (Besançon); **ch** = sch (Charleroi); **d** im Auslaut = stumm (Saint Cloud); **e** = kurzes ö (Sedan), im Auslaut stumm oder nur schwach anklingend (Ile de France); **é** = e (Béarn); **è, ê** = ä (Compiègne, Crêt de la Neige); **eau** = o (Bordeaux); **ei** = ä (Seine), vor l und ll = ej

(Marseille); **eu** = ö (Le Creusot ; **g** vor a, o, u und Mitlauten = g (Langres), vor e, i, y = j (Limoges), im Auslaut nach n und r stumm (Cherbourg); **gn** = nj (Avignon); **gu** vor e, i, y = g (Languedoc); **h** = stumm (Le Havre); **î** = i (Nîmes); **ill** = ij (Bouillon); **m, n** mit vorhergehendem Selbstlaut nasal: = nasales a bei am, an, aen, aon, em, en (Nantes, Caen, Laon, Rouen), = nasales ä bei aim, ain, eim, ein, ien, im, in (Reims, Saint Quentin), = nasales o bei om, on (Dijon), = nasales ö bei eun, um, un (Melun); **ô, aô** = langes o (Rhône, Saône); **oi, oï** = oá (Avoine, Loire); **ou** = u (Lourdes); **oy** = oá (Troyes); **q, qu** = k (Quimper); **rh** = r (Rhône); **t** = t im Auslaut stumm (Belfort); **u** = ü (Montluçon); **ui, uy** = üi (Le Puy); **v** = w (Versailles); **x** = im Auslaut z. T. stumm (Roubaix), z. T. = x (Aix); **y** = i oder j (Vichy, Yonne); **z** = stimmhaftes s (Mont Lozère), im Auslaut stumm (Saint Tropez).

Italienisch

Zusammenstehende Selbstlaute werden getrennt gesprochen (Gaeta, La Maiella). **c, cc** vor a, o, u und Mitlauten = k (Canossa, Lucca), vor e, i und y = tsch (Circeo, Lecce); **ch** = k (Chiavenna); **cch** = kk (Civitavecchia); **g, gg** vor a, o, u = g (Bergamo), vor e und i = dsch (Genova, Reggio); **gh** = g (Voghera); **gl** = lj (Cagliari); **gn** = nj (Bologna); **sc** vor e und i = sch (Brescia), sonst k (Pescara); **sch** = sk (Ischia); **v** = w (Verona); **z, zz** = ts (Arezzo).

Niederländisch

aa = a (Den Haag); **eeu** = langes e (Leeuwarden); **eu** = ö (Terneuzen); **g** = ch (Groningen); **ij** = ei (Ijssel); **oe** = u (Hoek van Holland); **ou** = au (Gouda); **sch** am Wortanfang = sk (Schiphol), in Wortmitte und Wortende = s (Enschede); **u** = ü (Utrecht); **ui** = eui (Ijmuiden); **v** = w (Venlo); **z** = s (Zwolle).

Polnisch

ą = nasal, wie französisches on (Wągrowica); **c** = z (Pilica); **ck** = zk (Płock); **ć** = weiches tsch (Prypeć); **ch** = k (Bochnia); **cz** = hartes tsch (Lubaczów); **ę** = nasal, wie französisches in (Dęblin); **ł** = im Gaumen gesprochenes, nach w abgewandeltes l (wie englisch well) (Mława); **ń** = nj (Wieluń); **ó** = u (Łódź); **rz** = j (sch) (Przemyśl); **ś** = sj (schj) (Środa); **ść** = schtsch (Zamość); **sz** = sch (Rzeszow); **w** = v (Warszawa), am Wortende = f (Tarnów); **z** = stimmhaftes s (Zakopane); **żź** = j (sch) (Łomża, Łódź).

Portugiesisch

ã = nasal, wie französisches in (Rio Tâmega); **ãe** = a-e, nasal (Cinfães); **ão** = a-o, nasal, wie französisches an + on (Olhão); **c** vor e und i = ß, sonst = k (Cercal); **ç** = ß (Murça); **ch** = sch (Tocha); **eu** = e-u (Viseu); **g** vor e und i = j (Gerais), sonst = g; **gu** vor a und o = gw (Guarda), vor e und i = g (Figueira); **j** = weiches sch (Tejo); **lh** = lj (Batalha); **nh** = nj (Minho); **o** am Wortende = u (Rio Negro), sonst o, vor allem als ô (Pôrto Alegre); **ou** = o-u (Douro); **qu** vor e und i = k (São Roque), vor a und o = kw (Taquaritinga); **x** = sch (Xingu); **z** = ˙s (Algoz).

Rumänisch

ă = dumpfes e (Călăraşi); **c** vor e und i = tsch (Cernavoda), sonst k (Caracal, Focşani); **ce, ci** vor Selbstlauten = tsch (Tulcea); **ch** vor e und i = k (Chetriş); **g** vor e und i = weiches dsch (Argeş, Giurgiu), sonst g (Tîrgovişte); **gh** vor e und i = hartes g (Sighet); **î** = dumpfer Selbstlaut, offenes ü (Bîrlad); **j** = weiches sch (Cluj); **oa** = oá (Timişoara); **ş** = sch (Bucureşti); **ţ** = tz (Galaţi); **v** = w (Craiova); **z** = weiches s (Buzău).

Schwedisch

å = geschlossenes o (Luleå); **g** vor ä, e, i, ö, y und nach l und r = j (Gävle, Göteborg), sonst g; **h** vor j = stumm (Hjälmarsee); **k** vor ä, e, i, ö und y = tj bis tch (Norrköping); **n** = stumm nach m am Wortende (Oskarshamn); **s** = ß (Sorsele); **sj** = sch (Nässjö); **sk** vor ä, e, i, j, ö und y = sch (Skellefteå), sonst sk; **stj** vor Selbstlauten = sch (Stjärnsund); **u, y** = ü (Uppsala); **v** = w, am Wortende f (Vindelälv).

Serbokroatisch

c = z (Subotica); **ć** = tj bis tsch (Peć); **č** = tsch (Brač); **h** = ch (Ohrid), vor Selbstlauten gehauchtes h (Bihać); **s** = ß (Sombor); **š** = sch (Niš); **v** = w (Sarajevo); **z** = weiches s (Zagreb); **ž** = j, wie im französischen journal (Užice).

Spanisch

b = weiches b, nach w hin gesprochen (Córdoba); **c** vor a, o, u und Mitlauten = k (Cádiz, Colón, Cuenca); vor e und i wie englisches th (scharf) (Barcelona, Murcia); **ch** = tsch (Elche); **g** vor e und i = ch (Cartagena, Gijón); **gu** vor a und o = gw (Guadalquivir), vor e und i = g (Figueras); **h** = stumm (Huerta, Alhambra); **j** = ch (Tajo); **ll** = ij (Mallorca); **ñ** = nj (La Coruña); **qu** = k (Quito); **s** = ß (Sevilla); **v** = w (Valencia); **x** = vor Selbstlauten wie gs (Oaxaca); **z** wie englisches th (Zaragoza).

Tschechisch

c = z, auch vor Mitlauten (Liberec); **č** = tsch (Děčín); **ě** = je (Mělnik); **ň** = nj (Plzeň); **ou** = langes o (Beroun); **ř** = rj (Přibram); **s** = ß (Čáslav); **š** = sch (Prešov); **y** = i (Kryry); **z** = weiches s (Plzeň); **ž** = j, wie im französischen journal (Žatek).

Türkisch

â = langes a (Elâzığ); **c** = dsch (Erzincan); **ç** = tsch (Çanakkale); **ğ** = in der Kehle gesprochenes weiches g (Köroğlu Dağlari), vor e, i, ö und ü = g nach j abgewandelt (Gelibolu); **h** = leichtes ch (Kütahya); **ı** ohne Punkt geschrieben = dumpfes y oder e (Kızılırmak); **s** = ß (Manisa); **ş** = sch (Maraş); **y** = j (Konya); **z** = weiches s (Erzurum).

Ungarisch

á = langes a (Vác); **c** = z (Cegléd); **cs** = tsch (Csongrád); **e** = kurzes ä (Szeged); **é** = langes e (Pécs); **gy** = dj (Gyöngyös); **i** = langes i (Nyírbátor); **ly** = ij (Szombathely); **ny** = nj (Bakony); **ó** = langes o (Sajó); **ö** = kurzes ö (Alföld); **ő** = langes ö (Győr); **s, ss** = sch (Sopron); **sz** = ß (Szeged); **ty** = tj (Berettyó); **ú** = langes u (Újpest); **ü** = kurzes ü (Sümez); **ű** = langes ü (Nagykörű); **y** = j, siehe gy, ly, ny, ty; **z** = weiches s (Zala); **zs** = weiches sch (Zselic).

Chinesisch

a = langes a (A-pa); **ai** = wie in Zeit (Kai-lun); **an** = wie in mahnen (An-shan); **ao** = au (Shao-yang); **c** = z (wie in Zeit); **ch** = tsch (Chung-king); **e** = ö (Cheng-de); **ei** = wie in englisch lake (He-fei); **er** = wie in englisch furry (Ha-er-bin); **h** = ch (Harbin); **i, yi** = langes i (Yi-bin); **ia, ya** = wie in Jahr (Xia-men); **ian, yan** = wie in Jänner (Ye-xian); **iang, yang** = wie in englisch young (Shao-yang); **iao, yao** = wie in jauchzen (Liao-ning); **ie, ye** = wie in Projekt (Bi-jie, Ye-xian); **in, yin** = wie in Sinn (Yin-shan); **ing, ying** = wie in singen (Yin-shan); **iong, yong** = wie lang (Chu-xiong); **iu, you** = wie in johlen (Ge-jiu); **j** = dj, wie englisch jeep (Ji-lin); **ong** = wie in Stimmung (Shan-dong); **ou** = o, wie in Hof (Hai-kou); **q** = tj, wie in englisch cheese (An-qing); **r** = Laut zwischen englischem r und französischem j; **s** = ß; **sh** = sch (Fu-shun); **u, wu** = langes u (Wu-han); **ü, yu** = Flüh, nach j, q, x ohne Umlaut (Yu-men); **ua, wa** = englisch w + a (Tong-hua); **uai, wai** = wie in englisch wife (Huai-nan); **uan, wan** = wie englisch w + an (Shao-guan); **üan, yuan** = ü + an (eine Silbe), nach j, q, x ohne Umlaut (Liao-yuan); **uang, wang** = englisch w + ang (Huang-shi); **üe, yue** = wie französisch fluet (einsilbig), nach j, q, x ohne Umlaut; **ueng, weng** = englisch w + eng; **ui, wei** = englisch way (Gui-yang); **un, wen** = englisch when (Wen-shan); **ün, yun** = wie in Düne (Du-yun) (nach j, q, x ohne Umlaut); **uo, wo** = wie in englisch wall; **w** = wie in englisch way; **x** = ch, wie in ich (Xi-an); **y** = j; **z** = ds, stimmhaftes d + s (Hui-ze); **zh** = dsch (Zhu-zhou).

I Schrägaufnahme

Luftbilder mit Genehmigung der Firma Carl Zeiss, Abteilung für Geodäsie und Photogrammetrie (aufgenommen mit Zeiss- Reihenmeßkammern) freigegeben durch das Regierungspräsidium Nordwürttemberg, Freigabe–Nr.: 031/0024

Vergleiche dazu 194 / 195 I–VI

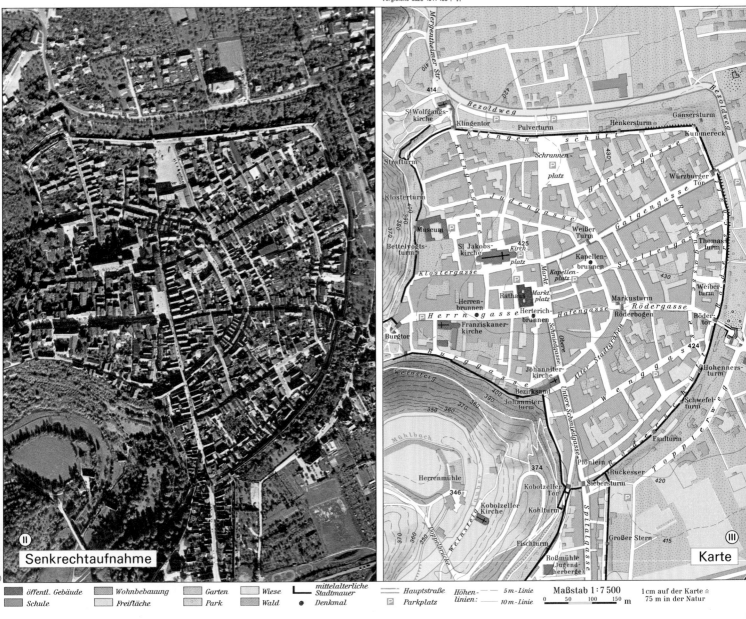

II Senkrechtaufnahme

III Karte

öffentl. Gebäude	Garten	Wiese
Schule	Freifläche	Park	Wald

mittelalterliche Stadtmauer
Denkmal

Hauptstraße
Parkplatz

Höhen- linien: 5 m-Linie / 10 m-Linie

Maßstab 1:7500
0 50 100 150 m

1 cm auf der Karte ≙ 75 m in der Natur

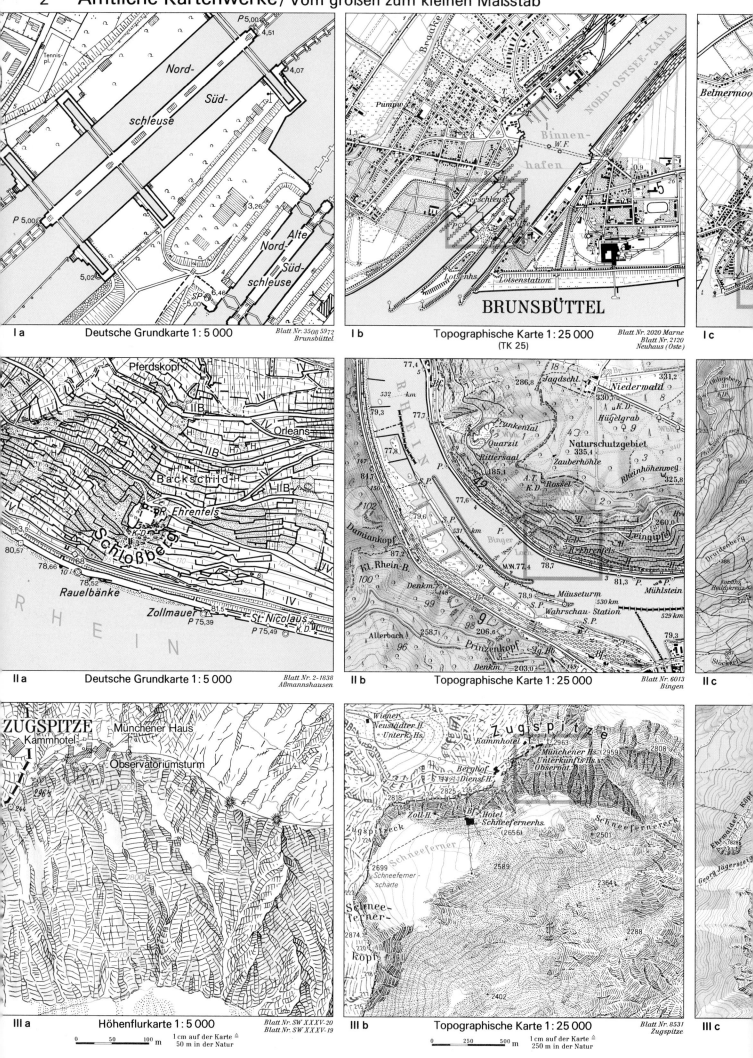

I a   Deutsche Grundkarte 1 : 5 000   *Blatt Nr. 3508 5972 Brunsbüttel*

I b   Topographische Karte 1 : 25 000   *Blatt Nr. 2020 Marne Blatt Nr. 2120 Neuhaus (Oste)*
(TK 25)

I c

II a   Deutsche Grundkarte 1 : 5 000   *Blatt Nr. 2-1838 Aßmannshausen*

II b   Topographische Karte 1 : 25 000   *Blatt Nr. 6013 Bingen*

II c

III a   Höhenflurkarte 1 : 5 000   *Blatt Nr. SW XXXV-20 Blatt Nr. SW XXXV-19*

0   50   100 m   1 cm auf der Karte ≙ 50 m in der Natur

III b   Topographische Karte 1 : 25 000   *Blatt Nr. 8531 Zugspitze*

0   250   500 m   1 cm auf der Karte ≙ 250 m in der Natur

III c

Mit Genehmigung folgender Ämter: LVA Schleswig-Holstein/Kiel (für die Karten I a bis I c/Nr. 9318 S 140/73), Institut für Angewandte Geodäsie/Frankfurt (für die Karten I d und II d/Nr. 2/73), Hessisches LVA/Wiesbaden (für die Karten II a und II b/Nr. B- 114/72 und Nr. 275/73), LVA Rheinland-Pfalz/Koblenz (Karte II c/Nr. 471/72) und Bayerisches LVA/München (für die Karten III a bis III d/Nr. 0 1419/10 B 1-10 945). Kartenausschnitte geringfügig modifiziert.

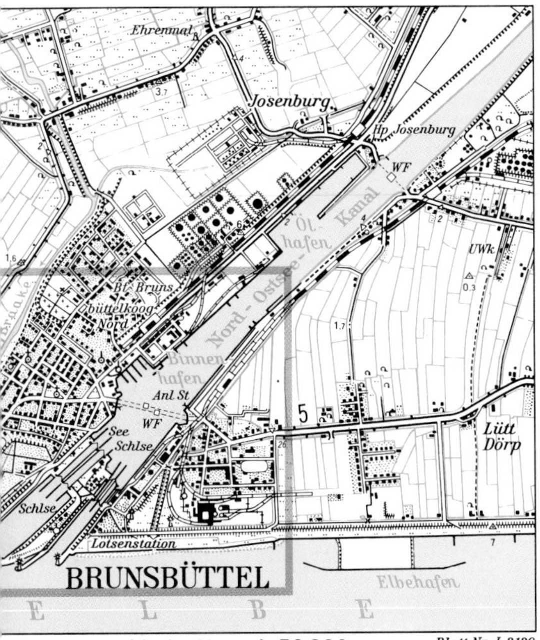

Topographische Karte 1:50 000
(TK 50)
Blatt Nr. L 2120
Marne

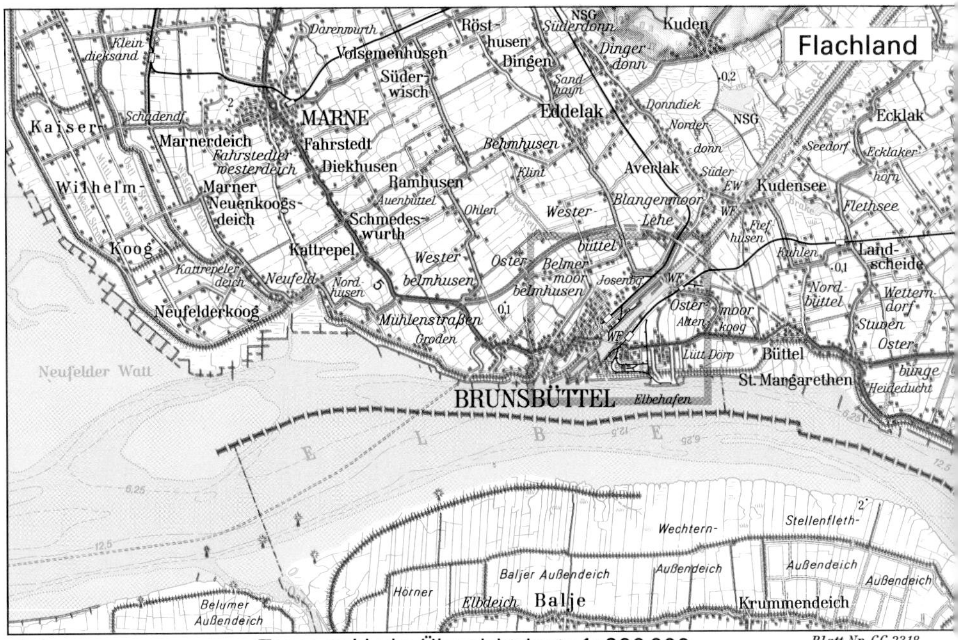

Flachland

Topographische Übersichtskarte 1:200 000
(TÜK 200)
Blatt Nr. CC 2318
Neumünster

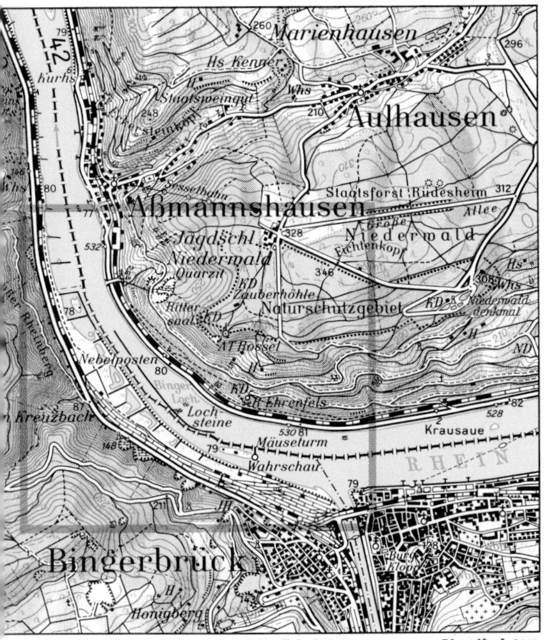

Topographische Karte 1:50 000
Blatt Nr. L 6112
Bad Kreuznach

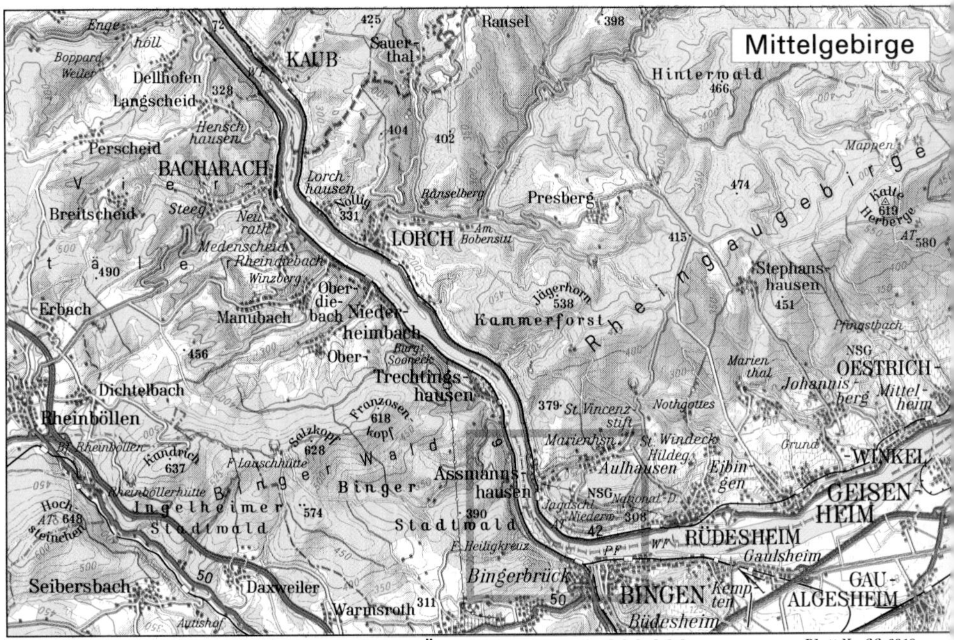

Mittelgebirge

Topographische Übersichtskarte 1:200 000
Blatt Nr. CC 6310
Frankfurt a. M.-West

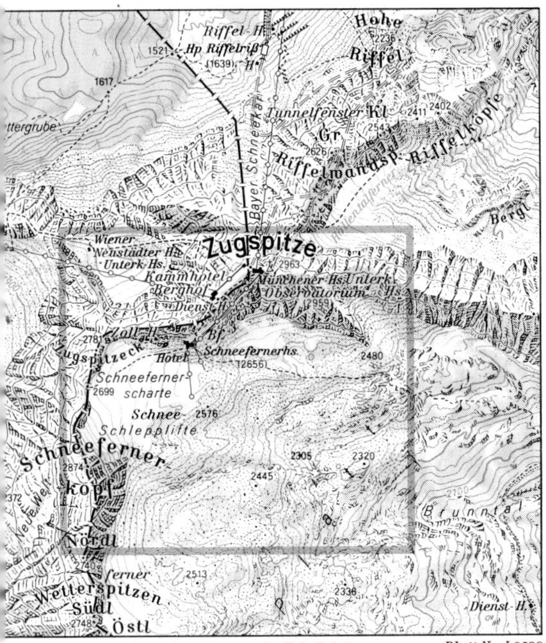

Topographische Karte 1:50 000
Blatt Nr. L 8530
Füssen
Blatt Nr. L 8532
Garmisch-Partenkrchn.

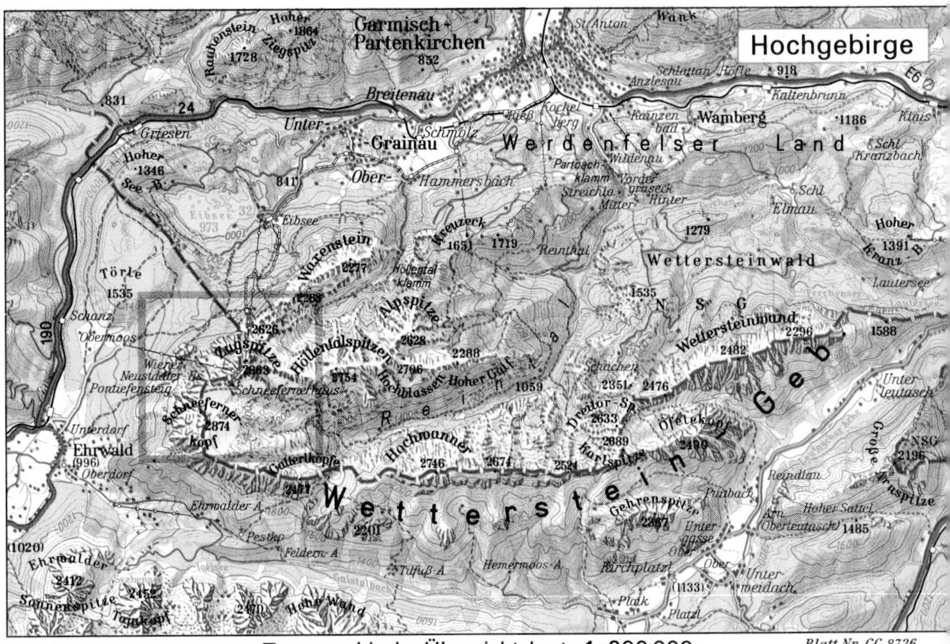

1 cm auf der Karte ≙
500 m in der Natur

0   500   1000 m

Hochgebirge

Topographische Übersichtskarte 1:200 000
Blatt Nr. CC 8726
Kempten (Allgäu)

1 cm auf der Karte ≙
2 km in der Natur

0   2   4 km

Panoramabild Ⅰ

Bildgestaltung H.C. Berann

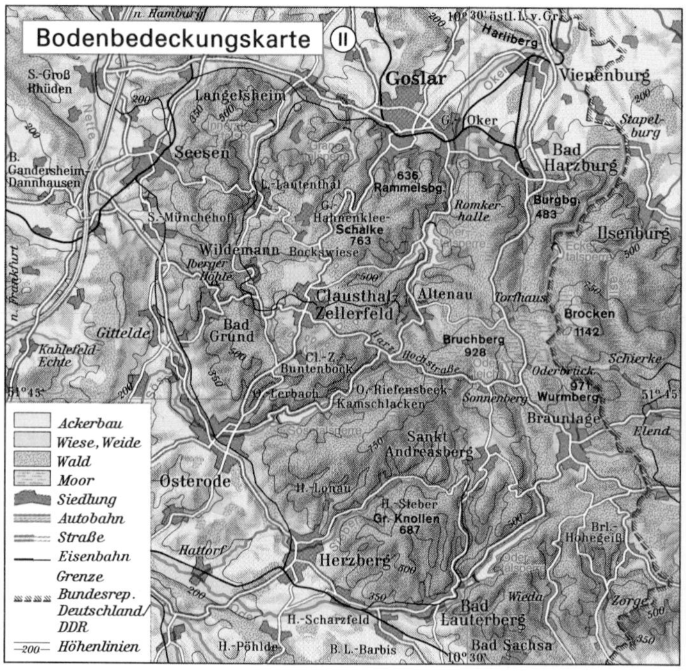

Bodenbedeckungskarte Ⅱ

- Ackerbau
- Wiese, Weide
- Wald
- Moor
- Siedlung
- Autobahn
- Straße
- Eisenbahn
- Grenze Bundesrep. Deutschland/DDR
- —200— Höhenlinien

Physische Karte Ⅲ

Landhöhen
- über 1000
- 750 – 1000
- 500 – 750
- 350 – 500
- 200 – 350
- unter 200m

Weitere Erläuterungen siehe Karte II

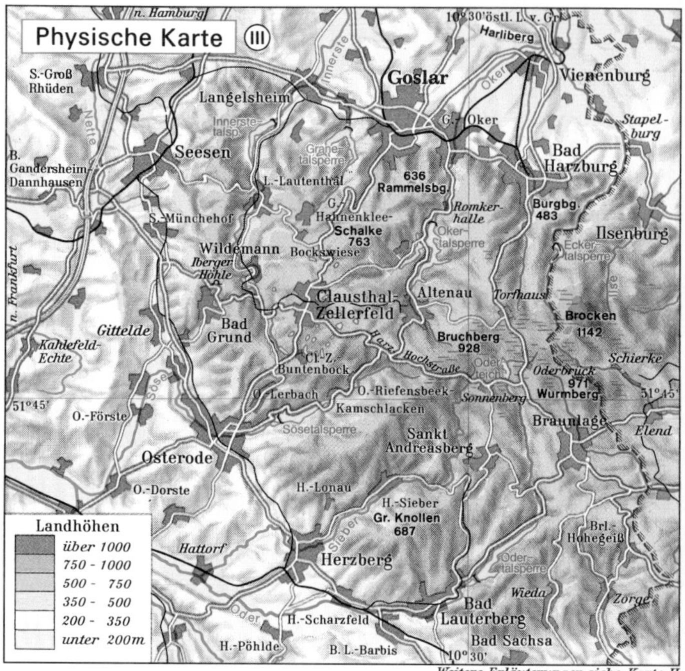

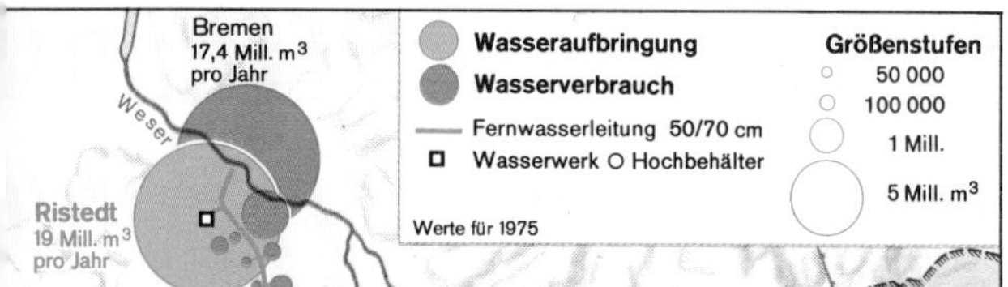

Harzwasserversorgung Ⅳ

- Wasseraufbringung
- Wasserverbrauch
- Fernwasserleitung 50/70 cm
- Wasserwerk ○ Hochbehälter

Werte für 1975

Größenstufen
- 50 000
- 100 000
- 1 Mill.
- 5 Mill. m³

Bremen 17,4 Mill. m³ pro Jahr
Ristedt 19 Mill. m³ pro Jahr
Liebenau 5,3 Mill. m³ pro Jahr
Schnegen 2,5 Mill m³ pro Jahr
Ramlingen 4,5 Mill. m³ pro Jahr
Gräne-talsperre 44 Mill. m³ pro Jahr
Sösetalsperre 12 Mill. m³ pro Jahr
Eckertalsperre 14 Mill. m³ pro Jahr

Maßstab 1 : 2 500 000
0 10 20 30 40 50 km

Vergleiche dazu 12 I, 18 III und 44 IV

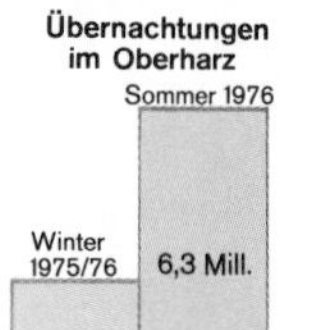

Übernachtungen im Oberharz

Sommer 1976
Winter 1975/76 6,3 Mill.
3,0 Mill.

Herkunft der Gäste (Sommer 1976)

- Niedersachsen 25%
- Nordrhein-Westfalen 17%
- Ausland 17% (davon Dänemark 7%)
- Berlin 10%
- Schlesw.-Holst. 8%
- Hamburg 8%
- übrige Bundesländer 15%

Vergleiche dazu 24 II

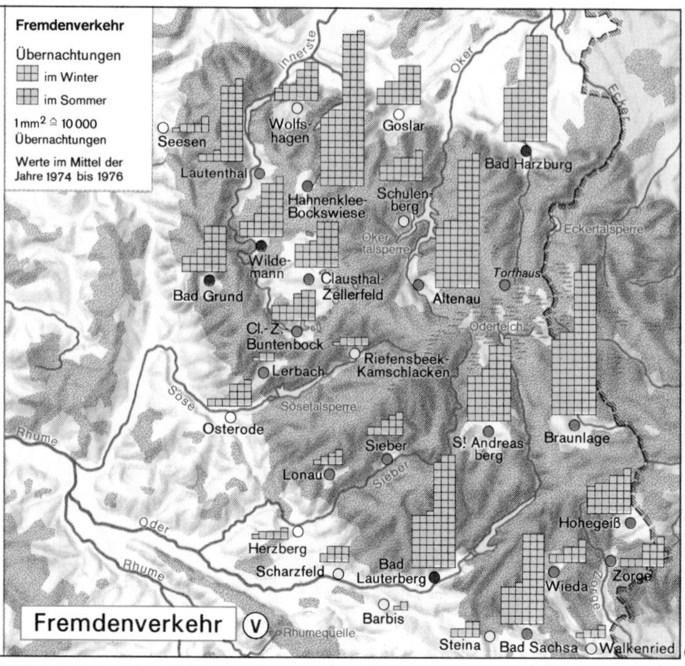

Fremdenverkehr Ⅴ

Übernachtungen
- im Winter
- im Sommer

1mm² ≙ 10 000 Übernachtungen

Werte im Mittel der Jahre 1974 bis 1976

● Bad
● heilklimatischer Kurort
● Luftkurort
○ Erholungsort und Sommerfrische
○ Fremdenverkehrsort

Maßstab der Karten II, III und V
1 : 500 000
0 5 10 15 km

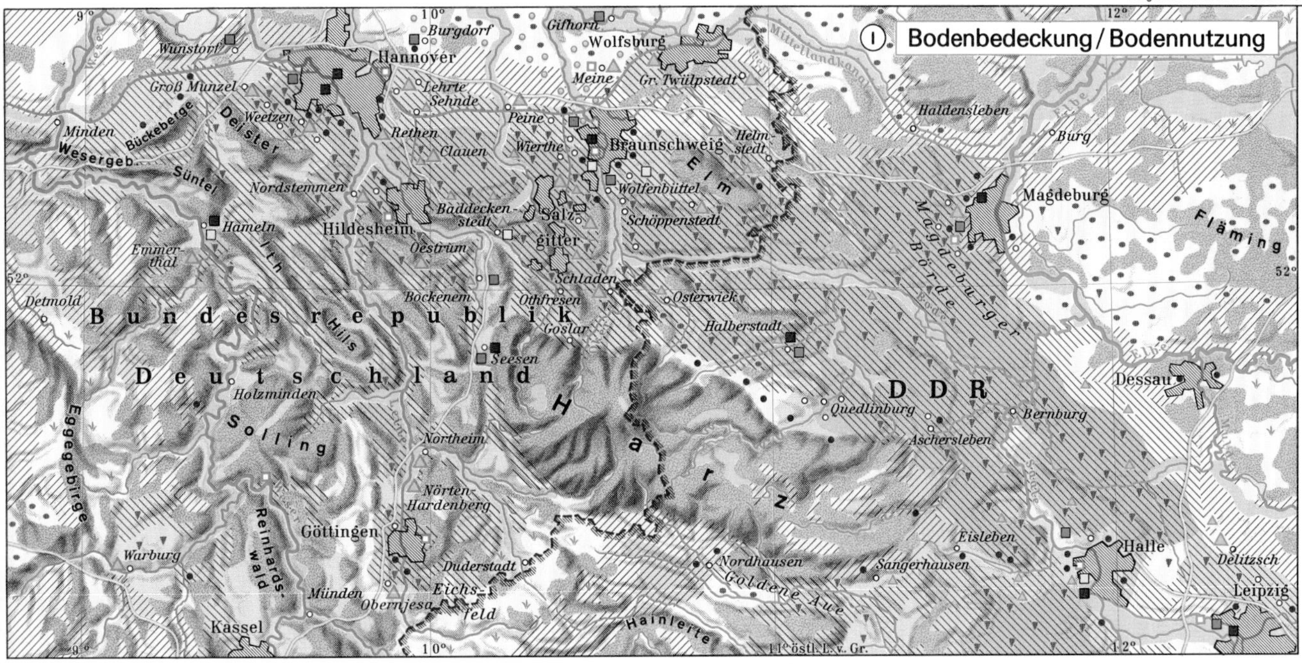

I Bodenbedeckung / Bodennutzung

Bundesrepublik Deutschland

DDR

Bodennutzung

Ackerbau auf

hochwertigen Lößböden (Ertragsmeßzahlen = EMZ 75–100)

mittelwertigen bis guten Böden (EMZ 50–75)

vorwiegend geringwertigen Böden (EMZ unter 50)

Hauptanbauarten

Weizen

Zuckerrüben

Roggen und Futtergetreide

Kartoffeln

Futterpflanzen

Obst

Spargel

Gemüse

Wald

Wiese und Weide

Ödland (Heide, Moor)

Zugehörige Verarbeitungsindustrie

Zuckerfabrik mit einer täglichen Rübenverarbeitung

△ unter 1500 t

▲ über 1500 t

□ Getreidemühle

■ Konservenfabrik

□ Großmolkerei

■ Nahrungsmittelindustrie

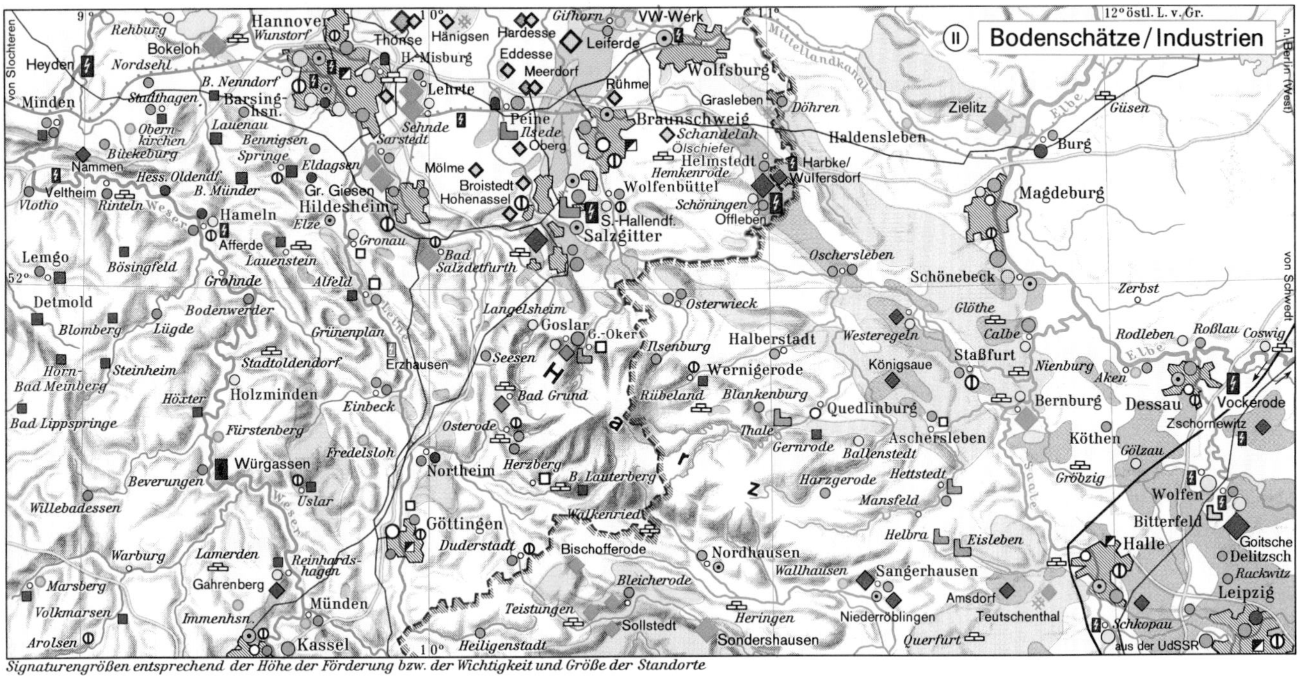

II Bodenschätze / Industrien

Bodenschätze

◇ Erdöl

◆ Erdgas

◈ Braunkohle

◆ Eisen

◈ Kalisalz

✳ Steinsalz

● Kupfer

◆ Blei und Zink

Energieversorgung

■ Erdölraffinerie

— Erdölleitung

— Erdgasleitung

■ Kernkraftwerk

⚡ sonstiges Wärmekraftwerk

⚡ Wasserkraftwerk

Industrien

⌐ Eisen- und Stahlerzeugung

⌐ Buntmetallverhüttung

⌐ Aluminiumverhüttung

● Eisen- und metallverarbeitende Industrie (Stahl- u. Leichtmetallbau, Maschinenbau, Metallwaren usw.)

◉ Fahrzeugbau

① Elektroindustrie

○ Feinmechanik, optische Industrie

○ chemische und petrochemische Ind.

○ Gummiindustrie

□ Papierindustrie

○ Glas-, Porzellan- u. keramische Industrie

■ Holzindustrie

◆ Druckindustrie

● Lederindustrie

● Textil- und Bekleidungsindustrie

⌐ Industrie der Steine und Erden

Signaturengrößen entsprechend der Höhe der Förderung bzw. der Wichtigkeit und Größe der Standorte

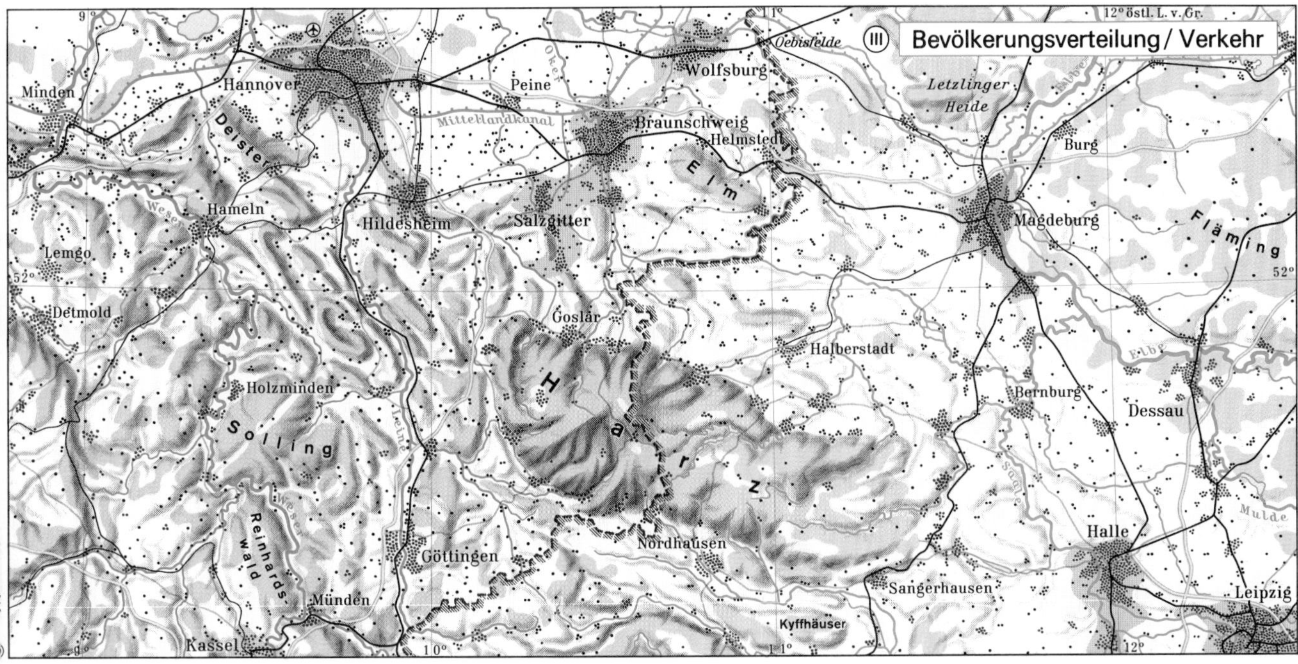

III Bevölkerungsverteilung / Verkehr

Bevölkerungsverteilung

. Stadtbevölkerung

. Landbevölkerung

1 Punkt ≙ 1000 Einw.

Städtische Verdichtungsräume Wachstumsachsen

Verkehr

✈ internat. Flughafen

— Eisenbahn

— Autobahn

— Bundesstraße bzw. Fernverkehrsstraße

— Kanal

Maßstab der Karten I–III 1:1 500 000

1 cm auf der Karte ≙ 15 km in der Natur

0 10 20 30 km

Wald (Karte III)

Grenze zwischen der Bundesrepublik Deutschland und der Deutschen Demokratischen Republik

Ortsgrößen
Orte über 1 000 000
Orte über 500 000 - 1 000 000
Orte über 100 000 - 500 000
Orte über 20 000 - 100 000
Orte über 5 000 - 20 000
Orte unter 5 000 Einwohner
geschlossene Besiedlung
Hauptstädte der Bundesländer und der Bezirke in der DDR sind unterstrichen
Grenzen
Staatsgrenzen
Grenze zwischen der Bundesrepublik Deutschland und der DDR
Grenzen Berlins
Grenzen der Länder in der BR Deutschland und der Bezirke in der DDR
Verkehr
Eisenbahn
Eisenbahnfähre
Autobahn, z. T. im Bau
Straße
Kanal
internationaler Flughafen
Maßstab 1 : 1 500 000
0 10 20 30 40 50 km
1 cm auf der Karte ≙ 15 km in der Natur
Marsch
Moor, Sumpf
7° östl. L. v. Greenwich
N o r d s e e
Deutsche Bucht
Helgoländer Bucht
Helgoland (zu Schleswig-Holstein)
Düne
Nordfriesische Inseln
Ostfriesische Inseln
Westfriesische Inseln
Sylt
Föhr
Amrum
Halligen
Pellworm
Nordstrand
Husum
Schleswig
Flensburg
Kiel
Rendsburg
Heide
Neumünster
Itzehoe
Elmshorn
Cuxhaven
Bremerhaven
Wilhelmshaven
Emden
Aurich
Leer
Oldenburg
Bremen
Hamburg
Groningen
Emmen
Meppen
Lingen
Nordhorn
Osnabrück
Bielefeld
Münster
Hannover
Hildesheim
Göttingen
Kassel
Paderborn
Hamm
Dortmund
Bochum
Essen
Duisburg
Krefeld
Recklinghsn.
Arnheim (Arnhem)
Apeldoorn
Enschede
Ostfriesland
Emsland
Niedersachsen
Lüneburger Heide
Schleswig-Holstein
Nordrhein-Westfalen
Niederlande
Teutoburger Wald
Wiehengebirge
Solling
Dithmarschen
Nordfriesland
Angeln
Münsterland

Meerestiefen | Watt | Landhöhen | 504 *Berghöhe in Meter*
über 40 m | 20-40 | 10-20 | 0-10 m | | Senken | 0-30 m | 30-100 | 100-200 | 200-350 | 350-500 | 500-750 | 750-1000 | 1000-1500 | üb.1500 m | 72 *Orts-, Fluß- oder Seehöhe*

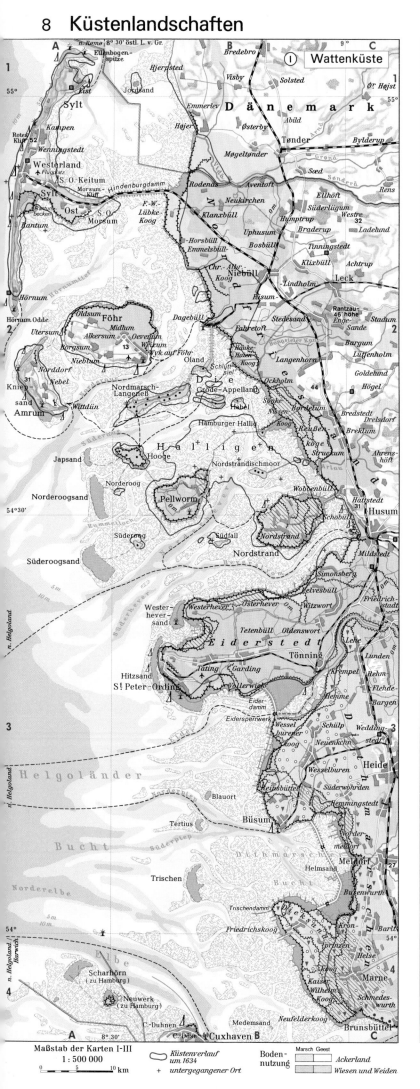

I Wattenküste

II Fördenküste

III Boddenküste

Maßstab der Karten I–III
1 : 500 000

0   5   10 km

Küstenverlauf um 1634
+ untergegangener Ort

Bodennutzung

Marsch	Geest	
		Ackerland
		Wiesen und Weiden

Bodennutzung

Ackerland
Wiesen und Weiden
Wald
Küstendünen
Deichvorland
Watt
Sandbank

Hauptanbauarten

Weizen
Zuckerrüben
Gemüse
Obst

Küstenschutz

Lahnungen
Winterdeich (Außendeich)
sonstiger Deich
Verbindungsdamm
Schleuse

Siedlungen
Warften
Hafen- und Industriegelände
Seebäder

Küstenschutz (rechts)

Eisenbahn
Autobahn
Bundesstraße Fernverkehrsstraße
sonstige Straße
Wattenweg
Fähr- und Schiffsverbindungen

Leuchtturm
Radarturm
Fernwasserleitung
Wasserwerk

© WESTERMANN

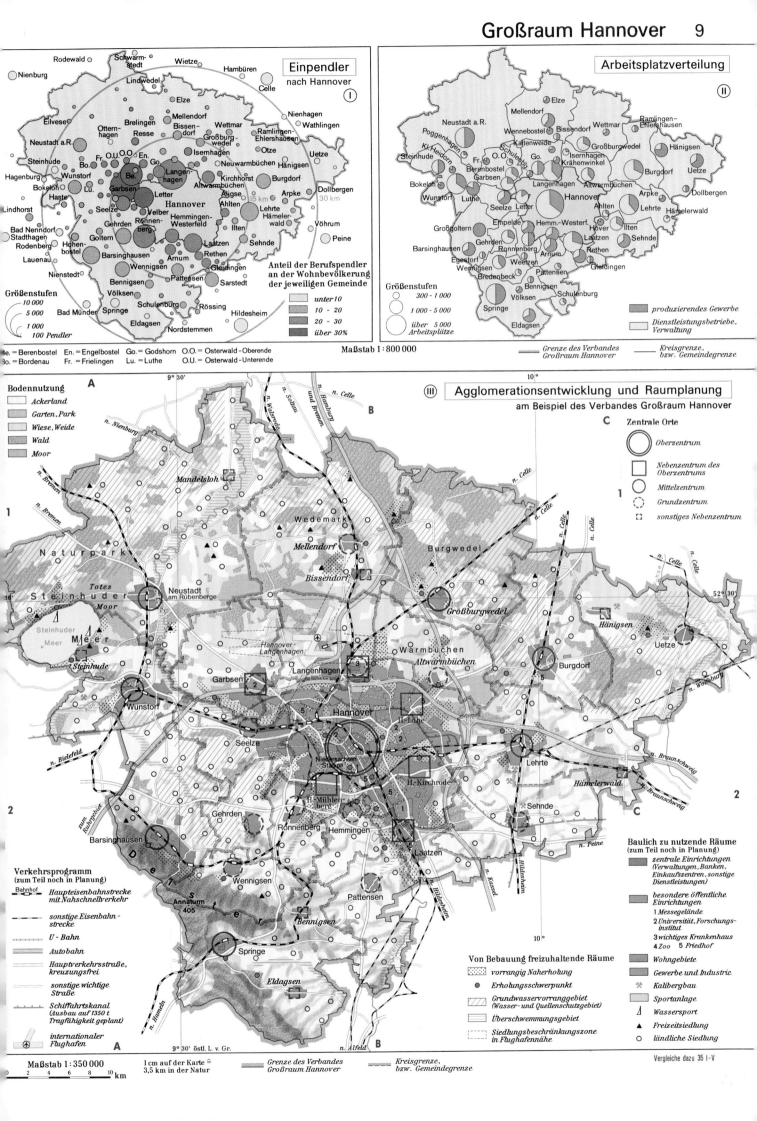

10 Deutsche Seehäfen im Vergleich

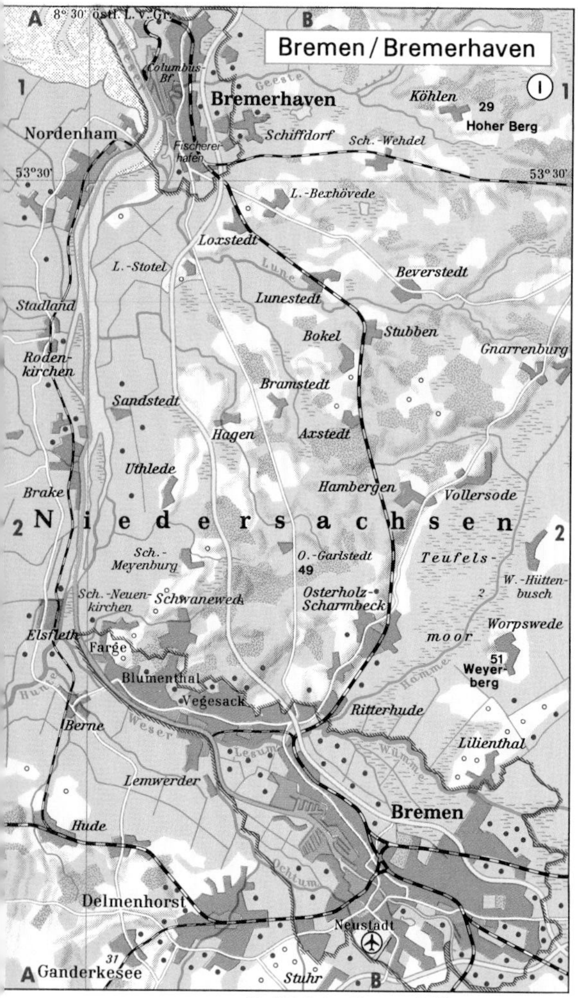

Bremen / Bremerhaven

Bremerhaven, Nordenham, Stadland, Rodenkirchen, Brake, Loxstedt, Schiffdorf, Sch.-Wehdel, Köhlen, Hoher Berg 29, Beverstedt, Lunestedt, L.-Bexhövede, Gnarrenburg, Bokel, Stubben, Bramstedt, Axstedt, Hagen, Vollersode, Sandstedt, Hambergen, Uthlede, Osterholz-Scharmbeck, O.-Garlstedt 49, Teufelsmoor, W.-Hüttenbusch, Sch.-Neuenkirchen, Schwanewede, Worpswede, Weyerberg 51, Elsfleth, Farge, Blumenthal, Vegesack, Ritterhude, Lilienthal, Berne, Lemwerder, Hude, Delmenhorst 31, Ganderkesee, Stuhr, Neustadt, Bremen

Niedersachsen

Wilster, Itzehoe, Wrist, Bad Bramstedt 38, Brunsbüttel, Sankt Margarethen, Münsterdorf, Weddelbrook, Lägerdorf, Lentföhrden, Brokdorf, Wewelsfleth, Krempe, Bokel 33, Kaltenkirchen, gepl. Flughafen Kaltenkirchen, Krummendeich, Freiburg, Herzhorn, Horst, Barmstedt, Alveslohe, Oederquart, Glückstadt, Quickborn, Oberndorf, Neuendorf, Elmshorn, Norderstedt, Osten, Drochtersen, Uetersen, Tornesch, Pinneberg, Hemmoor, Appen, Rellingen, Langhorn, Hechthausen, Hammah, S.-Bützfleth, Haseldorf, Halstenbek, Hamburg, Eidelstedt, Himmelpforten, Holm, Schenefeld, Eimsbüttel, Hamb, Oldendorf, Stade, Hollern, Wedel, Rissen, Flottbek, Altona, Estorf, Heinbockel, Steinkirchen, Blankenese, B.-Elm, Deinste, Dollern, Jork, Kutenholz, Horneburg, Wilhelmsburg, Bremervörde, Buxtehude, Neu-Wulmstorf, Fischbek, B.-Hesedorf, Bargstedt, Harsefeld, Harburg, B.-Bevern, Apensen, Moisburg, Harburger Berge 155, Deinstedt, Ahlerstedt, Rosengarten, Selsingen, Sauensiek, Litberg 65, Hollenstedt, Anderlingen

Niedersachsen

Maßstab der Karten I–III 1 : 500 000
0 4 8 12 16 20 km

Legende	
Siedlungen	Ackerbau
Industrie- u. Hafengelände	Wiese, Weide
	Wald
	Moor, Sumpf
	Watt
	Gemüseanbau
	Obstanbau

Legende (Stadtkarte)
- Citygebiet, Hauptgeschäftszentren
- öffentliche und Verwaltungsgebäude
- vorw. Wohngebiete
- Wohngebiete gemischt mit Gewerbebetrieben
- Universitäten, Kliniken, Forschungsinstitute
- Theater, Konzertsäle, Museen
- Ausstellungen
- Gewerbe-, Industrie- und Hafengelände
- Verkehrsanlagen
- Umschlageinrichtungen (Kaischuppen)
- Schwimmdock
- Trockendock
- Öltanklager
- Fahrwasser u. Hafen mit Seeschifftiefe
- Freihafengebiet (Zollausland)
- Leuchtturm
- Radarstation
- Deich, Damm
- Schl. Schleuse
- Autobahn
- Bahnhof Eisenbahn, S-Bahn
- S-Bahn unterirdisch
- Industrie- und Hafenbahn
- U-Bahn
- U-Bahnstation
- Fähre
- + Kirche
- o Großhotel
- Sportplatz
- Park
- Friedhof
- Kleingärten
- Wiesen, z.T. Ackerland
- Freifläche

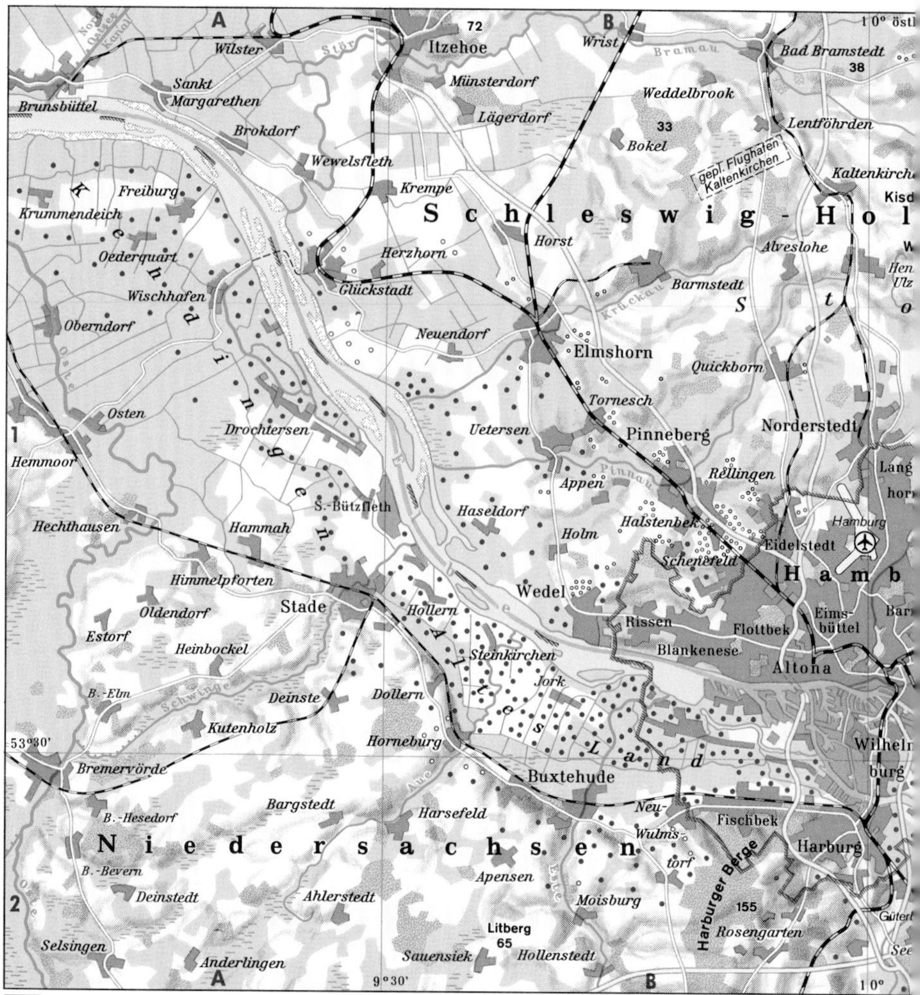

Gr. Flottbek, n. Kiel, Paketpostamt, Rotherbaum, Universität, Bahrenfeld, Stresemannstr., Planten un Blomen, Th.-Heuß-Pl., Bf. Dammtor, Margarinewerke, Friedensallee, Stresemannstraße, Othmarschen, Krankenhaus Altona, Ottensen, Bf. Hbg. Altona, Altona, Allgem. Krankenhaus, Heiligengeistfeld, Jenischpark, St. Pauli, Neustadt, Elbchaussee, Königstraße, Reeperbahn, Millerntorplatz, Rathaus, Palmaille, Fischmarkt, St. Michaelis, Elbe, Seemannshöft, Köhlfleethafen, Parkhafen, St.-Pauli-Landungsbrücken, Elbtunnel, Petroleumhafen, Waltershof Container Terminal, Werft, Steinwerder, Kupferhütte, Finkenwerder, Hamburger Stahlwerke, Aluminiumhütte-Hamburg, Altenwerder, Wilhelmsburg

Maßstab 1 : 50 000
0 250 500 1000 m

1 cm auf der Karte ≙ 500 m in der Natur

Hamburg

II

Bad Segeberg 81
Todesfelde
Seth
Klingberg 77
ein
Sülfeld
Bargfeld-Stegen
Bargteheide
Ahrensburg
Hoisdorf
Großhansdorf
Großensee
Trittau
Rahlstedt
Barsbüttel
Glinde
Sachsen-Aumühle
wald
Reinbek
Wentorf
Bergedorf
Geesthacht
erlande
Marschacht
Winsen
Bad Oldesloe
53°30'
Bille

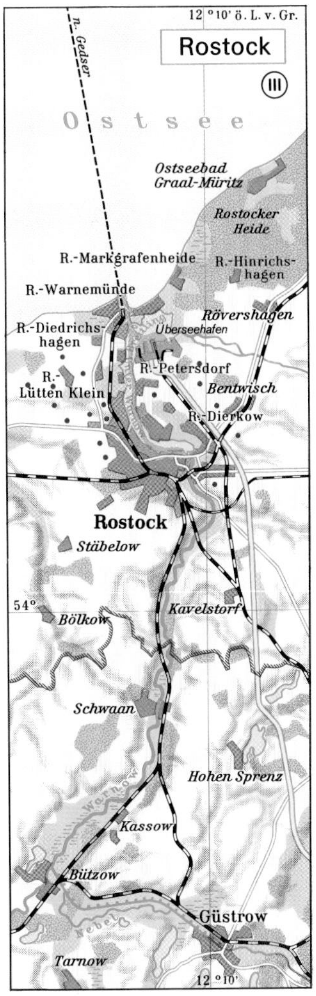

Rostock

III

12°10' ö. L. v. Gr.
n. Gedser
Ostsee
Ostseebad Graal-Müritz
Rostocker Heide
R.-Markgrafenheide
R.-Hinrichshagen
R.-Warnemünde
Röversdorf
R.-Diedrichshagen
Übersehafen
R.-Lütten Klein
R.-Petersdorf
Bentwisch
R.-Dierkow
Rostock
Stäbelow
54°
Bölkow
Kavelstorf
Schwaan
Hohen Sprenz
Kassow
Bützow
Güstrow
Tarnow
12°10'

Ländergrenze, bzw. Bezirksgrenze
Autobahn
Bundesstraße bzw. Fernverkehrsstr.
⊕ internationaler Flughafen

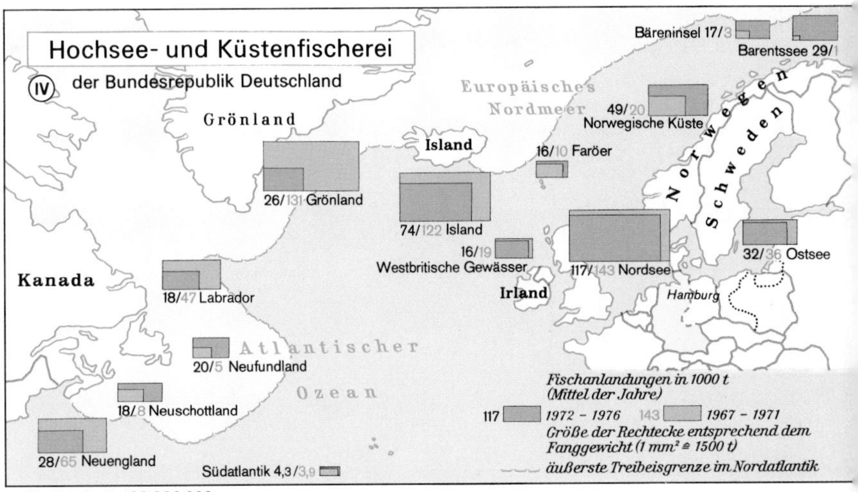

Hochsee- und Küstenfischerei

IV der Bundesrepublik Deutschland

Bäreninsel 17/3
Barentssee 29/1
Europäisches Nordmeer
Grönland
Island
49/20 Norwegische Küste
16/10 Faröer
26/131 Grönland
74/122 Island
16/19 Westbritische Gewässer
117/143 Nordsee
32/36 Ostsee
Kanada
18/47 Labrador
Irland
Hamburg
20/5 Neufundland
Atlantischer Ozean
18/8 Neuschottland
Fischanlandungen in 1000 t (Mittel der Jahre)
117 [1972 – 1976] 143 [1967 – 1971]
Größe der Rechtecke entsprechend dem Fanggewicht (1 mm² ≙ 1500 t)
28/65 Neuengland
Südatlantik 4,3/3,9
äußerste Treibeisgrenze im Nordatlantik

Maßstab 1:100 000 000

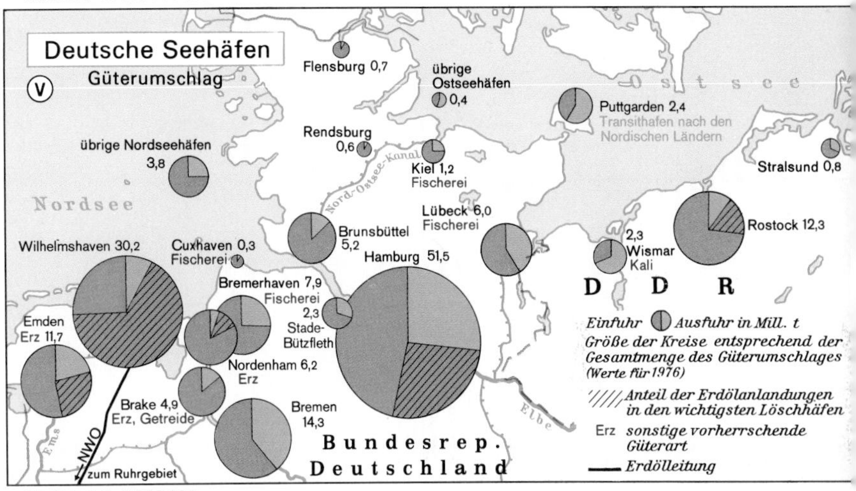

Deutsche Seehäfen

V Güterumschlag

Flensburg 0,7
übrige Ostseehäfen 0,4
Ostsee
Puttgarden 2,4 Transithafen nach den Nordischen Ländern
Rendsburg 0,6
Kiel 1,2 Fischerei
übrige Nordseehäfen 3,8
Stralsund 0,8
Lübeck 6,0 Fischerei
Nordsee
Brunsbüttel 5,2
Wilhelmshaven 30,2
Cuxhaven 0,3 Fischerei
Nord-Ostsee-Kanal
Hamburg 51,5
Rostock 12,3
Emden Erz 11,7
Bremerhaven 7,9 Fischerei
2,3 Stade-Bützfleth
2,3 Wismar Kali
D D R
Brake 4,9 Erz, Getreide
Nordenham 6,2 Erz
Einfuhr / Ausfuhr in Mill. t
Größe der Kreise entsprechend der Gesamtmenge des Güterumschlages (Werte für 1976)
NWO
Bremen 14,3
Bundesrep. Deutschland
zum Ruhrgebiet
Anteil der Erdölanlandungen in den wichtigsten Löschhäfen
Erz sonstige vorherrschende Güterart
Erdölleitung

Maßstab 1:3 500 000

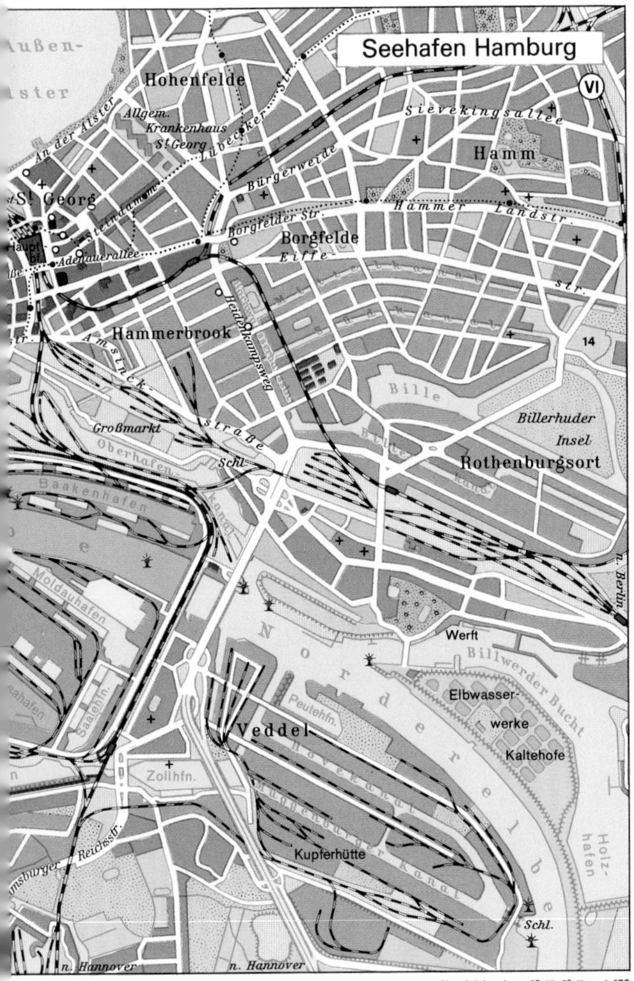

Seehafen Hamburg

VI

Außenalster
Hohenfelde
Allgem. Krankenhaus St. Georg
Sievekingsallee
Hamm
St. Georg
Bürgerweide
Hammer Landstr
Adenauerallee
Borgfelder Str
Borgfelde
Eiffe str
Hammerbrook
Amsinckstr
Heidenkampsweg
14
Bille
Großmarkt
Straße
Billerhuder Insel
Oberhafen
Schl
Rothenburgsort
Baakenhafen
n. Berlin
Moldauhafen
Norderelbe
Veddel
Werft
Billwerder Bucht
Elbwasserwerke
Peutehfn.
Holz-hafen
Zollhfn.
Kaltehofe
Reiherst
Kupferhütte
n. Hannover
Schl.
n. Hannover

Vergleiche dazu .12 III, 19 II und 159

Außenalster
Elbe
Binnenalster
Tag
VII
Citygebiet – Tag- und Nachtbevölkerung

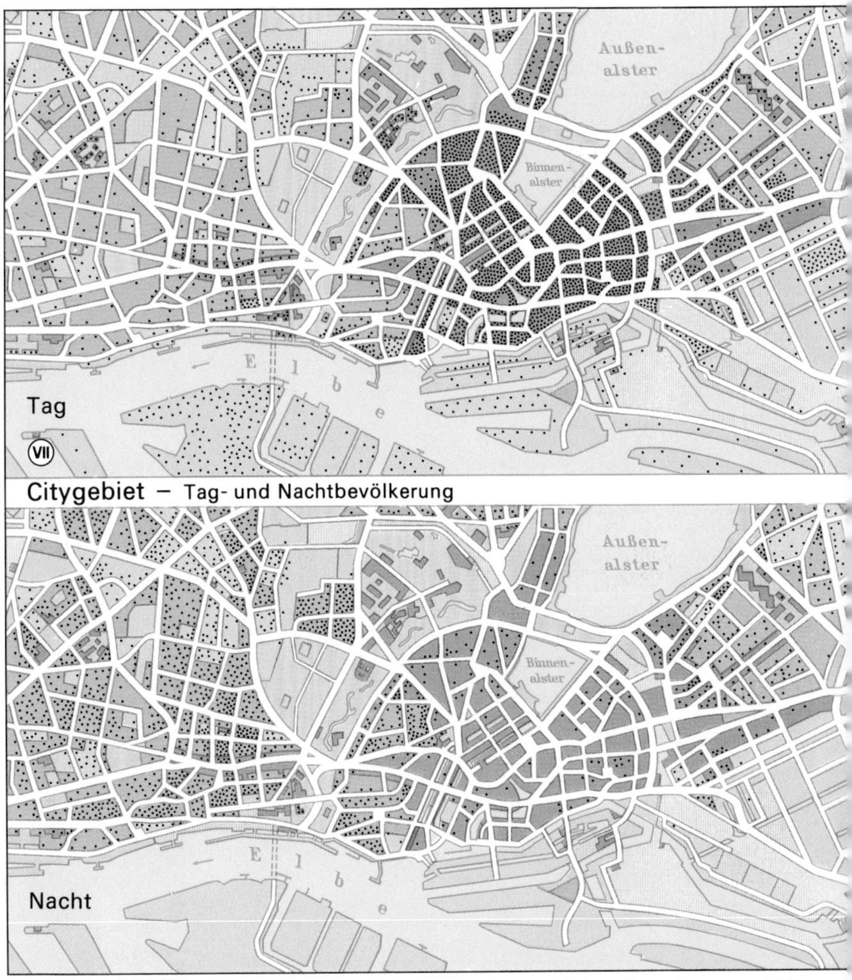

Außenalster
Binnenalster
Elbe
Nacht

Maßstab 1:50 000
0 250 500 1000 m
1 Punkt ≙ 100 Menschen
öffentliche Einrichtungen, Schulen, Büro- und Verwaltungsbauten, Geldinstitute, Kauf- und Versandhäuser, Läden aller Art, z. T. Wohngebäude
Weitere Erläuterungen siehe Karte VI

Vergleiche dazu 4 IV, 18 III und 44 III

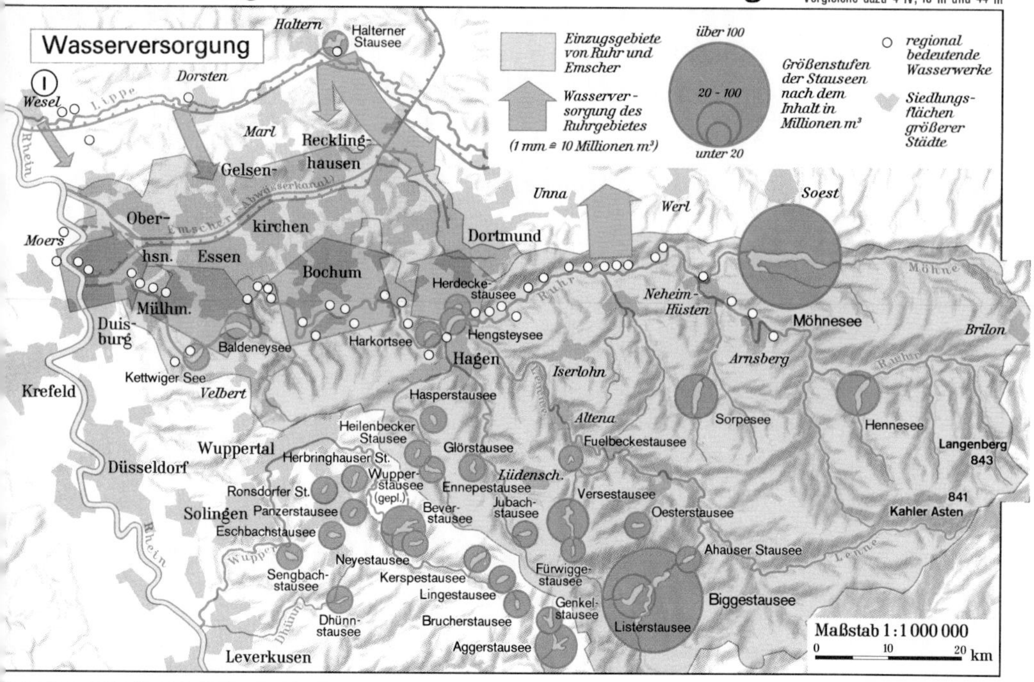

Wasserversorgung

I

Einzugsgebiete von Ruhr und Emscher

Wasserversorgung des Ruhrgebietes
(1 mm ≙ 10 Millionen m³)

Größenstufen der Stauseen nach dem Inhalt in Millionen m³
über 100
20 - 100
unter 20

○ regional bedeutende Wasserwerke
Siedlungsflächen größerer Städte

Maßstab 1 : 1 000 000
0   10   20 km

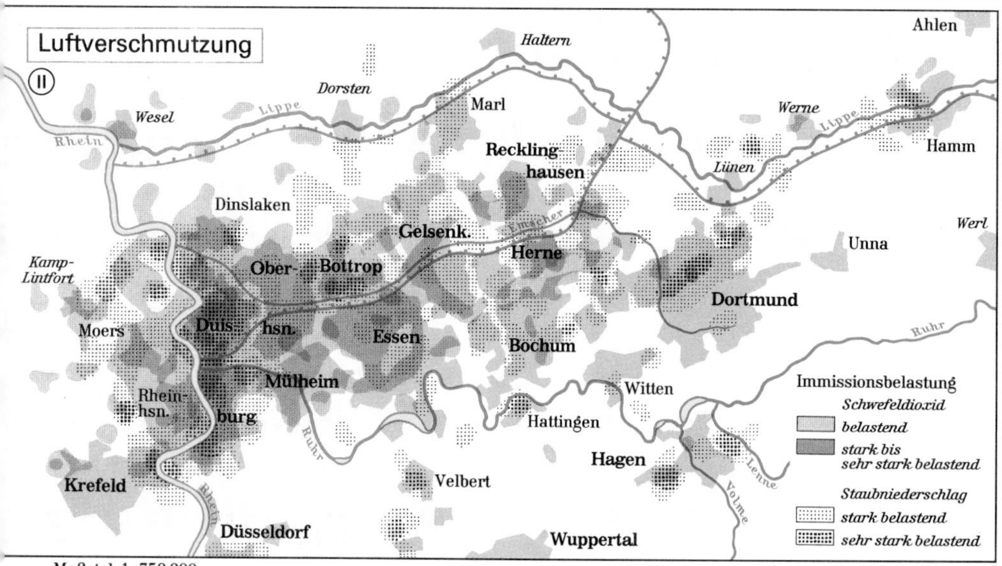

Luftverschmutzung

II

Immissionsbelastung
Schwefeldioxid
belastend
stark bis sehr stark belastend
Staubniederschlag
stark belastend
sehr stark belastend

Maßstab 1 : 750 000
0   5   10   15 km

Vergleiche dazu 38 I und 44 I

Vergleiche dazu 10/11 IV und 19 II

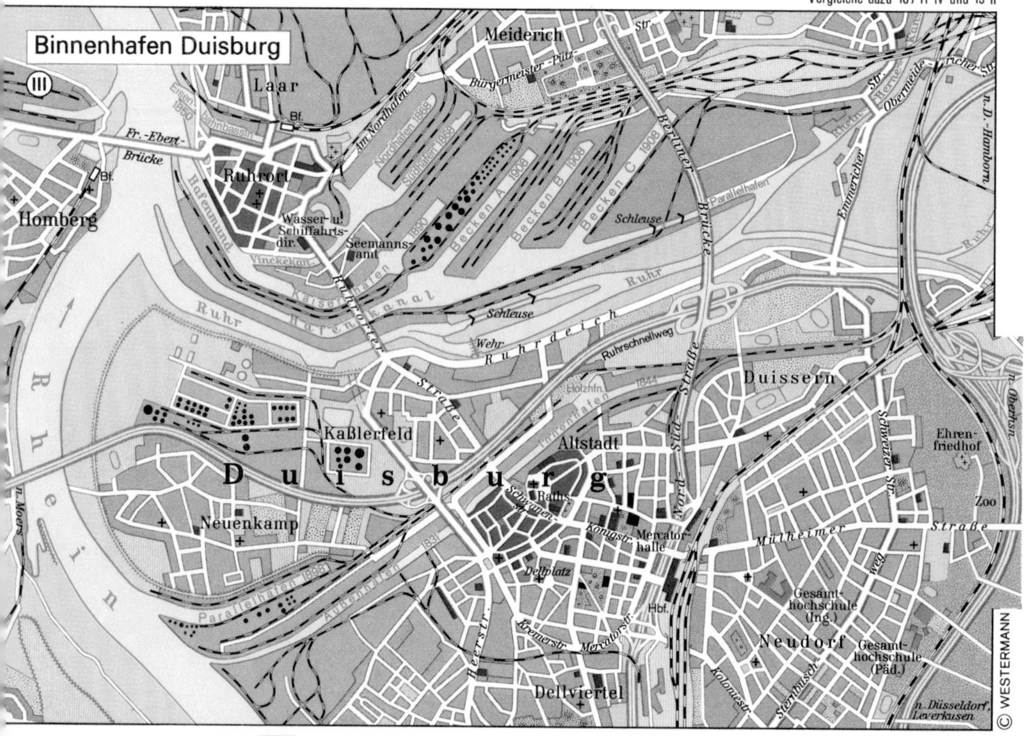

Binnenhafen Duisburg

III

Maßstab 1 : 50 000
0   500   1000 m

Citybereich (Altstadt)
Geschäftszentren
vorwiegend Wohngebiete
öffentl. u. Verwaltungsgebäude
1890 Baujahr des Hafenbeckens
Weitere Erläuterungen siehe Seite 10

© WESTERMANN

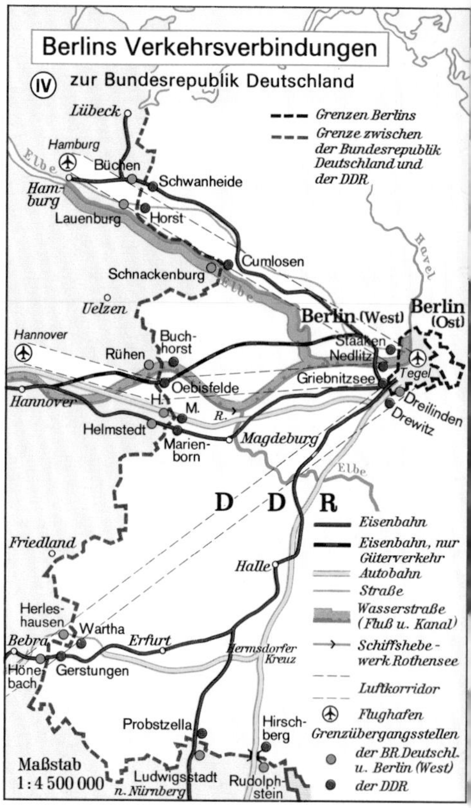

Berlins Verkehrsverbindungen

IV zur Bundesrepublik Deutschland

Grenzen Berlins
Grenze zwischen der Bundesrepublik Deutschland und der DDR

D D R

Eisenbahn
Eisenbahn, nur Güterverkehr
Autobahn
Straße
Wasserstraße (Fluß u. Kanal)
Schiffshebewerk Rothensee
Luftkorridor
Flughafen
Grenzübergangsstellen
der BR Deutschl. u. Berlin (West)
der DDR

Maßstab 1 : 4 500 000

Erläuterungen für die Karten der Seite 13, I und II

Citybereich Hauptgeschäftszentren, regional bedeutsame Geschäftsgebiete, zentrale Dienstleistungen

Innerer Wohngürtel geschlossene Bebauung, vorwieg. wilhelminische Wohnstadt, z. T. gemischt mit verarbeitendem Gewerbe

Äußerer Wohngürtel offene- u. Randbebauung, Neubauviertel, Stadtrandsiedlungen

Regierungsgebäude

Kommunalverwaltung

Universitäten, Kliniken Krankenhäuser, Kasernen

Theater, Konzertsäle, Museen, sonstige kulturelle Einrichtungen

Gewerbe und Industrie

Verkehrsflächen

landwirtschaftlich genutzte Flächen, Gartenbaubetriebe, Freiflächen

Gärten, Kleingärten

Wiesen, Sportanlagen

Wald

Parkanlagen

+++ Friedhof

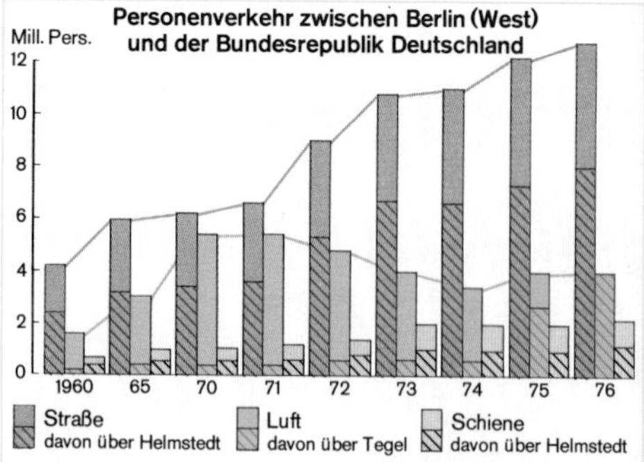

Personenverkehr zwischen Berlin (West) und der Bundesrepublik Deutschland

Mill. Pers.
12
1960 65 70 71 72 73 74 75 76

Straße davon über Helmstedt
Luft davon über Tegel
Schiene davon über Helmstedt

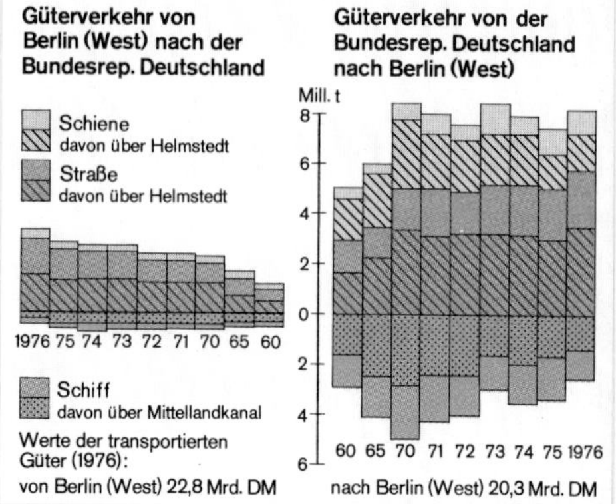

Güterverkehr von Berlin (West) nach der Bundesrep. Deutschland

Schiene davon über Helmstedt
Straße davon über Helmstedt
Schiff davon über Mittellandkanal

1976 75 74 73 72 71 70 65 60

Werte der transportierten Güter (1976): von Berlin (West) 22,8 Mrd. DM

Güterverkehr von der Bundesrep. Deutschland nach Berlin (West)

Mill. t

60 65 70 71 72 73 74 75 1976

nach Berlin (West) 20,3 Mrd. DM

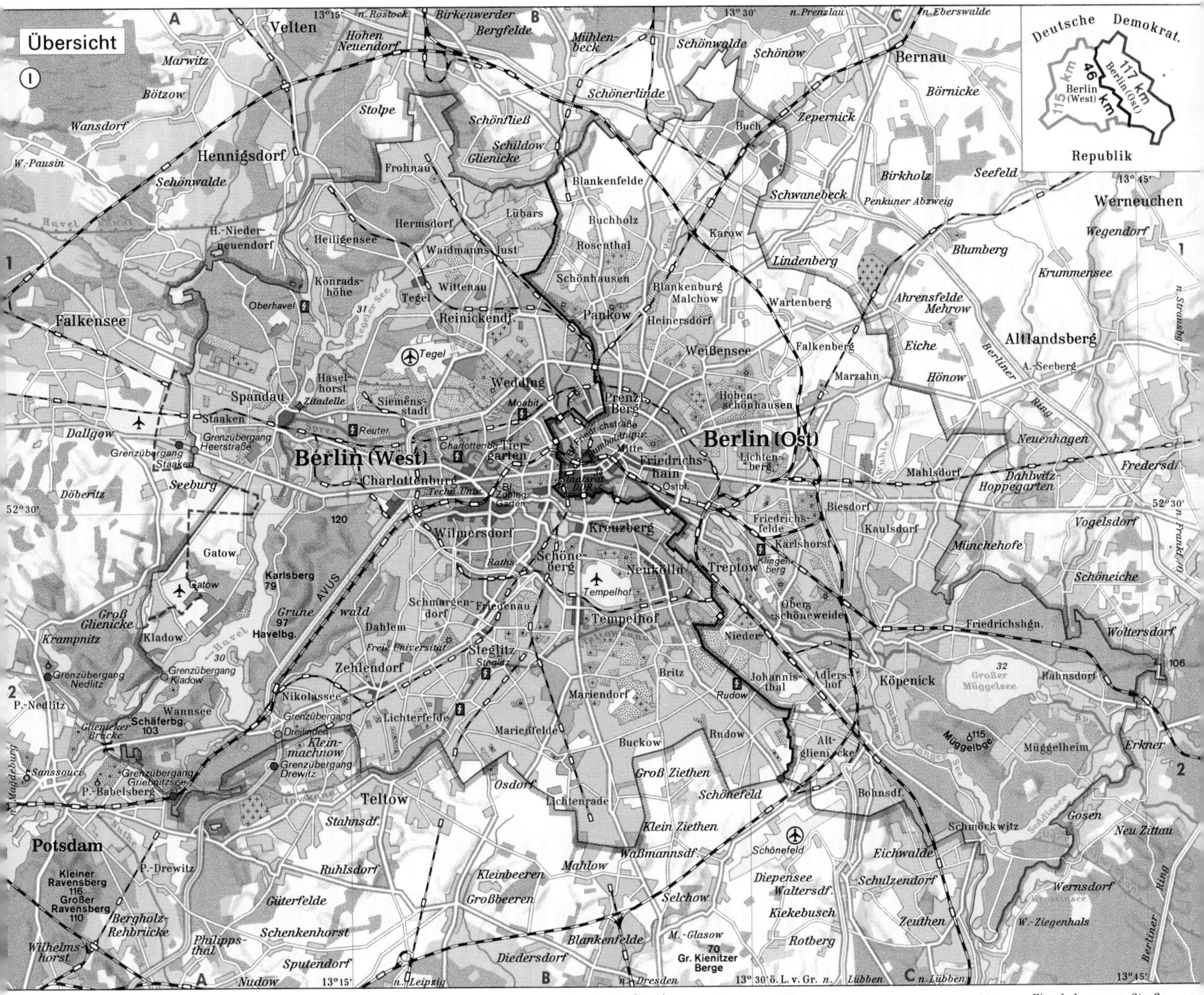

Übersicht

I

Deutsche Demokrat.
117 km
46 km
115 km
Berlin (West)
Berlin (Ost)
Republik

Maßstab 1 : 250 000
0 1 2 3 4 5 km

Grenze Berlins seit 1945	Teilung Berlins seit 1945
abweichende Grenze vor 1945	Grenze zwischen Berlin (West) und Berlin (Ost) mit Übergangsstellen
	Grenzübergangsstelle von Berlin (West)
	Grenzübergangsstelle der DDR

Verkehrsverbindungen zur BR Deutschland
Eisenbahn — Straße
Autobahn — Wasserweg

Innere Stadt

II

Maßstab 1 : 50 000
0 500 1000 m

1 cm auf der Karte ≙ 500 m in der Natur

Bf Eisenbahn (Fernbahn)
Bf S-Bahn, Nebenbahn
Bf U-Bahn
Autobahn, z.T. im Bau

Hauptstraße, Fernverkehrsstraße
sonstige Straße

internationaler Flughafen
Großhotel
Kirche
Synagoge

Maßstab 1:1 500 000

0   10   20   30   40   50 km

1 cm auf der Karte ≙
15 km in der Natur

■ Orte über   1 000 000 Einwohner   ● Orte über 100 000 - 500 000 Einwohner   ◎ Orte über 5 000 - 20 000 Einw

■ Orte über 500 000 - 1 000 000 Einwohner   ○ Orte über 20 000 - 100 000 Einwohner   ◦ Orte unter 5 000 Einwohner

geschlossene
Besiedlung | Hauptstädte der Bundesländer und der
Bezirke in der DDR sind unterstrichen | Staatsgrenzen
Grenze zwischen der Bundesrepublik
Deutschland und der DDR | Grenzen
Berlins | Grenzen der Länder in der
Bundesrepublik Deutschland und
Grenzen der Bezirke in der DDR | Weitere Erläuterungen
siehe Seiten 6/7

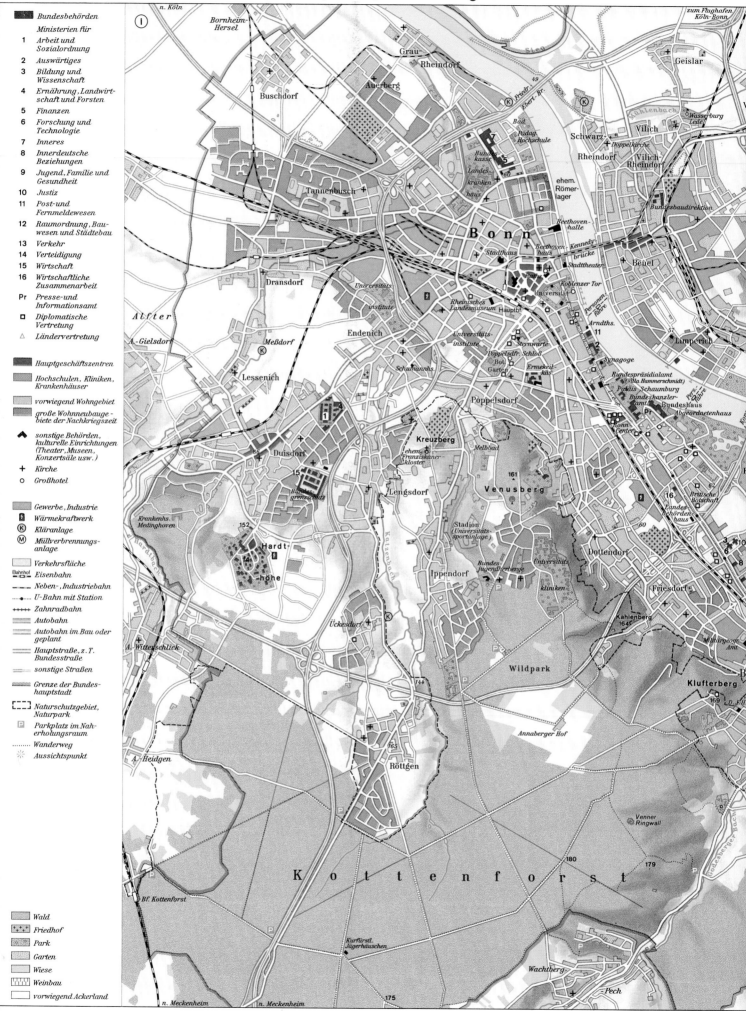

Bundesbehörden
Ministerien für
1 Arbeit und Sozialordnung
2 Auswärtiges
3 Bildung und Wissenschaft
4 Ernährung, Landwirtschaft und Forsten
5 Finanzen
6 Forschung und Technologie
7 Inneres
8 Innerdeutsche Beziehungen
9 Jugend, Familie und Gesundheit
10 Justiz
11 Post- und Fernmeldewesen
12 Raumordnung, Bauwesen und Städtebau
13 Verkehr
14 Verteidigung
15 Wirtschaft
16 Wirtschaftliche Zusammenarbeit
Pr Presse- und Informationsamt
□ Diplomatische Vertretung
△ Ländervertretung

Hauptgeschäftszentren
Hochschulen, Kliniken, Krankenhäuser
vorwiegend Wohngebiet
große Wohnneubaugebiete der Nachkriegszeit
sonstige Behörden, kulturelle Einrichtungen (Theater, Museen, Konzertsäle usw.)
+ Kirche
o Großhotel

Gewerbe, Industrie
Wärmekraftwerk
K Kläranlage
M Müllverbrennungsanlage
Verkehrsfläche
Bahnhof Eisenbahn
Neben-, Industriebahn
U-Bahn mit Station
Zahnradbahn
Autobahn
Autobahn im Bau oder geplant
Hauptstraße, z.T. Bundesstraße
sonstige Straßen
Grenze der Bundeshauptstadt
Naturschutzgebiet, Naturpark
P Parkplatz im Naherholungsraum
Wanderweg
Aussichtspunkt

Wald
Friedhof
Park
Garten
Wiese
Weinbau
vorwiegend Ackerland

Maßstab 1:50 000   1 cm auf der Karte ≙
0 250 500   1000   500 m in der Natur
                       m

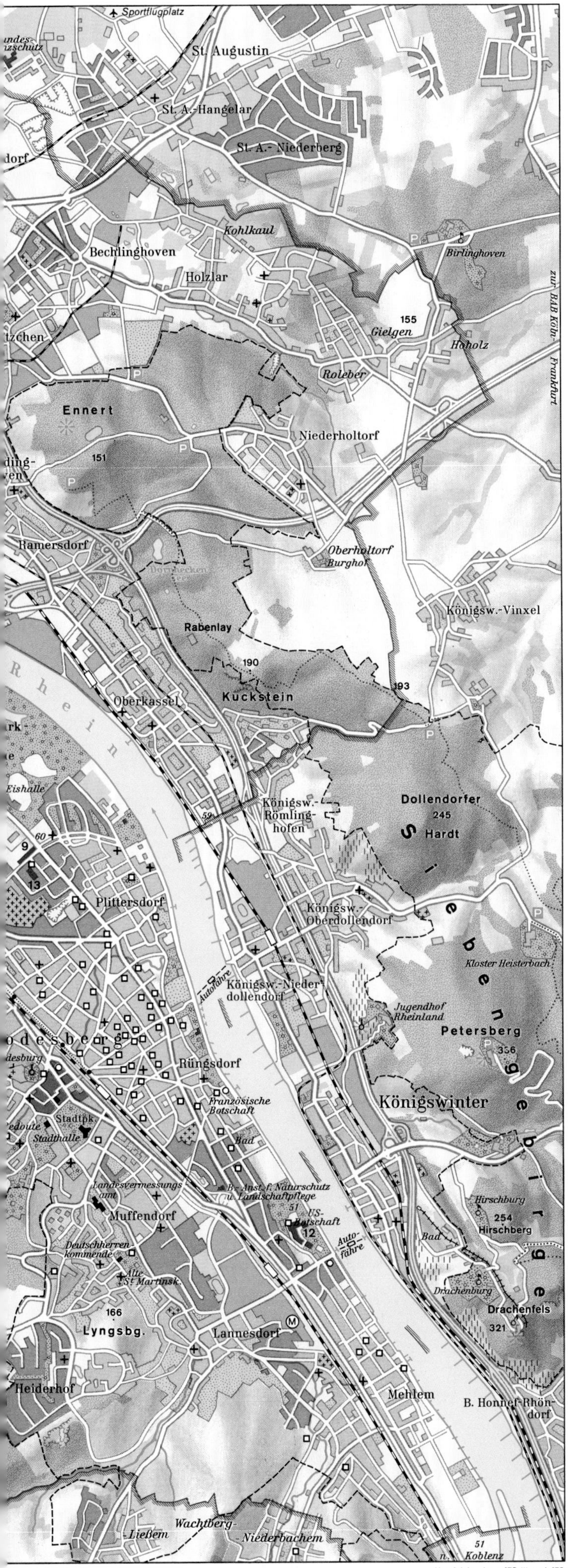

Vergleiche dazu 158 III und 159

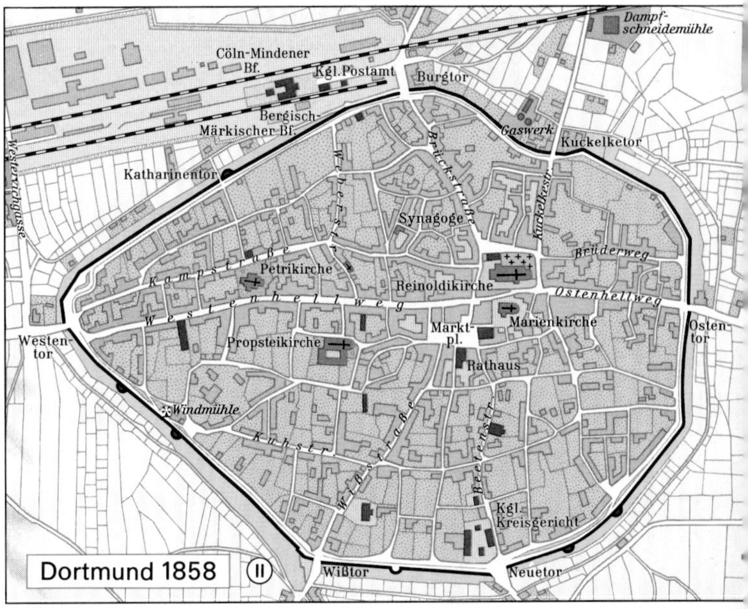

Dortmund 1858 ②

Stadtkern 1938 ③

Stadtkern heute ④

© WESTERMANN

Stadtmauer mit Wehranlage	Garten	Eisenbahn
Kirche, Kloster	Grünanlage	Straßenbahn
öffentliches Gebäude	Friedhof	Omnibus
bebaute Fläche	Freifläche	Parkplatz
sechs- und mehrgeschossige Gebäude	Eisenbahngelände	Parkhaus u. Tiefgarage
Schule	Industriegelände	Kolonnaden
	Ackerland, z. T. Weiden	Fußgängerzone

Maßstab der Karten II-IV   1:14 000
0 100 200 300 400 500 m
1 cm auf der Karte ≙
140 m in der Natur

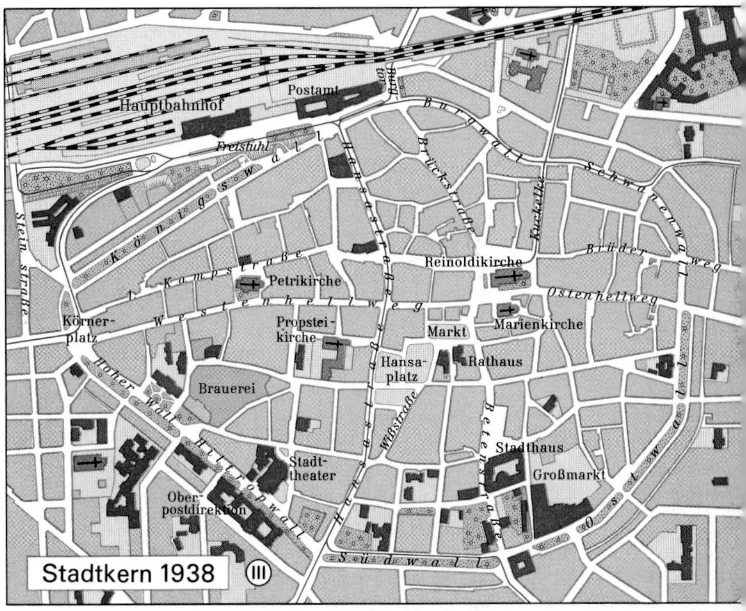

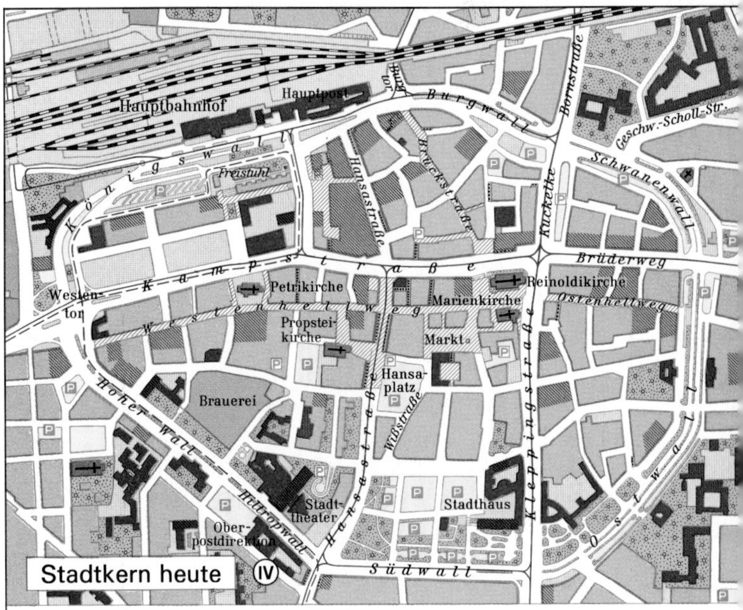

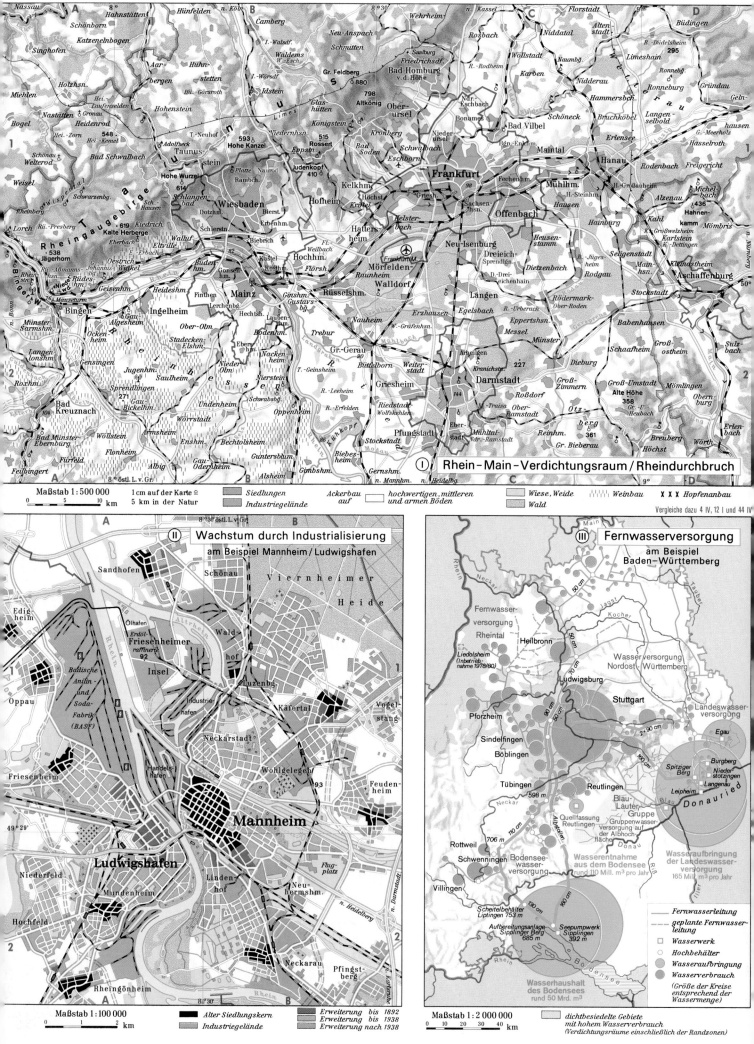

① Rhein-Main-Verdichtungsraum / Rheindurchbruch

Maßstab 1:500 000
0 5 10 km
1 cm auf der Karte ≙ 5 km in der Natur

Siedlungen
Industriegelände
Ackerbau auf — hochwertigen, mittleren und armen Böden
Wiese, Weide
Wald
Weinbau
X X X Hopfenanbau

Vergleiche dazu 4 IV, 12 I und 44 IV

② Wachstum durch Industrialisierung
am Beispiel Mannheim/Ludwigshafen

Maßstab 1:100 000
0 1 2 km

Alter Siedlungskern
Industriegelände
Erweiterung bis 1892
Erweiterung bis 1938
Erweiterung nach 1938

③ Fernwasserversorgung
am Beispiel Baden-Württemberg

Maßstab 1:2 000 000
0 10 20 30 40 km

Fernwasserleitung
geplante Fernwasserleitung
Wasserwerk
Hochbehälter
Wasseraufbringung
Wasserverbrauch
(Größe der Kreise entsprechend der Wassermenge)

dichtbesiedelte Gebiete mit hohem Wasserverbrauch
(Verdichtungsräume einschließlich der Randzonen)

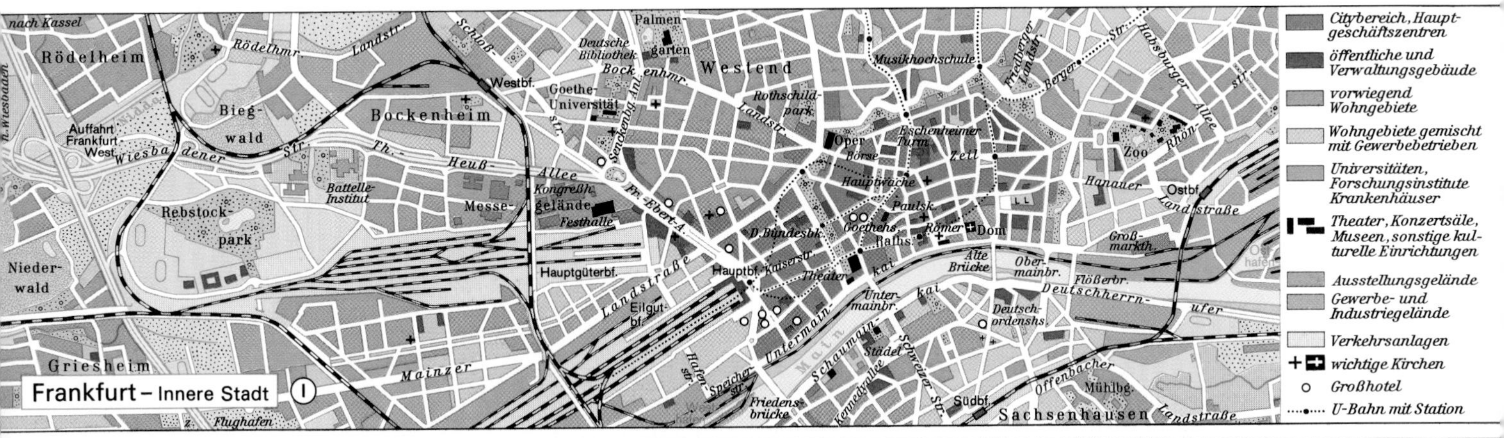

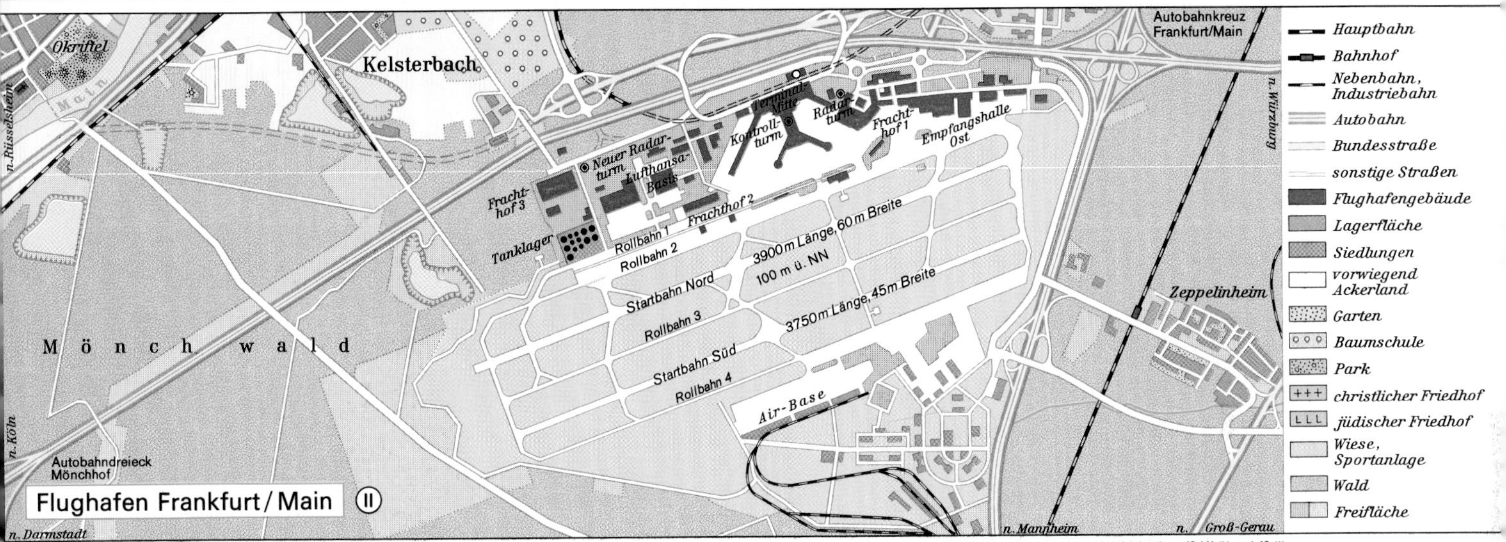

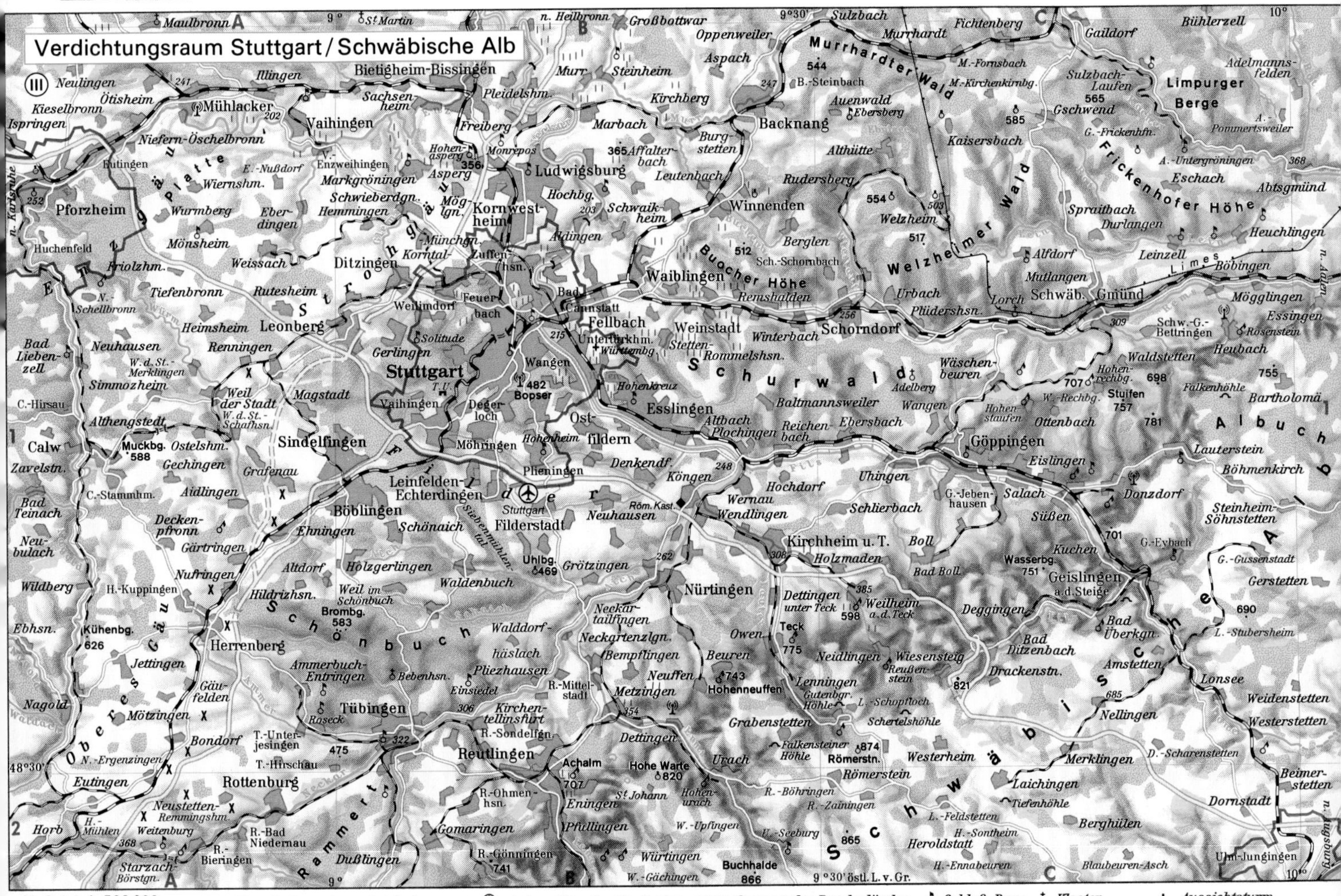

Maßstab 1:1 500 000

0 10 20 30 40 50 km

1 cm auf der Karte ≙
15 km in der Natur

■ **Orte** über 1 000 000 Einwohner

■ **Orte** über 500 000 - 1 000 000 Einwohner

● **Orte** über 100 000 - 500 000 Einwohner

○ Orte über 20 000 - 100 000 Einwohner

◦ Orte über 5 000 - 20 000 Einwohner

∘ Orte unter 5 000 Einwohner

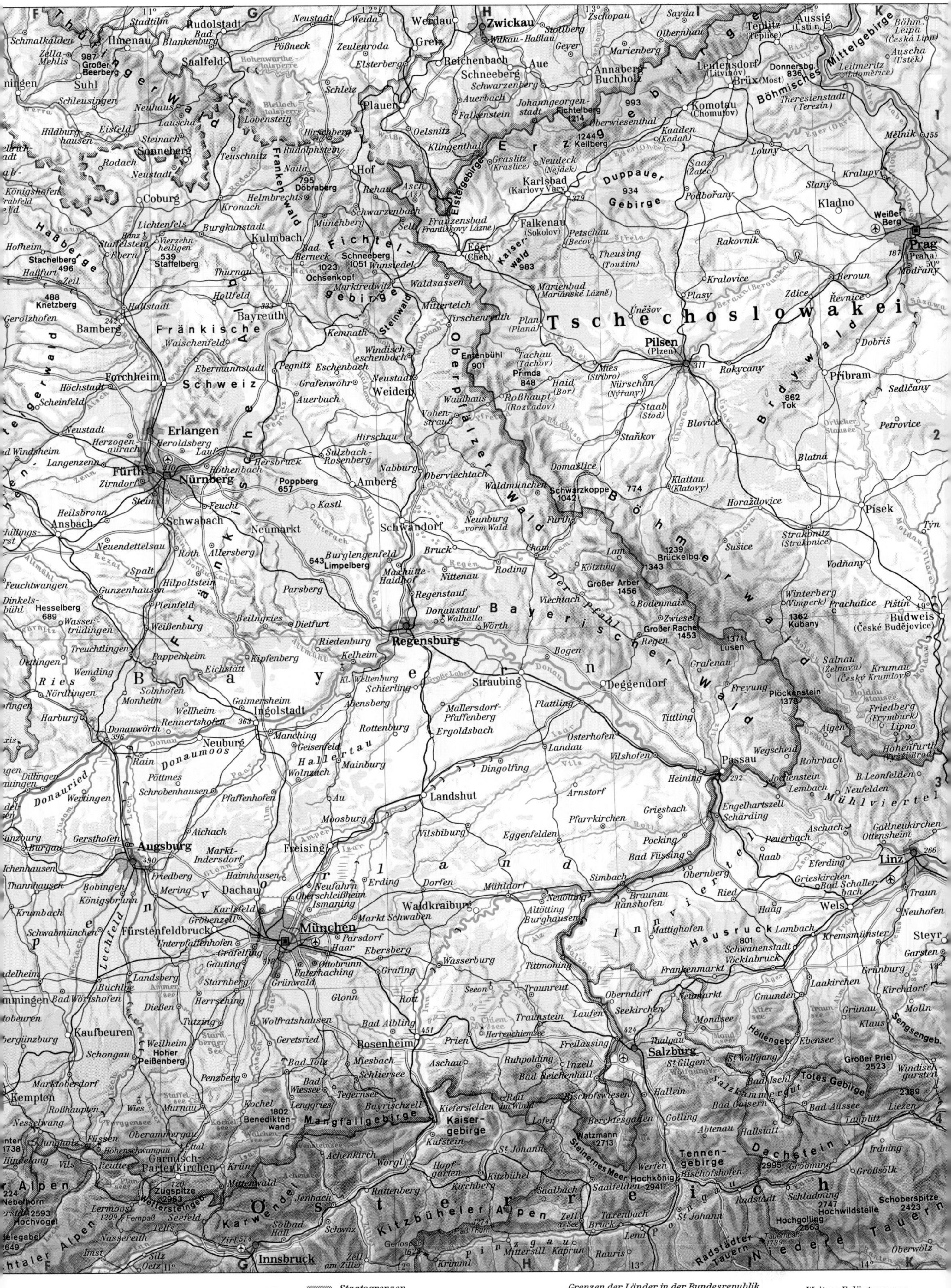

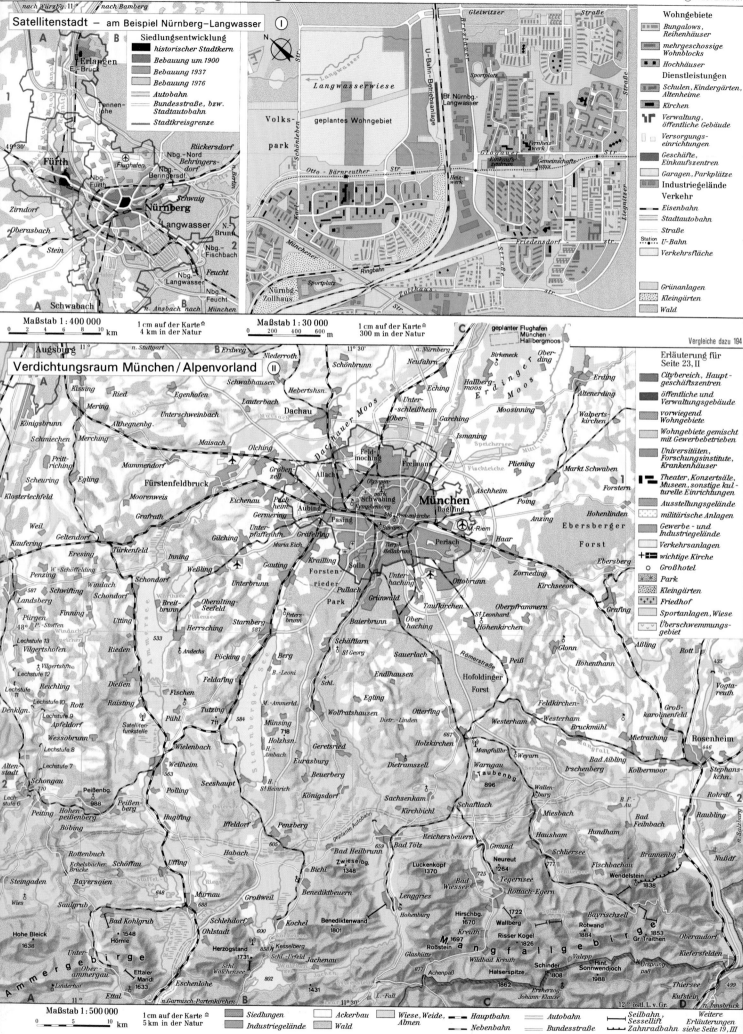

Naherholungsraum einer Großstadt – am Beispiel München (I)

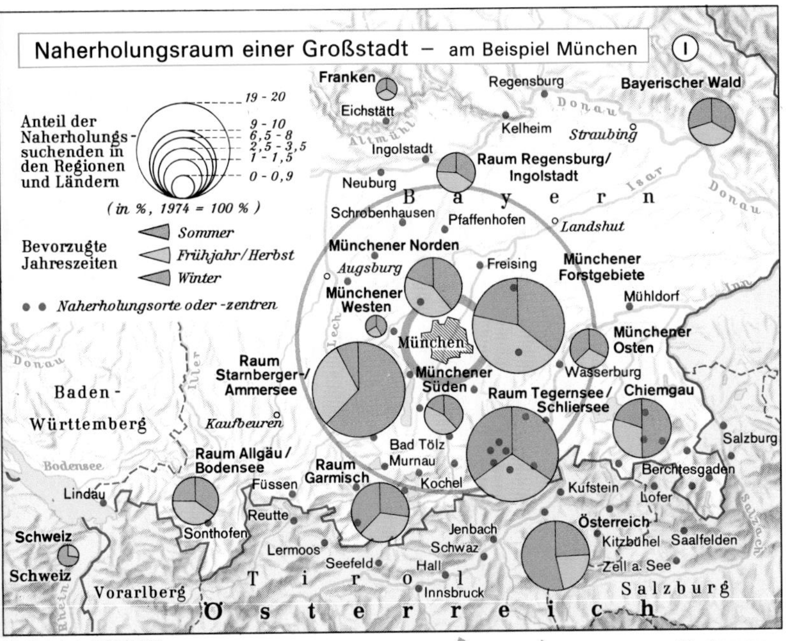

Maßstab 1 : 3 000 000

Naherholungsbereich: bis 1850 — bis 1910

Staatsgrenze — Ländergrenze

München – Innere Stadt (II)

Maßstab 1 : 50 000 (0 – 250 – 500 – 1000 m)

Bahnhof: Eisenbahn, S-Bahn — S-Bahn unterirdisch — Industriebahn — U-Bahn mit Station — Autobahn — Hauptstraßen

Stadtsanierung – am Beispiel der Altstadt von Regensburg (III)

Nutzungsstruktur der Altstadt (III a)

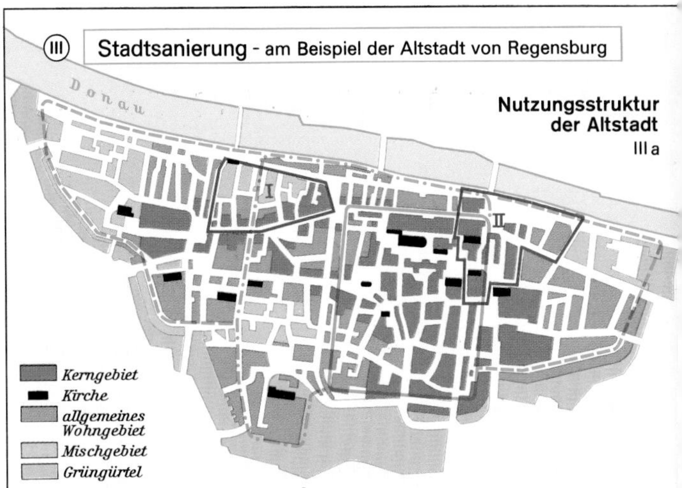

- Kerngebiet
- Kirche
- allgemeines Wohngebiet
- Mischgebiet
- Grüngürtel
- Römerkastell
- Stadterweiterung um 916
- Stadterweiterung um 1200
- Sanierungsgebiete I und II

Sanierungsgebiet I – Zustand vor Beginn der Sanierung (III b)

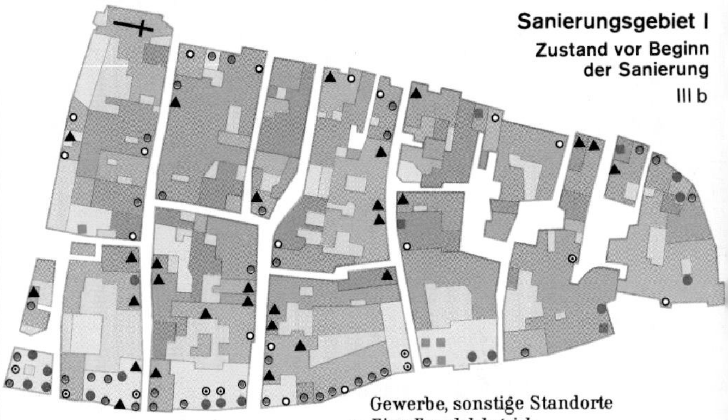

Bauzustand der Häuser
- 11 % sehr gut bis gut
- 29 % mittelmäßig
- 47 % mangelhaft bis ungenügend
- 13 % gefahrdrohend

Gewerbe, sonstige Standorte
- Einzelhandelsbetrieb
- Produzierendes Gewerbe
- Bank, Versicherung, Verwaltung
- Kultureinrichtung, Unterhaltung
- Gaststätte, Hotel
- sonstige Dienstleistung

Baualter der Gebäude (III c)

Baujahr: vor 1300 — 1300 - 1500 — 1500 - 1700 — 1700 - 1800 — nach 1800 — Innenhöfe, Gärten

Bauleitplan für die Sanierung (III d)

- denkmalpflegerisch bedeutsame Gebäude (Substanzsanierung)
- Gebäudeumriß soll erhalten bleiben (Flächensanierung)
- Baulinie ist einzuhalten (Fassadensanierung)
- sonstige Flächen, „entkernte" Innenhöfe, Gärten
- abgebrochene Gebäude

Maßstab der Karte IIIa 1 : 22 000 (0 – 100 – 200 – 300 – 400 – 500 m)

Maßstab der Karten IIIb, c, d 1 : 4 400 (0 – 20 – 40 – 60 – 80 – 100 m)

Climate diagrams (left column):

78	71	74
8,5	8,6	7,8
698	716	603
Westerland 12 m ü. M.	Hamburg 35 m ü. M.	Rostock 27 m ü. M.

69	66	69
9,6	8,8	9,0
829	639	606
Essen 120 m ü. M.	Braunschweig 81 m ü. M.	Berlin 55 m ü. M.

79	86	65
5,0	2,4	9,1
1454	1678	516
Kahler Asten 835 m ü. M.	Brocken 1150 m ü. M.	Halle 94 m ü. M.

63	63	64
9,8	10,2	10,3
727	677	944
Trier 144 m ü. M.	Frankfurt/M. 103 m ü. M.	Freiburg 259 m ü. M.

65	65	81
8,5	7,9	−4,7
687	935	1946
Stuttgart 240 m ü. M.	München 515 m ü. M.	Zugspitze 2963 m ü. M.

Vergleiche dazu 104 und 176 (Klimadiagramme)

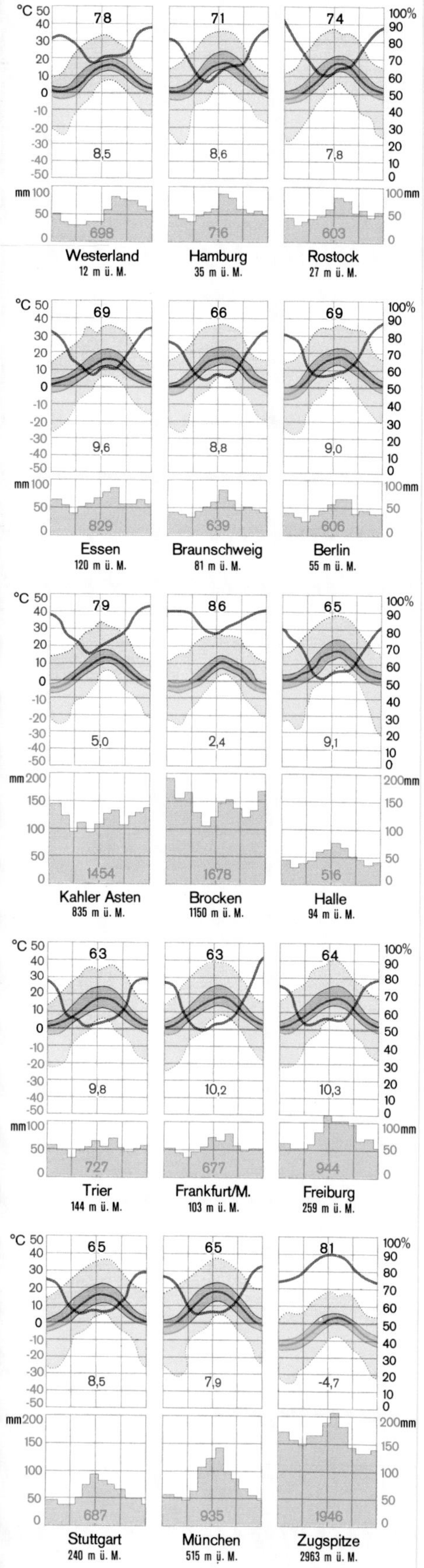

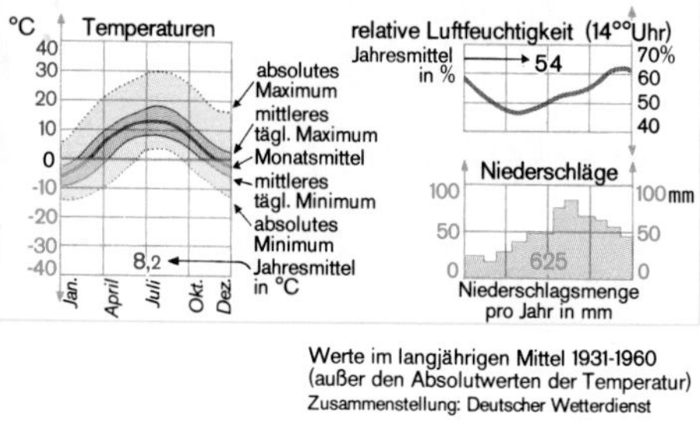

Temperaturen
°C
absolutes Maximum
mittleres tägl. Maximum
Monatsmittel
mittleres tägl. Minimum
absolutes Minimum
8,2 — Jahresmittel in °C

relative Luftfeuchtigkeit (14⁰⁰ Uhr)
Jahresmittel in % — 54

Niederschläge
625 — Niederschlagsmenge pro Jahr in mm

Werte im langjährigen Mittel 1931-1960
(außer den Absolutwerten der Temperatur)
Zusammenstellung: Deutscher Wetterdienst

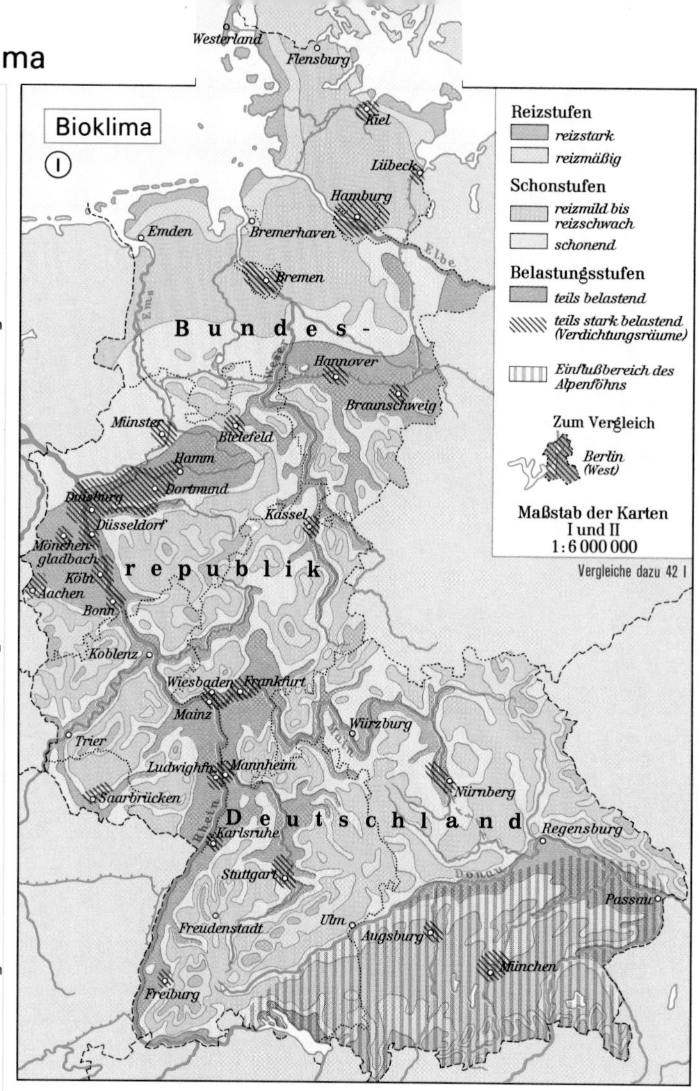

Bioklima (I)

Maßstab der Karten I und II 1 : 6 000 000
Vergleiche dazu 42 I

Reizstufen
- reizstark
- reizmäßig

Schonstufen
- reizmild bis reizschwach
- schonend

Belastungsstufen
- teils belastend
- teils stark belastend (Verdichtungsräume)
- Einflußbereich des Alpenföhns

Zum Vergleich
Berlin (West)

Erholung (II)

Erholungsorte und Großstädte ab 250 000 Übernachtungen pro Jahr (1975/76)
- Heilbad
- Seebad/Seeheilbad
- Luftkurort
- Großstadt (einschließl. Berufsreiseverkehr)

Kreisgrößen nach der Zahl der Übernachtungen (in Tausend)
- 250 – 500
- 500 – 1000
- über 1000

- Verdichtungsräume
- bestehende Naturparke (oder solchen gleichzusetzende Gebiete)
- sonstige bevorzugte Naherholungsräume

Zum Vergleich
Berlin (West)

F. Feilnbach-Wiechs
H. Hindelang-Bad Oberdorf
H.-B. Hahnenklee-Bockswiese
H.-M. Horn-Bad Meinberg
K. Bad Kohlgrub
M. Malente-Gremsmühlen
Mi. Mittelberg
S. Schliersee
T. Timmendorfer Strand

Vergleiche dazu 4 V und 98 I/II

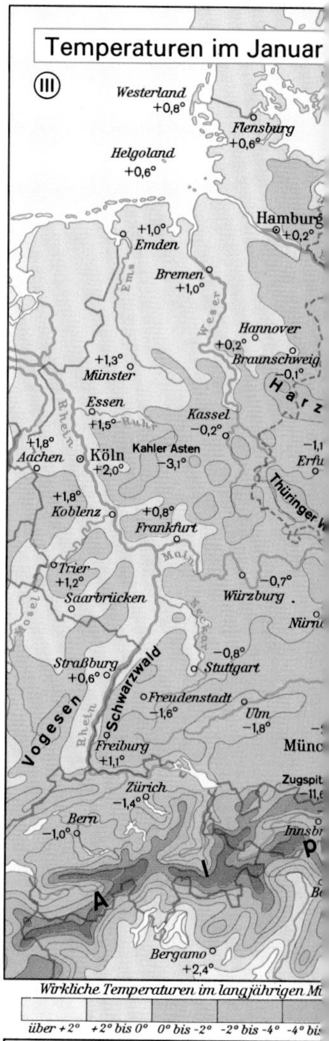

Temperaturen im Januar (III)

Wirkliche Temperaturen im langjährigen Mi...

über +2° | +2° bis 0° | 0° bis −2° | −2° bis −4° | −4° bis

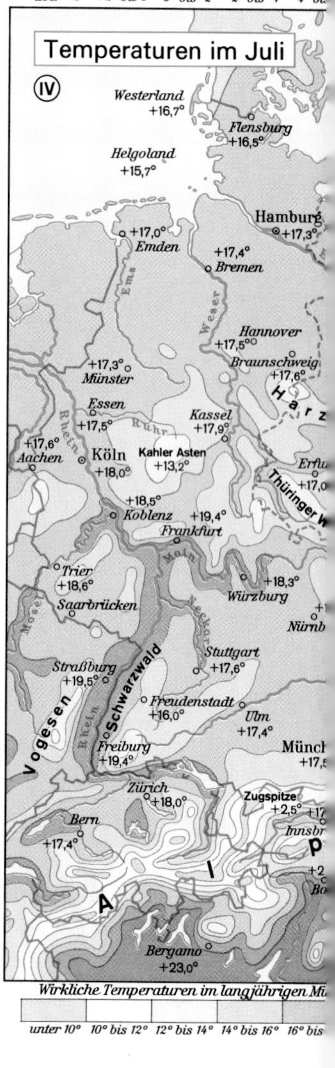

Temperaturen im Juli (IV)

Wirkliche Temperaturen im langjährigen Mi...

unter 10° | 10° bis 12° | 12° bis 14° | 14° bis 16° | 16° bis

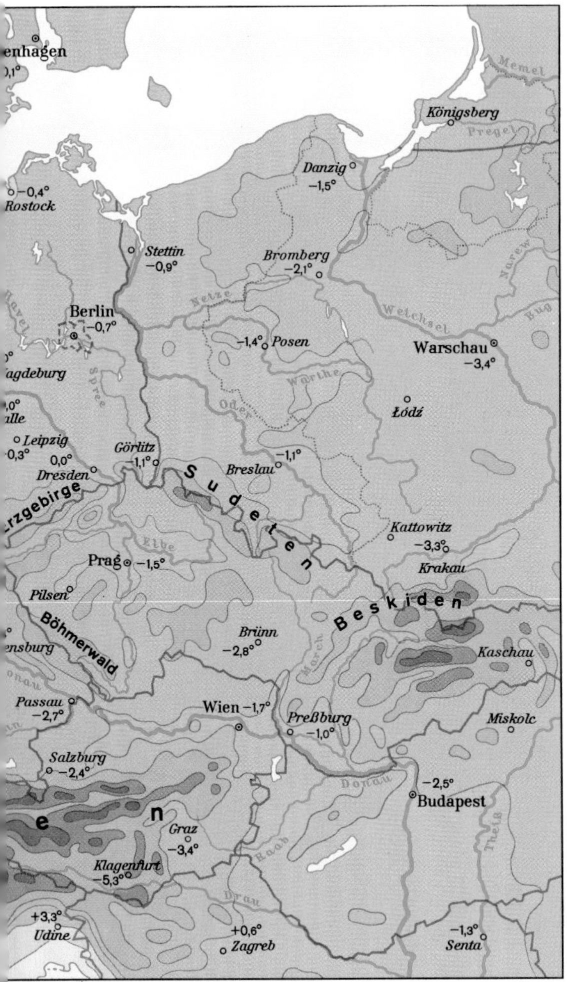

Niederschläge im Jahr

Ⓥ

Niederschlagshöhe im langjährigen Mittel (in mm)

| unter 500 | 500 - 600 | 600 - 750 | 750 - 1000 | 1000 - 1500 | 1500 - 2000 | über 2000 |

— — — *Hauptwasserscheide*

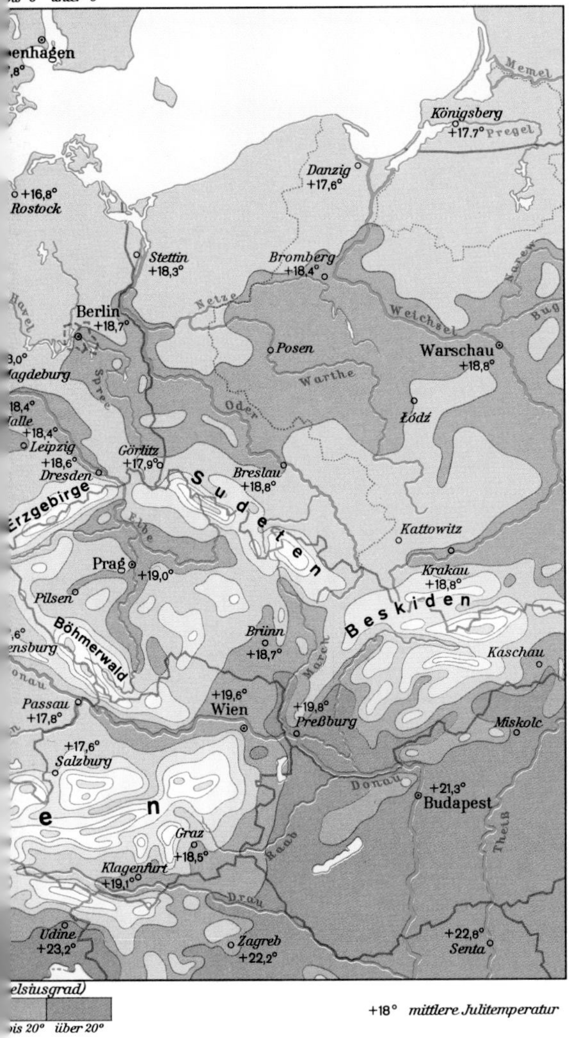

-0,3° mittlere Januartemperatur

bis -8° unter -8°

elsiusgrad)

Frühlingseinzug

ⓋⅠ

Beginn der Apfelblüte

| bis 28.4. | 29.4.-5.5. | 6.5.-12.5. | 13.5.-19.5. | nach dem 20.5. |

Maßstab der Karten
III - VI 1 : 9 000 000

+18° mittlere Julitemperatur

bis 20° über 20°

elsiusgrad)

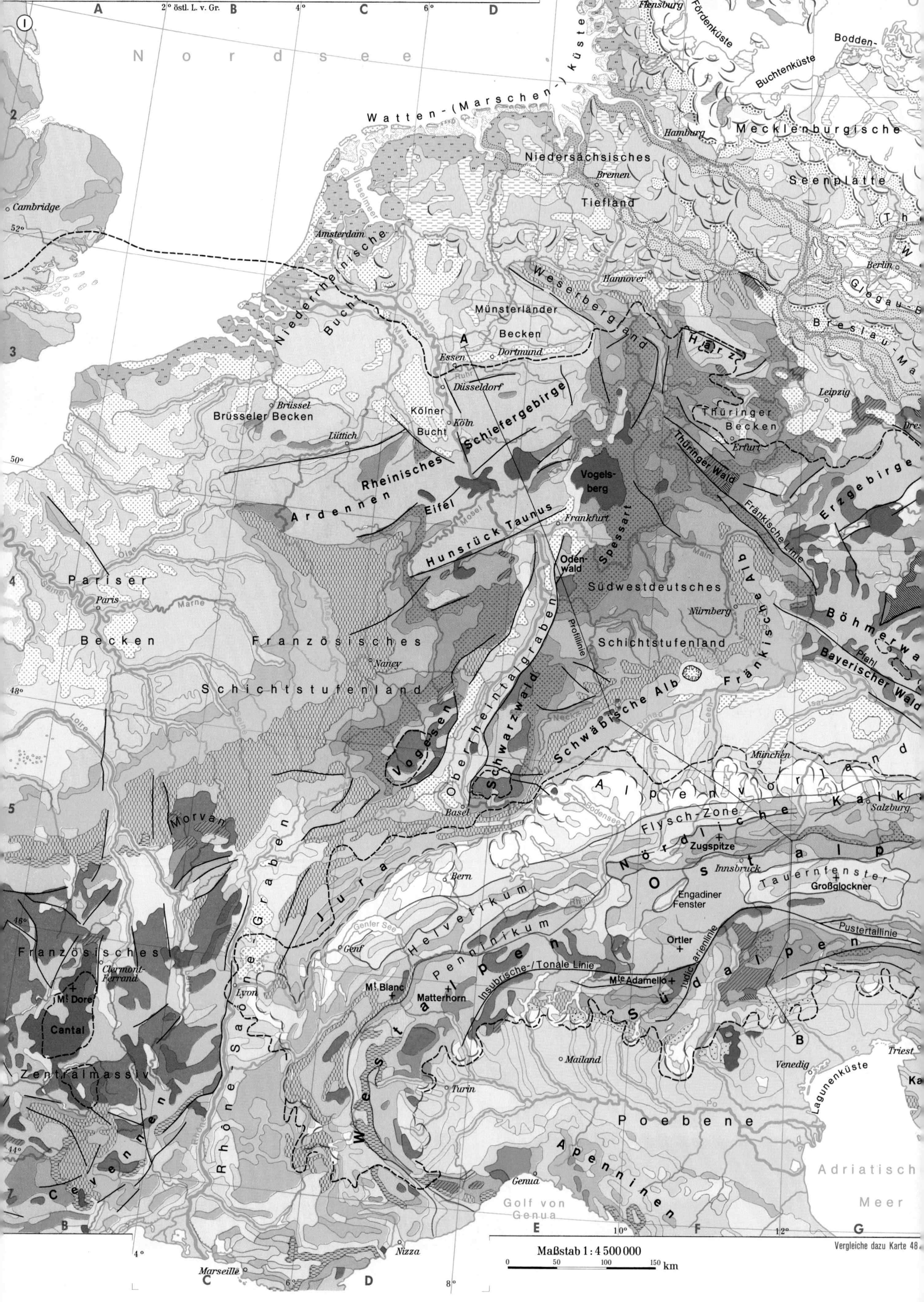

Maßstab 1 : 4 500 000

0   50   100   150 km

Vergleiche dazu Karte 48

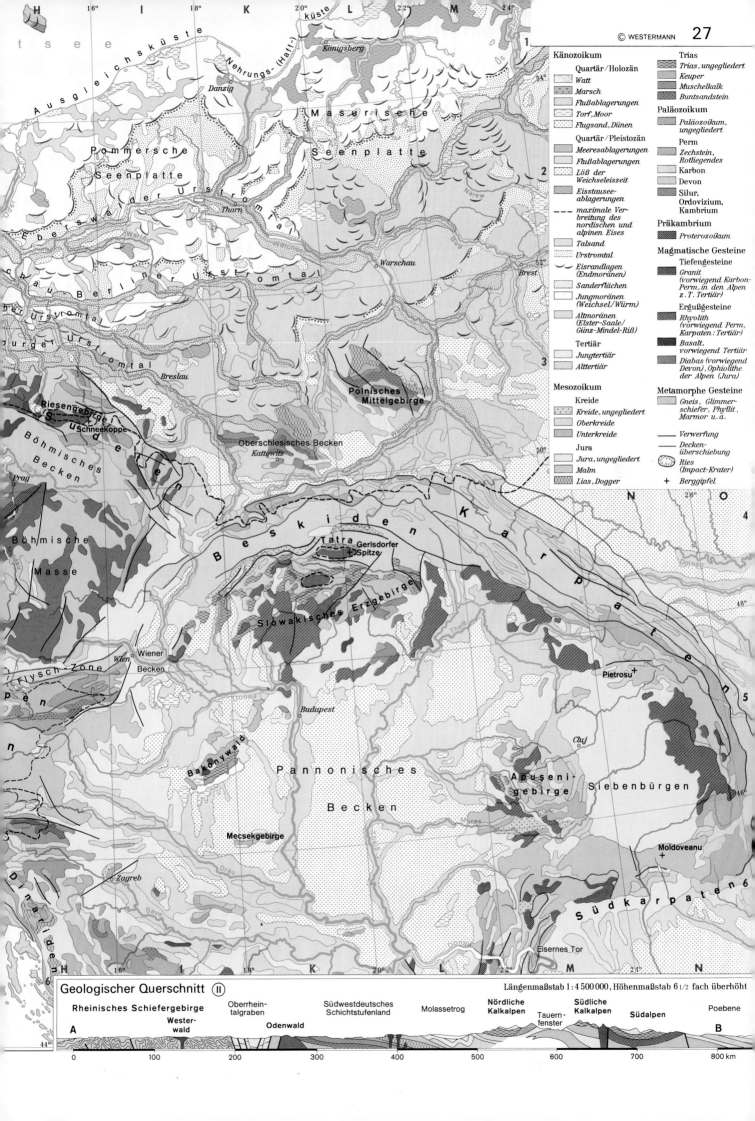

Deutsches Reich 1914

Deutsches Reich 1937

Maßstab der Karten I und II 1:12 000 000
0 100 200 300 km

Staats-grenze — Grenzen der Bundesstaaten — ohne Abstimmung abgetretene Gebiete — Abstimmungsgebiete — Lit. = Litauen
Grenzen der Provinzen — nach Abstimmung abgetretene Gebiete — Sch.-L. = Schaumburg-Lippe

Maßstab 1 : 6 000 000
0 50 100 150 km

1 cm auf der Karte ≙ 60 km in der Natur

Vergleiche dazu 12 IV

Staatsgrenze
Grenze zwischen der Bundesrepublik Deutschland und der Deutschen Demokratischen Republik
Grenzen Berlins
Grenzen der Länder in der BR Deutschl.
Grenzen der Regierungsbezirke in der Bundesrepublik Deutschland
Grenzen der Bezirke in der DDR (seit 1952)
Deutsche Ostgrenze vom 31.12.1937
Hauptstädte der Staaten
Hauptstädte der Bundesländer
Verwaltungssitze der Regierungsbezirke (Bundesrepublik Deutschland) und der Bezirke (DDR)
sonstige wichtige Orte (Verwaltungssitze) in den Nachbarstaaten
Oberpfalz Namen der Regierungsbezirke, soweit sie nicht nach dem Hauptort benannt sind
Die Namen der Bezirke in der DDR sind mit ihrem Hauptort identisch

Ostgrenze aufgrund der Verträge von Moskau und Warschau (beide 1970)

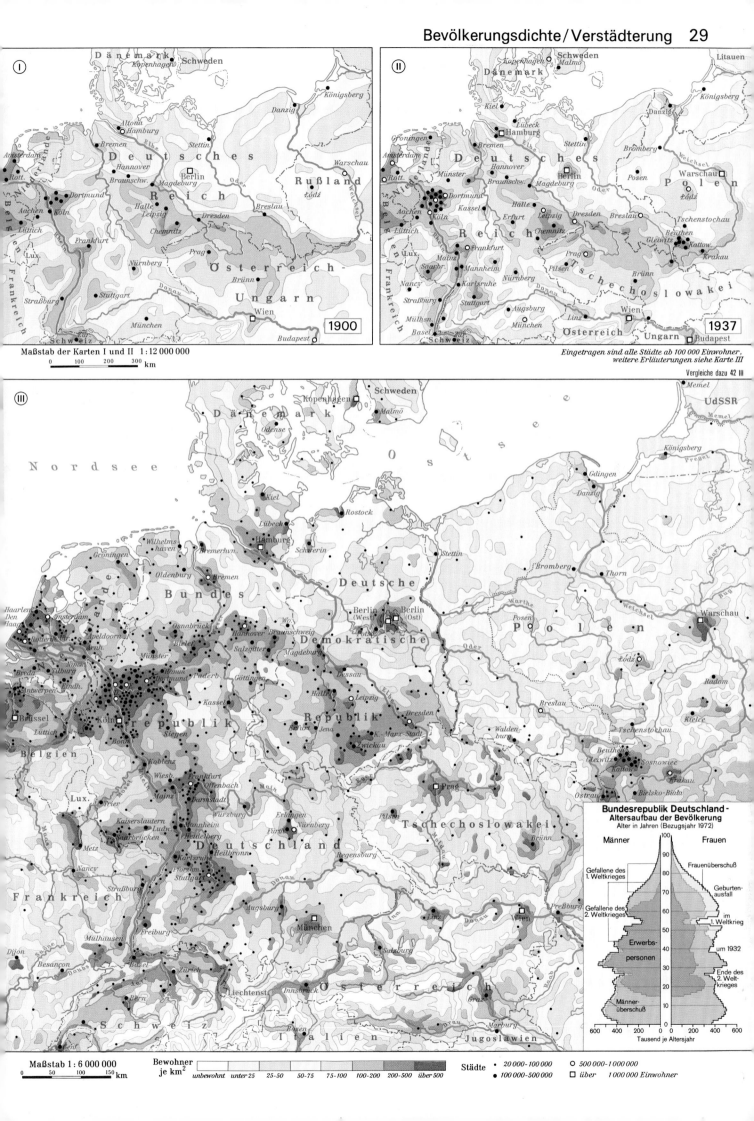

Deutschland - Wirtschaft

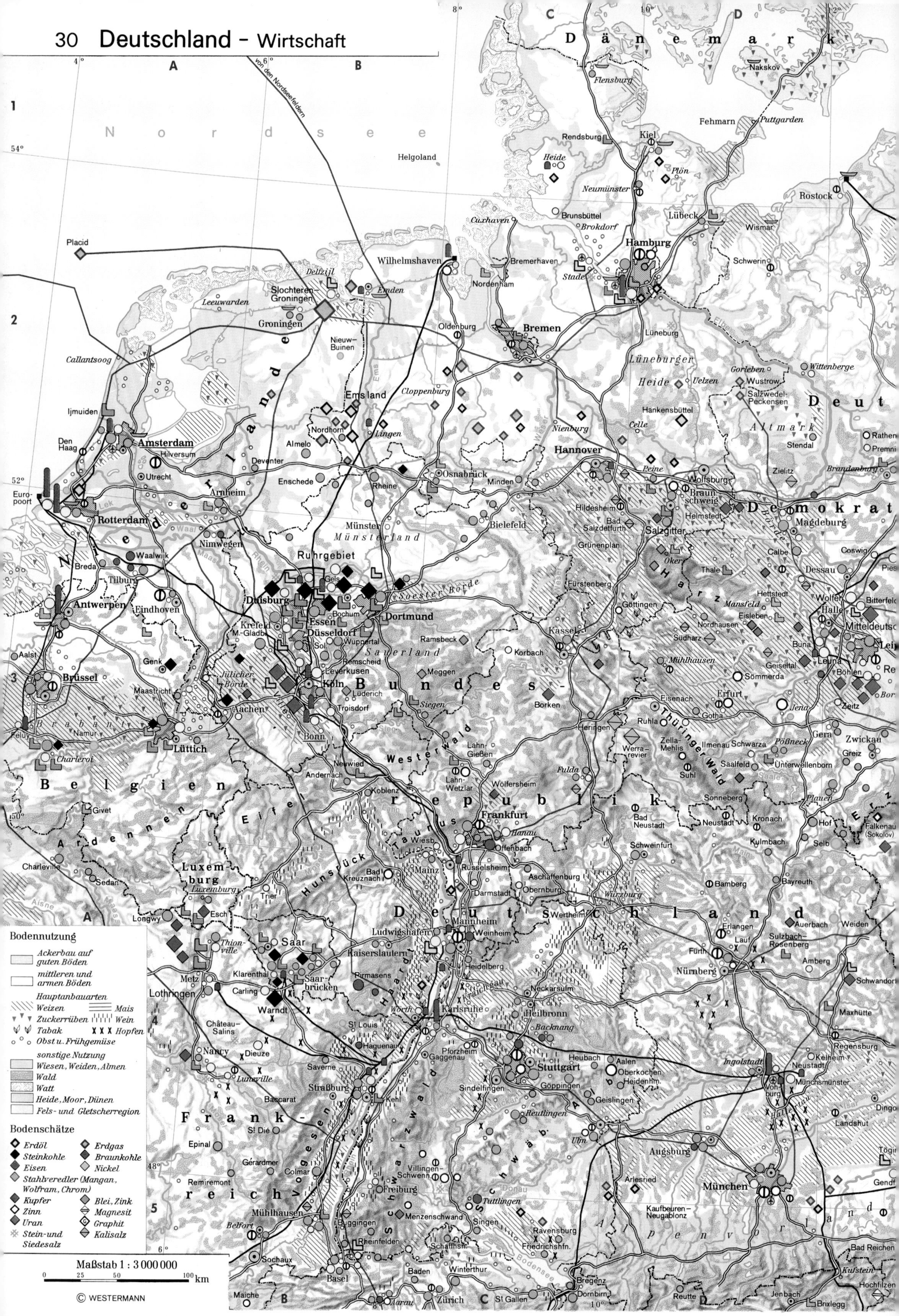
Bodennutzung
Ackerbau auf guten Böden
mittleren und armen Böden
Hauptanbauarten
Weizen
Mais
Zuckerrüben
Wein
Tabak
Hopfen
Obst u. Frühgemüse
sonstige Nutzung
Wiesen, Weiden, Almen
Wald
Watt
Heide, Moor, Dünen
Fels- und Gletscherregion
Bodenschätze
Erdöl
Erdgas
Steinkohle
Braunkohle
Eisen
Nickel
Stahlveredler (Mangan, Wolfram, Chrom)
Kupfer
Blei, Zink
Zinn
Magnesit
Uran
Graphit
Stein- und Siedesalz
Kalisalz
Maßstab 1 : 3 000 000
0 25 50 100 km
Nordsee
Dänemark
Niederlande
Belgien
Luxemburg
Frankreich
Bundesrepublik Deutschland
Deutsche Demokratische Republik
Helgoland
Hamburg
Bremen
Hannover
Ruhrgebiet
Düsseldorf
Köln
Frankfurt
Stuttgart
München
Nürnberg
Amsterdam
Rotterdam
Brüssel
Lüttich
Magdeburg
Harz
Thüringer Wald
Westerwald
Eifel
Hunsrück
Taunus
Schwarzwald
Vogesen
Lüneburger Heide
Münsterland
Sauerland
Ardennen
von den Nordseefeldern

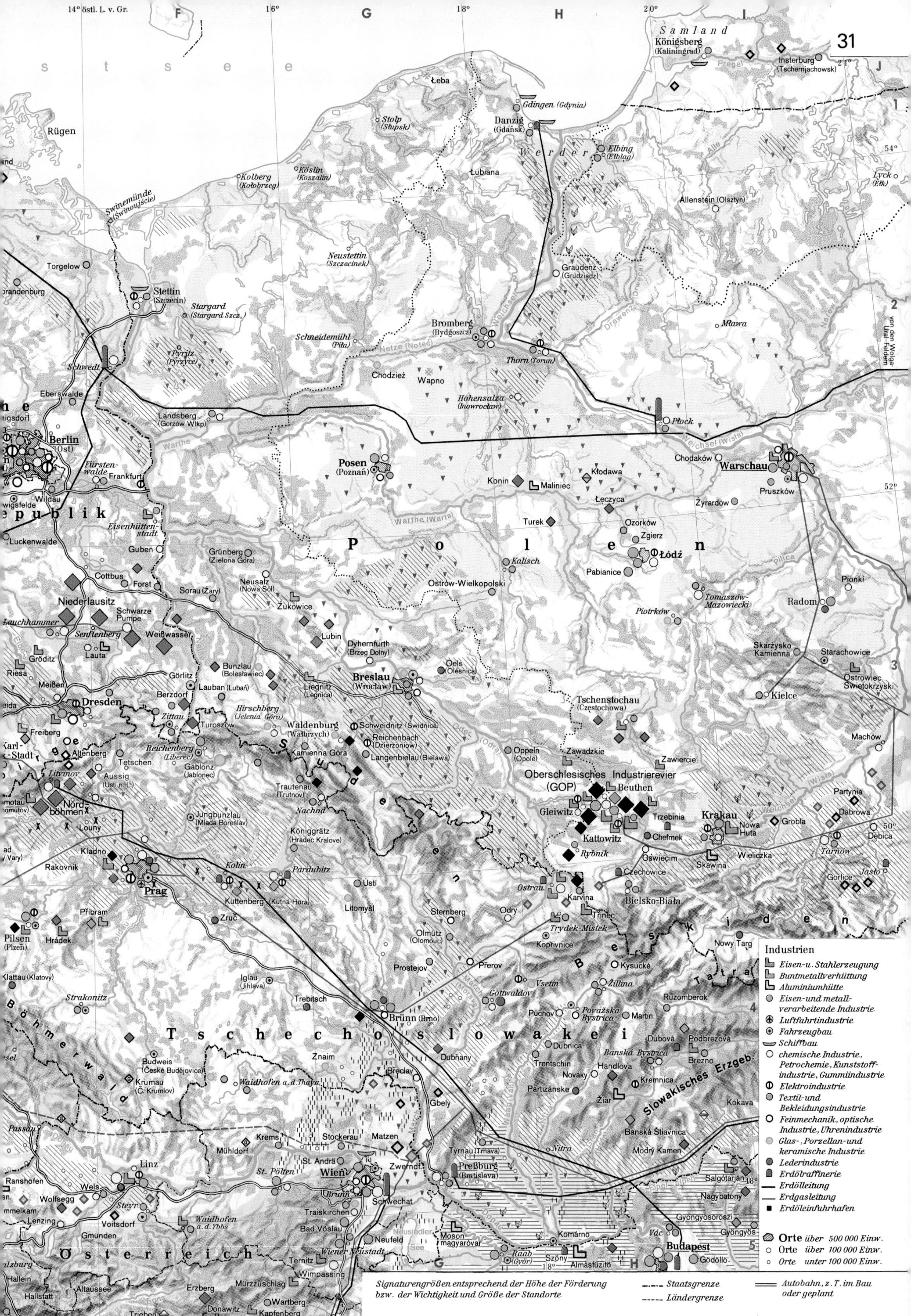

14° östl. L. v. Gr.
16°
18°
20°
F
G
H
I
J
1
2
3
4
5
54°
52°
50°
18°
Ostsee
Samland
Königsberg (Kaliningrad)
Insterburg (Tschernjachowsk)
Rügen
Łeba
Gdingen (Gdynia)
Danzig (Gdańsk)
Stolp (Słupsk)
Köslin (Koszalin)
Kolberg (Kołobrzeg)
Swinemünde (Świnoujście)
Elbing (Elbląg)
Werder
Łubiana
Lyck (Ełk)
Allenstein (Olsztyn)
Neustettin (Szczecinek)
Torgelow
Brandenburg
Stettin (Szczecin)
Stargard (Stargard Szcz.)
Graudenz (Grudziądz)
Mława
von den Wolga-Ural-Feldern
Bromberg (Bydgoszcz)
Schneidemühl (Piła)
Pyritz (Pyrzyce)
Schwedt
Thorn (Toruń)
Netze (Noteć)
Chodzież
Wapno
Eberswalde
Hohensalza (Inowrocław)
Płock
Landsberg (Gorzów Wlkp)
Berlin (Ost)
Warthe
Weichsel (Wisła)
Posen (Poznań)
Chodaków
Warschau
Fürstenwalde
Frankfurt
Konin
Maliniec
Kłodawa
Pruszków
Wildau
Łęczyca
Żyrardów
Republik
Eisenhüttenstadt
Turek
Warthe (Warta)
Ozorków
Zgierz
Luckenwalde
Polen
Łódź
Guben
Grünberg (Zielona Góra)
Kalisch
Pabianice
Cottbus
Forst
Sorau (Żary)
Neusalz (Nowa Sól)
Ostrów-Wielkopolski
Pionki
Niederlausitz
Żukowice
Tomaszów-Mazowiecki
Radom
Lauchhammer
Schwarze Pumpe
Piotrków
Senftenberg
Weißwasser
Lauta
Lubin
Dyhernfurth (Brzeg Dolny)
Skarżysko Kamienna
Starachowice
Gröditz
Riesa
Bunzlau (Bolesławiec)
Oels (Oleśnica)
Ostrowiec Świętokrzyski
Görlitz
Lauban (Lubań)
Liegnitz (Legnica)
Breslau (Wrocław)
Meißen
Kielce
Berzdorf
Dresden
Zittau
Turoszów
Hirschberg (Jelenia Góra)
Tschenstochau (Częstochowa)
Freiberg
Waldenburg (Wałbrzych)
Schweidnitz (Świdnica)
Reichenbach (Dzierżoniów)
Machów
Erzgebirge
Altenberg
Reichenberg (Liberec)
Kamienna Góra
Langenbielau (Bielawa)
Oppeln (Opole)
Zawadzkie
Zawiercie
Tetschen
Gablonz (Jablonec)
Oder (Odra)
Litvínov
Aussig (Ústí n. L.)
Trautenau (Trutnov)
Oberschlesisches Industrierevier (GOP)
Beuthen
Nordböhmen
Sudeten
Nachod
Gleiwitz
Trzebinia
Krakau
Nowa Huta
Grobla
Partynia
Dąbrowa
Louny
Jungbunzlau (Mlada Boleslav)
Königgrätz (Hradec Kralove)
Kattowitz
Chełmek
Dębica
Kladno
Rybnik
Oświęcim
Wieliczka
Tarnów
Rakovník
Kolín
Pardubitz
Skawina
Czechowice
Jasło
Prag
Ostrau
Gorlice
Ústí
Litomyšl
Karviná
Bielsko-Biała
Kuttenberg (Kutná Hora)
Třinec
Beskiden
Příbram
Zruč
Sternberg
Odry
Trydek-Místek
Pilsen (Plzeň)
Hrádek
Olmütz (Olomouc)
Kopřivnice
Nowy Targ
Prostejov
Přerov
Kysucké
Klattau (Klatovy)
Iglau (Jihlava)
Vsetín
Žilina
Tatra
Strakonitz
Gottwaldov
Ružomberok
Trebitsch
Púchov
Považská Bystrica
Martin
Brünn (Brno)
Böhmerwald
Tschechoslowakei
Dubnica
Dubová
Podbrezová
Banská Bystrica
Budweis (České Budějovice)
Znaim
Dubňany
Brezno
Trentschin
Novàky
Handlova
Krumau (Č. Krumlov)
Waidhofen a. d. Thaya
Breclav
Kremnica
Slowakisches Erzgeb.
Partizánske
Žiar
Gbely
Kokava
Passau
Donau
Krems
Stockerau
Matzen
Banská Štiavnica
Mühldorf
Nitra
Modrý Kameň
Tyrnau (Trnava)
Linz
St. Andrä
Zwerndf.
Preßburg (Bratislava)
Ranshofen
Wels
St. Pölten
Wien
Salgótarján
Wolfsegg
Steyr
Schwechat
Nagybatony
Traiskirchen
Waidhofen a. d. Ybbs
Lenzing
Voitsdorf
Gyöngyösoroszi
Gmunden
Bad Vöslau
Moson-magyaróvár
Komárno
Gyöngyös
Neufeld
Neusiedler See
Vác
Österreich
Wiener Neustadt
Raab (Győr)
Szőny
Almásfüzitő
Budapest
Gödöllő
Salzburg
Ternitz
Wimpassing
Hallein
Altaussee
Mürzzuschlag
Hallstatt
Erzberg
Wartberg
Donawitz
Kapfenberg
Trieben
Enns
Industrien
Eisen- u. Stahlerzeugung
Buntmetallverhüttung
Aluminiumhütte
Eisen- und metallverarbeitende Industrie
Luftfahrtindustrie
Fahrzeugbau
Schiffbau
chemische Industrie, Petrochemie, Kunststoffindustrie, Gummiindustrie
Elektroindustrie
Textil- und Bekleidungsindustrie
Feinmechanik, optische Industrie, Uhrenindustrie
Glas-, Porzellan- und keramische Industrie
Lederindustrie
Erdölraffinerie
Erdölleitung
Erdgasleitung
Erdöleinfuhrhafen
Orte über 500 000 Einw.
Orte über 100 000 Einw.
Orte unter 100 000 Einw.
Signaturengrößen entsprechend der Höhe der Förderung bzw. der Wichtigkeit und Größe der Standorte
Staatsgrenze
Ländergrenze
Autobahn, z. T. im Bau oder geplant

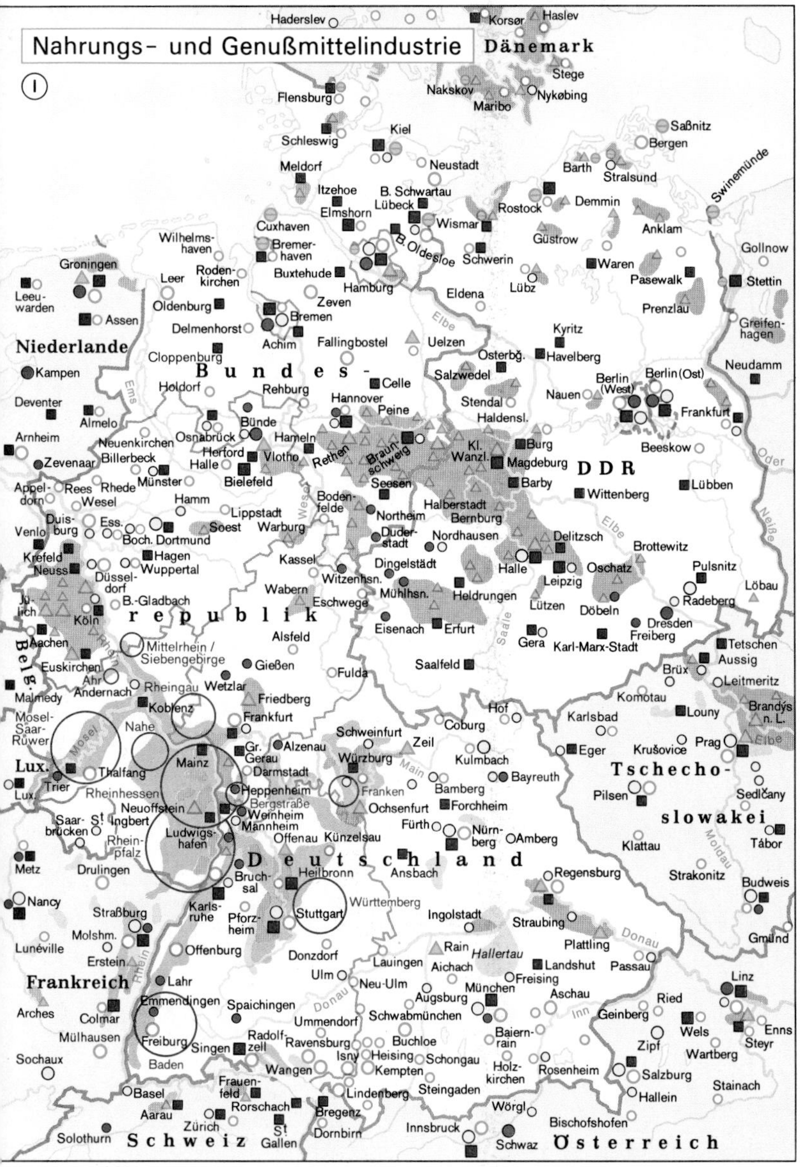

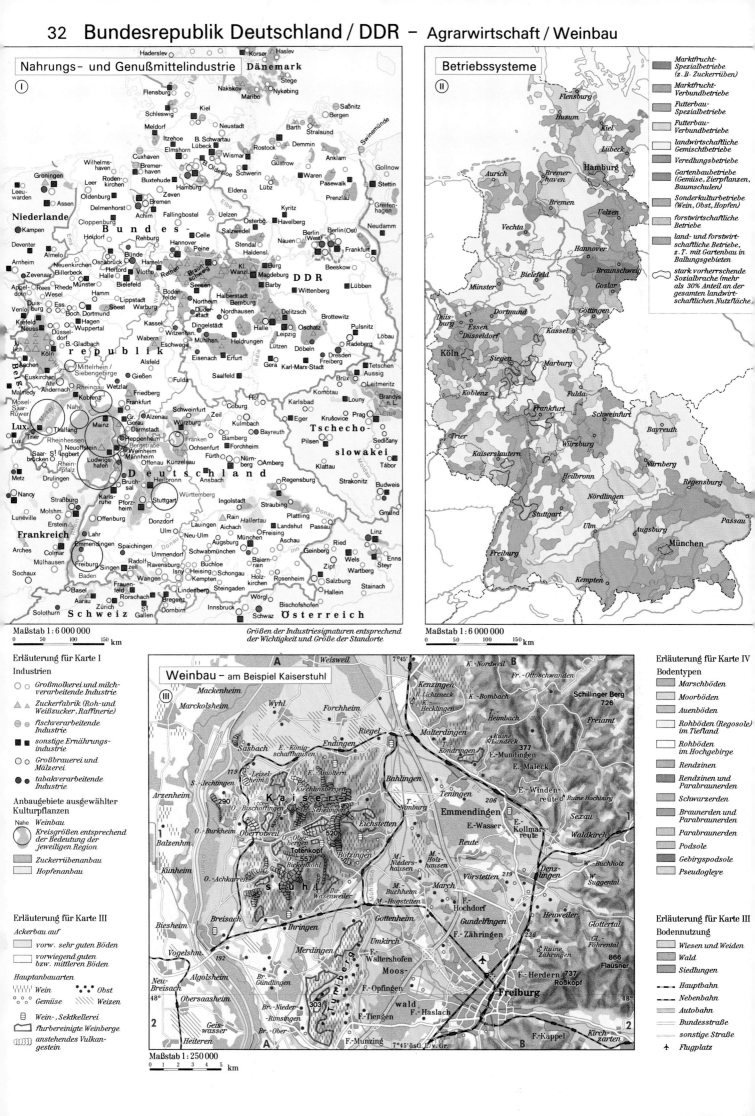

Nahrungs- und Genußmittelindustrie (Karte I)

Betriebssysteme (Karte II)

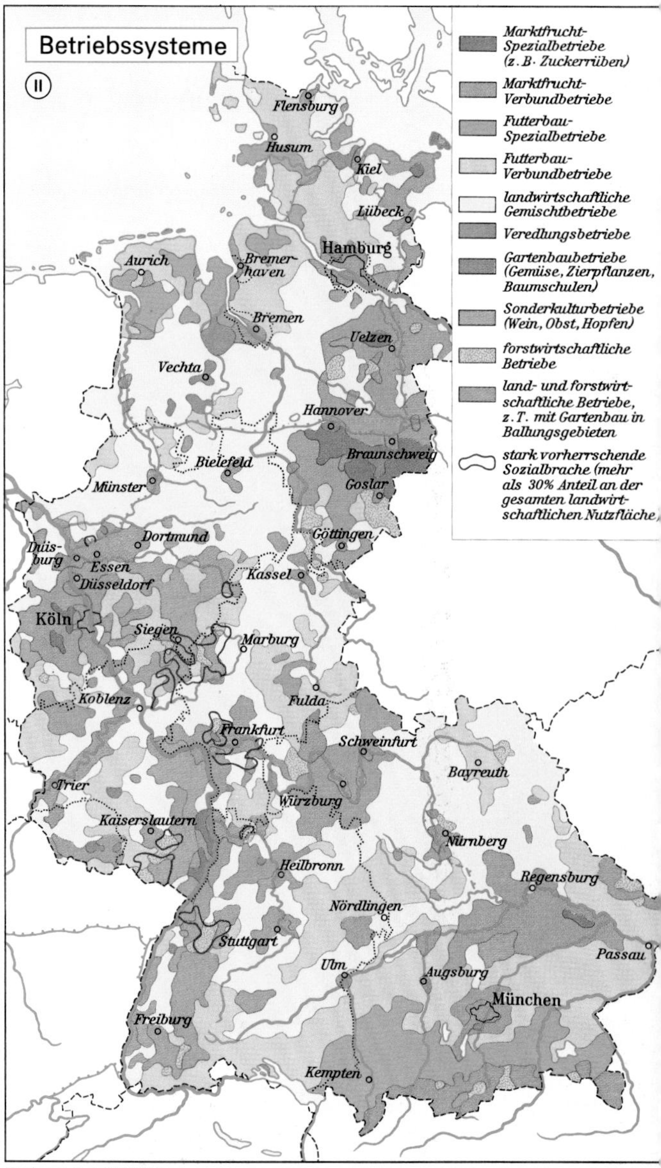

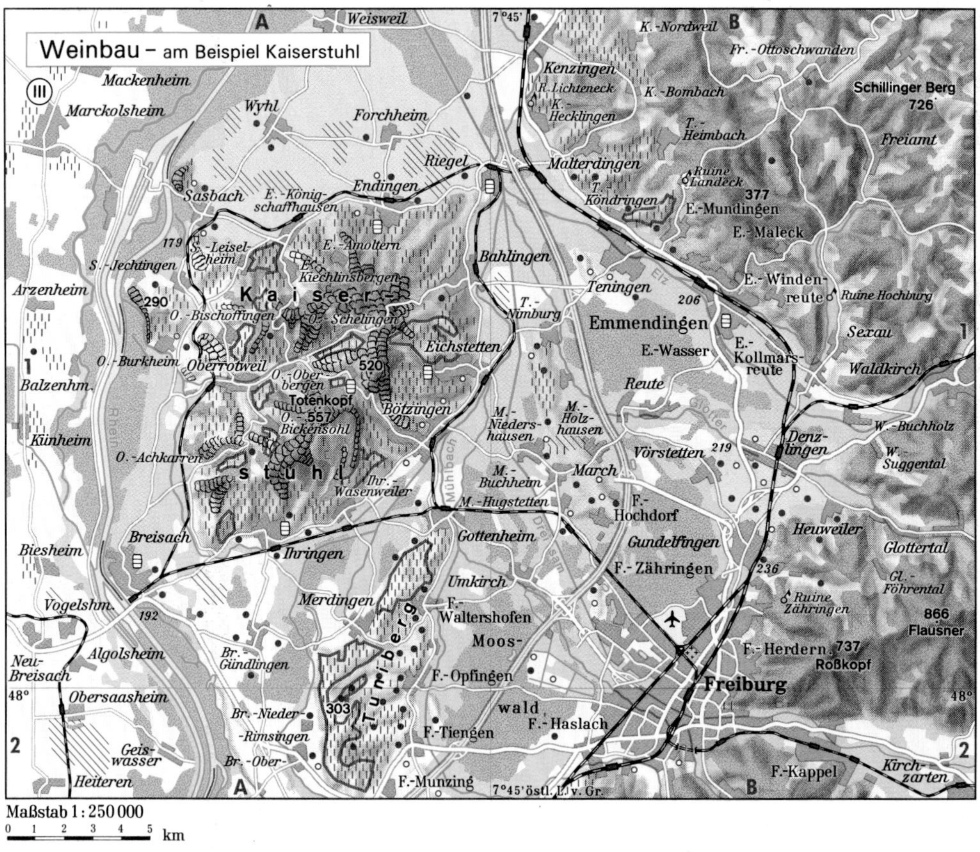

Weinbau – am Beispiel Kaiserstuhl (Karte III)

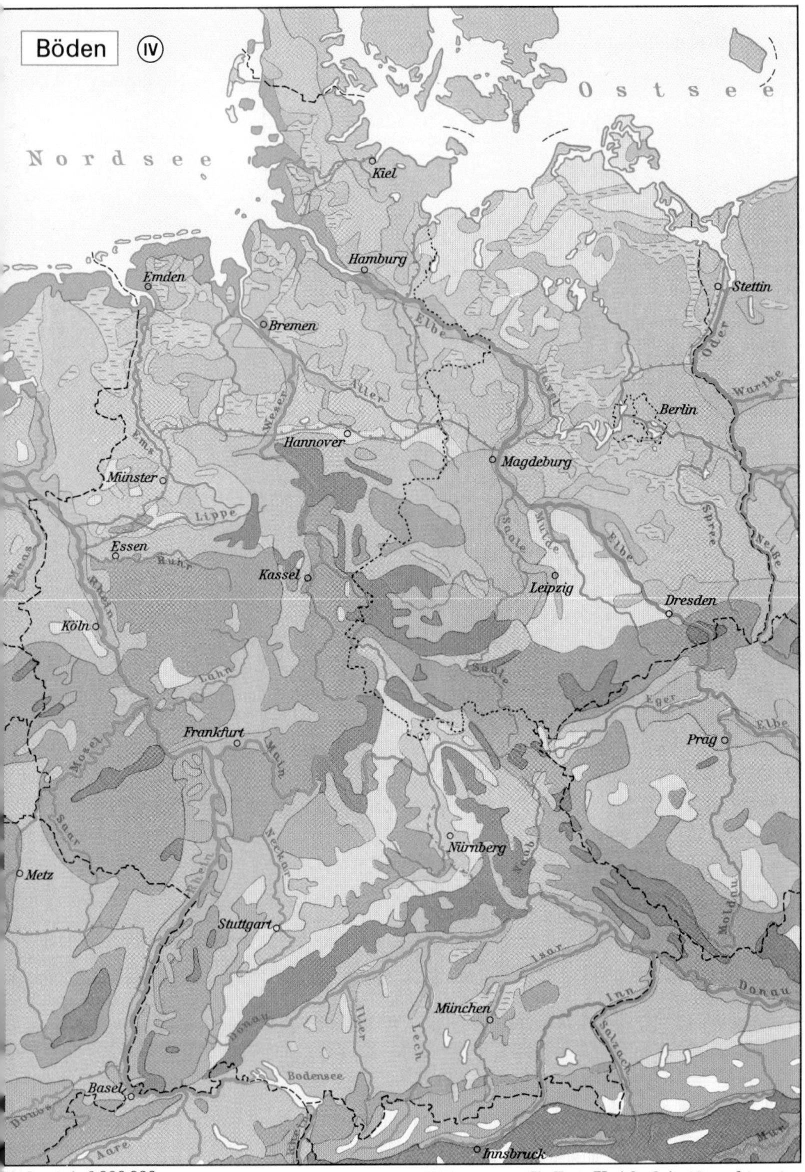

Böden ⓘⱽ

Maßstab 1 : 6 000 000

Erläuterungen für Karte IV siehe Seite 32, rechts unten

Wandel der Agrarstruktur
am Beispiel Probach-Dillhausen
(Gemeinde Mengerskirchen) ⓥ

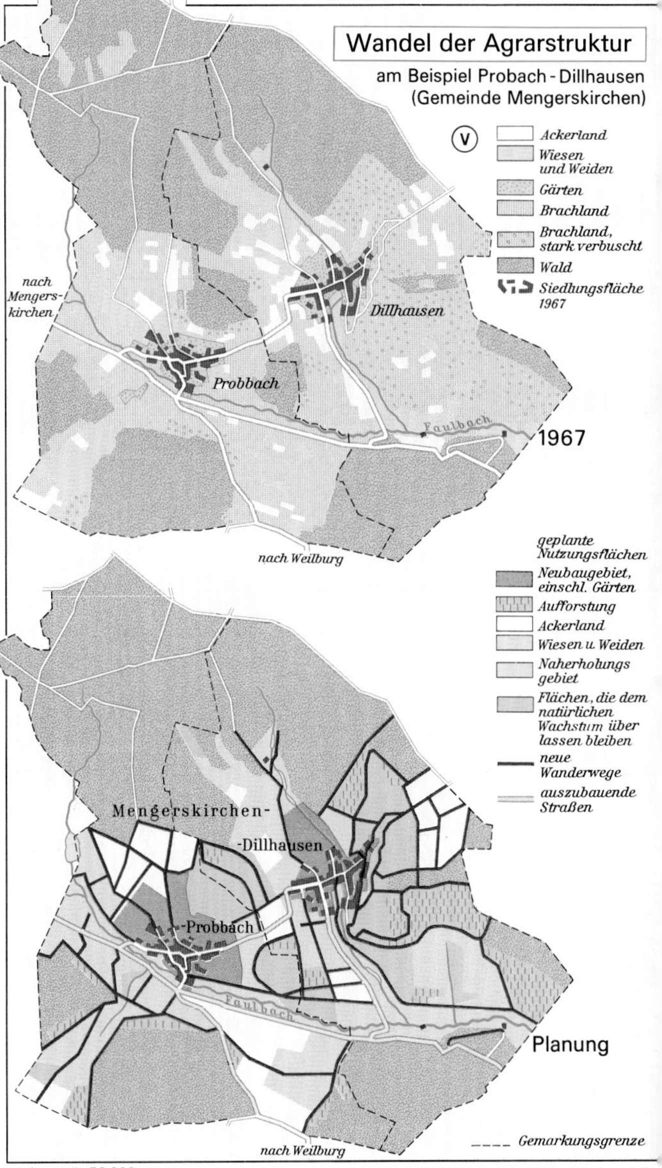

Ackerland
Wiesen und Weiden
Gärten
Brachland
Brachland, stark verbuscht
Wald
Siedlungsfläche 1967

1967

geplante Nutzungsflächen
Neubaugebiet, einschl. Gärten
Aufforstung
Ackerland
Wiesen u. Weiden
Naherholungsgebiet
Flächen, die dem natürlichen Wachstum überlassen bleiben
neue Wanderwege
auszubauende Straßen

Planung

Gemarkungsgrenze

Maßstab 1 : 50 000

EG-Planungsvorhaben „Westerwald"

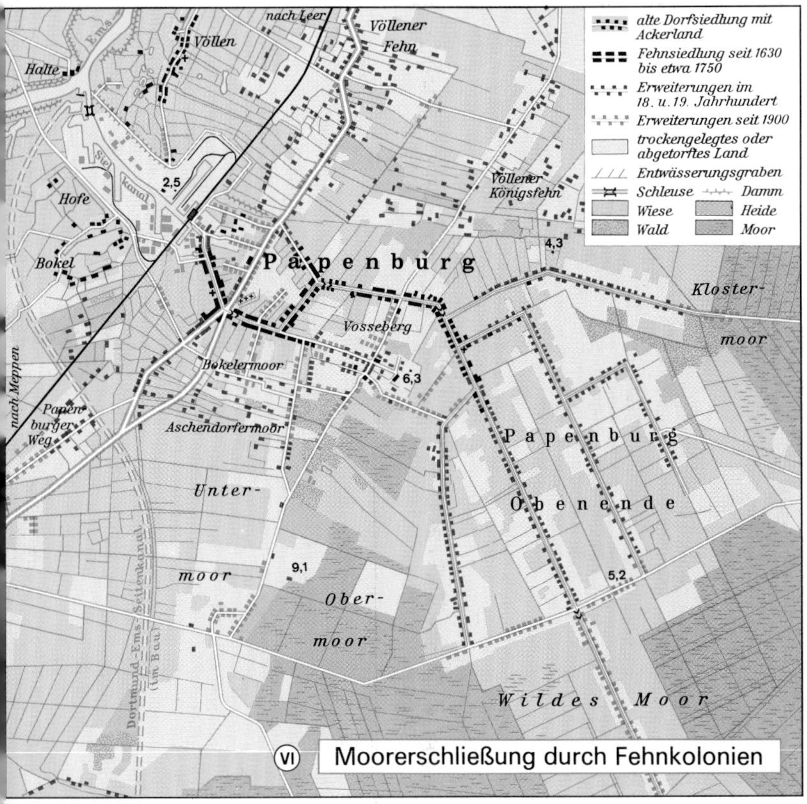

alte Dorfsiedlung mit Ackerland
Fehnsiedlung seit 1630 bis etwa 1750
Erweiterungen im 18. u. 19. Jahrhundert
Erweiterungen seit 1900
trockengelegtes oder abgetorftes Land
Entwässerungsgraben
Schleuse
Damm
Wiese
Heide
Wald
Moor

ⓥⱤ Moorerschließung durch Fehnkolonien

Maßstab 1 : 100 000

Landgewinnung
alte Marsch
1400 - 1600
1600 - 1800
1800 - 1900
seit 1900
1853 Jahr der Deichschließung
Küstenschutz
Deichvorland
Lahnungen
Winterdeich (Außendeich)
Deich zwischen den Kögen
Priel
Watt
1,5 Tiefe in Meter
2 Höhe in Meter

Gewinnung von Agrarland / Küstenschutz ⓥⱤⱤ

Maßstab 1 : 200 000

Vergleiche dazu 8 I

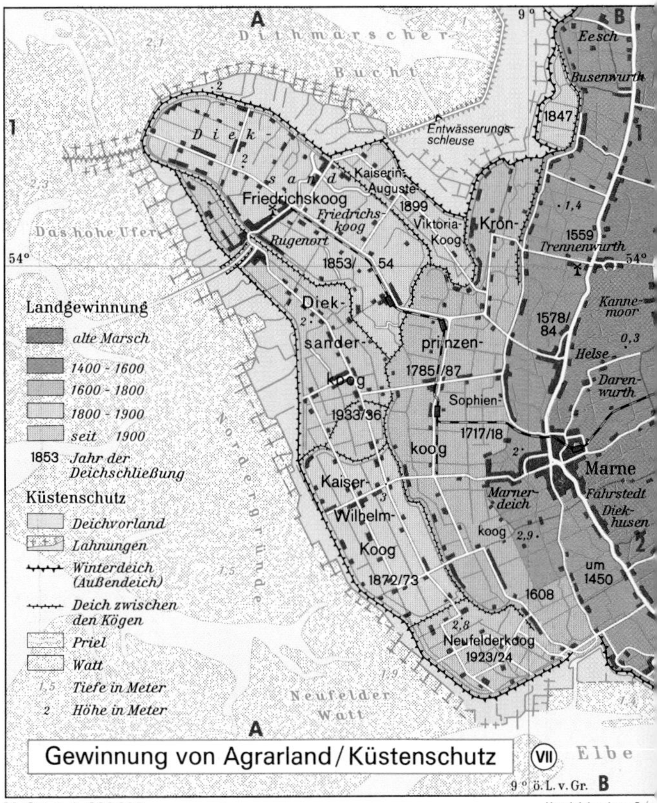

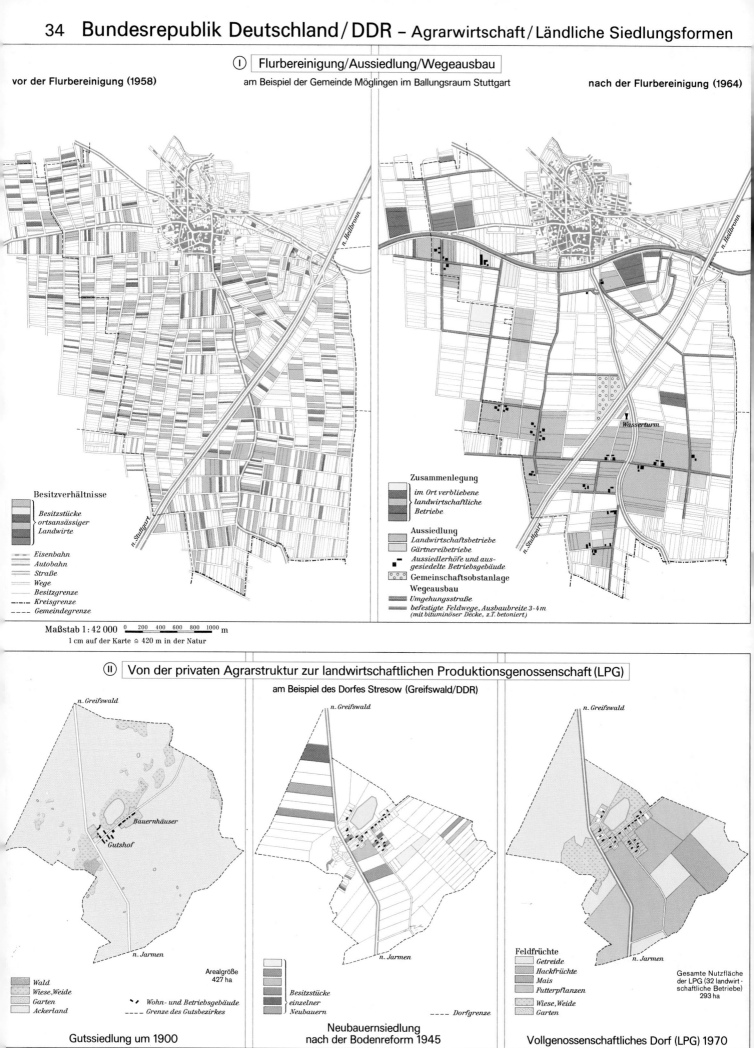

Ⅰ Flurbereinigung/Aussiedlung/Wegeausbau
am Beispiel der Gemeinde Möglingen im Ballungsraum Stuttgart

vor der Flurbereinigung (1958)

nach der Flurbereinigung (1964)

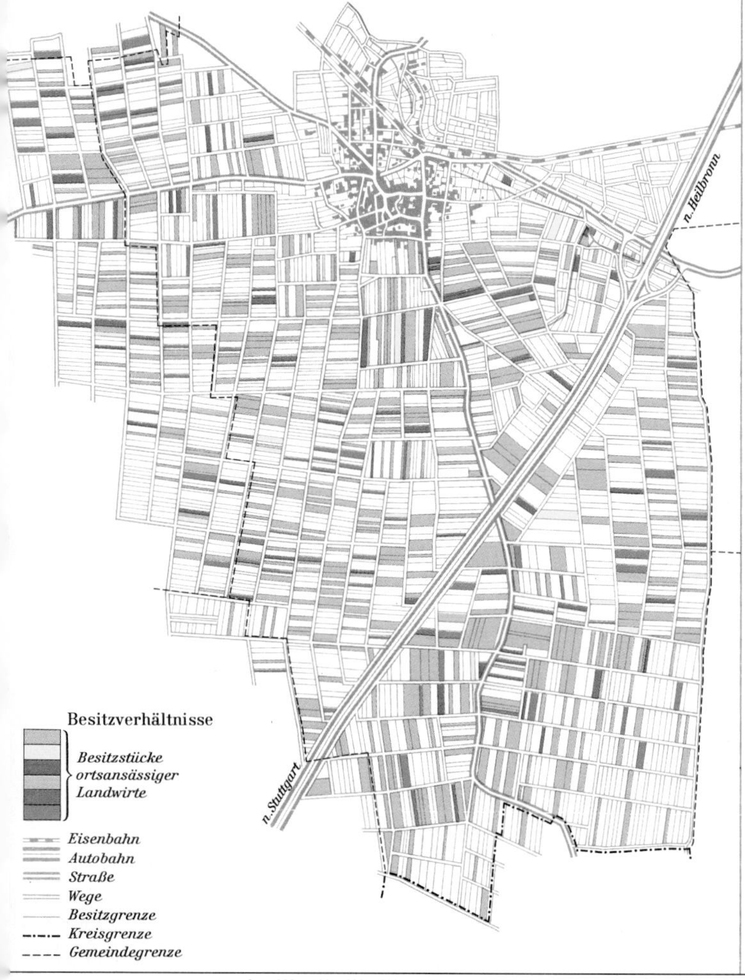

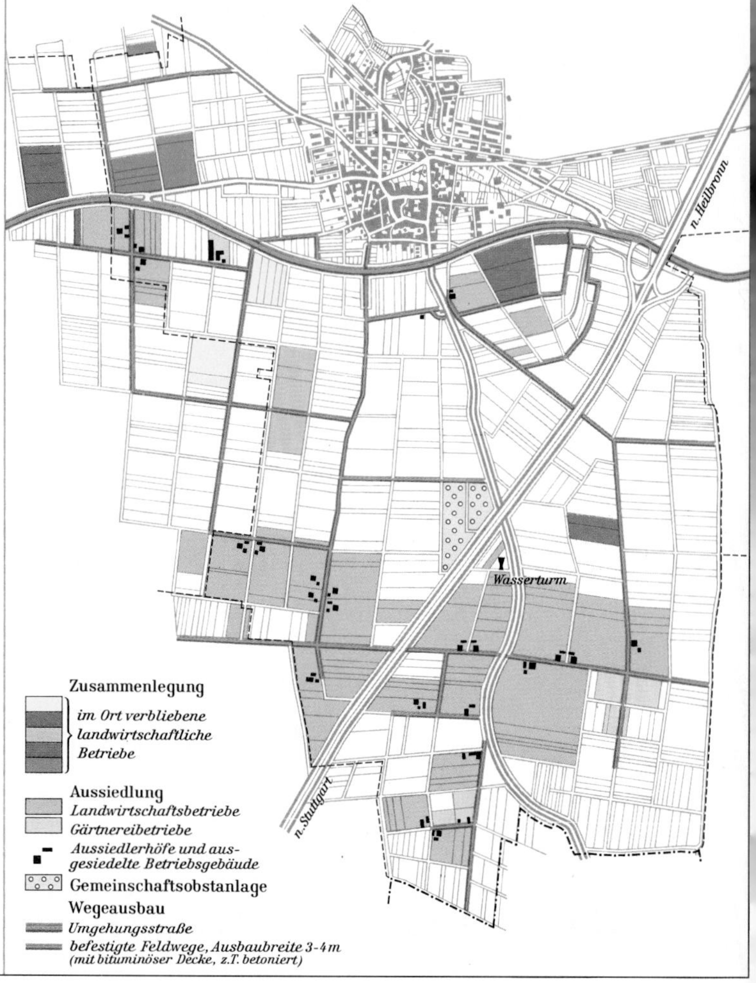

n. Heilbronn

n. Stuttgart

Besitzverhältnisse

Besitzstücke
ortsansässiger
Landwirte

Eisenbahn
Autobahn
Straße
Wege
Besitzgrenze
Kreisgrenze
Gemeindegrenze

Zusammenlegung

im Ort verbliebene
landwirtschaftliche
Betriebe

Aussiedlung

Landwirtschaftsbetriebe
Gärtnereibetriebe
Aussiedlerhöfe und aus-
gesiedelte Betriebsgebäude
Gemeinschaftsobstanlage

Wegeausbau

Umgehungsstraße
befestigte Feldwege, Ausbaubreite 3-4 m
(mit bituminöser Decke, z.T. betoniert)

Wasserturm

Maßstab 1:42 000   0   200   400   600   800   1000 m
1 cm auf der Karte ≙ 420 m in der Natur

Ⅱ Von der privaten Agrarstruktur zur landwirtschaftlichen Produktionsgenossenschaft (LPG)
am Beispiel des Dorfes Stresow (Greifswald/DDR)

n. Greifswald

n. Greifswald

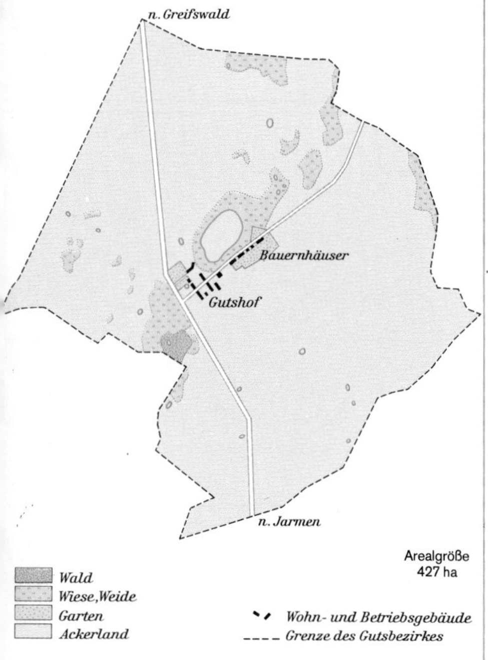

n. Greifswald

Bauernhäuser

Gutshof

n. Jarmen

n. Jarmen

n. Jarmen

Arealgröße
427 ha

Wald
Wiese, Weide
Garten
Ackerland

Wohn- und Betriebsgebäude
Grenze des Gutsbezirkes

Besitzstücke
einzelner
Neubauern

Dorfgrenze

Feldfrüchte

Getreide
Hackfrüchte
Mais
Futterpflanzen

Wiese, Weide
Garten

Gesamte Nutzfläche
der LPG (32 landwirt-
schaftliche Betriebe)
293 ha

Gutssiedlung um 1900

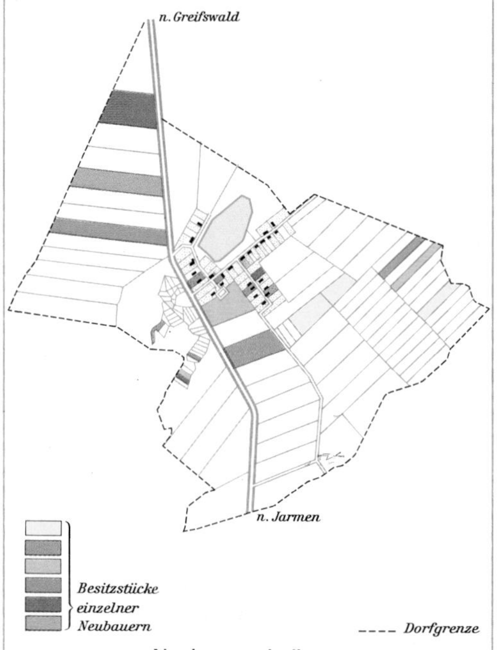

Neubauernsiedlung
nach der Bodenreform 1945

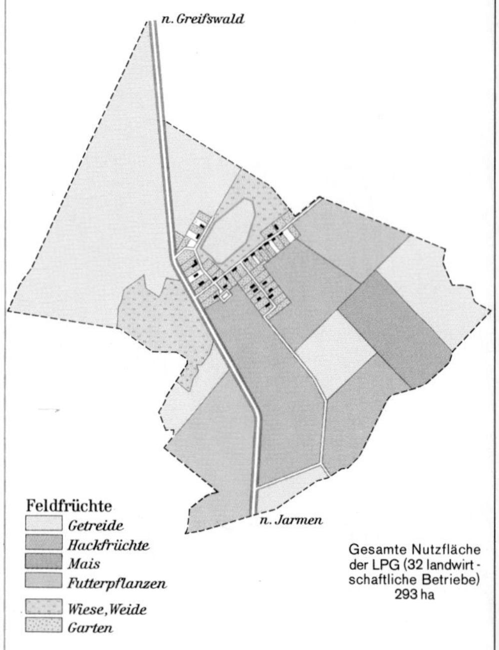

Vollgenossenschaftliches Dorf (LPG) 1970

Maßstab 1:42 000   0   200   400   600   800   1000 m
1 cm auf der Karte ≙ 420 m in der Natur

I um 1910
Agrargemeinde

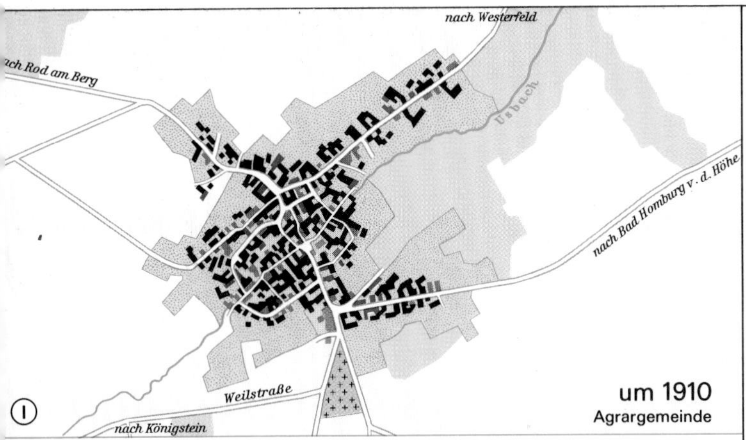

nach Westerfeld

nach Rod am Berg

nach Bad Homburg v. d. Höhe

Weilstraße

nach Königstein

Wandel der Dorfstruktur – am Beispiel Anspach/Taunus

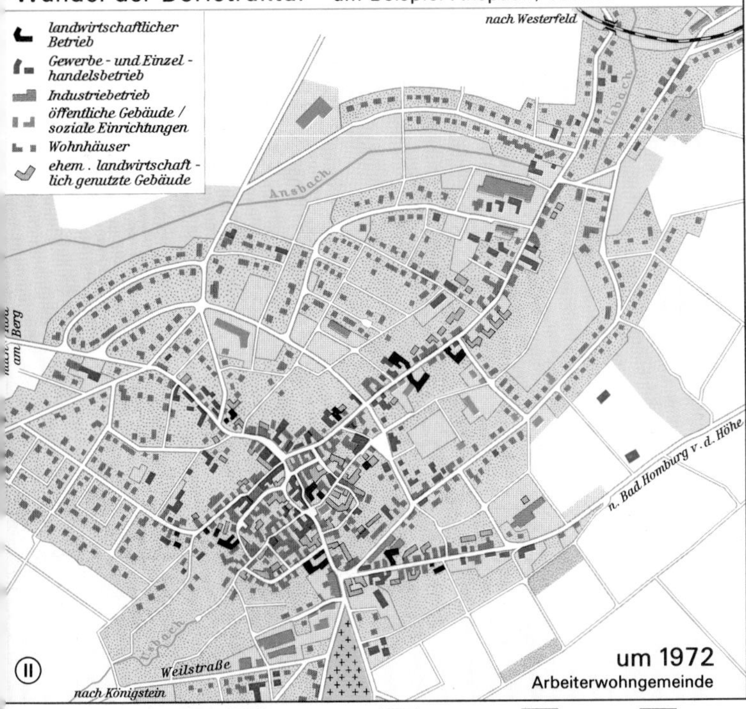

- landwirtschaftlicher Betrieb
- Gewerbe- und Einzelhandelsbetrieb
- Industriebetrieb
- öffentliche Gebäude / soziale Einrichtungen
- Wohnhäuser
- ehem. landwirtschaftlich genutzte Gebäude

nach Westerfeld

Ansbach

n. Bad Homburg v. d. Höhe

II um 1972
Arbeiterwohngemeinde

Weilstraße

nach Königstein

Maßstab der Karten I und II 1:14 000
100 200 300 400 500 m

Ackerland	Wald
Wiese	Gärten
+++ Friedhof	

III Siedlungswachstum / Ortszusammenlegung

am Beispiel der Großgemeinde Neu-Anspach
Siedlungsschwerpunkt in der Regionalen
Planungsgemeinschaft Untermain (RPU)

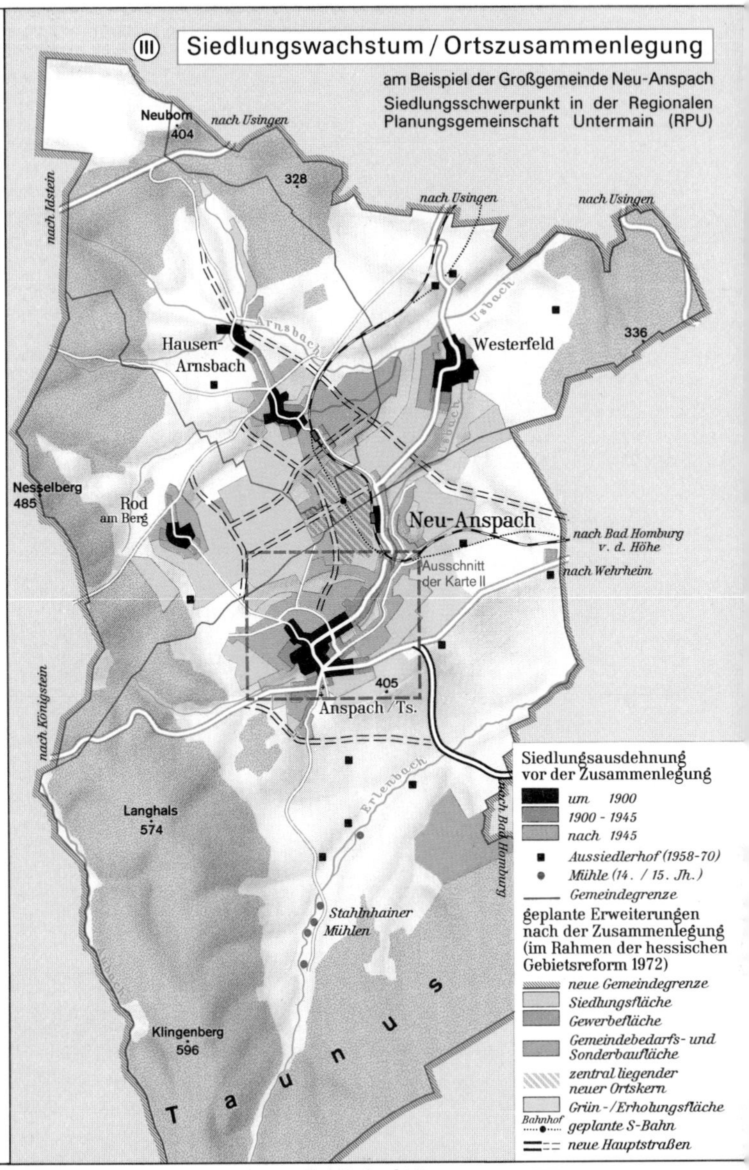

Neuborn 404

nach Usingen

328

nach Usingen

nach Usingen

Arnsbach

Hausen-Arnsbach

Westerfeld

336

Nesselberg 485

Rod am Berg

Neu-Anspach

nach Bad Homburg v. d. Höhe

Ausschnitt der Karte II

nach Wehrheim

405

Anspach / Ts.

Erlenbach

Langhals 574

Stahlnhainer Mühlen

Bach Bad Homburg

Klingenberg 596

T a u n u s

Siedlungsausdehnung vor der Zusammenlegung
- um 1900
- 1900 – 1945
- nach 1945
- Aussiedlerhof (1958-70)
- Mühle (14. / 15. Jh.)
- Gemeindegrenze

geplante Erweiterungen nach der Zusammenlegung (im Rahmen der hessischen Gebietsreform 1972)
- neue Gemeindegrenze
- Siedlungsfläche
- Gewerbefläche
- Gemeindebedarfs- und Sonderbaufläche
- zentral liegender neuer Ortskern
- Grün-/Erholungsfläche
- Bahnhof ─ geplante S-Bahn
- neue Hauptstraßen

Maßstab 1:65 000
0 500 1000 1500 m

Vergleiche dazu 9 I – III

Vergleiche dazu 9 I – III

vorwiegend Ackerland	
Wald	

Wandel der Dorfstruktur **IV**

am Beispiel Mascherode (Braunschweig)

Sporthalle

Gemeindeverwalt.

Post

ehem. Kalkwerk

um 1972
Gemeinde im Einzugsbereich der Großstadt

Bauliche Entwicklung
- historischer Dorfkern (Bebauung bis 1850)
- Erweiterungen von 1850-1945

Verstädterung durch Erschließung neuer Wohnviertel für Berufspendler
- Bebauung 1945 - 1950
- 1950 - 1960
- nach 1960

- landwirtschaftlicher Betrieb
- Gewerbe- und Einzelhandelsbetrieb
- öffentliche Gebäude
- Wohnhäuser
- vorwiegend Ackerland
- Wald
- Kleingärten
- Sport- / Spielplatz
- +++ Friedhof

Maßstab 1:14 000
100 200 300 400 500 m

V Eingemeindung in die Großstadt

am Beispiel Braunschweig

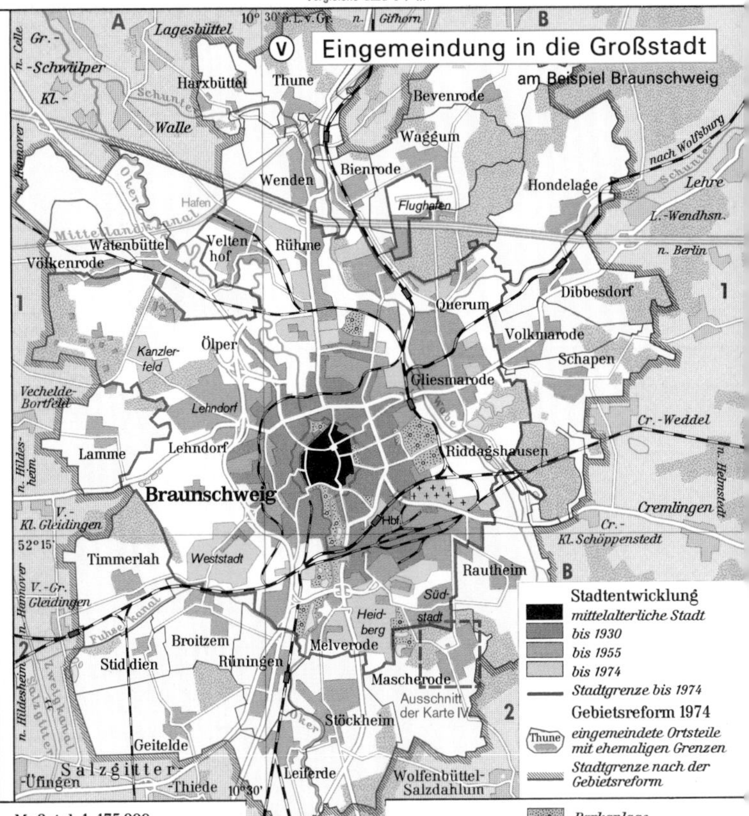

10° 30' ö. L. v. Gr.

n. Gifhorn

A

Lagesbüttel

n. Celle

Gr.-Schwülper

Kl.-

Harxbüttel

Thune

Bevenrode

Waggum

Walle

Wenden

Bienrode

Hondelage

Lehre

L.-Wendhsn.

nach Wolfsburg

S-...

Hafen

Watenbüttel

Völkenrode

Veltenhof

Rühme

Querum

Dibbesdorf

n. Berlin

Kanzlerfeld

Ölper

Volkmarode

Schapen

Vechelde-Bortfeld

Lehndorf

Gliesmarode

Cr.-Weddel

n. Hildesheim

Lamme

Lehndorf

Braunschweig

Riddagshausen

Cr.-Cremlingen

V.-Kl. Gleidingen

Hbf

Kl. Schöppenstedt

52° 15'

Weststadt

Südstadt

Rautheim

B

V.-Gr. Gleidingen

Timmerlah

n. Hannover

Heidberg

Broitzem

Rüningen

Melverode

Mascherode

Ausschnitt der Karte IV

Stüddien

Stöckheim

Geitelde

Salzgitter-
Üfingen

Thiede

Leiferde

10° 30'

Wolfenbüttel-Salzdahlum

Stadtentwicklung
- mittelalterliche Stadt
- bis 1930
- bis 1955
- bis 1974
- Stadtgrenze bis 1974

Gebietsreform 1974
- Thune eingemeindete Ortsteile mit ehemaligen Grenzen
- Stadtgrenze nach der Gebietsreform
- Parkanlage
- Sportplatz

Maßstab 1:175 000
0 1 2 3 km

Steinkohle / Braunkohle (I)

Steinkohle
Vorkommen
Förderung

Braunkohle
Vorkommen
Förderung

Torf
Vorkommen

Größenstufen
für Steinkohle Braunkohle
bis 2
2- 5
5- 10
10- 20
20-50 Mill. Tonnen pro Jahr

Gasherstellung/ Gastransport
Kokerei
Kokereigasleitung
Stärke der Leitungen entsprechend der Wichtigkeit

Primärenergieverbrauch im Vergleich

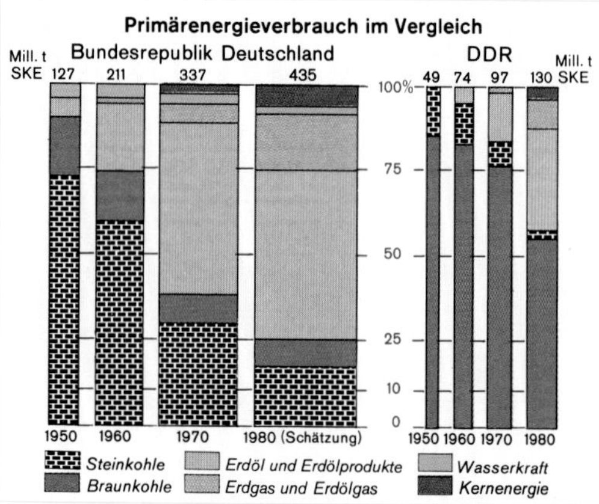

Umrechnung der Energieträger
in Steinkohleneinheiten (SKE) und Kilowattstunden (kWh)

		kWh
1 kg Steinkohle	1,0 kg SKE = 7000 kcal	8,14
1 kg Braunkohle	0,27 kg SKE	2,21
1 kg Erdöl	1,44 kg SKE	11,75
1 m³ Erdgas	1,09 kg SKE	8,84
1 kWh Strom (Wasserkraft)	0,123 kg SKE = 860 kcal	1,00

Erdöl-/Erdgasrevier

Erdölförderung
unter 100 000
100 000-300 000
über 300 000 t pro Jahr

Erdgasförderung
unter 100
über 100 Mill. m³ pro Jahr

Transport
Erdöleinfuhrhafen
Erdöleinfuhr
Erdgaseinfuhr (Flüssiggas)
Breite der Pfeile entsprechend der Einfuhrhöhe
Erdölleitung (mit Angabe des Rohöldurchsatzes
im Bau *Erdgasleitung*
Produktenleitung
Stärke der Leitungen entsprechend der Wichtigkeit

Erdölverarbeitung
Raffinerie
1 Teilstrich = 2 Mill. t Jahresdurchsatz
petrochemische Industrie

Erdöl / Erdgas (II)

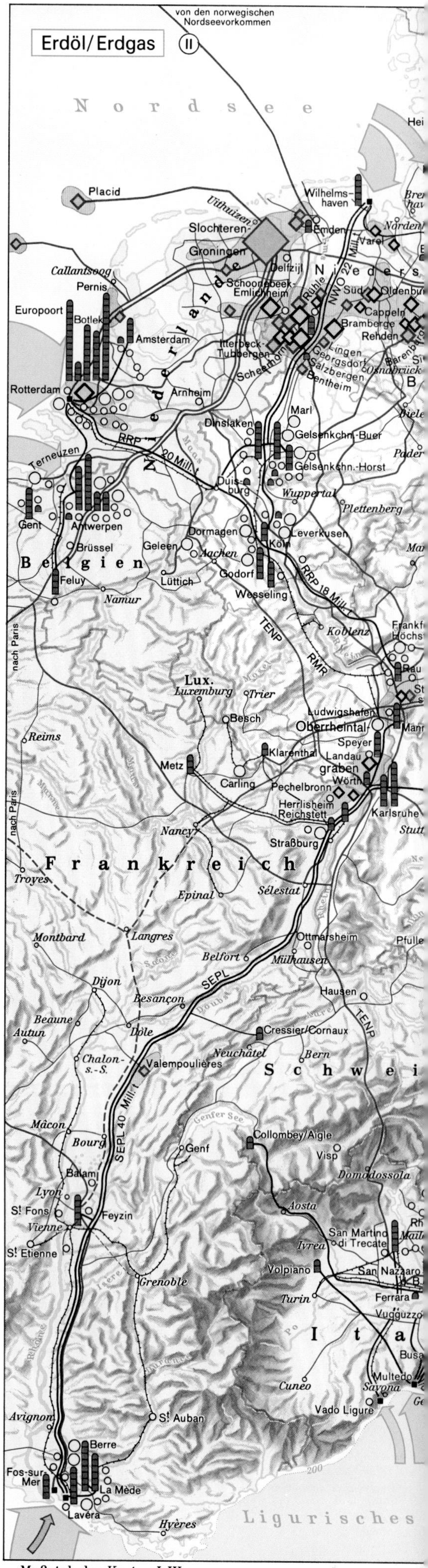

Maßstab der Karten I-III
1 : 5 000 000
0 50 100 150 km

Abkürzungen
AWP = Adria-Wien-Pipeline
CEL = Central-European-Pipelin

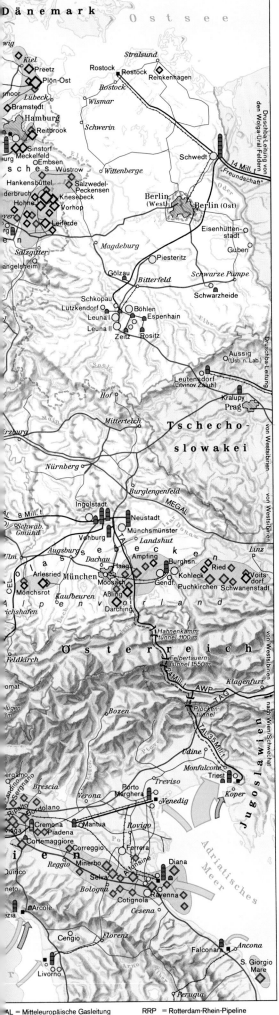

Elektrizität III

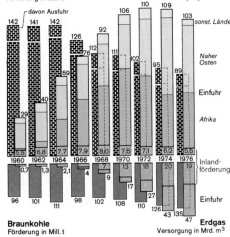

Bedeutungswandel der Energieträger in der Bundesrepublik Deutschland

Die Säulen sind auf SKE umgerechnet (1 kg SKE = 7000 kcal) in ihrer Wertigkeit direkt vergleichbar

Steinkohle — Förderung in Mill. t
Erdöl — Versorgung in Mill. t

Braunkohle — Förderung in Mill. t
Erdgas — Versorgung in Mrd. m³

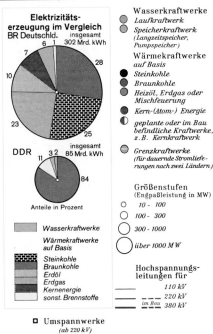

Elektrizitäts-erzeugung im Vergleich

BR Deutschland — insgesamt 302 Mrd. kWh

DDR — insgesamt 85 Mrd. kWh

Anteile in Prozent

Wasserkraftwerke
Wärmekraftwerke auf Basis
Steinkohle
Braunkohle
Erdöl
Erdgas
Kernenergie
sonst. Brennstoffe

Wasserkraftwerke
Laufkraftwerk
Speicherkraftwerk (Langzeitspeicher, Pumpspeicher)

Wärmekraftwerke auf Basis
Steinkohle
Braunkohle
Heizöl, Erdgas oder Mischfeuerung
Kern- (Atom-) Energie
geplante oder im Bau befindliche Kraftwerke, z.B. Kernkraftwerk
Grenzkraftwerke (für dauernde Stromlieferungen nach zwei Ländern)

Größenstufen (Engpaßleistung in MW)
10 - 100
100 - 300
300 - 1000
über 1000 MW

Hochspannungsleitungen für
110 kV
220 kV
380 kV
im Bau

TAL = Mitteleuropäische Gasleitung
= Nord-West-Ölleitung
= Rhein-Main-Rohrleitung
RRP = Rotterdam-Rhein-Pipeline
SEPL = Südeuropäische Pipeline
TAG = Trans-Austria-Gasleitung

TAL = Transalpine Ölleitung
TENP = Trans-Europa Naturgas Pipeline
Staatsgrenze
Ländergrenze
Umspannwerke (ab 220 kV)

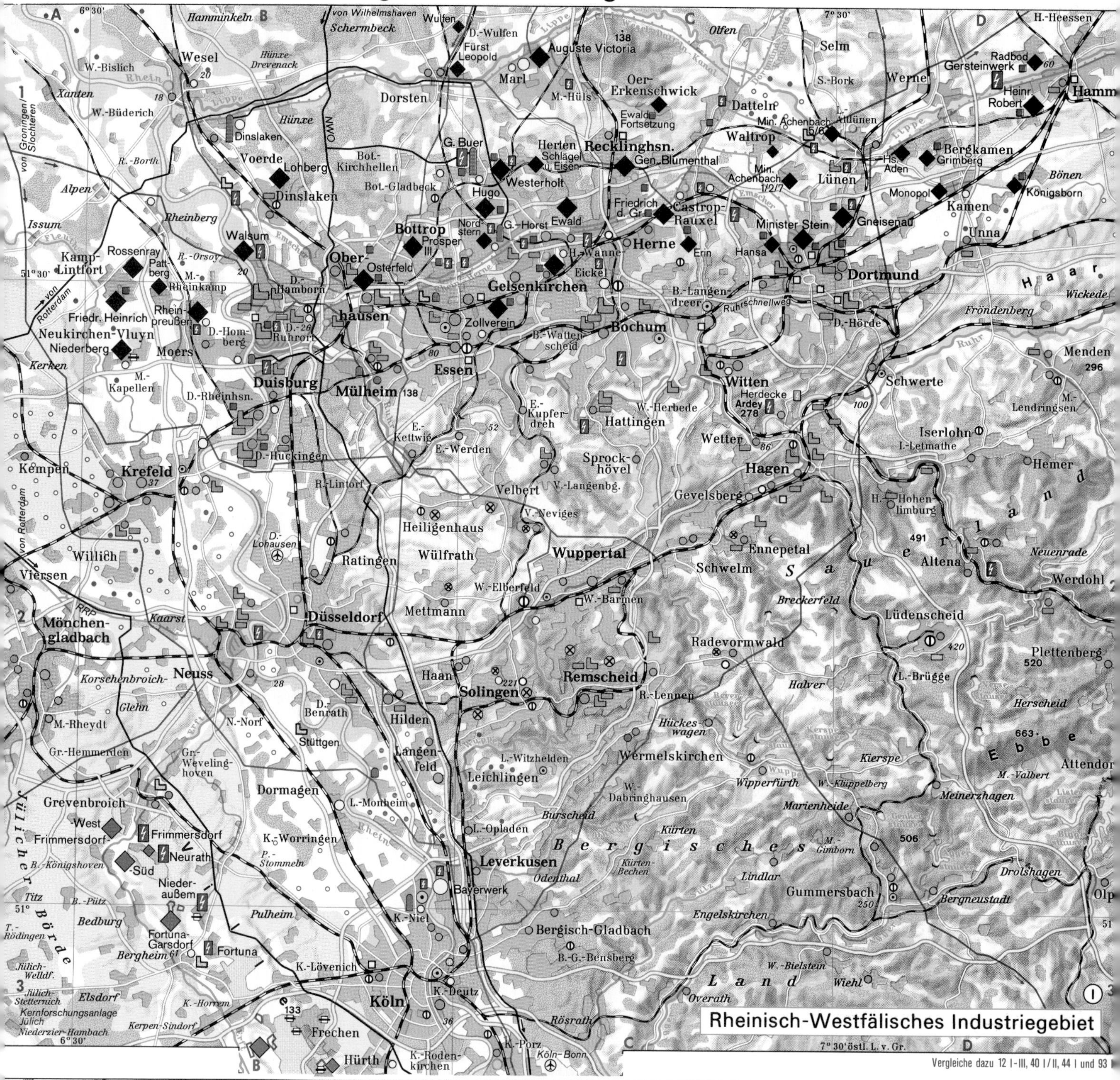

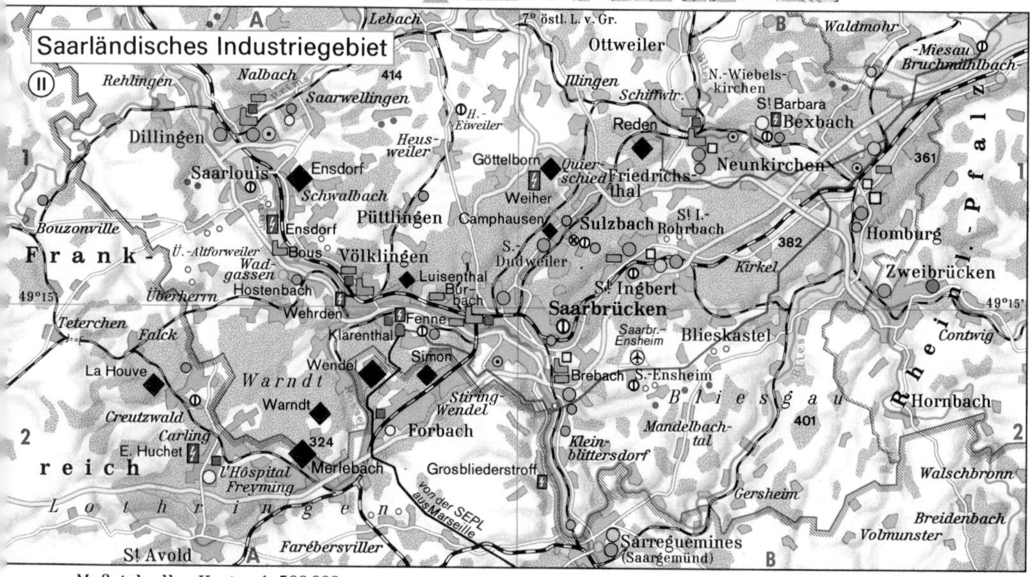

Bodennutzung
- Ackerbau auf hochwertigen Lößböden
- sonstigen Böden
- Wiese und Weide
- Wald

Hauptanbauarten
- Obst
- Gemüse
- Wein

Bodenschätze

Steinkohle
Förderung der Zechen (Ruhrgebiet) bzw. Gruben (Saarland) in Mill. t pro Jahr
- über 2
- 1 - 2
- unter 1

Braunkohle
Förderung in Mill. t pro Jahr
- über 10
- 5 - 10
- unter 5

- ausgekohlte Tagebaue, Halden, z. T. rekultiviert
- Kupfer

Kaliförderung pro Jahr
- über 100 000
- unter 100 000 t

Energie

Wärmekraftwerk
- über 1000
- 300 - 1000
- 100 - 300 MW
- Wasserkraftwerk

Industrien
- Eisen- u. Stahlerzeugung
- Walzwerk, Gießerei, Zieherei (Eisen, Stahl)
- Buntmetallhütte
- Walzwerk (Kupfer)
- Aluminiumhütte
- Kokerei
- Brikettfabrik
- metallverarbeitende Industrie, Maschinenbau
- Fahrzeugbau
- Metallwarenindustrie

Maßstab aller Karten 1 : 500 000
0 5 10 15 km
1 cm auf der Karte ≙ 5 km in der Natur

Industriegebiet Halle-Leipzig

Legende

○ chemische Industrie
◍ Elektroindustrie
○ feinmechanische und optische Industrie
◓ Gummiindustrie
◑ Textil- und Bekleidungsindustrie
○ Glas-, Porzellan- und keramische Industrie
● Lederindustrie
▯ Getränkeindustrie (Brauerei)

Erdölraffinerien (Jahresdurchsatz)
▮ über 10
▮ 5 - 10
▪ unter 5 Mill. t

— Erdölleitung
— Erdgasleitung

▮ Siedlungen
▮ Industriegelände
▯ bergbaubedingte Ortsabbrüche
Vorberg Ortsabbrüche

━ Hauptbahn
━ Nebenbahn
▬ Tunnel
━ Autobahn, z.T. im Bau
━ Bundesstraße, Fernverkehrsstraße
━ Kanal
✈ internationaler Flughafen
✈ Flugplatz
━ Staudamm
▨ Staatsgrenze
▨ Ländergrenze (Bundesrep. Deutschld.), Bezirksgrenze (DDR)

249 Höhenangaben
192 in Meter

Signaturengrößen entsprechend der Wichtigkeit und Größe der Standorte

Niederlausitzer Revier

Polen

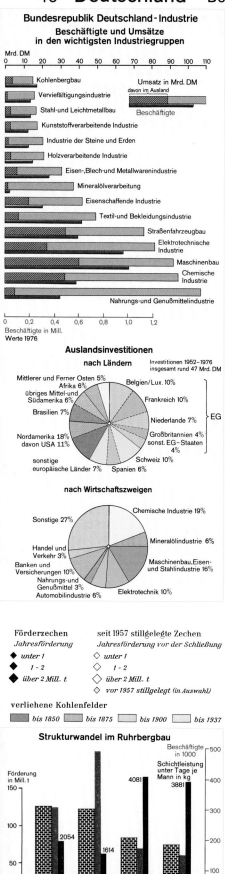

Bundesrepublik Deutschland · Industrie
Beschäftigte und Umsätze in den wichtigsten Industriegruppen

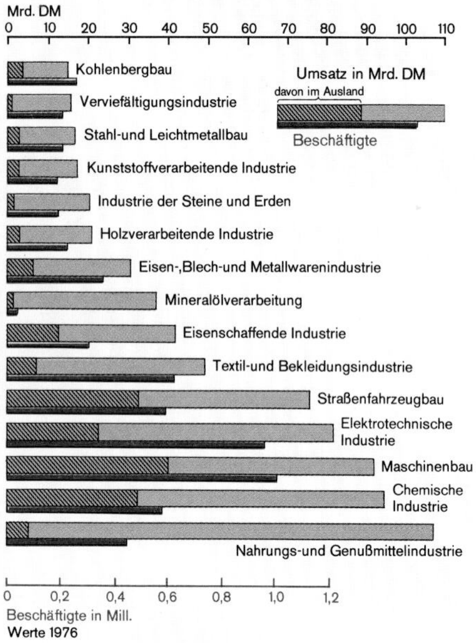

Mrd. DM
0 10 20 30 40 50 60 70 80 90 100 110

- Kohlenbergbau
- Vervielfältigungsindustrie
- Stahl- und Leichtmetallbau
- Kunststoffverarbeitende Industrie
- Industrie der Steine und Erden
- Holzverarbeitende Industrie
- Eisen-, Blech- und Metallwarenindustrie
- Mineralölverarbeitung
- Eisenschaffende Industrie
- Textil- und Bekleidungsindustrie
- Straßenfahrzeugbau
- Elektrotechnische Industrie
- Maschinenbau
- Chemische Industrie
- Nahrungs- und Genußmittelindustrie

Umsatz in Mrd. DM
davon im Ausland
Beschäftigte

Beschäftigte in Mill.
0,2 0,4 0,6 0,8 1,0 1,2
Werte 1976

Auslandsinvestitionen
nach Ländern

Investitionen 1952–1976 insgesamt rund 47 Mrd. DM

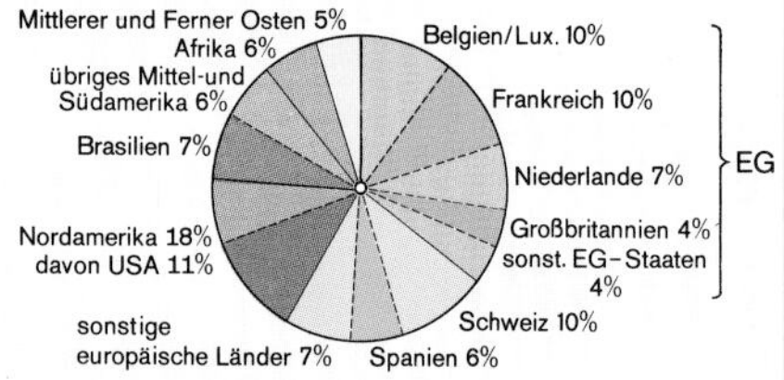

- Mittlerer und Ferner Osten 5%
- Afrika 6%
- übriges Mittel- und Südamerika 6%
- Brasilien 7%
- Nordamerika 18% davon USA 11%
- sonstige europäische Länder 7%
- Belgien/Lux. 10%
- Frankreich 10%
- Niederlande 7%
- Großbritannien 4%
- sonst. EG-Staaten 4%
- Schweiz 10%
- Spanien 6%

EG

nach Wirtschaftszweigen

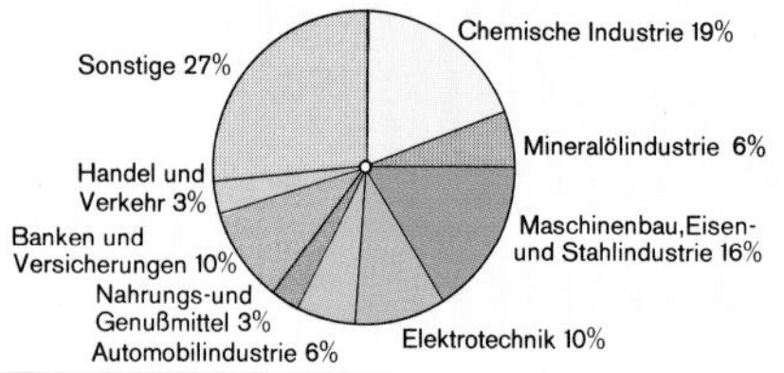

- Sonstige 27%
- Handel und Verkehr 3%
- Banken und Versicherungen 10%
- Nahrungs- und Genußmittel 3%
- Automobilindustrie 6%
- Elektrotechnik 10%
- Chemische Industrie 19%
- Mineralölindustrie 6%
- Maschinenbau, Eisen- und Stahlindustrie 16%

Förderzechen
Jahresförderung
- unter 1
- 1 – 2
- über 2 Mill. t

seit 1957 stillgelegte Zechen
Jahresförderung vor der Schließung
- unter 1
- 1 – 2
- über 2 Mill. t
- vor 1957 stillgelegt (in Auswahl)

verliehene Kohlenfelder
- bis 1850
- bis 1875
- bis 1900
- bis 1937

Strukturwandel im Ruhrbergbau

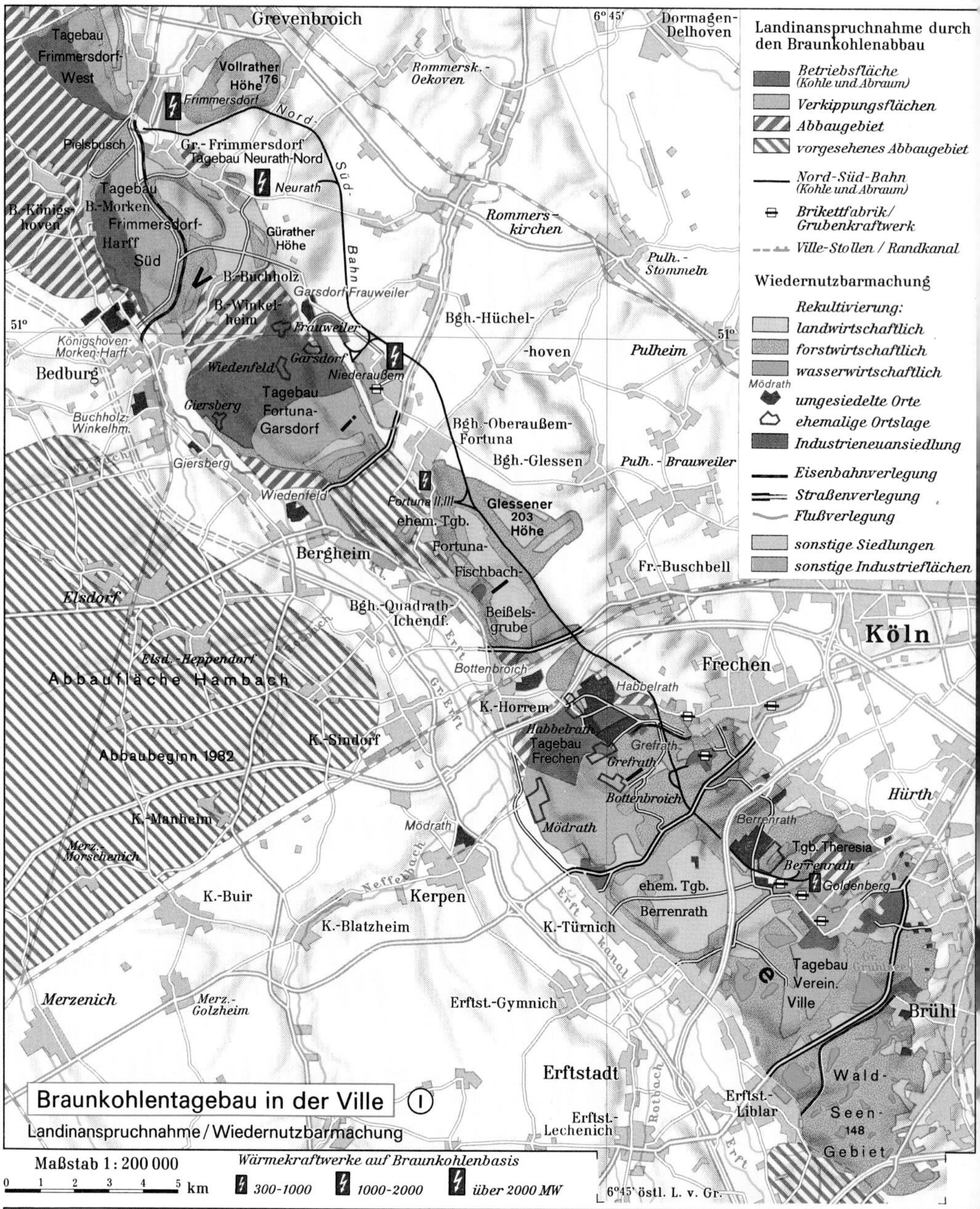

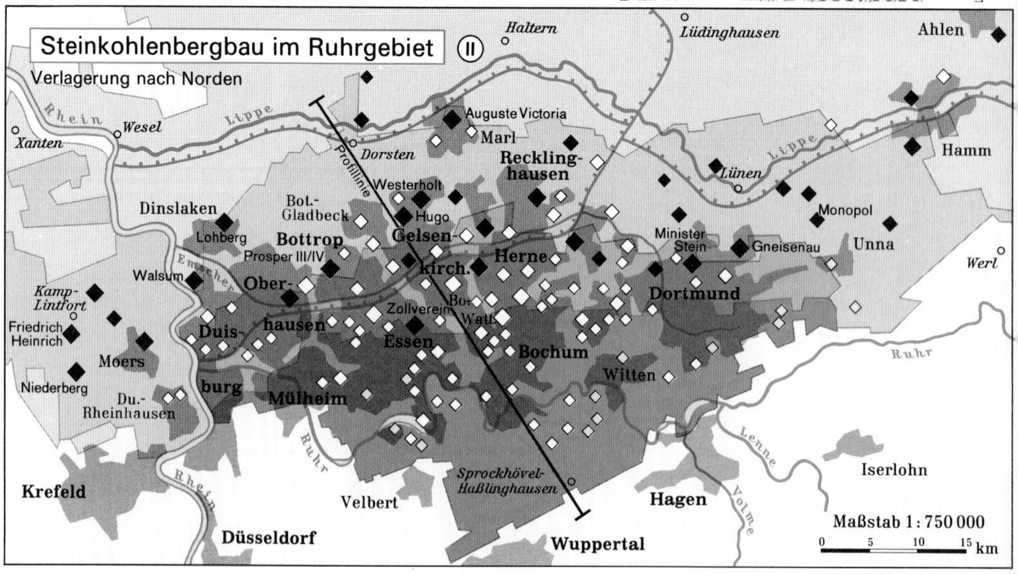

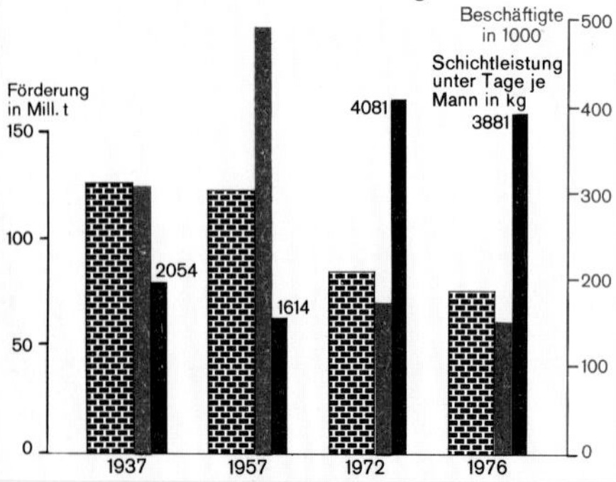

Förderung in Mill. t — 150, 100, 50, 0
Beschäftigte in 1000 — 500, 400, 300, 200, 100, 0
Schichtleistung unter Tage je Mann in kg

2054, 4081, 1614, 3881
1937 1957 1972 1976

Ruhrgebiet – Europas größtes Industrierevier
Anteil an Bergbau u. Verarbeitungsindustrie der BR Deutschland 1976
Bundesgebiet = 100%, davon Ruhrgebiet (Siedlungsverband Ruhrkohlenbezirk)

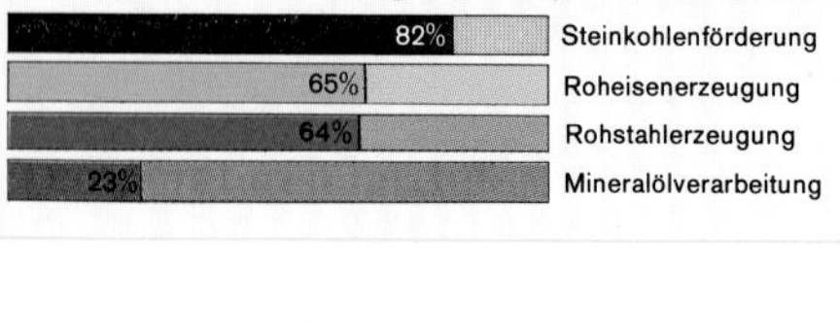

- Steinkohlenförderung 82%
- Roheisenerzeugung 65%
- Rohstahlerzeugung 64%
- Mineralölverarbeitung 23%

Landinanspruchnahme durch den Braunkohlenabbau
- Betriebsfläche (Kohle und Abraum)
- Verkippungsflächen
- Abbaugebiet
- vorgesehenes Abbaugebiet
- Nord-Süd-Bahn (Kohle und Abraum)
- Brikettfabrik/Grubenkraftwerk
- Ville-Stollen / Randkanal

Wiedernutzbarmachung
Rekultivierung:
- landwirtschaftlich
- forstwirtschaftlich
- wasserwirtschaftlich
- umgesiedelte Orte
- ehemalige Ortslage
- Industrieneuansiedlung
- Eisenbahnverlegung
- Straßenverlegung
- Flußverlegung
- sonstige Siedlungen
- sonstige Industrieflächen

Braunkohlentagebau in der Ville ①
Landinanspruchnahme / Wiedernutzbarmachung

Maßstab 1:200 000
0 1 2 3 4 5 km

Wärmekraftwerke auf Braunkohlenbasis
300–1000 1000–2000 über 2000 MW

6°45′ östl. L. v. Gr.

Steinkohlenbergbau im Ruhrgebiet ②
Verlagerung nach Norden

Maßstab 1:750 000
0 5 10 15 km

Bohrlochzone — Schachtzone — Tagebauzone
Dorsten — Bochum-Wattenscheid — Sprockhövel-Haßlinghausen

Lippe-Mulde, Emscher-Mulde, Essener Mulde, Bochumer Mulde, Wittener Mulde

1000 2000 3000 4000

Legende: Deckgebirge, Flammkohlenschichten, Gasflammkohlenschichten, Gaskohlenschichten, Fettkohlenschichten, Eßkohlenschichten, Magerkohlen- und Anthrazitschichten, Verwerfung

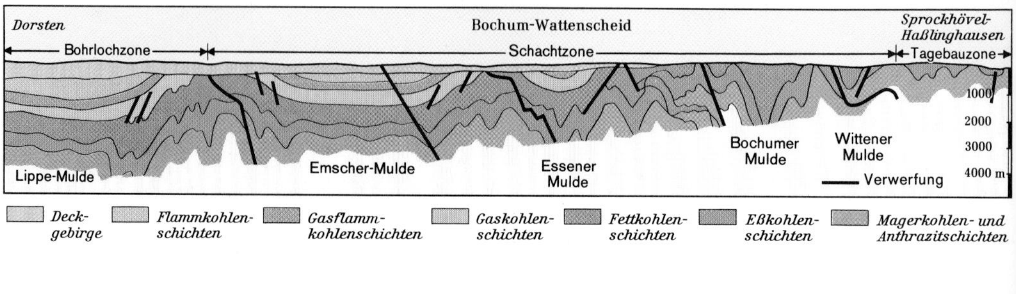

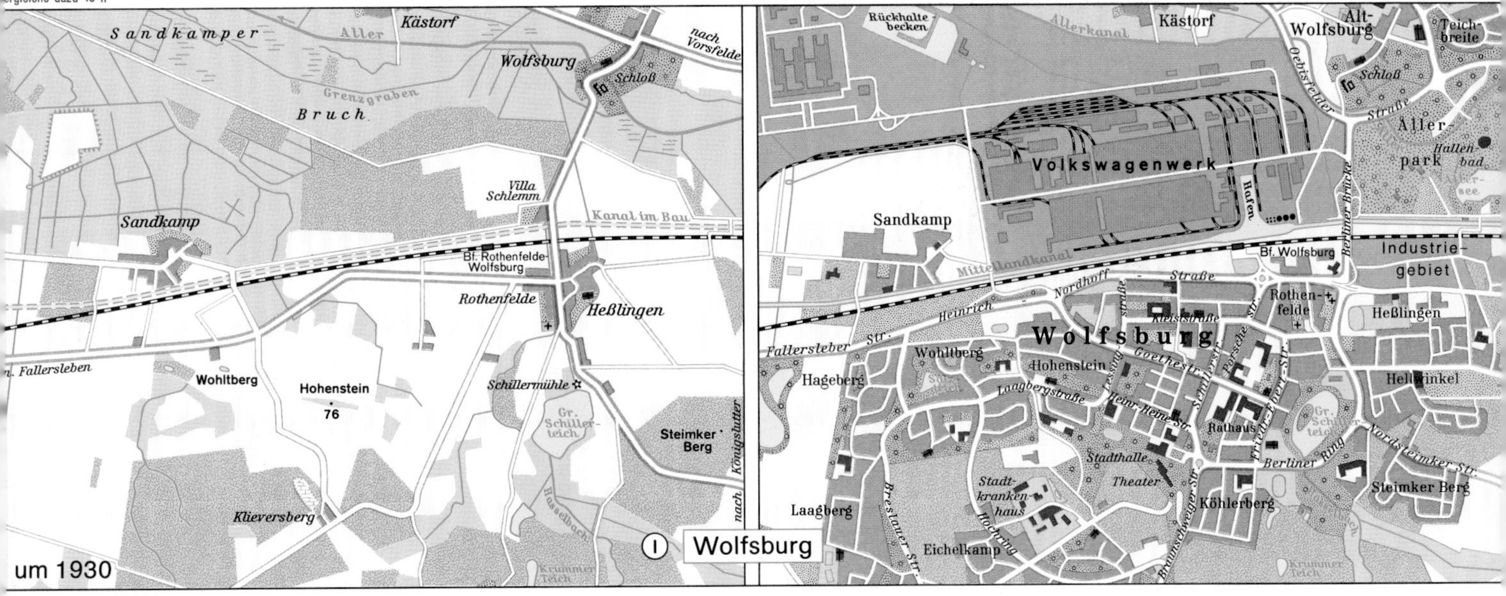

I Wolfsburg

Maßstab 1 : 50 000 — 250 500 1000 m — 1 cm auf der Karte ≙ 500 m in der Natur

vorwiegend Ackerland | Garten | Friedhof | Park | Wald | Wiese | Sumpf

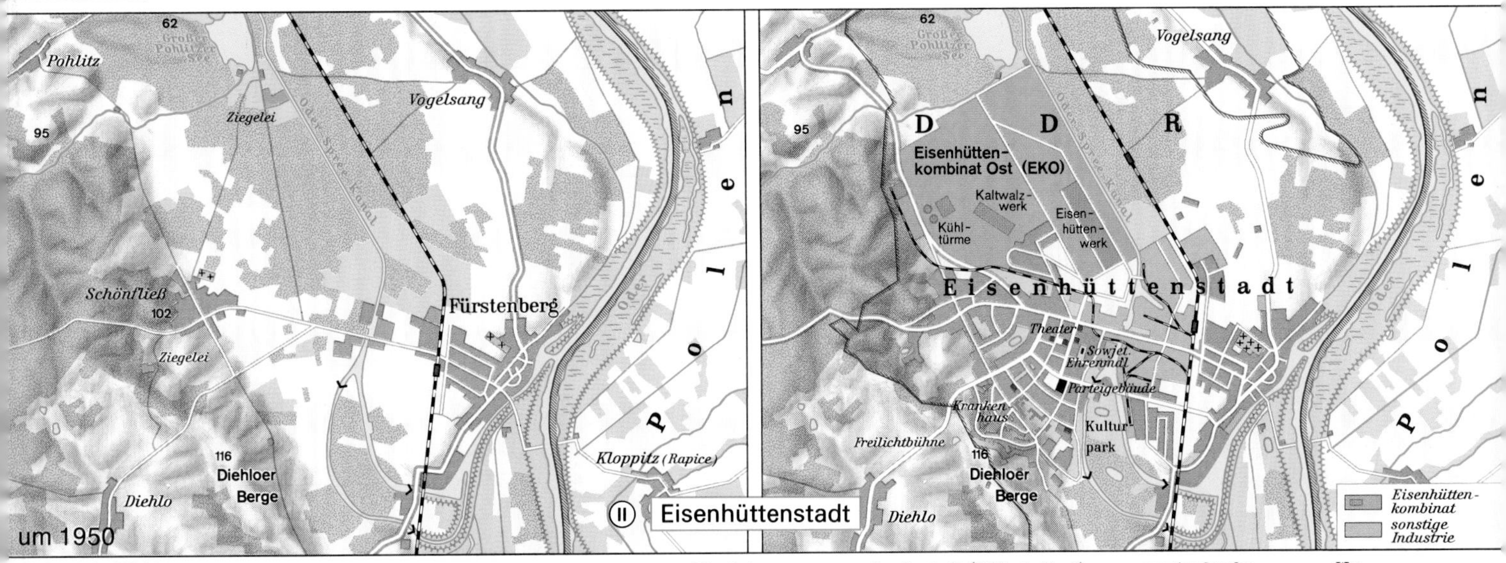

II Eisenhüttenstadt

Maßstab 1 : 100 000 — 1 2 km — 1 cm auf der Karte ≙ 1 km in der Natur

Staatsgrenze | Stadt- und Landkreisgrenze | Eisenbahn, Bf. | Industriebahn | Bundesstraße (BR Deutschland), Fernverkehrsstraße (DDR) | sonstige Straßen | Weg

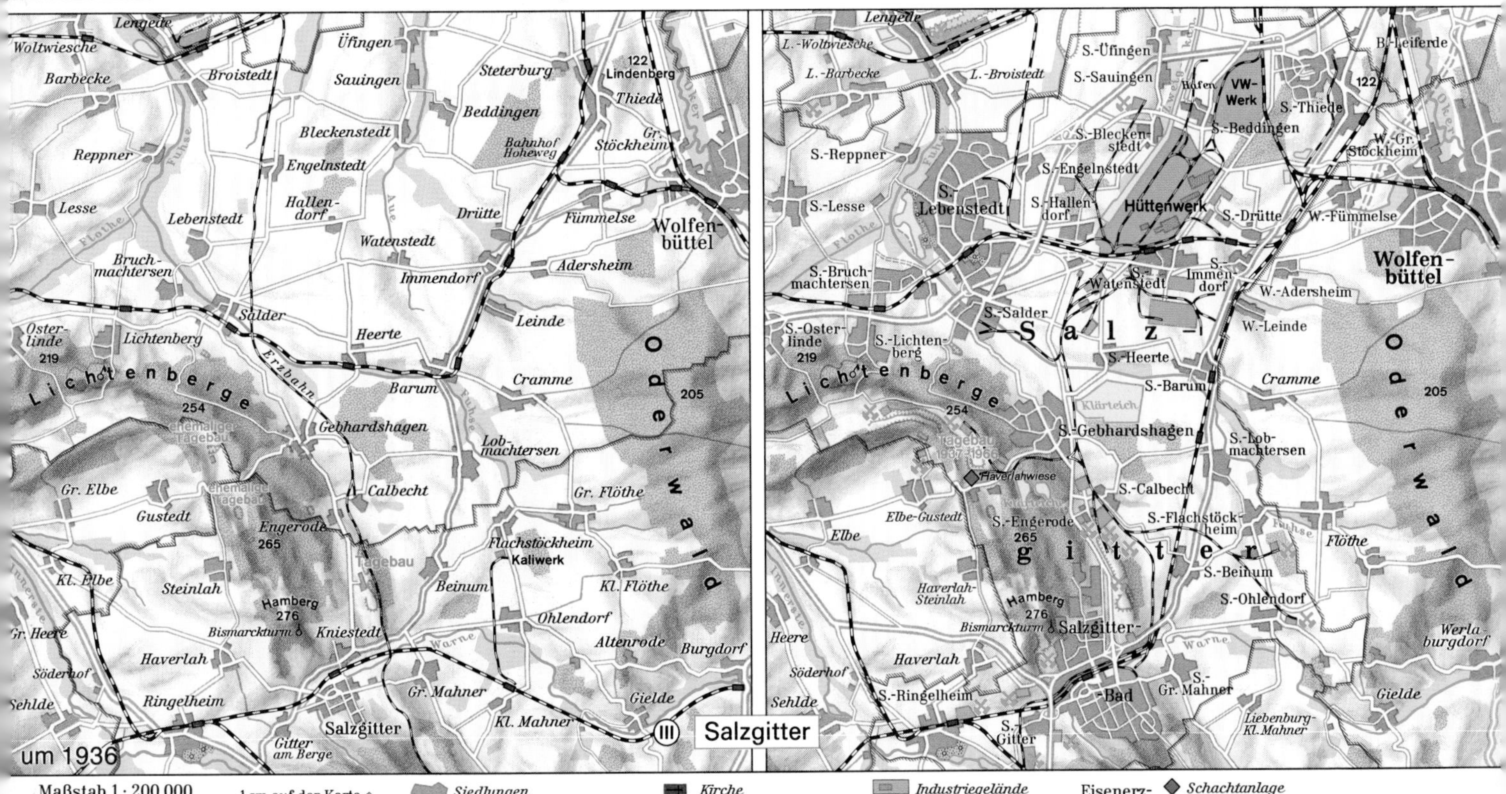

III Salzgitter

Maßstab 1 : 200 000 — 1 2 3 4 5 km — 1 cm auf der Karte ≙ 2 km in der Natur

Siedlungen | öffentliche Gebäude | Kirche | Fußgängerzone | Industriegelände | Tanklager | Eisenerzbergbau: Schachtanlage, nach 1960 stillgelegter Schacht

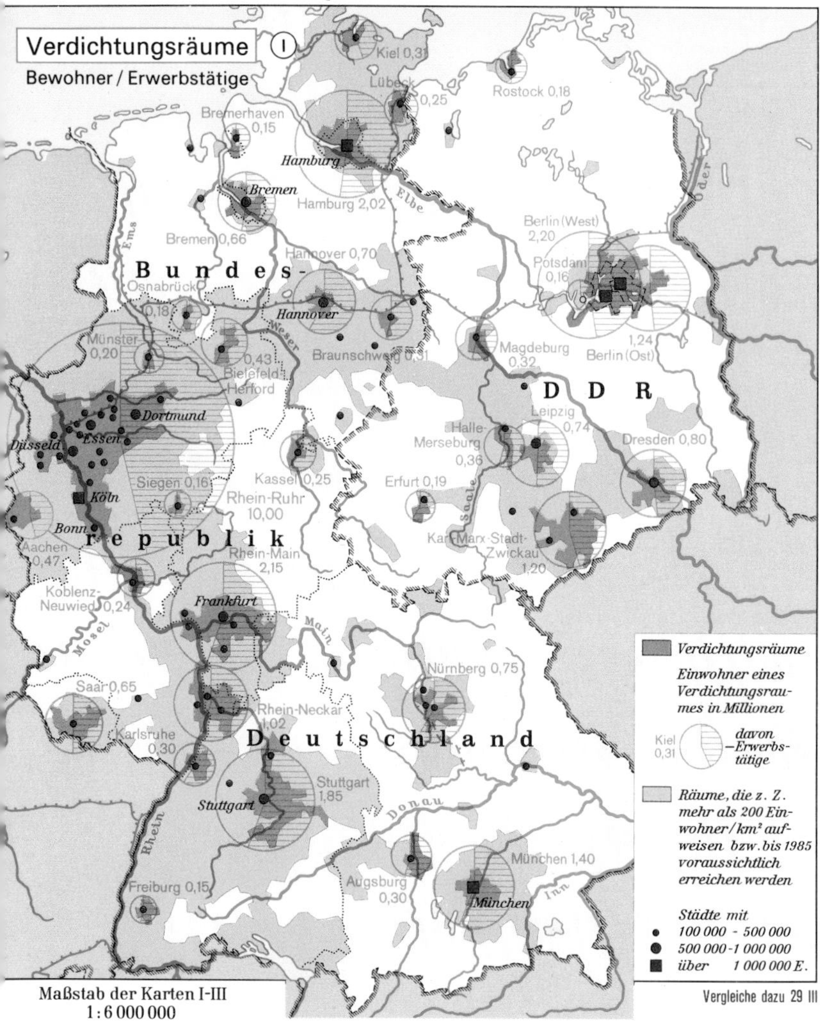

Verdichtungsräume ①
Bewohner / Erwerbstätige

Kiel 0,3
Lübeck 0,25
Rostock 0,18
Bremerhaven 0,15
Hamburg
Bremen
Hamburg 2,02
Bremen 0,66
Hannover 0,70
Berlin (West) 2,20
Potsdam 0,16
B u n d e s -
Osnabrück 0,18
Münster 0,20
Bielefeld 0,43 Herford
Braunschweig 0,51
Magdeburg 0,32
Berlin (Ost) 1,24
D D R
Dortmund
Düsseldorf
Essen
Köln
Siegen 0,16
Kassel 0,25
Halle-Merseburg 0,36
Leipzig 0,74
Dresden 0,80
r e p u b l i k
Bonn
Aachen 0,47
Rhein-Ruhr 10,00
Erfurt 0,19
Karl-Marx-Stadt-Zwickau 1,20
Koblenz-Neuwied 0,24
Frankfurt
Rhein-Main 2,15
Nürnberg 0,75
D e u t s c h l a n d
Saar 0,65
Karlsruhe 0,30
Rhein-Neckar 1,02
Stuttgart 1,85
Freiburg 0,15
Augsburg 0,30
München 1,40

Verdichtungsräume
Einwohner eines Verdichtungsraumes in Millionen
Kiel 0,31 davon Erwerbstätige
Räume, die z. Z. mehr als 200 Einwohner/km² aufweisen bzw. bis 1985 voraussichtlich erreichen werden
Städte mit
• 100 000 – 500 000
● 500 000 –1 000 000
■ über 1 000 000 E.

Maßstab der Karten I–III
1 : 6 000 000
Vergleiche dazu 29 III

Zentrale Orte ②
Ober- / Großzentren

Zentraler Ort
○ höherer Stufe (Oberzentrum)
◉ höherer Stufe mit Teilfunktionen der höchsten Stufe
◎ höchster Stufe (Großzentrum)
Einzugsbereiche und Grenzen von Ober- und Großzentren
Gebiete, die außerhalb der Einzugsbereiche von Groß- und Oberzentren liegen

Kiel
Lübeck
Hamburg
Oldenburg
Bremen
Hannover
Braunschweig
Osnabrück
Bielefeld
Münster
Duisburg
Krefeld
Dortmund
Hagen
Mönchen-gladbach
Wuppertal
Essen
Düsseldorf
Kassel
Köln
Siegen
Bonn
Aachen
Gießen
Koblenz
Hof
Coburg
Wiesbaden
Frankfurt
Schweinfurt
Bayreuth
Mainz
Darmstadt
Würzburg
Bamberg
Weiden
Trier
Ludwigs-hafen
Mannheim
Saarbrücken
Kaisers-lautern
Heidelberg
Heilbronn
Nürnberg
Karlsruhe
Regensburg
Pforzheim
Stuttgart
Ingolstadt
Landshut
Passau
Ulm
Augsburg
München
Freiburg
Kempten

Bevölkerung ③
Entwicklung 1939 bis 1965

Flensburg
Kiel
Rostock
Lübeck
Hamburg
Emden
Bremen
Elbe
Oder
Schwedt
Berlin (West)
Berlin (Ost)
Hannover
Frankfurt
Braunschweig
Magdeburg
Münster
Bielefeld
Essen
Weser
Halle
Leipzig
Hoyerswerda
Kassel
Köln
Erfurt
Dresden
Karl-Marx-Stadt
Eisenhüttenstadt
Saale
Frankfurt
Würzburg
Mosel
Main
Mannheim
Nürnberg
Saarbrücken
Regensburg
Karlsruhe
Stuttgart
Rhein
Donau
Augsburg
München
Freiburg
Inn

Bevölkerungs-zunahme (in Prozent)
über 100
80 – 100
60 – 80
40 – 60
20 – 40
unter 20 %
Bevölkerungs-abnahme

Vergleiche dazu 29 III

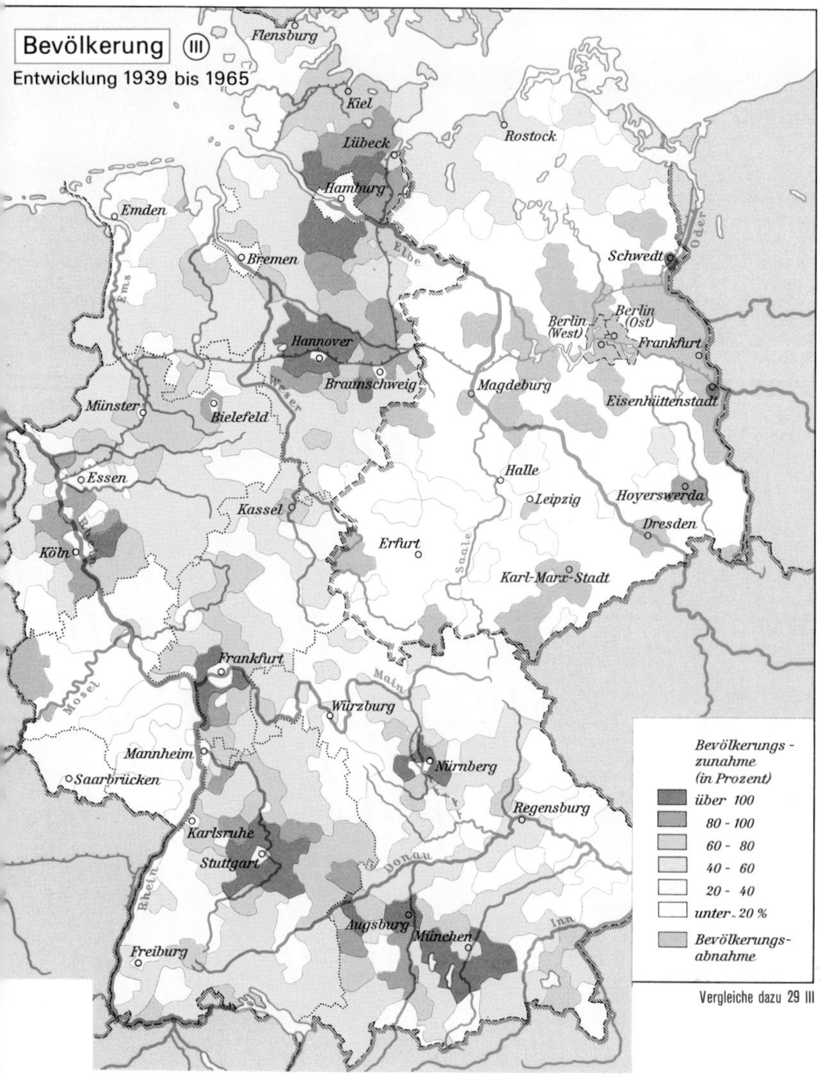

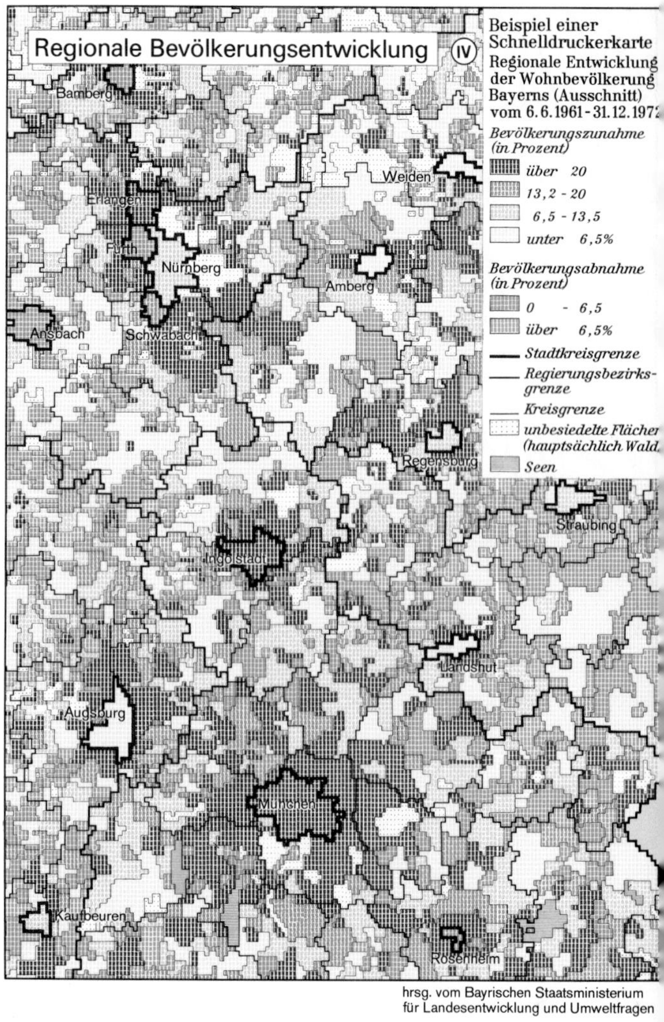

Regionale Bevölkerungsentwicklung ④

Bamberg
Weiden
Erlangen
Nürnberg
Amberg
Ansbach
Schwabach
Regensburg
Straubing
Ingolstadt
Landshut
Augsburg
München
Kaufbeuren
Rosenheim

Beispiel einer Schnelldruckerkarte
Regionale Entwicklung der Wohnbevölkerung Bayerns (Ausschnitt) vom 6.6.1961–31.12.1972
Bevölkerungszunahme (in Prozent)
über 20
13,2 – 20
6,5 – 13,5
unter 6,5 %
Bevölkerungsabnahme (in Prozent)
0 – 6,5
über 6,5 %
Stadtkreisgrenze
Regierungsbezirks-grenze
Kreisgrenze
unbesiedelte Flächen (hauptsächlich Wald.)
Seen

hrsg. vom Bayerischen Staatsministerium für Landesentwicklung und Umweltfragen

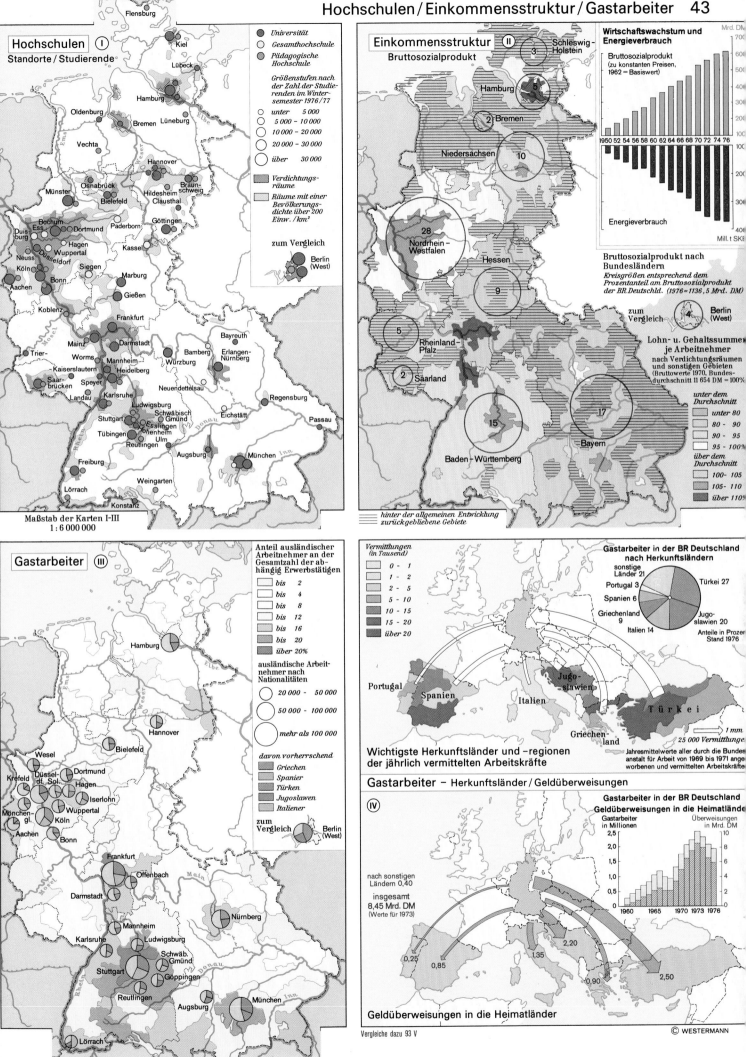

© WESTERMANN

Luftverschmutzung / Lärmbelästigung – am Beispiel Dortmund ①

Mengede, Brechten, Derne, Westerfilde, Scharnhorst, Kurl, Eving, Hoesch-Westfalenhütte, Huckarde, Brackel, Kirchlinde, Asseln, Marten, Hoesch-Union, Dorstfeld, Sölde, Ruhrschnellweg, Eichlinghofen, Kley, Hombruch, Hörde, Hoesch-Phönix, Aplerbeck, Wellinghofen, Berghofen

Maßstab 1:100 000

Siedlungsfläche   Industrieanlagen   Grünfläche

Bundesrep. Deutschland – Luftverschmutzung
Jährliche Belastung der Luft in Tonnen

Stickoxid 2 000 000
Kohlenwasserstoff 2 000 000
Schwefeldioxid 4 000 000
Staub 4 000 000
Kohlenmonoxid 8 000 000

verursacht durch
Industrie
Haushalte/Kraftwerke
Verkehr

Dortmund – Luftverschmutzung
Schwefeldioxidbelastung (SO_2) und Staubniederschlag
mäßig
stark

Lärmbelästigung
Schallpegelwert
bis zu 50
50 – 65
65 – 75
größer als 75
Dezibel (db/A)

Abwassereinleitung ② am Beispiel Niedersachsen

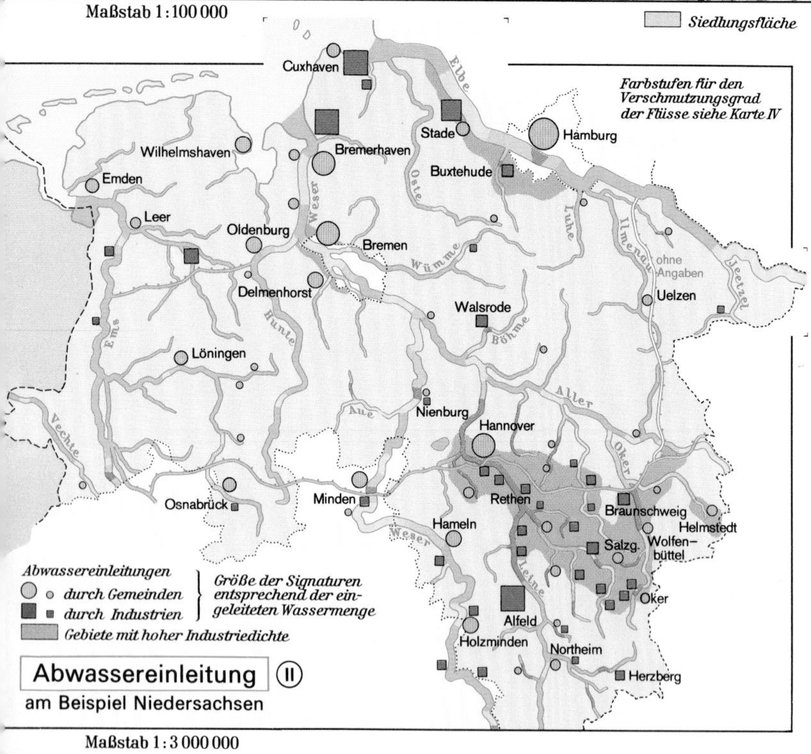

Cuxhaven, Wilhelmshaven, Bremerhaven, Stade, Hamburg, Emden, Buxtehude, Leer, Oldenburg, Bremen, Delmenhorst, Walsrode, Uelzen, Löningen, Nienburg, Hannover, Osnabrück, Minden, Rethen, Braunschweig, Helmstedt, Hameln, Salzg., Wolfenbüttel, Alfeld, Oker, Holzminden, Northeim, Herzberg

Farbstufen für den Verschmutzungsgrad der Flüsse siehe Karte IV

Abwassereinleitungen
durch Gemeinden
durch Industrien
Gebiete mit hoher Industriedichte

Größe der Signaturen entspricht der eingeleiteten Wassermenge

Maßstab 1:3 000 000

Wasserreinhaltung ③ am Beispiel Emscher

Dinslaken, Gladbeck, Castrop-Rauxel, Klärwerk Emschermündung, Bottrop, Herne, Oberhausen, Gelsenkirchen, Bochum, Dortmund, Duisburg, Essen, Mülheim

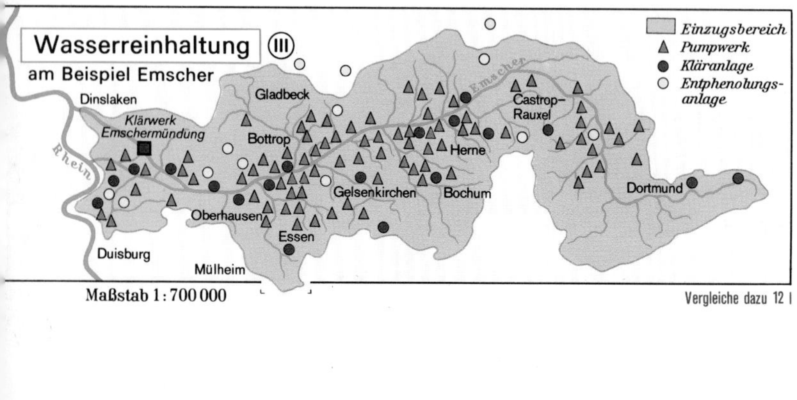

Einzugsbereich
▲ Pumpwerk
● Kläranlage
○ Entphenolungsanlage

Maßstab 1:700 000
Vergleiche dazu 12 I

Gewässerverschmutzung ④

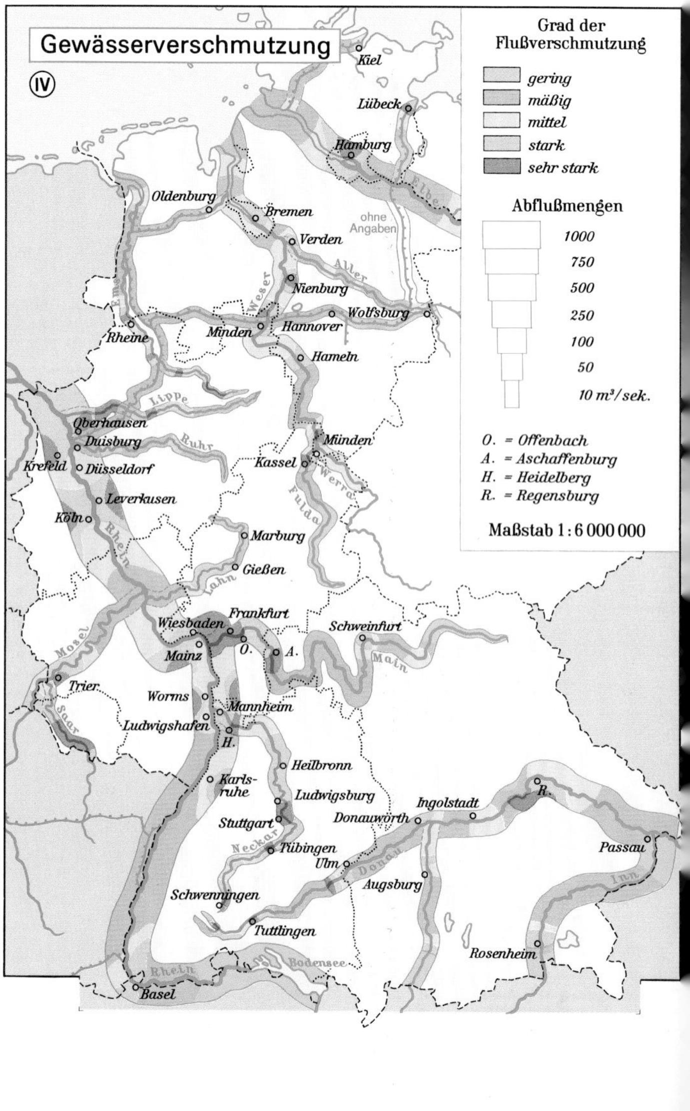

Kiel, Lübeck, Hamburg, Oldenburg, Bremen, Verden, Nienburg, Wolfsburg, Rheine, Minden, Hannover, Hameln, Oberhausen, Duisburg, Krefeld, Düsseldorf, Kassel, Minden, Leverkusen, Köln, Marburg, Gießen, Wiesbaden, Frankfurt, Schweinfurt, Mainz, O., A., Trier, Worms, Ludwigshafen, Mannheim, H., Heilbronn, Karlsruhe, Ludwigsburg, Ingolstadt, Stuttgart, Donauwörth, Passau, Tübingen, Ulm, Augsburg, Schwenningen, Rosenheim, Tuttlingen, Basel, Bodensee

Grad der Flußverschmutzung
gering
mäßig
mittel
stark
sehr stark

Abflußmengen
1000
750
500
250
100
50
10 m³/sek.

O. = Offenbach
A. = Aschaffenburg
H. = Heidelberg
R. = Regensburg

Maßstab 1:6 000 000

Eisenbahnen
I
Erläuterung für Karte I
Zugverkehr
50 100 200
Personenzüge
Güterzüge
in 24 Stunden
Dargestellt sind die Hauptstrecken der Deutschen Bundesbahn ohne Vorortverkehr (1975)
Erläuterung für Karte II
Straßenverkehr
bis 2500
2500-5000
5000-10 000
10 000-15 000
15 000-25 000
über 25 000
Kraftfahrzeuge in 24 Stunden
Jahresmittelwerte der internationalen Straßenverkehrszählung 1975
Nordsee
Niederlande
Belg.
Lux.
Frankreich
Schweiz
Österreich
Tschechoslowakei
Hamburg
Bremen
Hannover
Kiel
Lübeck
Köln
Frankfurt
München
Stuttgart
Nürnberg

Straßen
II
Beförderte Güter (Bundesrep. Deutschland)
Eisenbahn 329 Mill. t
Aufteilung nach Warengruppen (Werte für 1975)
Straßenfernverkehr 230 M. t
Binnenschiffahrt 227 Mill. t
Rohrfernleitgn. 72 M. t
Sonstiges
Nahrungs-/Genußmittel
Maschinen, Metallwaren
Mineralöl
chemische Erzeugnisse
Sand, Steine, Zement
Erze, Eisen und Stahl
Kohle und Torf
Niederlande
Belg.
Lux.
Frankreich
Schweiz
Österreich
Tschechoslowakei

Wasserstraßen
III
Erläuterung für Karte III
Güterverkehr auf den Wasserstraßen
Binnenschiffahrt
Seeschiffahrt
bis 5
5-10
10-20
20-50
50-100
über 100
Millionen Tonnen (1975)
In Kreisform: Güterumschlag in den einzelnen Regionen
Zum Vergleich: Wasserstraßen Berlin (West) 6 Mill. t
Erläuterung für Karte IV
Personenverkehr der wichtigsten Flughäfen
(einschließlich Transitverkehr)
0 1 2 3 4 5 10 Mill. 1975
Luftstraße
Luftkorridor
Elbegebiet 16 Mill. t
Wesergebiet 14 Mill. t
Mittellandkanalgebiet 11 Mill. t
Westdeutsches Kanalgebiet 39 Mill. t
Rheingebiet 204 Mill. t
Donaugebiet 3 Mill. t
Nordsee
Ostsee
Niederlande
Belg.
Lux.
Frankreich
Schweiz
Österreich
Tschechoslowakei

Luftverkehr
IV
Hamburg-Fuhlsbüttel
Bremen-Neuenland
Hannover-Langenhagen
Berlin-Tegel
Berlin (West)
Berlin (Ost)
Berlin-Schönefeld
Düsseldorf-Lohausen
Köln/Bonn
Frankfurt/Main
Saarbrücken-Ensheim
Stuttgart-Echterdingen
Nürnberg
München-Riem
nach Oslo
nach Kopenhagen
Nordsee
Ostsee
Niederlande
Belg.
Lux.
Frankreich
Schweiz
Österreich
Tschechoslowakei

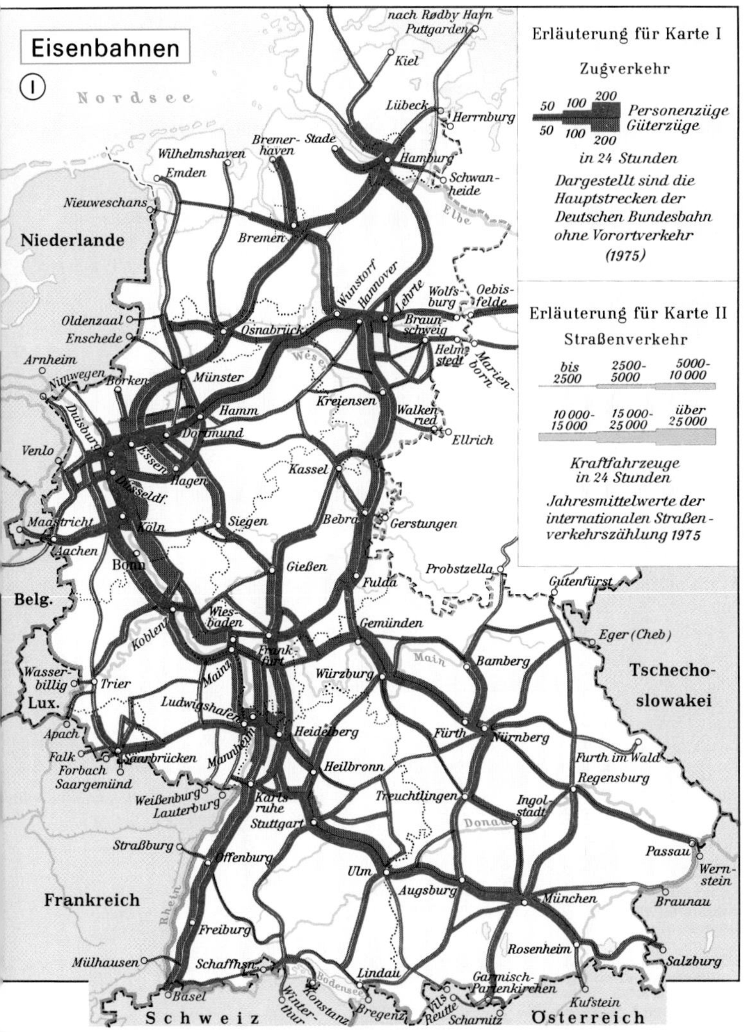

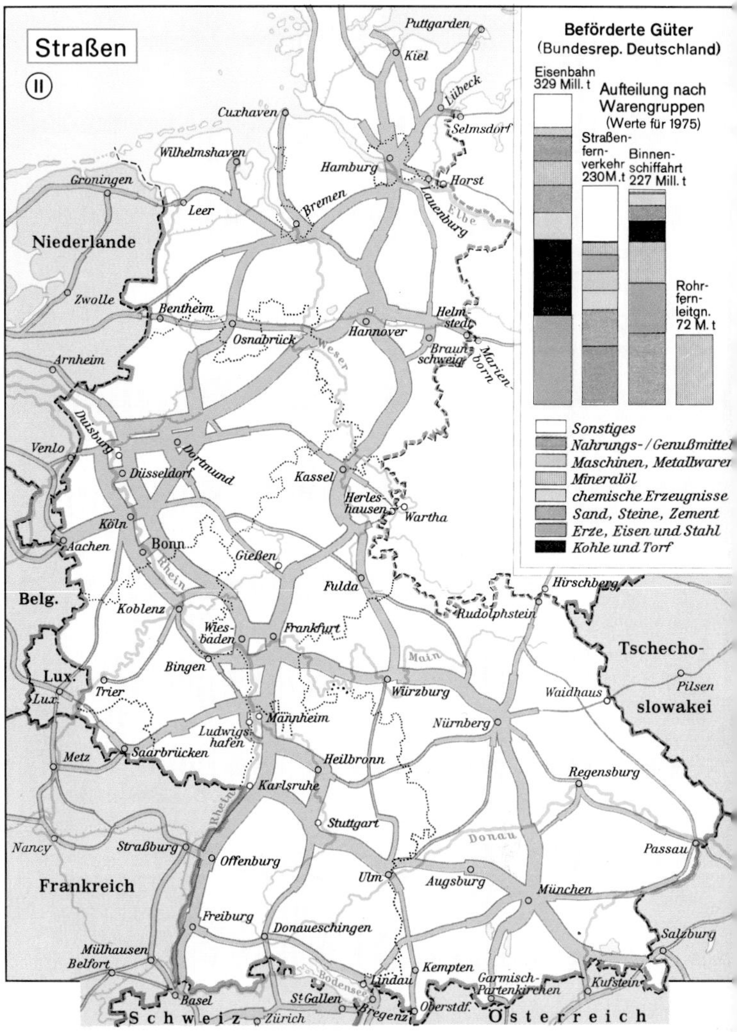

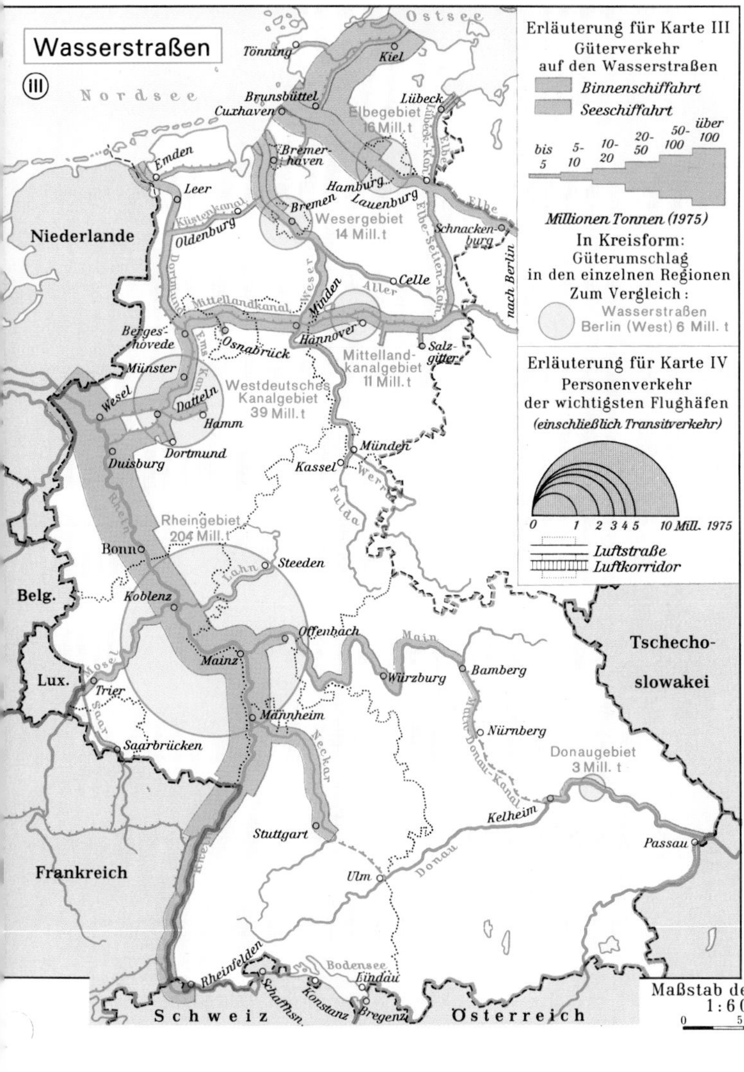

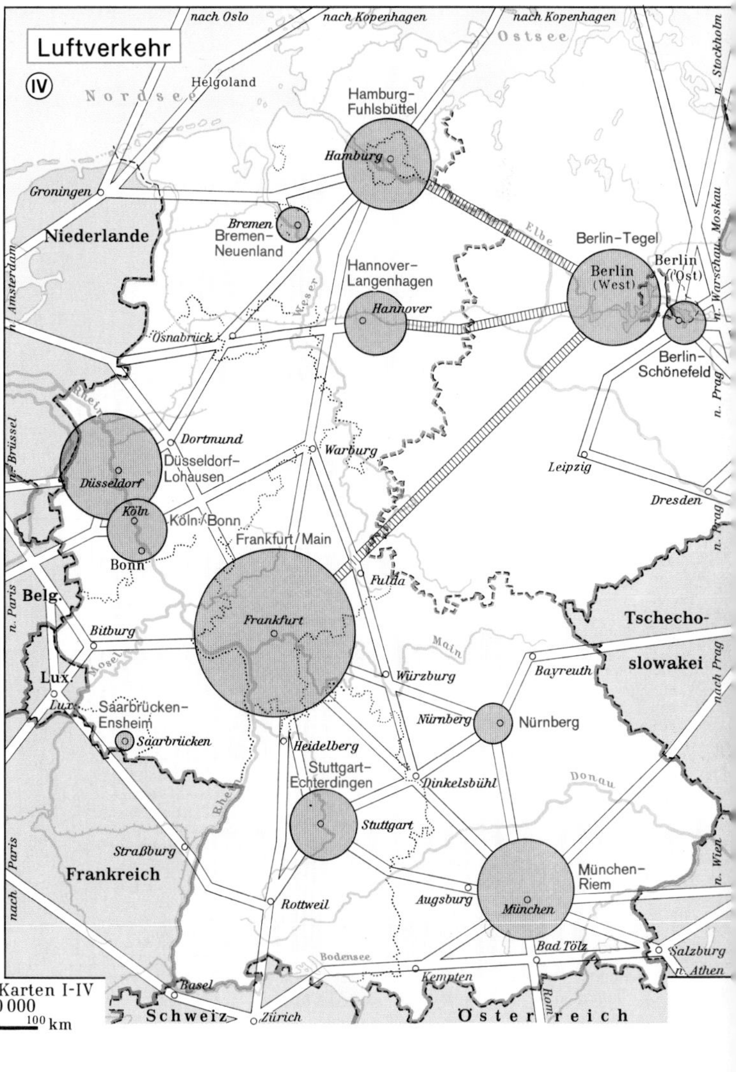

Maßstab der Karten I-IV
1 : 6 000 000
0 50 100 km

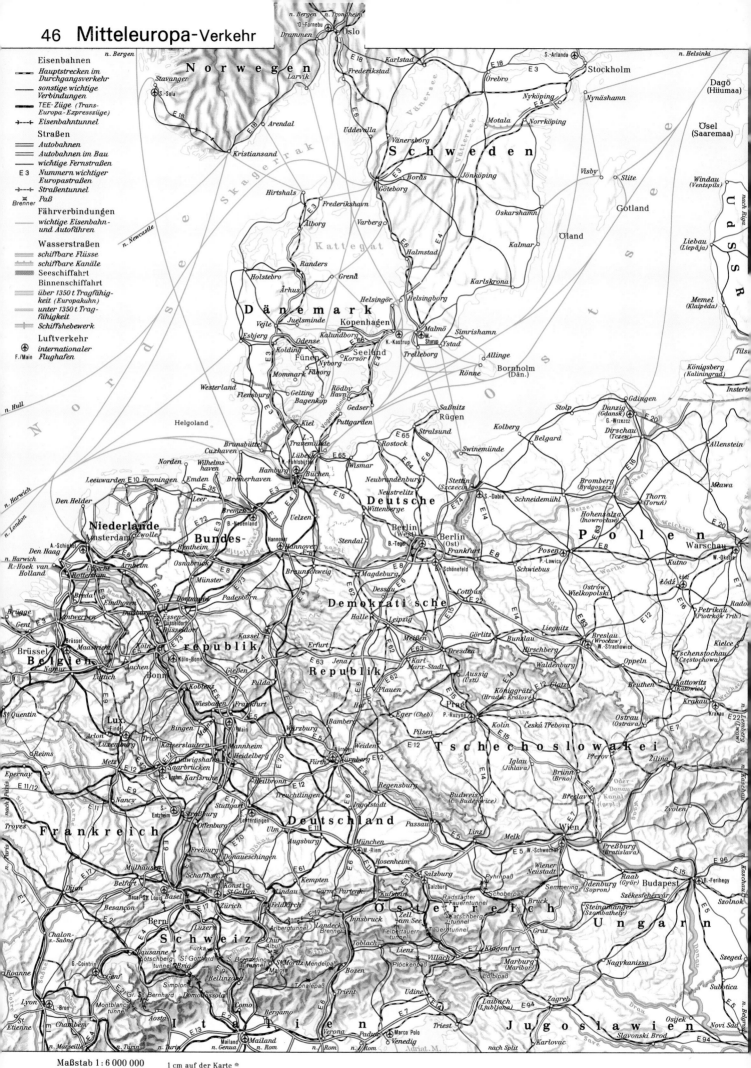

Danziger Bucht/Ausgleichsküste/Nehrungs- (Haff-) küste (I)

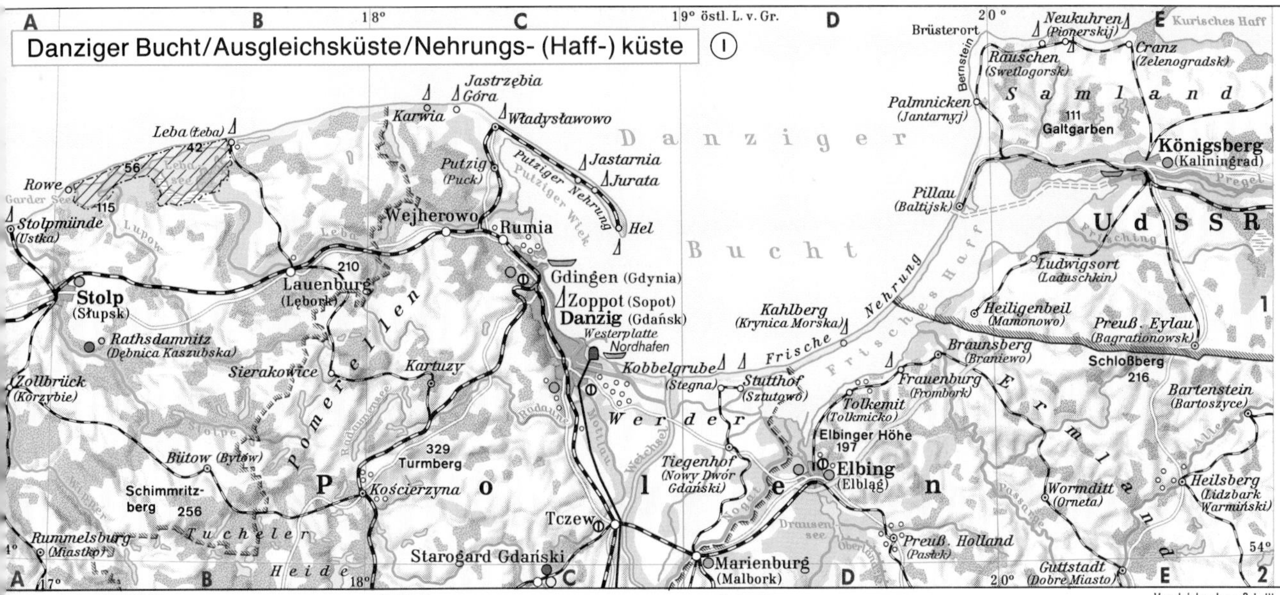

Bodennutzung
- Ackerland (vorwiegend Roggen und Kartoffeln) mit Viehzucht
- Wiese, Weide
- Wald
- Moor, Sumpf
- Dünen, zum Teil bewaldet
- Gemüseanbau

Industrien
- Schiffbau
- Erdölraffinerie
- Erdölleitung

Fremdenverkehr
- Seebad
- Nationalpark

- Hauptbahn
- Nebenbahn
- Autobahn
- Straße
- Staatsgrenze
- ehemalige deutsche Staatsgrenze vom 31. 12. 1937

Maßstab 1 : 1 500 000 — 1 cm auf der Karte ≙ 15 km in der Natur — 10 20 30 km

Orte über 50 000 · ○ Orte über 20 000 - 50 000 Einwohner · ⊙ Orte über 5 000 - 20 000 · ○ Orte unter 5 000 Einwohner

Vergleiche dazu 8 I-III

Weitere Erläuterungen siehe Karte II

Oberschlesisches Industrierevier (GOP) (II)

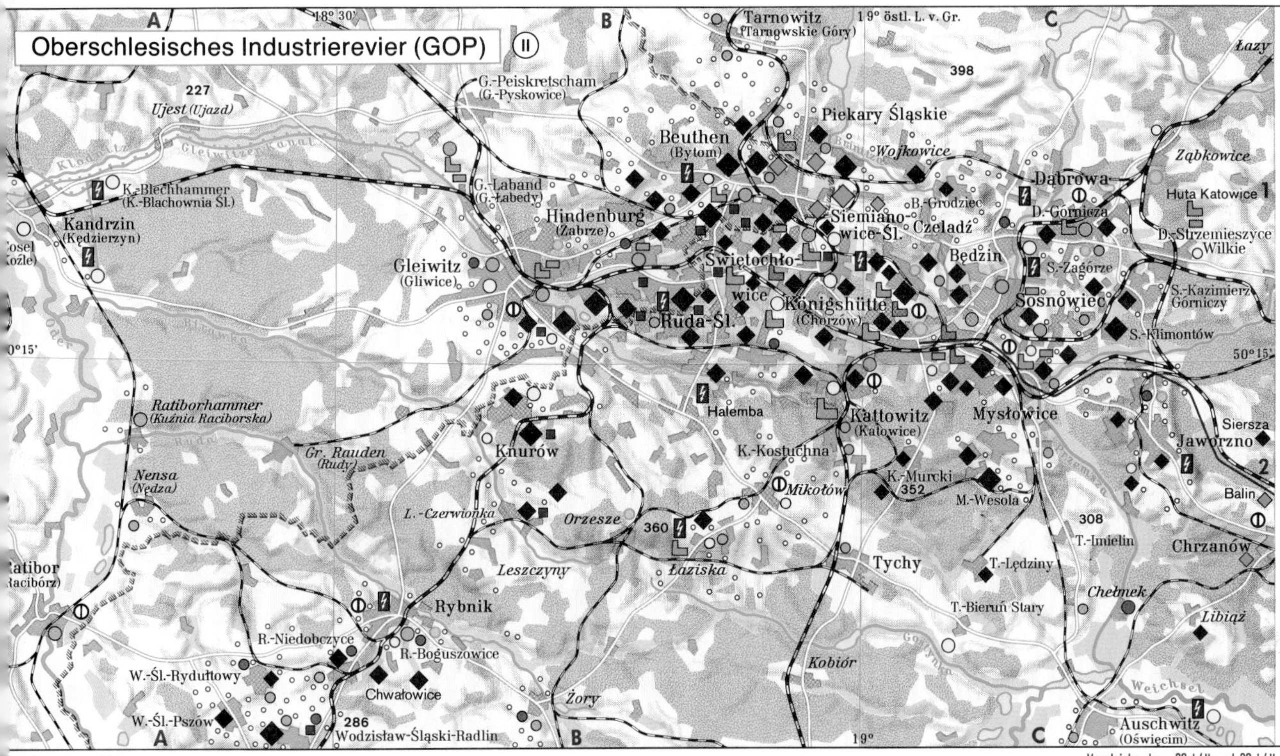

Bodenschätze
- Steinkohle (Förderung pro Jahr)
  - über 2
  - 1 - 2
  - unter 1 Mill. t
- Blei und Zink
- Salz

Industrien
- Eisen- und Stahlerzeugung
- Walzwerk
- Buntmetallverhüttung (Blei u. Zink)
- Kokerei
- Metallindustrie
- chemische Industrie
- Elektroindustrie
- Textilindustrie
- Lederindustrie
- Glasindustrie
- Wärmekraftwerk
- Erdgasleitung

- Siedlungen

Maßstab 1 : 500 000 — 2 4 6 8 10 km

GOP = Górnośląski Okręg Przemysłowy (Oberschlesisches Industrierevier)

Vergleiche dazu 38 I/II und 39 I/II

Weitere Erläuterungen siehe Karte I

Hohe Tatra - Fremdenverkehr (III)

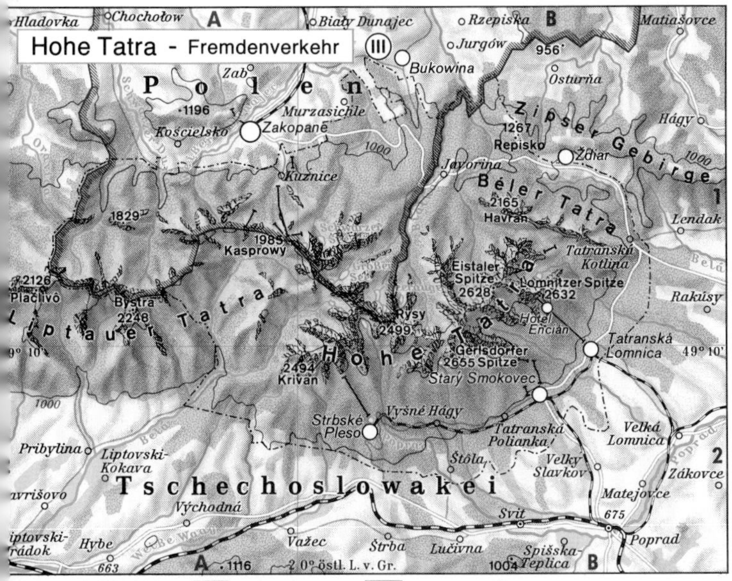

Maßstab 1 : 500 000 — 2 4 6 8 10 km

- Felsregion, alpine Matten
- Krummholzzone
- Wald
- Seilbahn
- Grenze des Nationalparks
- ○ Erholungsort mit Wintersport

Ungarische Pußta - Siedlungsstruktur (IV)

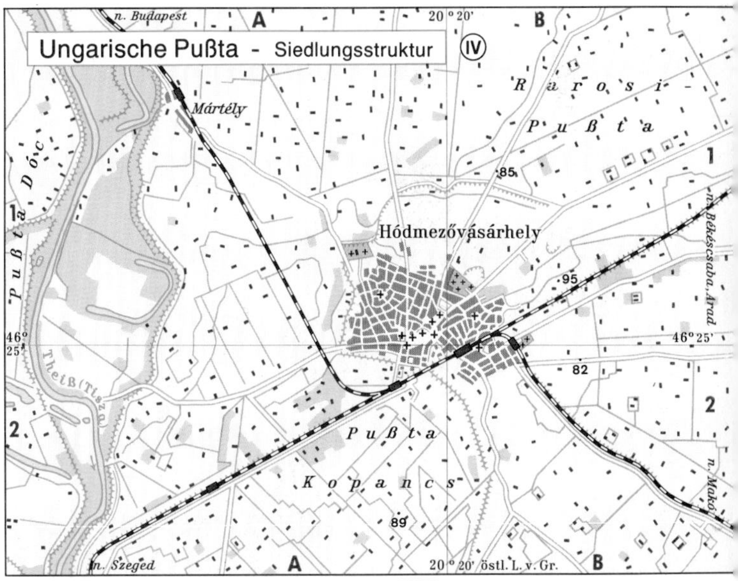

Maßstab 1 : 200 000 — 0 1 2 3 4 5 km

- Stadtgebiet
- Einzelhöfe („Tanyas")
- Ackerland
- Wiese, Weide
- Damm
- Weg

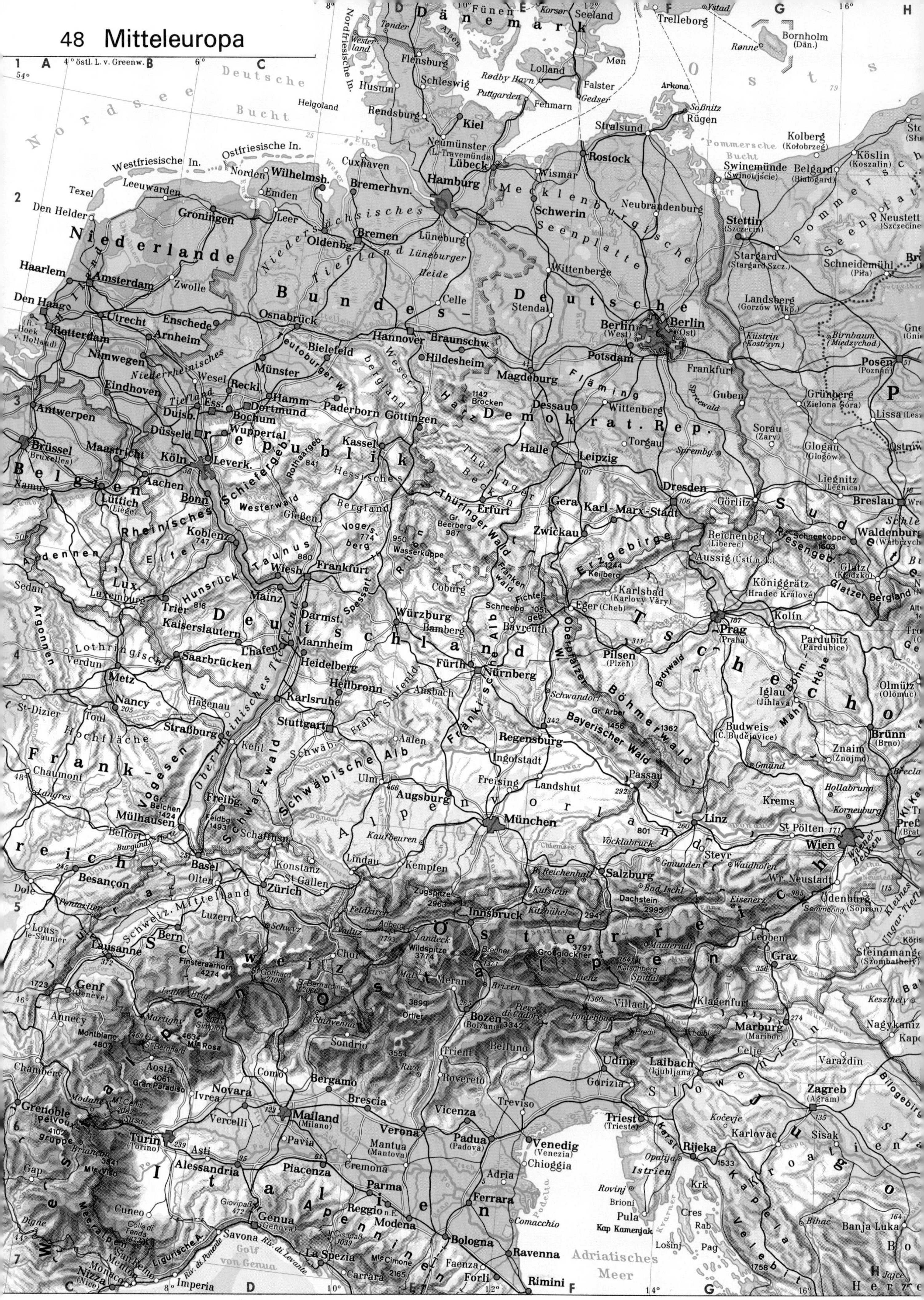

Tauroggen (Taurage)
Kedainiai
Ukmerge
Schwentschionys
Jubarkas
Tilsit (Sowjetsk)
Brüsterort
Kurische Nehrung
Kurisches Haff
Litauen
Kaunas
Wilna (Vilnius)
Smorgon
Wileika
Molodetschno
Krupki
Borissow
Schklow
Gorki
Königsberg (Kaliningrad)
Insterburg (Tschernjachowsk)
Kapsukas
Kalwarija
Alytus
Oschmjany
Danziger Bucht
Frische Nehrung
Danzig (Gdańsk)
Braunsberg (Braniewo)
Suwałki
Masurische Seenplatte
Dirschau (Tczew)
Elbing (Elbląg)
Marienburg (Malbork)
Lyck (Ełk)
Augustów
Grodno
Lida
Nowogrudok
Stolbzy
Minsk
Tscherwen
Mogilew
Tschausy
Kritschew
Bychow
Weißrußland
Allenstein (Olsztyn)
Neswish
Ossipowitschi
Bobruisk
Rogatschew
Tschetschersk
Shlobin
Grenze vom 31.12.37
Graudenz (Grudziądz)
Thorn (Toruń)
Łomża
Białystok
Wolkowysk
Slonim
Baranowitschi
Sluzk
Gomel
Dobrusch
Mława
Ostrołęka
Ostrów Mazowiecka
Bielsk Podlaski
Iwazewitschi
Retschiza
Hohensalza (Inowrocław)
Pułtusk
Prushany
Czeremcha
Luninez
Kalinkowitschi
Płock
Włocławek
Nowy Dwór
Warschau (Warszawa)
Kobrin
Iwanowo
Pinsk
Mosyr
Pripjetsümpfe
Kutno
Siedlce
Brest
Polen
Tschernigow
Koło
Łódź
Skierniewice
Łuków
Owrutsch
Klessow
Kalisch (Kalisz)
Pabianice
Dęblin
UdSSR
Sarny
Zduńska Wola
Petrikau (Piotrków Trib.)
Tomaszów Mazowiecki
Radom
Lublin
Chełm
Kowel
Now. Bjelokorowitschi
Korosten
Malin
Kiew
Borispol
Radomsko
Wladimir-Wolynskij
Tschenstochau (Częstochowa)
Kielce
Łysogóry
Nowowolynsk
Luzk
Wolynien
Rowno
Nowograd-Wolynskij
Shitomir
Wassilkow
Oppeln (Opole)
Sandomierz
Zamość
Stalowa Wola
Tomaszów Lubelski
Sokal
Dubno
Ostrog
Isjaslaw
Schepetowka
Polonnoje
Fastow
Bjelaja-Zerkow
Zawiercie
Rawa-Russkaja
Roztocze
Kremenez
Brody
Berditschew
Beuthen (Bytom)
Kattowitz (Katowice)
Gleiwitz (Gliwice)
Krakau (Kraków)
Bochnia
Tarnów
Rzeszów
Jarosław
Przemyśl
Lemberg (Lwow)
Solotschew
Sbarash
Starokonstantinow
Kasatin
Ukraine
Shaschkow
Wieliczka
Bielsko-Biała
Ostrau (Ostrava)
Babia Gora 1725
Neusandez (Nowy Sącz)
Sanok
Sambor
Drogobytsch
Rogatin
Ternopol
Chmelnizkij
Litin
Winniza
Lipowez
Lysá hora 1323
Jablunkapaß
Beskiden
Duklapaß
Bardejov
Borislaw
Stryj
Wolyn-Podolische Platte
Shmerinka
Gaissin
Uman
Žilina
Tatra
Gerlsdorfer Sp. 2655
Zakopane
Prešov
Kežmarok
Waldkarpaten
Dolina
Butschatsch
Tschortkow
Now. Uschiza
Tultschin
Slowakei
Nied. Tatra 2043
Uschoker Paß
Iwanowo-Frankowsk
Kamenez-Podolskij
Mogilew-Podolskij
Gaiworon
Banská Bystrica
Zvolen
Slowak. Erzgebirge
Kaschau (Košice)
Ushgorod
Tschop
Transkarpatien
Mukatschewo
Jablonizki-P.
Kolomyja
Snjatyn
Chotin
Tschernowzy
Soroki
Balta
Nitra
Sátoraljaújhely
Chust
Gowerla 2061
Bukowina
Dorohoi
Kotowsk
Bessarabien
Moldau
Miskolc
Tokaj
Rădăuţi
Botoşani
Belzy
Salgótarján
Eger
Mátrageb. 1015
Nyíregyháza
Satu Mare
Sighetul Marmaţiei
Guţii 1442
Prislop 1416
Suceava
Orgejew
Dubossary
Komárno
Vác
Esztergom
Gyöngyös
Carei
Baia Mare
Pietrosu 2303
Cîmpulung Moldovenesc
Paşcani
Iaşi
Kischinew
Tiraspol
Budapest
Tiefland
Debrecen
Tihuţa
Ostkarpaten
Roman
Bendery
Székesfehérvár
Szolnok
Karcag
Bistriţa
Pietrosu 2100
Ceahlău 1907
Piatra Neamţ
Huşi
Ungarisches Tiefland
Nagykőrös
Oradea
Dej
Cluj (Klausenburg)
Bicaz
Gheorgheni
Vaslui
Dunaújváros
Kecskemét
Reghin
Bacău
Komrat
Siebenbürgen
Tîrgu Mureş
Békéscsaba
Csongrád
Szentes
Turda
Bihar 1847
Apusenigebirge
Sighişoara (Schäßburg)
Tîrgu Ocna
Gheorghiu-Dej
Bîrlad
Kiskunhalas
Hodmezővásárhely
Oituzpaß 865
Kagul
Szekszárd
Baja
Großes Alföld
Szeged
Arad
Medias
Alba Iulia
Transsilvanien
Odobeşti
Focşani
Bolgrad
Mecsekgeb. 682
Subotica
Deva
Sebeş
Rumänien
Făgăraş
Braşov (Kronstadt)
Kilia
Mohács
Senta
Kikinda
Timişoara (Temeschburg)
Orăştie
Sibiu (Hermannstadt)
Rotenturm Paß
Victoria
Moldoveanu 2543
Predeal
Sinaia
Galaţi
Ismail
Reni
Sombor
Batschka
Bečej
Lugoj
Hunedoara
Haţeg
Petroşani
Brăila
Tulcea
Sulina
Osijek
Vinkovci
Wojwodina
Zrenjanin
Banat
Reşiţa 1445
Mindra 2529
Vulkanpaß 1621
Südkarpaten
Cîmpulung
Buzău
Cîmpina
Curtea de Argeş
Rîmnicu Vîlcea
Ploieşti
Rumänisches Tiefland
Hîrşova
Dobrudscha
Novi Sad
Vršac
Bela Crkva
Anina
Banater Gebirge
Mehadia
Tîrgu Jiu
Piteşti
Tîrgovişte
Kap Midia
Belgrad (Beograd)
Pančevo
Orşova
Eisernes Tor
Drobeta Turnu Severin
Drăgăşani
Muntenien
Bukarest (Bucureşti)
Bărăgan
Cernavodă
Mamaia
Konstanza (Constanţa)
Eforie
Šabac
Oltenia
Slatina
Călăraşi
Požarevac
Smederevo
Tuzla
Craiova
Roşiori de Vede
Silistra
Mangalia
Zvornik
Majdanpek
Prahovo
Bor
Valjevo
Caracal
Alexandria
Giurgiu
Ruse
Vidin
Calafat
Corabia
Turnu Măgurele
Lom
Nikopol
Svištov
Landhöhen
0-100m
100-200
200-500
500-1000
1000-1500
1500-3000
üb. 3000 m
Gletscher
Eisenbahn
Autobahn
Kanal
Straße
Weitere Erläuterungen siehe Seite 58/59

Alpine Vegetationsstufen
am Beispiel des Dischmatales

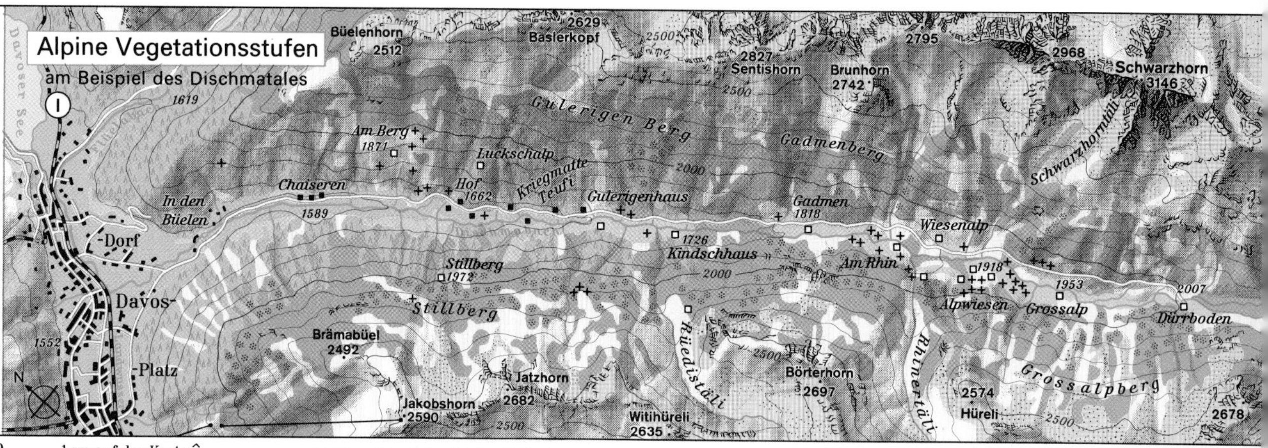

Vegetationsstufen
- Gletscherregion
- anstehender Fels
- Lockermaterial (Felsblöcke, Blockschutt, Schutthalden)
- Bergwiesen (alpine Matten)
- Krummholzzone (Zwergstrauch- und Gebüschformation)
- Wald (Nadelmischwald, in tieferen Lagen vorwiegend Fichtenwald)
- vorwiegend Alpenrosenbestand
- Almfettwiese
- Talfettwiese, z. T. Gärten

Besiedlung
- Dauersiedlung
- Almsiedlung
- Hauswüstung

Maßstab 1 : 75 000 — 0 500 1000 1500 m — 1 cm auf der Karte ≙ 750 m in der Natur — Höhenlinien (Abstand 100 m) — Weitere Erläuterungen siehe Karte I

Vergleiche dazu 145

Walliser Alpen – Energieerzeugung

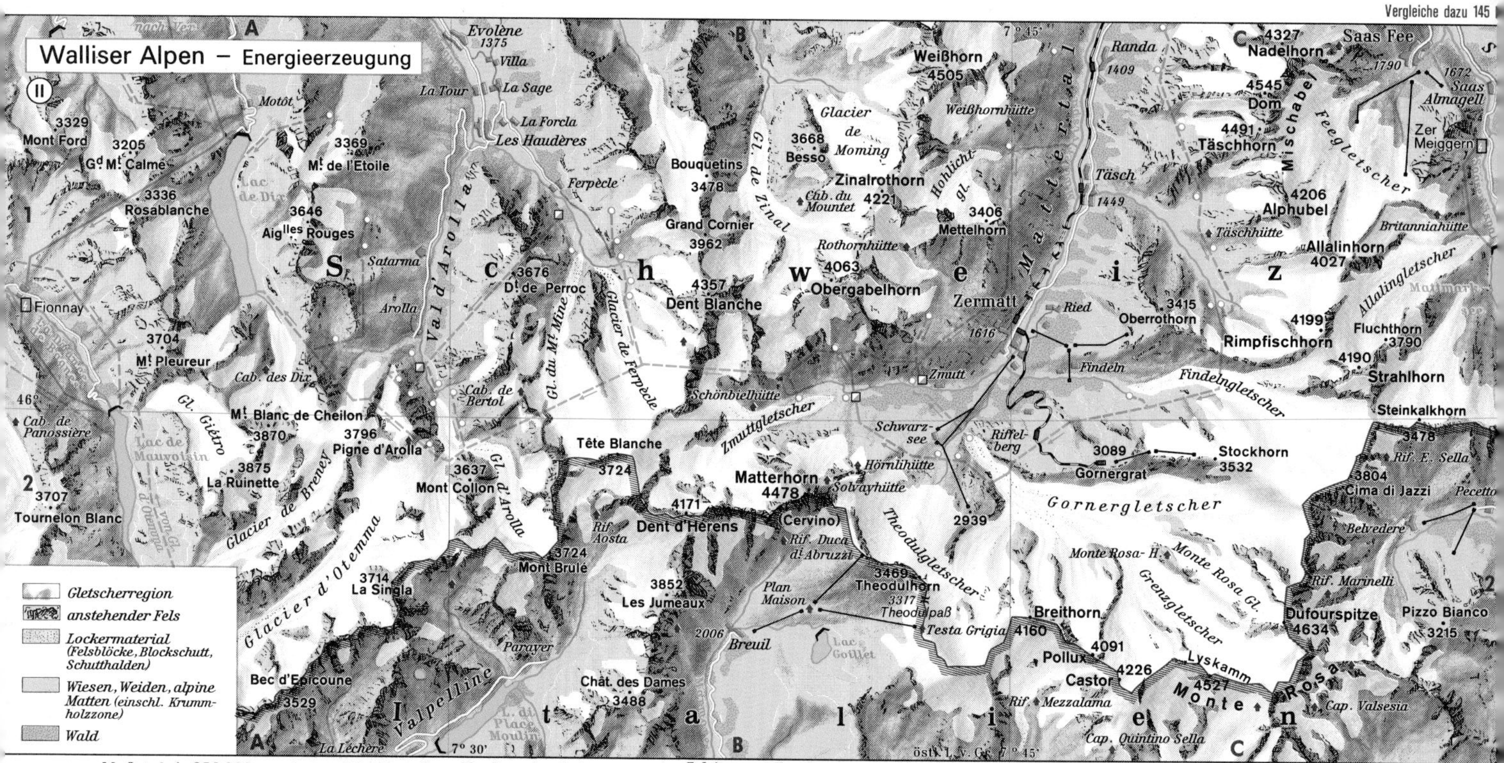

- Gletscherregion
- anstehender Fels
- Lockermaterial (Felsblöcke, Blockschutt, Schutthalden)
- Wiesen, Weiden, alpine Matten (einschl. Krummholzzone)
- Wald

Maßstab 1 : 250 000 — 0 1 2 3 4 5 km — 1 cm auf der Karte ≙ 2,5 km in der Natur

Kraftwerkanlagen (Grand Dixence): Zuleitungsstollen mit Wasserfassungen — Druckstollen — Pumpwerk — Wasserkraftwerk — Staumauer — Staatsgrenze — Siedlung — Schutzhütte — Eisenbahn — Seilbahn, Sessellift — Straße — Weg

Alpines Längstal

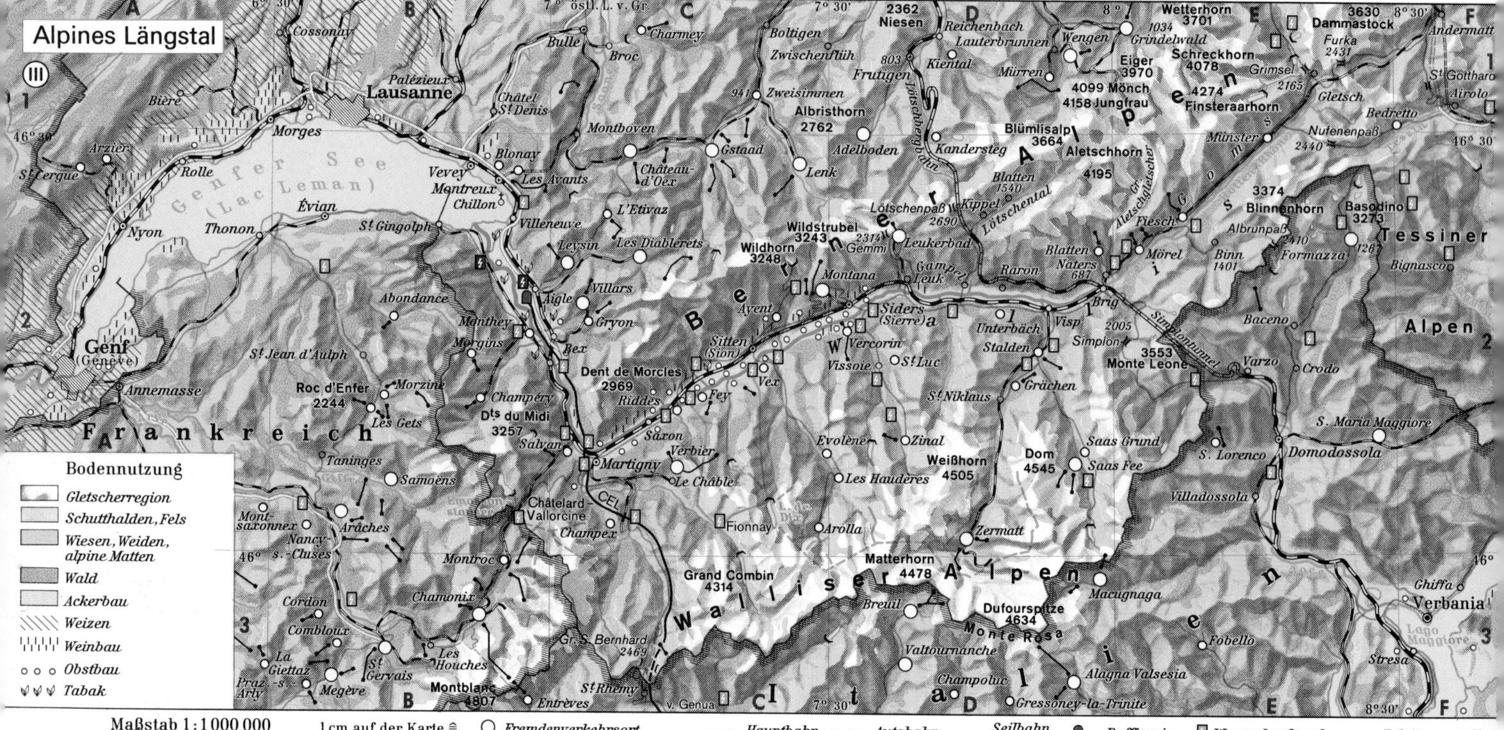

Bodennutzung
- Gletscherregion
- Schutthalden, Fels
- Wiesen, Weiden, alpine Matten
- Wald
- Ackerbau
- Weizen
- Weinbau
- Obstbau
- Tabak

Maßstab 1 : 1 000 000 — 0 5 10 15 20 25 km — 1 cm auf der Karte ≙ 10 km in der Natur

Fremdenverkehrsort (Signaturgröße nach Wichtigkeit) — Hauptbahn — Nebenbahn — Autobahn — Straße — Seilbahn, Sessellift — Paß — Raffinerie — Erdölleitung — Wasserkraftwerk — Wärmekraftwerk — Zuleitungsstollen — Druckstollen

Kantone

A. = Appenzell
H. = Herisau
Sch. = Schaffhsn.
S. = Stans

A. = Appenzell
B. = Baselland
A.R. = Außer Rhoden
I.R. = Inner Rhoden
Nid. = Nidwalden
Ob. = Obwalden

Maßstab
1 : 4 000 000

Maßstab 1 : 1 500 000

0 10 20 30 40 50 km

1 cm auf der Karte ≙
15 km in der Natur

Landhöhen

| 30–100 | 100–200 | 200–350 | 350–500 | 500–750 | 750–1000 | 1000–1500 | 1500–3000 | üb. 3000 m | Gletscher |

Weitere Erläuterungen
siehe Seiten 6 / 7

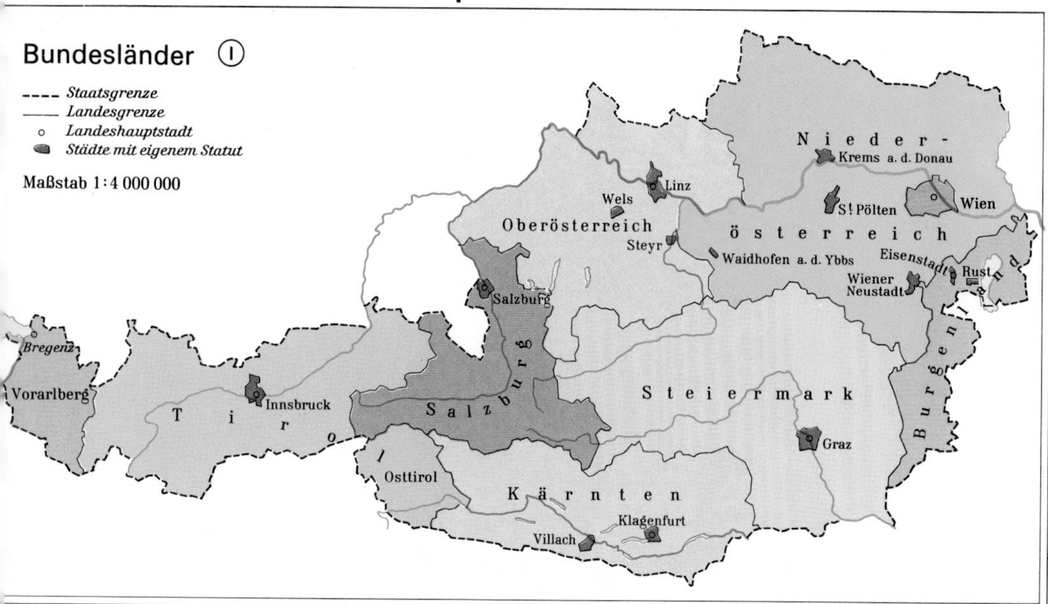

Bundesländer ①

- - - - Staatsgrenze
——— Landesgrenze
○ Landeshauptstadt
▪ Städte mit eigenem Statut

Maßstab 1:4 000 000

Nieder-
österreich
Krems a. d. Donau
Oberösterreich
Wels
Linz
Steyr
Waidhofen a. d. Ybbs
St. Pölten
Wien
Eisenstadt
Rust
Wiener
Neustadt
Burgenland
Salzburg
Steiermark
Vorarlberg
Bregenz
Innsbruck
Tirol
Osttirol
Salzburg
Graz
Kärnten
Villach
Klagenfurt

Inset II (Bayern)

49° 12° 342 Donaustauf D Bayern 13°
Kelheim Wörth Bogen Reg
Regensburg Schierling Straubing Deggendorf
Rottenburg Mallersdorf Osterhofen
Ergoldsbach Landau
Dingolfing Arnstorf
II Landshut Pfarrkirchen
Moosburg
Vilsbiburg Eggenfelden
Erding Dorfen Simbach
Neuötting Braunau
Waldkraiburg Altötting Ranshofen
Ebersberg Mühldorf Burghausen In
Grafing Wasserburg Tittmoning Mattighof
Rott Tittmoning

Hauptkarte (Ostalpen)

Maßstab 1:1 500 000

1 cm auf der Karte ≙
15 km in der Natur

0 10 20 30 40 50 km

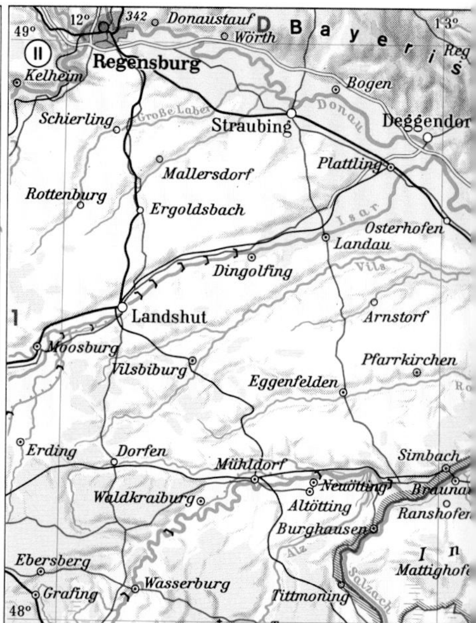

© WESTERMANN 53

Erläuterungen der Landhöhen siehe Seite 51
weitere Erläuterungen siehe Seiten 6/7

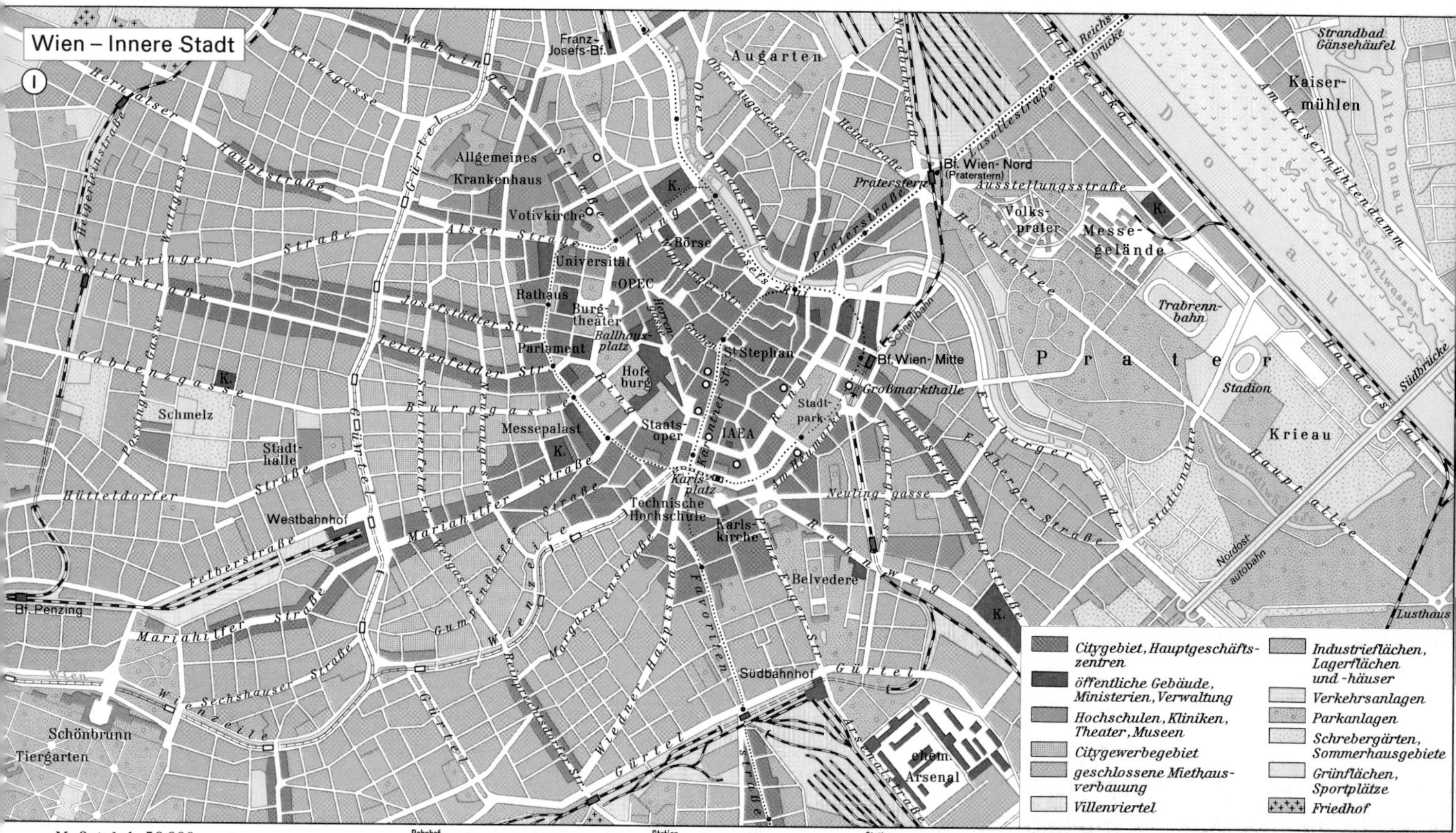

Maßstab 1 : 50 000 — 0 250 500 1000 m — 1 cm auf der Karte ≙ 500 m in der Natur

Bahnhof Eisenbahn (Hauptbahn) — Neben-, Industriebahn — Station Stadtbahn — unterirdische Strecke — Station U-Bahn, z. T. im Bau — Überschwemmungsgebiet der Donau — o Großhotel — K. Kaserne

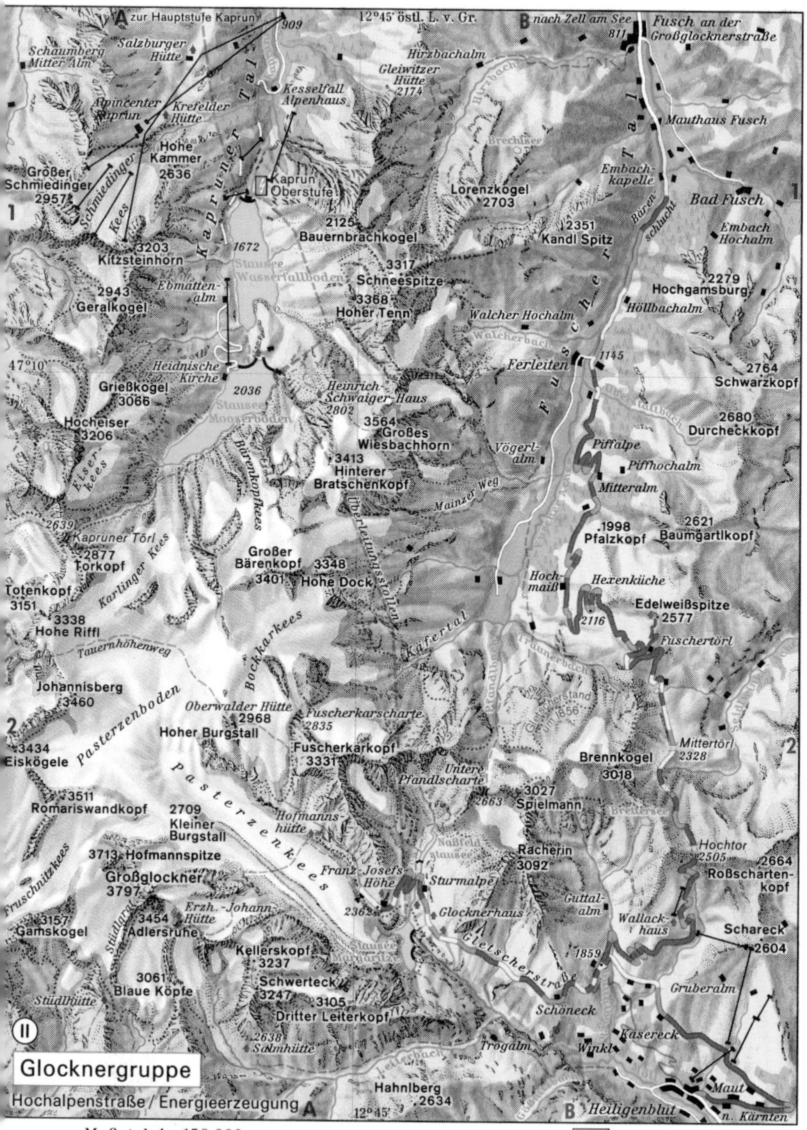

Maßstab 1 : 150 000 — 0 1 2 3 km

Steigung der Großglockner-Hochalpenstraße: unter 5 — 5 - 8 — 8 -12%

vorw. alpine Matten — Wald, vorw. Nadelwald — vorw. Grünlandwirtschaft

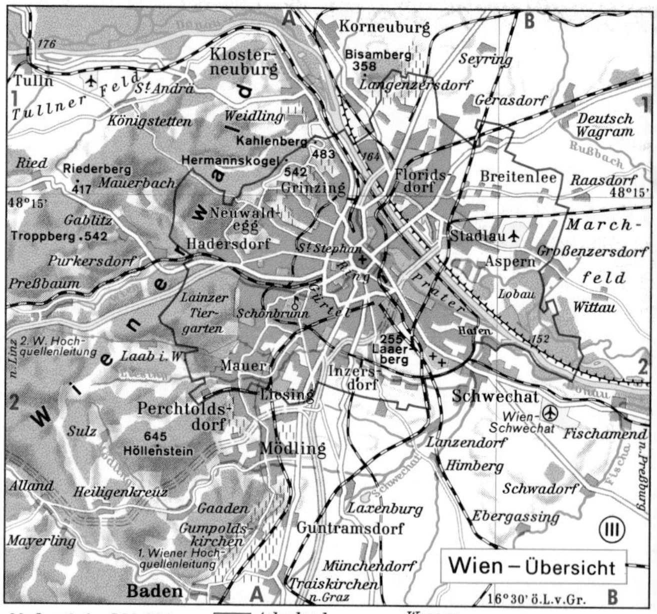

Maßstab 1 : 500 000 — 0 2 4 6 8 10 km

Ackerland, Wiesen, Weiden — Weinbau — Wasserleitung — Stadtgrenze

Weitere Erläuterungen siehe Seite 60, Karte I

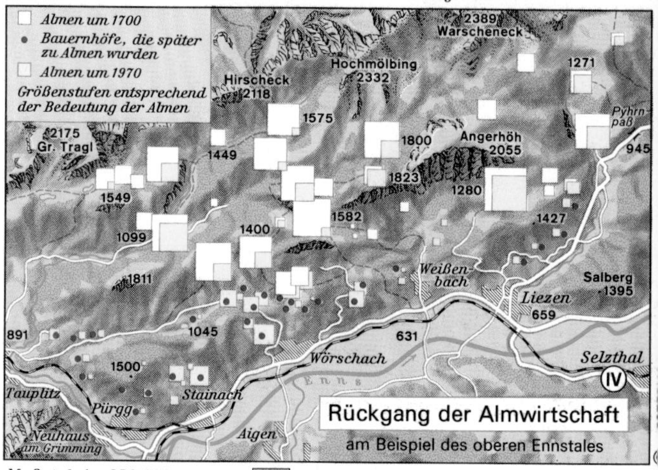

Maßstab 1 : 250 000 — 0 1 2 3 4 5 km

Wald, z. T. Waldweide — Almweg — 1582 Höhen in Metern

Weitere Erläuterungen zu den Karten II und IV siehe Seite 50, Karte II

Vergleiche dazu 98/99 II/IV/V

Fremdenverkehr
Seebad
Badeort an Binnenseen
Erholungsort mit starker oder vorwiegender Wintersaison, Wintersportzentrum
Erholungsort mit starker oder vorwiegender Sommersaison
Kurort, Heilbad
Ort mit vorwiegendem Besichtigungsfremdenverkehr (kunsthist. bedeutsame Stadt, kulturelles Zentrum, Messestadt)
wichtiger Wallfahrtsort
Größenstufen
Orte mit etwa 1 Mill. Übernachtungen pro Jahr, bzw. 10 000 Fremdenbetten und darüber
Orte mit etwa 400 000 Übernachtungen pro Jahr, bzw. 4000 Fremdenbetten.
andere wichtige Fremdenverkehrsorte
Städte oder Orte mit einer ständigen Bevölkerung ab 50 000 Einwohnern sind stärker umrandet
Millionenstadt
Verkehrswege
wichtige Bahnlinie
Eisenbahntunnel
Autobahn, z. T. geplant oder im Bau
wichtige Fernverkehrsstraße
Straßentunnel
Bodenbedeckung
vorwiegend Ackerland
Wiesen, Weiden, Almen
Wald, einschließlich Macchie
Felsregion
Gletscher
Maßstab 1 : 3 000 000
0 25 50 100 km
1 cm auf der Karte ≙ 30 km in der Natur

Deltaprojekt – Raumordnung/Landschaftsplanung (III)

Flutkatastrophe 1953

Rotterdam – Europoort (VI)

Maßstab 1 : 4 500 000   1 cm auf der Karte ≙   Meerestiefen   Landhöhen
45 km in der Natur
0   50   100   150 km   üb. 4000m 2000–4000 200–2000 0–200m   Senken 0–100m 100–200 200–500 500–1000 1000–1500 1500–3000 üb. 3000m Gletscher

bahn — Autobahn — Moor, Sumpf — Weitere Erläuterungen siehe Seite 62/63

erbindung — wichtige Straße — Salzgewinnung

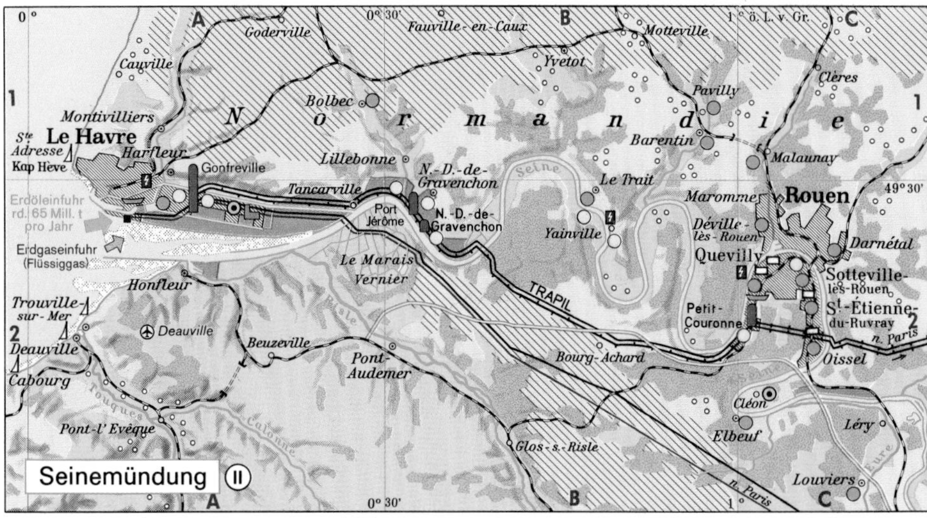

Maßstab 1 : 750 000 — 1 cm auf der Karte ≙ 7,5 km in der Natur

Weitere Erläuterungen siehe Karte IV

vorw. Ackerland — Weizenanbau — Weinbau — Reiskulturen — Obst, Gemüse — Wald — Wiese, Weide — Ödland, Sumpf — Siedlungsfläche — Watt — Seebad — Salzgärten

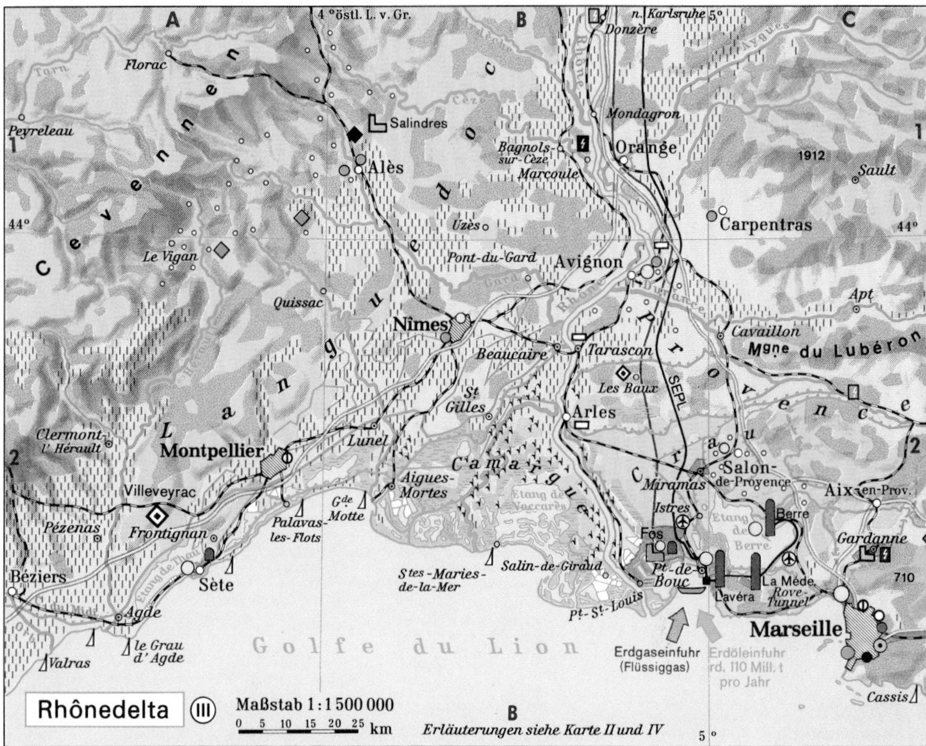

Maßstab 1 : 1 500 000 — 0 5 10 15 20 25 km

Erläuterungen siehe Karte II und IV

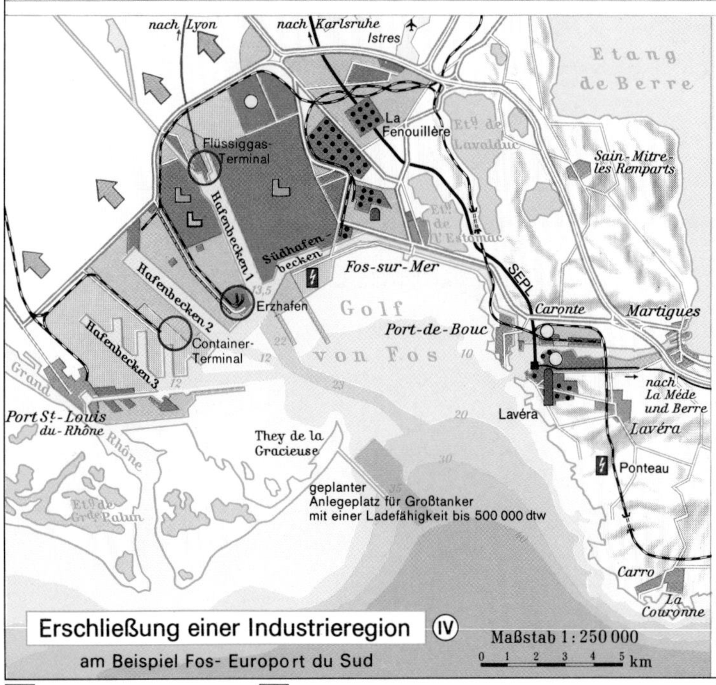

Maßstab 1 : 250 000 — 0 1 2 3 4 5 km

Industrien
- Eisen- u. Stahlerzeugung
- Buntmetallverhüttung
- Aluminiumverhüttung
- metallverarbeitende Ind.
- Fahrzeugbau
- Schiffbau
- Elektroindustrie
- chemische und petrochemische Industrie
- Feinmechanik, opt. Ind.
- Textilindustrie
- Lederindustrie
- Gummiindustrie
- Papierindustrie
- Wasserkraftwerk
- Wärmekraftwerk
- Atomkraftwerk
- Erdölraffinerie
- Erdölleitung
- Erdgasleitung
- Erdölproduktenleitung
- Erdöleinfuhrhafen

Bodenschätze
- Steinkohle
- Braunkohle
- Bauxit
- Blei und Zink

- Autobahn
- Eisenbahn
- Flughafen
- Industriegelände
- Kanal

Wohngebiete — geplantes Wohnzentrum — fertiggestellte Industrieanlagen — weitgehend erschlossenes Baugelände — Aufschüttungsflächen — geplante Autobahn — Öltanklager — Ausdehnungsachsen des Industriehafens

Übersicht I

Innere Stadt II

Maßstab 1:500 000 1 cm auf der Karte ≙ 5 km in der Natur

Paris um 1700	Departementsgrenze
Evry	Departementshauptort
Wärmekraftwerk	Wasserleitung
Atomkraftwerk	Schloß

Weitere Erläuterungen siehe Seite 49

Wirtschaftscity (Citygebiet, Hauptgeschäftszentren)

sonstige Geschäftszentren (vorw. Geschäfte, Kaufhäuser, Restaurants)

Regierungscity

öffentliche und Regierungsgebäude, Verwaltung, Kasernen

Universitätscity

Hochschulen, Kliniken, Theater, Museen, Baudenkmäler

Citygewerbegebiet

renoviertes Palastviertel

vorw. gehobene Wohnviertel (meist Villen), diplomatische Vertretung vorherrschend

vorw. mittlere Wohnviertel

vorw. einfache Wohnviertel, meist mit Industrie und Gewerbebetrieben durchsetzt

Industrie- und Lagerhausflächen

Großhotel

Maßstab 1:50 000 1 cm auf der Karte ≙ 500 m in der Natur

Eisenbahn	Untergrundbahn mit Station
Eisenbahntunnel	
Verkehrsanlagen	Grünanlage, Sportplatz
Parkanlage	Friedhof

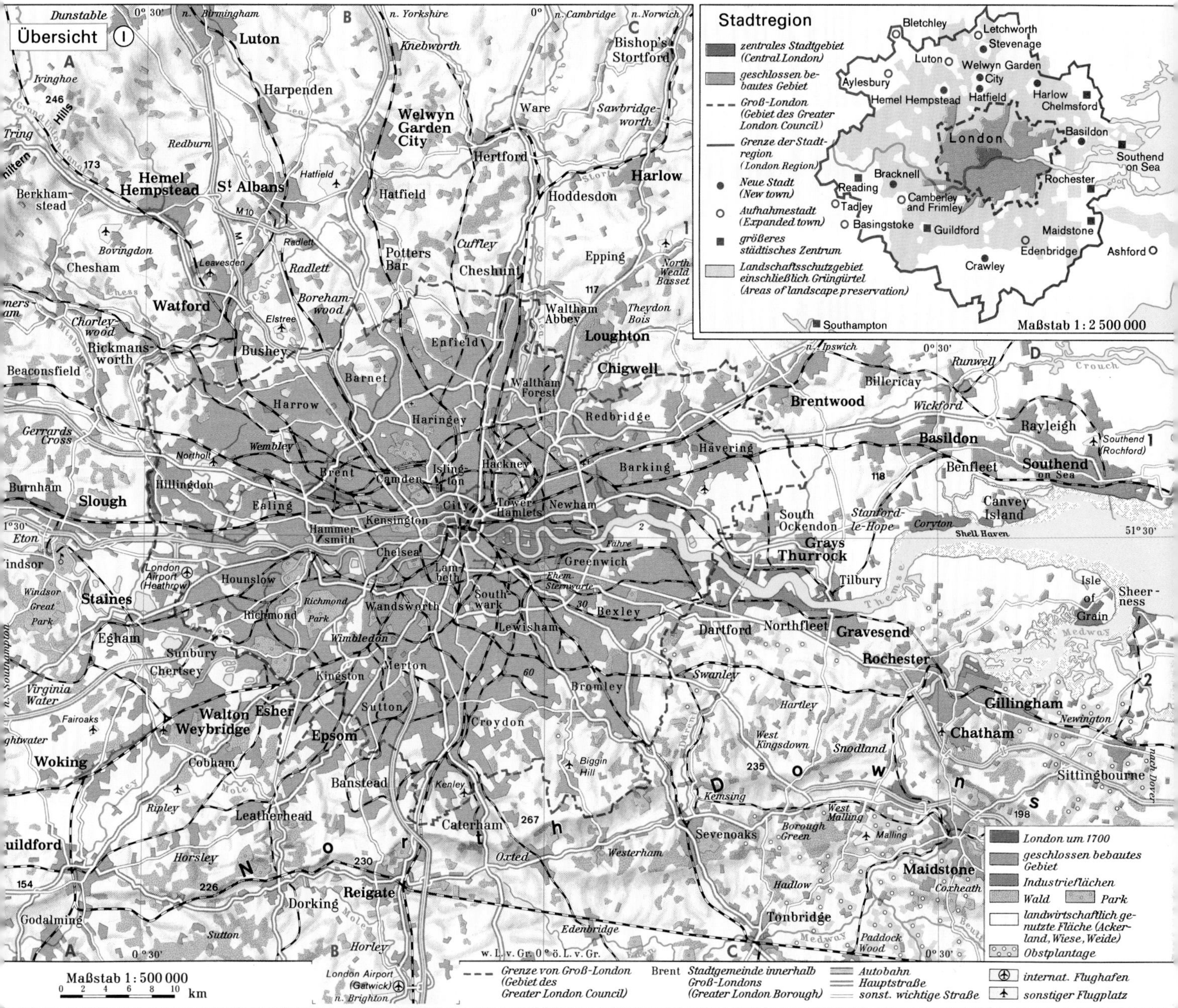

London 61

Übersicht I

Maßstab 1:500 000
0 2 4 6 8 10 km

Dunstable · Luton · n. Birmingham · B · n. Yorkshire · 0° · n. Cambridge · n. Norwich
Ivinghoe · 246 · Harpenden · Welwyn Garden City · Knebworth · Ware · Sawbridge-worth · Bishop's Stortford
Tring · 173 · St Albans · Hatfield · Hertford · Hoddesdon · Harlow
Berkhamstead · Hemel Hempstead · M 10 · Radlett · Potters Bar · Cuffley · Cheshunt · Epping · Theydon Bois · 117 · North Weald Basset
Chesham · Bovingdon · Leavesden · Elstree · Borehamwood · Waltham Abbey · Loughton
Chorleywood · Rickmansworth · Watford · Bushey · Barnet · Enfield · Chigwell · D
Beaconsfield · Harrow · Haringey · Waltham Forest · Redbridge · Havering · Brentwood · Billericay · Rayleigh
Gerrards Cross · Northolt · Wembley · Brent · Camden · Islington · Hackney · Barking · Basildon · Southend (Rochford)
Burnham · Slough · Hillingdon · Ealing · Hammersmith · City · Tower Hamlets · Newham · South Ockendon · Stanford-le-Hope · Corryton · Benfleet · Canvey Island · Southend on Sea
Eton · Windsor · Staines · Hounslow · Kensington · Chelsea · Lambeth · Southwark · Greenwich · Ehem. Sternwarte · Grays Thurrock · Tilbury · Northfleet · Isle of Grain · Sheerness
Windsor Great Park · Egham · Richmond · Richmond Park · Wandsworth · Lewisham · Bexley · Dartford · Gravesend · Rochester
Virginia Water · Fairoaks · Sunbury · Chertsey · Wimbledon · Merton · Bromley · Swanley · Hartley · West Kingsdown · Snodland · Gillingham · Newington · Chatham · Sittingbourne
Woking · Walton Weybridge · Esher · Kingston · Sutton · Croydon · Biggin Hill · Kenley · Kemsing · West Malling · Borough Green · Malling · 198
Cobham · Epsom · Banstead · 235 · D · o · w · n · s
Ripley · Leatherhead · Caterham · 267 · Westerham · Sevenoaks · West Malling · Maidstone · Coxheath
Horsley · 230 · Oxted · N · o · r · t · h · Borough Green · Hadlow
Guildford · 154 · 226 · Reigate · Dorking · Caterham · Edenbridge · Tonbridge · Paddock Wood
Godalming · Sutton · Horley · London Airport (Gatwick) · n. Brighton · Reigate · w.L.v.Gr 0° ö.L.v.Gr · 0°30'

Stadtregion

zentrales Stadtgebiet (Central London)
geschlossen bebautes Gebiet
Groß-London (Gebiet des Greater London Council)
Grenze der Stadtregion (London Region)
Neue Stadt (New town)
Aufnahmestadt (Expanded town)
größeres städtisches Zentrum
Landschaftsschutzgebiet einschließlich Grüngürtel (Areas of landscape preservation)

Bletchley · Letchworth · Stevenage · Luton · Welwyn Garden · City · Aylesbury · Hemel Hempstead · Hatfield · Harlow · Chelmsford · London · Basildon · Southend on Sea · Bracknell · Reading · Tadley · Camberley and Frimley · Rochester · Basingstoke · Guildford · Maidstone · Crawley · Edenbridge · Ashford · Southampton · n. Ipswich · Runwell

Maßstab 1:2 500 000

London um 1700
geschlossen bebautes Gebiet
Industrieflächen
Wald
Park
landwirtschaftlich genutzte Fläche (Acker-land, Wiese, Weide)
Obstplantage

- - - Grenze von Groß-London (Gebiet des Greater London Council)
Brent Stadtgemeinde innerhalb Groß-Londons (Greater London Borough)
Autobahn
Hauptstraße
sonst. wichtige Straße
internat. Flughafen
sonstiger Flugplatz

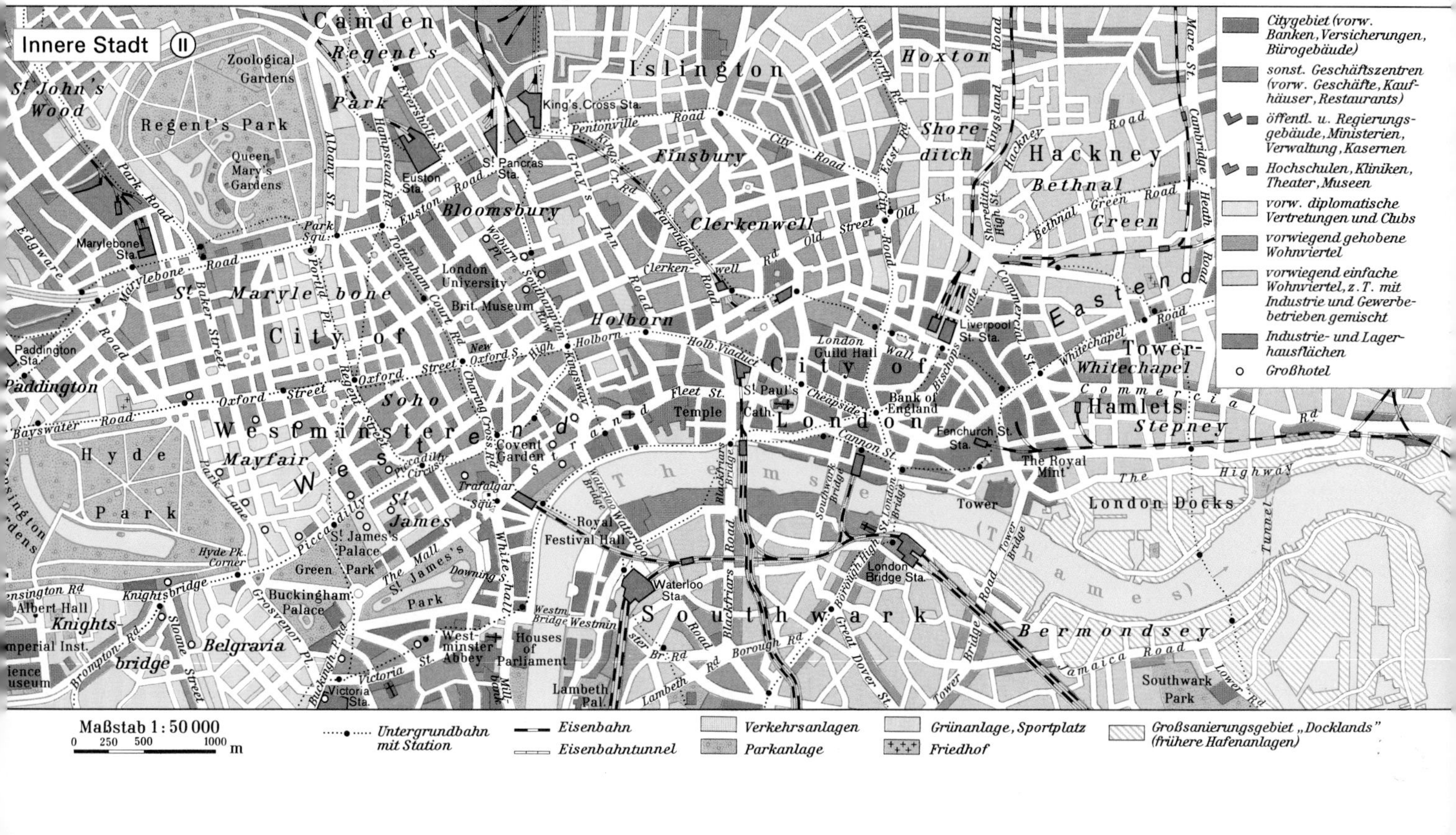

Innere Stadt II

Maßstab 1:50 000
0 250 500 1000 m

Camden · Regent's Park · Zoological Gardens · Islington · Hoxton · Mare St. · Shoreditch · Hackney · Bethnal Green · Eastend
St John's Wood · Queen Mary's Gardens · King's Cross Sta. · Pentonville · Finsbury · City · Road · Kingsland · Road
Marylebone Sta. · Euston Sta. · St Pancras Sta. · Bloomsbury · Clerkenwell · Old Street · Commercial · Road
St Marylebone · London University · Brit. Museum · Holborn · Liverpool St. Sta. · Tower Hamlets · Whitechapel · Stepney
Paddington Sta. · City of Westminster · Soho · Holborn · City of London · Bank of England · Fenchurch St. Sta. · The Royal Mint · London Docks
Bayswater · Hyde Park · Mayfair · West end · Covent Garden · St Paul's Cath. · Cheapside · Cannon St. · Tower · The Highway · Tunnel
Kensington Rd · Albert Hall · Imperial Inst. · Knightsbridge · Green Park · St James · Trafalgar Sqr. · Royal Festival Hall · Waterloo Sta. · London Bridge Sta. · Bermondsey
Belgravia · Buckingham Palace · St James Palace · The Mall · Downing St. · Southwark · Southwark Park · Jamaica Road
Brompton Rd · Knightsbridge · Victoria Sta. · Westminster Abbey · Houses of Parliament · Lambeth Pal. · Great Dover St. · Borough Rd

Citygebiet (vorw. Banken, Versicherungen, Bürogebäude)
sonst. Geschäftszentren (vorw. Geschäfte, Kaufhäuser, Restaurants)
öffentl. u. Regierungsgebäude, Ministerien, Verwaltung, Kasernen
Hochschulen, Kliniken, Theater, Museen
vorw. diplomatische Vertretungen und Clubs
vorwiegend gehobene Wohnviertel
vorwiegend einfache Wohnviertel, z. T. mit Industrie und Gewerbebetrieben gemischt
Industrie- und Lagerhausflächen
Großhotel

···· Untergrundbahn mit Station
Eisenbahn
Eisenbahntunnel
Verkehrsanlagen
Parkanlage
Grünanlage, Sportplatz
Friedhof
Großsanierungsgebiet „Docklands" (frühere Hafenanlagen)

Weybridge
Grafs
Golf-platz
Silvermere
Burwood
Whitel Villa
Antike Wallanlage
Red Hill
Painshill-Park
Maßstab 1:50 000

Westray
Sanday
Mainland (Pomona) 224 Orkney-
Stromness
Kirkwall inseln
Hoy
South Ronaldsay
Rona

Kap Wrath
Thurso
Duncansby Head
Pentland Firth
Wick

Flannan-inseln
Lewis
Stornoway

Saint Kilda
Harris 799

North Uist
998
Ben More
Assynt
Golspie
Dornoch
Benbecula
Quirang 542
Beinn Dearg
1081
Ben Wyvis
1045
Dingwall
Elgin Buckie
Banff Kinnairds Head
Fraserburgh
South Uist
Portree
Skye
Cárn Eige
1182
Kyle Inverness
Nairn
Peterhead

Barra
Ben Macdhui
1310
Balmoral
Stonehaven
Aberdeen

Rhum
Mallaig
Ft William
31343
Ben Nevis
Killiecrankie-paß
Fonfar
Glamis Montrose
Schottland

Tiree
Staffa
Iona
Ben Lawers
1214
Scon
Doune
Perth
Cupar
St Andrews
Dundee

Coll
Oban
Ochil Hills
May

Mull
Kirkcaldy
North Berwick

Colonsay
Jura
Stirling
Dunferm-line
Leith Dunbar

Islay
Greenock
Paisley
Glasgow
Edinburgh
Haddington
Berwick-upon-Tweed
Holy Island (Lindisfarne)

Rothesay
Motherwell
Pentland Hills
Galashiels

Kintyre
Arran
Prestwick
Selkirk
839
Broad Law
816
Hawick
Alnwick

Malin Head
Giants Causeway
Moville
Ayr
Merrick
842
Dumfries
Cheviot Hills
Newcastle upon Tyne
Blyth
Tynemouth

Buncrana
752
Errigal
Letterkenny
Londonderry
Ballymena
Larne
Stranraer
Carlisle
Gateshead
South Shields
Sunderland
West Hartlepool
Stockton-on-Tees

683
Lifford
Nordirland
Bangor
Belfast
Man 620
Cumbrian
Scafell Pike
978
Mountains
893
Durham
Middlesbrough
Darlington

Mullet
Belmullet
Sligo
Armagh
Newry
Mourne Mts 852
Douglas
Barrow in Furness
Lancaster
Scarborough
Flamborough Head

Achill
806
Nephin
Ballina
Castlebar
Cavan
Dundalk
Morecambe
Bradford
Blackpool
Blackburn
Burnley
Halifax
Leeds
York
Hull (Kingston-upon-Hull)
Spurn Head

Clare
Westport
Carrick
Ceanannas
Drogheda
Southport
Preston
Bolton
Oldham
Huddersfield
Doncaster
Grimsby

Clifden
Connemara
Athlone
Dublin
(Baile Átha Cliath)
Anglesey
Liverpool
Wallasey
Birkenhead
Manchester
Stockport
Sheffield
Lincoln
England

Galway
Irland
Éire
Holyhead
Dun Laoghaire
Bray
Chester
Stoke-on-Trent
Derby
Nottingham
Boston
Cromer

Aran-inseln
Ennis
Flughh
Shannon
Kildare
Wicklow
926
Glendalough
Wicklow Mts
1085
Snowdon
Bangor
Shrewsbury
Walsall
Leicester
Peterborough
King's Lynn
Norwich
Great Yarmouth

953
Limerick
Golden
Tipperary
920
Kilkenny
Carlow
Wexford
Cardigan-bai
Pumlumon Fawr
753
Cambrian Mountains
Wolverhampton
West Bromwich
Birmingham
Coventry
Northampton
Warwick
Bedford
Cambridge
Suffolk
Ipswich
Lowestoft

1041
Carrauntoohil
686
537
Bantry
Killarney
Clonmel
Waterford
Rosslare
Carnsore Point
Cardigan
Fishguard
Carmarthen Hills
Worcester
Hereford
Gloucester
Cheltenham
Luton
Colchester
Harwich

Dingleba
Tralee
Cork
(Corcaigh)
Cobh
Kinsale
St Brides Bai
Milford Haven
Pembroke
Merthyr Tydfil
Newport
Cotswold Hills
Oxford
Windsor
London
Southend-on-Sea
Essex

Mizen Head
Clear
Skibbereen
Nymphebank
Sankt-Georgs-Kanal
Swansea
Rhondda
Cardiff
Bristol
Bath
Swindon
Reading
North Downs
Canterbury
Margate
Ramsgate
Dover
Ostende

Lundy
Bristolkanal
Exmoor
Somerset
Stonehenge
Winchester
South Downs
Folkestone
Hastings
Kap Gris-Nez
Calais
Dünkirch

Barnstaple
Devon
Salisbury
Southampton
Bournemouth
Poole
Portsmouth
Brighton
East-bourne
Boulogne

Exeter
Dartmoor
621
Exmouth
Weymouth
Torquay
Newport
Wight
Portland Bill
Newhaven

Plymouth
Cornwall
Truro
Falmouth
Helston
Start Point
Eddystone

Penzance
Land's End
Helston
Bishop Rock
Scilly-Inseln
Lizard Point
(English Channel)
Ärmel-Kanal

Alderney
Kap Hague
Kanal- oder
Guernsey
Cherbourg
Le Havre

Normannische Inseln
(Brit.)
Jersey
St Helier
Seinebucht
Calvados
Beauvais

Morlaix
Ouessant
Brest
Mts d'Arrée
St Brieuc
Golf von St-Malo
St Malo
Granville
Saint Lô
Bayeux
Caen
Cotentin
Rouen
Fran

Crécy
Arras
Abbeville
Dieppe
Amiens
Fécamp
Beauvais

Evreux
St Germain
Dreux
Versailles
Denis

Maßstab 1:4 500 000
1 cm auf der Karte ≙ 45 km in der Natur
0 50 100 150 km

Orte über 1 000 000 Einwohner
Orte über 500 000–1 000 000 Einw.
Orte über 100 000–500 000 Einw.
Orte über 20 000–100 000 Einw.
Orte über 5 000–20 000 Einw.
Orte unter 5 000 Einwohner

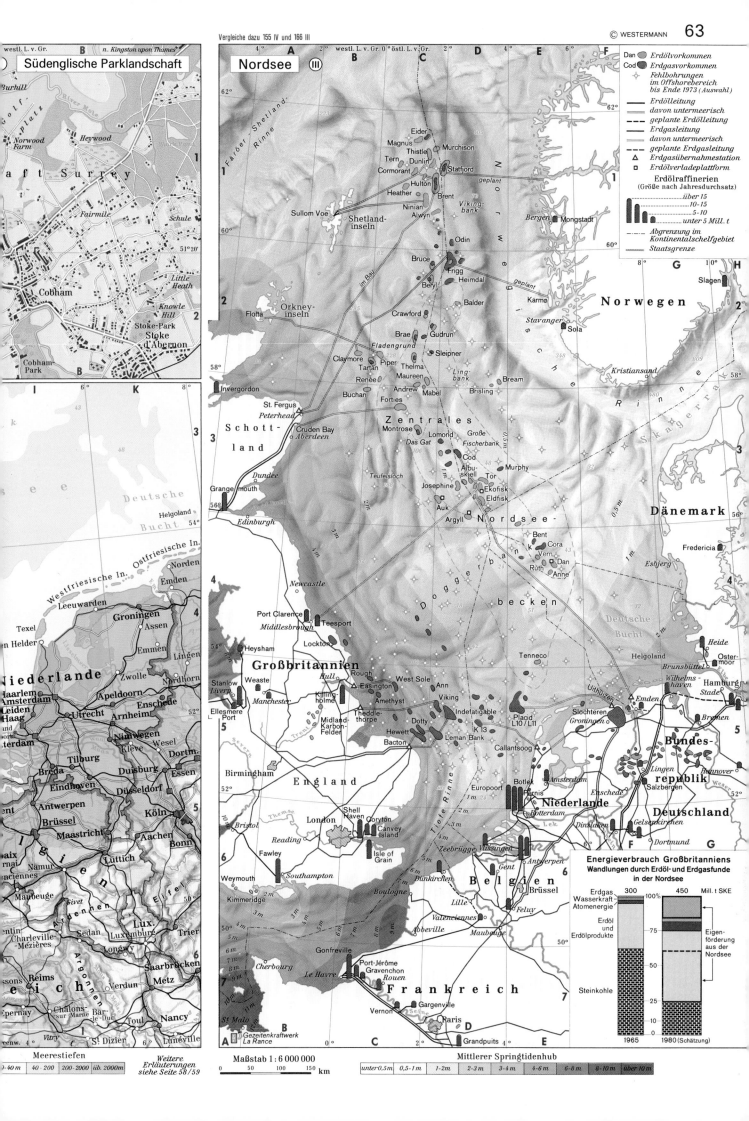

westl. 0° östl. L. v. Gr.

Glasgow
Edinburgh
Londonderry
Belfast
Athlone
Dublin
Waterford
Irische See
Newcastle
Middlesbrough
Preston
Leeds
Hull
Liverpool
Manchester
Chester
Sheffield
Grimsby
Nottingham
Leicester
Birmingham
Great Yarmouth
Swansea
Cardiff
Oxford
Ipswich
Bristol
Southampton
London
Themse
Brighton
Plymouth

Nordsee
Ålborg
Århus
Esbjerg
Flensburg
Kiel
Lübeck
Bremerhaven
Hamburg
Bremen
Hannover
Braunschw
Emden
Groningen
Amsterdam
Enschede
Den Haag
Rotterdam
Münster
Essen
Dortmund
Antwerpen
Düsseldorf
Kassel
Brüssel
Köln
Aachen
Bonn
Lüttich
Koblenz
Thür
Taunus
Frankfurt
Spessart
Würzbu
Mainz
Hunsrück
Mannheim
Luxemburg
Haardt
Karlsruhe
Saarbrücken
Stuttgart
Nancy
Straßburg
Schwarzwald
Ulm
Augsb
Mülhausen
Basel
Zürich
Bern
Genf
Jura
Alp
Grenoble
Turin
Mailand
Genua
Golf von Genua
Nizza
Livorno
App

Der Kanal
Le Havre
Rouen
Caen
Amiens
Lille
Reims
Paris
Troyes
Golf von St-Malo
Brest
Rennes
Le Mans
Nantes
Tours
Dijon
Lyon
St Etienne
Limoges
Clermont Ferrand
Golf von Biscaya
Bordeaux
Dordogne
Lot
Santander
Reinosa
Bilbao
San Sebastián
Burgos
Toulouse
Montpellier
Marseille
Pyrenäen
Golfe du Lion

westl. 0° östl. L. v. Gr.

Maßstab 1 : 6 000 000
0 25 50 100 km
1 cm auf der Karte ≙ 60 km in der Natur

Ackerbau auf | guten Böden | mittleren Böden | armen Böden | Mittelmeerischer Anbau | Hauptanbauarten | We | M

Zuckerrüben · Wein · Reis · sonstige Nutzung · Wiesen, Weiden, Almen · Wald
Obst und Frühgemüse · Tabak · Hopfen · Macchie · Ödland

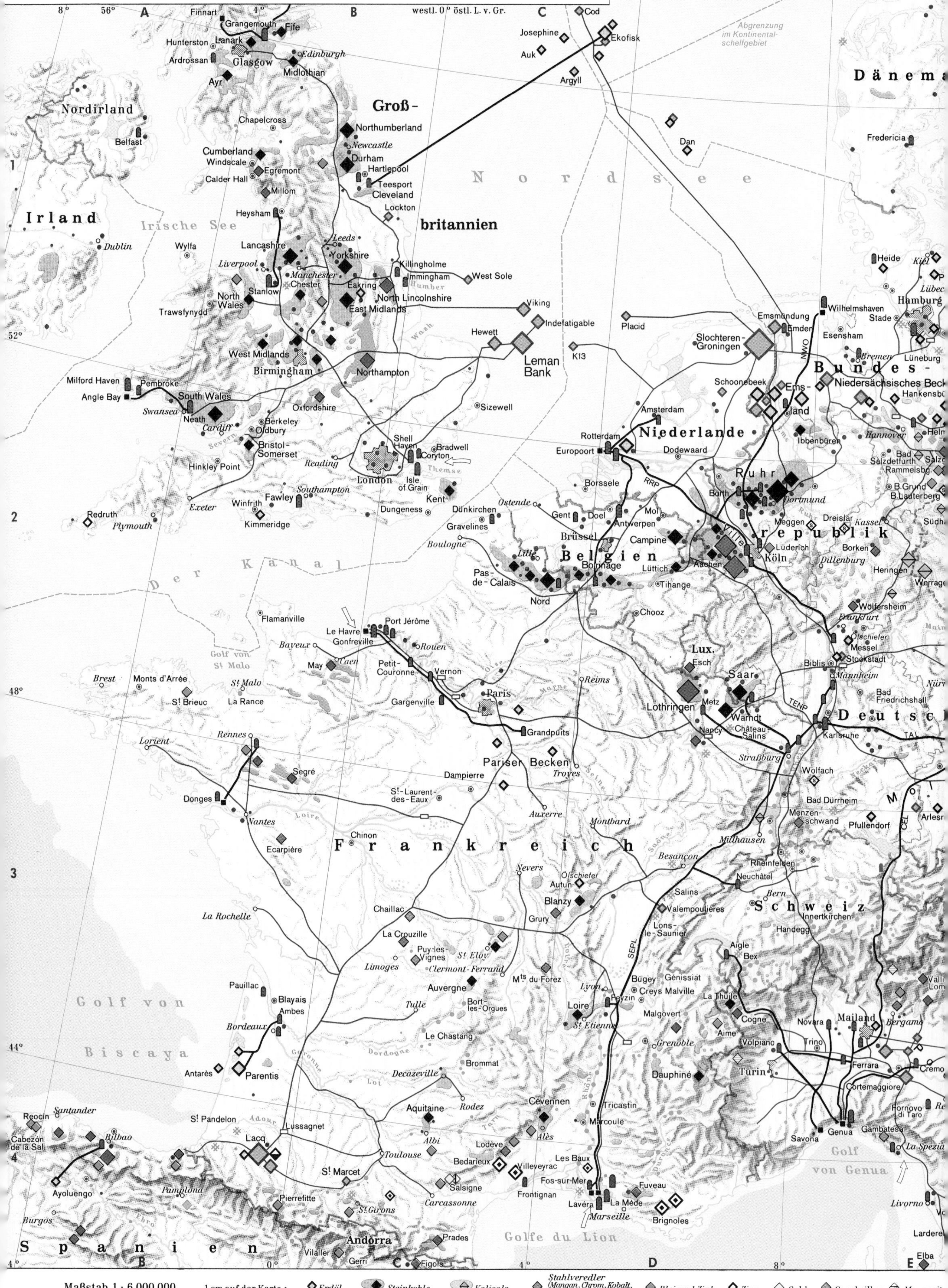

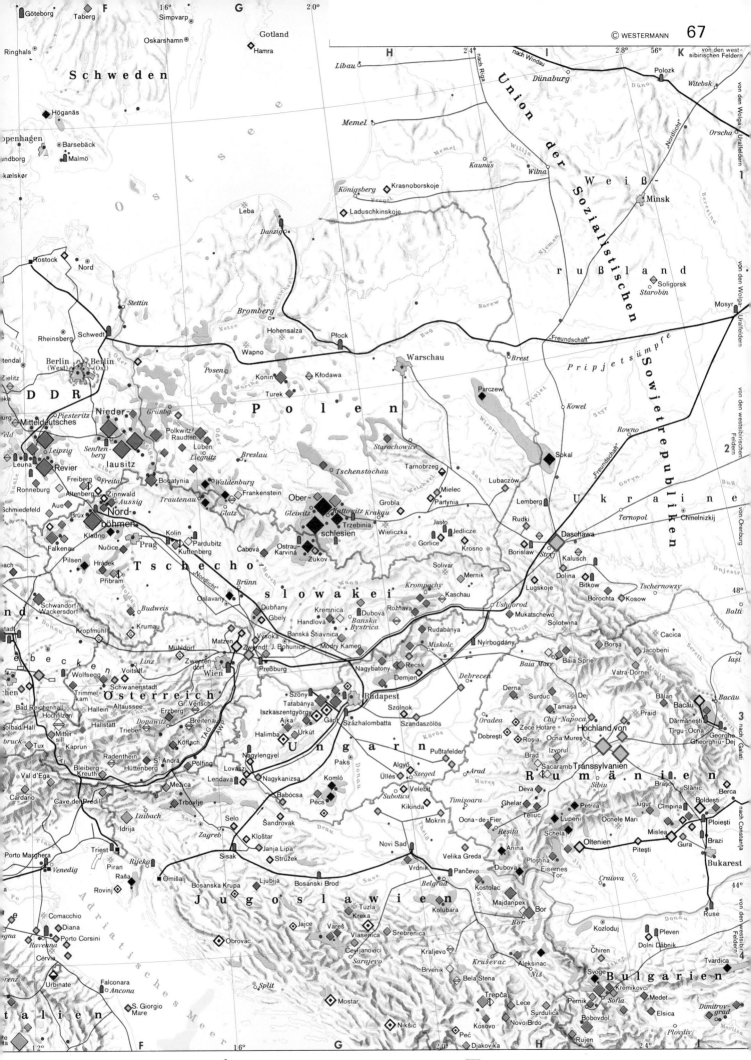

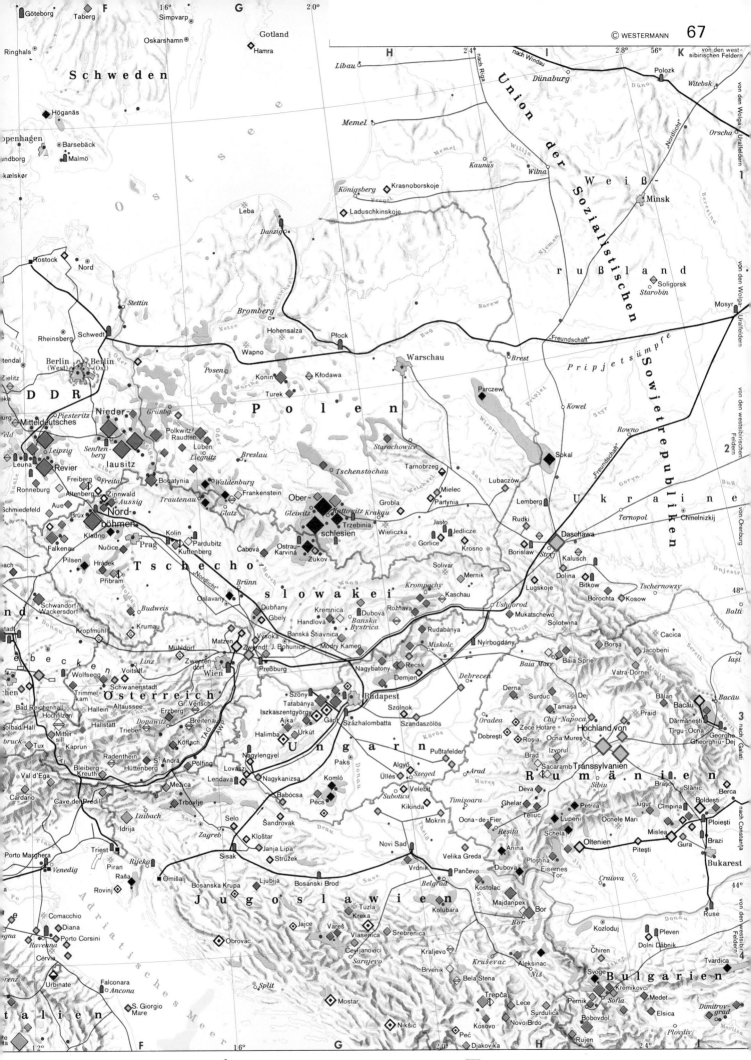

Maßstab 1 : 6 000 000

0 50 100 150 km

Eisen- und Stahlerzeugung

Buntmetallverhüttung

Aluminiumverhüttung

Eisen- und metallverarbeitende Industrie (Stahl- u. Leichtmetallbau, Maschinen, Metallwaren usw.)

Fahrzeugbau (Straßen- und Schienenfahrzeuge)

Luftfahrtindustrie

Schiffbau

chemische Industrie, Petrochem. Kunststoffindustrie (Erdölraffinerien siehe Seite 66/6

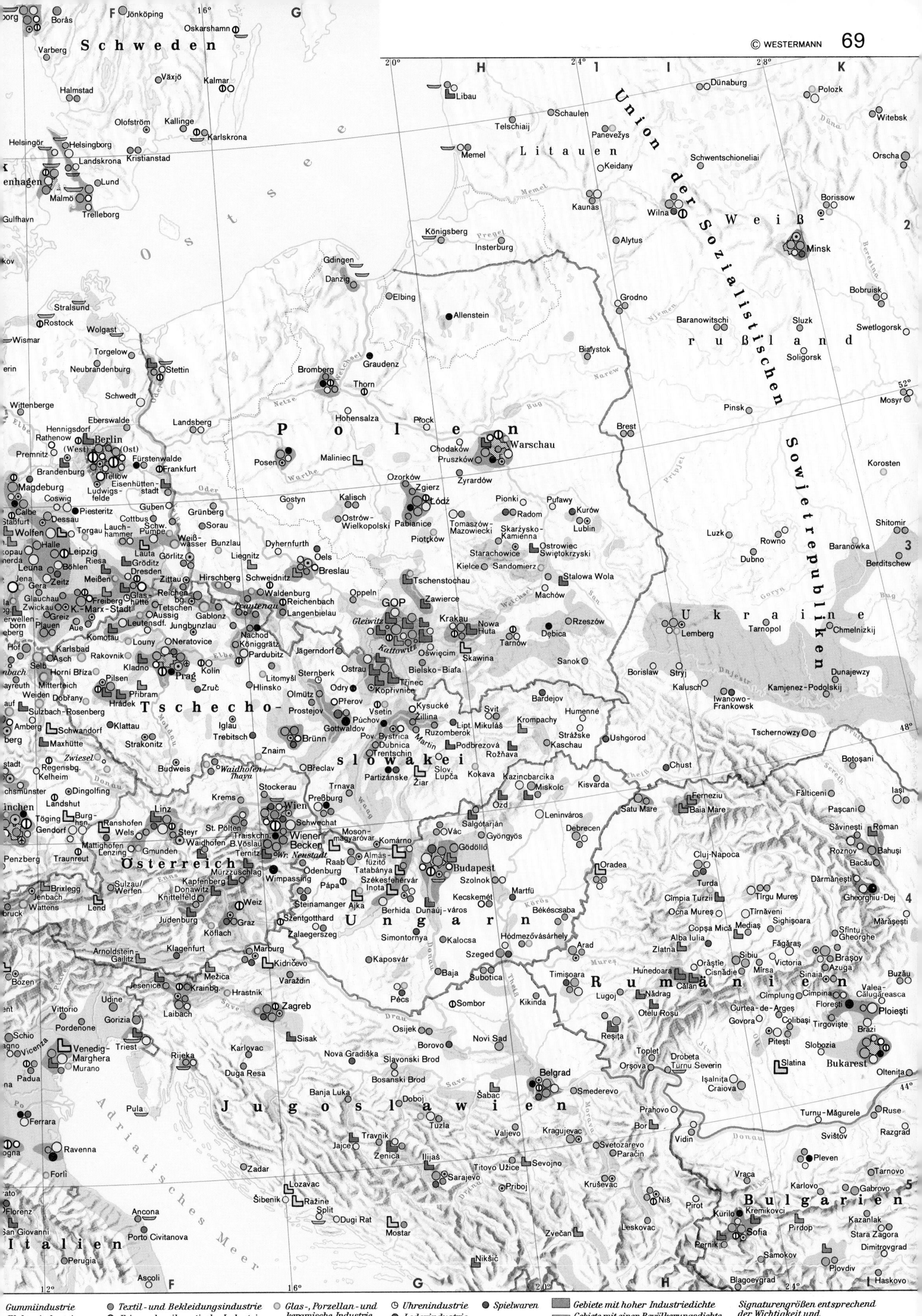

Gummiindustrie
Elektroindustrie (einschl. Computerbau)

⬤ Textil- und Bekleidungsindustrie
◯ Feinmechanik, optische Industrie

◯ Glas-, Porzellan- und keramische Industrie
🕐 Uhrenindustrie

⬤ Spielwaren
⬤ Lederindustrie

▨ Gebiete mit hoher Industriedichte
▢ Gebiete mit einer Bevölkerungsdichte von mehr als 100 Bewohnern je km²

Signaturengrößen entsprechend der Wichtigkeit und Größe der Standorte

I
II
Barents-See
Nordmeer
Europäisches Nordmeer
Atlantischer Ozean
Weißes Meer
Bottnischer Meerbusen
Lofoten
Vesterålinseln
Nördlicher Polarkreis
Murmansk
Kola
Halbinsel Kola
Kirowsk
Kandalakscha
Kem
Kiruna
Gällivare
Narvik
Tromsö
Hammerfest
Harstad
Bodö
Luleå
Piteå
Skellefteå
Umeå
Kemi
Oulu
Kokkola
Rovaniemi
Kebnekajse
Norrbotten
Västerbotten
Lappland
Finnmark
Karelien
Reykjavík
Akureyri
Vatnajökull
Langjökull
Hofsjökull
Hekla
Surtsey
Vestmannaeyjar
Grímsey
Kolbeinsey
4-Meilen-Seegrenze 1952
12-Meilen-Seegrenze 1959 (Fischereigrenze)
Heiße Quelle, Geysir
Wasserfall
Weidegebiet
Lavafeld
Sander

Maßstab 1:6 000 000
0   50   100   150 km

1 cm auf der Karte ≙
60 km in der Natur

*Erläuterungen siehe
Seiten 74 und 76*

Karte I – Südnorwegen

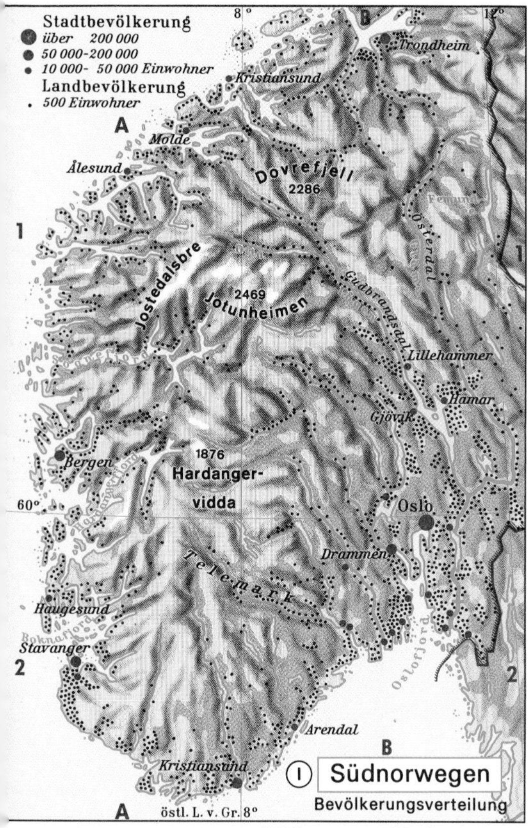

Stadtbevölkerung
- über 200 000
- 50 000–200 000
- 10 000–50 000 Einwohner

Landbevölkerung
- 500 Einwohner

Trondheim, Kristiansund, Molde, Ålesund, Dovrefjell 2286, Jostedalsbre, Jotunheimen 2469, Lillehammer, Hamar, Gjøvik, Bergen, 1876, Hardangervidda, Oslo, Drammen, Telemark, Haugesund, Rokneisund, Stavanger, Kristiansund, Arendal

I Südnorwegen
Bevölkerungsverteilung

Maßstab 1 : 6 000 000
0 50 100 150 km

Kulturland — Ödland (Fjell)
Wald — Eisregion

Karte II – Oslo

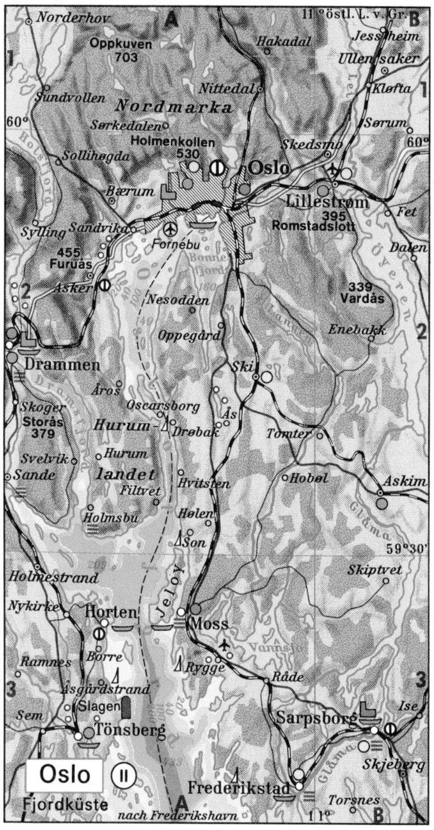

Norderhov, Oppkuven 703, Hakadal, Jessheim, Ullensaker, Sundvollen, Nordmarka, Sørkedalen, Nittedal, Kløfta, Sørum, Sollihøgda, Holmenkollen 530, Oslo, Lillestrøm 395, Romstadslott, Bærum, Fornebu, Fet, Sylling 455 Furuås, Sandvika, Dalen, Asker, Nesodden, 339 Vardås, Drammen, Åros, Oscarsborg, Ski, Enebakk, Skoger Storås 379, Svelvik, Drøbak, Ås, Tomter, Sande, Hurum, Hvitsten, Askim, Holmsbu, Filtvet, Hølen, Hobøl, landet, Holmestrand, Søn, Nykirke, Horten, Moss, Ramnes, Borre, Rygge, Råde, Asgårdstrand, Slagen, Skiptvet, Sem, Tönsberg, Sarpsborg, Ise, Frederikstad, Skjeberg, Fjordküste, nach Frederikshavn, Torsnes

Oslo II

Karte III – Stockholm

Rimbo, Norrtälje, Rådmansö, Lunda, Rö, Länna, n. Helsinki, Arlanda, Karsta, 78 Bergshamra, Norrsunda, Markim, Össeby-Garn, Roslags-Kulla, Blidö, Upplands-Väsby, Vallentuna, Åkersberga, Blidö, Rotebro, Täby, 79 Ljusterö, Sollentuna, Österskär, Ljusterö, Sundbyberg, Djursholm, Möja, Solna, Vaxholm, Möja, Lindingö, Värmdö, Vindö, Nacka, Gustavsberg, Djurö, 40 Saltsjöbaden, Sandhamn, Stockholm, Värmdö, Stavsnäs, Huddinge, Tyresö, Runmarö, Vändelsö, Nämdö, Västerhaninge, Handen, Nämdö, Tungelsta, 80 Dalarö, Österhaninge, Gålö, Ornö, Ornö, Muskö, Muskö, Osmö, Nynäshamn, Utö, Gärflotta

III Stockholm
Schärenküste

Maßstab der Karten II und III 1 : 1 000 000
0 10 20 30 km

Orte über 100 000 Einwohner — ⊙ Orte über 5 000–20 000 Einwohner
○ Orte über 20 000–100 000 Einw. — • Orte unter 5 000 Einwohner

Karte IV – Dänemark

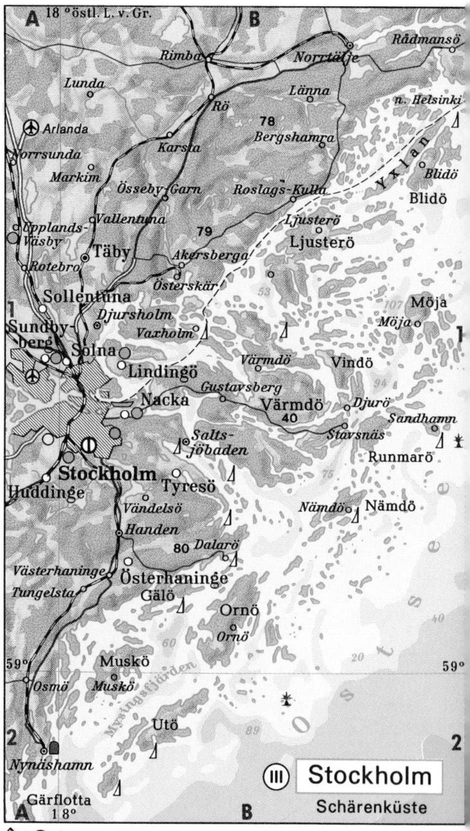

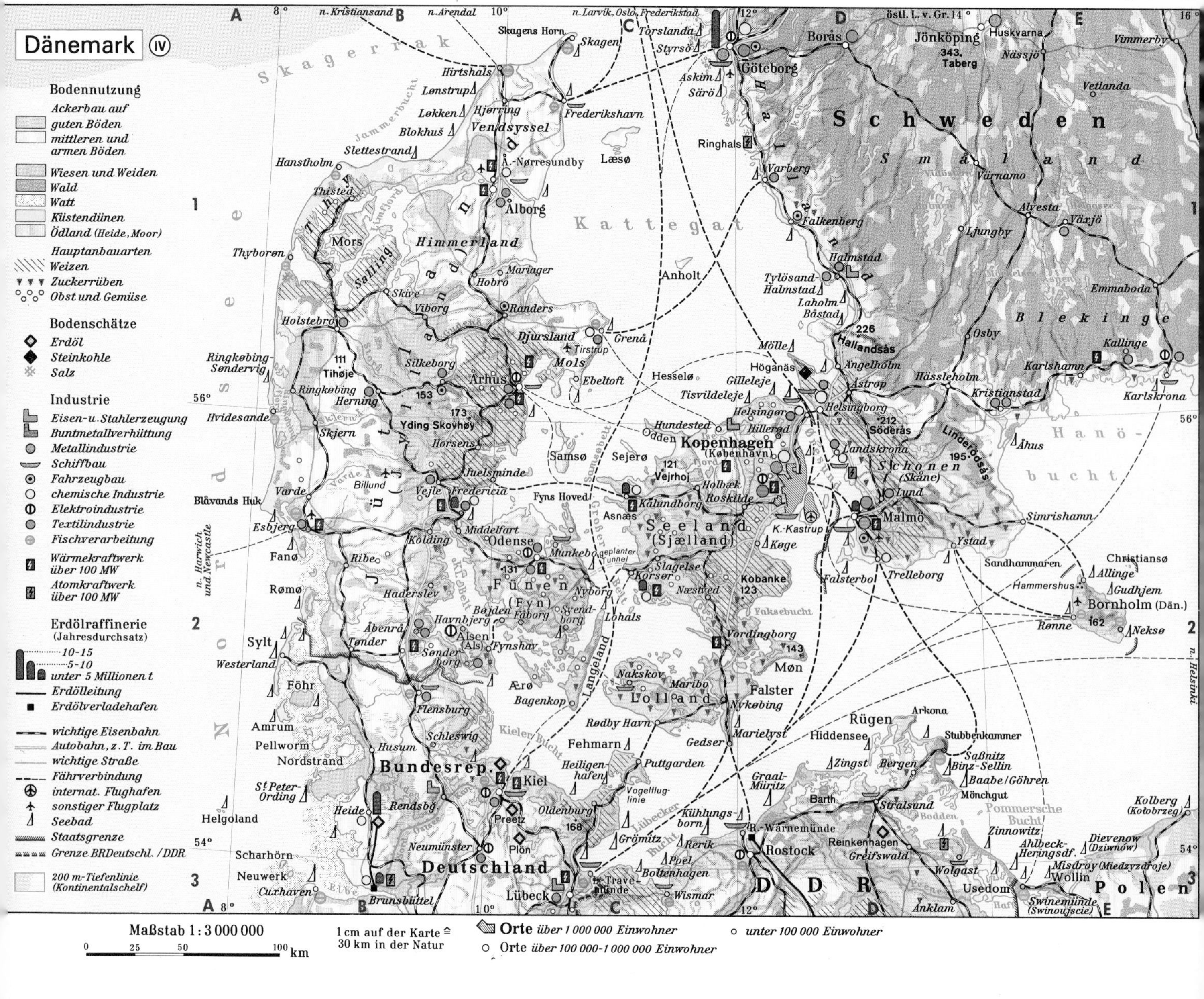

Dänemark IV

Bodennutzung
- Ackerbau auf guten Böden
- mittleren und armen Böden
- Wiesen und Weiden
- Wald
- Watt
- Küstendünen
- Ödland (Heide, Moor)

Hauptanbauarten
- Weizen
- Zuckerrüben
- Obst und Gemüse

Bodenschätze
- Erdöl
- Steinkohle
- Salz

Industrie
- Eisen- u. Stahlerzeugung
- Buntmetallverhüttung
- Metallindustrie
- Schiffbau
- Fahrzeugbau
- chemische Industrie
- Elektroindustrie
- Textilindustrie
- Fischverarbeitung
- Wärmekraftwerk über 100 MW
- Atomkraftwerk über 100 MW

Erdölraffinerie (Jahresdurchsatz)
- 10–15
- 5–10
- unter 5 Millionen t
- Erdölleitung
- Erdölverladehafen

- wichtige Eisenbahn
- Autobahn, z. T. im Bau
- wichtige Straße
- Fährverbindung
- internat. Flughafen
- sonstiger Flugplatz
- Seebad
- Staatsgrenze
- Grenze BRDeutschl. / DDR.
- 200 m-Tiefenlinie (Kontinentalschelf)

Skagerrak, n. Kristiansand, n. Arendal, Skagens Horn, Torslanda, Borås, Jönköping, Huskvarna, Vimmerby, Skagen, Styrsö, 343 Taberg, Nässjö, Hirtshals, Askim, Göteborg, Vetlanda, Lønstrup, Hjørring, Vendsyssel, Särö, Schweden, Lökken, Frederikshavn, Læsø, Småland, Blokhus, Varberg, Värnamo, Hanstholm, Å-Nørresundby, Ringhals, Thisted, Ålborg, Falkenberg, Ljungby, Växjö, Mors, Himmerland, Kattegat, Halmstad, Thyborøn, Hobro, Mariager, Anholt, Tylösand-Halmstad, Emmaboda, Skive, Viborg, Randers, Laholm, Båstad, Osby, Holstebro, Djursland, Grenå, 226 Hallandsås, Blekinge, Ringkøbing-Søndervig, 111, Tirstrup, Mölle, Höganäs, Kallinge, Tihøje, Århus, Mols, Ebeltoft, Hesselø, Gilleleje, Ängelholm, Hässleholm, Karlshamn, Ringkøbing, 153, Herning, Tisvildeleje, Åstrop, Karlskrona, Hvidesande, 173, Yding Skovhøj, Helsingør, 212, Söderås, Kristianstad, Skjern, Horsens, Hundested, Helsingborg, Lindesnäs, 195, Åhus, Odden, Samsø, Sejerø, 121 Vejhøj, Hanöbucht, Juelsminde, Holbæk, Landskrona, Varde, Billund, Vejle, Fredericia, Fyns Hoved, Roskilde, Schonen (Skåne), Lund, Blåvands Huk, Kalundborg, Kopenhagen (København), Simrishamn, Esbjerg, Kolding, Middelfart, Odense, Asnæs, K.-Kastrup, Malmö, Fanø, 131, Munkebo, Seeland (Sjælland), Køge, Ystad, Ribe, Fünen (Fyn), Nyborg, Slagelse 123, Kobanke, Trelleborg, Christiansø, Rømø, Haderslev, Fåborg, Svendborg, Korsør, Næstved, Falsterbo, Allinge, Sylt, Åbenrå, Havnbjerg, Lohals, Vordingborg, 143, Sandhammaren, Hammershus, Westerland, Tønder, Alsen (Als), Møn, Gudhjem, Bornholm (Dän.), Sønderborg, Fynshav, Nakskov, Maribo, Rønne, 162, Nexø, Föhr, Ærø, Bagenkop, Lolland, Falster, Nykøbing, Rügen, Arkona, Flensburg, Langeland, Rødby Havn, Gedser, Marielyst, Hiddensee, Stubbenkammer, Amrum, Schleswig, Kieler Bucht, Fehmarn, Zingst, Binz-Sellin, Saßnitz, Kolberg (Kołobrzeg), Pellworm, Nordstrand, Husum, Heiligenhafen, Puttgarden, Vogelflug-linie, Bergen, Baabe/Göhren, Mönchgut, St. Peter-Ording, Bundesrep., Kiel, Oldenburg, Graal-Müritz, Barth, Stralsund, Greifswald, Wolgast, Usedom, Ahlbeck-Heringsdorf, Misdroy (Międzyzdroje), Helgoland, Heide, Rendsburg, Preetz, 168, Kühlungs-born, R.-Warnemünde, Reinkenhagen, Dievenow (Dziwnów), Wollin, Scharhörn, Neumünster, Plön, Grömitz, Rerik, Poel, Bottenhagen, Wismar, Rostock, Świnemünde (Świnoujście), Neuwerk, Cuxhaven, Deutschland, Lübeck, Travemünde, Anklam, Polen, Brunsbüttel, Elbe, DDR

Bodensee-, Jammerbucht, Kattegat, Hanöbucht, Pommersche Bucht, Faksebucht, Lübecker Bucht

Maßstab 1 : 3 000 000
0 25 50 100 km

1 cm auf der Karte ≙ 30 km in der Natur

Orte über 1 000 000 Einwohner — ○ unter 100 000 Einwohner
○ Orte über 100 000–1 000 000 Einwohner

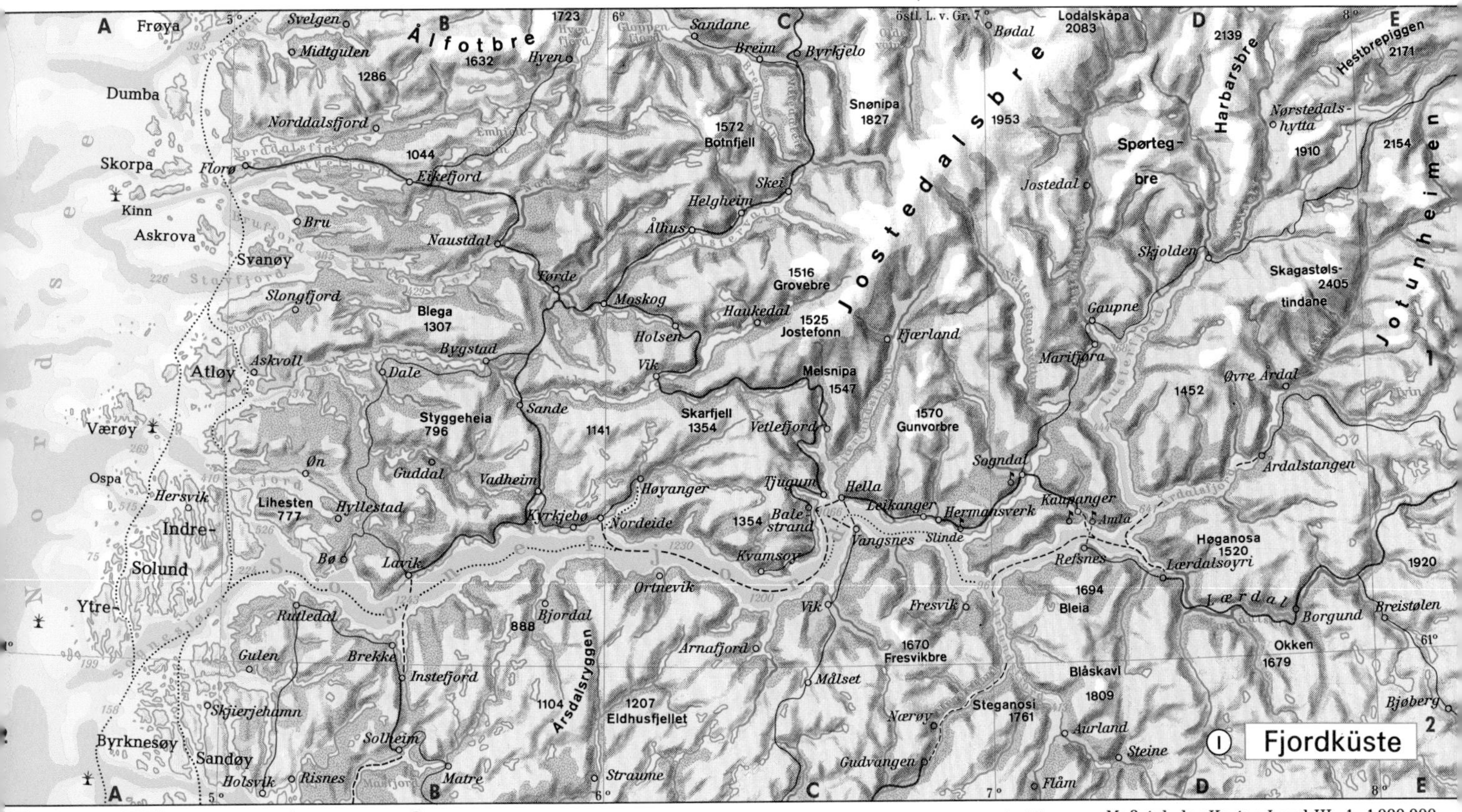

Fjordküste

I

Legend (upper)

Ackerland	Leuchtturm	intern. Flughafen
Wald	sonst. Flugplatz	
Ödland (Fjell)		wichtige Straße
Gletscher		Autobahn

Eisenbahn
Fährverbindungen
regelmäßiger Schiffsverkehr

Maßstab der Karten I und III 1 : 1 000 000
0   10   20   30 km

Nördliche Ostsee - Vereisung

II

Ende Januar

Vereisungsdauer 5 Mon. (Jan.–Mai)

- starkes Küstenfesteis
- Packeis
- Treibeis
- Fahrrinne
- offenes Fahrwasser
- Standorte von Eisbrechern

Norwegen · Haparanda · Luleå · Oulu · Umeå · Sundsvall · Finnland · Turku · Helsinki · Leningrad · Schweden · Stockholm · Reval · Peipussee · UdSSR · Riga · Ladogasee

Ende Februar

Norwegen · Haparanda · Luleå · Oulu · UdSSR · Umeå · Finnland · Sundsvall · Turku · Helsinki · Leningrad · Schweden · Stockholm · Reval · Ladogasee · UdSSR · Riga · Peipussee

Werte im langjährigen Durchschnitt

Maßstab 1 : 15 000 000
0   100   200   300   400   500 km

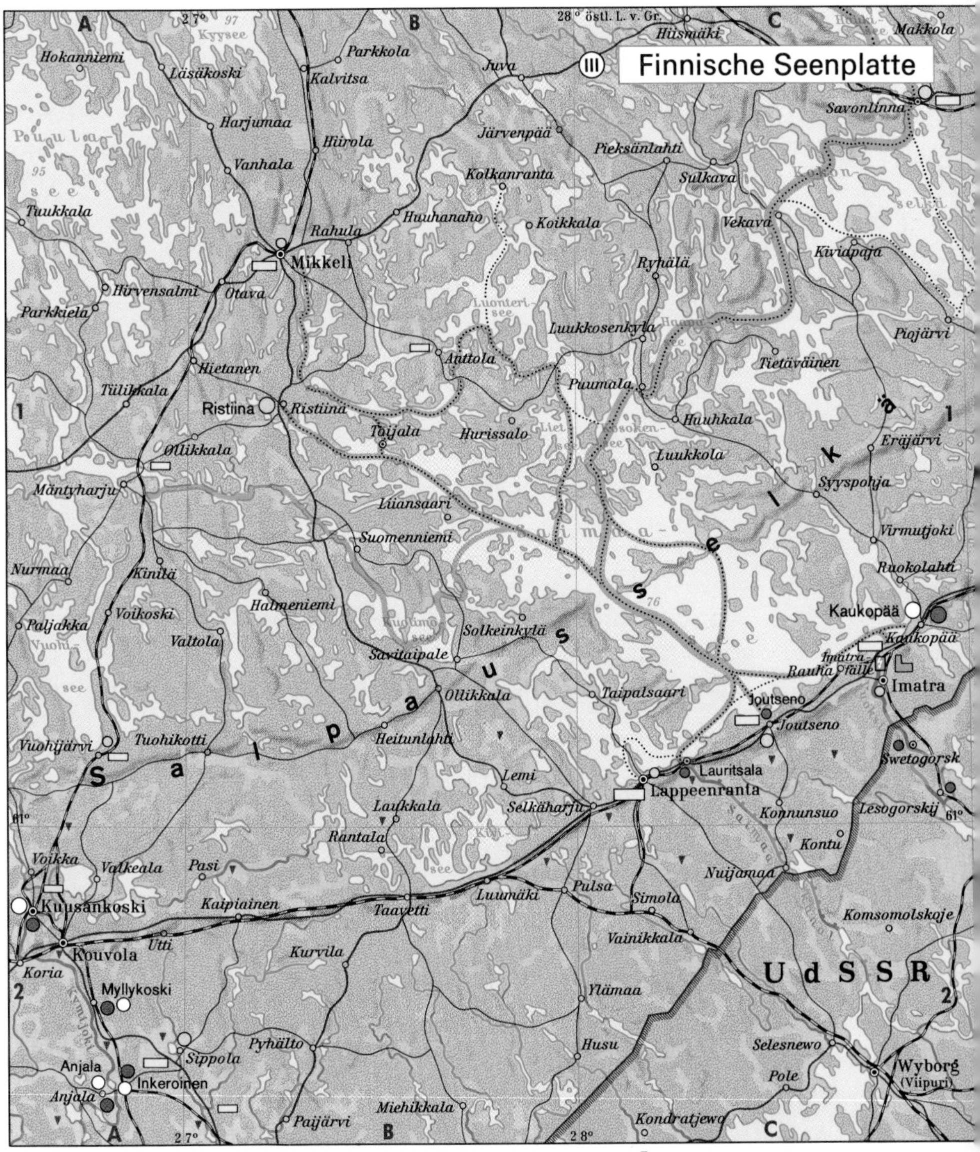

Finnische Seenplatte

III

Legend (lower)

Holzwirtschaft
- Sägewerk
- Zellulosefabrik
- Papier- und Kartonfabrik
- sonstige holzverarbeitende Industrie
- Flößweg
- Eisen- und Stahlwerk
- Wasserkraftwerk (über 100 MW)

Maßstab 1:4 500 000

0   50   100   150   km

1 cm auf der Karte ≙
45 km in der Natur

⬠ Orte über 1 000 000 Einwohner   ⬤ Orte über 100 000-500 000 Einw.   ○ Orte über 5 000-20 000 Einw.
◼ Orte über 500 000-1 000 000 Einw.   ○ Orte über 20 000-100 000 Einw.   ○ Orte unter 5 000 Einwohner

▨▨▨ Staatsgren
Wien Hauptorte
unterstr.

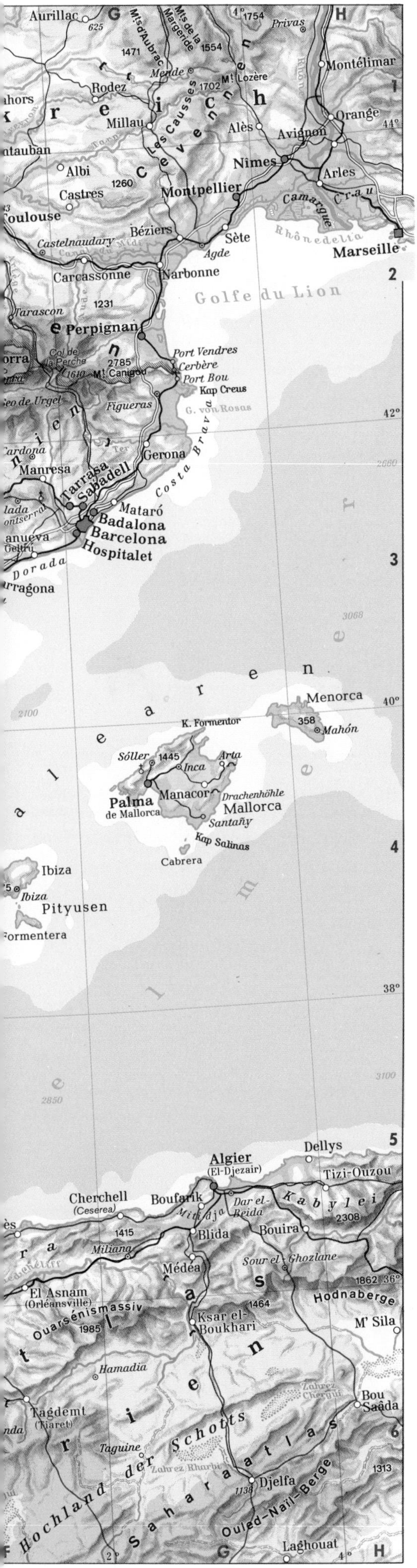

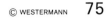

② **Huerta von Murcia**

Maßstab 1 : 200 000

0 1 2 3 km

1 cm auf der Karte ≙ 2 km in der Natur

Bewässerungsland der Huerta

- Fluß- u. Kanalbewässerung
- Brunnenbewässerung
- Obst- und Gemüsebau
- vorwiegend Zitrusfrüchte
- Bewässerungskanäle
- Entwässerungskanäle
- Schöpfrad

Trockenland

- vorwiegend Ackerbau (Weizen und Gerste)
- Oliven- u. Mandelbäume
- Wald
- zeitweilig wasserführende Rinnen
- Streusiedlung
- Ödland

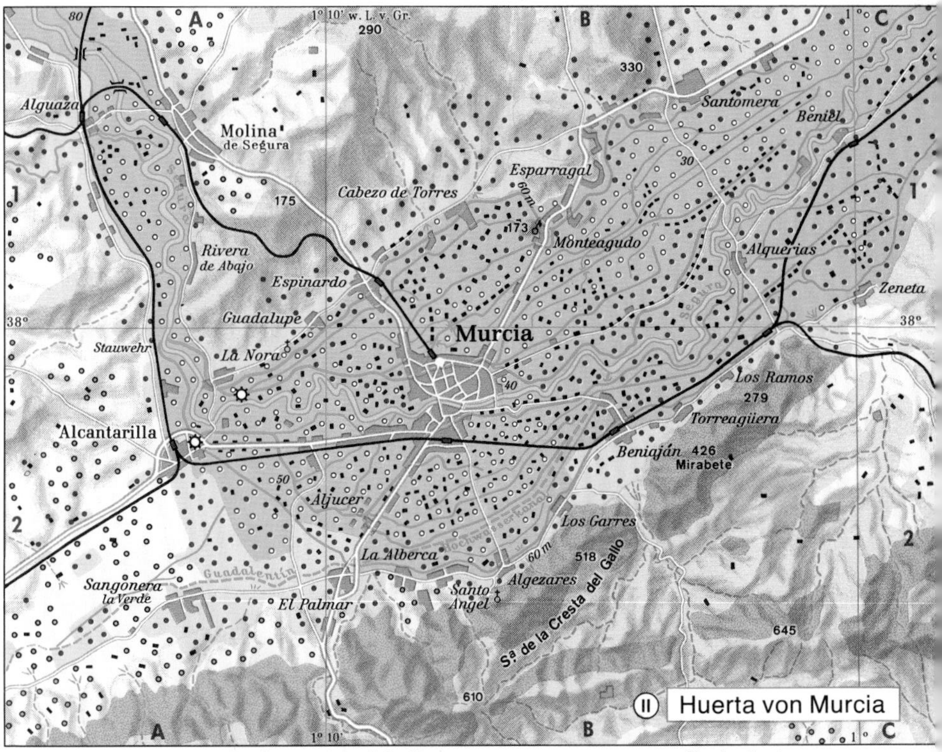

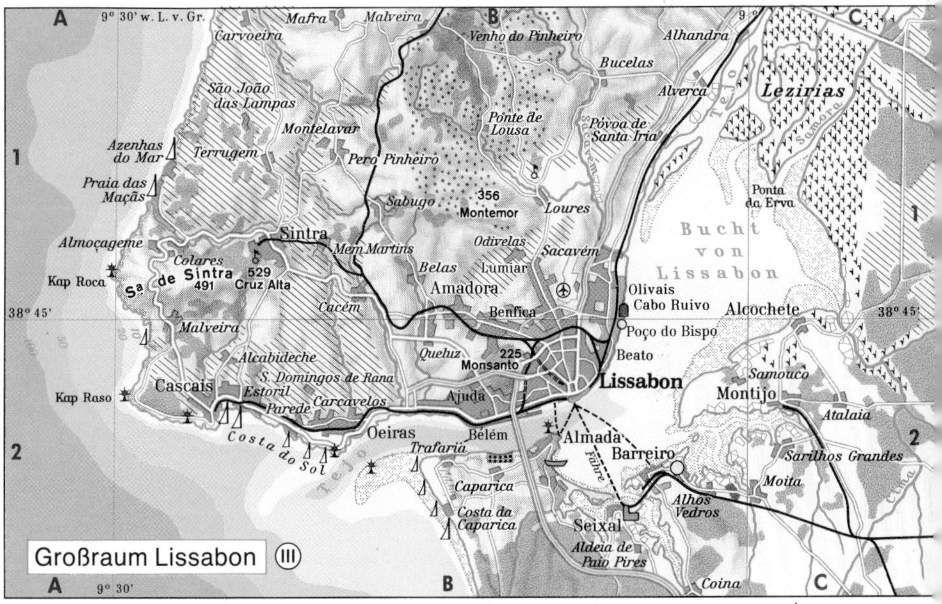

Großraum Lissabon ③

Maßstab 1 : 500 000

0 2 4 6 8 10 km

1 cm auf der Karte ≙ 5 km in der Natur

- geschl. Wohnbebauung
- Industriezone
- Waldgebiete, Parkanlagen
- Ackerland (vorwiegend mittelmeerischer Anbau)
- Weizen
- Reiskulturen
- Oliven
- Salzgärten
- Watt
- Erdölraffinerie
- chemische Industrie
- Schiffswerft
- Eisen- und Stahlerzeugung
- Seebad
- int. Flughafen
- Autobahn
- wichtige Straße
- Eisenbahn

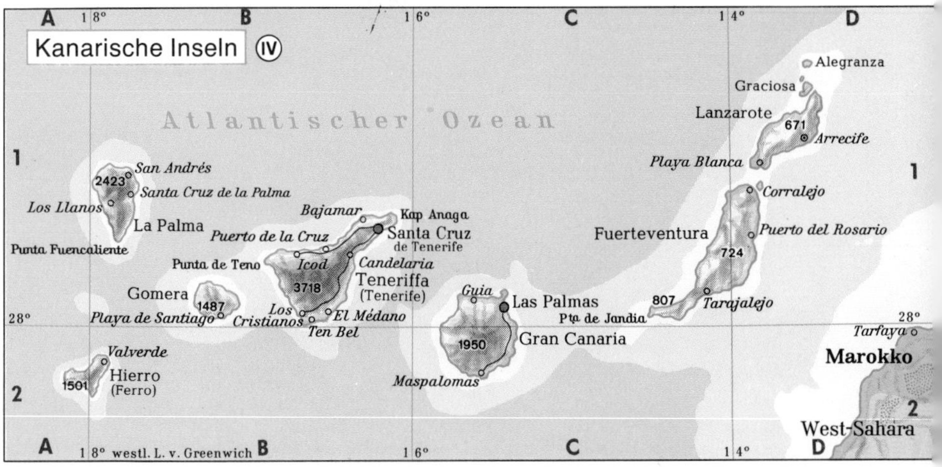

Kanarische Inseln ④

Maßstab 1 : 4 500 000

0 25 50 75 km

1 cm auf der Karte ≙ 45 km in der Natur

Erläuterungen siehe Karte I

- Kanal
- Staudamm
- Schloß
- Kloster
- Grotte, Höhle
- Salzpfanne (Sebcha, Schott)
- Weitere Erläuterungen siehe Seite 76/77

1 cm auf der Karte ≙ 45 km in der Natur

Meerestiefen

| üb. 4000 m | 2000–4000 | 200–2000 | 0–200 m |

Landhöhen

| Senken | 0–100 m | 100–200 | 200–500 | 500–1000 | 1000–1500 | 1500–3000 | üb. 3000 m. | Gletscher |

0   50   100   150 km

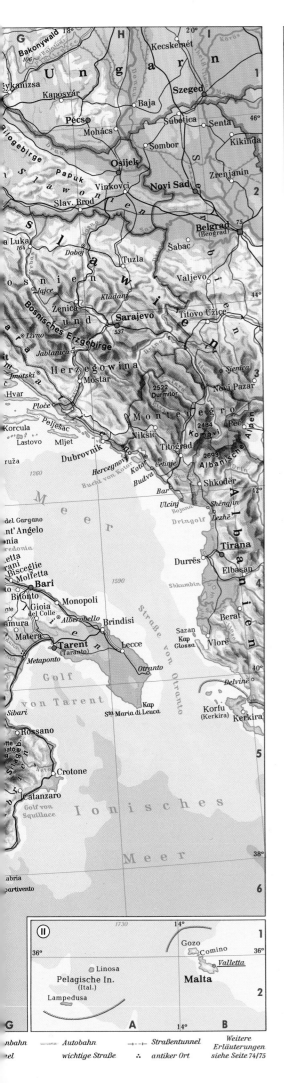

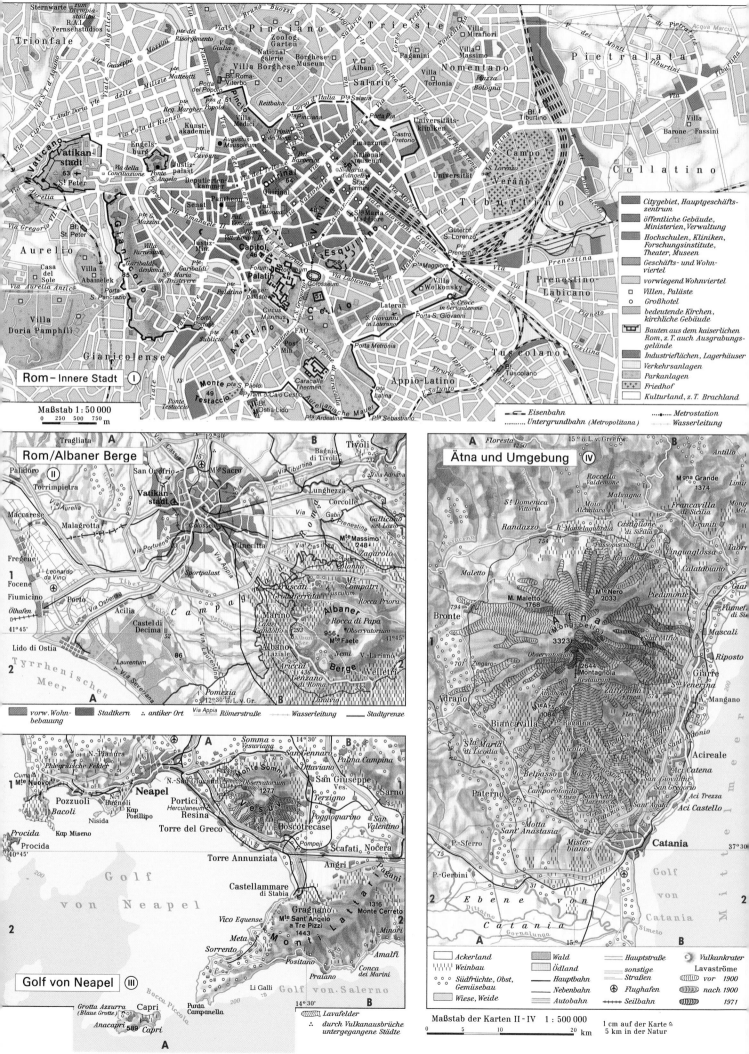

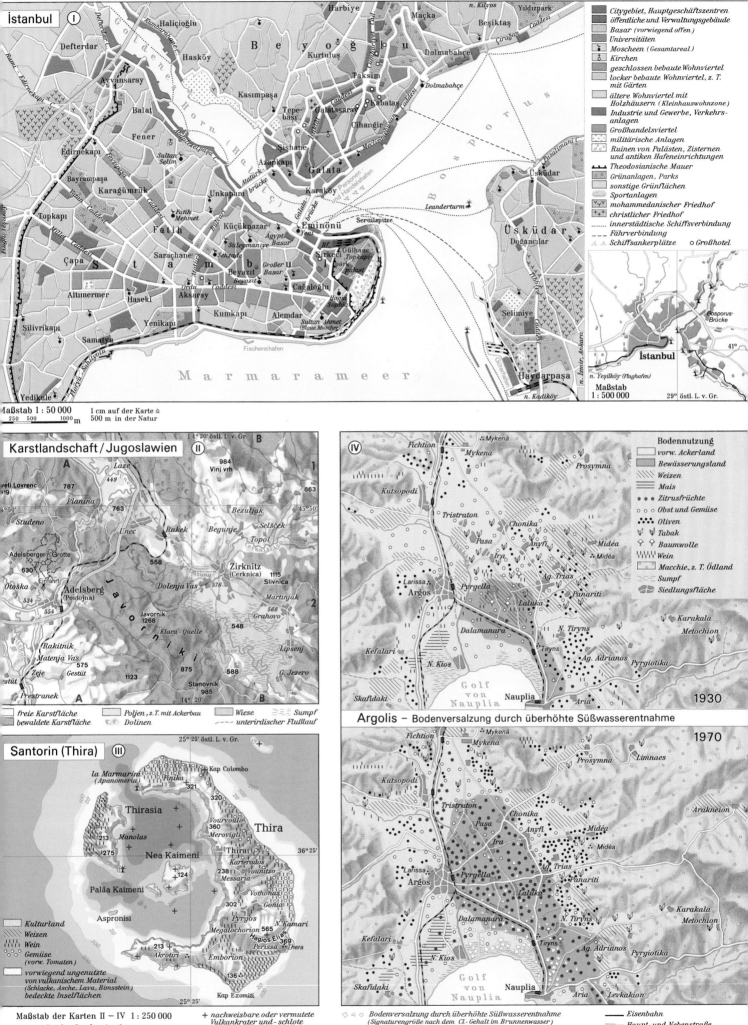

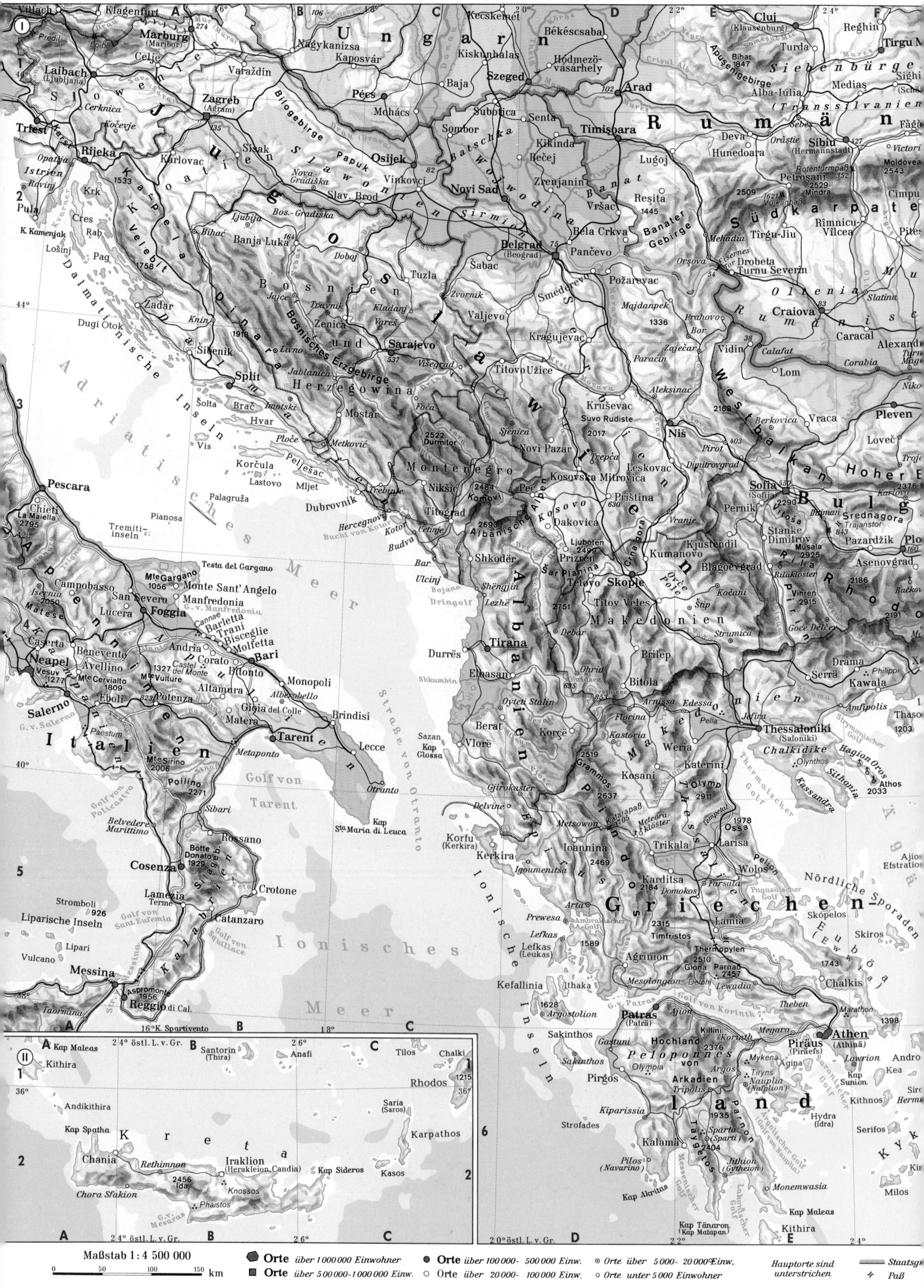

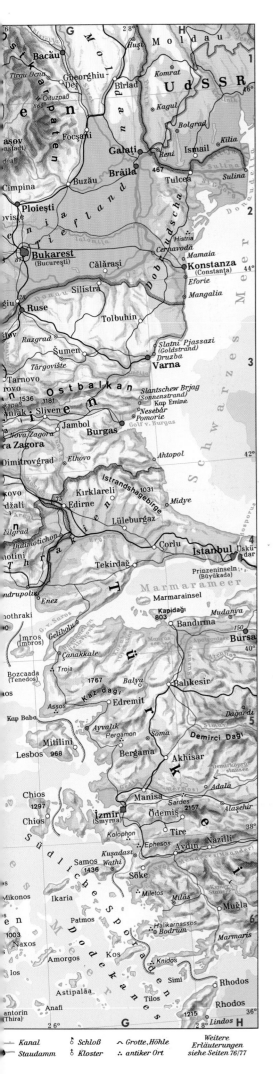

Maßstab 1 : 3 000 000
0 20 40 60 km

Ackerbau — Weidegebiet — vorw. Weizen × Sonnenblumen ○ Obstbau
bewässerte Gebiete — Sumpfland — vorw. Mais ▼ Zuckerrüben ⌃ Seebad

III Donautiefland

Ackerbau und mittelmeerischer Anbau
bewässerte Gebiete
Wald, vorwiegend Kiefer und Tanne
vorwiegend Macchie
Weidegebiet
Baumwolle Tabak Wein
Zitrusfrüchte Olivenkulturen
Eingeklammerte Namen sind transkribierte oder
transliterierte Formen aus dem Neugriechischen

IV Attika

Maßstab 1 : 1 000 000
0 5 10 20 km

◆ Erdöl ◆ Blei Eisen- u. Stahlerzeugung Schiffbau Weitere
◆ Erdgas ◇ Silber Buntmetallverhüttung ● Textilindustrie Erläuterungen
◆ Braunkohle ◇ Bauxit ● Metallindustrie ○ chem. Industrie siehe Seite 66/67

Citygebiet, Hauptgeschäftszentrum
Regierungs- und Verwaltungsgebäude
kulturelle Einrichtungen, Kliniken
gehobenes Wohnviertel
sonstige Wohngebiete
Altstadt (Plaka)
antike Stätten
Verkehrsanlagen
Grünflächen, vorwiegend Parks
Friedhof
♀ Kirche
♁ Kloster
☪ Moschee
Sportplatz
Untergrundbahn (Schnellbahn)
● U-Bahnhof

V Athen – Stadtzentrum

Maßstab 1 : 50 000
0 250 500 1000 m
1 cm auf der Karte ≙ 500 m in der Natur

— Kanal ⌂ Schloß ⌒ Grotte, Höhle Weitere
— Staudamm ⌂ Kloster ∴ antiker Ort Erläuterungen siehe Seiten 76/77

	Meerestiefen				Landhöhen				
2328 *Höhen in Meter*	üb. 4000 m	2000–4000	200–2000	0–200 m	*Senken*	0–100 m	100–200	200–500	500–1000	1000–1500	1500–3000	üb. 3000
2211 *Tiefen in Meter*										

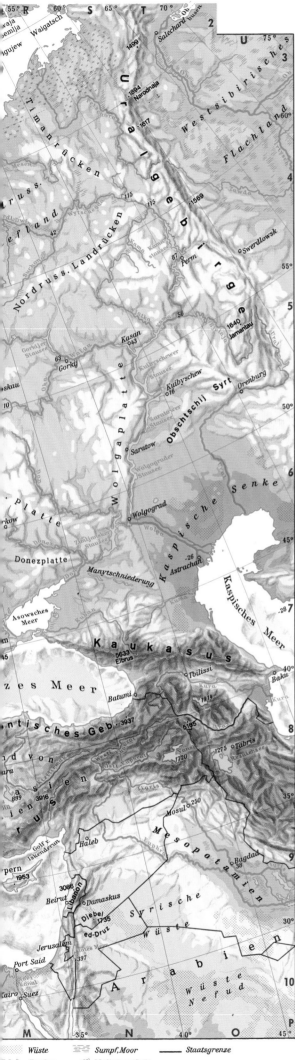

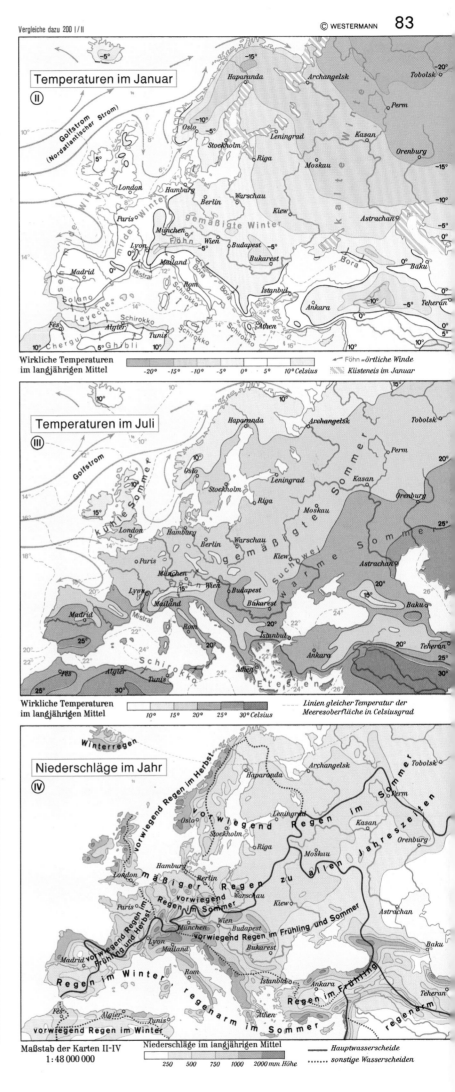

Temperaturen im Januar ⓘ

Wirkliche Temperaturen im langjährigen Mittel −20° −15° −10° −5° 0° 5° 10° Celsius
Föhn = örtliche Winde
Küsteneis im Januar

Temperaturen im Juli ⓘ

Wirkliche Temperaturen im langjährigen Mittel 10° 15° 20° 25° 30° Celsius
Linien gleicher Temperatur der Meeresoberfläche in Celsiusgrad

Niederschläge im Jahr ⓘ

Maßstab der Karten II–IV 1 : 48 000 000
Niederschläge im langjährigen Mittel 250 500 750 1000 2000 mm Höhe
Hauptwasserscheide
sonstige Wasserscheiden

Wüste — Sumpf, Moor — Staatsgrenze
Tundra — Wadi (Regenfluß)

G r ö n l a n d
(zu Dänemark)

Nördlicher Polarkreis

Island

E u r o p ä i s c h e s

N o r d m e e r

Barentsburg
Spitzbergen
(Norw.)

Bäreninsel
(Norw.)

Franz-Josef-Land

Nowaja Semlja

Dickson

Norilsk

Jenissej

Scoresbysund

Jan Mayen
(Norw.)

Reykjavik

Färöer
(zu Dänemark)

Shetland-
inseln

Orkney-
inseln

Schottland

Glasgow
Edinburgh

Belfast
Nordirland

Irland

Dublin

Vereinigtes
Königreich

England

Wales
Cardiff

Birmingham
London

Southampton

Kanal-
inseln

Brest

A t l a n t i s c h e r   O z e a n

Nördlicher Wendekreis

N o r d s e e

N o r w e g e n

S c h w e d e n

F i n n l a n d

Narvik

Murmansk

Luleå

Oulu

Trondheim

Archangelsk

Uchta

Sundsvall

Bergen

Oslo

Stavanger

Turku
Helsinki

Stockholm

Leningrad

Reval
Estnische
SSR

Riga
Lettische SSR

Kop.

Malmö

Königsbg.
zur
RSFSR

Danzig

Wilna
Litauische SSR

Minsk

Weißrussische
SSR

R u s s i s c h e   S o z i a l i s t i s c h e

Wologda

Kalinin
Moskau

Gorkij

F ö d e r a t i v e   S o w j e t r e p u b l i k

Nördl. Dwina

Perm

Kasan

Kama

Serow

Ufa

Kuibyschew

U d S S R

Dänemark
Esbjerg

Vereinigtes
Königreich

Niederlande

Amsterdam

Brüssel
Belgien

Le Havre

Lux.

Paris

Nantes

Hambg.

Berlin
West Ost

Bundes-

republik

Bonn

Deutschland

Straßburg

DDR

Leipzig

Posen

Warschau

Weichsel

P o l e n

Breslau

Prag

Krakau

Tschecho-

slowakei

Smolensk

Woronesh

Pensa

Saratow

Wolga

Wolgograd

Don

Kasachische
SSR

Kiew

Charkow

Lemberg (Lwow)

Dnjepropetrowsk

Rostow

Ural

Astrachan

Kaspisches Meer

U k r a i n i s c h e   SSR

München

Wien

Budapest

Bern
Schweiz

L.

Österreich

Ungarn

Cluj
(Klausenburg)

Kischinew
Moldauische SSR

Odessa

Krasnodar

F r a n k r e i c h

Bordeaux

Lyon

Rhône

Loire

Triest

Mailand

Turin

Zagreb

Po

San
Marino

R u m ä n i e n

Bukarest

Konstanza

Donau

Sewastopol

Grusinische SSR

Tbilissi

La Coruña

Porto

Portugal

Madrid

Badajoz

Sevilla

Andorra

Zaragoza

Marseille

Monaco

Bastia

Korsika

Belgrad

J u g o s l a w i e n

Sofia

B u l g a r i e n

S c h w a r z e s   M e e r

Armen.
SSR

Aserbai-
dschan.
SSR
zu
Aserb.

Bilbao

Lissabon

S p a n i e n

Valencia

Barcelona

Balearen

Sardinien

I t a l i e n

Rom

Neapel

Tirana
Albanien

Thessaloniki

Istanbul

Ankara

T ü r k e i

Iran

Erzurum

Jerewan

Tanger
Gibraltar (Br.)
Ceuta
(Sp.)
Melilla
(Sp.)

Oran

Algier

Constantine

Annaba

Tunis

M i t t e l

Cagliari

Palermo

Sizilien

Reggio
di Calabria

Malta
Valletta

Kreta

Griechenland

Athen

Izmir

Adana

Haleb

Mosul

Rabat

Fès

Casablanca

Marokko

Béchar

A l g e r i e n

In-Salah

Touggourt

Sfax

Tunesien

Tripolis

Edjéleh

Murzuq

Ghat

Ghadames

L i b y e n

Audjila

El-Beida

Bengasi

Nikosia

Zypern

Libanon
Beirut

m e e r

Damaskus

S y r i e n

Bagdad

I r a k

Israel
Jerusalem

Alexandria

Kairo

Suez

Akaba

Amman

Jordanien

El-Djauf

Ä g y p t e n

Nil

Rotes Meer

Assuan

S a u d i -

A r a b i e n

Medina

● Orte über 1000000 Einwohner   ○ Orte unter 100000 Einwohner   Abkürzungen: **Kop.**=Kopenhagen, **L.**=Liechtenstein, **Lux.**=Luxemburg

● Orte über 100000 - 1000000 Einw.   _Wien_ Hauptstädte der Staaten   (Sp) = spanisch, (Br) = britisch, (Norw.) = norwegisch

Europa 1914

Ⓘ

Reykjavik · Island Dän.

Färöer Dän.

Norwegen · Schweden · Finnland

Kristiania · Helsingfors · St. Petersburg
Stockholm · Estland · Livland
Kopenhagen · Kurland

Großbritannien · Dänemark · **Russisches Reich**
und Irland

Amsterdam · Berlin · Warschau
London · Niederlande · Polen
Belgien · Deutsches Reich · Galizien
Lux. · Böhmen
Paris · Wien · Österreich-Ungarn
Frankreich · Bern · L. Tirol · Siebenbürgen
Schweiz · Krain · Rumänien
Triest · Kroatien · Bukarest
Monaco · San · Bosnien · Belgrad · Sofia
Marino · Sarajevo · Serbien · Bulgarien 1908
Andorra · Monte- · Albanien · Konstantinopel
negro · 1912/13
Portugal · Madrid · Cetinje · Griechen-
Lissabon · Rom · Athen · land · Dodekanes 1911/12 Ital.
Spanien · Italien · **Türkisches Reich** · Zypern 1914 Brit.

Tanger · Gibraltar 1704 Brit. · Algier · Malta 1800 Brit.
1911 Intern. · 1909/12 Span. · Tunis 1881 Franz.
Rabat · 1848 Teil d. franz. Mutterlandes

Marokko · **Algerien** · **Tunesien**
1905/11 Franz. · 1830 Franz.
Franz.- Nordafrika · **Libyen** · **Ägypten**
Tripolis · Kairo
1912 Ital. · 1882 Brit.

1830 Jahr der Erwerbung

UN - Organisationen / OECD

Ⓘ

Außereuropäische OECD-Staaten: USA, KANADA, JAPAN, AUSTRALIEN

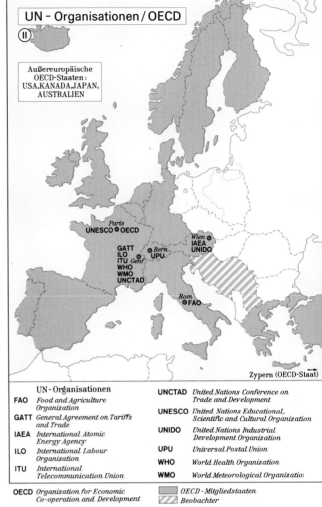

Paris · UNESCO · OECD
GATT · Bern · Wien
ILO · UPU · IAEA
ITU · Genf · UNIDO
WHO
WMO
UNCTAD
Rom · FAO

Zypern (OECD-Staat)→

UN - Organisationen		
FAO	Food and Agriculture Organization	
GATT	General Agreement on Tariffs and Trade	
IAEA	International Atomic Energy Agency	
ILO	International Labour Organization	
ITU	International Telecommunication Union	
UNCTAD	United Nations Conference on Trade and Development
UNESCO	United Nations Educational, Scientific and Cultural Organization
UNIDO	United Nations Industrial Development Organization
UPU	Universal Postal Union
WHO	World Health Organization
WMO	World Meteorological Organization

OECD *Organization for Economic Co-operation and Development*
OECD - Mitgliedstaaten
Beobachter

Europa 1937

Ⓘ

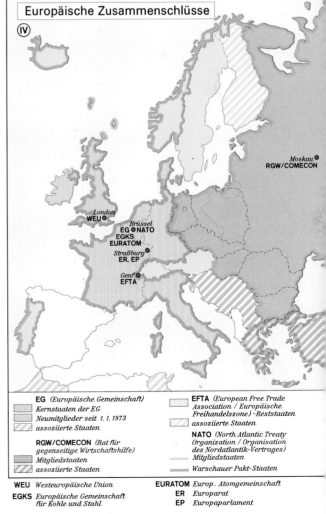

Reykjavik · Island 1918
Färöer Dän.
Norwegen · Schweden · Finnland 1917
Oslo · Helsinki · Leningrad
Tallinn · Estland 1918
Stockholm · Lettland 1918 · Riga
Litauen 1918
Großbritannien · Dänemark · Danzig · Kaunas
Irland 1922 · Dublin · Kopenhagen · Moskau
Amsterdam · Deutsches Reich · **UdSSR**
London · Niederlande · Berlin · Warschau
Belgien · Polen 1918
Paris · Lux. · Prag
Tschechoslowakei 1918
Frankreich · Bern · Wien · Budapest
Schweiz · Österreich · Ungarn · Rumänien
Finme · Jugoslawien · Bukarest
Monaco · San · Zara 1918 · Belgrad · Sofia
Marino · Italien · Bulgarien
Andorra · Albanien · Istanbul
Portugal · Rom · Tirana · Ankara
Lissabon · Griechen- · **Türkei**
Spanien · Madrid · land · Athen · Zypern Brit.
· Dodekanes Ital.
Tanger · Gibraltar Brit. · Algier · Malta Brit.
1924 neutr. · Er-Rif Span.
Tunis
Marokko · **Algerien** · **Tunesien**
Franz.- Nordafrika · **Libyen** · **Ägypten**
Tripolis · Kairo 1922

Maßstab der Karten I und III 1:36 000 000
0 200 400 600 800 1000 km

1908 Jahr der Unabhängigkeit

Europäische Zusammenschlüsse

Ⓘ

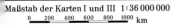

Moskau · RGW/COMECON
London · WEU
Brüssel · EG · NATO
EGKS · EURATOM
Straßburg · ER, EP
Genf · EFTA

EG (Europäische Gemeinschaft)
Kernstaaten der EG
Neumitglieder seit 1.1.1973
assoziierte Staaten
RGW/COMECON (Rat für gegenseitige Wirtschaftshilfe)
Mitgliedstaaten
assoziierte Staaten

EFTA (European Free Trade Association / Europäische Freihandelszone) -Reststaaten
assoziierte Staaten
NATO (North Atlantic Treaty Organization / Organisation des Nordatlantik-Vertrages)
Mitgliedstaaten
Warschauer Pakt-Staaten

WEU Westeuropäische Union
EGKS Europäische Gemeinschaft für Kohle und Stahl
EURATOM Europ. Atomgemeinschaft
ER Europarat
EP Europaparlament

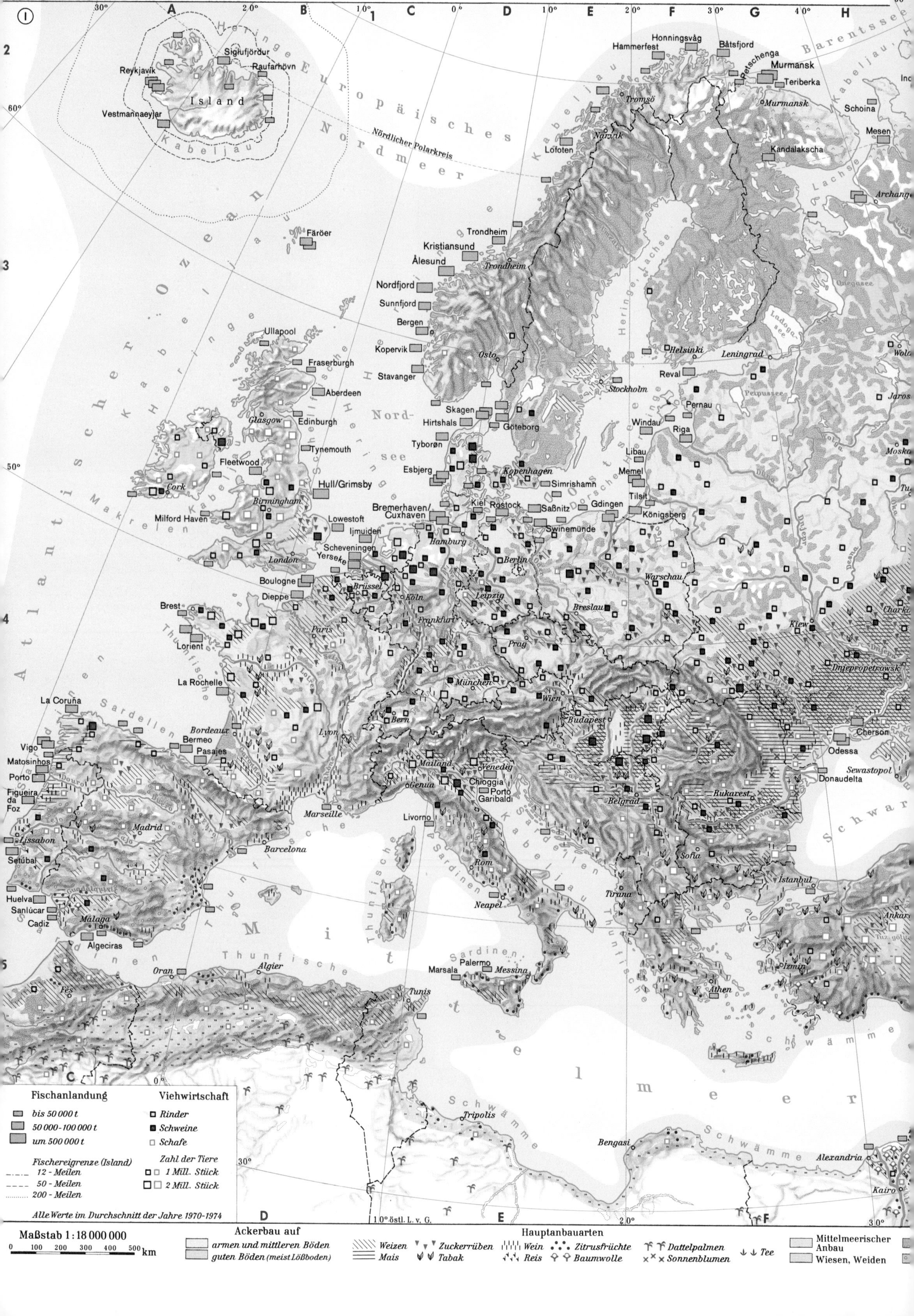

Island

Reykjavík · Siglufjörður · Raufarhöfn · Vestmannaeyjar

Europäisches Nordmeer

Heringe · Kabeljau · Kabeljau · Lachse

Barentssee

Hammerfest · Honningsvåg · Båtsfjord · Petschenga · Murmansk · Teriberka
Tromsö · Murmansk · Schoina
Narvik · Mesen
Lofoten · Kandalakscha
Archangelsk

Färöer

Nördlicher Polarkreis

Trondheim
Kristiansund · Trondheim
Ålesund
Nordfjord
Sunnfjord
Bergen
Kopervik · Oslo
Stavanger
Skagen · Göteborg
Hirtshals
Tyborøn
Esbjerg · Kopenhagen
Bremerhaven/Cuxhaven

Ullapool
Fraserburgh
Aberdeen
Glasgow · Edinburgh
Tynemouth
Fleetwood
Milford Haven
Cork
Birmingham
Hull/Grimsby
Lowestoft
Ijmuiden
Scheveningen · Hamburg · Berlin
Yerseke
London
Boulogne · Brüssel
Dieppe · Köln · Leipzig
Brest · Paris
Lorient
La Rochelle · Frankfurt · Prag
München · Wien
La Coruña · Bern · Budapest
Vigo · Bordeaux · Bermeo · Pasajes · Lyon
Matosinhos
Porto
Figueira da Foz · Mailand · Venedig · Genua · Chioggia · Porto Garibaldi
Lissabon
Setúbal · Madrid · Marseille · Livorno · Rom
Huelva · Barcelona · Neapel
Sanlúcar
Cádiz · Málaga
Algeciras · Palermo · Messina
Oran · Algier · Marsala
Tunis
Tripolis
Bengasi · Alexandria
Kairo

Helsinki · Leningrad
Reval
Windau · Stockholm
Pernau
Riga
Libau
Memel
Tilsit · Königsberg
Saßnitz · Gdingen
Kiel · Rostock
Swinemünde
Breslau · Kiew
Warschau
Dnjepropetrowsk
Charkow
Cherson
Odessa
Sewastopol
Donaudelta
Belgrad · Bukarest
Sofia
Tirana · Istanbul
Athen · Izmir
Ankara

Schwarzes Meer

Nord-see · Ostsee · Kattegat · Skagerrak
Atlantischer Ozean · Mittelmeer
Heringe · Sardellen · Thunfische · Sardinen · Schwämme

Fischanlandung
- ☐ bis 50 000 t
- ☐ 50 000 – 100 000 t
- ☐ um 500 000 t

Fischereigrenze (Island)
- ---- 12 - Meilen
- ‒‒‒‒ 50 - Meilen
- ······ 200 - Meilen

Viehwirtschaft
- ☐ Rinder
- ■ Schweine
- ☐ Schafe

Zahl der Tiere
- ☐ 1 Mill. Stück
- ☐ 2 Mill. Stück

Alle Werte im Durchschnitt der Jahre 1970–1974

Ackerbau auf
- armen und mittleren Böden
- guten Böden (meist Lößboden)

Hauptanbauarten
- Weizen
- Mais
- Zuckerrüben
- Tabak
- Wein
- Reis
- Zitrusfrüchte
- Baumwolle
- Dattelpalmen
- Sonnenblumen
- Tee
- Mittelmeerischer Anbau
- Wiesen, Weiden

10° östl. L. v. G.

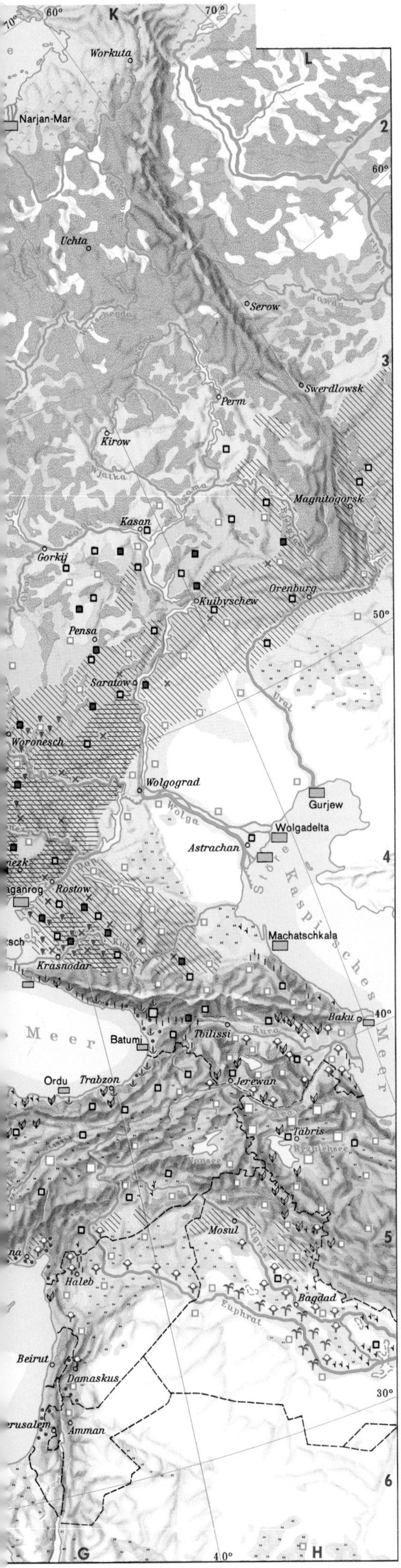

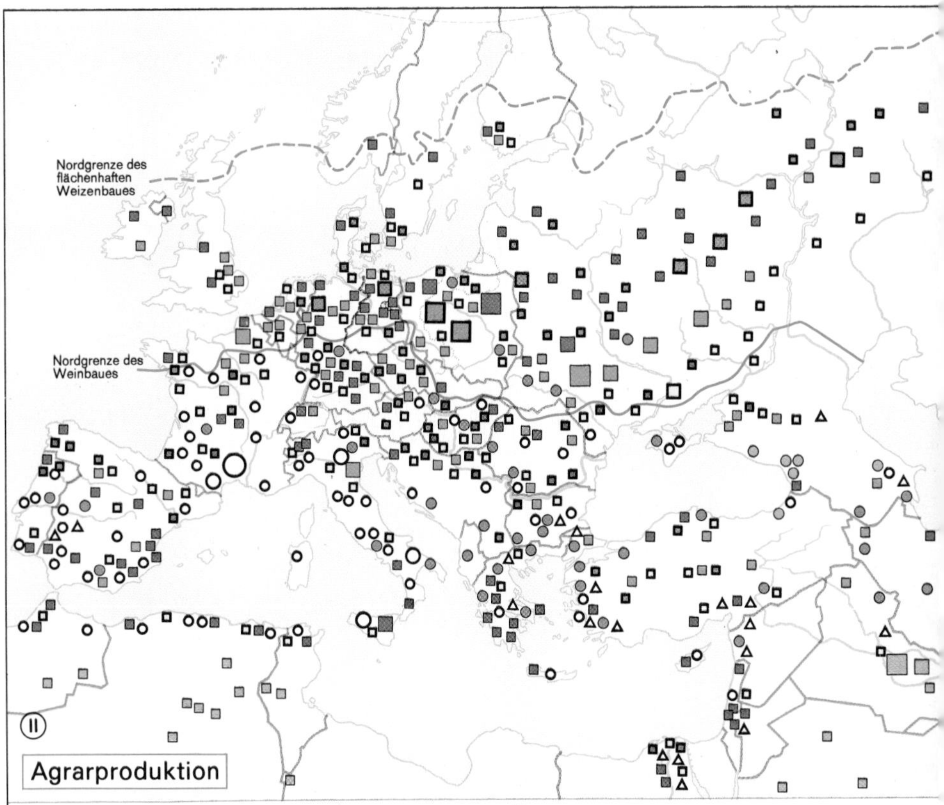

Nordgrenze des flächenhaften Weizenbaues

Nordgrenze des Weinbaues

② **Agrarproduktion**

Nahrungsmittel pflanzlichen Ursprungs			Genußmittel	Pflanzliche Rohstoffe	Werte im Durchschnitt der Jahre 1970–1974
□ Weizen	■ Reis	■ Zitrusfrüchte	● Tee	△ Baumwolle	
▨ Roggen	■ Kartoffeln		● Tabak		
■ Mais	▨ Zuckerrüben	▨ Datteln	○ Wein		

Größenstufen in Prozent der Weltproduktion   ○ 1% und kleiner   ○ um 5%   ◯ um 10%

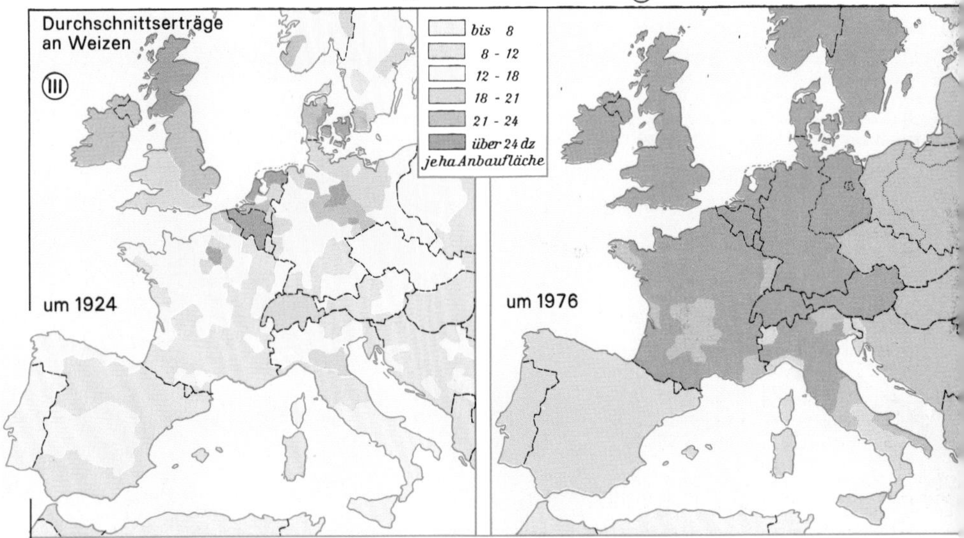

Durchschnittserträge an Weizen

③

▨ bis 8	
▨ 8 – 12	
▨ 12 – 18	
▨ 18 – 21	
▨ 21 – 24	
■ über 24 dz je ha Anbaufläche	

um 1924   um 1976

Durchschnittserträge an Weizen / Stickstoffverbrauch

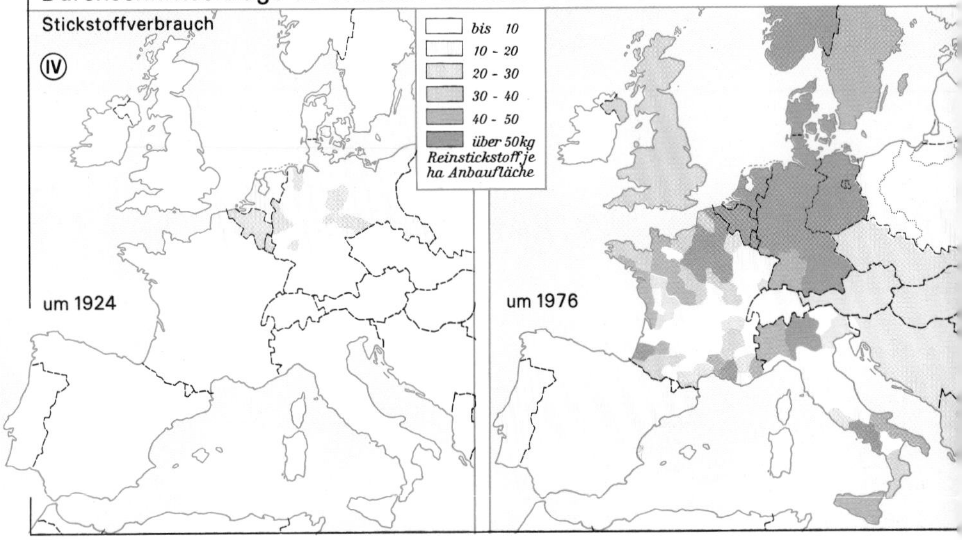

Stickstoffverbrauch

④

▨ bis 10	
▨ 10 – 20	
▨ 20 – 30	
▨ 30 – 40	
▨ 40 – 50	
■ über 50 kg Reinstickstoff je ha Anbaufläche	

um 1924   um 1976

Maßstab der Karten II–IV 1 : 40 000 000

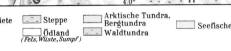

...gebiete   ░ Steppe   ▨ Arktische Tundra, Bergtundra

...hie   ▢ Ödland *(Fels, Wüste, Sumpf)*   ▨ Waldtundra   ▨ Seefischerei

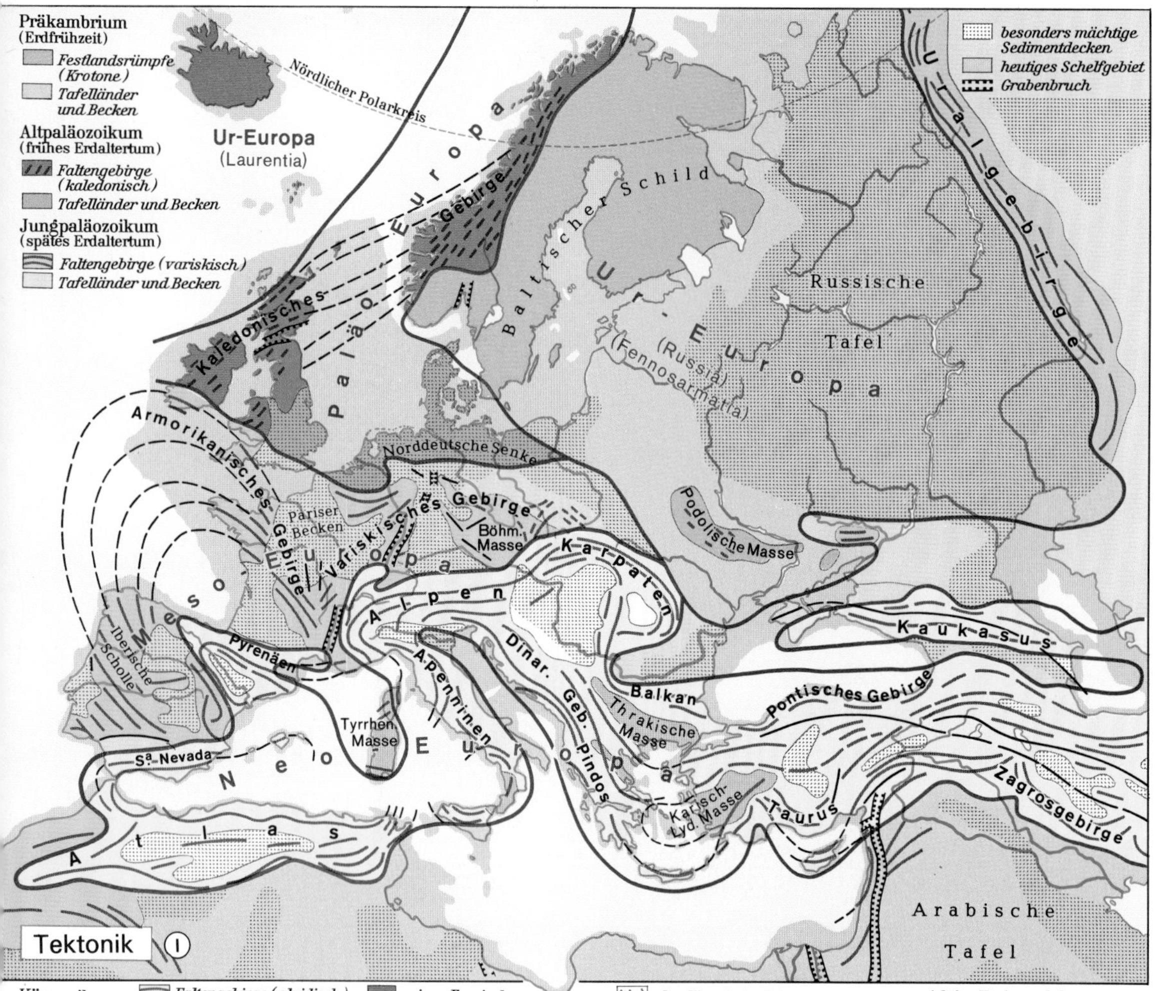

Tektonik ①

Präkambrium (Erdfrühzeit)
- Festlandsrümpfe (Krotone)
- Tafelländer und Becken

Altpaläozoikum (frühes Erdaltertum)
- Faltengebirge (kaledonisch)
- Tafelländer und Becken

Jungpaläozoikum (spätes Erdaltertum)
- Faltengebirge (variskisch)
- Tafelländer und Becken

- besonders mächtige Sedimentdecken
- heutiges Schelfgebiet
- Grabenbruch

Känozoikum (Erdneuzeit)
- Faltengebirge (alpidisch)
- Tafelländer und Becken
- rein vulkanisches Festland
- altpaläozoische Faltungen in Ur- und Meso-Europa
- alte Massive in Neo-Europa
- wichtige Horizontal- bzw. Vertikalverschiebung
- Grenzen tektonischer Großräume

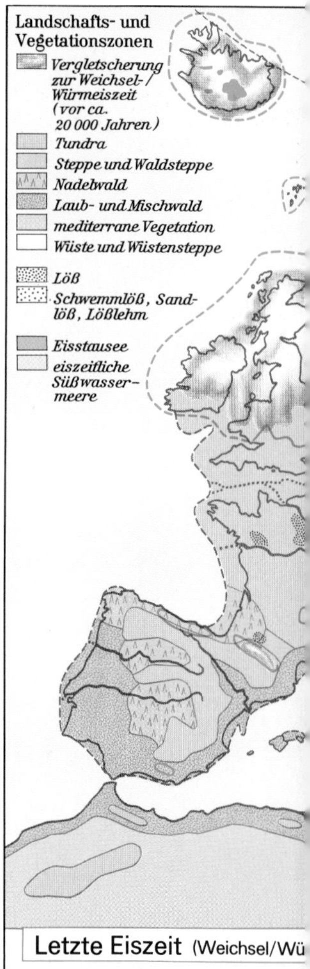

Letzte Eiszeit (Weichsel/Wü)

Landschafts- und Vegetationszonen
- Vergletscherung zur Weichsel-/Würmeiszeit (vor ca. 20 000 Jahren)
- Tundra
- Steppe und Waldsteppe
- Nadelwald
- Laub- und Mischwald
- mediterrane Vegetation
- Wüste und Wüstensteppe

- Löß
- Schwemmlöß, Sandlöß, Lößlehm

- Eisstausee
- eiszeitliche Süßwassermeere

- mutmaßlicher Küsten- und Flußverlauf

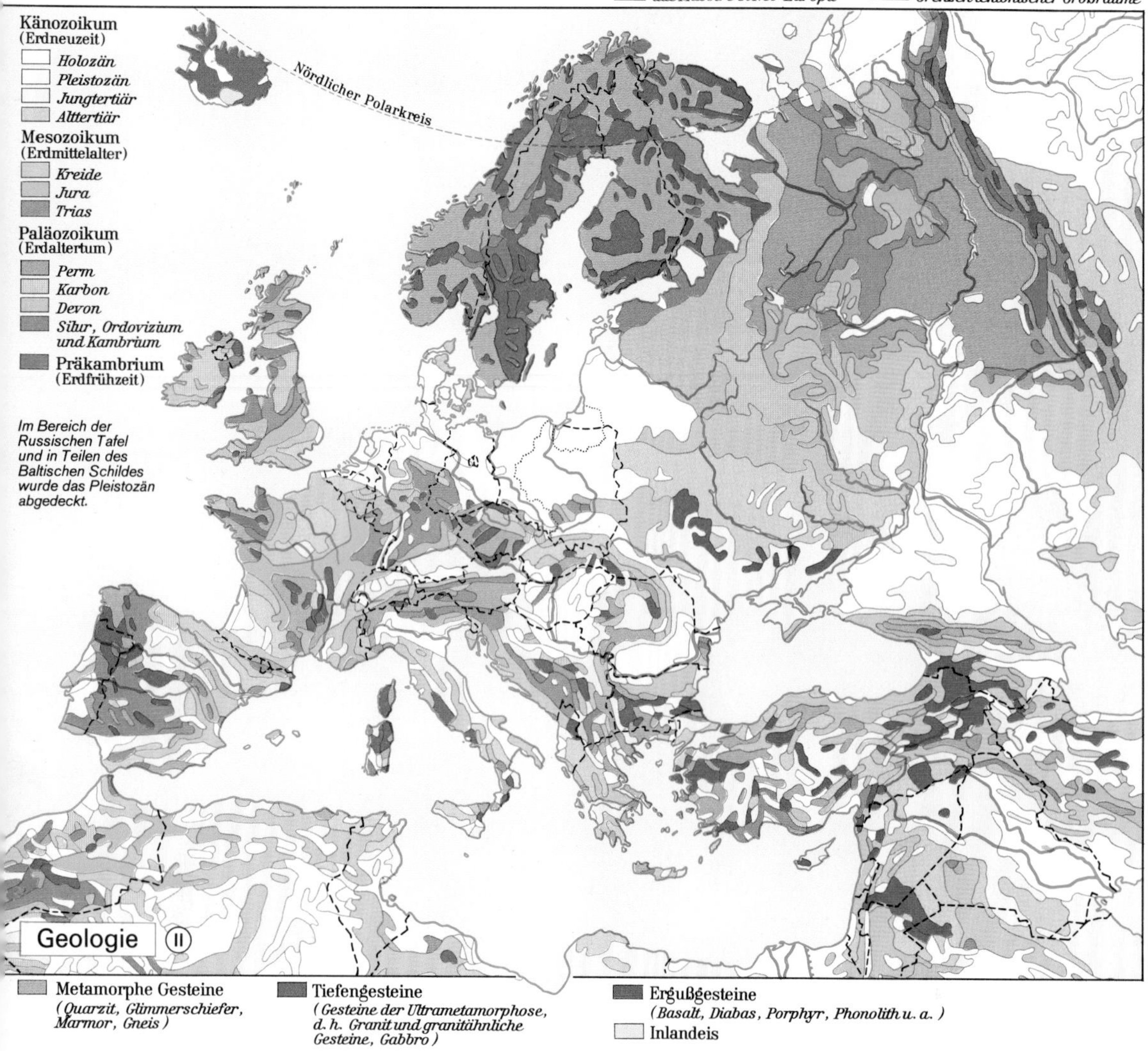

Geologie ②

Känozoikum (Erdneuzeit)
- Holozän
- Pleistozän
- Jungtertiär
- Alttertiär

Mesozoikum (Erdmittelalter)
- Kreide
- Jura
- Trias

Paläozoikum (Erdaltertum)
- Perm
- Karbon
- Devon
- Silur, Ordovizium und Kambrium

Präkambrium (Erdfrühzeit)

Im Bereich der Russischen Tafel und in Teilen des Baltischen Schildes wurde das Pleistozän abgedeckt.

- Metamorphe Gesteine (Quarzit, Glimmerschiefer, Marmor, Gneis)
- Tiefengesteine (Gesteine der Ultrametamorphose, d. h. Granit und granitähnliche Gesteine, Gabbro)
- Ergußgesteine (Basalt, Diabas, Porphyr, Phonolith u. a.)
- Inlandeis

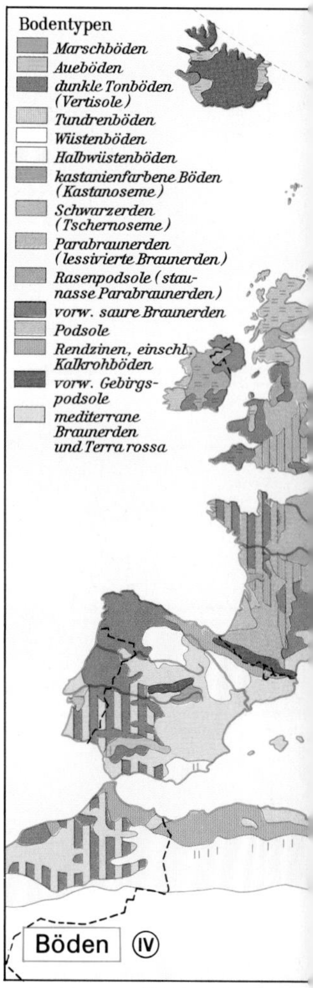

Böden ④

Bodentypen
- Marschböden
- Aueböden
- dunkle Tonböden (Vertisole)
- Tundrenböden
- Wüstenböden
- Halbwüstenböden
- kastanienfarbene Böden (Kastanoseme)
- Schwarzerden (Tschernoseme)
- Parabraunerden (lessivierte Braunerden)
- Rasenpodsole (staunasse Parabraunerden)
- vorw. saure Braunerden
- Podsole
- Rendzinen, einschl. Kalkrohböden
- vorw. Gebirgspodsole
- mediterrane Braunerden und Terra rossa

verbreitete Vorkommen von
- Moorböden
- Salzböden (meist Solontschak

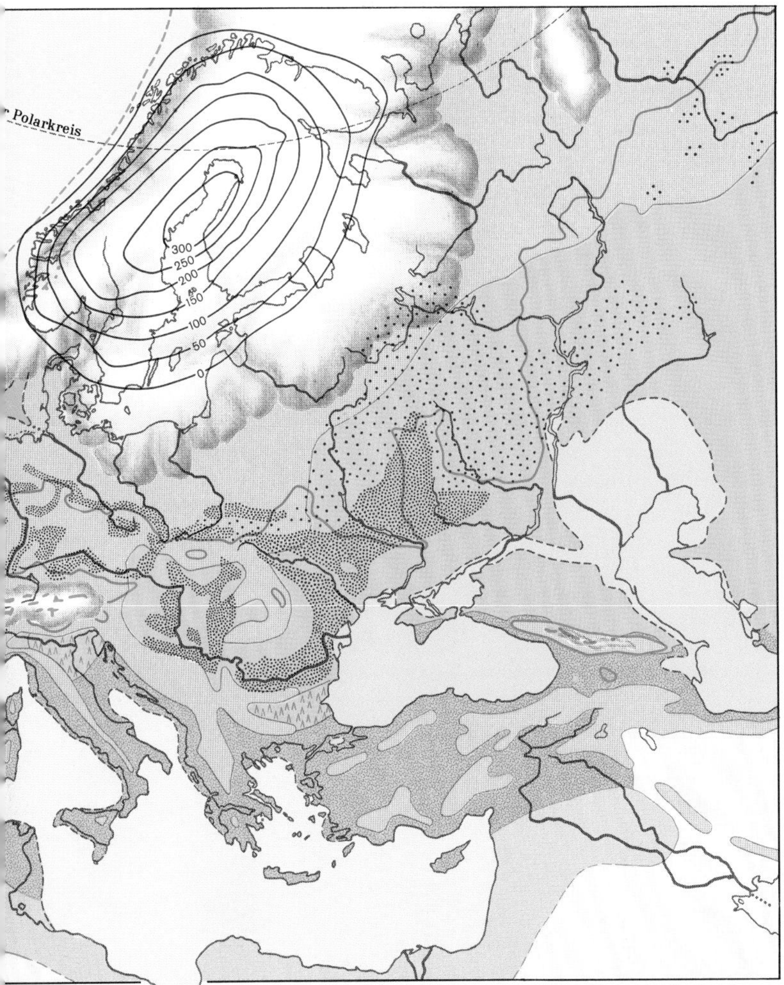

Polarkreis

en gleicher nach-
eitlicher Landhebung (in Meter)

maximale Ausdehnung
der pleistozänen Vergletscherung

heutige Vergletscherung

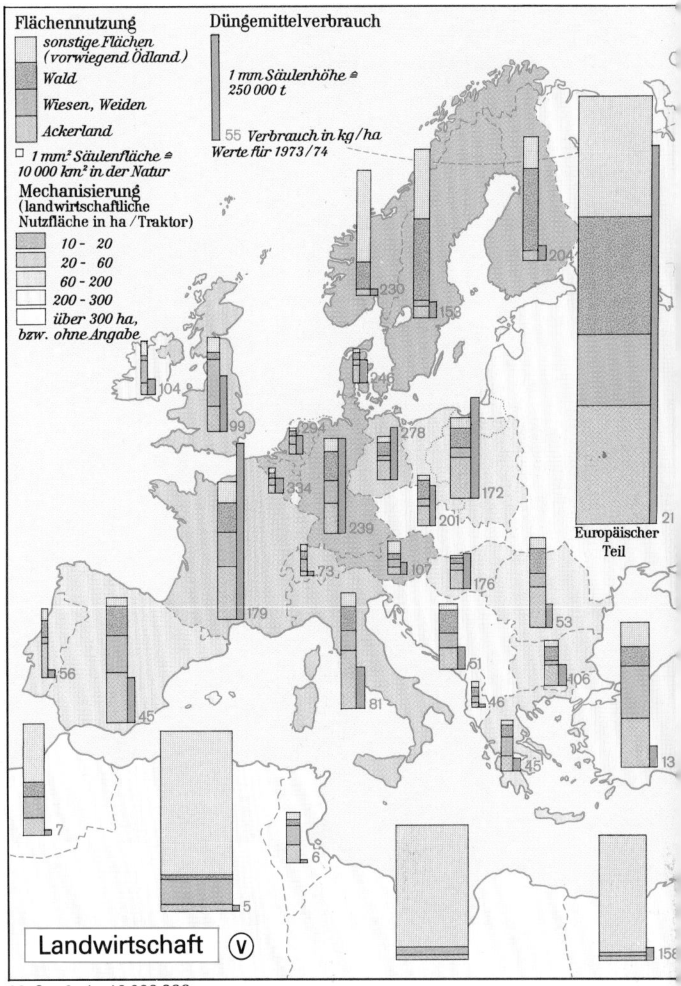

Flächennutzung
sonstige Flächen
(vorwiegend Ödland)
Wald
Wiesen, Weiden
Ackerland

☐ _1 mm² Säulenfläche ≙_
10 000 km² in der Natur

Düngemittelverbrauch

1 mm Säulenhöhe ≙
_250 000 t_

55 _Verbrauch in kg/ha_
Werte für 1973/74

Mechanisierung
(landwirtschaftliche
Nutzfläche in ha /Traktor)

10 - 20
20 - 60
60 - 200
200 - 300
über 300 ha,
bzw. ohne Angabe

Europäischer
Teil

Landwirtschaft Ⓥ

Maßstab 1 : 40 000 000

Maßstab der Karten I - IV
1 : 36 000 000

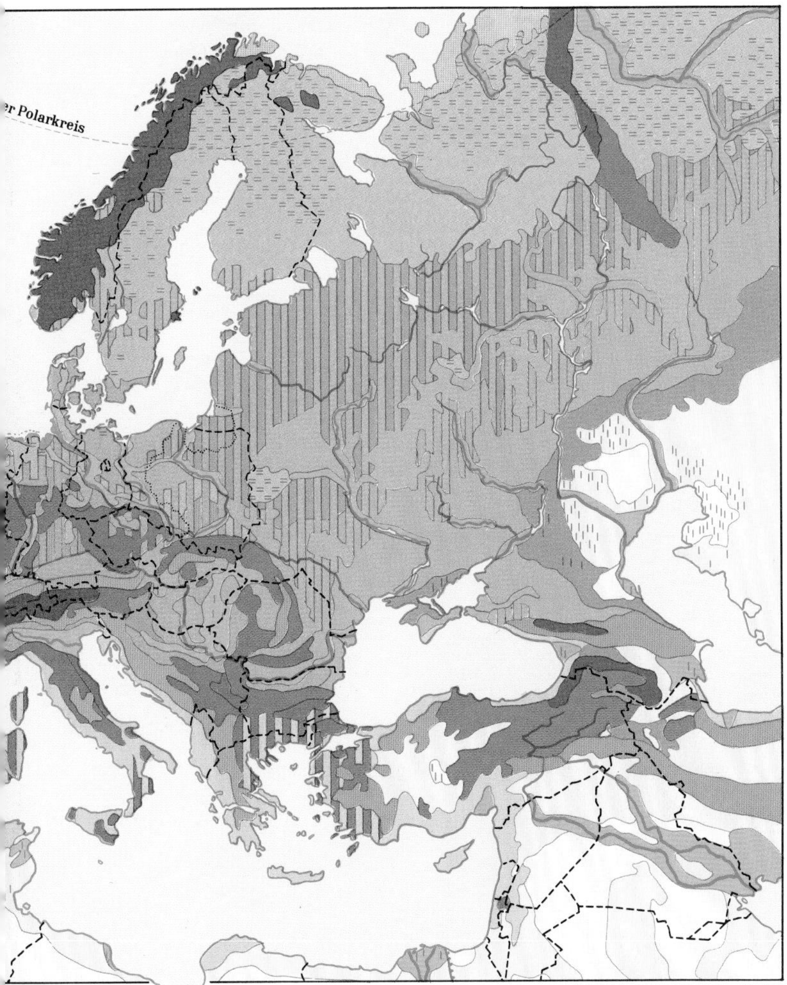

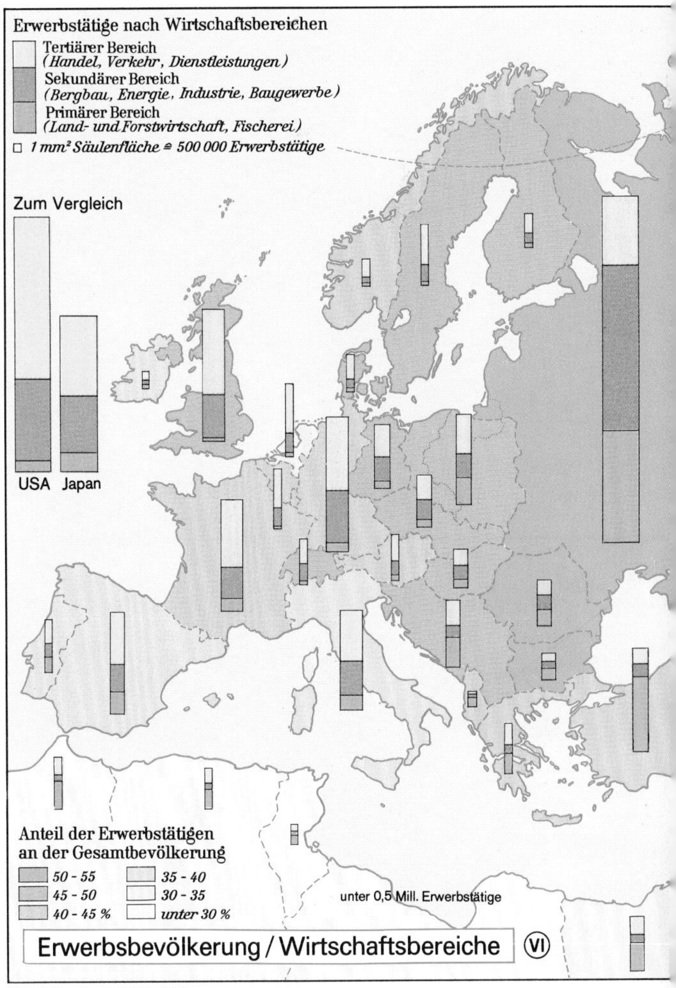

Erwerbstätige nach Wirtschaftsbereichen
Tertiärer Bereich
(Handel, Verkehr, Dienstleistungen)
Sekundärer Bereich
(Bergbau, Energie, Industrie, Baugewerbe)
Primärer Bereich
(Land- und Forstwirtschaft, Fischerei)

☐ _1 mm² Säulenfläche ≙ 500 000 Erwerbstätige_

Zum Vergleich

USA Japan

Anteil der Erwerbstätigen
an der Gesamtbevölkerung

50 - 55
45 - 50
40 - 45 %
35 - 40
30 - 35
unter 30 %

unter 0,5 Mill. Erwerbstätige

Erwerbsbevölkerung / Wirtschaftsbereiche ⓋⒾ

Maßstab 1 : 40 000 000

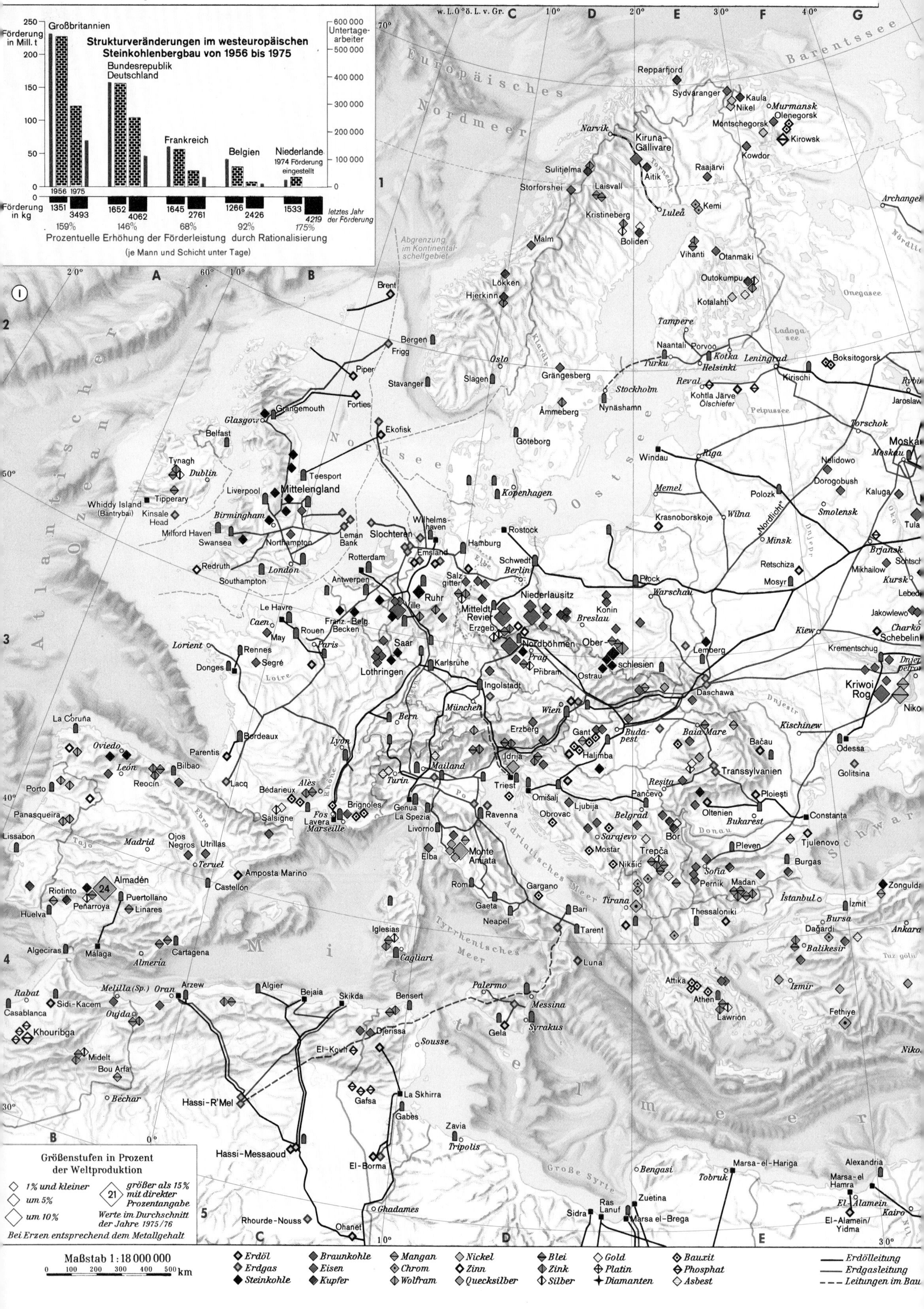

Strukturveränderungen im westeuropäischen Steinkohlenbergbau von 1956 bis 1975

Förderung in Mill. t — Untertagearbeiter

Großbritannien · Bundesrepublik Deutschland · Frankreich · Belgien · Niederlande (1974 Förderung eingestellt)

1956 1975

Förderung in kg	1351	1652	1645	1266	1533
	3493	4062	2761	2426	4219
	159%	146%	68%	92%	175%

letztes Jahr der Förderung

Prozentuelle Erhöhung der Förderleistung durch Rationalisierung
(je Mann und Schicht unter Tage)

Größenstufen in Prozent der Weltproduktion

- ◇ 1% und kleiner
- ◇ um 5%
- ◇ um 10%
- ◇ größer als 15%
- ㉑ mit direkter Prozentangabe

Werte im Durchschnitt der Jahre 1975/76

Bei Erzen entsprechend dem Metallgehalt

Maßstab 1:18 000 000

0 100 200 300 400 500 km

- ◆ Erdöl
- ◆ Erdgas
- ◆ Steinkohle
- ◆ Braunkohle
- ◆ Eisen
- ◆ Kupfer
- ◇ Mangan
- ◇ Chrom
- ◇ Wolfram
- ◇ Nickel
- ◇ Zinn
- ◇ Quecksilber
- ◆ Blei
- ◆ Zink
- ◆ Silber
- ◇ Gold
- ✚ Platin
- ✚ Diamanten
- ◆ Bauxit
- ◆ Phosphat
- ◆ Asbest
- —— Erdölleitung
- —— Erdgasleitung
- - - - Leitungen im Bau

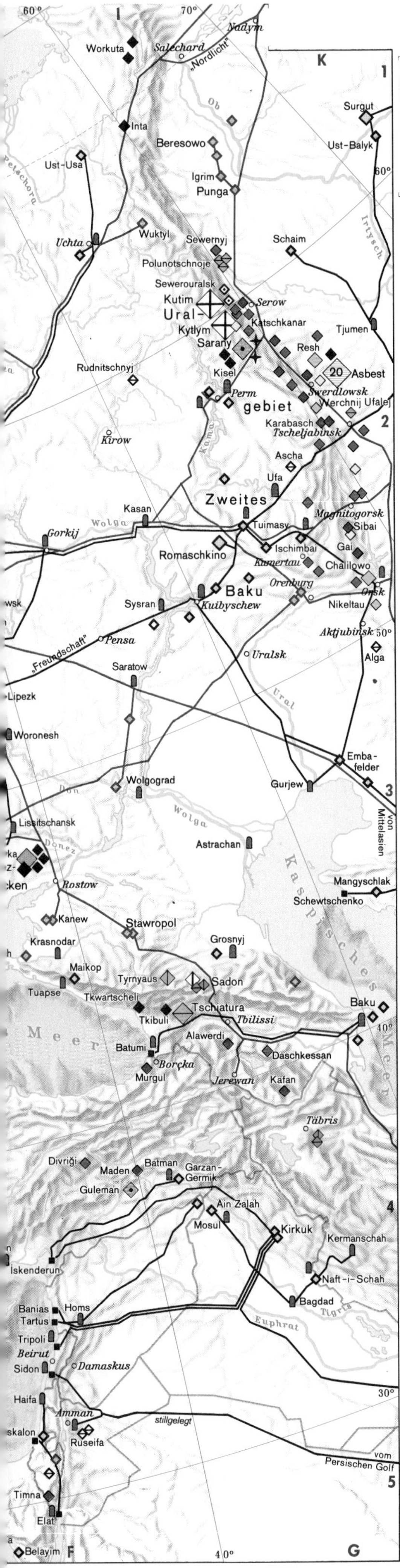

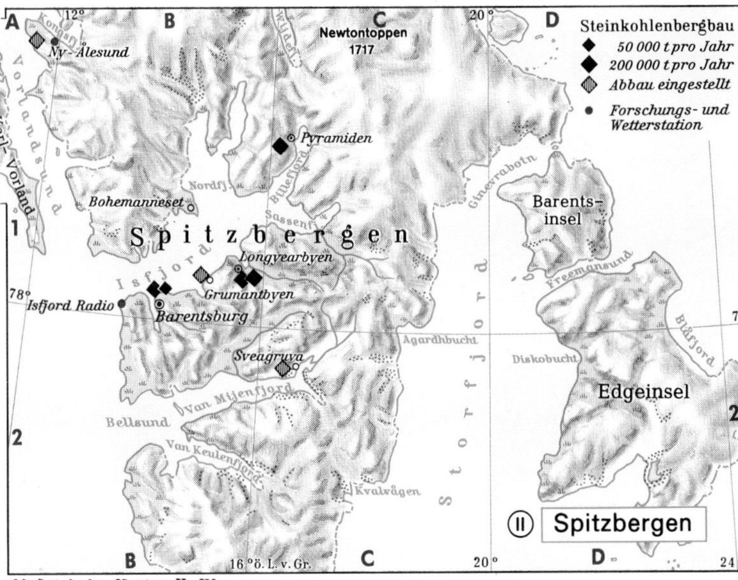

Steinkohlenbergbau

- ◆ 50 000 t pro Jahr
- ◆ 200 000 t pro Jahr
- Abbau eingestellt
- ● Forschungs- und Wetterstation

Isfjord Radio

Temperaturen und Niederschläge im Monatsmittel

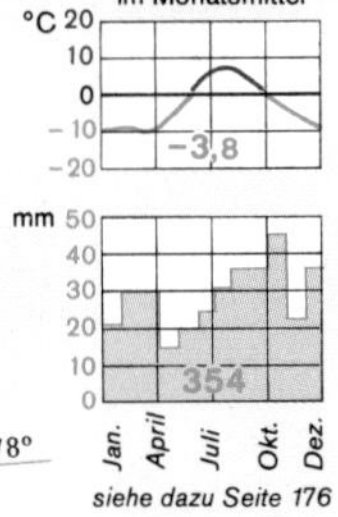

siehe dazu Seite 176

Lichtverhältnisse

für 80° nördl. Breite

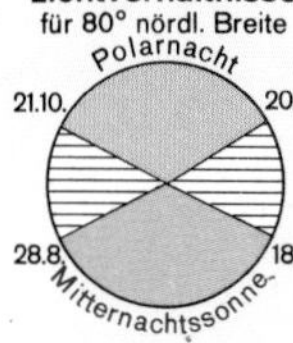

(II) Spitzbergen

Maßstab der Karten II - IV
1 : 3 000 000
0 25 50 75 km

- vergletschertes Gebiet
- Moränen
- eisfreies Gebiet
- Tundra

Siedlungen
- ○ unter 500
- ◎ 500 - 1000
- ◉ über 1000 Einwohner

(III) Nordschwedisches Eisenerzgebiet

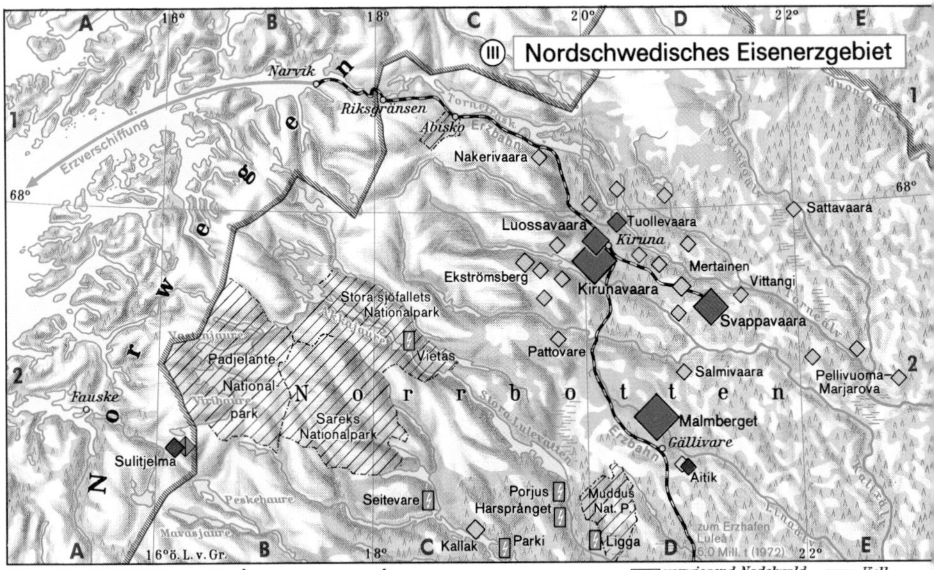

Eisenerzförderung (im Jahr)
- unter 1 Mill. t
- 1 - 2 Mill. t
- 2 - 5 Mill. t
- 5 - 10 Mill. t
- über 10 Mill. t
- Eisenerzförderreserven

- vorwiegend Nadelwald (Kiefer)
- vorwiegend Laubwald (Birke)
- Fjellgebiet
- Sumpf

(IV) Mittelengland

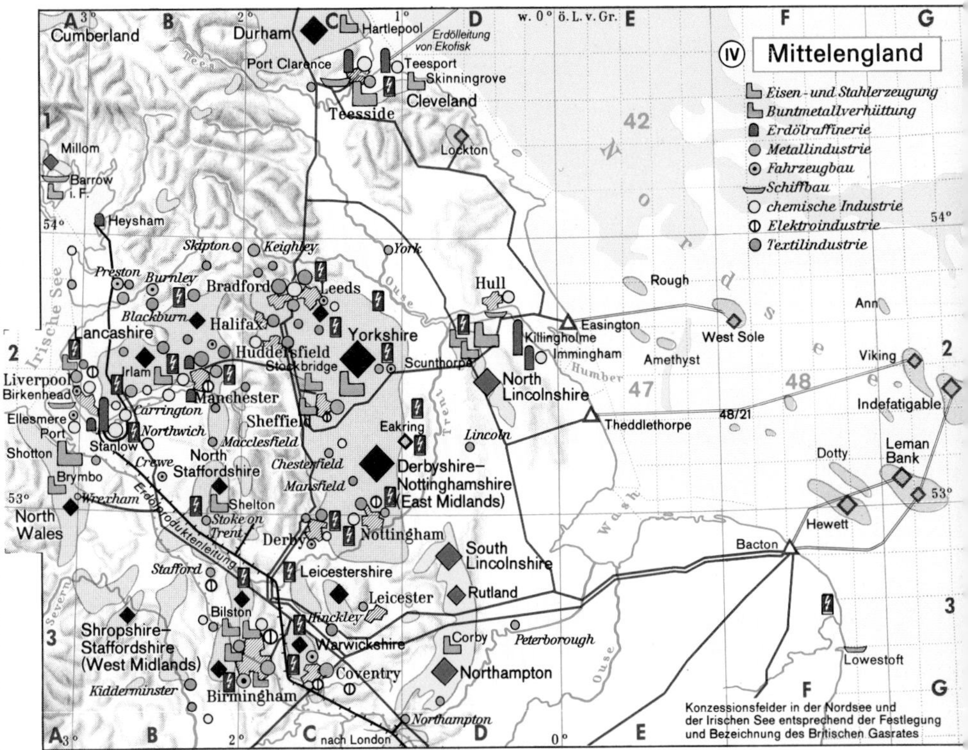

- Eisen- und Stahlerzeugung
- Buntmetallverhüttung
- Erdölraffinerie
- Metallindustrie
- Fahrzeugbau
- Schiffbau
- chemische Industrie
- Elektroindustrie
- Textilindustrie

Konzessionsfelder in der Nordsee und der Irischen See entsprechend der Festlegung und Bezeichnung des Britischen Gasrates

Steinkohlenförderung (im Jahr)
- unter 5 Mill. t
- 5 - 10 Mill. t
- 10 - 25 Mill. t
- über 25 Mill. t

Erdgasförderung (im Jahr)
- unter 1 Mrd. m³
- 1 - 2 Mrd. m³

- Erdgasleitung
- davon untermeerisch
- △ Erdgasübernahmestation

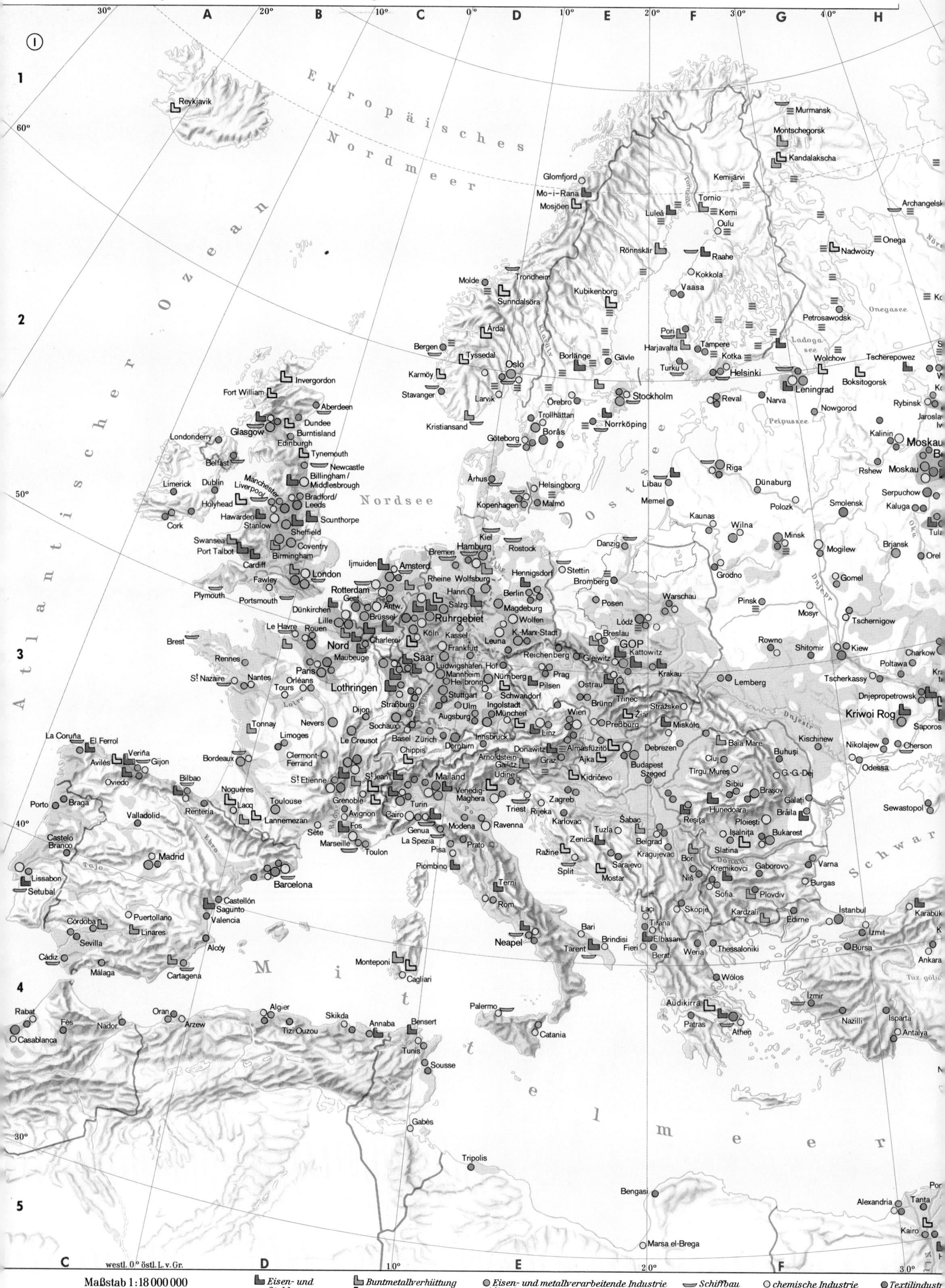

Reykjavik

Europäisches Nordmeer

Murmansk
Montschegorsk
Kandalakscha
Glomfjord
Kemijärvi
Archangelsk
Mo-i-Rana
Tornio
Mosjöen
Kemi
Luleå
Oulu
Onega
Rönnskär
Raahe
Nadwoizy
Invergordon
Molde
Kokkola
Fort William
Trondheim
Vaasa
Petrosawodsk
Aberdeen
Sunndalsöra
Kubikenborg
Onegasee
Bergen
Borlänge
Gävle
Pori
Tampere
Dundee
Ardal
Harjavalta
Kotka
Wolchow
Tscherepowez
Glasgow
Karmöy
Tyssedal
Turku
Helsinki
Boksitogorsk
Burntisland
Oslo
Stockholm
Reval
Leningrad
Edinburgh
Larvik
Narva
Nowgorod
Rybinsk
Londonderry
Tynemouth
Stavanger
Kristiansand
Örebro
Riga
Jaroslaw
Belfast
Newcastle
Trollhättan
Libau
Dünaburg
Kalinin
Moskau
Manchester
Billingham/Middlesbrough
Göteborg
Norrköping
Memel
Smolensk
Moskau
Limerick
Dublin
Bradford/Leeds
Borås
Kaunas
Polozk
Serpuchow
Holyhead
Liverpool
Scunthorpe
Århus
Wilna
Kaluga
Cork
Hawarden
Sheffield
Helsingborg
Minsk
Mogilew
Brjansk
Tula
Stanlow
Coventry
Kopenhagen
Malmö
Grodno
Orel
Swansea
Birmingham
Kiel
Hamburg
Rostock
Danzig
Pinsk
Mosyr
Gomel
Port Talbot
Cardiff
Bremen
Stettin
Warschau
Tschernigow
Fawley
London
Ijmuiden
Amsterd.
Rheine
Wolfsburg
Hennigsdorf
Bromberg
Posen
Plymouth
Portsmouth
Dünkirchen
Rotterdam
Gent
Antw.
Hann.
Salzg.
Berlin
Magdeburg
Wolfen
Lödz
Warschau
Rowno
Shitomir
Kiew
Charkow
Brest
Le Havre
Rouen
Lille
Brüssel
Ruhrgebiet
Köln
Kassel
Leuna
K.-Marx-Stadt
Breslau
GOP
Kattowitz
Poltawa
Rennes
Nord
Charleroi
Saar
Frankfurt
Hof
Gleiwitz
Krakau
Lemberg
Tscherkassy
St. Nazaire
Nantes
Maubeuge
Ludwigshafen
Mannheim
Nürnberg
Prag
Ostrau
Dnjepropetrowsk
Paris
Orléans
Tours
Lothringen
Heilbronn
Schwandorf
Pilsen
Brünn
Trinec
Strázské
Miskólc
Kriwoi Rog
Saporos.
Dijon
Straßburg
Stuttgart
Ulm
Ingolstadt
München
Linz
Wien
Preßburg
Baia Mare
Kischinew
Nikolajew
Cherson
Tonnay
Nevers
Sochaux
Augsburg
Innsbruck
Donawitz
Graz
Almásfüzitö
Budapest
Cluj
Buhuşi
G-G-Dej
Odessa
Limoges
Le Creusot
Basel
Zürich
Dornbirn
Arnoldstein-Gailitz
Ajka
Debrezen
Szeged
Tirgu Mures
Sibiu
Braşov
Galaţi
Sewastopol
La Coruña
El Ferrol
Clermont-Ferrand
St. Jean
Venedig-Marghera
Udine
Kidričevo
Hunedoara
Reşiţa
Işalniţa
Brăila
Avilés
Veriña
Gijon
Nogueres
Lacq
St. Etienne
Turin
Triest
Rijeka
Zagreb
Karlovac
Šabac
Belgrad
Slatina
Bukarest
Porto
Braga
Oviedo
Bilbao
Rentería
Toulouse
Grenoble
Avignon
Cairo
Genua
Modena
Ravenna
Tuzla
Zenica
Kragujevac
Bor
Kremikovci
Gaborowo
Varna
Valladolid
Lannemezan
Fos
Marseille
La Spezia
Prato
Pisa
Karlovac
Ražine
Mostar
Niš
Sofia
Plovdiv
Burgas
Lissabon
Setubal
Madrid
Barcelona
Toulon
Piombino
Terni
Rom
Split
Sarajevo
Skopje
Kardzali
Edirne
Istanbul
Karabük
Castelo Branco
Córdoba
Puertollano
Castellón
Sagunto
Valencia
Alcóy
Linares
Montepóni
Cagliari
Neapel
Bari
Brindisi
Tärent
Laçi
Tirana
Elbasan
Fieri
Berati
Wería
Thessaloniki
Izmit
Bursa
Ankara
Sevilla
Málaga
Cartagena
Palermo
Catania
Wólos
Audikirra
Izmir
Nazilli
Isparta
Antalya
Rabat
Fès
Nador
Oran
Arzew
Algier
Tizi Ouzou
Skikda
Annaba
Bensert
Tunis
Sousse
Patras
Athen
Alexandria
Tanta
Casablanca
Gabès
Tripolis
Bengasi
Marsa el-Brega
Kairo

Nordsee
Ostsee
Ladogasee
Peipussee

Atlantischer Ozean
Mittelmeer
Schwar...

Maßstab 1:18 000 000

0 100 200 300 400 500 km

Eisen- und Stahlerzeugung

Buntmetallverhüttung

Aluminiumverhüttung

Eisen- und metallverarbeitende Industrie (Stahl- und Leichtmetallbau, Maschinen, Fahrzeugbau, Metallwaren usw.)

Schiffbau

chemische Industrie (Erdölraffinerien siehe Seite 90/91)

Textilindustri...

Holzindustri...

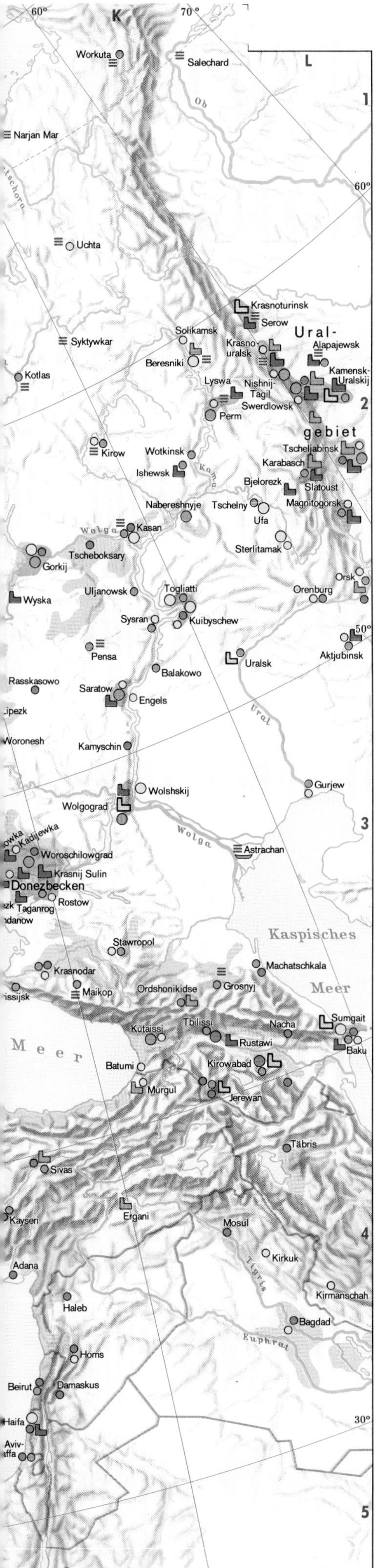

Gebiete mit hoher Industriedichte

Gebiete mit einer Bevölkerungsdichte von mehr als 50 Einwohnern pro km²

Signaturengrößen entsprechend der Wichtigkeit und Größe der Standorte

Rohstahl-/Aluminiumerzeugung

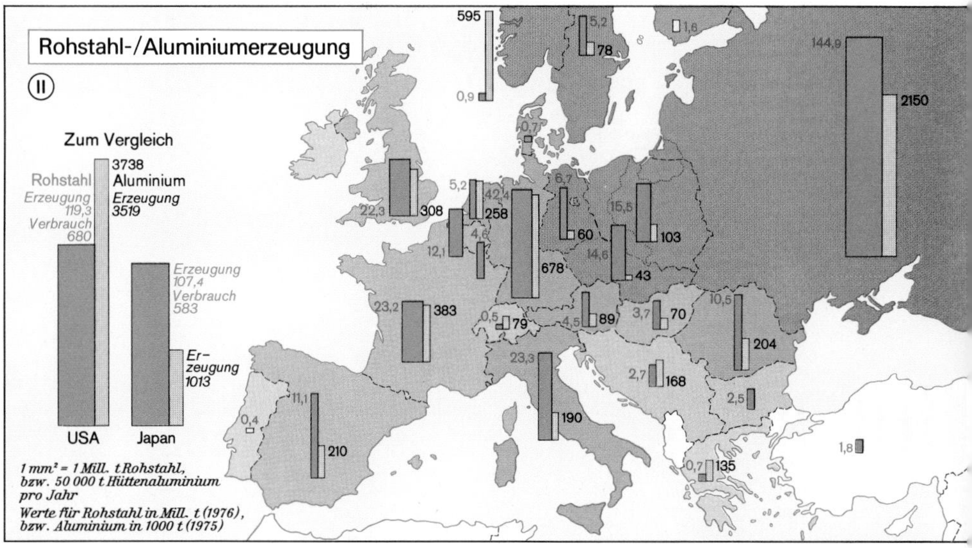

1 mm² = 1 Mill. t Rohstahl, bzw. 50 000 t Hüttenaluminium pro Jahr

Werte für Rohstahl in Mill. t (1976), bzw. Aluminium in 1000 t (1975)

Maßstab 1 : 40 000 000

Rohstahlverbrauch (1975) pro Kopf der Bevölkerung (in kg)

unter 100	100 - 200	200 - 300	300 - 400	400 - 500	über 500 kg

Europäische Ballungsräume

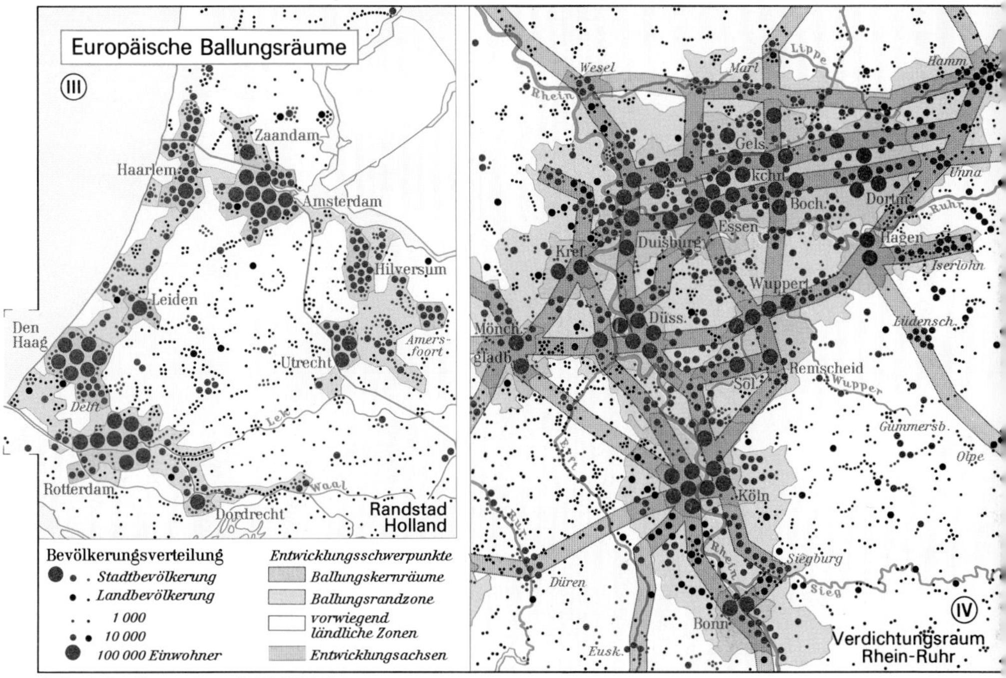

Bevölkerungsverteilung
- *Stadtbevölkerung*
- *Landbevölkerung*
- *1 000*
- *10 000*
- *100 000 Einwohner*

Entwicklungsschwerpunkte
- *Ballungskernräume*
- *Ballungsrandzone*
- *vorwiegend ländliche Zonen*
- *Entwicklungsachsen*

Maßstab der Karten III und IV 1 : 1 500 000

0 10 20 30 40 50 km

Gastarbeiter in Westeuropa

Herkunfts- und Zielländer

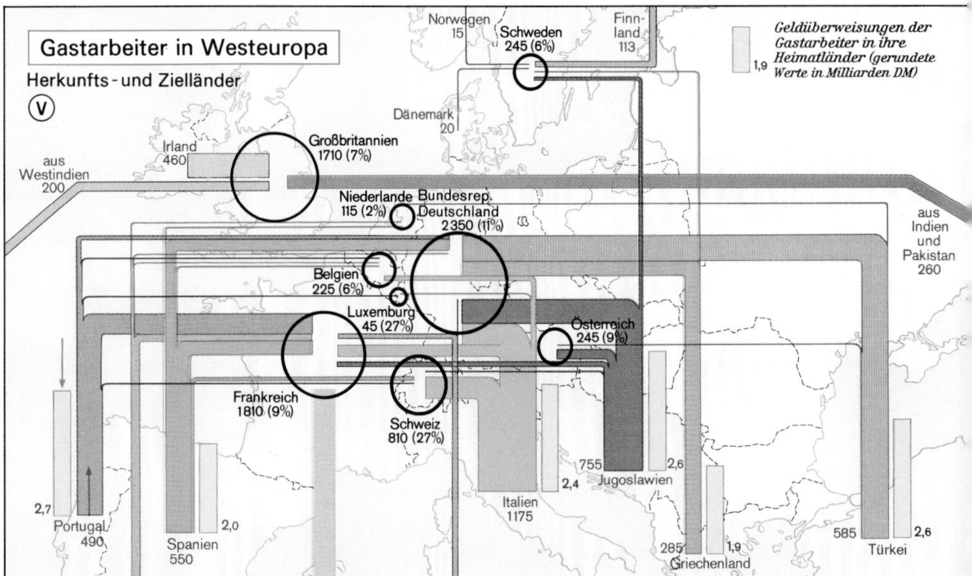

Maßstab 1 : 30 000 000

2350 *Gastarbeiter in Tausend (Herkunftsländer in Grau, Zielländer in Schwarz)*

(11%) *Anteil der Gastarbeiter an der Gesamterwerbsbevölkerung des jeweiligen Ziellandes*

Kreisgrößen entsprechend der Anzahl der Gastarbeiter in den Zielländern

1 mm Bandbreite ≙ 150 000 Gastarbeiter

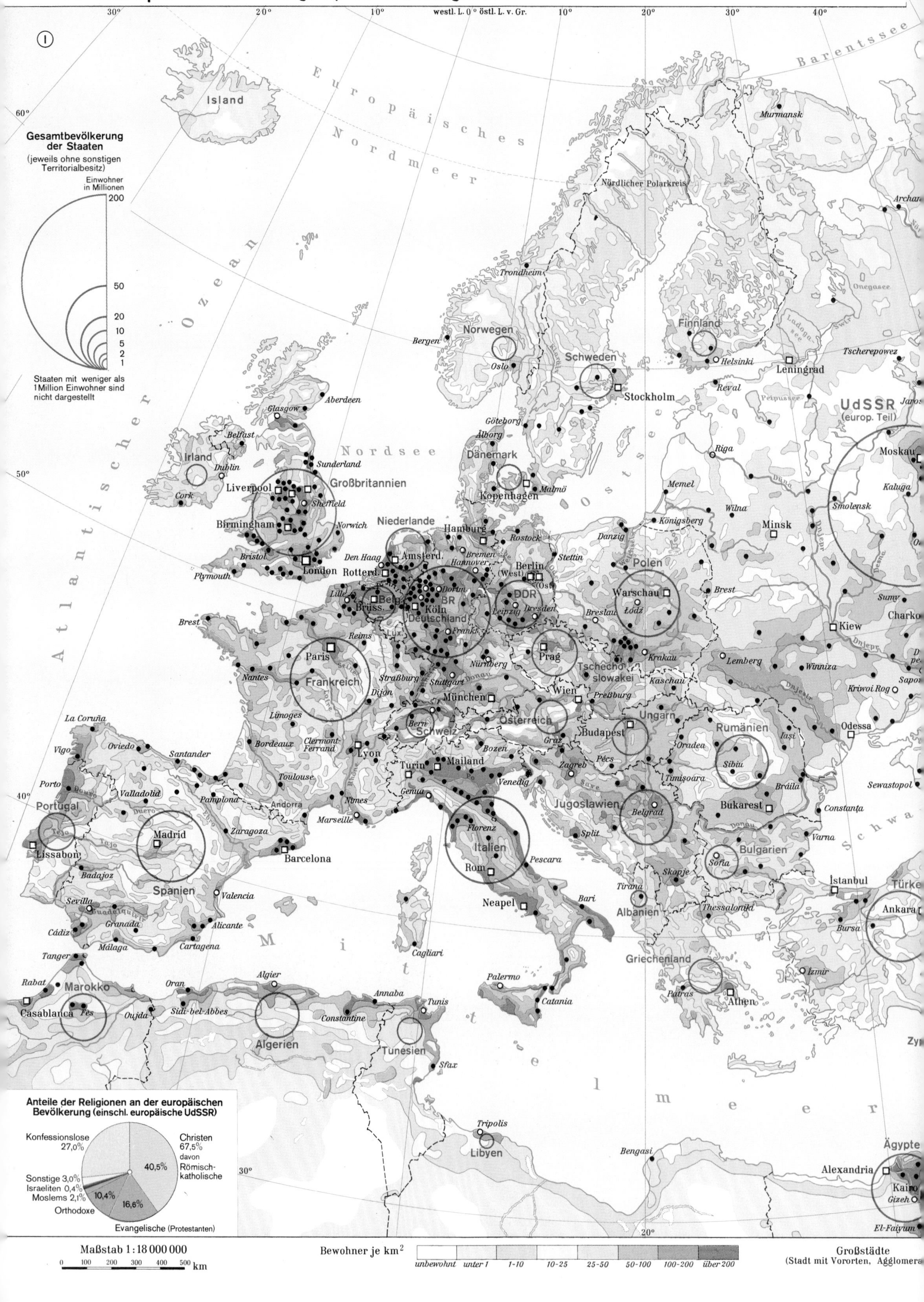

Gesamtbevölkerung
der Staaten
(jeweils ohne sonstigen
Territorialbesitz)

Einwohner
in Millionen
200
50
20
10
5
2
1

Staaten mit weniger als
1 Million Einwohner sind
nicht dargestellt

Anteile der Religionen an der europäischen
Bevölkerung (einschl. europäische UdSSR)

Konfessionslose
27,0%

Christen
67,5%
davon
Römisch-
katholische
40,5%

Sonstige 3,0%
Israeliten 0,4%
Moslems 2,1%

Orthodoxe
10,4%

Evangelische (Protestanten)
16,6%

Maßstab 1:18 000 000
0   100   200   300   400   500 km

Bewohner je km²
unbewohnt   unter 1   1–10   10–25   25–50   50–100   100–200   über 200

Großstädte
(Stadt mit Vororten, Agglomera

Sprachen Ⅱ

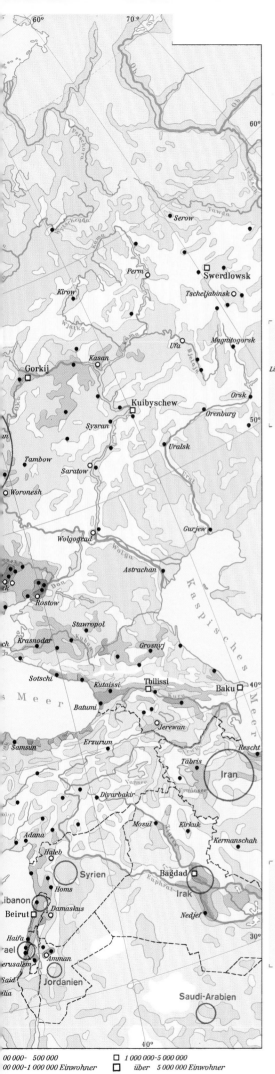

INDOGERMANISCHE SPRACHEN
- 1 Germanische Sprachen
- 2 Romanische Sprachen
- 3 Keltische Sprachen
- 4 Griechisch
- 5 Baltische Sprachen
- 6 Albanisch
- 7 Iranische Sprachen

Slawische Sprachen
- 8 Westslawische Sprachen
- 9 Ostslawische Sprachen
- 10 Südslawische Sprachen

11 BASKISCH

12 NORDKAUKASISCHE SPRACHEN

URALISCHE SPRACHEN
- 13 Finnische Sprachen
- 14 Ugrische Sprachen

15 TURKSPRACHEN

HAMITO-SEMITISCHE SPRACHEN
- 16 Berbersprachen
- 17 Semitische Sprachen

Religionen Ⅲ

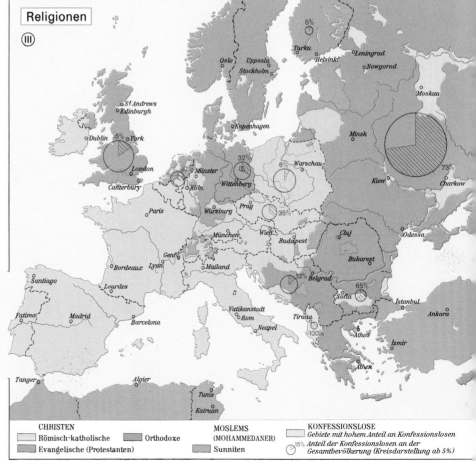

CHRISTEN
Römisch-katholische
Evangelische (Protestanten)
Orthodoxe

MOSLEMS (MOHAMMEDANER)
Sunniten

KONFESSIONSLOSE
Gebiete mit hohem Anteil an Konfessionslosen
Anteil der Konfessionslosen an der Gesamtbevölkerung (Kreisdarstellung ab 5%)

Maßstab der Karten II und III
1 : 30 000 000

00 000- 500 000
00 000-1 000 000 Einwohner
1 000 000-5 000 000
über 5 000 000 Einwohner

Primärsektor
(Land- und Forstwirtschaft, Fischerei)
Ia

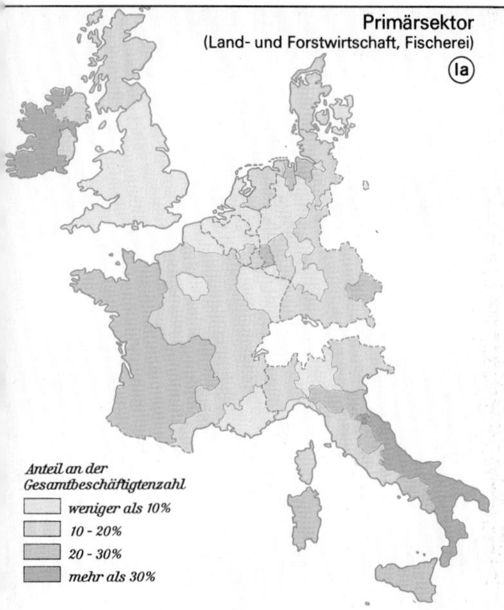

Anteil an der
Gesamtbeschäftigtenzahl
weniger als 10%
10 - 20%
20 - 30%
mehr als 30%

Sekundärsektor
(Bergbau, Energie, Industrie)
Ib

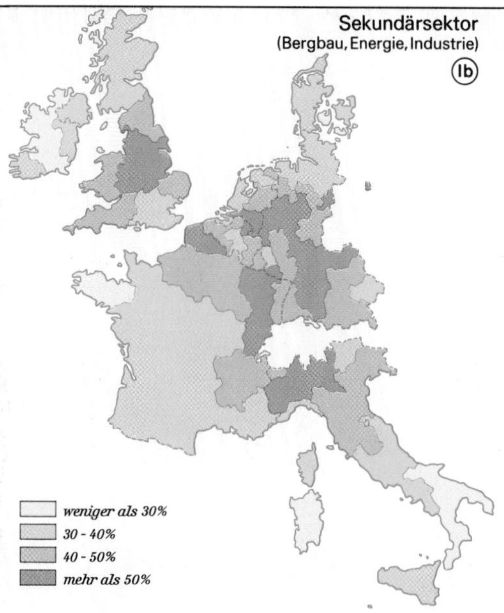

weniger als 30%
30 - 40%
40 - 50%
mehr als 50%

Tertiärsektor
(Handel, Verkehr, Dienstleistungen)
Ic

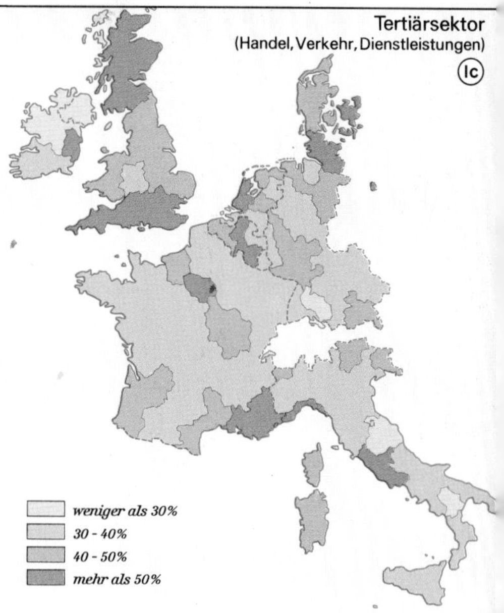

weniger als 30%
30 - 40%
40 - 50%
mehr als 50%

Bruttoregionalprodukt pro Einwohner
(EG – Durchschnitt = 100)
II

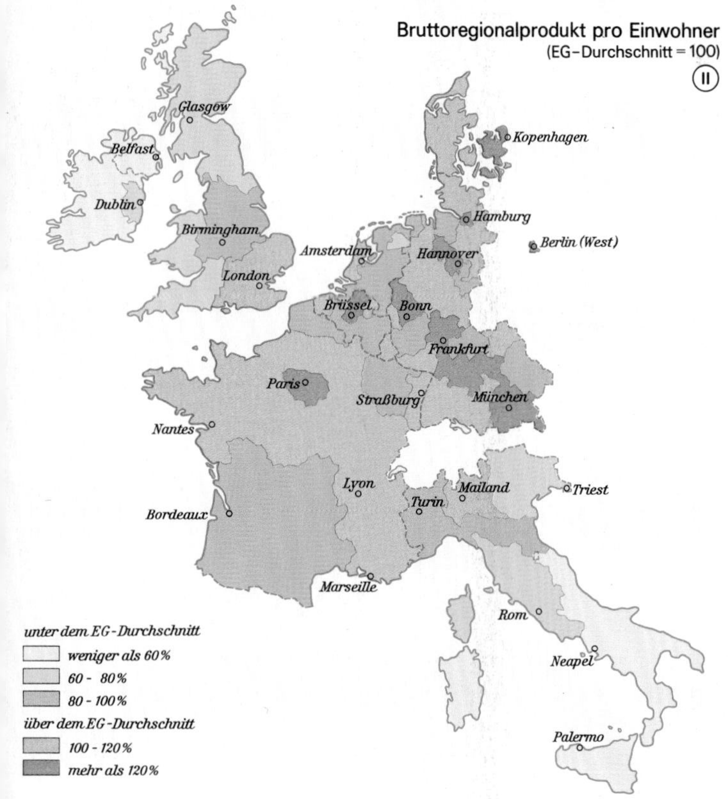

Glasgow
Belfast
Dublin
Birmingham
London
Amsterdam
Brüssel
Bonn
Paris
Nantes
Bordeaux
Straßburg
Lyon
Marseille
Kopenhagen
Hamburg
Berlin (West)
Hannover
Frankfurt
München
Mailand
Turin
Triest
Rom
Neapel
Palermo

unter dem EG-Durchschnitt
weniger als 60%
60 - 80%
80 - 100%
über dem EG-Durchschnitt
100 - 120%
mehr als 120%

Wirtschaftskraft der EG–Staaten
Strukturschwache Gebiete
III

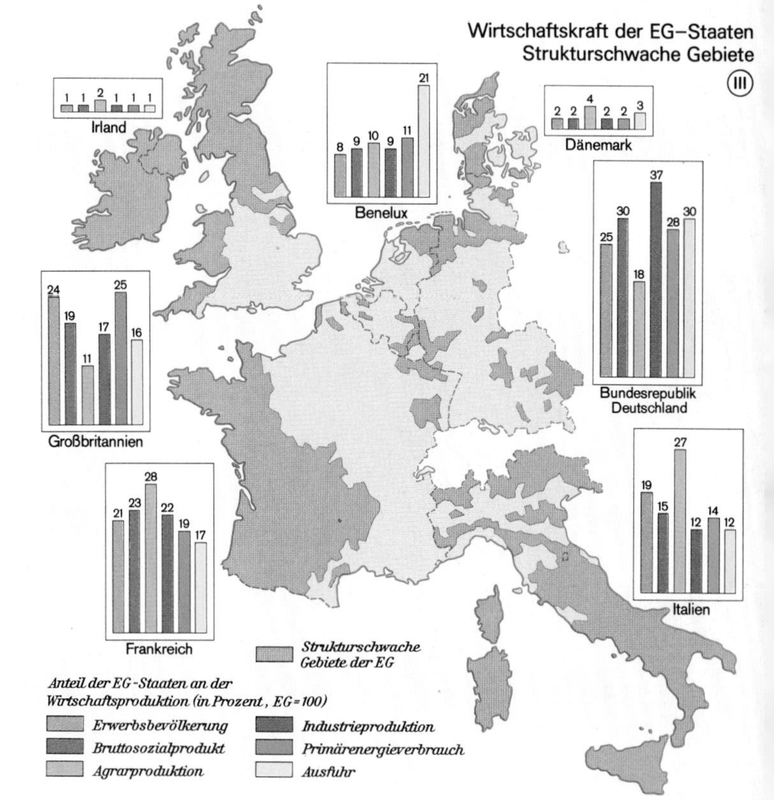

Irland: 1 1 2 1 1 1
Dänemark: 2 2 4 2 2 3
Benelux: 8 9 9 10 9 11 21
Großbritannien: 24 19 11 17 25 16
Bundesrepublik Deutschland: 25 30 18 37 28 30
Frankreich: 21 23 28 22 19 17
Italien: 19 15 27 12 14 12

Strukturschwache
Gebiete der EG

Anteil der EG-Staaten an der
Wirtschaftsproduktion (in Prozent, EG=100)
Erwerbsbevölkerung
Bruttosozialprodukt
Agrarproduktion
Industrieproduktion
Primärenergieverbrauch
Ausfuhr

Regionale Bevölkerungszunahme
(Durchschnitt der Jahre 1960 - 70)
IV

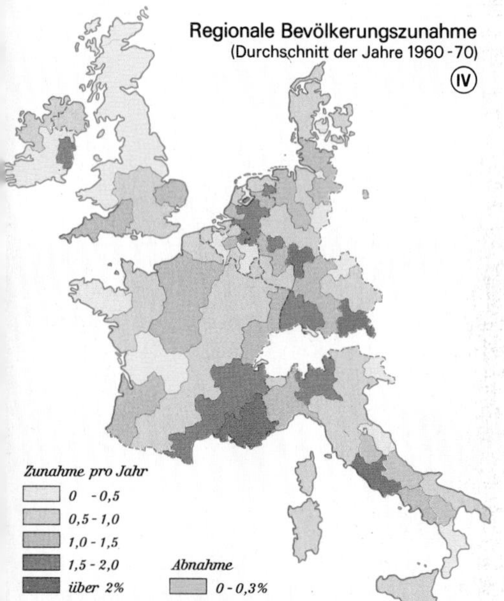

Zunahme pro Jahr
0 - 0,5
0,5 - 1,0
1,0 - 1,5
1,5 - 2,0
über 2%
Abnahme
0 - 0,3%

Arbeitslosigkeit
(Durchschnitt der Jahre 1960 - 70)
V

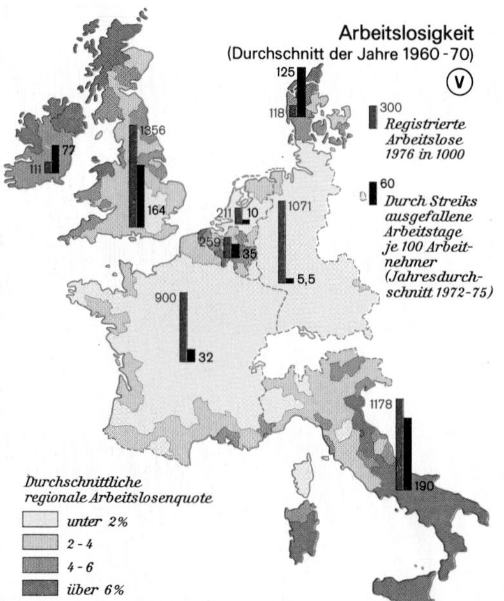

125
118
111 77
1856
164
211 10
259 35
1071
5,5
900
32
1178
190

300
Registrierte
Arbeitslose
1976 in 1000
60
Durch Streiks
ausgefallene
Arbeitstage
je 100 Arbeit-
nehmer
(Jahresdurch-
schnitt 1972-75)

Durchschnittliche
regionale Arbeitslosenquote
unter 2%
2 - 4
4 - 6
über 6%

Regionale Abwanderung
(ohne Gastarbeiter)
VI

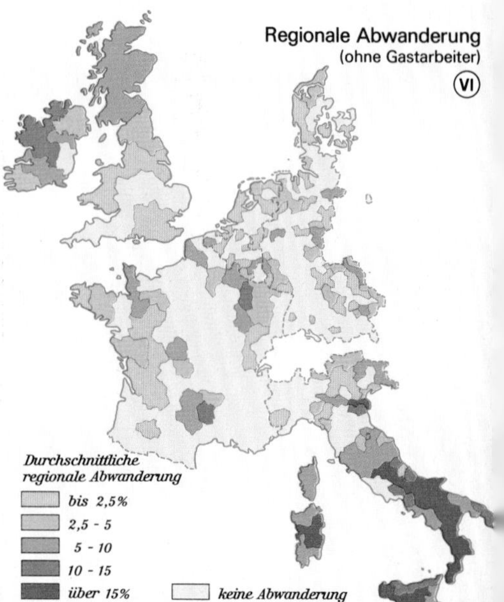

Durchschnittliche
regionale Abwanderung
bis 2,5%
2,5 - 5
5 - 10
10 - 15
über 15%
keine Abwanderung

Maßstab der Karten I und IV-VI
1 : 32 000 000

Werte für 1973   Vergleiche dazu 190 / 191

Maßstab der Karten II und III
1 : 24 000 000

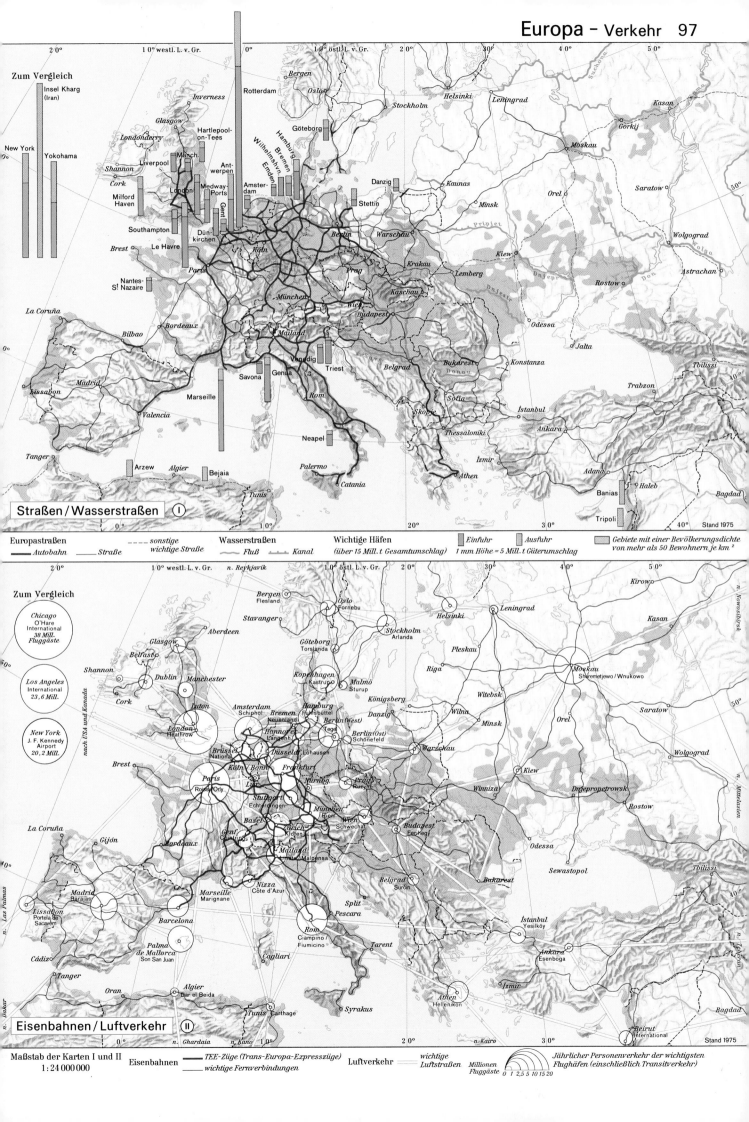

Zum Vergleich

Insel Kharg (Iran)

New York   Yokohama

Straßen / Wasserstraßen ①

Stand 1975

Europastraßen
— Autobahn   — Straße   ---- sonstige wichtige Straße
Wasserstraßen ～ Fluß ╪╪ Kanal
Wichtige Häfen (über 15 Mill. t Gesamtumschlag) 1 mm Höhe = 5 Mill. t Güterumschlag
■ Einfuhr ■ Ausfuhr
Gebiete mit einer Bevölkerungsdichte von mehr als 50 Bewohnern je km²

Zum Vergleich

Chicago O'Hare International 38 Mill. Fluggäste

Los Angeles International 23,6 Mill.

New York J. F. Kennedy Airport 20,2 Mill.

Eisenbahnen / Luftverkehr ②

Stand 1975

Maßstab der Karten I und II 1 : 24 000 000
Eisenbahnen — TEE-Züge (Trans-Europa-Expresszüge) — wichtige Fernverbindungen
Luftverkehr — wichtige Luftstraßen Millionen Fluggäste Jährlicher Personenverkehr der wichtigsten Flughäfen (einschließlich Transitverkehr) 0 1 2,5 5 10 15 20

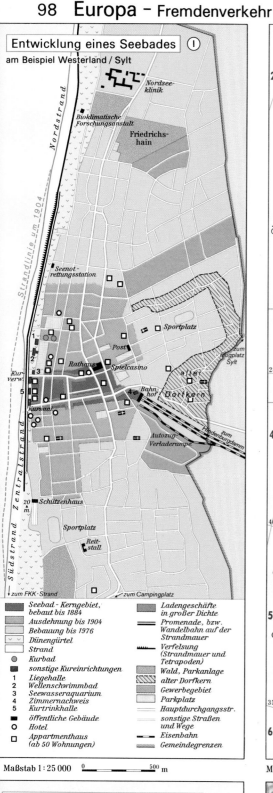

Entwicklung eines Seebades ①
am Beispiel Westerland / Sylt

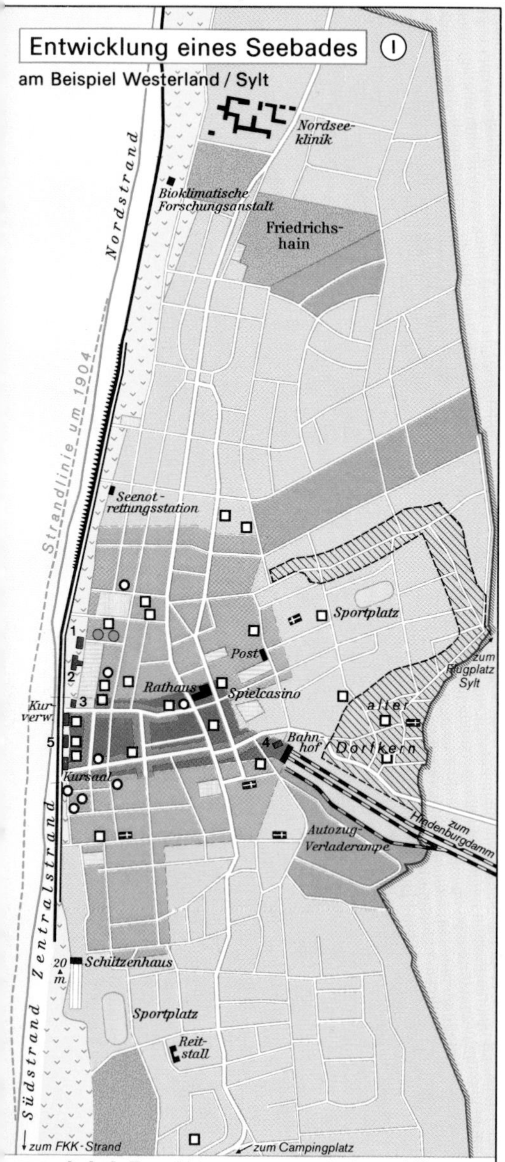

Nordstrand
Nordsee-klinik
Bioklimatische Forschungsanstalt
Friedrichshain
Strandlinie um 1904
Seenot-rettungsstation
Sportplatz
Post
Rathaus
Spielcasino
Kurhaus
Kur-verw.
Kursaal
Bahn-hof
Dorfkern
alter
zum Flugplatz Sylt
Schützenhaus
Autozug-Verladerampe
zum Hindenburgdamm
Sportplatz
Reit-stall
Südstrand
Zentralstrand
zum FKK-Strand
zum Campingplatz

Legende:
- Seebad – Kerngebiet, bebaut bis 1884
- Ausdehnung bis 1904
- Bebauung bis 1976
- Dünengürtel
- Strand
- Kurbad
- sonstige Kureinrichtungen
  1. Liegehalle
  2. Wellenschwimmbad
  3. Seewasseraquarium
  4. Zimmernachweis
  5. Kurtrinkhalle
- öffentliche Gebäude
- Hotel
- Appartmenthaus (ab 50 Wohnungen)
- Ladengeschäfte in großer Dichte
- Promenade, bzw. Wandelbahn auf der Strandmauer
- Verfelsung (Strandmauer und Tetrapoden)
- Wald, Parkanlage
- alter Dorfkern
- Gewerbegebiet
- Parkplatz
- Hauptdurchgangsstr.
- sonstige Straßen und Wege
- Eisenbahn
- Gemeindegrenzen

Maßstab 1 : 25 000   0 — 500 m

Fremdenverkehr (②)

- Seebad
- Badeort an Binnenseen
- Erholungsort mit starker oder vorwiegender Wintersaison, Wintersportzentrum
- Erholungsort mit starker oder vorwiegender Sommersaison
- Kurort, Heilbad
- Ort mit vorwiegendem Besichtigungs-fremdenverkehr, Messestadt
- christlicher oder mohammedanischer Wallfahrtsort

Größenstufen
- Orte mit etwa 1 Mill. Übernachtungen pro Jahr, bzw. 10 000 Fremdenbetten und darüber
- andere wichtige Fremdenverkehrsorte
- Millionenstadt

Kanarische Inseln
La Palma, Teneriffa, Puerta de la Cruz, Sta Cruz, Lanzarote, Las Palmas, Gomera, Fuerteventura, Hierro, Gran Canaria

Map labels: Nordsee, Irland, Achill, Aran-Inseln, Belfast, Man, Lake District, Scarborough, Groß-britannien, Dublin, Morecambe, York, Limerick/Shannon Airport, Blackpool, Liverpool, Kerry, Snowdonia, Birmingham, Rosslare, Stratford, Oxford, Cambridge, Scheveningen/Den Haag, Amsterdam, Niederlande, Westfries. In., Ostfriesl., Helgoland, Cornwall Coast, Dartmoor, Thames Valley, London, Margate, Knokke, Ostende, Rotterdam, Düssel., Cornische Riviera, Paignton, Bourne-mouth, Wight, Brighton, Eastbourne, Brügge, Antwerpen, Belgien, Brüssel, Köln, Scilly-Inseln, Le Havre, Le Touquet-Paris-Plage, Ardennen, Eifel, Lux., Kanal-Inseln, Perros-Guirec, Lisieux, Bagnoles de l'Orne, Paris, Verdun, Nancy, Straßb., Beg Meil, Dinard/St. Malo, Vittel, Vogesen, Schw., La Baule, Vallée de la Loire, Vézelay, Frankreich, Les Sables-d'Olonne, Paray-le-Monial, Royan, Vichy, Guyon, Lyon, Bordeaux, Mont Dore, Auvergne, Kantabrische Küste, Côte d'Argent, Biarritz, Dax, Lourdes, Toulouse, Carcassonne, Avignon, Aix, Marseille, Côte d'Azur Riv., Santiago de Compostela, Las Rias, Burgos, Pyrenäen, Andorra, Grande Motte, Agde, Leucate, Côte Vermeille, Côte Brava, Ligurische, Porto, Valladolid, Ebro, Zaragoza, Montserrat, Barcelona, Costa Dorada, Ajaccio, Portugal, Serra da Estrela, Sa de Guadarrama, Madrid, Tajo, Costa del Azahar, Mallorca, Menorca, Palma, Alghero, Fatima, Cascais/Estoril, Lissabon, Spanien, Sta Ponsa, Magaluf, El Arenal, Cala Ratjada, Cala Millor/Manacor, Ibiza, S. Antonio Abad, Sta Eulalia, Formentera, Balearen, Algarve, Córdoba, Benidorm, C. Blanca, Sevilla, Granada, Sa Nevada, Costa de la Luz, Torremolinos, Costa del Sol, Tanger, Melilla, Bejaia, Blida, Algier, Constantine, Annaba, Marokko, Rabat, Oran, Tlemcen, Algerien

Maßstab 1 : 12 000 000   0 — 100 — 200 — 300 km   1 cm auf der Karte ≙ 120 km in der Natur

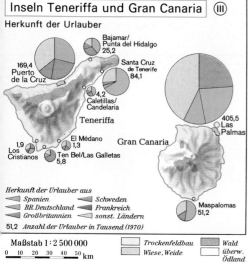

Inseln Teneriffa und Gran Canaria ③
Herkunft der Urlauber

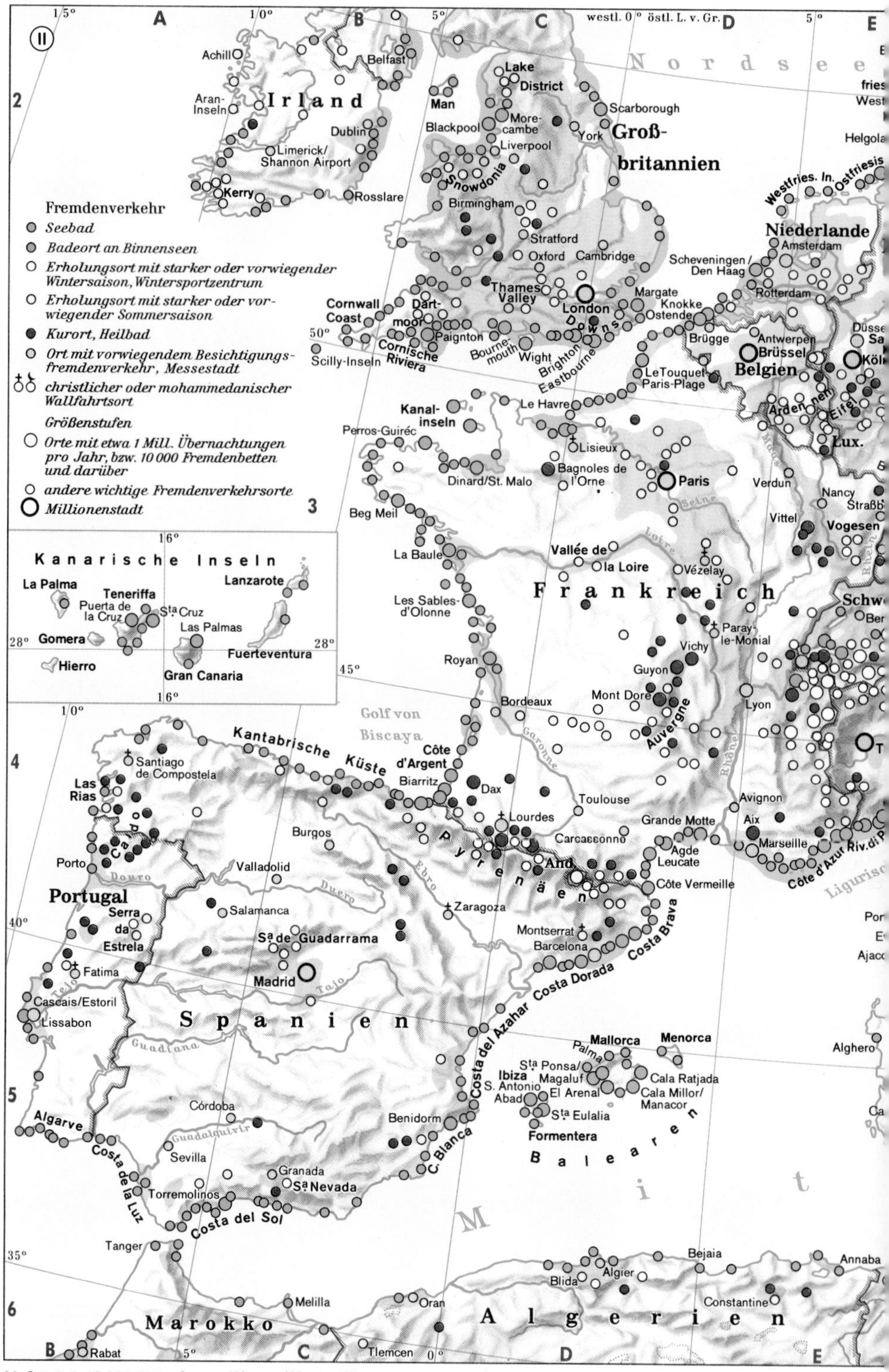

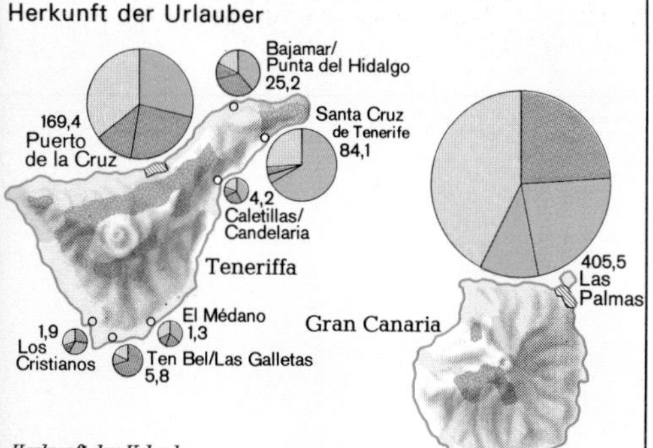

Bajamar/Punta del Hidalgo 25,2
169,4 Puerto de la Cruz
Santa Cruz de Tenerife 84,1
4,2 Caletillas/Candelaria
Teneriffa
405,5 Las Palmas
El Médano 1,3
Los Cristianos 1,9
Ten Bel/Las Galletas 5,8
Gran Canaria
Maspalomas 51,2

Herkunft der Urlauber aus:
- Spanien
- BR Deutschland
- Großbritannien
- Schweden
- Frankreich
- sonst. Ländern

51,2 Anzahl der Urlauber in Tausend (1970)

Maßstab 1 : 2 500 000   0 10 20 30 40 50 km
- Trockenfeldbau
- Wiese, Weide
- Wald
- überw. Ödland

Montblancgebiet / Wintersport ④

Map labels: Aräches, Col de Balme 2191, Champex 1466, Orsières, pte Blanche 2437, Col de la Colombière 1618, pte Percée 2752, Col d'Anterne 2264, Le Buet 3094, Vallorcine, Montroc 1265, Aiguille du Tour 3544, Praz de Fort, Bourg St Pierre, Frankreich, Grd Bornand, St Jean-de-Sixt, St Martin, Passy, 2526, Argentière, Aigle d'Argentière 3900, Aigle Verte 4122, M. Dolent 3823, La Clusaz 1040, Cordon, Combloux, Le Fayet, St Gervais 850, Chamonix 1035, Aigle de Talefre 3780, Grd Col Ferret 2537, Col de Aravis 1486, La Giettaz, Praz-s.-Arly, Les Houches, Aigle du Midi 3842, Megève 1113, Montblanc 4807, Grandes Jorasses 4208, Gr. St Bernhard 3237, Flumet-St Nicolas, Mt Joly 2525, Les Contamines 1164, Entrèves 1228, Courmayeur 1228, Gr. de Rochère 3326, St Rhémy, Tré la Tête 3892, Aigles des Glaciers, N.D. de la Gorge, Col du Joly 1989, Italien, Pré-St-Didier, Col de la Seigne 2513, Morgex, M. Fallère 3061

Maßstab 1 : 500 000   0 5 10 km
- Wald
- Wiese, Hochweide
- Gletscher, Felsregion
- Wintersportzentren
- Gesamtbettenzahl: 2 000–10 000 / über 10 000 / unter 2 000
- Seilbahn, Sessellift
- Schmalspurbahn
- Eisenbahn
- Autobahn, Straße
- Schutzhütte
- Paß

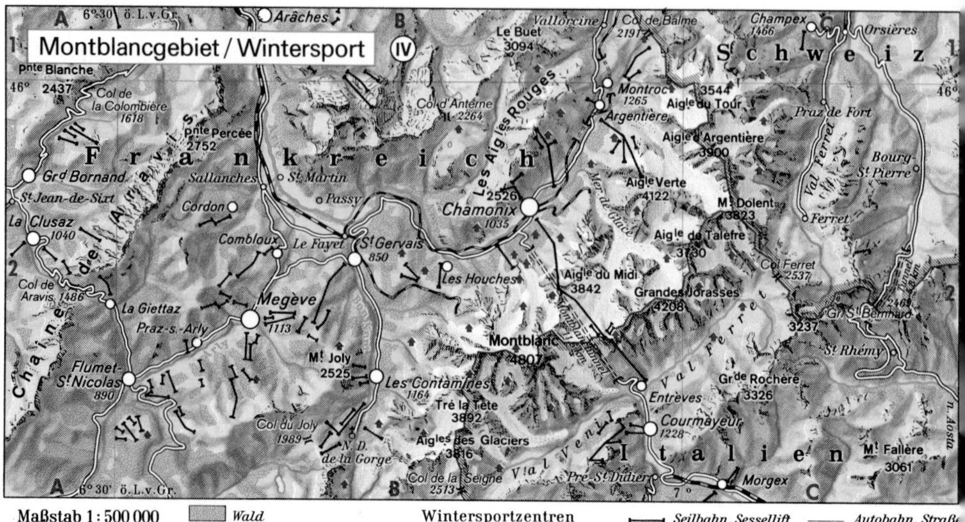

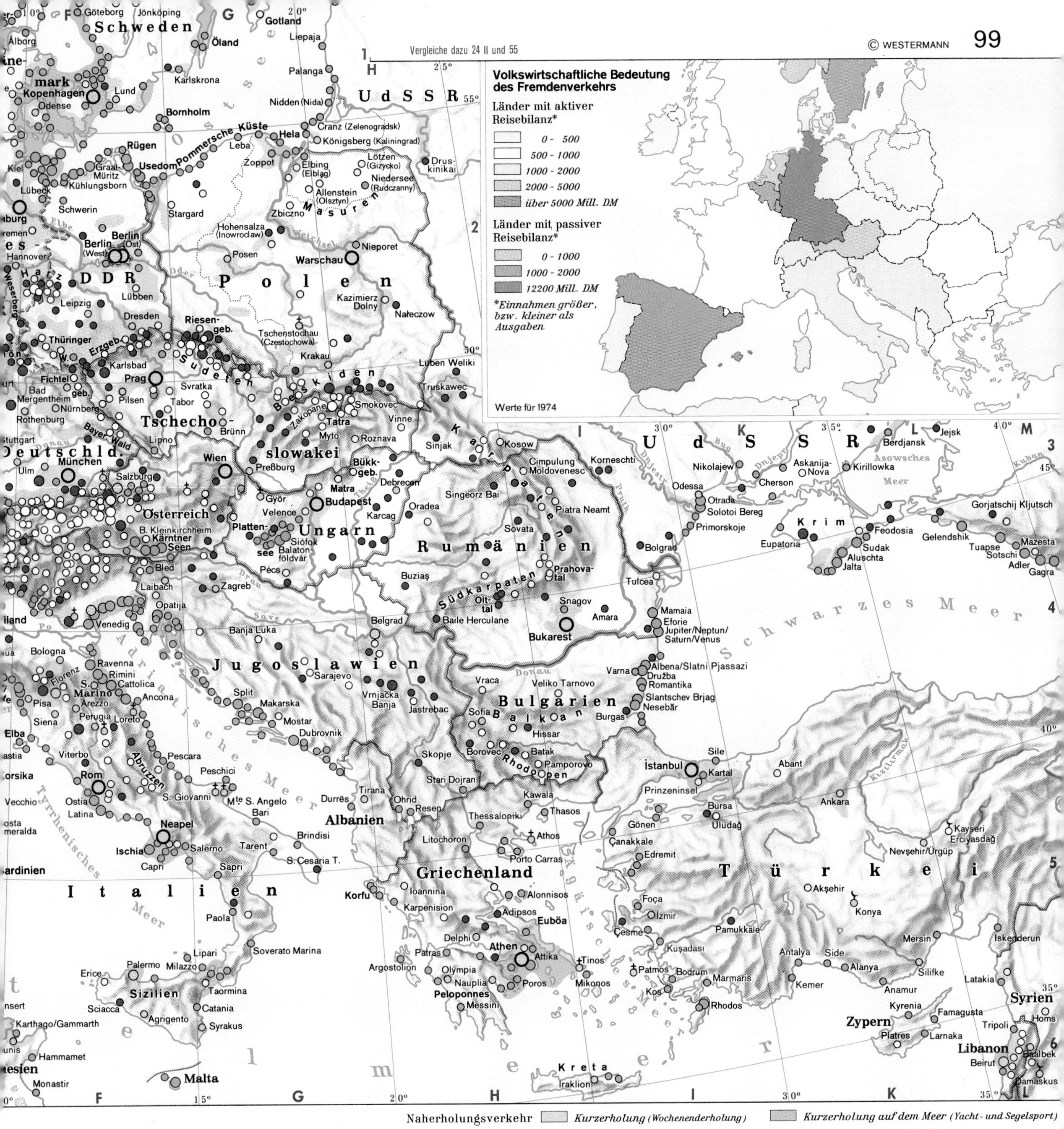
Schweden
Polen
DDR
Tschechoslowakei
Österreich
Ungarn
Rumänien
UdSSR
Schwarzes Meer
Jugoslawien
Bulgarien
Albanien
Griechenland
Türkei
Italien
Zypern
Syrien
Libanon
Kreta
Sizilien
Malta
Naherholungsverkehr
Kurzerholung (Wochenenderholung)
Kurzerholung auf dem Meer (Yacht- und Segelsport)
Volkswirtschaftliche Bedeutung des Fremdenverkehrs
Länder mit aktiver Reisebilanz*
0 - 500
500 - 1000
1000 - 2000
2000 - 5000
über 5000 Mill. DM
Länder mit passiver Reisebilanz*
0 - 1000
1000 - 2000
12200 Mill. DM
*Einnahmen größer, bzw. kleiner als Ausgaben
Werte für 1974

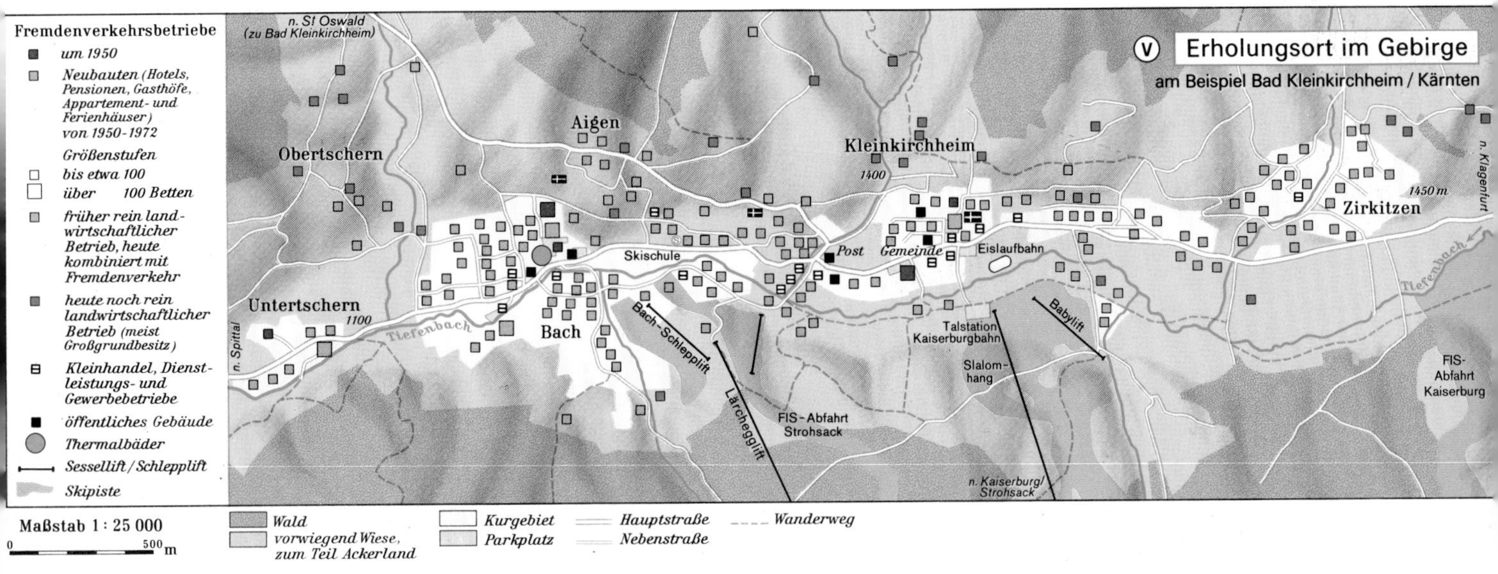
V Erholungsort im Gebirge
am Beispiel Bad Kleinkirchheim / Kärnten
Fremdenverkehrsbetriebe
um 1950
Neubauten (Hotels, Pensionen, Gasthöfe, Appartement- und Ferienhäuser) von 1950-1972
Größenstufen
bis etwa 100
über 100 Betten
früher rein landwirtschaftlicher Betrieb, heute kombiniert mit Fremdenverkehr
heute noch rein landwirtschaftlicher Betrieb (meist Großgrundbesitz)
Kleinhandel, Dienstleistungs- und Gewerbebetriebe
öffentliches Gebäude
Thermalbäder
Sessellift / Schlepplift
Skipiste
Maßstab 1 : 25 000
Wald
vorwiegend Wiese, zum Teil Ackerland
Kurgebiet
Parkplatz
Hauptstraße
Nebenstraße
Wanderweg
Obertschern
Aigen
Kleinkirchheim
Zirkitzen
Untertschern
Bach
Skischule
Post
Gemeinde
Eislaufbahn
Talstation Kaiserburgbahn
Slalomhang
Babylift
Bach-Schlepplift
Lärchegglift
FIS-Abfahrt Strohsack
FIS-Abfahrt Kaiserburg

Bodennutzung
- vorwiegend Ackerbau
- mittelmeerischer Anbau
- Oasenwirtschaft

Hauptanbauarten
- Weizen
- Reis
- Baumwolle
- Zuckerrüben
- Zuckerrohr
- Zitrusfrüchte
- Obst u. Gemüse
- Tabak
- Tee
- Wein
- Dattelpalmenkulturen
- Olivenkulturen

- Buschwald und hochstämmiger Wald
- vorwiegend Macchie
- Wiesen und Weiden
- Steppe, vorw. Viehwirtschaft
- Ödland (Fels, Sumpf, Moor)
- Halbwüste (Wüstensteppe) vorw. nomadische Viehwirtschaft
- Wüste
- davon Sandwüste (Erg)
- Steinwüste (Hamada)
- Kieswüste (Serir)
- Lavafelder
- Salzpfanne (Sebcha, Schotts)

Bodenschätze
- Erdöl
- Erdgas
- Steinkohle
- Braunkohle
- Eisen
- Kupfer
- Stahlveredler
- Blei, Zink
- Quecksilber
- Phosphate
- Bauxit
- Schwefel
- Magnesit
- Salz

Erdölförderung pro Jahr
- 30 - 50
- 10 - 30
- 2 - 10
- unter 2 Millionen t

- Erdölleitung
- Erdgasleitung
- geplante Erdgasleitung

Stärke der Leitungen entsprechend der Wichtigkeit
- Ölverladehafen

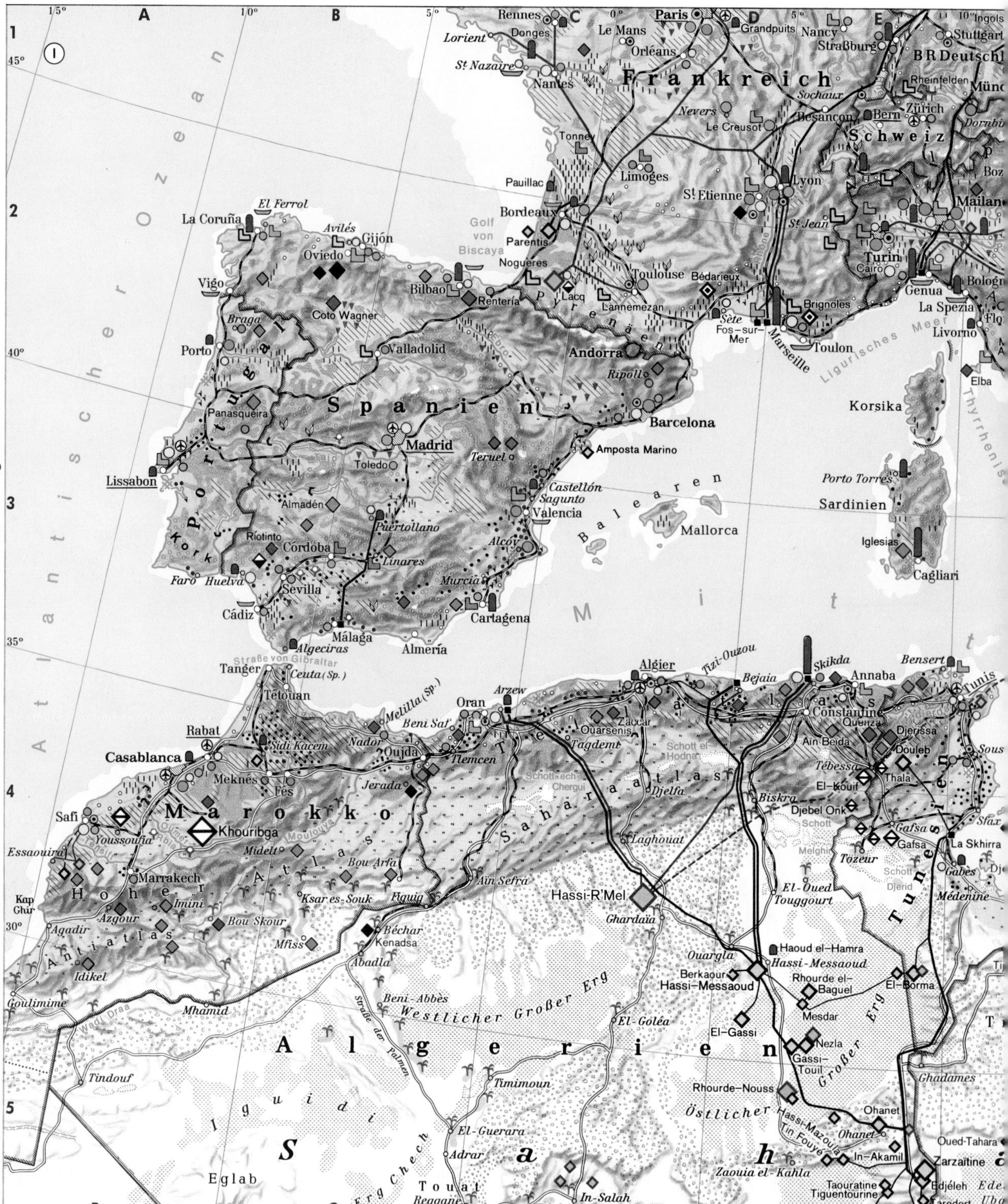

Maßstab 1 : 12 000 000

0 50 100 200 300 400 km

1 cm auf der Karte ≙ 120 km in der Natur

Wichtige Industrien
- Eisen- u. Stahlerzeugung
- Buntmetallverhüttung
- Aluminiumverhüttung
- Metallindustrie
- Fahrzeugbau
- chemische Industrie
- Schiffbau
- Textilindustrie

Erdölraffinerien (Größe nach Jahresdurchsatz)
- über 15
- 10 - 15
- 5 - 10
- unter 5 Millionen t

Orte
- über 1 000 000 Einwohner
- über 100 000 - 1 000 000 E.
- unter 100 000 Einwohner

Sonstige Signaturengrößen entsprechend der Höhe der Förderung bzw. der Wichtigkeit der Standorte

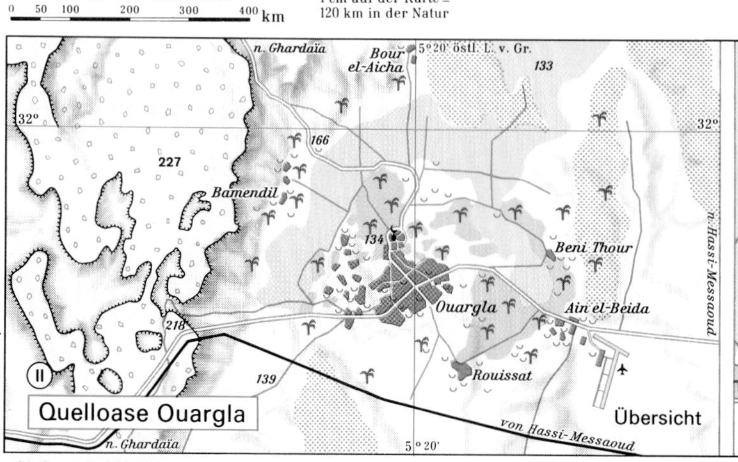

Maßstab 1 : 250 000

0 1 2 3 4 5 km

1 cm auf der Karte ≙ 2,5 km in der Natur

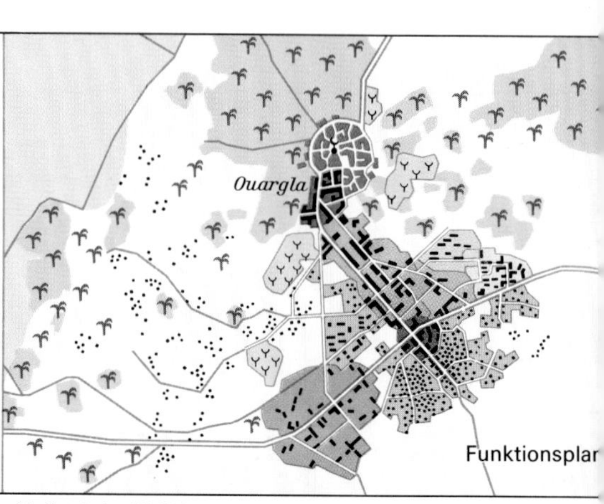

Maßstab 1 : 75 000

0 500 1000 1500 m

1 cm auf der Karte ≙ 750 m in der Natur

Sahara - Neuschaffung von Agrarland

Maßstab 1 : 300 000
1 cm auf der Karte ≙ 3 km in der Natur

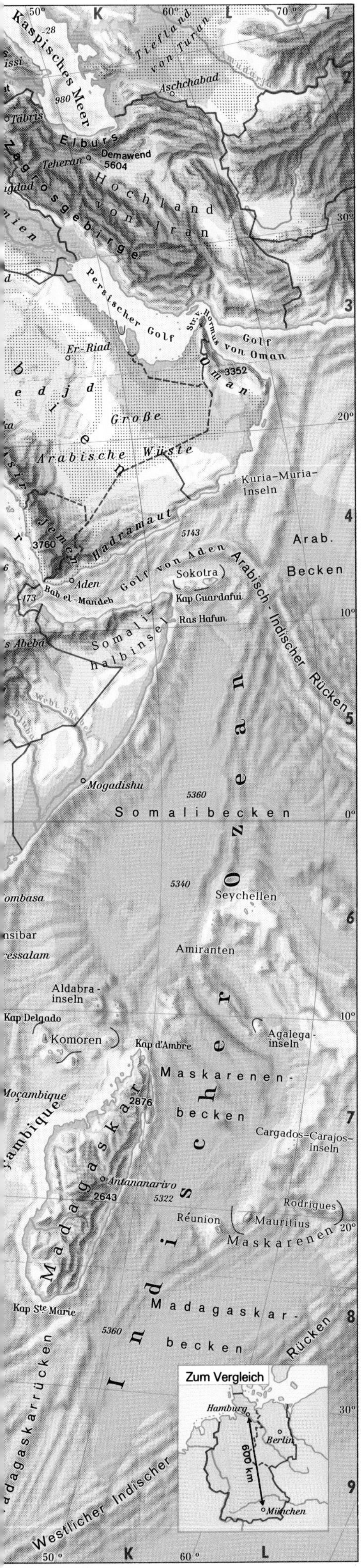

Left strip labels: Kaspisches Meer, Tiefland von Turan, Aschchabad, Elburs, Demawend 5604, Teheran, Hochland von Iran, Zagrosgebirge, Persischer Golf, Str. v. Hormus, Golf von Oman, Er-Riad, Große Arabische Wüste, Kuria-Muria-Inseln, Hadramaut, Arab. Becken, Aden, Sokotra, Bab el-Mandeb, Kap Guardafui, Ras Hafun, Somali-halbinsel, Mogadishu, Somalibecken, Seychellen, Amiranten, Aldabra-inseln, Kap Delgado, Komoren, Kap d'Ambre, Agalega-inseln, Maskarenen-becken, Cargados-Carajos-inseln, Madagaskar, Antananarivo, Rodrigues, Mauritius, Réunion, Maskarenen, Kap Ste Marie, Madagaskar-becken, Westlicher Indischer Rücken, Indischer Ozean, Zum Vergleich, Hamburg, Berlin, München, 600 km, Landhöhen.

103 © WESTERMANN

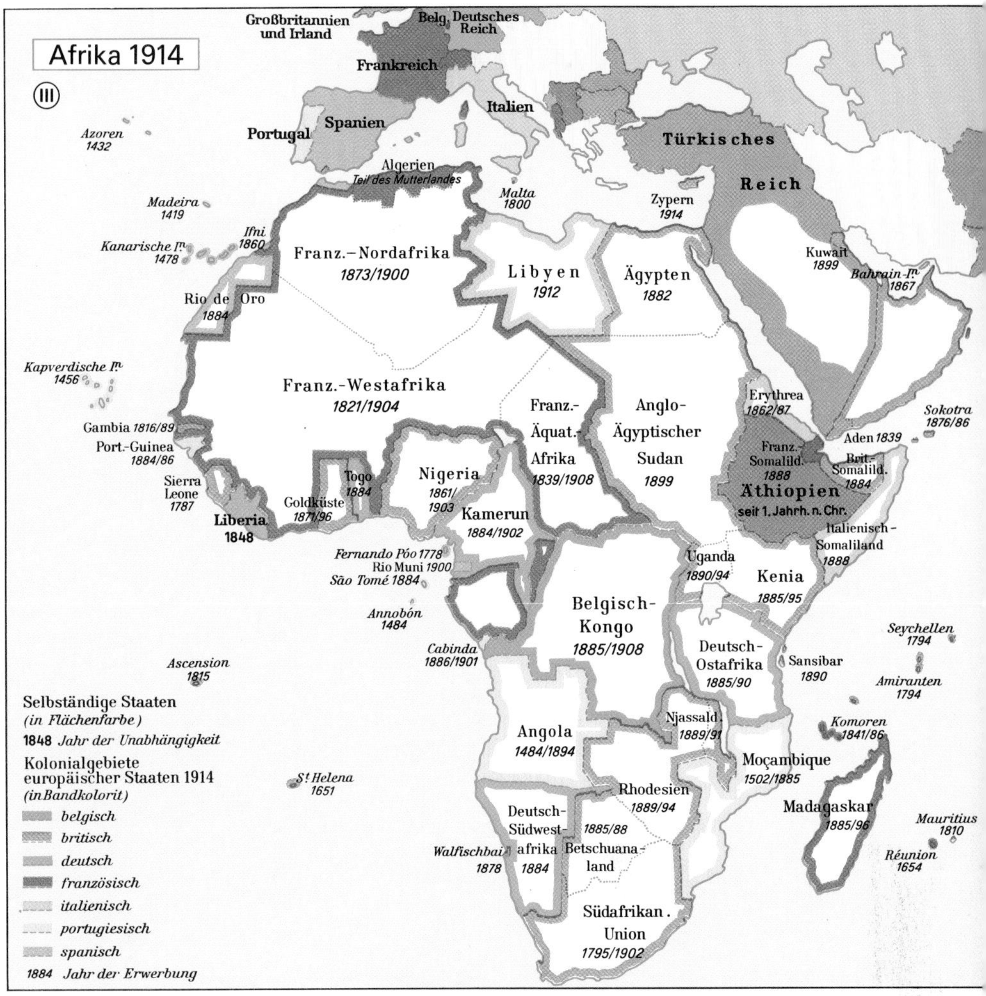

Afrika 1914 (III)

Großbritannien und Irland · Frankreich · Belg. Deutsches Reich · Italien · Portugal · Spanien · Türkisches Reich

Azoren 1432 · Madeira 1419 · Kanarische In. 1478 · Ifni 1860 · Algerien Teil des Mutterlandes · Malta 1800 · Zypern 1914 · Kuwait 1899 · Bahrain In. 1867

Franz.-Nordafrika 1873/1900 · Libyen 1912 · Ägypten 1882

Rio de Oro 1884 · Kapverdische In. 1456 · Franz.-Westafrika 1821/1904 · Gambia 1816/89 · Port.-Guinea 1884/86 · Sierra Leone 1787 · Liberia 1848 · Goldküste 1871/96 · Togo 1884 · Nigeria 1861/1903 · Kamerun 1884/1902 · Franz.-Äquat. Afrika 1839/1908 · Anglo-Ägyptischer Sudan 1899 · Erythrea 1862/87 · Franz.-Somalild. 1888 · Aden 1839 · Brit. Somalild. 1884 · Sokotra 1876/86 · Äthiopien seit 1. Jahrh. n. Chr. · Italienisch-Somaliland 1888

Fernando Póo 1778 · Rio Muni 1900 · São Tomé 1884 · Annobón 1484 · Belgisch-Kongo 1885/1908 · Uganda 1890/94 · Kenia 1885/95 · Seychellen 1794 · Amiranten 1794

Ascension 1815 · Cabinda 1886/1901 · Deutsch-Ostafrika 1885/90 · Sansibar 1890 · Komoren 1841/86 · St Helena 1651 · Angola 1484/1894 · Njassald. 1889/91 · Moçambique 1502/1885 · Madagaskar 1885/96 · Mauritius 1810 · Réunion 1654 · Rhodesien 1889/94 · Deutsch-Südwestafrika 1885/88 · Walfischbai 1878 · Betschuana-land 1884 · Südafrikan. Union 1795/1902

Selbständige Staaten (in Flächenfarbe)
1848 Jahr der Unabhängigkeit
Kolonialgebiete europäischer Staaten 1914 (in Bandkolorit)
- belgisch
- britisch
- deutsch
- französisch
- italienisch
- portugiesisch
- spanisch
1884 Jahr der Erwerbung

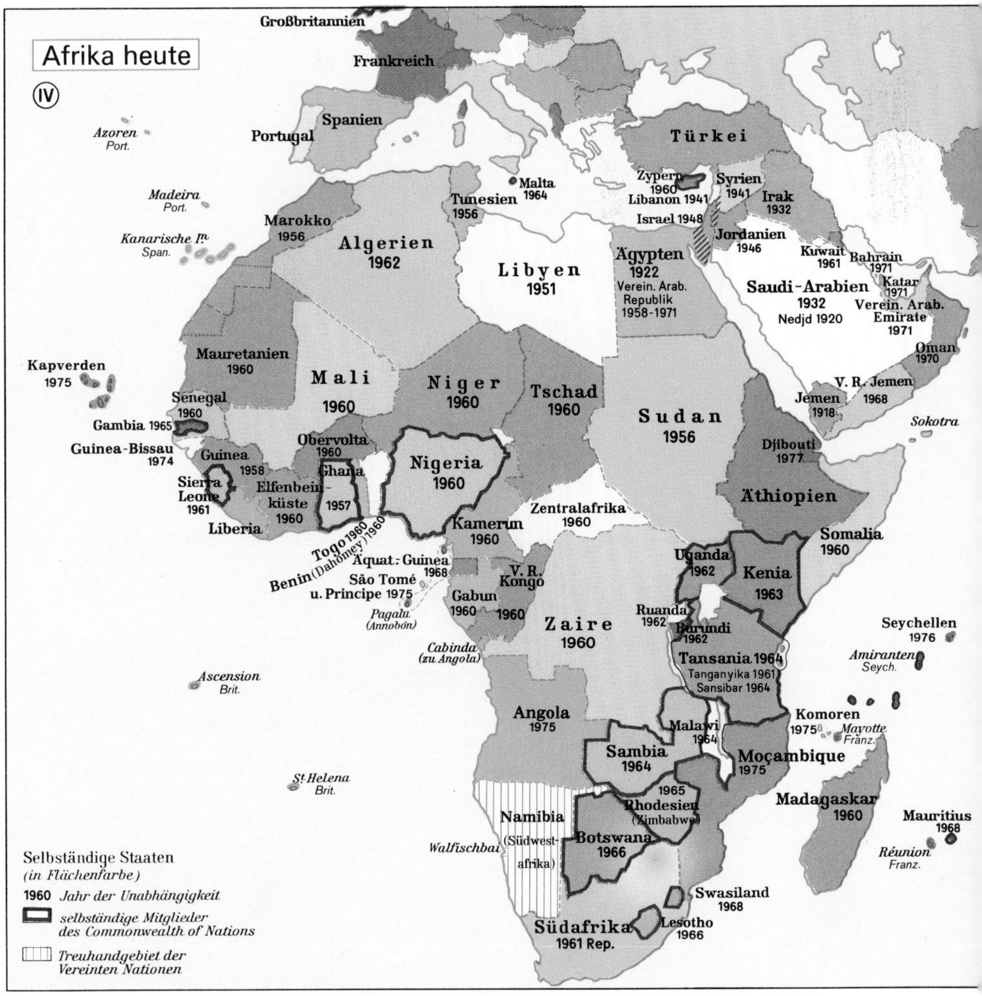

Afrika heute (IV)

Großbritannien · Frankreich · Portugal · Spanien · Türkei

Azoren Port. · Madeira Port. · Kanarische In. Span. · Marokko 1956 · Algerien 1962 · Tunesien 1956 · Malta 1964 · Zypern 1960 · Libanon 1941 · Syrien 1941 · Irak 1932 · Israel 1948 · Jordanien 1946 · Kuwait 1961 · Bahrain 1971 · Katar 1971

Kapverden 1975 · Mauretanien 1960 · Mali 1960 · Niger 1960 · Tschad 1960 · Libyen 1951 · Ägypten 1922 Verein. Arab. Republik 1958-1971 · Sudan 1956 · Saudi-Arabien 1932 Nedjd 1920 · Verein. Arab. Emirate 1971 · Oman 1970 · Djibouti 1977 · V. R. Jemen 1968 · Jemen 1918 · Sokotra

Senegal 1960 · Gambia 1965 · Guinea-Bissau 1974 · Guinea 1958 · Sierra Leone 1961 · Liberia · Obervolta 1960 · Ghana 1957 · Elfenbein-küste 1960 · Togo 1960 · Benin (Dahomey) 1960 · Nigeria 1960 · Kamerun 1960 · Äquat. Guinea 1968 · São Tomé u. Principe 1975 · Pagalu (Annobón) · Zentralafrika 1960 · V. R. Kongo 1960 · Gabun 1960 · Äthiopien · Somalia 1960 · Uganda 1962 · Kenia 1963 · Ruanda 1962 · Burundi 1962 · Tansania 1964 Tanganyika 1961 Sansibar 1964 · Seychellen 1976 · Amiranten Seych.

Ascension Brit. · Cabinda (zu Angola) · Zaire 1960 · Angola 1975 · Malawi 1964 · Sambia 1964 · Komoren 1975 · Mayotte Franz. · Moçambique 1975 · Madagaskar 1960 · Mauritius 1968 · Réunion Franz. · St Helena Brit. · Namibia (Südwestafrika) · Walfischbai · Rhodesien (Zimbabwe) 1965 · Botswana 1966 · Swasiland 1968 · Lesotho 1966 · Südafrika 1961 Rep.

Selbständige Staaten (in Flächenfarbe)
1960 Jahr der Unabhängigkeit
- selbständige Mitglieder des Commonwealth of Nations
- Treuhandgebiet der Vereinten Nationen

Maßstab der Karten III und IV 1 : 72 000 000

Kaspisches Meer · Tiefland von Turan · Aschchabad · 980 m · Elburs · Demawend 5604 · Teheran · Hochland von Iran · Zagrosgebirge · Persischer Golf · Str. v. Hormus · Golf von Oman · 3352 · Er-Riad · Große Arabische Wüste · Kuria-Muria-Inseln · Hadramaut · 5143 · Arab. Becken · 3760 · Aden · Sokotra · 173 · Bab el-Mandeb · Kap Guardafui · Ras Hafun · Somali-halbinsel · Abeba · Webi · Mogadishu · 5360 · Somalibecken · 5340 · Seychellen · Amiranten · Aldabra-inseln · Kap Delgado · Komoren · Kap d'Ambre · Agalega-inseln · Maskarenen-becken · 2876 · Cargados-Carajos-inseln · Madagaskar · Antananarivo 2643 · 5322 · Rodrigues · Mauritius · Réunion · Maskarenen · Kap Ste Marie · 5360 · Madagaskar-becken · Westlicher Indischer Rücken · Indischer Ozean

Zum Vergleich · Hamburg · Berlin · München · 600 km

Landhöhen: 0 m | 100-200 | 200-500 | 500-1000 | 1000-1500 | üb.1500 m

Weitere Erläuterungen siehe Seite 82/83

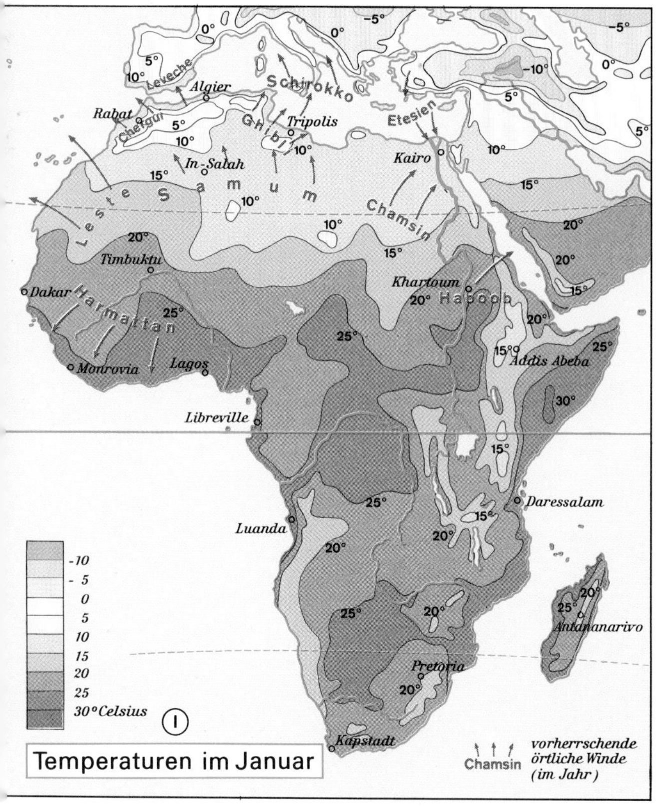

Temperaturen im Januar

-10			
- 5			
0			
5			
10			
15			
20			
25			
30° Celsius			(I)

vorherrschende örtliche Winde (im Jahr)

°C 50	18,3	25,1	29,0	26,3	50°C
40	Mediterranraum	Wüste	Savanne	Regenwald	40
30	762	15	285	2510	30
20					20
10					10
0					0

mm 400 / 350 / 300 / 250 / 200 / 150 / 100 / 50

Algier (Algerien) 59 m ü. M. — In-Salah (Algerien) 280 m ü. M. — Timbuktu (Mali) 250 m ü. M. — Libreville (Gabun) 35 m ü. M.

Alle Werte im langjährigen Mittel

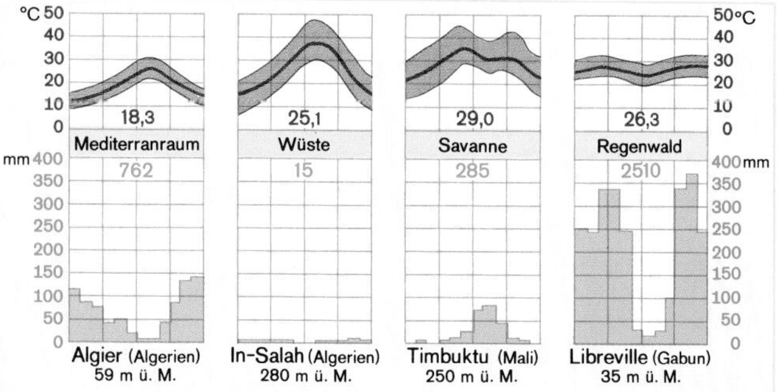

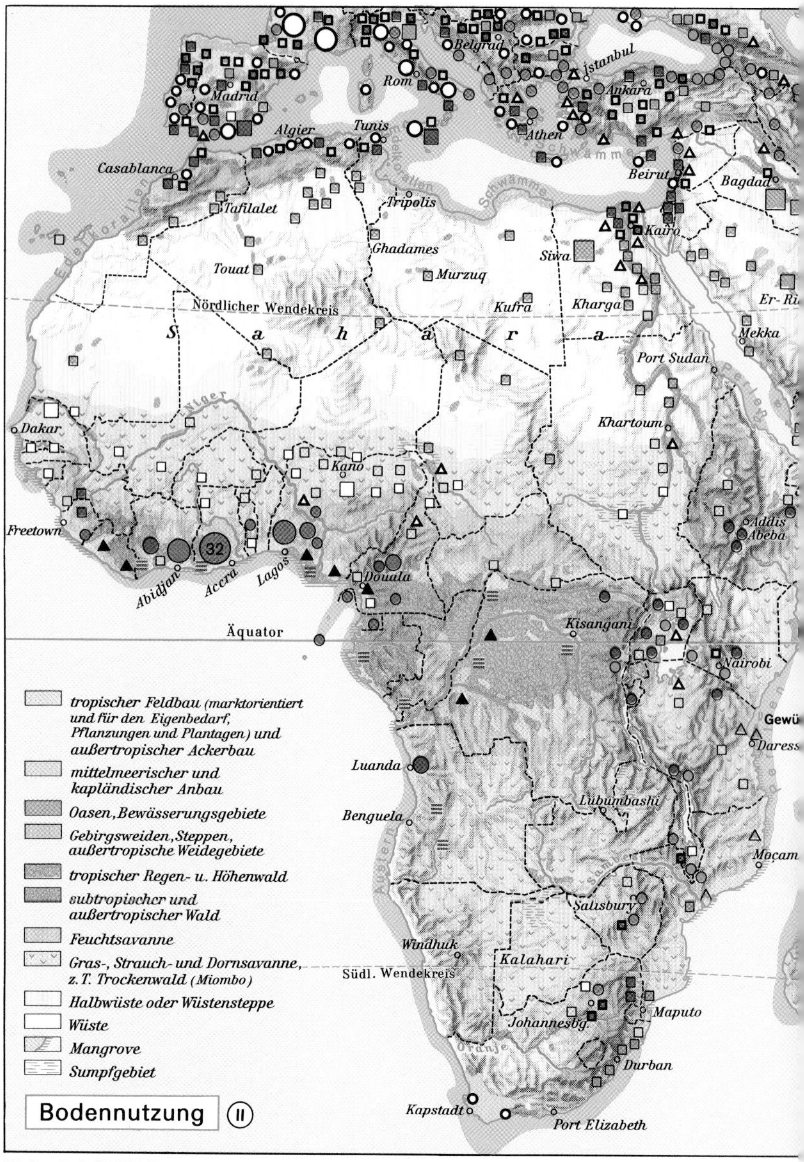

Bodennutzung (II)

- tropischer Feldbau (marktorientiert und für den Eigenbedarf, Pflanzungen und Plantagen) und außertropischer Ackerbau
- mittelmeerischer und kapländischer Anbau
- Oasen, Bewässerungsgebiete
- Gebirgsweiden, Steppen, außertropische Weidegebiete
- tropischer Regen- u. Höhenwald
- subtropischer und außertropischer Wald
- Feuchtsavanne
- Gras-, Strauch- und Dornsavanne, z. T. Trockenwald (Miombo)
- Halbwüste oder Wüstensteppe
- Wüste
- Mangrove
- Sumpfgebiet

Maßstab 1 : 60 000 000

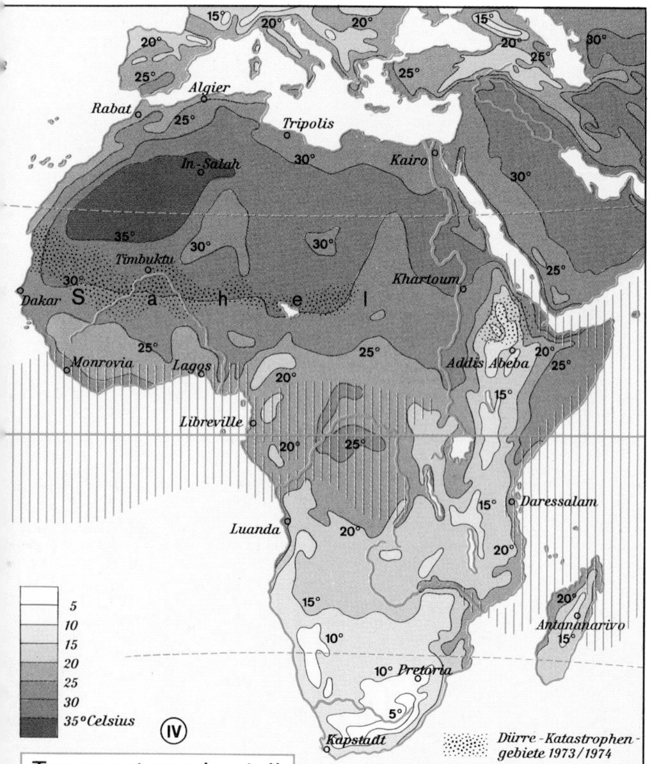

Temperaturen im Juli

5	
10	
15	
20	
25	
30	
35° Celsius	(IV)

Dürre-Katastrophengebiete 1973/1974

Gebiete dauernder Schwüle

Maßstab der Karten I und IV 1 : 90 000 000

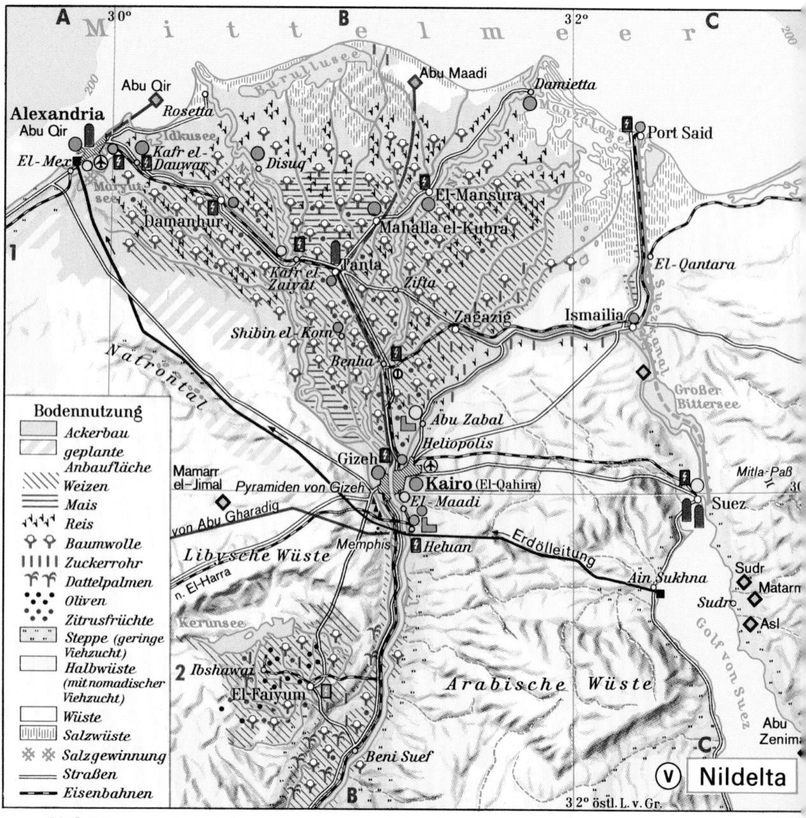

(V) Nildelta

Bodennutzung
- Ackerbau
- geplante Anbaufläche
- Weizen
- Mais
- Reis
- Baumwolle
- Zuckerrohr
- Dattelpalmen
- Oliven
- Zitrusfrüchte
- Steppe (geringe Viehzucht)
- Halbwüste (mit nomadischer Viehzucht)
- Wüste
- Salzwüste
- Salzgewinnung
- Straßen
- Eisenbahnen

Maßstab 1 : 3 000 000

0 10 20 30 40 50 km

Industrien
- Eisen- u. Stahlerzeugung
- Buntmetallverhüttung
- Metallindustrie
- Textilindustrie
- chemische Industrie
- Elektroindustrie
- Wärmekraftwerk
- Erdölraffinerie

Bodenschätze
- Erdöl
- Erdgas

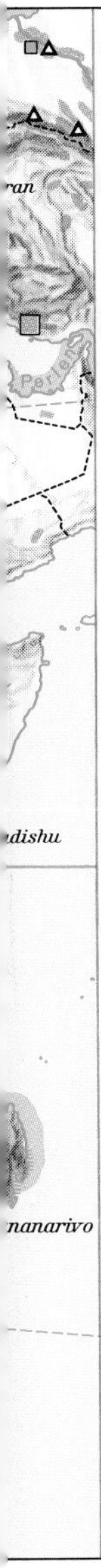

Nahrungsmittel pflanzlichen Ursprungs
- *Weizen*
- *Roggen*
- *Mais*
- *Reis*
- *Hirse*
- *Kartoffeln*
- *Zuckerrüben*
- *Zuckerrohr*
- *Zitrusfrüchte*
- *Bananen*
- *Erdnüsse*
- *Datteln*

Genußmittel
- *Kaffee*
- *Tee*
- *Kakao*
- *Tabak*
- *Wein*

Pflanzliche Rohstoffe
- *Baumwolle*
- *Kautschuk*
- *Kopra*

Größenstufen in Prozent der Weltproduktion
- *1% und kleiner*
- *um 5%*
- *um 10%*
- 32 *größer als 15% mit direkter Prozentangabe*

Werte im Durchschnitt der Jahre 1966-1970

- *Holzeinschlag*
- *Seefischerei*

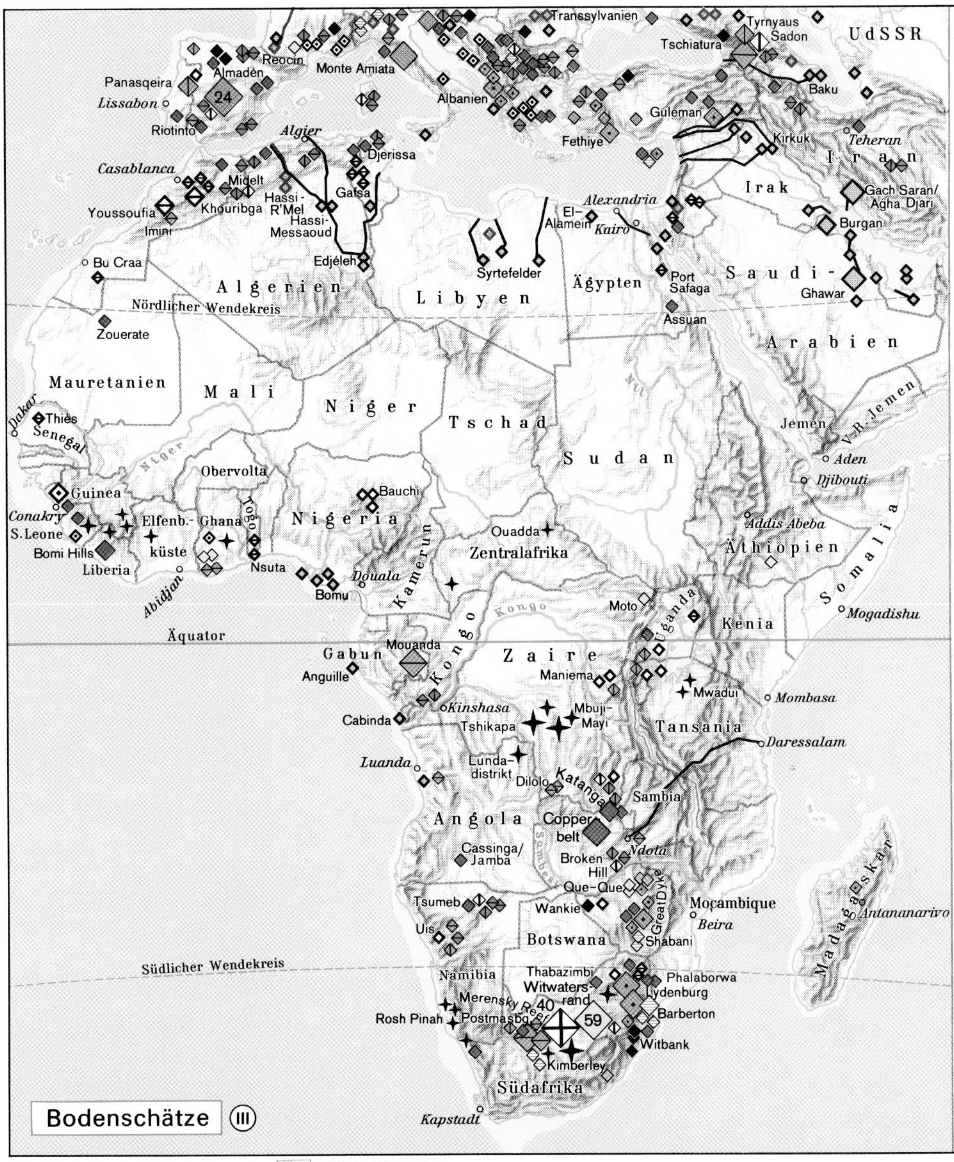

Bodenschätze
- *Erdöl*
- *Erdgas*
- *Steinkohle*
- *Braunkohle*
- *Eisen*
- *Kupfer*
- *Mangan*
- *Chrom*
- *Wolfram*
- *Nickel*
- *Zinn*
- *Zink*
- *Blei*
- *Gold*
- *Silber*
- *Bauxit*
- *Phosphat*
- *Quecksilber*
- *Asbest*
- *Platin*
- *Diamanten*

Größenstufen in Prozent der Weltproduktion
- *1% und kleiner*
- *um 5%*
- *um 10%*
- 24 *größer als 15% mit direkter Prozentangabe*

Bei Erzen entsprechend dem Metallgehalt

Werte im Durchschnitt der Jahre 1974/75

- *Erdölleitung*
- *Erdgasleitung*

Maßstab 1 : 60 000 000

200 m - Tiefenlinie (Kontinentalschelf)

Aussaat und Ernte wichtiger Kulturen

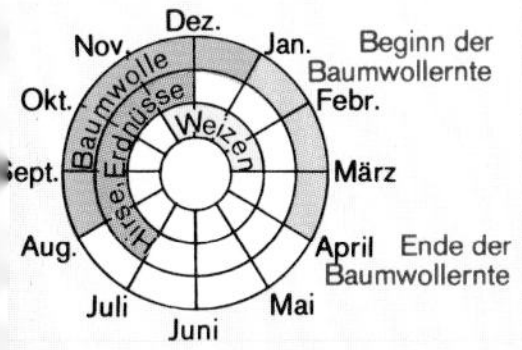

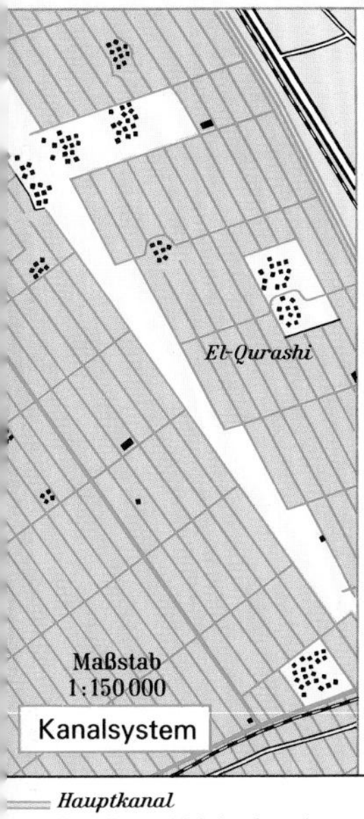

- *Hauptkanal*
- *Verteiler- und Seitenkanal*
- *Dörfer*

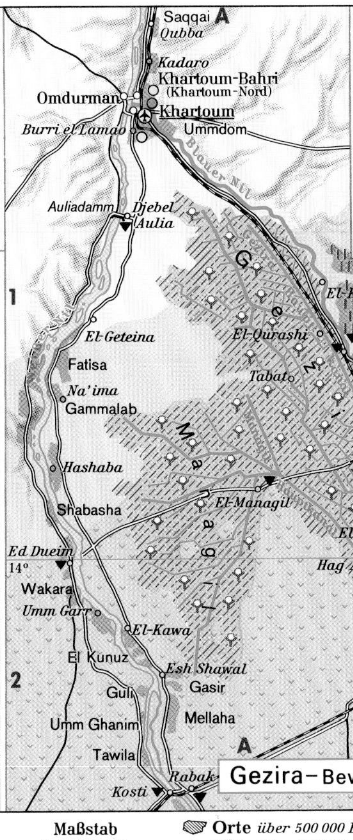

- *Kanalbewässerung (ab 1925 und 1958)*
- *Pumpbewässerung (ab 1927)*
- *Baumwolle*
- *Hirse (2. Anbaufrucht)*
- *Zuckerrohr*
- *Dornsavanne (Trockenfeldbau, Landwechselwirtschaft)*
- *Wüstensteppe (vorw. Weideland)*
- *offene Grasfluren*
- *lockerer Dornstrauchbewuchs*

Maßstab 1 : 3 000 000 (0 10 20 30 40 50 km)

- **Orte** *über 500 000 Einwohner*
- Orte *über 100 000-500 000 E.*
- Orte *unter 100 000 Einwohner*
- *Baumwollentkernung*
- *Zuckerfabrik*

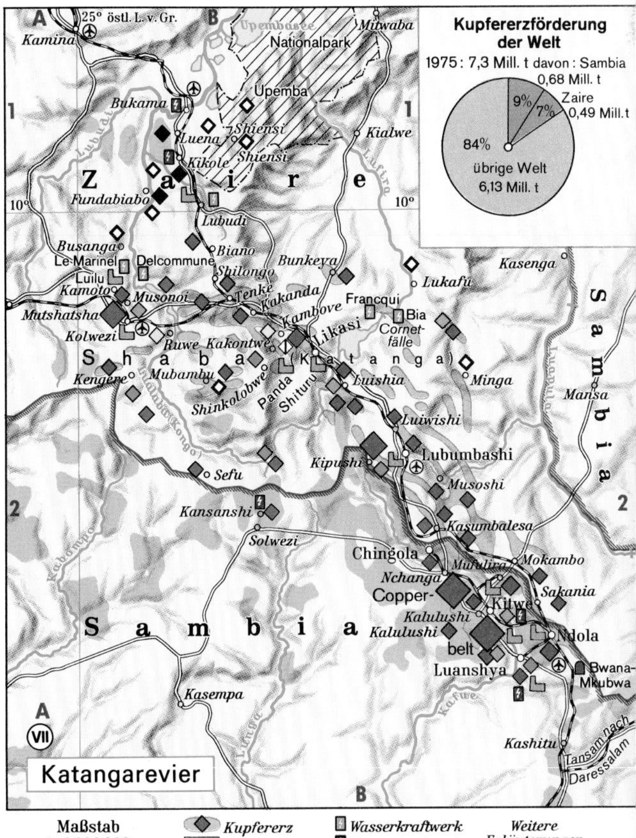

Kupfererzförderung der Welt

1975: 7,3 Mill. t davon: Sambia 0,68 Mill. t; Zaire 0,49 Mill. t

9% · 7% · 84% übrige Welt 6,13 Mill. t

Maßstab 1 : 6 000 000 (0 25 50 100 km)

- *Kupfererz*
- *Trockenwald*
- *Staatsgrenze*
- *Wasserkraftwerk*
- *Wärmekraftwerk*
- *Flughafen*

Weitere Erläuterungen siehe Karte III

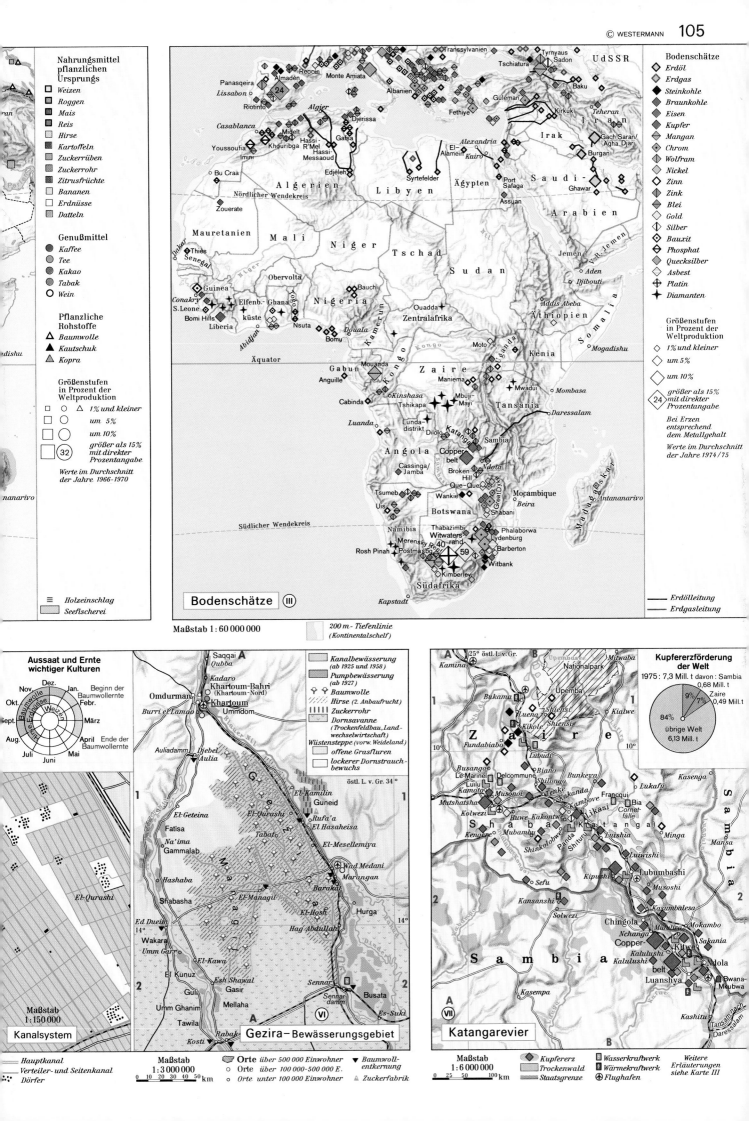

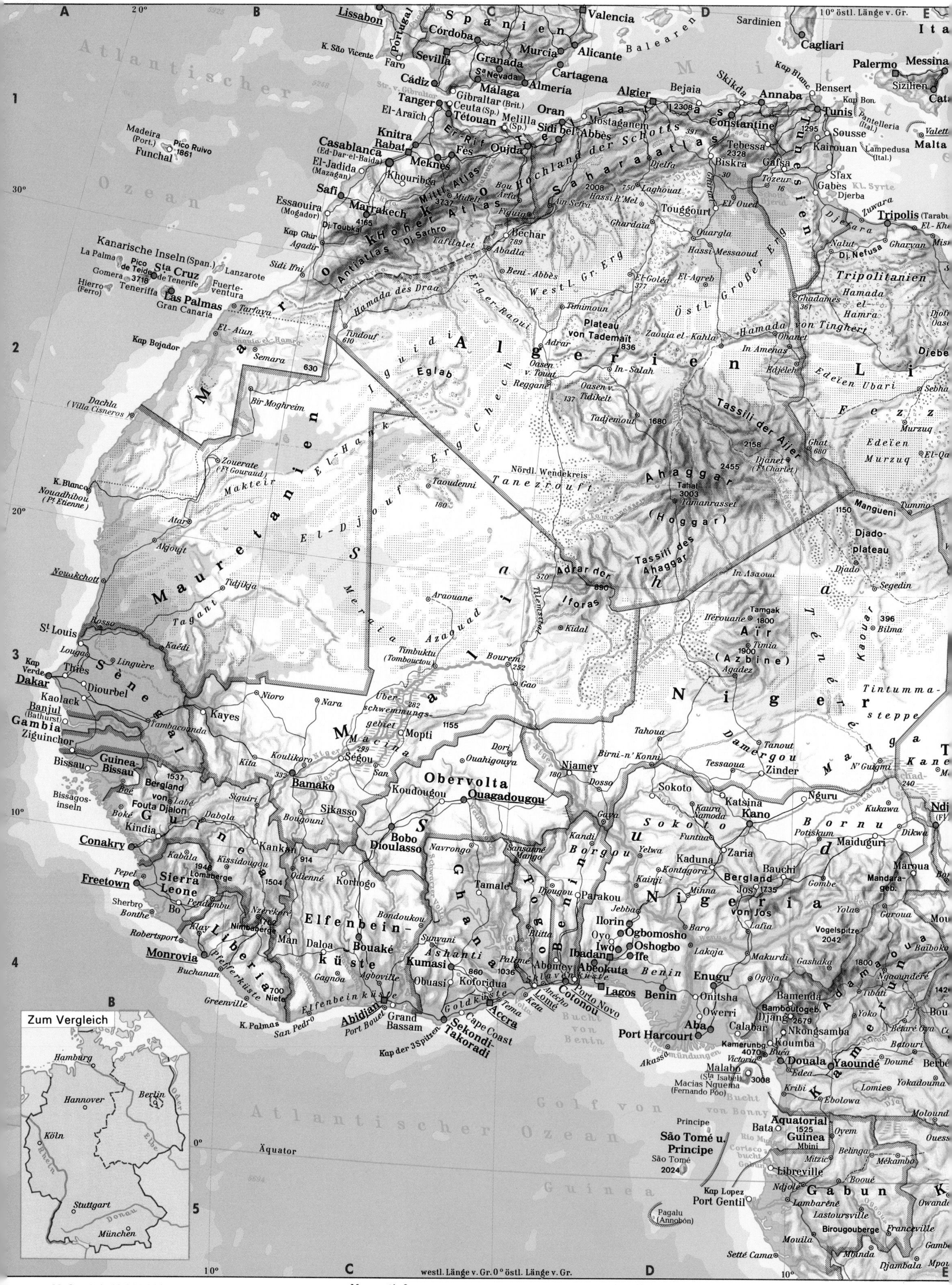

Maßstab 1 : 18 000 000

1 cm auf der Karte ≙
180 km in der Natur

0 100 200 300 400 500 km

Meerestiefen

4000-6000	2000-4000	200-2000	0 - 200 m

Landhöhen

Senken	0 - 100 m	100-200	200-500	500-1000	1000-1500	1500-3000	üb. 3000 m

2635 *Meerestiefe* 5896 Berg
304 Ort-, Fluß- und Seehöh

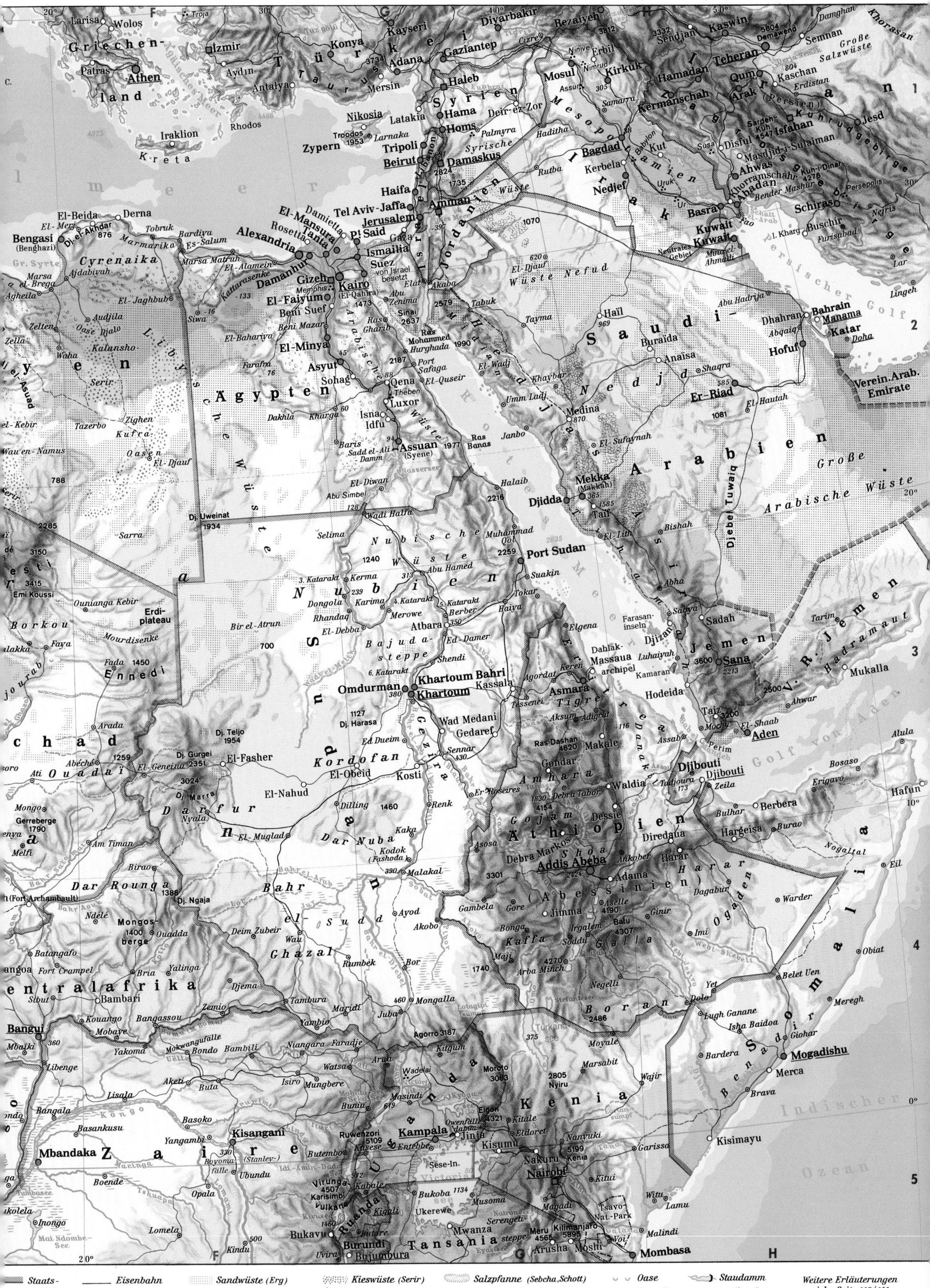

Staats-grenze | Eisenbahn | Sandwüste (Erg) | Kieswüste (Serir) | Salzpfanne (Sebcha,Schott) | Oase | Staudamm | Weitere Erläuterungen siehe Seite 110/111
Straße, Piste | Steinwüste (Hamada) | Lavafelder | Trockental (Wadi,Oued) | Sumpf | antiker Ort

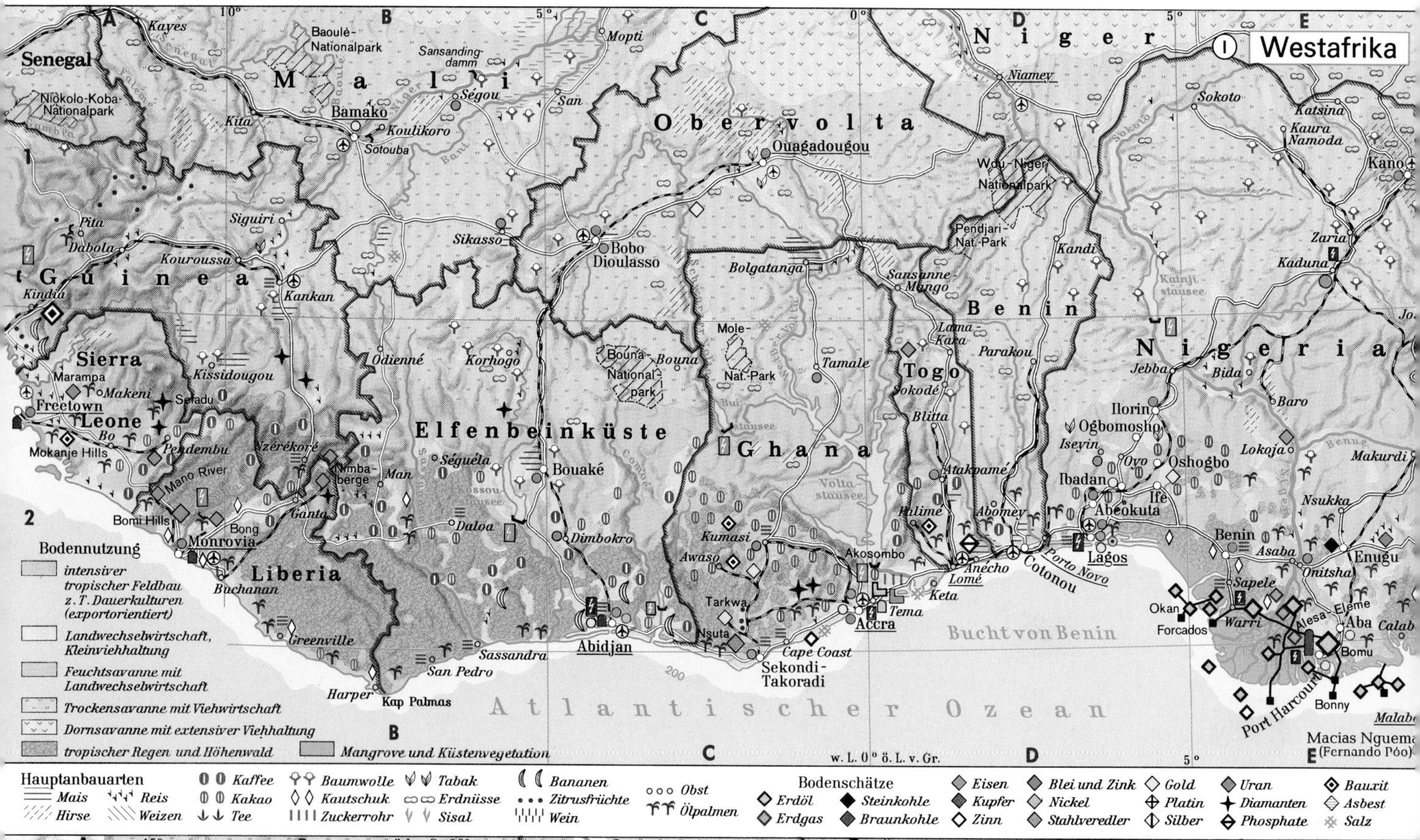
I Westafrika
Senegal
Mali
Niger
Obervolta
Guinea
Sierra Leone
Liberia
Elfenbeinküste
Ghana
Togo
Benin
Nigeria
Bamako
Ouagadougou
Niamey
Freetown
Monrovia
Abidjan
Accra
Lomé
Lagos
Porto Novo
Cotonou
Kumasi
Bouaké
Ibadan
Kano
Kaduna
Port Harcourt
Buchtvon Benin
Atlantischer Ozean
Macias Nguema (Fernando Póo)
Bodennutzung
intensiver tropischer Feldbau z. T. Dauerkulturen (exportorientiert)
Landwechselwirtschaft, Kleinviehhaltung
Feuchtsavanne mit Landwechselwirtschaft
Trockensavanne mit Viehwirtschaft
Dornsavanne mit extensiver Viehhaltung
tropischer Regen und Höhenwald
Mangrove und Küstenvegetation
Hauptanbauarten
Mais
Hirse
Reis
Weizen
Kaffee
Kakao
Tee
Baumwolle
Kautschuk
Zuckerrohr
Tabak
Erdnüsse
Sisal
Bananen
Zitrusfrüchte
Wein
Obst
Ölpalmen
Bodenschätze
Erdöl
Erdgas
Steinkohle
Braunkohle
Eisen
Kupfer
Zinn
Blei und Zink
Nickel
Stahlveredler
Gold
Platin
Silber
Uran
Diamanten
Phosphate
Bauxit
Asbest
Salz

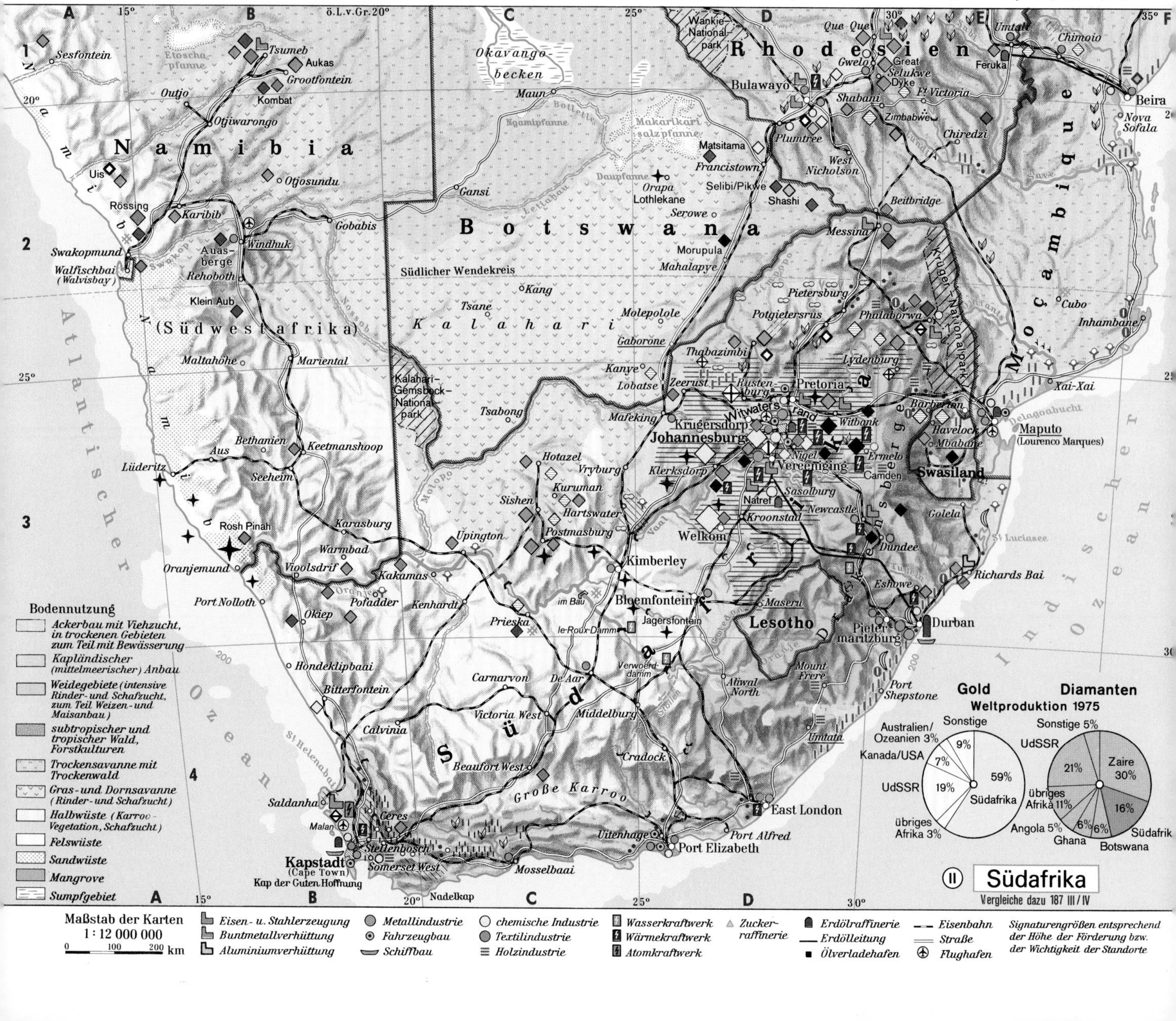
II Südafrika
Namibia
(Südwestafrika)
Botswana
Rhodesien
Moçambique
Südafrika
Lesotho
Swasiland
Kalahari
Okavango-becken
Windhuk
Swakopmund
Walfischbai (Walvisbay)
Lüderitz
Gaborone
Pretoria
Johannesburg
Witwatersrand
Bloemfontein
Kimberley
Durban
Maputo (Lourenco Marques)
Beira
Bulawayo
East London
Port Elizabeth
Kapstadt (Cape Town)
Kap der Guten Hoffnung
Große Karroo
Atlantischer Ozean
Indischer Ozean
Südlicher Wendekreis
Bodennutzung
Ackerbau mit Viehzucht, in trockenen Gebieten zum Teil mit Bewässerung
Kapländischer (mittelmeerischer) Anbau
Weidegebiete (intensive Rinder- und Schafzucht, zum Teil Weizen- und Maisanbau)
subtropischer und tropischer Wald, Forstkulturen
Trockensavanne mit Trockenwald
Gras- und Dornsavanne (Rinder- und Schafzucht)
Halbwüste (Karroo-Vegetation, Schafzucht)
Felswüste
Sandwüste
Mangrove
Sumpfgebiet
Gold
Diamanten
Weltproduktion 1975
Südafrika 59%
UdSSR 19%
Kanada/USA 7%
Sonstige 9%
Australien/Ozeanien 3%
übriges Afrika 3%
Zaire 30%
UdSSR 21%
Südafrika 16%
Sonstige 5%
übriges Afrika 11%
Angola 5%
Ghana 6%
Botswana 6%
Vergleiche dazu 187 III/IV
Maßstab der Karten 1 : 12 000 000
0 100 200 km
Eisen- u. Stahlerzeugung
Buntmetallverhüttung
Aluminiumverhüttung
Metallindustrie
Fahrzeugbau
Schiffbau
chemische Industrie
Textilindustrie
Holzindustrie
Wasserkraftwerk
Wärmekraftwerk
Atomkraftwerk
Zuckerraffinerie
Erdölraffinerie
Erdölleitung
Ölverladehafen
Eisenbahn
Straße
Flughafen
Signaturengrößen entsprechend der Höhe der Förderung bzw. der Wichtigkeit der Standorte

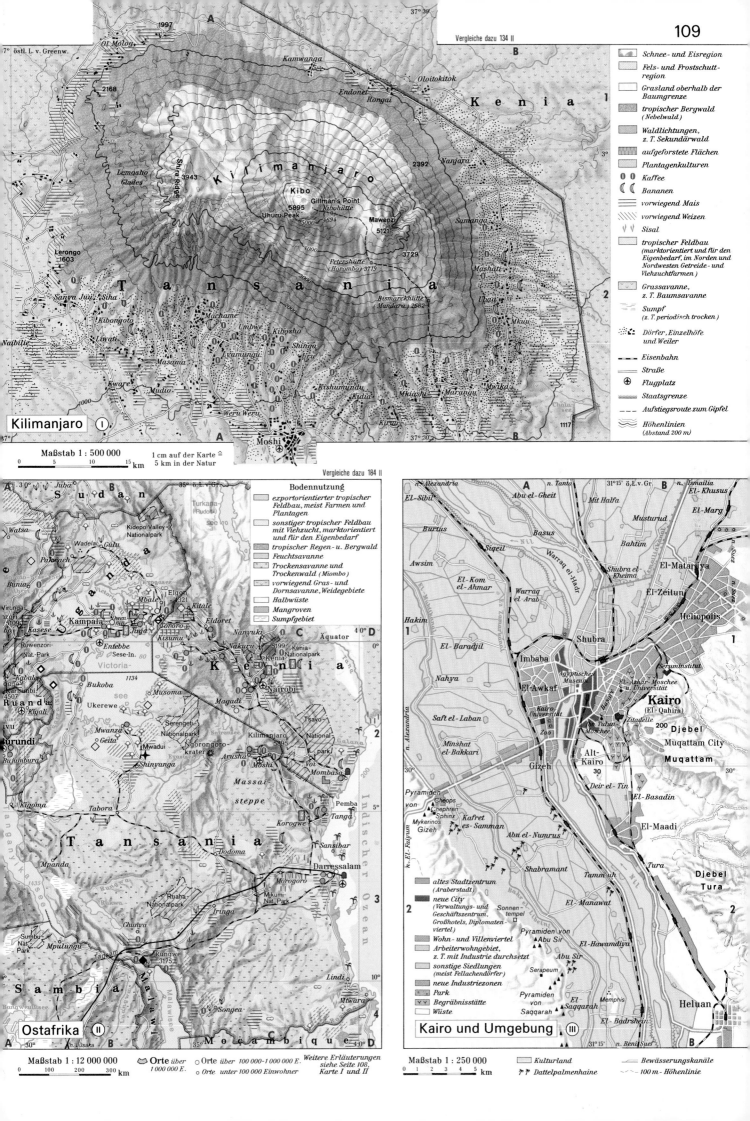

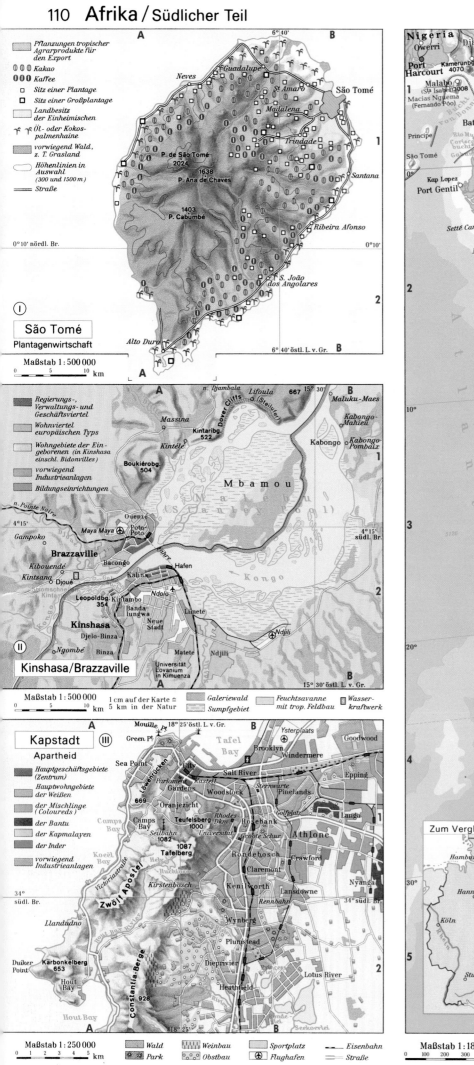

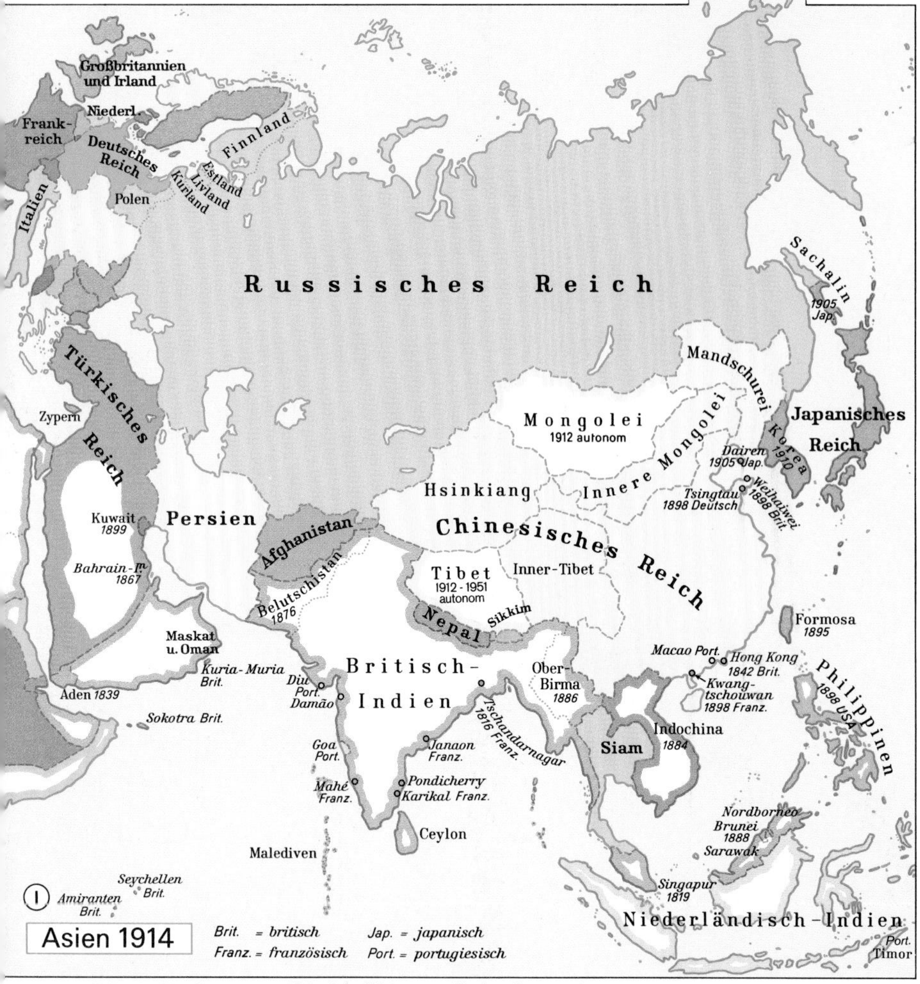

Asien 1914

Brit. = britisch Jap. = japanisch
Franz. = französisch Port. = portugiesisch

Selbständige Staaten (in Flächenfarbe) Kolonialgebiete europäischer Staaten 1914 (in Bandkolorit) 1867 Jahr der Erwerbung
britisch · französisch · niederländisch · portugiesisch

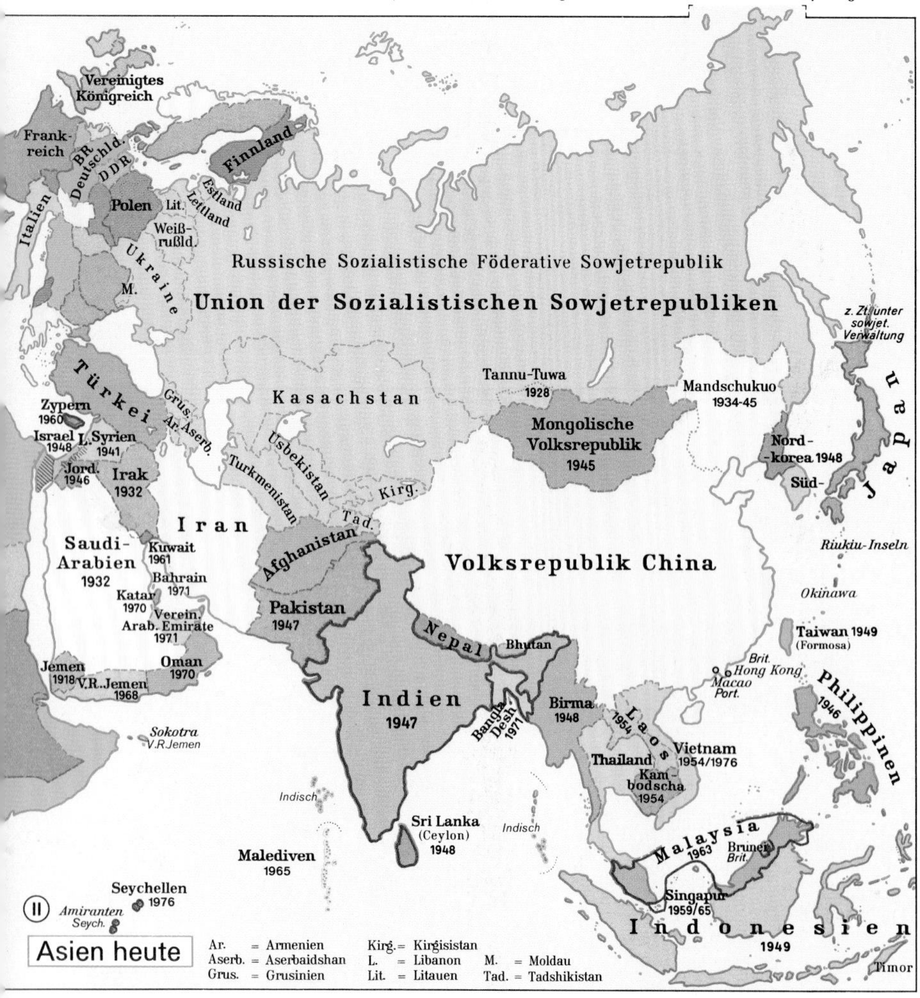

Asien heute

Ar. = Armenien Kirg. = Kirgisistan
Aserb. = Aserbaidshan L. = Libanon M. = Moldau
Grus. = Grusinien Lit. = Litauen Tad. = Tadshikistan

Maßstab der Karten I und II 1 : 80 000 000
selbständige Mitglieder des Commonwealth of Nations
1948 Jahr der Unabhängigkeit

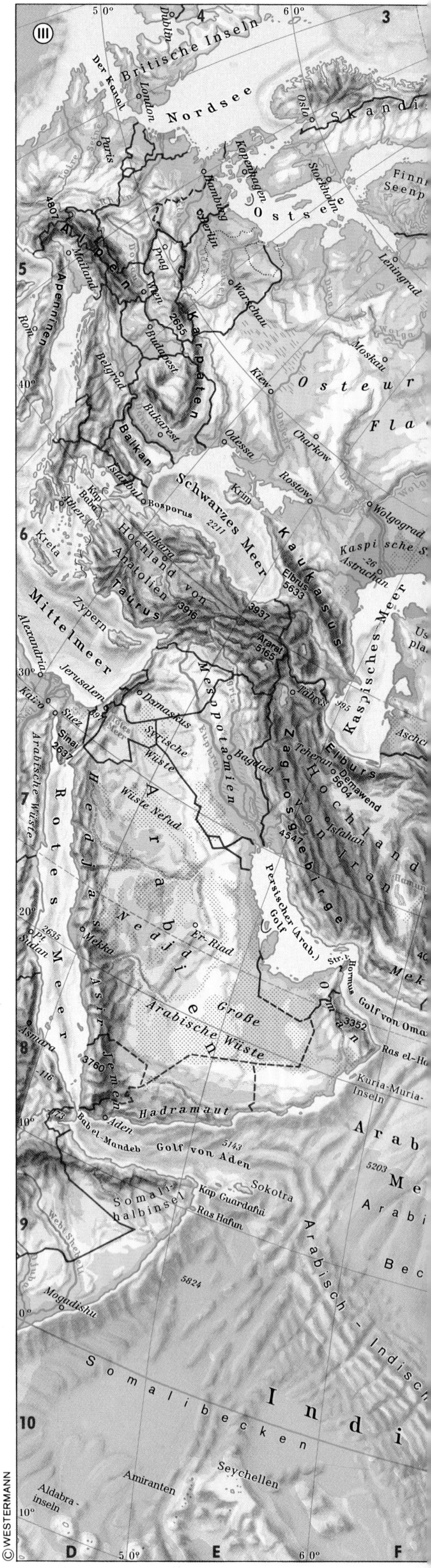

© WESTERMANN

Maßstab 1 : 36 000 000
0 200 400 600 800 1000 km

Meerestie
üb. 8000m 6000-8000 4000-6000 200

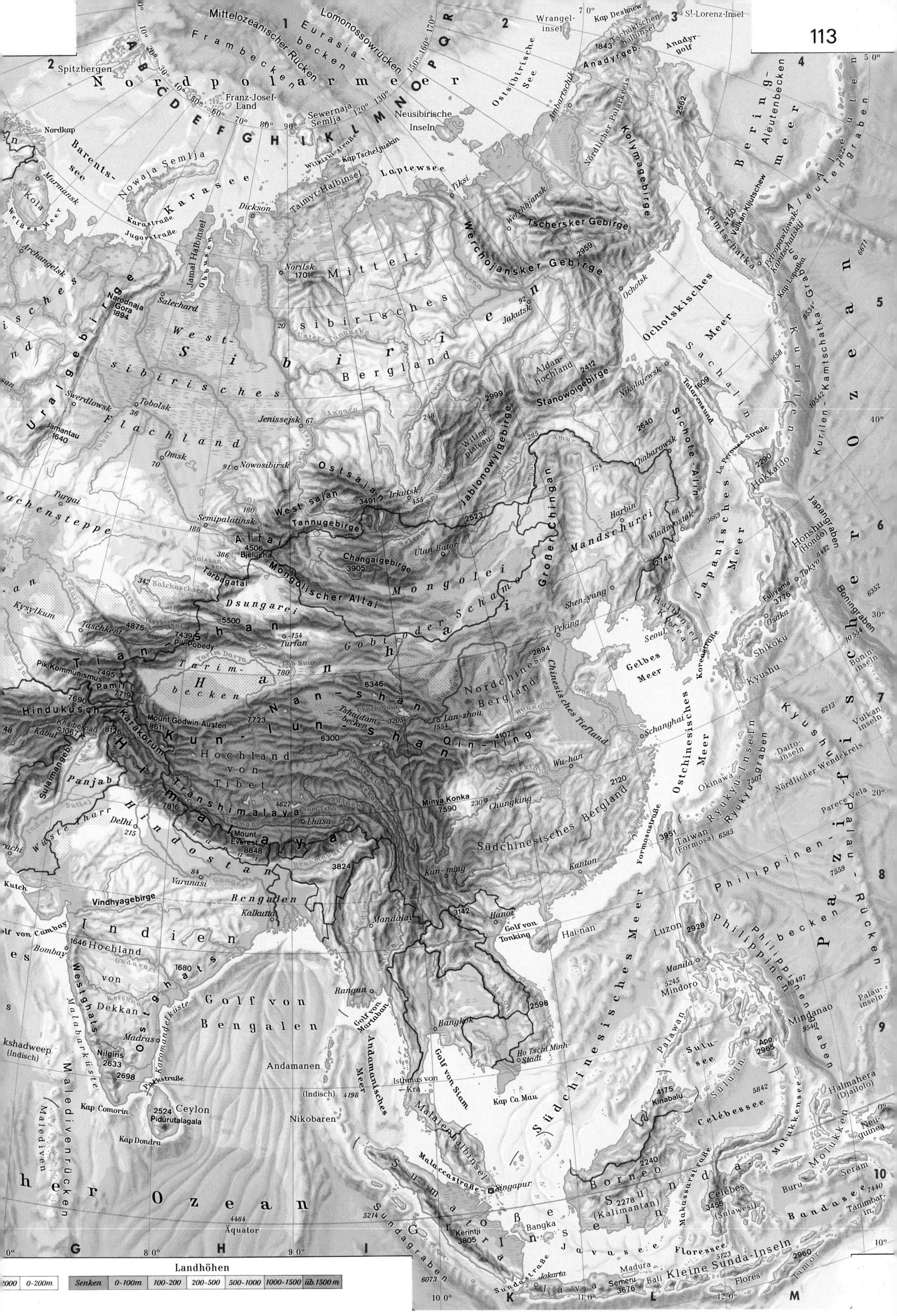

Landhöhen

2000	0-200m	Senken	0-100m	100-200	200-500	500-1000	1000-1500	üb.1500 m

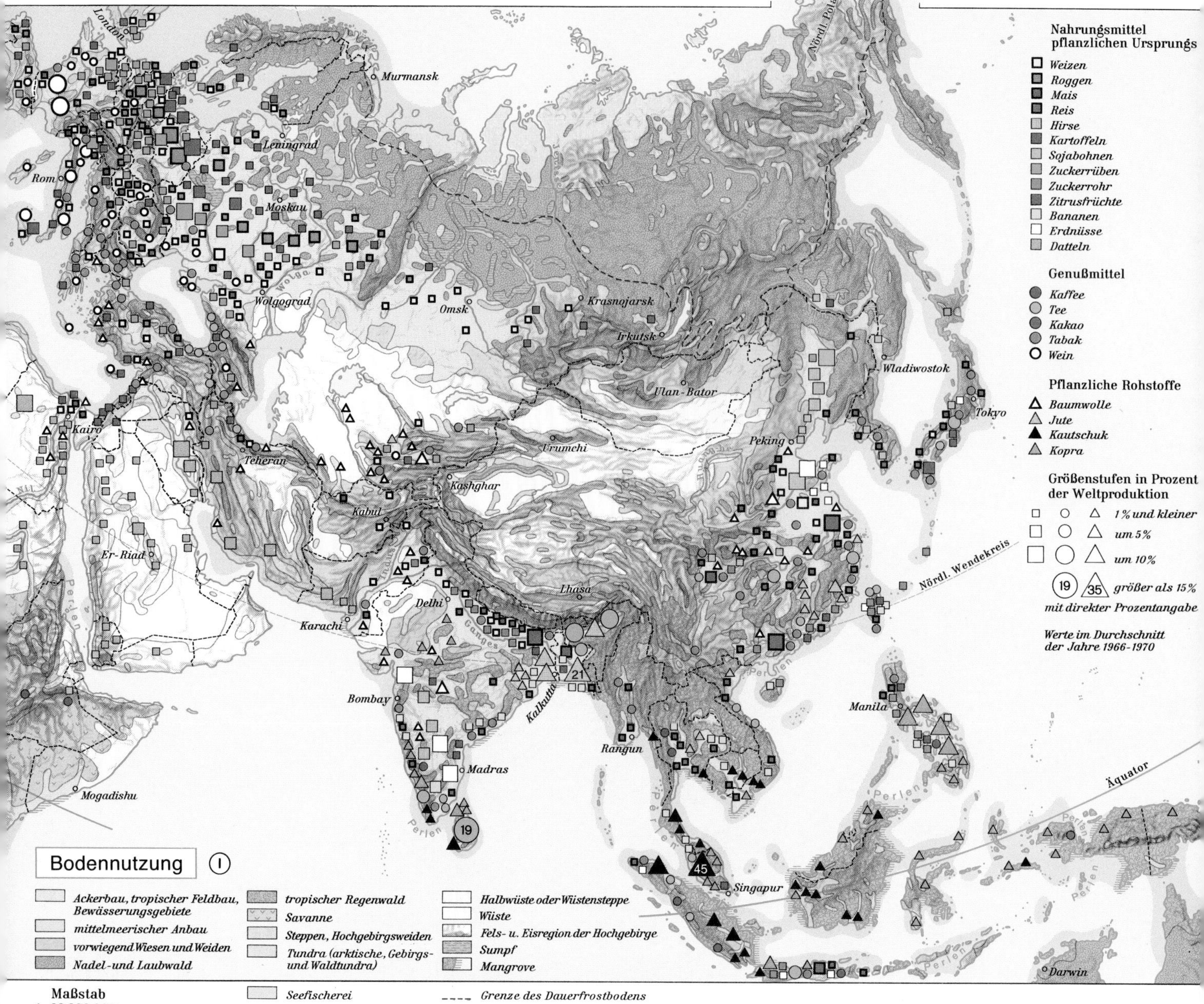

Nahrungsmittel pflanzlichen Ursprungs
- □ Weizen
- ▣ Roggen
- ▣ Mais
- ▣ Reis
- ▢ Hirse
- ▣ Kartoffeln
- ▣ Sojabohnen
- ▣ Zuckerrüben
- ▣ Zuckerrohr
- ▣ Zitrusfrüchte
- □ Bananen
- □ Erdnüsse
- □ Datteln

Genußmittel
- ● Kaffee
- ◐ Tee
- ◑ Kakao
- ◔ Tabak
- ○ Wein

Pflanzliche Rohstoffe
- △ Baumwolle
- △ Jute
- ▲ Kautschuk
- △ Kopra

Größenstufen in Prozent der Weltproduktion
- □ ○ △ 1% und kleiner
- □ ○ △ um 5%
- □ ○ △ um 10%
- ⑲ ㉟ größer als 15% mit direkter Prozentangabe

Werte im Durchschnitt der Jahre 1966–1970

Bodennutzung Ⓘ

- Ackerbau, tropischer Feldbau, Bewässerungsgebiete
- mittelmeerischer Anbau
- vorwiegend Wiesen und Weiden
- Nadel- und Laubwald
- tropischer Regenwald
- Savanne
- Steppen, Hochgebirgsweiden
- Tundra (arktische, Gebirgs- und Waldtundra)
- Seefischerei
- Halbwüste oder Wüstensteppe
- Wüste
- Fels- u. Eisregion der Hochgebirge
- Sumpf
- Mangrove
- ---- Grenze des Dauerfrostbodens

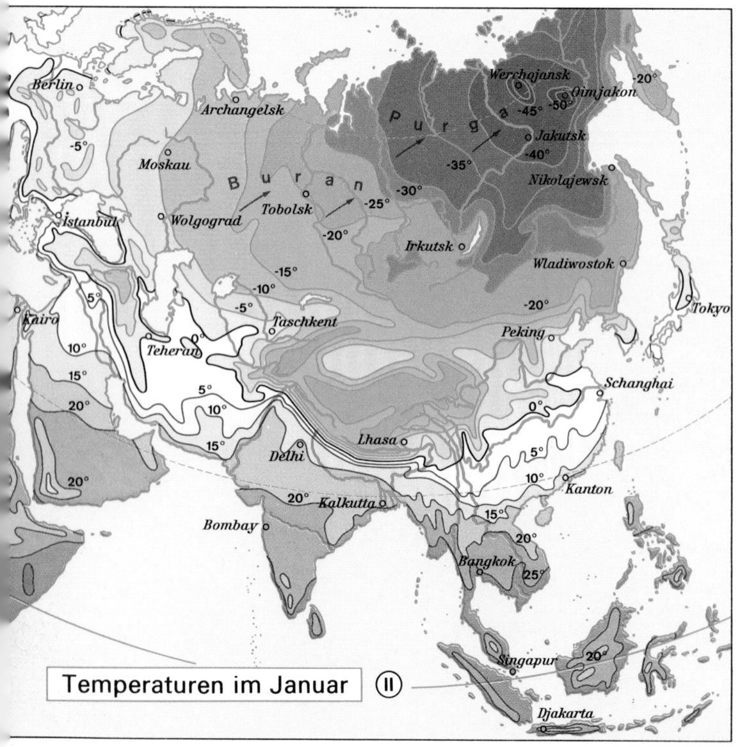

Maßstab
1 : 60 000 000

Temperaturen im Januar Ⓘ Ⓘ

Temperaturen im Juli Ⓘ Ⓘ Ⓘ

Maßstab der Karten II und III
1 : 100 000 000

Wirkliche Temperaturen im langjährigen Mittel

-50° -45° -40° -35° -30° -25° -20° -15° -10° -5° 0° 5° 10° 15° 20° 25° 30° Celsius

B u r a n vorherrschende örtliche Winde (im Jahr)

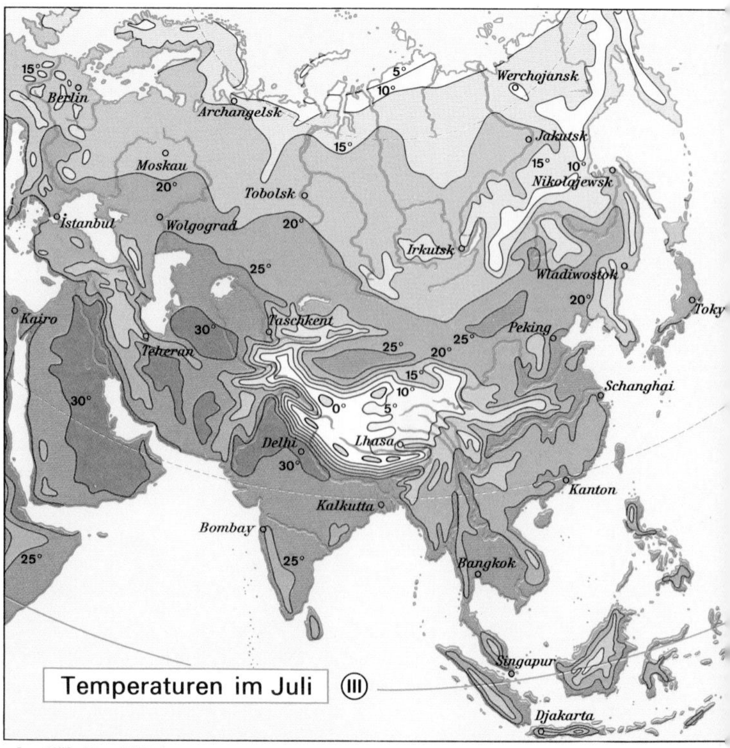

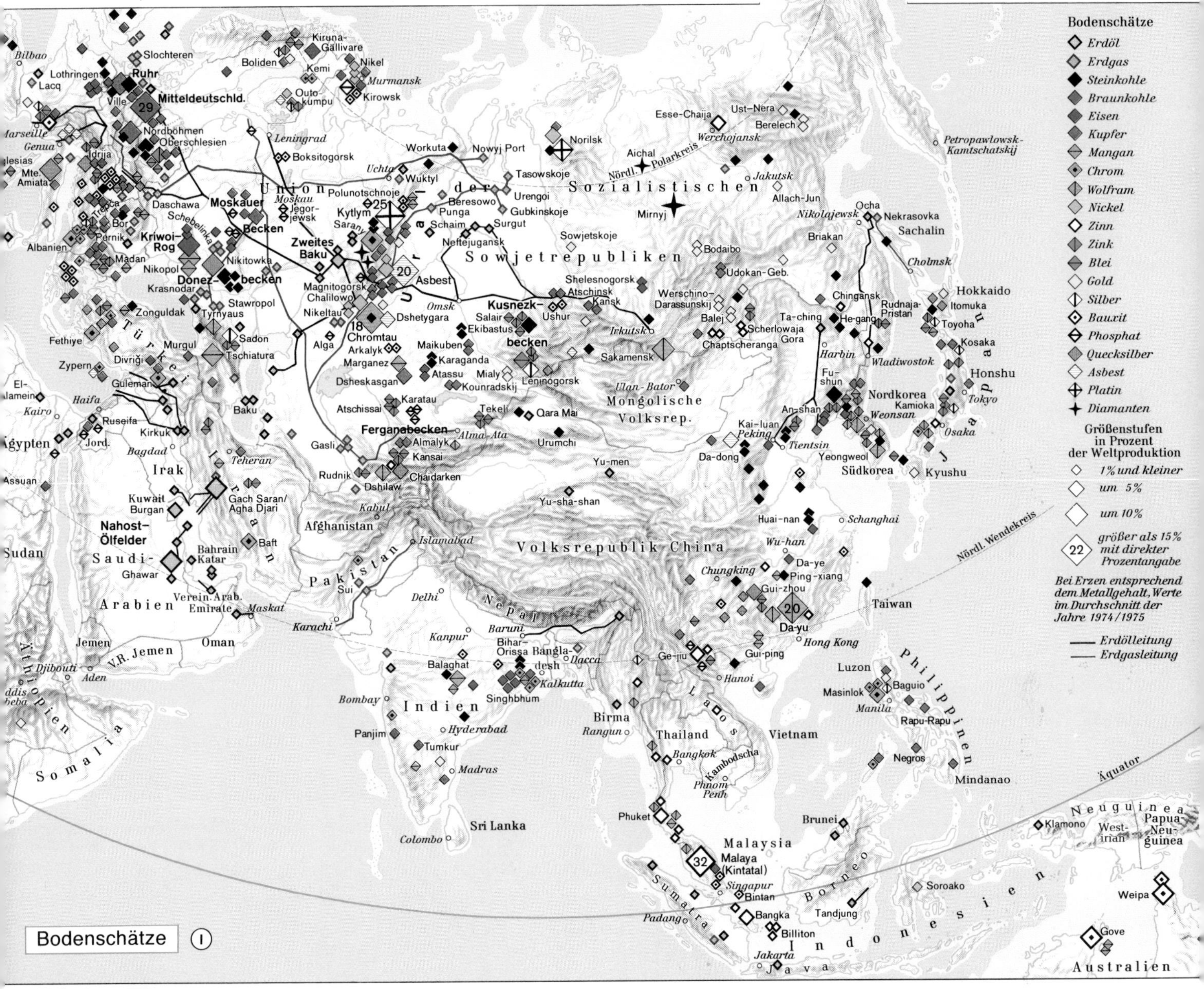

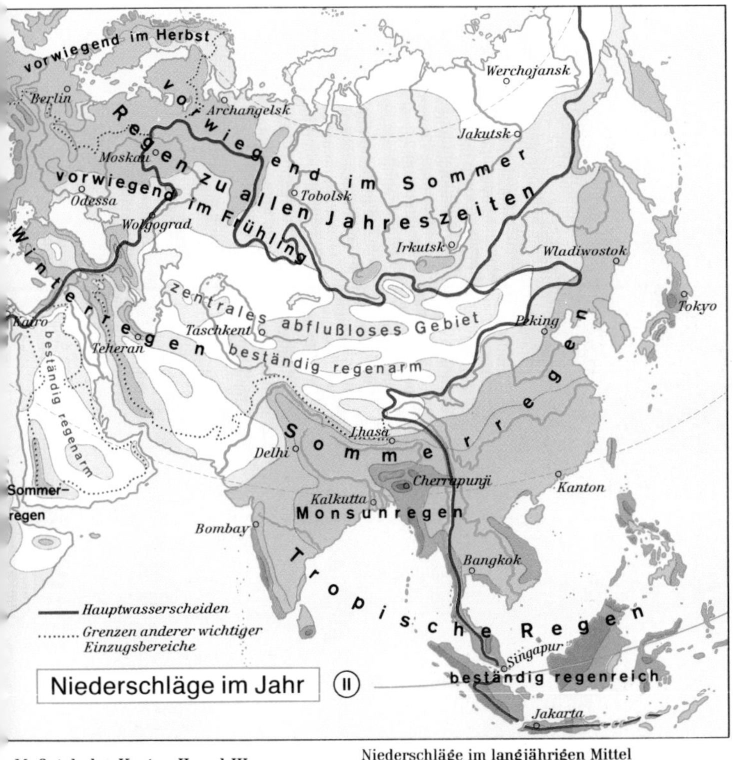

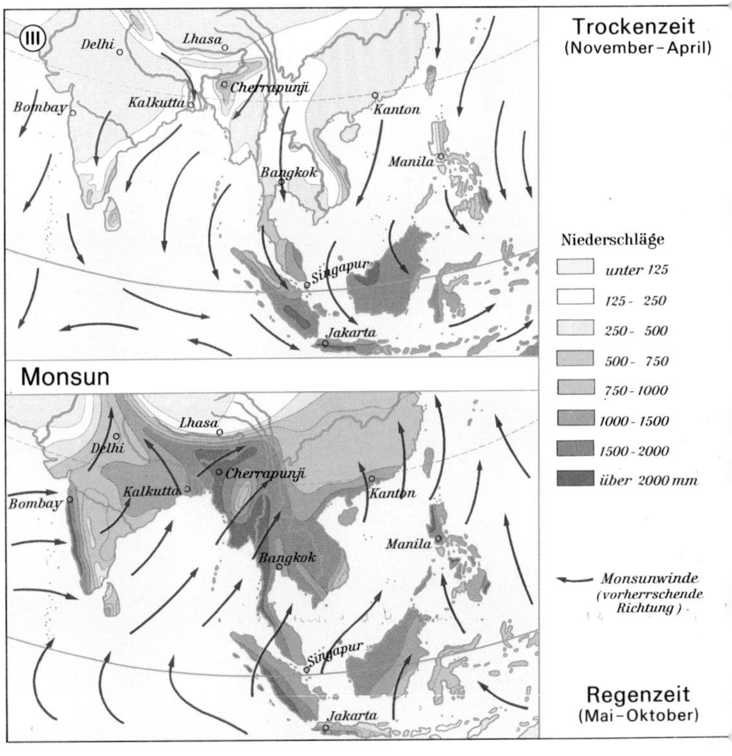

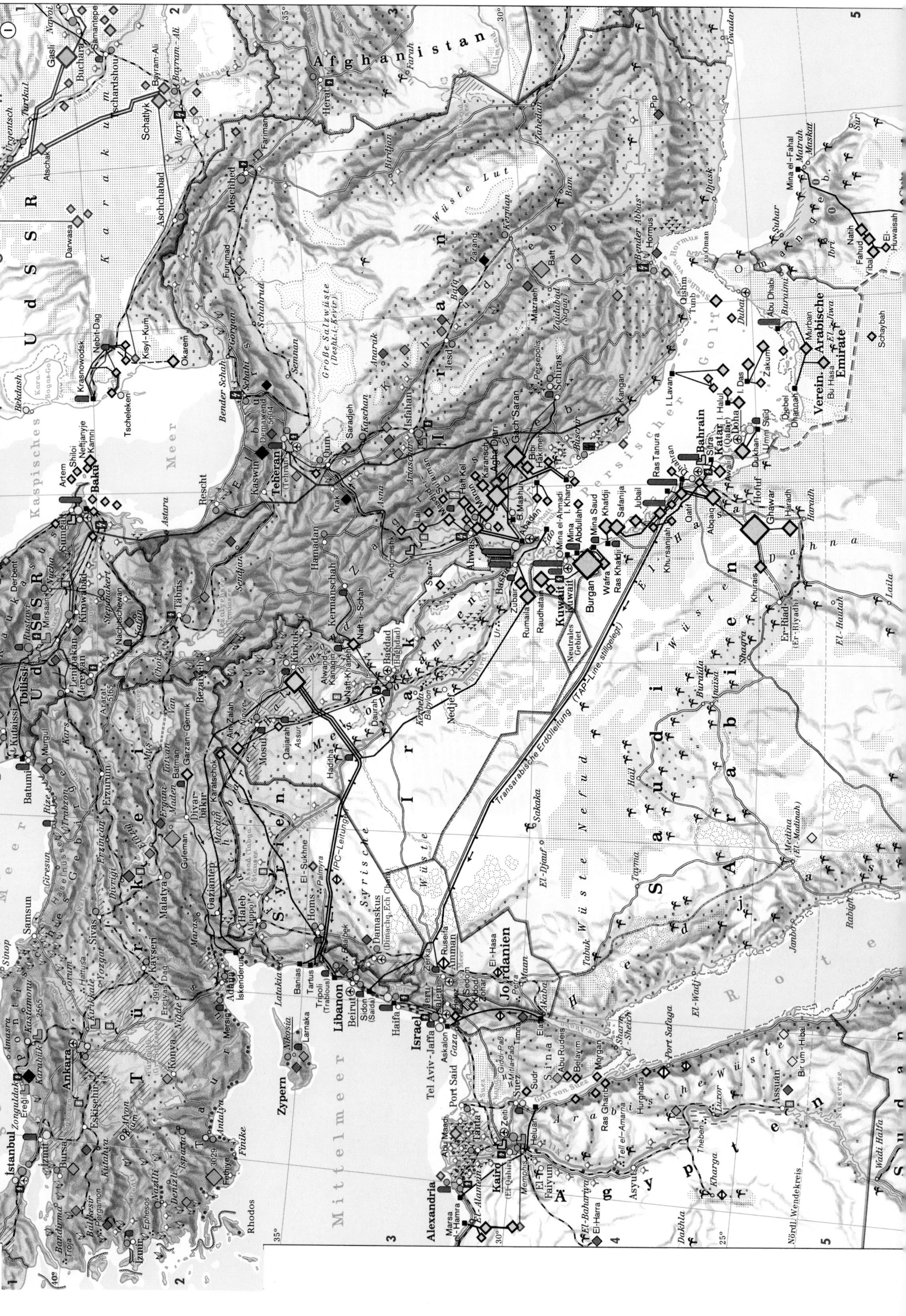
Afghanistan
Iran
Irak
Syrien
Türkei
UdSSR
Saudi-Arabien
Ägypten
Jordanien
Israel
Libanon
Zypern
Kuwait
Bahrain
Katar
Verein. Arabische Emirate
Oman
Kaspisches Meer
Mittelmeer
Schwarzes Meer
Persischer Golf
Rotes Meer
Große Salzwüste
Wüste Lut
Syrische Wüste
Große Nefud
Neutrales Gebiet
Transarabische Erdölleitung (TAP-Line, stillgelegt)
IPC-Leitungen
Teheran
Bagdad
Damaskus
Kairo
Ankara
Istanbul
Baku
Tbilissi
Beirut
Amman
Er-Riad
Dhahran
Abadan
Basra
Kirkuk
Mosul
Isfahan
Schiras
Täbris
Meschhed
Herat
Aschchabad
Alexandria
Suez
Port Said
Haifa
Tel Aviv-Jaffa
Medina
Ghawar
Burgan
Abu Dhabi
Dubai
Doha
Hormus
Bender Abbas
Kharg
Gach Saran
Agha Djari
Kermanschah
Hamadan
Erzurum
Trabzon
Samsun
Konya
Adana
Izmir
Bursa
Aleppo
Homs
Tripoli
Tartus
Banias
Latakia
Sidon
Akaba
Elat
Assuan
Luxor
Rhodos
Nördl. Wendekreis
50° östl. L. v. Greenw.

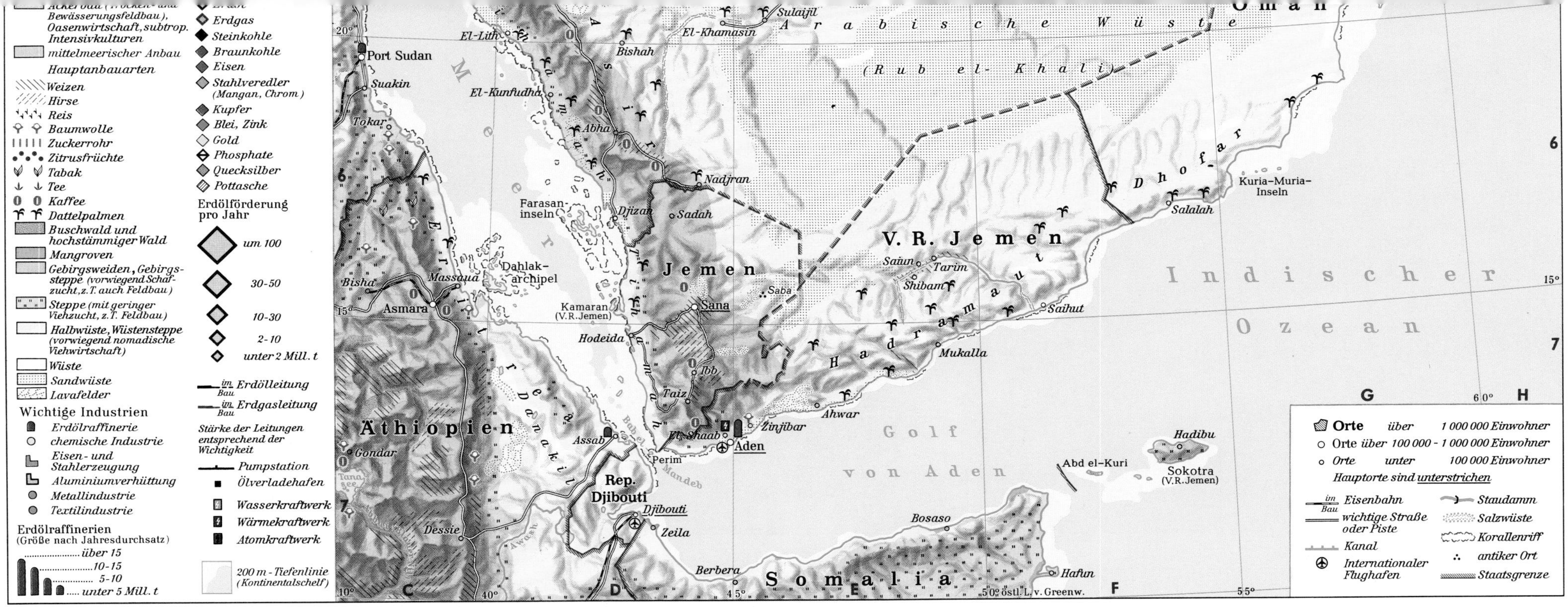

G **H**

Indischer Ozean

O m a n

Dhofar

Kuria-Muria-Inseln

Salalah

Sahut

A r a b i s c h e   W ü s t e

(R u b   e l - K h a l i)

V. R. Jemen

Saturo Tarim

Shibam

Shabue

Hadibu

Sokotra (V.R. Jemen)

Abd el-Kuri

Mukalla

G o l f   v o n   A d e n

Bosaso

Hafun

Berbera

Ahwar

Zinjibar

J e m e n

Nadfran

Sadah

Sana

Taiz

Hodeida

Mareb

Kamaran (V.R. Jemen)

Djizan

Aden

Perim

Bab el-Mandeb

Djibouti

Rep. Djibouti

Zeila

Bishah

Abha

A s i r

Farasan-inseln

Dahlak-archipel

Massaua

Asmara

Gondar

Dessie

S o m a l i a

Ä t h i o p i e n

Danakil

Eritrea

Port Sudan

Suakin

Tokar

El-Kunfudha

El-Kamasin

Maßstab 1:12 000 000

0 100 200 300 km

Legend (left panel):

- Bewässerungsfeldbau, Oasenwirtschaft, subtrop. Intensivkulturen
- mittelmeerischer Anbau
- Hauptanbauarten
  - Weizen
  - Hirse
  - Reis
  - Baumwolle
  - Zuckerrohr
  - Zitrusfrüchte
  - Tabak
  - Tee
  - Kaffee
  - Dattelpalmen
- Buschwald und hochstämmiger Wald
- Mangroven
- Gebirgsweiden, Gebirgssteppe (vorwiegend Schafzucht, z.T. auch Feldbau)
- Steppe (mit geringer Viehzucht, z.T. Feldbau)
- Halbwüste, Wüstensteppe (vorwiegend nomadische Viehzucht)
- Wüste
- Sandwüste
- Lavafelder

Mineralien:
- Erdgas
- Steinkohle
- Braunkohle
- Eisen
- Stahlveredler (Mangan, Chrom)
- Kupfer
- Blei, Zink
- Gold
- Quecksilber
- Phosphate
- Pottasche

Erdölförderung pro Jahr (Mill. t): um 100 / 30–50 / 10–30 / 2–10 / unter 2 Mill. t

Wichtige Industrien:
- Erdölraffinerie
- chemische Industrie
- Eisen- und Stahlerzeugung
- Aluminiumverhüttung
- Metallindustrie
- Textilindustrie
- Erdölraffinerien (Größe nach Jahresdurchsatz): über 15 / 10–15 / 5–10 / unter 5 Mill. t

- Pumpstation
- Ölverladehafen
- Wasserkraftwerk
- Wärmekraftwerk
- Atomkraftwerk
- Erdölleitung im Bau
- Erdgasleitung im Bau
- Stärke der Leitungen entspricht der Wichtigkeit
- 200 m – Tiefenlinie (Kontinentalschelf)

Orte:
- über 1 000 000 Einwohner
- Orte über 100 000 – 1 000 000 Einwohner
- Orte unter 100 000 Einwohner (Hauptorte sind unterstrichen)
- Eisenbahn / im Bau
- wichtige Straße oder Piste
- Kanal
- Internationaler Flughafen
- Staudamm
- Salzwüste
- Korallenriff
- antiker Ort
- Staatsgrenze

(II) Erdölförderung im Gebiet des Persischen Golfs

Förderung:
- erschlossenes Erdölfeld
- erschlossenes Erdgasfeld
- Erdölleitung
- Erdgasleitung

Rohölausfuhr:
- Ölverladehafen (zum Teil auf Inseln oder Plattformen im Persischen Golf)
- Tankerfahrt (1 mm ≙ 100 Mill. t)
- Staatsgrenze (Abgrenzungen im Golfgebiet gestrichelt)

Maßstab 1:12 000 000
0 100 200 300 km

Welterdölreserven (in Prozent der Gesamtvorräte)
- Naher Osten 57
  - Saudi-Arabien 24
  - Kuwait 11
  - Iran 10
  - Irak 5
  - Abu Dhabi 4
  - Rest 2
  - Neutrale Zone 1 (zwischen Kuwait u. Saudi-Arabien aufgeteilt)
- Mittlerer- u. Ferner Osten 3
  - Australien 3
- Westeuropa 5,2
  - Mittel- und Südamerika 6
- Nordamerika 9
- Afrika 9
- UdSSR, Osteuropa 16

Stand 1976

1976

Iran Irak Kuwait Bahrain Katar Saudi-Arabien Verein. Arab. Emirate Ghawar

1957

Iran Irak Kuwait Trucial Omani (Brit. Prot.) Saudi-Arabien Persischer Golf Ghawar

(III) Insel Kharg
Weltgrößter Erdölverladehafen

Ostpier / Westpier

Tanker bis 250 000 t / bis 100 000 t / bis 300 000 t / bis 500 000 t

Maßstab 1:100 000
0 1 2 km

Legend (Insel Kharg):
- Dorf
- Wohnsiedlung der Ölgesellschaft
- Verwaltung (General Office)
- Meerwasserentsalzungsanlage (für Trinkwasserversorgung)
- Öltanklager und petrochemische Anlagen
- Erdölleitungen / davon untermeerisch
- Fördersonden des Kharg-Erdölfeldes
- Feldsammelleitung / davon untermeerisch
- Verteiler- und Pumpstation
- befestigte Straßen
- Korallenriffe

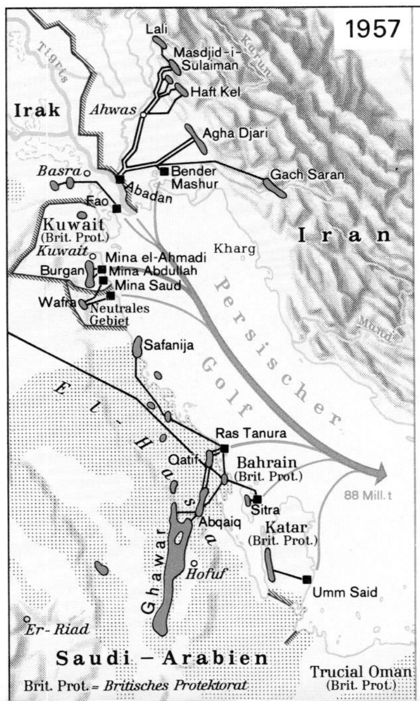

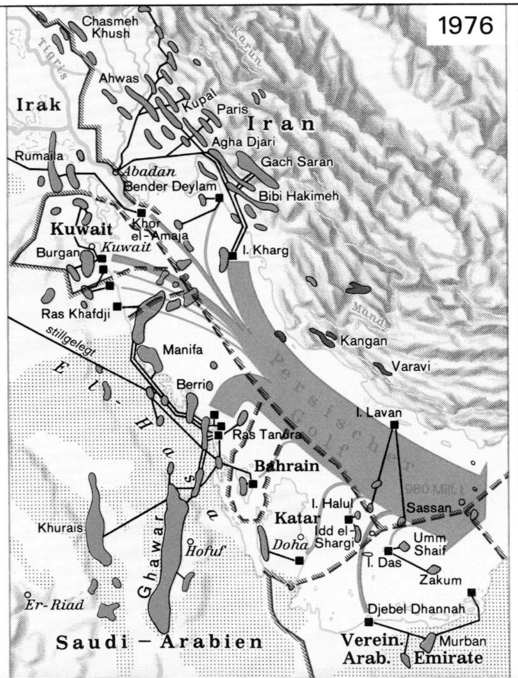

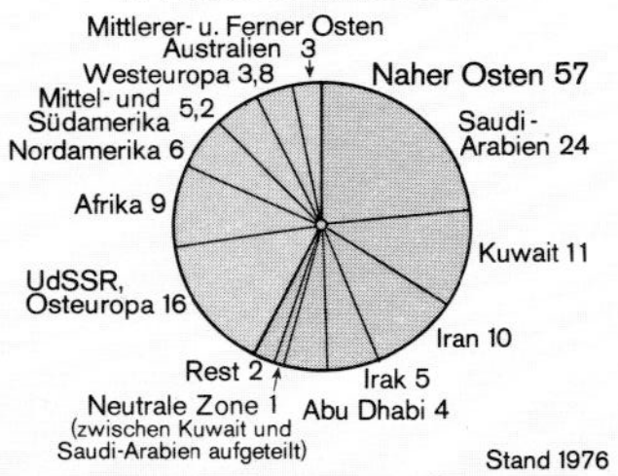

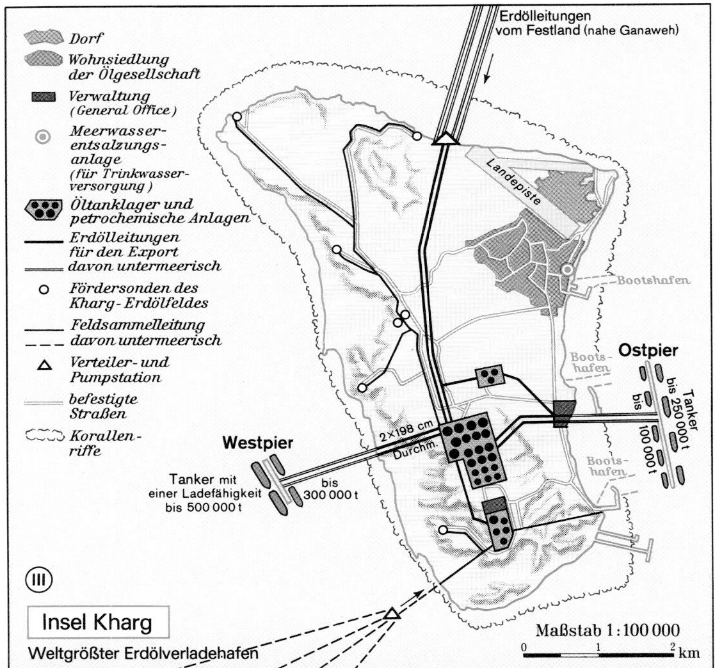

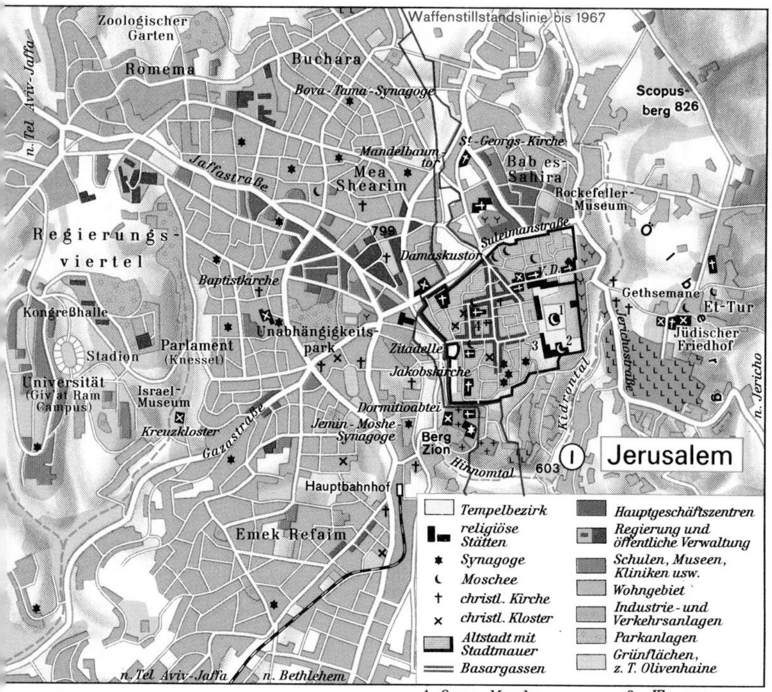

Maßstab 1 : 50 000 — 0 250 500 1000 m — 1 cm auf der Karte ≙ 500 m in der Natur

1 Omar-Moschee (Felsendom)
2 El-Aksa-Moschee
3 Klagemauer
4 Grabeskirche
V. D. Via Dolorosa

Arbeitsbereich

- landwirtschaftliche Betriebsgebäude (Stallungen, Scheunen, Schuppen u. a.)
- gewerblich oder industriell genutzte Gebäude (Werkstätten, Reparatur- und Serviceeinrichtungen für Fahrzeuge u. ä.)

Wohnbereich

- Häuser mit gemeinnützigen Funktionen (Schule, Kinderheim, Synagoge, Club, Bibliothek, Kleidermagazin, Sportgebäude u. ä.)
- Wohnhäuser (privater Bereich)
- Sportanlagen

Bodennutzung

- Kulturland; davon künstlich bewässert
- Bananenanbau

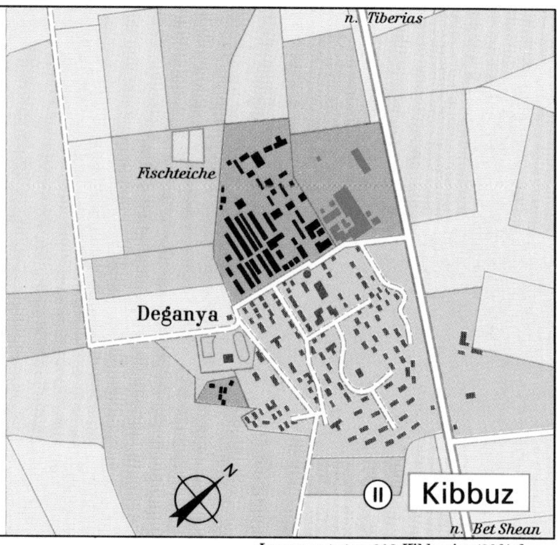

Maßstab 1 : 20 000 — 0 200 400 m — 1 cm auf der Karte ≙ 200 m in der Natur

Insgesamt etwa 240 Kibbuzim (20% der Landbevölkerung), aus denen rund 34% der Agrarproduktion Israels stammt

Einwanderer, Flüchtlinge und Vertriebene (Zahlenwerte in Tausend)

- jüdische Einwanderung
- Flüchtlingsströme 1948
- Flüchtlingsströme 1967/68

- von Israel derzeit besetzte Gebiete

Flüchtlingslager (UNRWA Refugee Camps)

- 1948 und unmittelbar danach errichtete Lager
- nach 1967 errichtete Lager und Notunterkünfte
- ländliche Siedlungen mit palästinensischem Bevölkerungsanteil

Städte mit einem Anteil palästinensischer Araber

- unter 20 000
- über 20 000

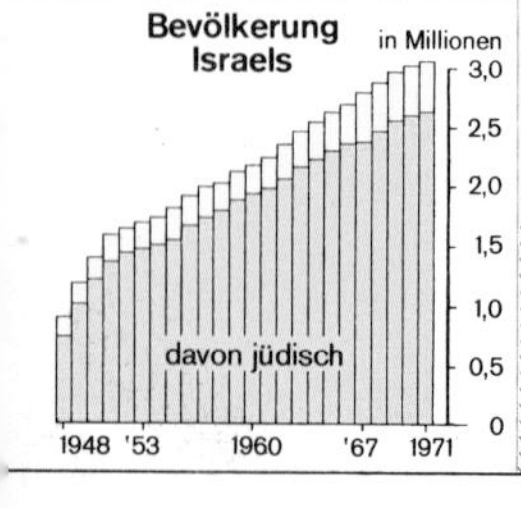

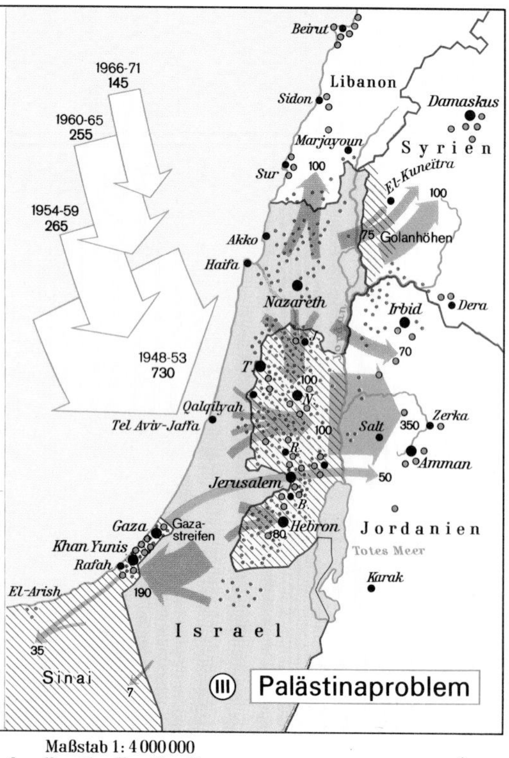

Maßstab 1 : 4 000 000 — 0 20 40 60 80 100 km

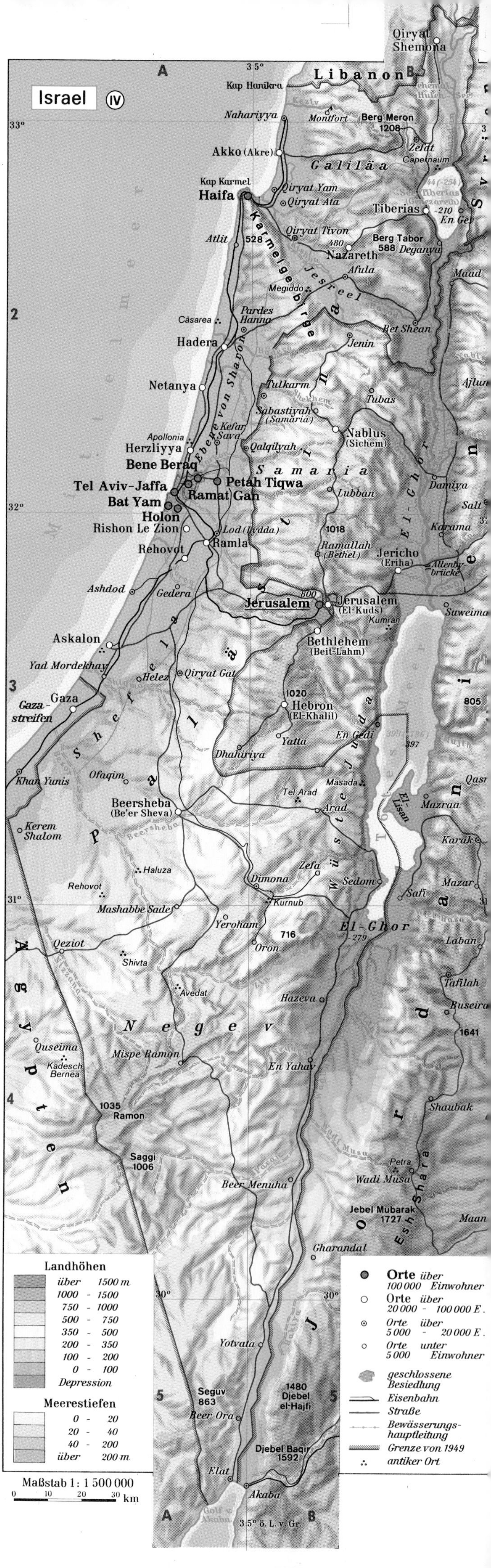

Maßstab 1 : 1 500 000 — 0 10 20 30 km

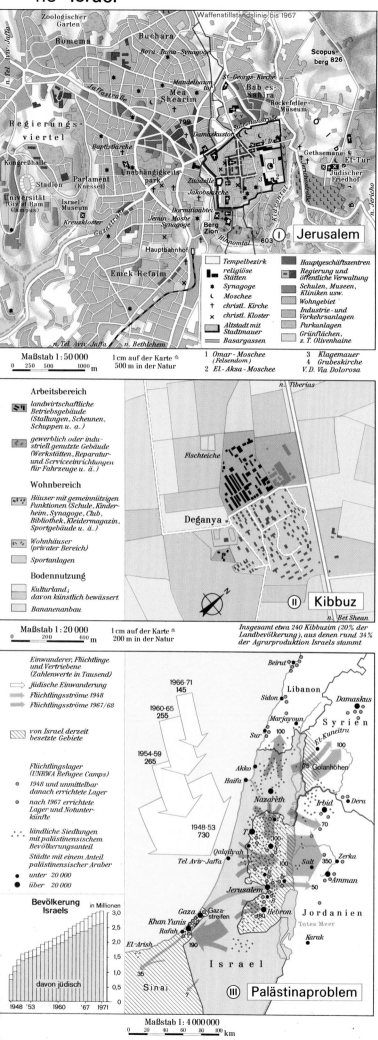

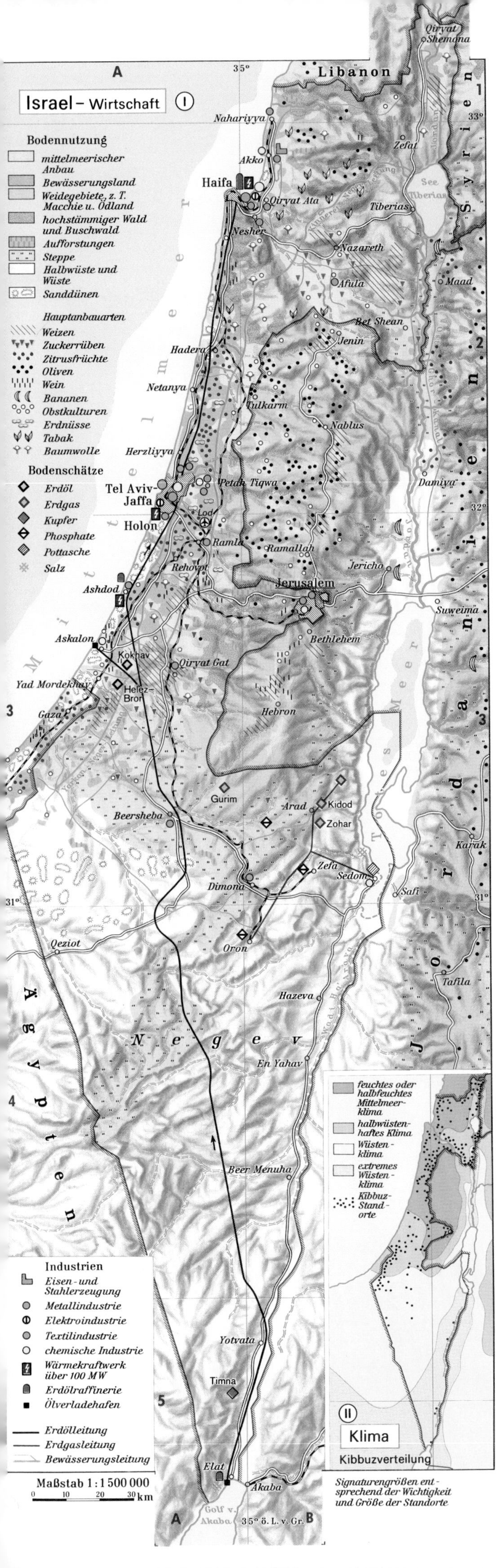

Israel – Wirtschaft I

Bodennutzung
- mittelmeerischer Anbau
- Bewässerungsland
- Weidegebiete, z. T. Macchie u. Ödland
- hochstämmiger Wald und Buschwald
- Aufforstungen
- Steppe
- Halbwüste und Wüste
- Sanddünen

Hauptanbauarten
- Weizen
- Zuckerrüben
- Zitrusfrüchte
- Oliven
- Wein
- Bananen
- Obstkulturen
- Erdnüsse
- Tabak
- Baumwolle

Bodenschätze
- Erdöl
- Erdgas
- Kupfer
- Phosphate
- Pottasche
- Salz

Industrien
- Eisen- und Stahlerzeugung
- Metallindustrie
- Elektroindustrie
- Textilindustrie
- chemische Industrie
- Wärmekraftwerk über 100 MW
- Erdölraffinerie
- Ölverladehafen
- Erdölleitung
- Erdgasleitung
- Bewässerungsleitung

Maßstab 1:1 500 000
0 10 20 30 km

II Klima
- feuchtes oder halbfeuchtes Mittelmeerklima
- halbwüstenhaftes Klima
- Wüstenklima
- extremes Wüstenklima
- Kibbuz-Standorte

Kibbuzverteilung

Signaturengrößen entsprechend der Wichtigkeit und Größe der Standorte

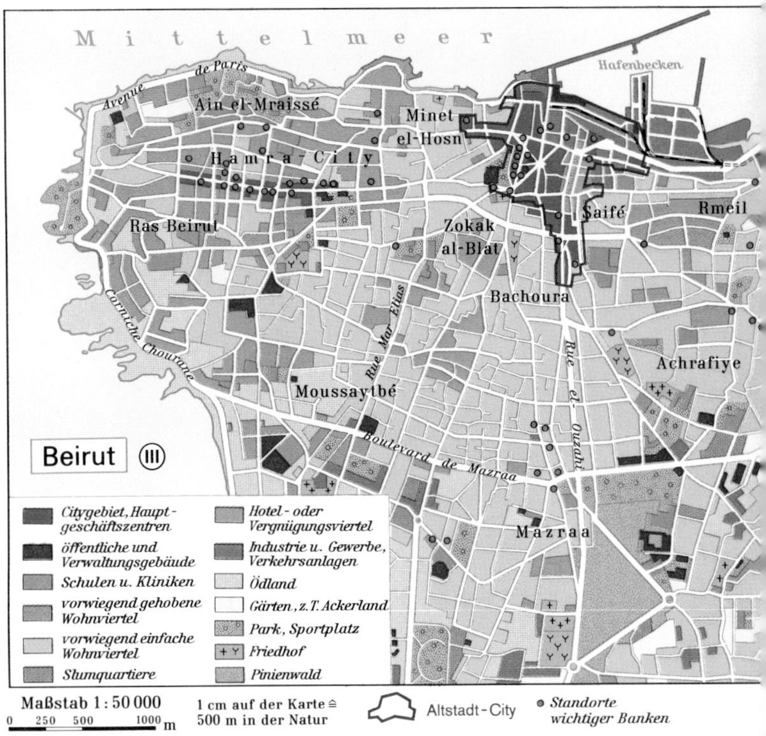

Beirut III

- Citygebiet, Hauptgeschäftszentren
- öffentliche und Verwaltungsgebäude
- Schulen u. Kliniken
- vorwiegend gehobene Wohnviertel
- vorwiegend einfache Wohnviertel
- Slumquartiere
- Hotel- oder Vergnügungsviertel
- Industrie u. Gewerbe, Verkehrsanlagen
- Ödland
- Gärten, z. T. Ackerland
- Park, Sportplatz
- Friedhof
- Pinienwald

Maßstab 1:50 000   1 cm auf der Karte ≙ 500 m in der Natur
0 250 500 1000 m
Altstadt-City   Standorte wichtiger Banken

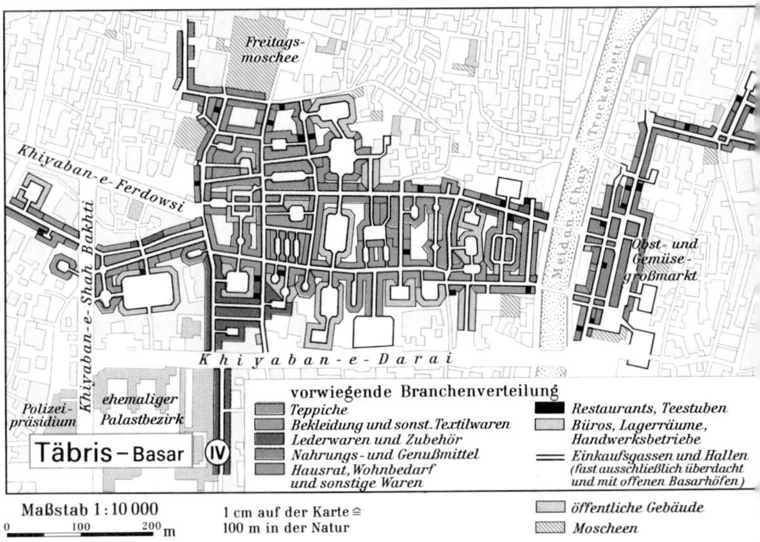

Täbris – Basar IV

vorwiegende Branchenverteilung
- Teppiche
- Bekleidung und sonst. Textilwaren
- Lederwaren und Zubehör
- Nahrungs- und Genußmittel
- Hausrat, Wohnbedarf und sonstige Waren
- Restaurants, Teestuben
- Büros, Lagerräume, Handwerksbetriebe
- Einkaufsgassen und Hallen (fast ausschließlich überdacht und mit offenen Basarhöfen)
- öffentliche Gebäude
- Moscheen

Maßstab 1:10 000   1 cm auf der Karte ≙ 100 m in der Natur
0 100 200 m

Khanatbewässerung V

- Weinbau
- Obstbau
- Kleingärten
- sonst. Kulturland
- Höhenlinien
- Khanat (unterirdischer Bewässerungsstollen zur Sammlung und Weiterleitung des Grundwassers)
- Bewässerungsgraben
- Pumpstation
- Dorf
- Einzelgebäude
- Straße
- Weg

Maßstab 1:250 000   1 cm auf der Karte ≙ 2,5 km in der Natur
0 1 2 3 4 5 km

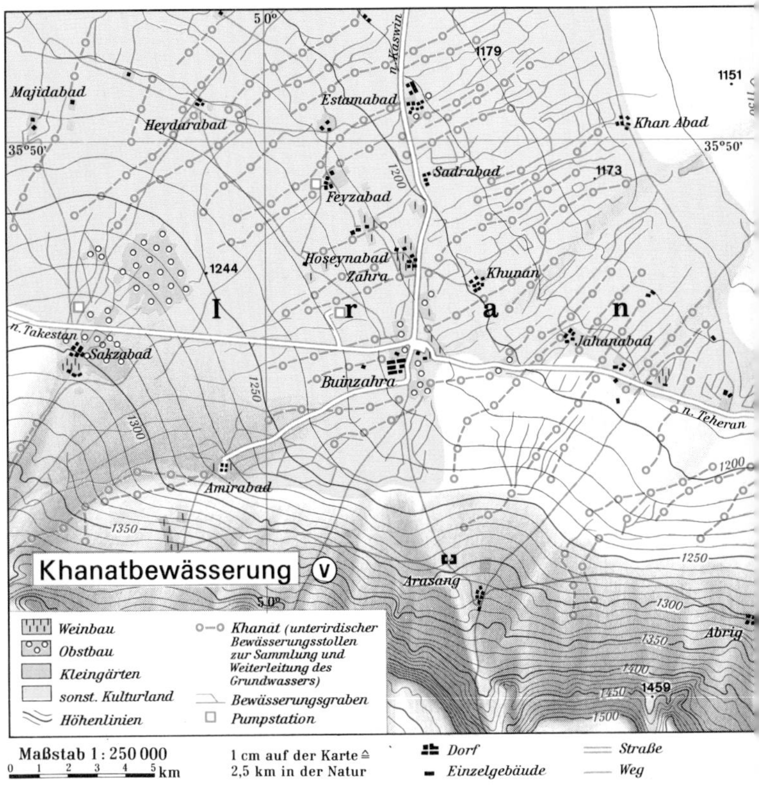

Maßstab 1 : 18 000 000

0 100 200 300 400 500 km

Staatsgrenzen
Grenzen der
Sowjetrepubliken

Tundra
Wüste

Meerestiefen

üb. 4000 m	2000-4000	200-2000	0-200 m.

Landhöhen

Senken	0-100 m	100-200	200-500	500-1000	1000-1500	1500-3000	üb. 3000 m

Weitere Erläuterungen siehe Seite 130/1.

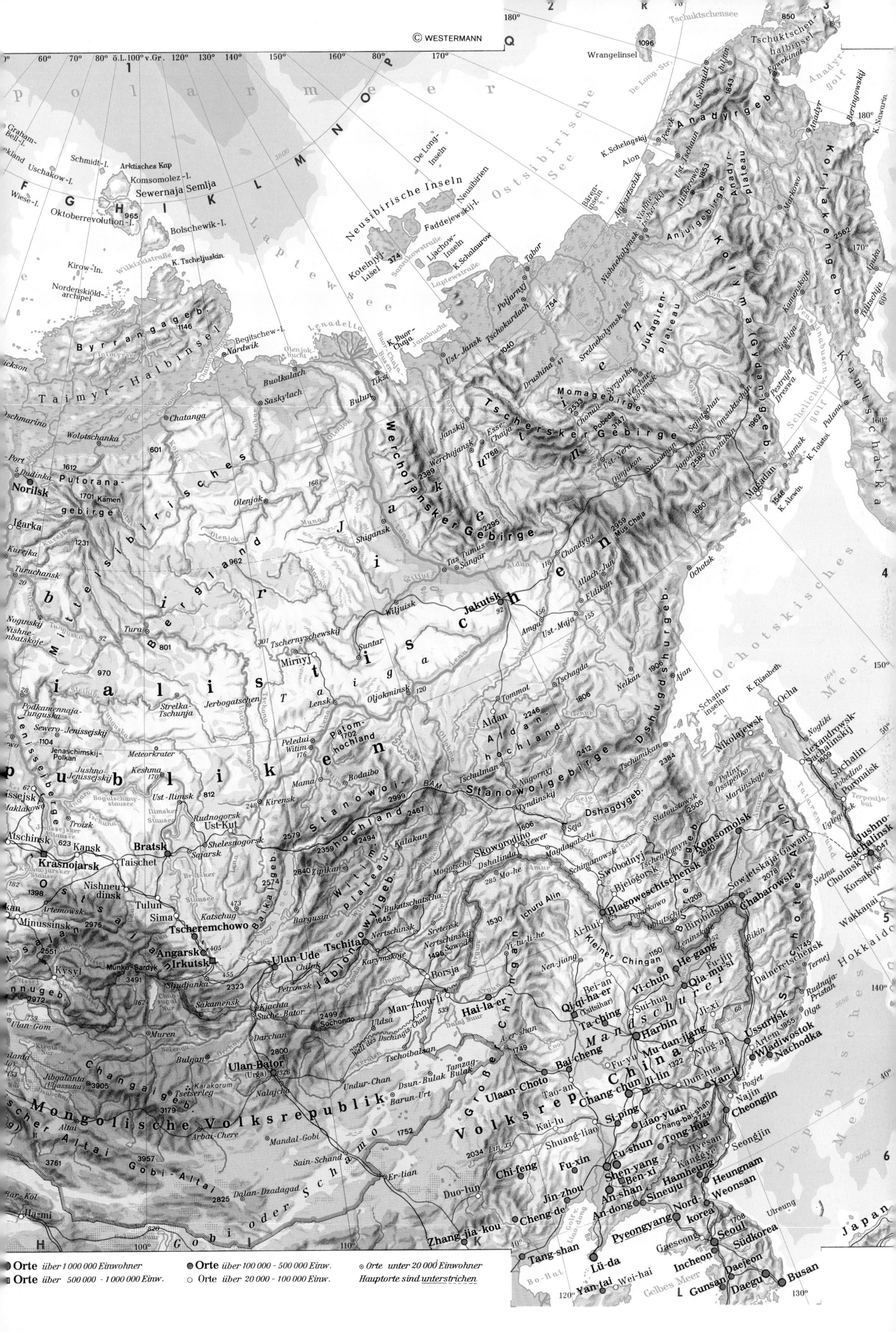
Polarmeer
Wrangelinsel
Tschuktschensee
Tschuktschen-halbinsel
Anadyrgeb.
Anadyrgolf
Anadyr-plateau
Anjuigebirge
Korjakengeb.
Kamtschatka
Ostsibirische See
Neusibirische Inseln
De Long-Inseln
Kotelnyj-I.
Faddejewskij-I.
Ljachow-Inseln
Bäreninseln
Kolyma (Gydangeb.)
Jukagiren-plateau
Momagebirge
Tscherskigebirge
Werchojansker Gebirge
Lapteewsee
Lenadelta
Sewernaja Semlja
Oktoberrevolution-I.
Bolschewik-I.
Komsomolez-I.
Schmidt-I.
Arktisches Kap
K. Tscheljuskin
Nordenskiöld-archipel
Byrrangageb.
Taimyr-Halbinsel
Putorana-gebirge
Norilsk
Igarka
Mittelsibirisches Bergland
Jakutsk
Mirnyj
Lensk
Oljokminsk
Aldan
Aldanhochland
Patomhochland
Stanowoigebirge
Stanowoihochland
Dshugdshurgeb.
Ochotsk
Magadan
Ochotskisches Meer
Sachalin
Jushno-Sachalinsk
Schelichowgolf
Witimplateau
Jablonowyjgeb.
Baikal
Bratsk
Krasnojarsk
Kansk
Taischet
Tulun
Tscheremchowo
Angarsk
Irkutsk
Ulan-Ude
Tschita
Ostsajan
Westsajan
Kysyl
Munku-Sardyk 3491
Mongolische Volksrepublik
Changaigeb.
Ulan-Bator (Urga)
Darchan
Mongolischer Altai
Gobi-Altai
Gobi oder Schamo
Große Chingan
Kleiner Chingan
Mandschurei
Volksrep. China
Hai-la-er
Qi-qi-ha-er (Tsitsihar)
Harbin
Chang-chun
Shen-yang
An-shan
Fu-shun
Ji-lin
Mu-dan-jiang
Jia-mu-si
Blagoweschtschensk
Chabarowsk
Komsomolsk
Wladiwostok
Nachodka
Ussurijsk
Sichote-Alin
Bureja geb.
Dshagdygeb.
Nordkorea
Pyeongyang
Südkorea
Seoul
Busan
Daegu
Daejeon
Incheon
Japanisches Meer
Hokkaido
Gelbes Meer
Lü-da
Tang-shan
Zhang-jia-kou
Cheng-de
Ha-mi
Orte über 1 000 000 Einwohner
Orte über 500 000 - 1 000 000 Einw.
Orte über 100 000 - 500 000 Einw.
Orte über 20 000 - 100 000 Einw.
Orte unter 20 000 Einwohner
Hauptorte sind unterstrichen

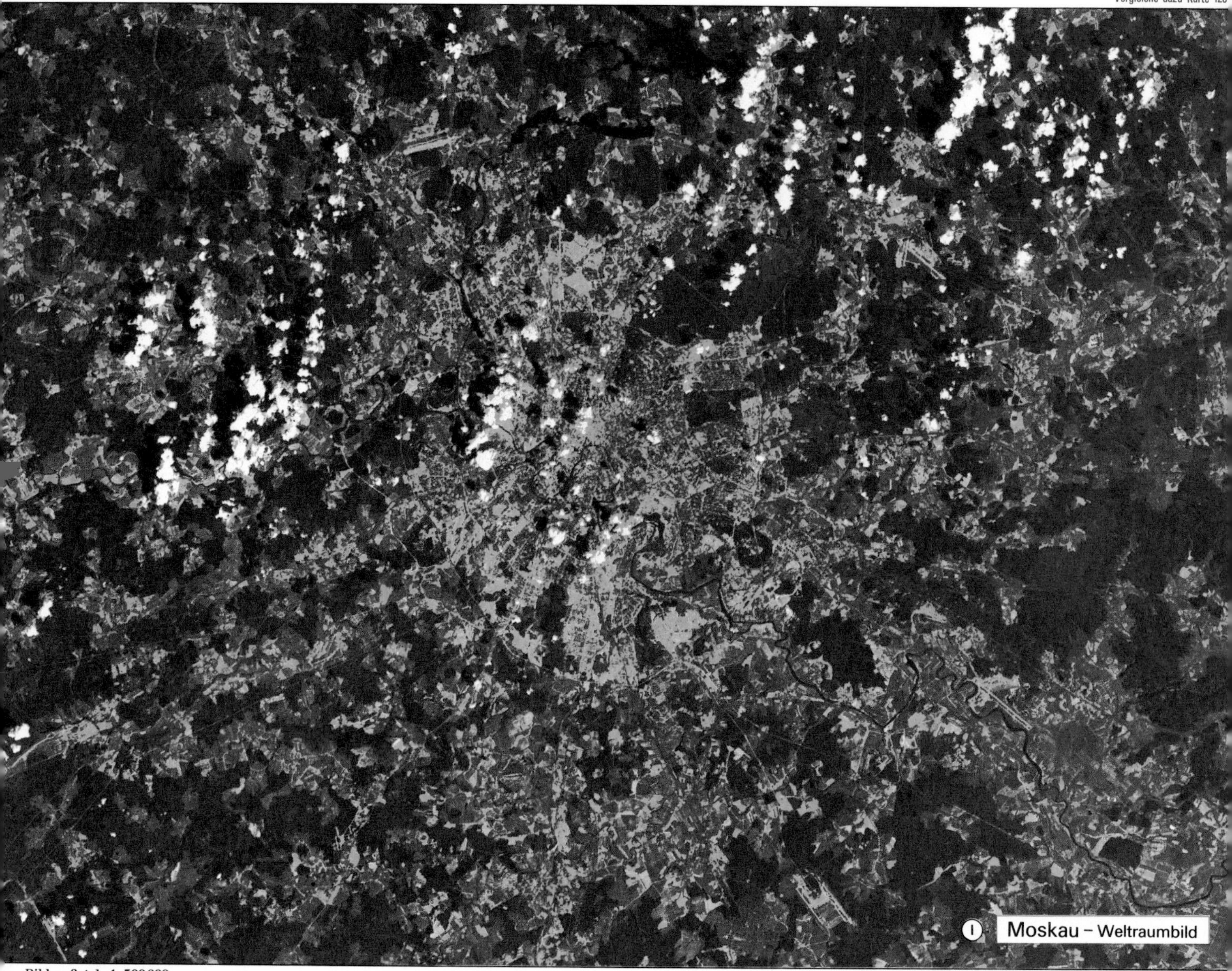

Ⓘ Moskau – Weltraumbild

Bildmaßstab 1:500 000

Landsat 2 – Multispektrale Senkrechtaufnahme (Falschfarben) / Aufnahmehöhe 915 km / 25. Juli 1976

Bildnachweis: Telespazio / Rom, Bandüberspielung durch DFVLR/Oberpfaffenhofen
Mit Genehmigung der NASA/Washington

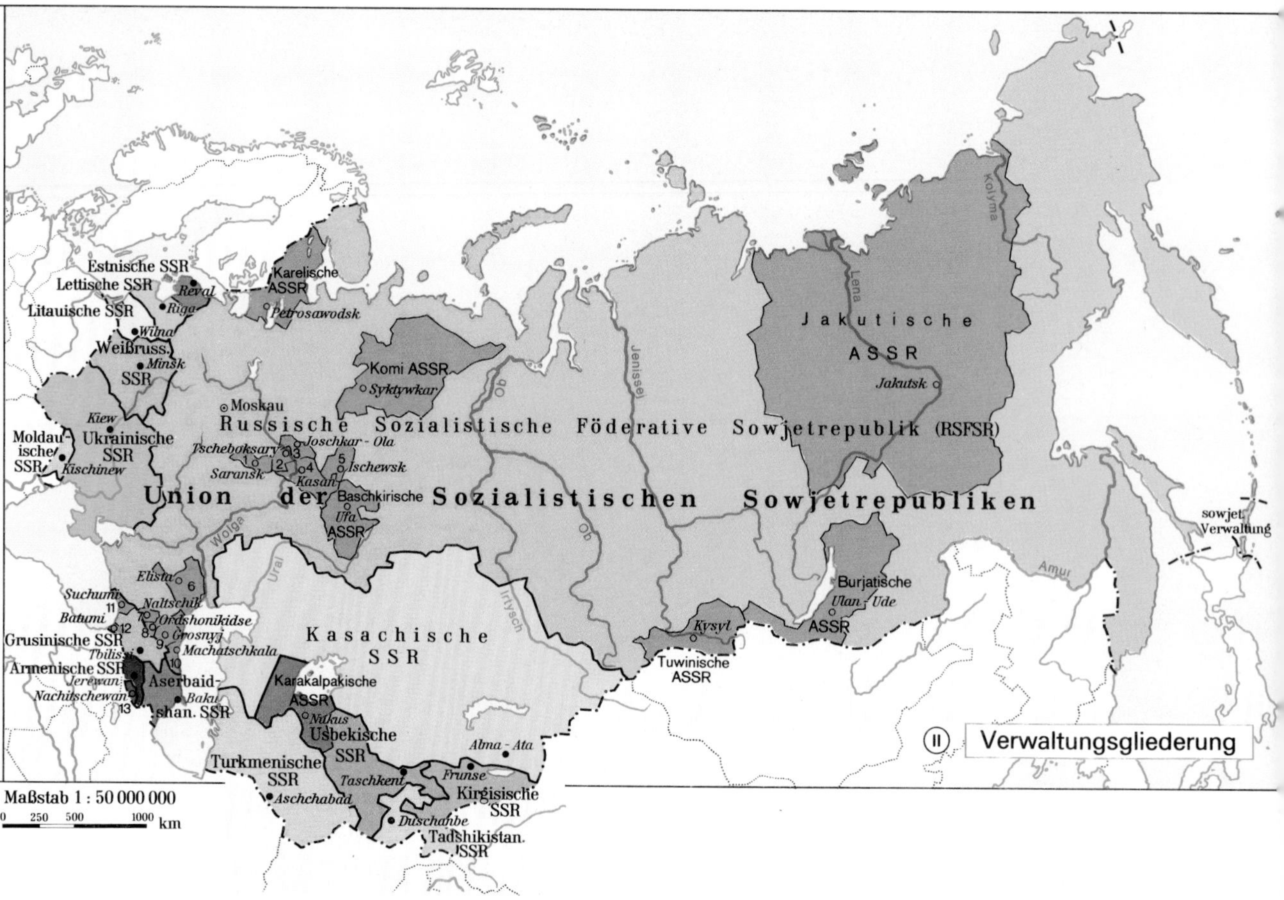

_._._ *Grenze der Union der Sozialistischen Sowjetrepubliken* **(UdSSR)**

⊙ *Hauptstadt*

——— *Grenze der Sozialistischen Sowjetrepubliken (SSR)*

• *Hauptort*

——— *Grenze der Autonomen Sozialistischen Sowjetrepubliken (ASSR)*

○ *Hauptort*

1 Mordwinische ASSR
2 Tschuwaschische ASSR
3 Mari ASSR
4 Tatarische ASSR
5 Udmurtische ASSR
6 Kalmükische ASSR
7 Kabardino-Balkarische ASSR
8 Nordossetische ASSR
9 Tschetscheno-Inguschische ASSR
10 Dagestanische ASSR
11 Abchasische ASSR
12 Adsharische ASSR
13 Nachitschewanische ASSR

Ⓘ Verwaltungsgliederung

Maßstab 1 : 50 000 000

0 250 500 1000 km

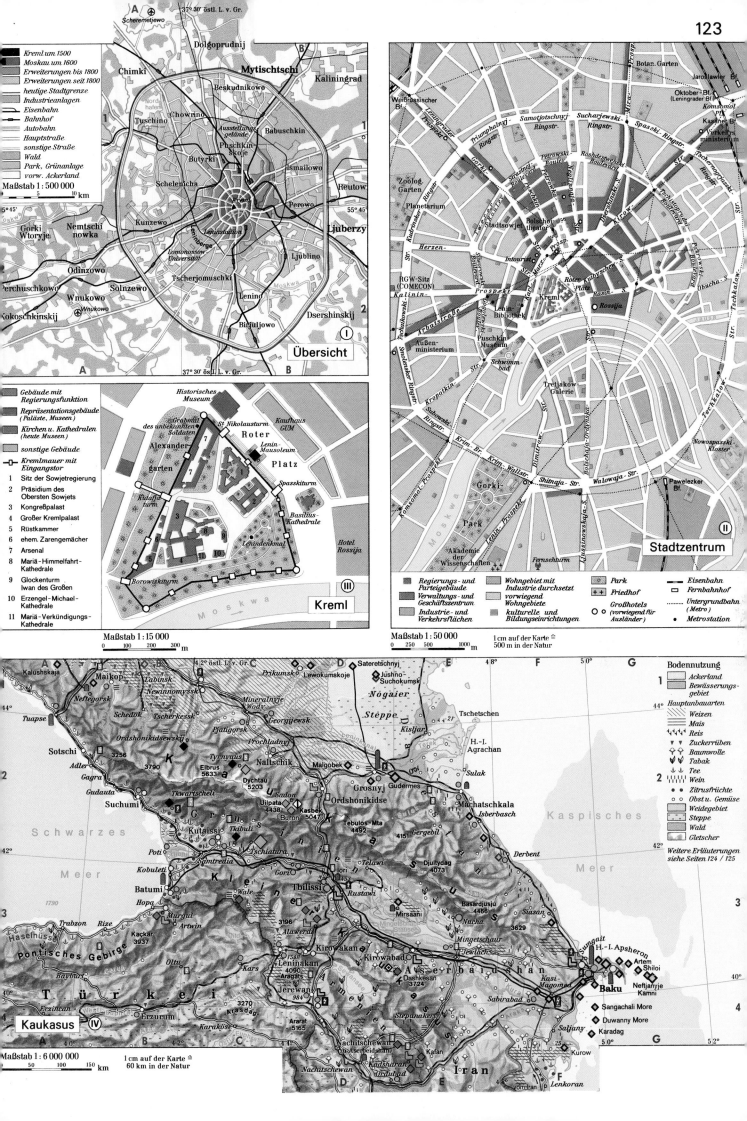

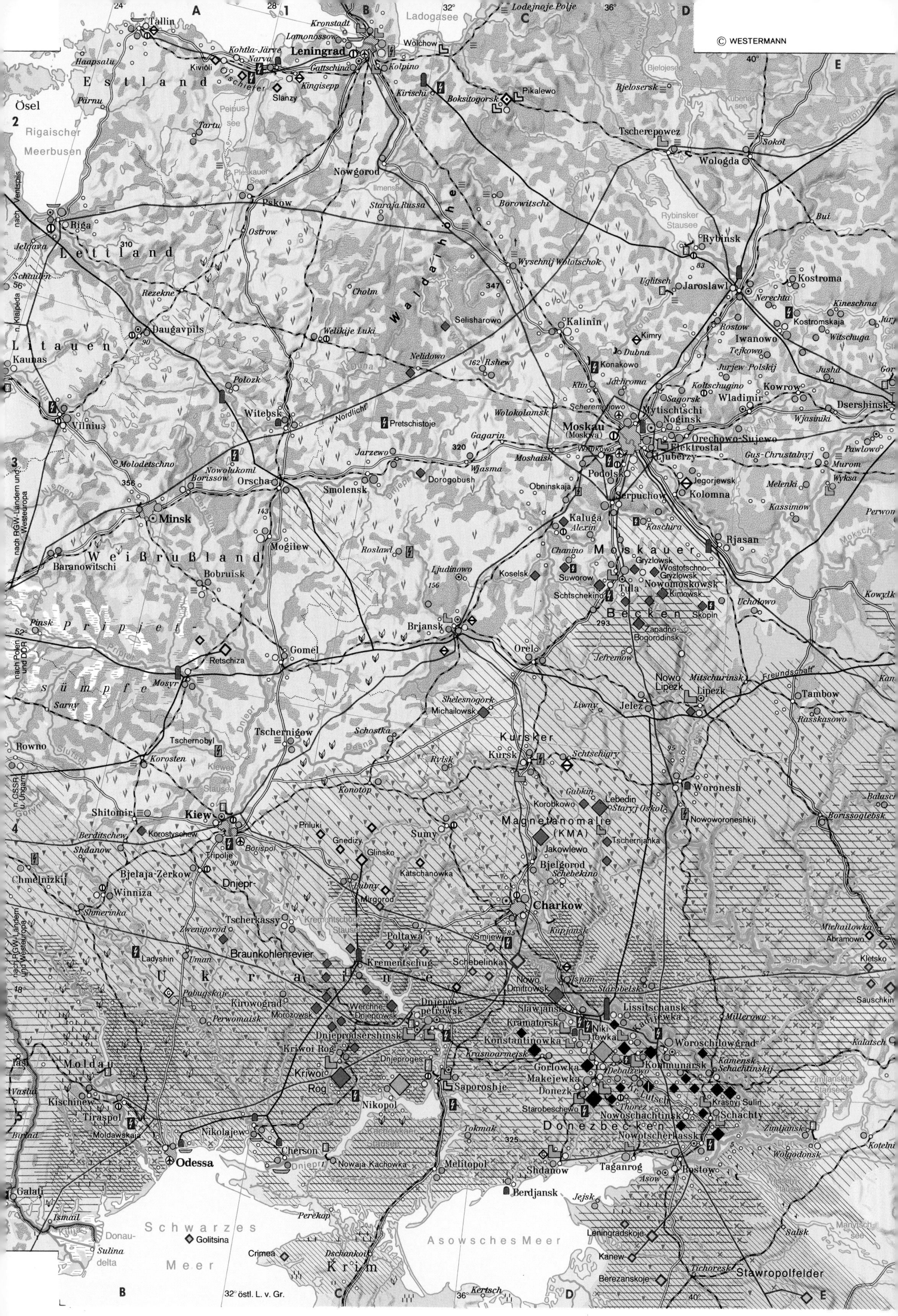
© WESTERMANN
Tallin
Haapsalu
Kiviõli
Kohtla-Järve
Narva
Estland
Ösel
Pärnu
Rigaischer Meerbusen
Slanzy
Kingisepp
Leningrad
Kronstadt
Lomonossow
Gattschina
Kolpino
Ladogasee
Wolchow
Lodejnoje Polje
Bjelojesee
Kirischi
Boksitogorsk
Pikalewo
Bjelosersk
Peipussee
Tartu
Pleskauer See
Tscherepowez
Sokol
Wologda
Nowgorod
Ilmensee
Pskow
Riga
Staraja Russa
Borowitschi
Rybinsker Stausee
Bui
Rybinsk
Lettland
Ostrow
Jelgava
Schaulen
nach Ventspils
Rezekne
Cholm
Waldaihöhe
Wyschnij Wolotschok
Uglitsch
Jaroslawl
Kostroma
Nerechta
Kineschma
Daugavpils
Litauen
Kaunas
Welikije Luki
Selisharowo
Kalinin
Kimry
Dubna
Kostromskaja
Rostow
Iwanowo
Witschuga
Nelidowo
Rshew
Konakowo
Tejkowo
Jurjew-Polskij
Jusha
Polozk
Klin
Jachroma
Koltschugino
Kowrow
Wladimir
Sagorsk
Vilnius
Witebsk
Pretschistoje
Wolokolamsk
Scheremetjewo
Mytischtschi
Noginsk
Dsershinsk
Wjasniki
Moskau (Moskwa)
Orechowo-Sujewo
Elektrostal
Ljuberzy
Gus-Chrustalnyj
Murom
Pawlowo
Wyksa
Gagarin
Jarzewo
Wjasma
Moshaisk
Wnukowo
Podolsk
Molodetschno
Nowolukoml
Borissow
Orscha
Smolensk
Dorogobush
Obninskaja
Jegorjewsk
Kolomna
Serpuchow
Melenki
Minsk
Kaluga
Alexin
Kaschira
Kassimow
Rjasan
Mogilew
Roslawl
Weißrußland
Baranowitschi
Bobruisk
Ljudinowo
Chanino
Suworow
Koselsk
Moskauer Becken
Gryzlowsk
Wostotschno-Gryzlowsk
Nowomoskowsk
Tula
Schtschekino
Kimowsk
Skopin
Ucholowo
Pinsk
Pripjet-sümpfe
Brjansk
Gomel
Retschiza
Mosyr
Sarny
Orel
Jefremow
Sapadno-Bogorodinsk
Nowo Lipezk
Lipezk
Mitschurinsk
Freundschaft
Tambow
Rasskasowo
Jelez
Liwny
Tschernigow
Schostka
Schelesnogorsk
Michailowsk
Rowno
Tschernobyl
Korosten
Kiewer Stausee
Kursker
Kursk
Rylsk
Schtschigry
Konotop
Gubkin
Lebedin
Staryj Oskol
Woronesh
Nowoworoneshkij
Borissoglebsk
Shitomir
Kiew
Korostyschew
Berditschew
Shdanow
Priluki
Gnedizy
Glinsko
Sumy
Magnetanomalie (KMA)
Korobkowo
Jakowlewo
Tschernjanka
Borispol
Tripolje
Katschanowka
Bjelgorod
Schebekino
Chmelnizkij
Bjelaja-Zerkow
Dnjepr
Winniza
Shmerinka
Lubny
Mirgorod
Charkow
Tscherkassy
Krementschuger Stausee
Poltawa
Kupjansk
Michailowka
Abramowo
Swenigorod
Ladyshin
Uman
Braunkohlenrevier
Krementschug
Smijew
Schebelinka
Isjum
Kletsko
Ukraine
Pobugskoje
Perwomaisk
Kirowograd
Morozowsk
Werchne-Dnjeprowsk
Dnjepropetrowsk
Nowo Dmitrowsk
Starobelsk
Slawjansk
Kramatorsk
Lissitschansk
Kadijewka
Millerowo
Sauschkin
Dnjeprodsershinsk
Konstantinowka
Nikitowka
Woroschilowgrad
Kalatsch
Moldau
Krasnoarmejsk
Kriwoi Rog
Dnjeproges
Gorlowka
Debalzewo
Kommunarsk
Kamensk-Schachtinskij
Makejewka
Donezk
Kr. Lutsch
Tschores
Krasnyi Sulin
Zimljansker Stausee
Saporoshje
Iasi
Vaslui
Kischinew
Tiraspol
Moldawskaja
Nikopol
Starobeschewo
Nowoschachtinsk
Schachty
Kachowkaer Stausee
Tokmak
Donezbecken
Nowotscherkassk
Zimljansk
Wolgodonsk
Kotelni
Birlad
Nikolajew
Cherson
Nowaja Kachowka
Melitopol
Odessa
Shdanow
Taganrog
Rostow
Asow
Weselyi Stausee
Galati
Ismail
Berdjansk
Jejsk
Perekop
Donaudelta
Sulina
Schwarzes Meer
Golitsina
Crimea
Dschankoi
Krim
Asowsches Meer
Leningradskoje
Kanew
Salsk
Manytsch-see
Berezanskoje
Tichorezk
Stawropolfelder
Kertsch
32° östl. L. v. Gr.
nach RGW-Ländern und Westeuropa
nach Polen und DDR
n. CSSR u. Ungarn
n. Klaipeda
Nordlicht

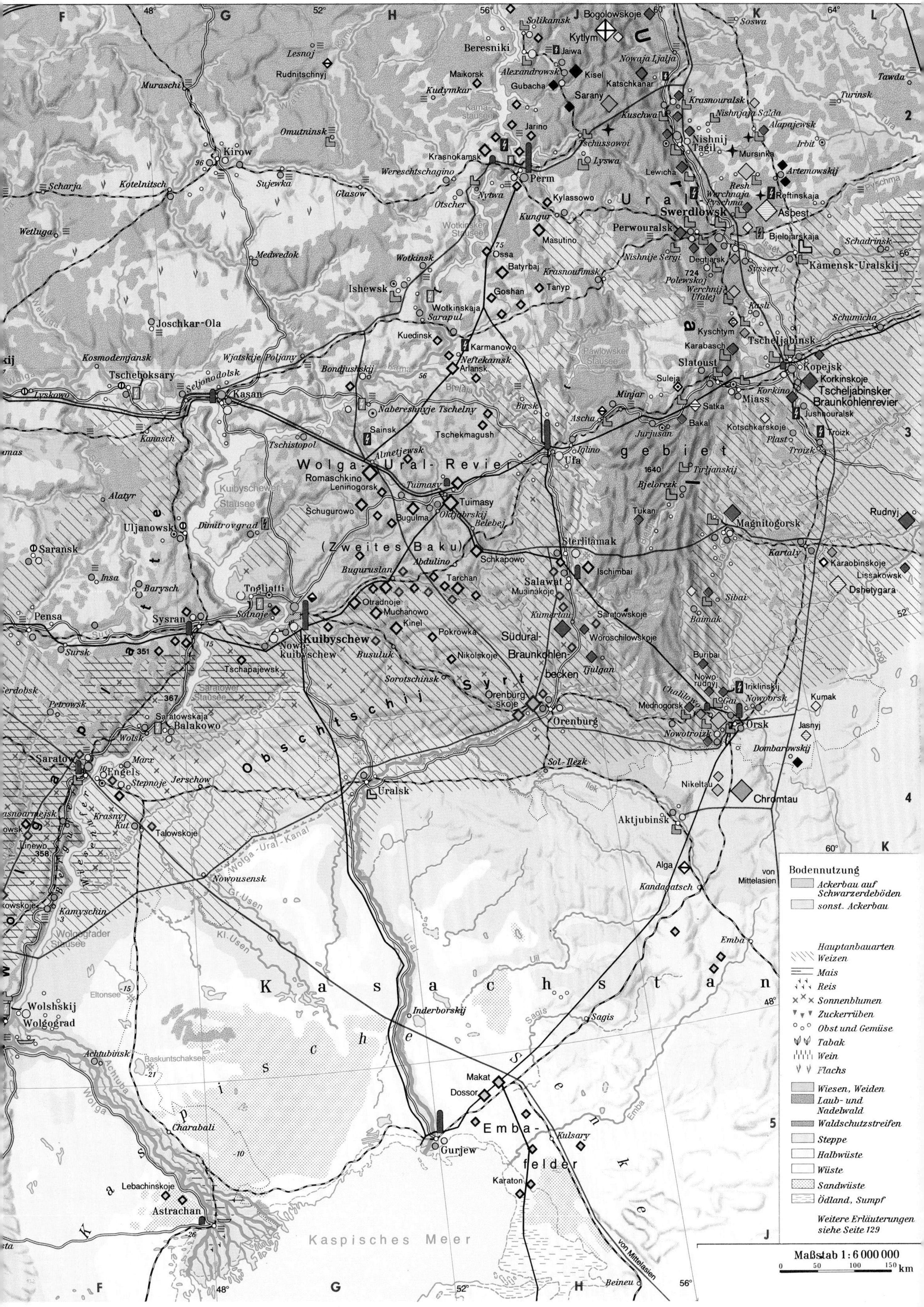

Bodennutzung

▨	*Ackerbau auf Schwarzerdeböden*
▫	*sonst. Ackerbau*

Hauptanbauarten

⫫	*Weizen*
≡	*Mais*
ⱱⱱ	*Reis*
✕✕	*Sonnenblumen*
ⱱⱱ	*Zuckerrüben*
∘∘∘	*Obst und Gemüse*
Ψ Ψ	*Tabak*
ⱬⱬ	*Wein*
ⱱ ⱱ	*Flachs*

▨	*Wiesen, Weiden*
▨	*Laub- und Nadelwald*
▨	*Waldschutzstreifen*
▫	*Steppe*
▫	*Halbwüste*
□	*Wüste*
▨	*Sandwüste*
▨	*Ödland, Sumpf*

Weitere Erläuterungen siehe Seite 129

Maßstab 1 : 6 000 000

0   50   100   150 km

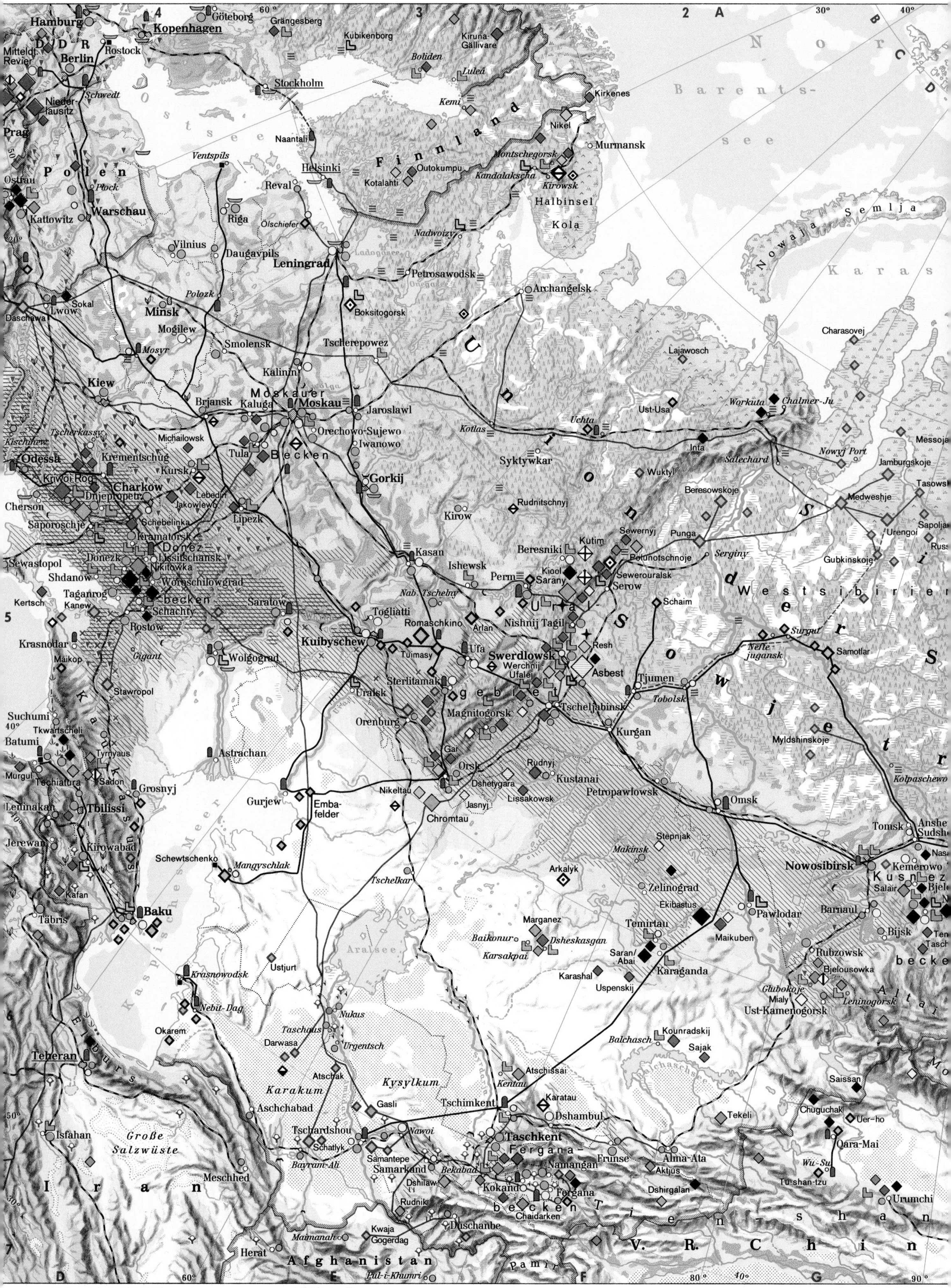

Maßstab 1 : 18 000 000
0 100 200 300 400 500 km

Boden-
nutzung

Ackerbau auf
humusreichen Böden
(überwiegend Schwarzerde)

humusarmen Böden

Haupt-
anbauarten

Weizen
Mais
Reis

Zuckerrüben
Baumwolle
Zitrusfrüchte

Wein
Tabak
Tee

Sojabohnen
Sonnenblumen

vorwiegend Weidegebiete
in der gemäßigten Zone
Wiesen und Weiden

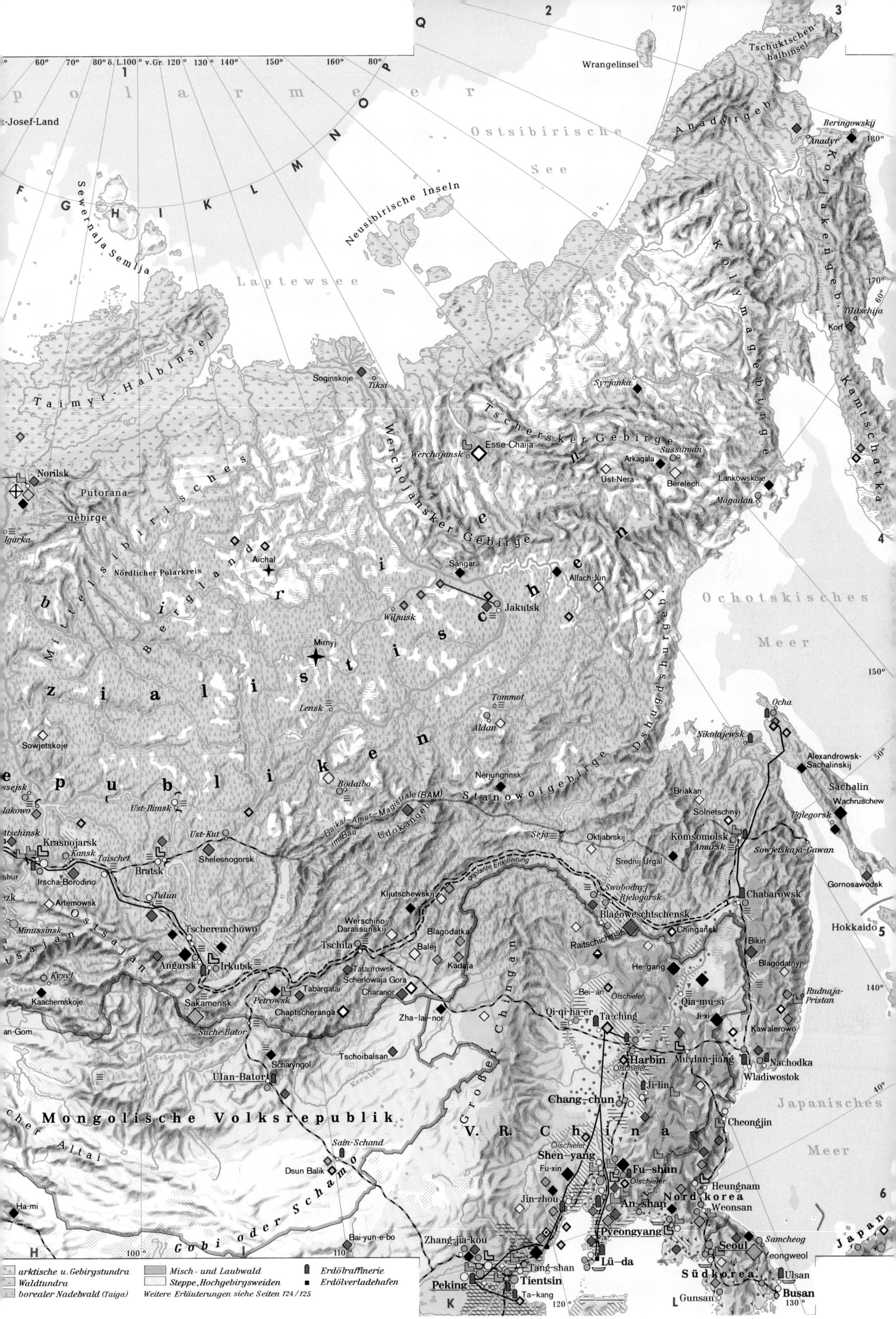
Polarmeer
Ostsibirische See
Laptewsee
Wrangelinsel
Tschuktschenhalbinsel
Anadyrgeb.
Beringowskij
Anadyr
Korjakengeb.
Neusibirische Inseln
Sewernaja Semlja
Franz-Josef-Land
Taimyr-Halbinsel
Mittelsibirisches Bergland
Putoranagebirge
Norilsk
Igarka
Nördlicher Polarkreis
Soginskoje
Tiksi
Werchojansker Gebirge
Tscherskergebirge
Kolymagebirge
Syrjanka
Esse-Chaija
Werchojansk
Arkagala
Sussuman
Ust-Nera
Berelech
Lankowskoje
Magadan
Tilitschija
Korf
Kamtschatka
Aichal
Sangar
Allach-Jun
Jakutsk
Wiljuisk
Mirnyj
Ochotskisches Meer
Lensk
Tommot
Aldan
Sowjetskoje
Dshugdshurgeb.
Stanowoigebirge
Nerjungrinsk
Bodaibo
Ust-Ilimsk
Baikal-Amur-Magistrale (BAM) im Bau
Udokangeb.
Ust-Kut
Seja
Oktjabrskij
Srednij Urgal
Briakan
Solnetschnyj
Komsomolsk
Amursk
Nikolajewsk
Ocha
Alexandrowsk-Sachalinskij
Sachalin
Wachruschew
Uglegorsk
Sowjetskaja-Gawan
Gornosawodsk
Hokkaido
Sozialistischen Sowjetrepubliken
Krasnojarsk
Atschinsk
Kansk
Taischet
Bratsk
Shelesnogorsk
Irscha-Borodino
Tulun
Artemowsk
Minussinsk
Tscheremchowo
Angarsk
Irkutsk
Kysyl
Kaachemskoje
Westsajan
Ostsajan
Sakamensk
Suche Bator
Petrowsk
Tabargatai
Kljutschewskij
Werschino-Darassunskij
Tschita
Blagodatka
Balej
Kadaja
Tataurowsk
Scherlowaja Gora
Charanor
Chaptscheranga
Zha-lai-nor
geplante Erdölleitung
Swobodnyj
Bjelogorsk
Blagoweschtschensk
Chingansk
Raitschichinsk
Chabarowsk
Bikin
Blagodatnyj
Rudnaja-Pristan
Kawalerowo
Nachodka
Wladiwostok
He-gang
Qia-mu-si
Ji-xi
Bei-an
Ölschiefer
Qi-qi-ha-er
Ta-ching
Harbin
Mu-dan-jiang
Ji-lin
Chang-chun
Großer Chingan
Scharyngol
Ulan-Bator
Tschoibalsan
Keruten
Selenga
Mongolische Volksrepublik
Mongolischer Altai
V. R. China
Sain-Schand
Dsun Balik
Gobi oder Schamo
Ha-mi
Bai-yun-e-bo
Shen-yang
Fu-xin
Fu-shun
Jin-zhou
An-shan
Zhang-jia-kou
Peking
Tang-shan
Tientsin
Ta-kang
Lü-da
Pyeongyang
Nordkorea
Heungnam
Weonsan
Cheongjin
Seoul
Samcheog
Yeongweol
Südkorea
Ulsan
Busan
Gunsan
Japanisches Meer
Japan
arktische u. Gebirgstundra
Waldtundra
borealer Nadelwald (Taiga)
Misch- und Laubwald
Steppe, Hochgebirgsweiden
Erdölraffinerie
Erdölverladehafen
Weitere Erläuterungen siehe Seiten 124/125

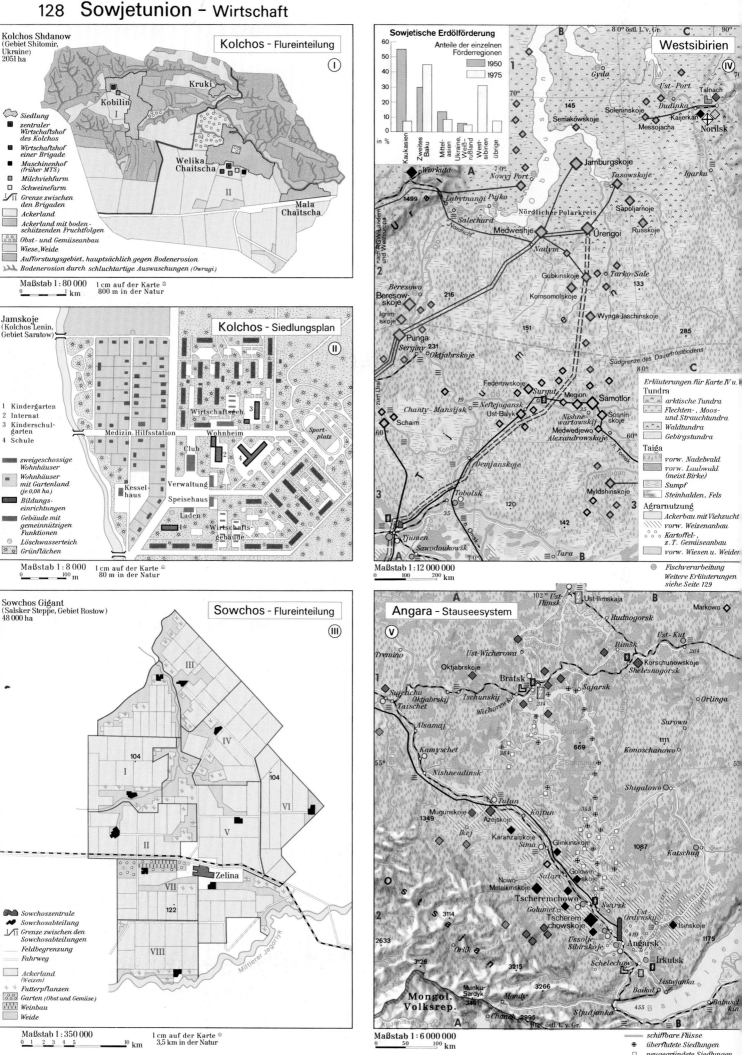

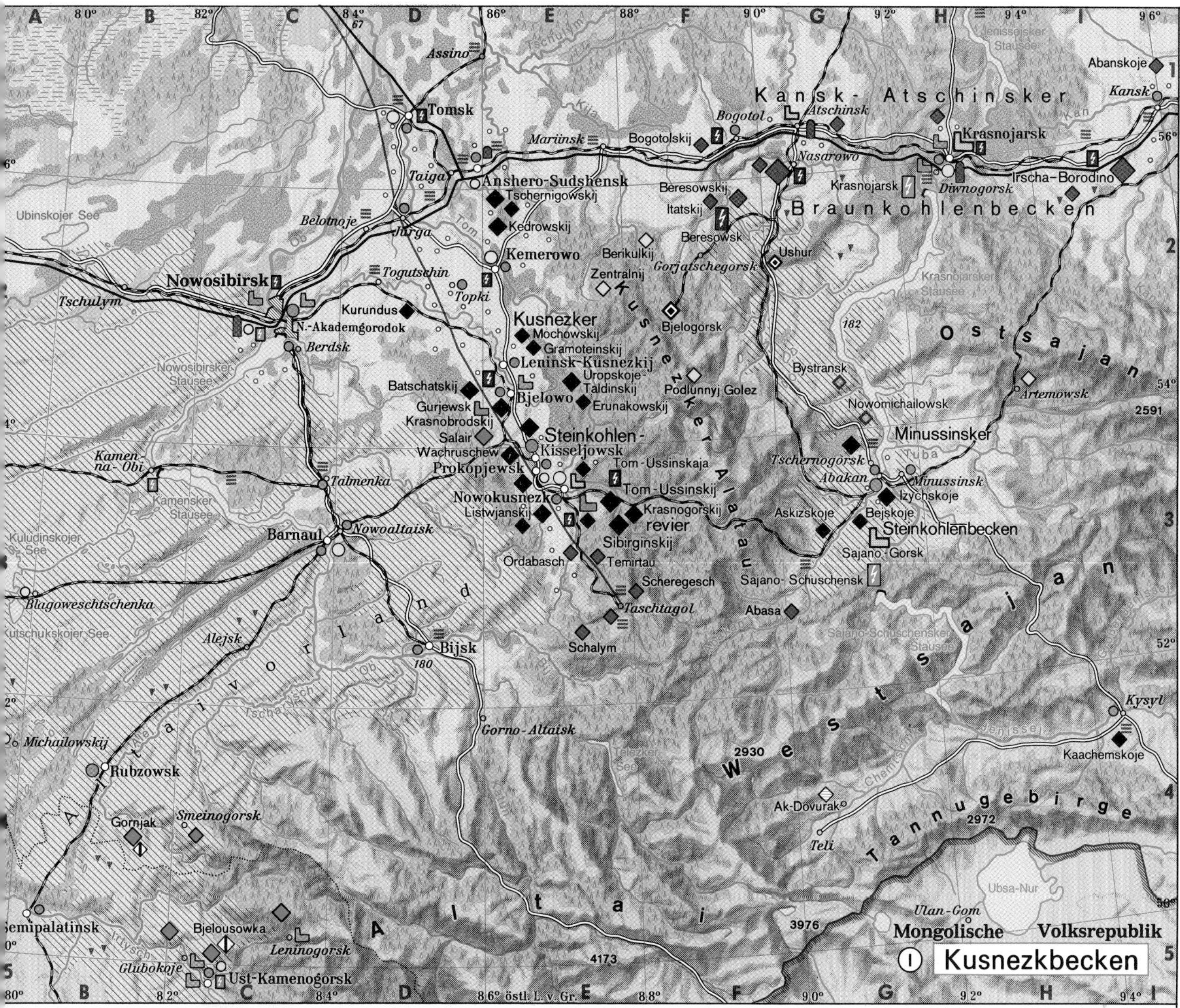

Maßstab 1 : 6 000 000
0 50 100 150 km

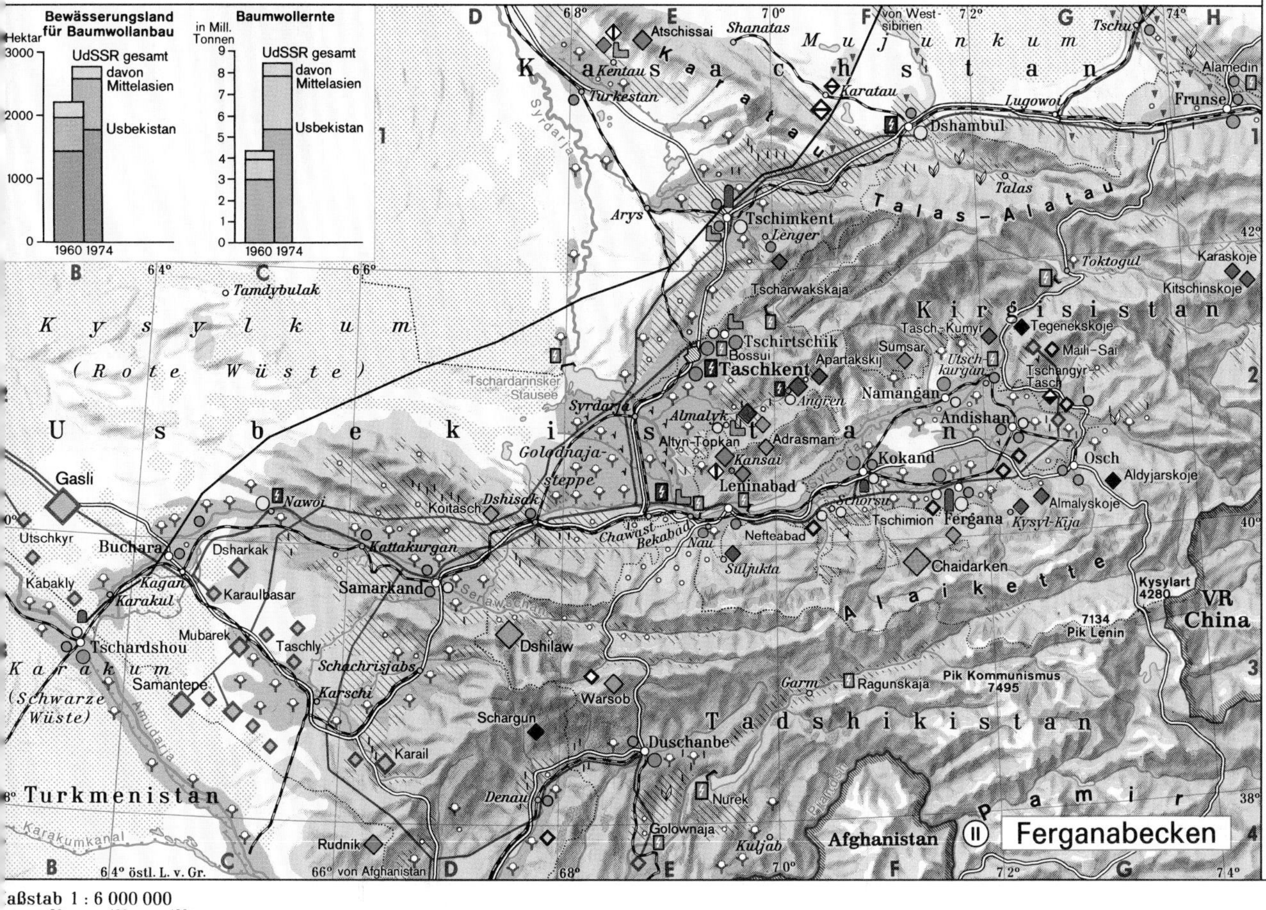

Maßstab 1 : 6 000 000
0 50 100 150 km

Bodennutzung

- *Ackerbau*
- *Bewässerungsgebiet*

Hauptanbauarten

- *Weizen*
- *Zuckerrüben*
- *Obst, Gemüse*
- *Baumwolle*
- *Reis*
- *Tabak*

- *Wiesen, Weiden*
- *Steppe*
- *Gebirgsweiden*
- *vorw. Laubwald*
- *vorw. Nadelwald*
- *Sumpf*
- *Wüste, Wüstensteppe*
- *Sandwüste*
- *Felsregion*
- *Gletscher*

Bodenschätze

- *Erdöl*
- *Erdgas*
- *Steinkohle*
- *Braunkohle*
- *Eisen*
- *Kupfer*
- *Stahlveredler (Mangan, Chrom, Wolfram)*
- *Zinn*
- *Blei und Zink*
- *Gold*
- *Silber*
- *Quecksilber*
- *Bauxit*
- *Asbest*
- *Phosphat*

Industrien

- *Eisen- und Stahlerzeugung*
- *Buntmetallverhüttung*
- *Aluminiumverhüttung*
- *Metallindustrie, Maschinenbau*
- *chemische Industrie*
- *Textilindustrie*
- *Holzeinschlag*
- *Wärmekraftwerk*
- *Wasserkraftwerk*
- *Erdölraffinerie*
- *Erdölleitung*
- *Erdgasleitung*

Signaturengrößen entsprechend der Höhe der Förderung bzw. der Wichtigkeit der Standorte

Orte

- *über 1 000 000 Einw.*
- *über 100 000 - 1 000 000*
- *unter 100 000 Einw.*

- *Eisenbahn*
- *wichtige Straße*
- *Kanal*
- *Staudamm*
- *Staatsgrenze*
- *Grenzen der Unionsrepubliken*
- *200 m - Tiefenlinie (Kontinentalschelf)*

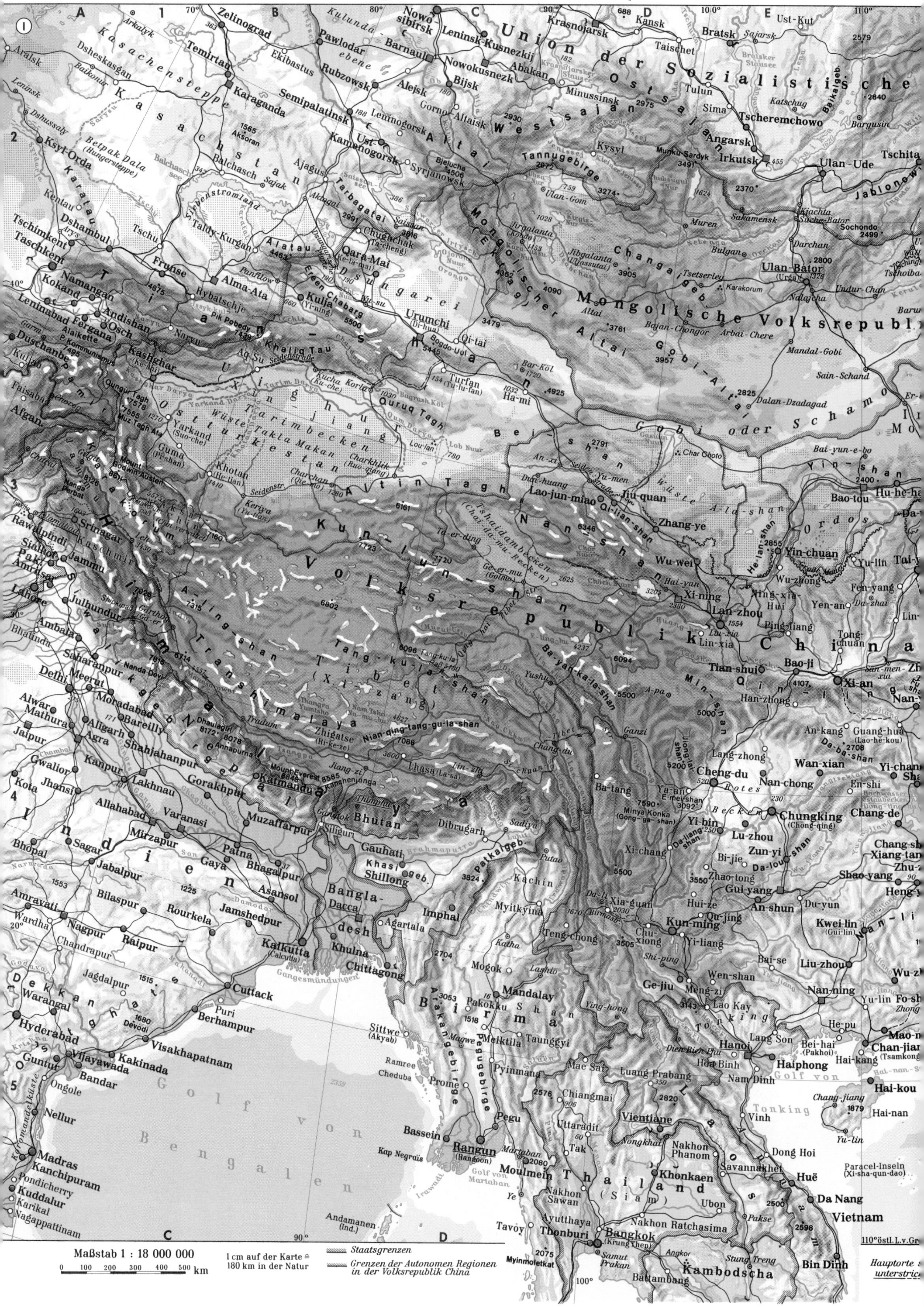

Maßstab 1 : 18 000 000

1 cm auf der Karte ≙
180 km in der Natur

0 100 200 300 400 500 km

///// *Staatsgrenzen*
///// *Grenzen der Autonomen Regionen*
in der Volksrepublik China

Hauptorte
unterstric

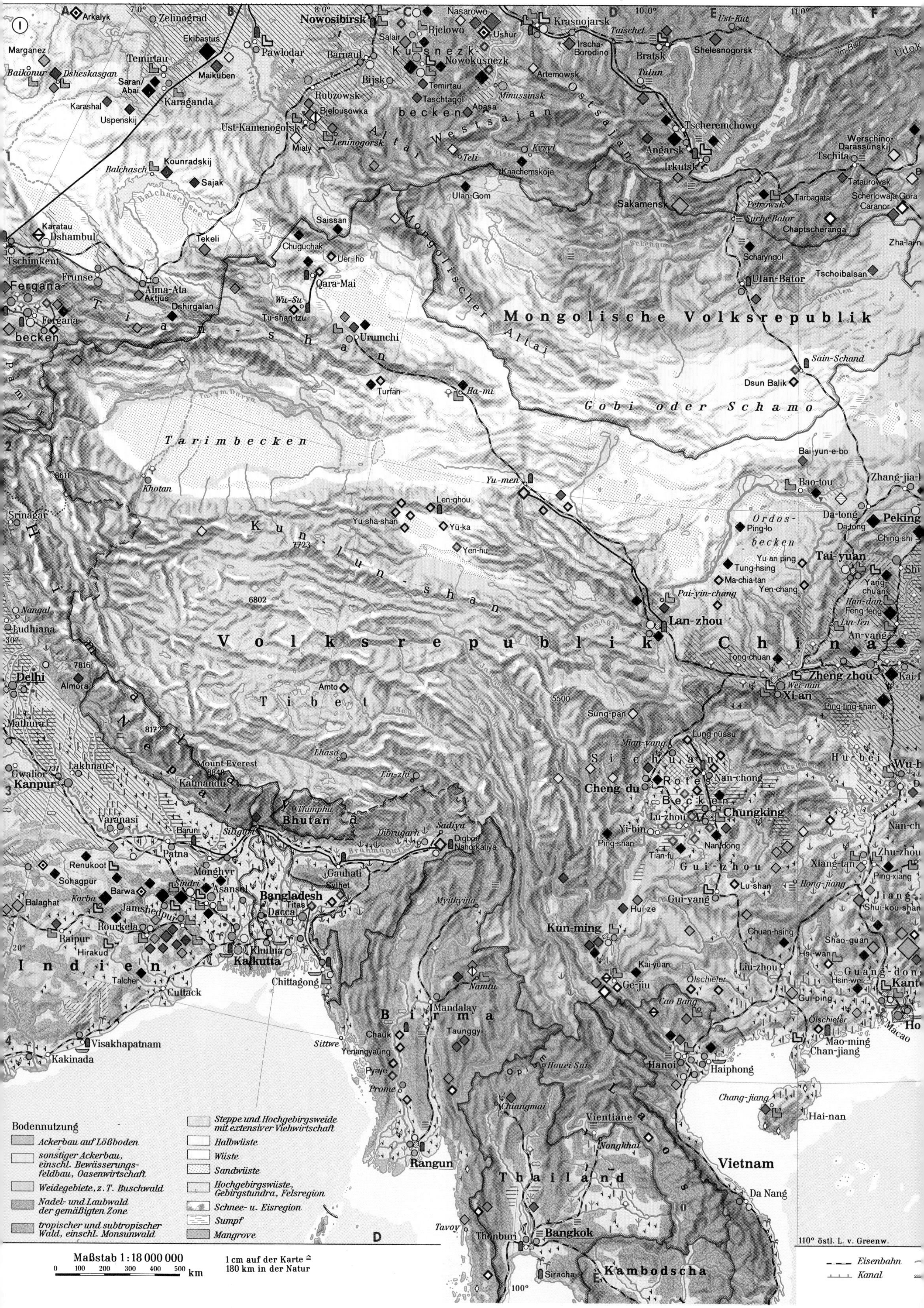

Bodennutzung

Ackerbau auf Lößboden

sonstiger Ackerbau, einschl. Bewässerungs-feldbau, Oasenwirtschaft

Weidegebiete, z.T. Buschwald

Nadel- und Laubwald der gemäßigten Zone

tropischer und subtropischer Wald, einschl. Monsunwald

Steppe und Hochgebirgsweide mit extensiver Viehwirtschaft

Halbwüste

Wüste

Sandwüste

Hochgebirgswüste, Gebirgstundra, Felsregion

Schnee- u. Eisregion

Sumpf

Mangrove

Maßstab 1 : 18 000 000

0 100 200 300 400 500 km

1 cm auf der Karte ≙
180 km in der Natur

–– · –– Eisenbahn

Kanal

110° östl. L. v. Greenw.

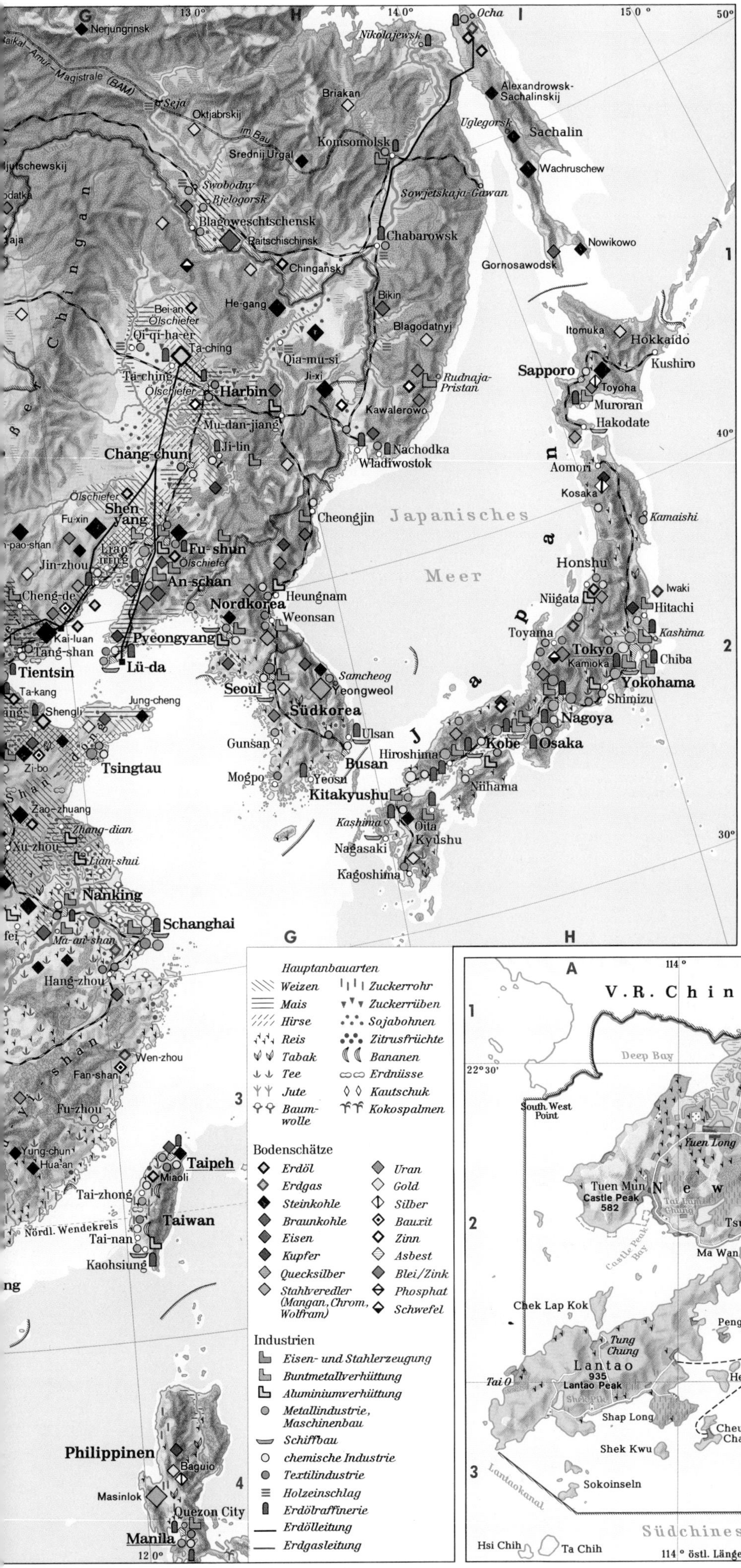

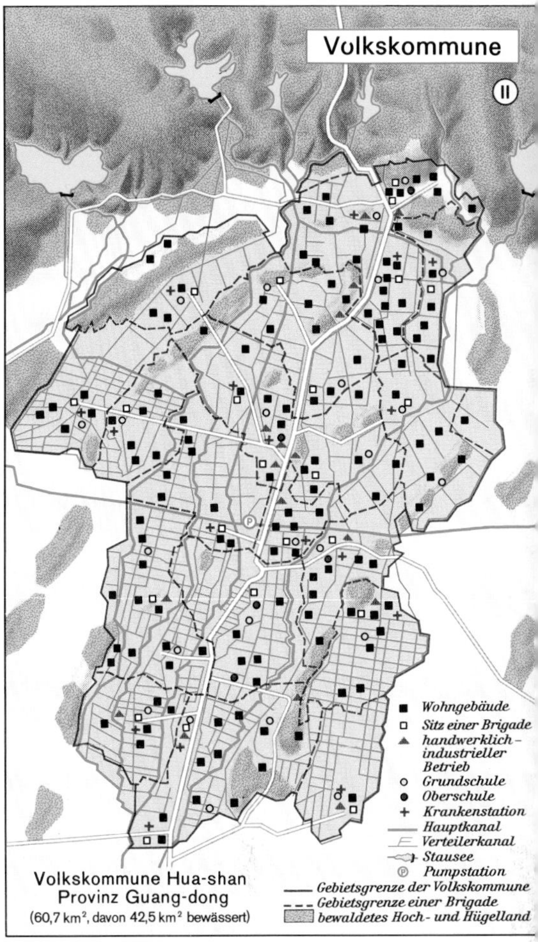

Maßstab 1 : 175 000 — 1 cm auf der Karte ≙ 1750 m in der Natur

Zeichenerklärung für Karte III

- Hauptgeschäftszentren und Wohngebiete höchster Besiedlungsdichte (bis zu 65 000 Einwohner je km²)
- sonstige Wohngebiete
- Regierung und Verwaltung
- vorwiegend militärische Anlagen
- Industrie- und Hafenanlagen
- Squattersiedlungen (illegale Notquartiere)
- Friedhof
- Marktgartenbau, Geflügel- und Schweinezucht
- Reisanbau (Naßreis)
- Grasland, z. T. Buschwald
- Wald
- aufgeforstete Flächen
- Sumpf
- Ödland, z. T. Brache
- projekt. Neulandgewinnung

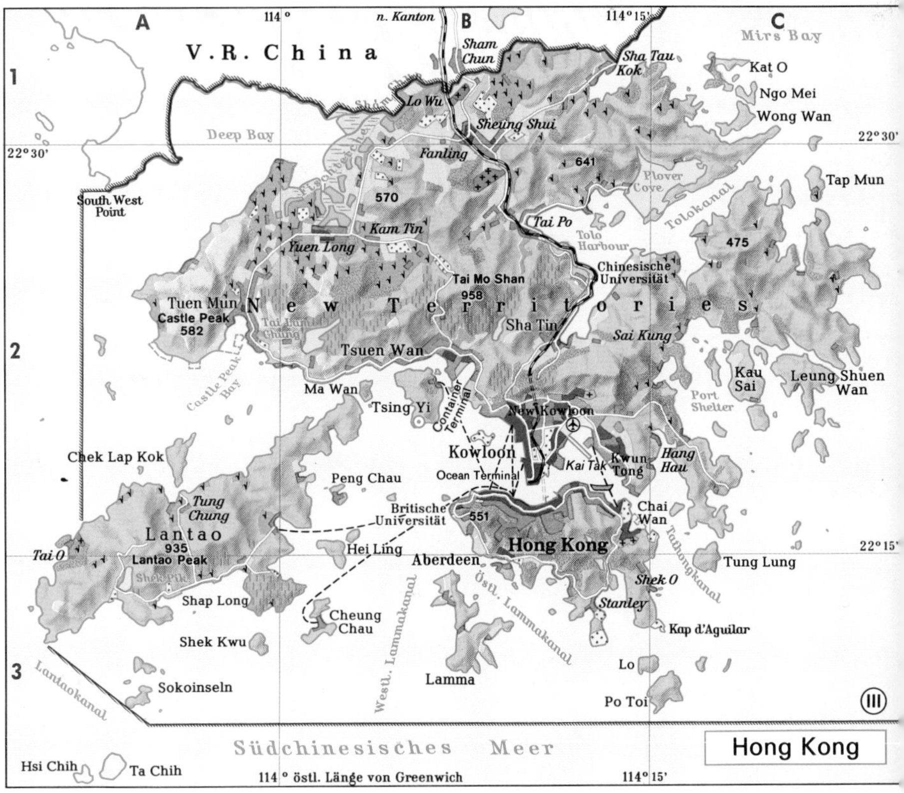

Deichdamm — Staatsgrenze — 200 m-Tiefenlinie (Kontinentalschelf)

Signaturengrößen entsprechend der Höhe der Förderung bzw. der Wichtigkeit der Standorte

Maßstab 1 : 500 000 — 1 cm auf der Karte ≙ 5 km in der Natur

wichtige Straße — Flughafen — Wasserleitung — Meerwasserentsalzungsanlage

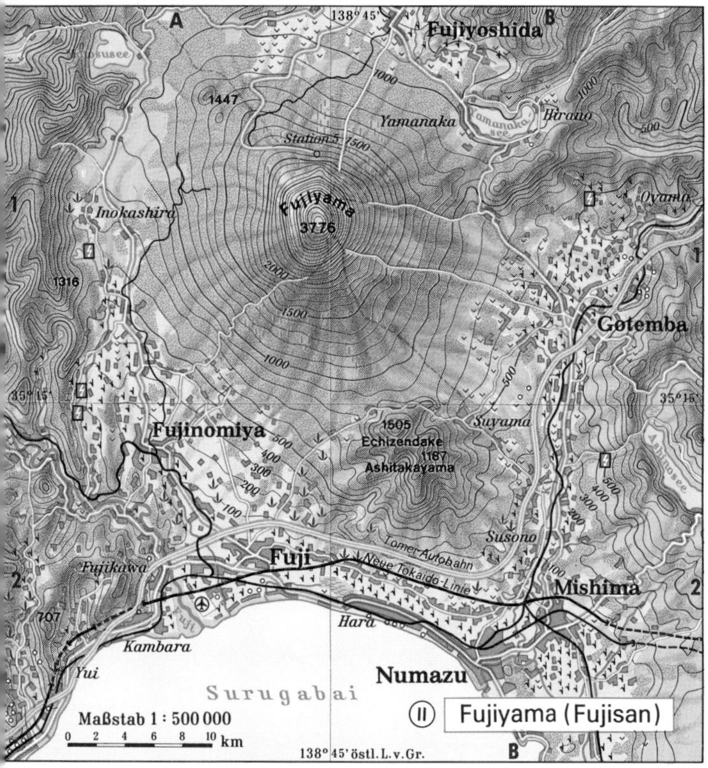

II Fujiyama (Fujisan)

Maßstab 1 : 500 000

0 2 4 6 8 10 km

138° 45' östl. L. v. Gr.

Zeichenerklärung / Legende:

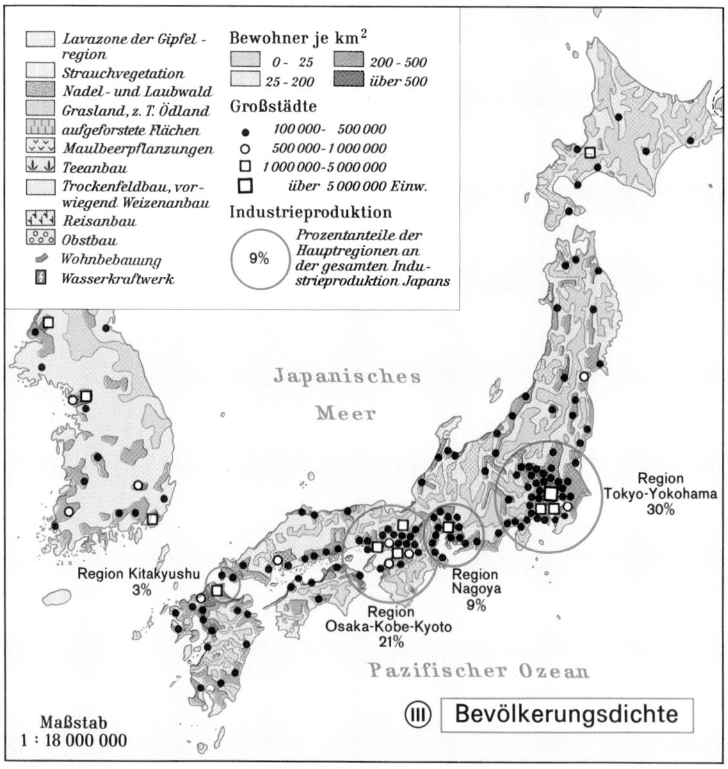

- Lavazone der Gipfelregion
- Strauchvegetation
- Nadel- und Laubwald
- Grasland, z. T. Ödland
- aufgeforstete Flächen
- Maulbeerpflanzungen
- Teeanbau
- Trockenfeldbau, vorwiegend Weizenanbau
- Reisanbau
- Obstbau
- Wohnbebauung
- Wasserkraftwerk

Bewohner je km²
- 0 - 25
- 25 - 200
- 200 - 500
- über 500

Großstädte
- 100 000 - 500 000
- 500 000 - 1 000 000
- 1 000 000 - 5 000 000
- über 5 000 000 Einw.

Industrieproduktion
- 9% Prozentanteile der Hauptregionen an der gesamten Industrieproduktion Japans

III Bevölkerungsdichte

Japanisches Meer

Pazifischer Ozean

Region Tokyo-Yokohama 30%

Region Nagoya 9%

Region Osaka-Kobe-Kyoto 21%

Region Kitakyushu 3%

Maßstab 1 : 18 000 000

Hauptkarte

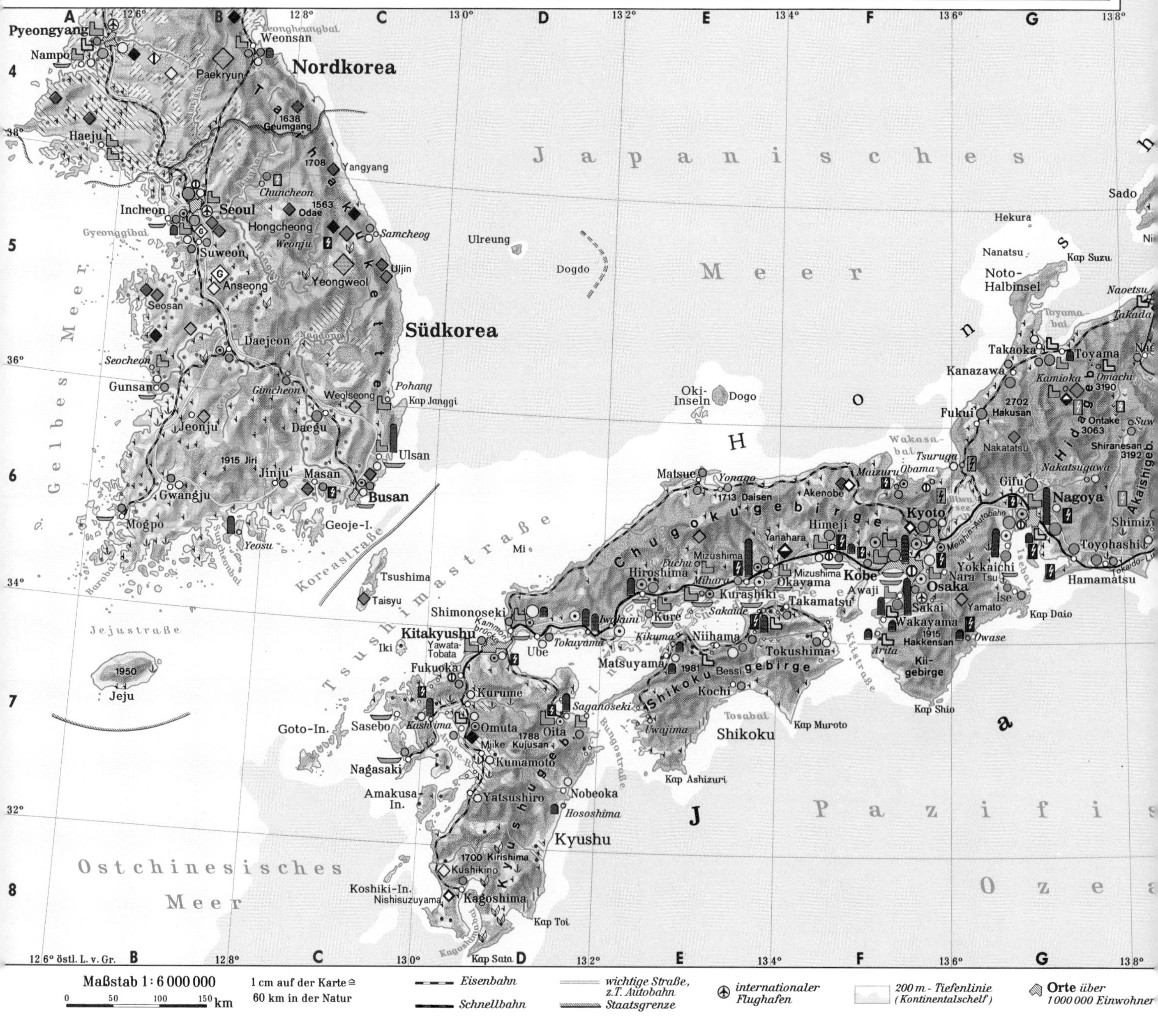

Pyeongyang, Nampo, Weonsan, Nordkorea, Paekryun, Haeju, Geumgang, Yangyang, Chuncheon, Incheon, Seoul, Hongcheong, Odae, Suweon, Weonju, Samcheog, Anseong, Yeongweol, Uljin, Seosan, Seocheon, Daejeon, Südkorea, Gunsan, Gimcheon, Pohang, Kap Janggi, Jeonju, Weolseong, Daegu, Jinju, Jiri, Masan, Gwangju, Ulsan, Busan, Mogpo, Geoje-I., Yeosu, Jeju, Tsushima, Taisyu, Shimonoseki, Kitakyushu, Iki, Fukuoka, Ube, Kurume, Sasebo, Goto-In., Omuta, Oita, Nagasaki, Kumamoto, Amakusa-In., Yatsushiro, Nobeoka, Koshiki-In., Kagoshima, Kyushu, Kirishima, Kushikino

Japanisches Meer, Gelbes Meer, Ulreung, Dogdo, Oki-Inseln, Dogo

Matsue, Yonago, Daisen, Akenobe, Hiroshima, Mihara, Kure, Iwakuni, Mizushima, Okayama, Kurashiki, Himeji, Kobe, Osaka, Sakai, Wakayama, Kyoto, Nara, Gifu, Nagoya, Toyohashi, Hamamatsu, Shimizu, Yokkaichi, Ise, Kap Daio, Owase, Kii-gebirge, Kap Shio

Takamatsu, Niihama, Bessi, Matsuyama, Tokushima, Kochi, Shikoku, Kap Muroto, Uwajima, Kap Ashizuri

Noto-Halbinsel, Nanatsu, Hekura, Takaoka, Toyama, Kanazawa, Fukui, Hakusan, Nakatsu, Kamioka, Omachi, Ontake, Shiranesan

Tsushimastraße, Koreastraße, Jejustraße

Ostchinesisches Meer, Pazifischer Ozean

Maßstab 1 : 6 000 000

0 50 100 150 km

1 cm auf der Karte ≙ 60 km in der Natur

- Eisenbahn
- Schnellbahn
- wichtige Straße, z. T. Autobahn
- Staatsgrenze
- internationaler Flughafen
- 200 m - Tiefenlinie (Kontinentalschelf)
- Orte über 1 000 000 Einwohner

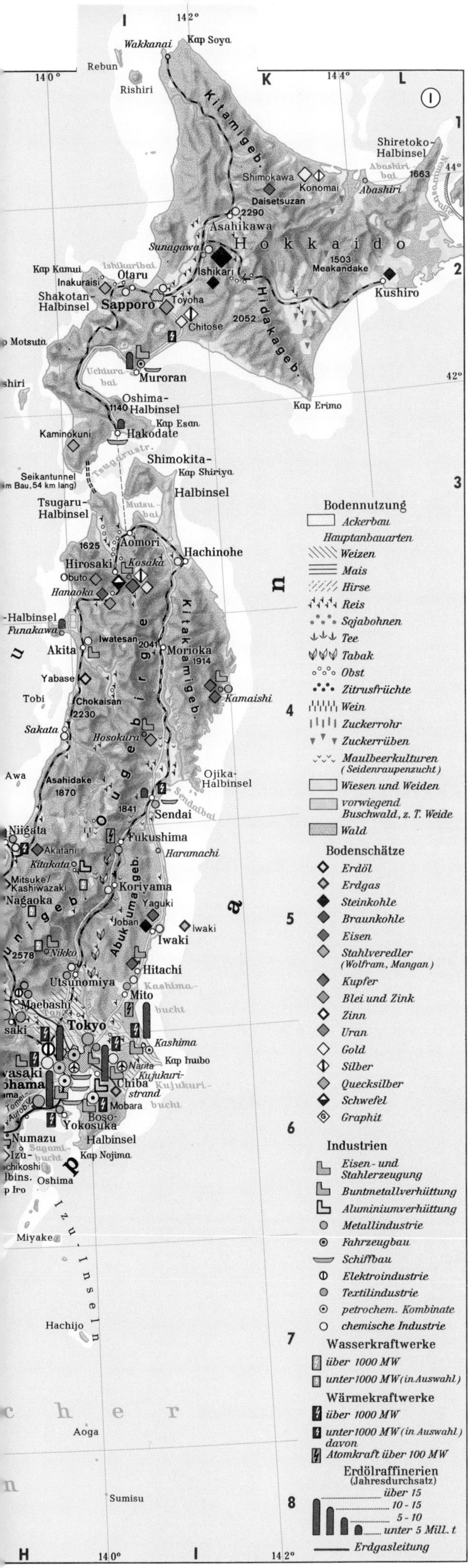

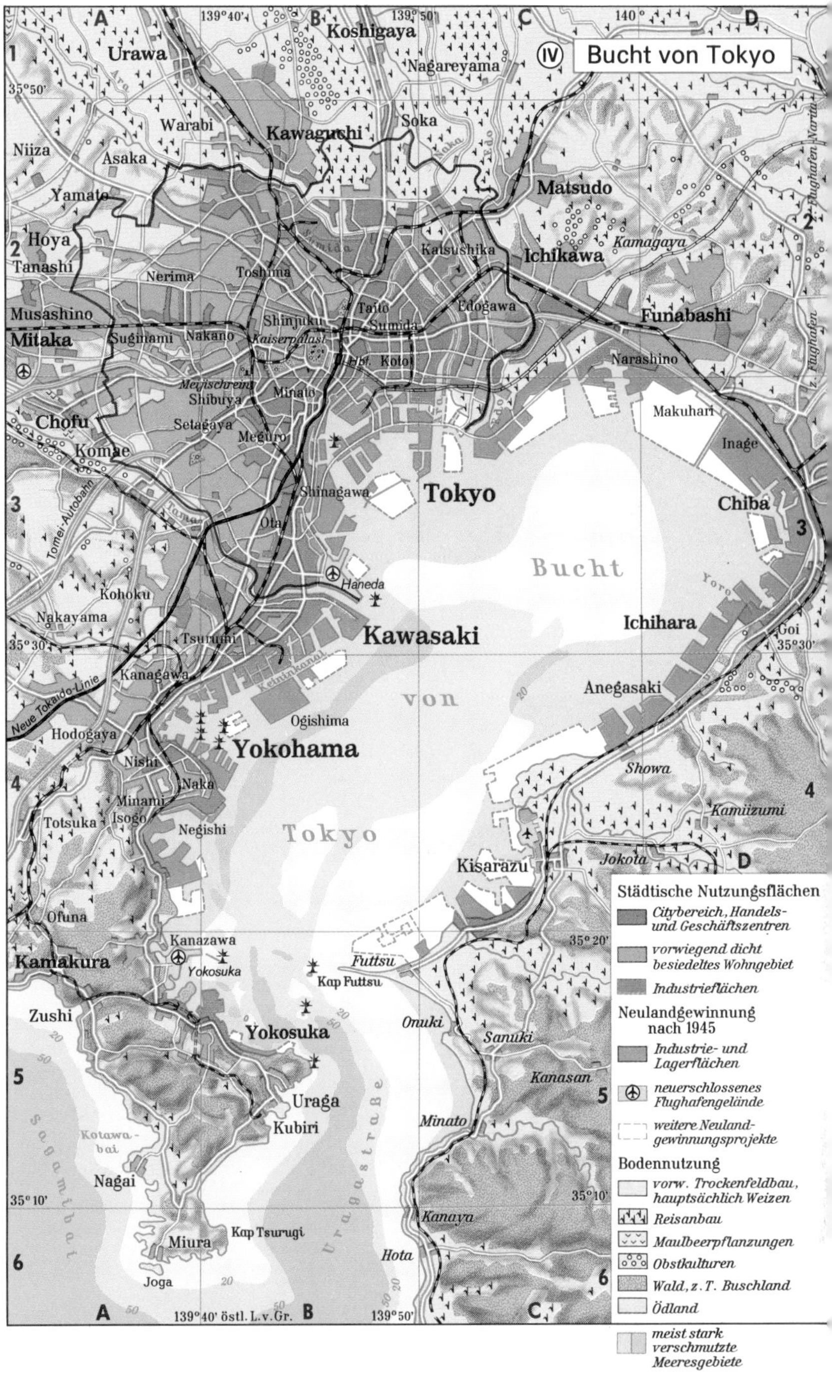

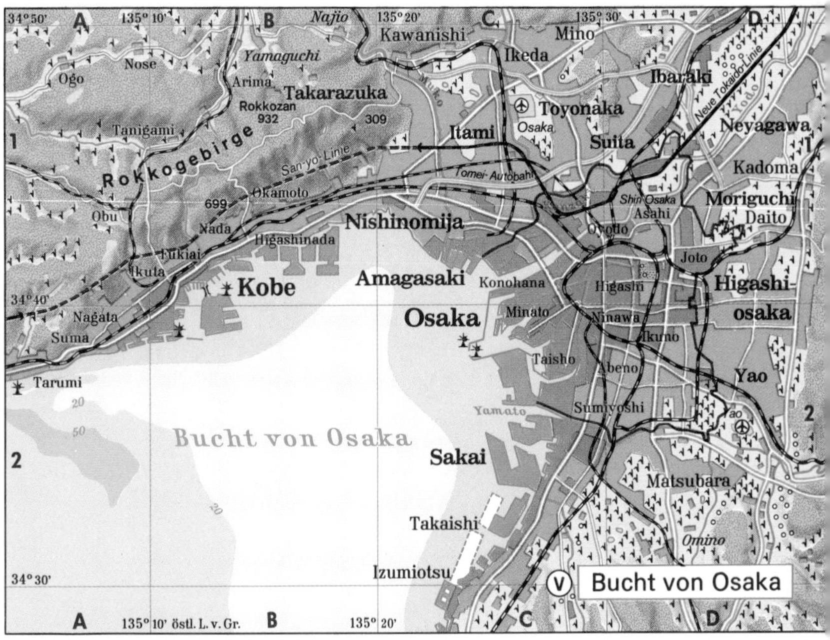

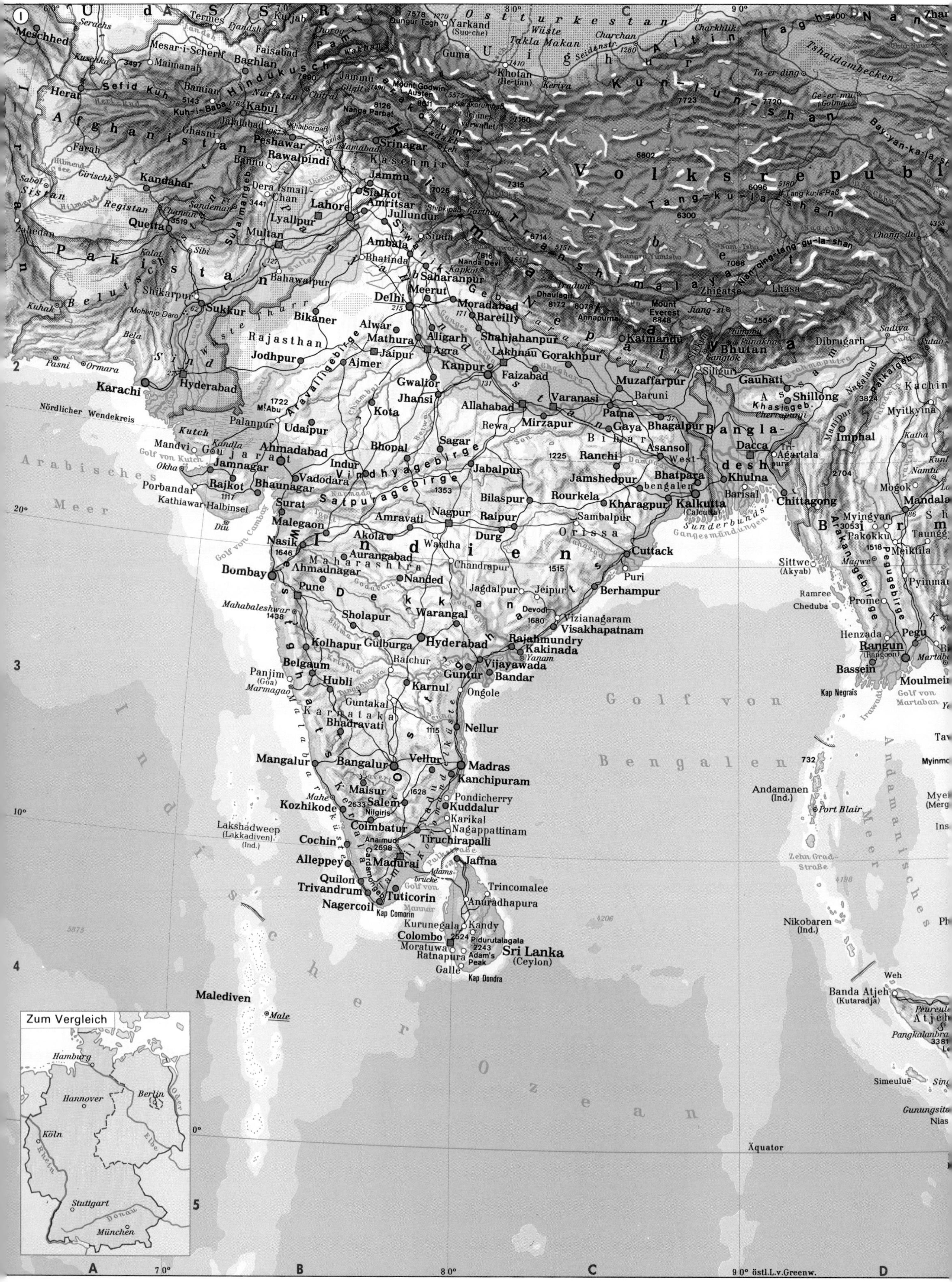

Zum Vergleich

Maßstab 1 : 18 000 000
0   100   200   300   400   500 km

● Orte *über 1000000 Einwohner*   ● Orte *über 100000 - 500000 Einw.*   ○ Orte *unter 20000 Einwohner*   Staatsgrenze   Eisenb.
■ Orte *über 500000 - 1000000 Einw.*   ○ Orte *über 20000 - 100000 Einw.*   *Hauptorte sind* unterstrichen   Straße

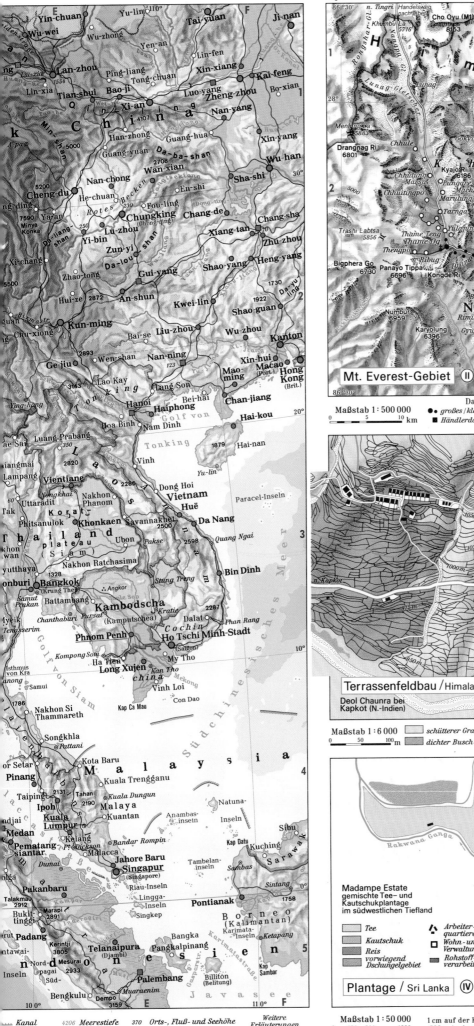

Vergleiche dazu 50 II

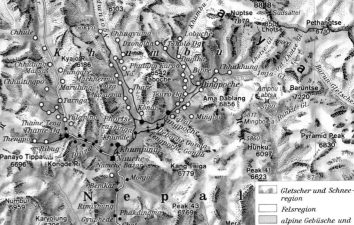

Mt. Everest-Gebiet (II)

Maßstab 1:500 000

0   5   10 km

Gletscher und Schnee-region
Felsregion
alpine Gebüsche und Matten
tropischer Höhen- und Nebelwald
Staatsgrenze
Handelsweg / Weg, Pfad
✈ Flugplatz

Dauersiedlungen
●● großes / kleines Dorf
■ Händlerdorf
♦ Klostersiedlung
+ Einsiedelei

Sommersiedlungen
◻ Sommerdorf mit / ohne Bewässerung ◯ Almsiedlung
✚ Schutzhütte

Bewässerungsfeldbau
Naßreis zur Monsunzeit / Weizen im Winter
Regenfeldbau (Zelgenwirtschaft)
Fruchtfolge
1. Jahr Hirse zur Monsunzeit Brache im Winter
2. Jahr Trockenreis z. Monsunzeit vorw. Weizen im Winter

Terrassenfeldbau / Himalaya (III)
Deol Chaunra bei Kapkot (N.-Indien)

Maßstab 1:6 000

0   50   100 m

schütterer Gras- u. Baumbestand
dichter Busch- u. Baumbestand
Schotterbett der monsunzeitlichen Bäche
Reihenhäuser der Bauern
Bewässerungskanal

Madampe Estate
gemischte Tee- und Kautschukplantage im südwestlichen Tiefland

Tee
Kautschuk
Reis
vorwiegend Dschungelgebiet

Arbeiter-quartiere
Wohn-und Verwaltungsgebäude
Rohstoff-verarbeitung

Plantage / Sri Lanka (IV)

Auf Madampe Estate leben rund 3000 Menschen, davon sind etwa zwei Drittel in der Plantage tätig.

Maßstab 1:50 000

0   250   500   1000 m

1 cm auf der Karte ≙ 500 m in der Natur

Kanal
Staudamm
4206 Meerestiefe
2891 Berghöhe
370 Orts-, Fluß- und Seehöhe
Chinesische Mauer
Weitere Erläuterungen siehe Seiten 130/131

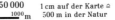

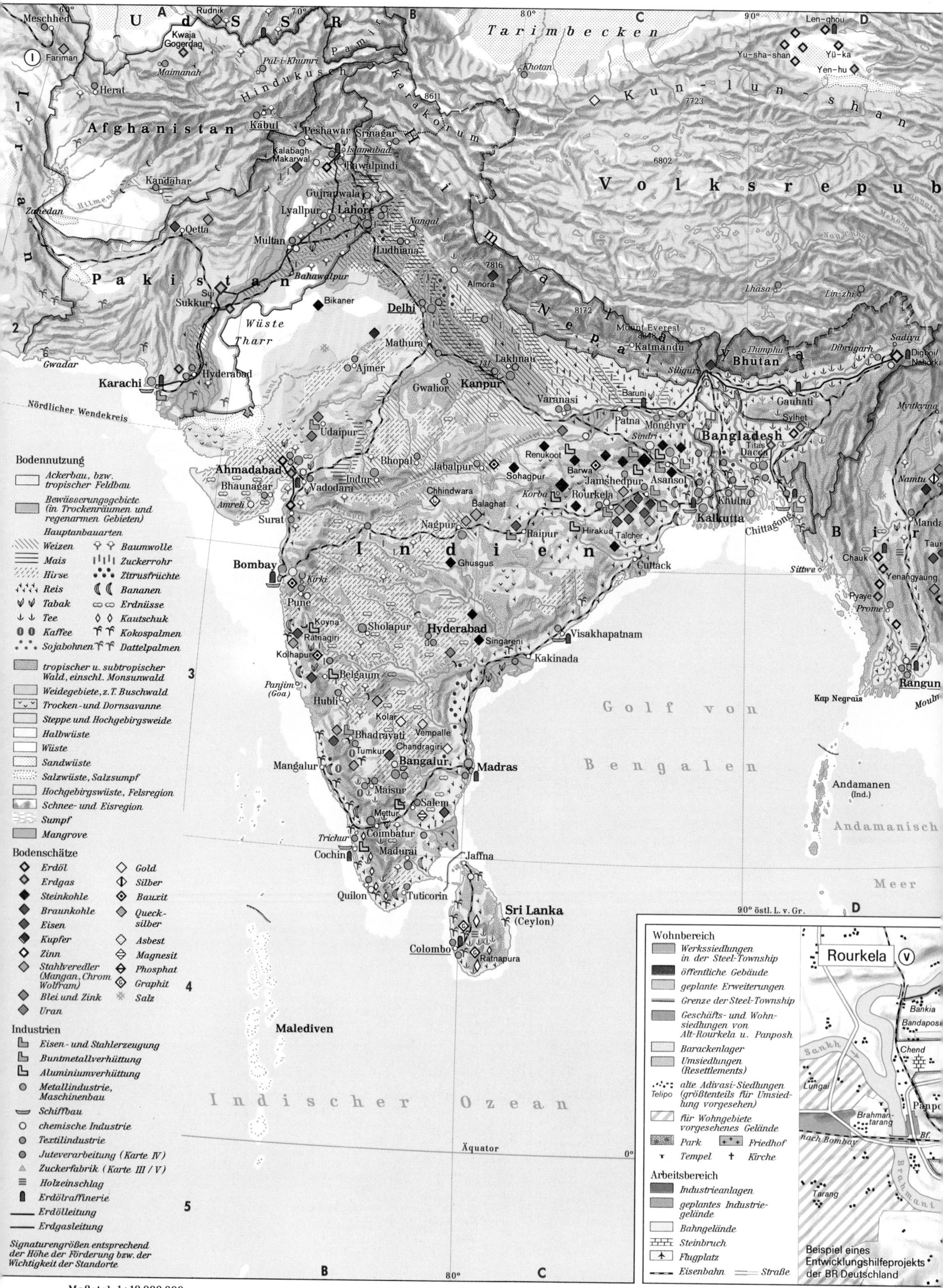

Bodennutzung
Ackerbau, bzw. tropischer Feldbau
Bewässerungsgebiete (in Trockenräumen und regenarmen Gebieten)

Hauptanbauarten

Weizen — Baumwolle
Mais — Zuckerrohr
Hirse — Zitrusfrüchte
Reis — Bananen
Tabak — Erdnüsse
Tee — Kautschuk
Kaffee — Kokospalmen
Sojabohnen — Dattelpalmen

tropischer u. subtropischer Wald, einschl. Monsunwald
Weidegebiete, z.T. Buschwald
Trocken- und Dornsavanne
Steppe und Hochgebirgsweide
Halbwüste
Wüste
Sandwüste
Salzwüste, Salzsumpf
Hochgebirgswüste, Felsregion
Schnee- und Eisregion
Sumpf
Mangrove

Bodenschätze
Erdöl — Gold
Erdgas — Silber
Steinkohle — Bauxit
Braunkohle — Queck-silber
Eisen —
Kupfer — Asbest
Zinn — Magnesit
Stahlveredler (Mangan, Chrom, Wolfram) — Phosphat
— Graphit
Blei und Zink — Salz
Uran

Industrien
Eisen- und Stahlerzeugung
Buntmetallverhüttung
Aluminiumverhüttung
Metallindustrie, Maschinenbau
Schiffbau
chemische Industrie
Textilindustrie
Juteverarbeitung (Karte IV)
Zuckerfabrik (Karte III / V)
Holzeinschlag
Erdölraffinerie
Erdölleitung
Erdgasleitung

Signaturengrößen entsprechend der Höhe der Förderung bzw. der Wichtigkeit der Standorte

Wohnbereich
Werkssiedlungen in der Steel-Township
öffentliche Gebäude
geplante Erweiterungen
Grenze der Steel-Township
Geschäfts- und Wohn-siedlungen von Alt-Rourkela u. Panposh
Barackenlager
Umsiedlungen (Resettlements)
alte Adivasi-Siedlungen (größtenteils für Umsied-lung vorgesehen)
für Wohngebiete vorgesehenes Gelände
Park — Friedhof
Tempel — Kirche

Arbeitsbereich
Industrieanlagen
geplantes Industrie-gelände
Bahngelände
Steinbruch
Flugplatz
Eisenbahn — Straße

Rourkela

Beispiel eines Entwicklungshilfeprojekts der BR Deutschland

Maßstab 1 : 18 000 000
0 100 200 300 400 500 km
1 cm auf der Karte ≙ 180 km in der Natur

Eisenbahn — Staudamm
Kanal — Staatsgrenze
200 m-Tiefenlinie (Kontinentalschelf)

Maßstab 1 : 150 000
0 1 2 3 km
1 cm auf der Karte ≙ 1,5 km in der Natur

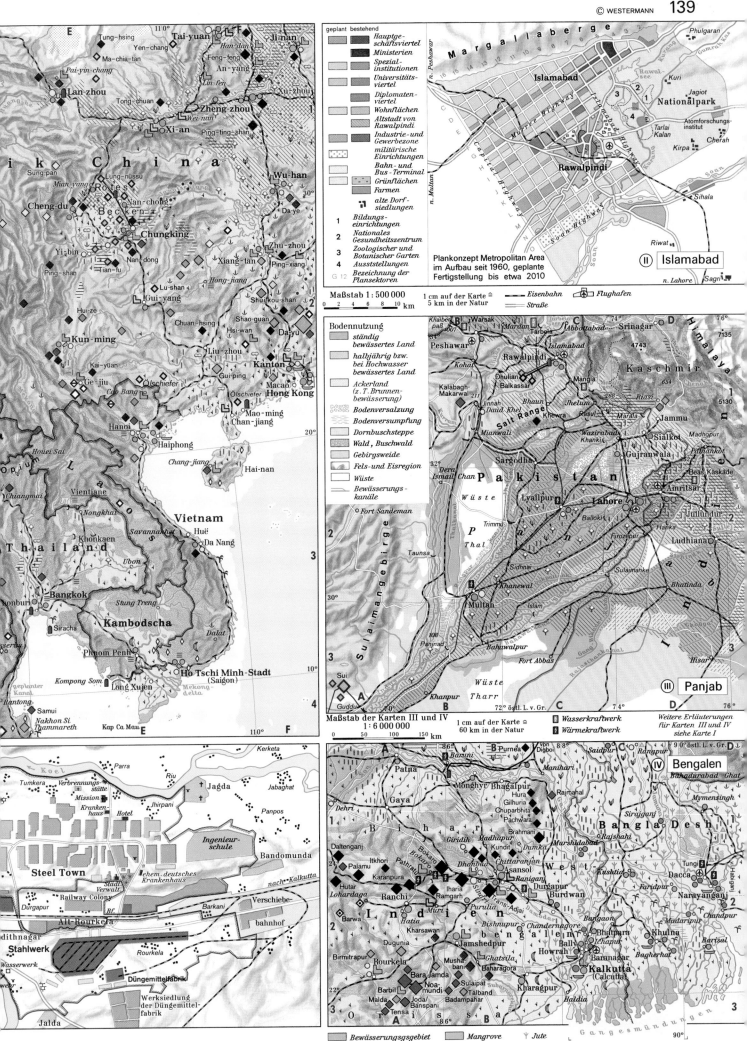

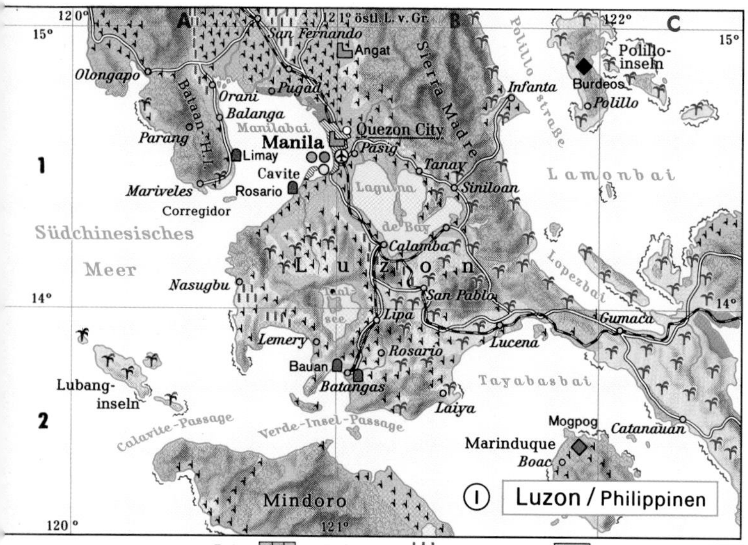

Maßstab 1:3 000 000
0 10 20 30 40 50 km

🌾🌾 Reis (Naßfeldbau)	im Tiefland	
🌾🌾	im Hochland (Terrassenkulturen)	
	Zuckerrohr	tropischer Regenwald
	Kokospalmen	Sekundär- u. Buschwald, z. T. Weide
	Fischzucht	Mangrove, Sumpf

Ⅰ **Luzon / Philippinen**

Inwertsetzung des Naturlandschaft durch Rodung und Neupflanzung von
Ölpalmen
Kautschuk
1960-1969 nach 1970 fertiggestellt

verbleibender tropischer Regenwald
bisheriges Agrargebiet (meist Brandrodung)

Saatbeet
Dörfer/Städte
neue Dörfer/Städte
Straßen
neue Straßen
Eisenbahn

Größe des Entwicklungsareals 1210 km²

Ⅱ **Jengka Triangle / Malaysia**
Planmäßige Erschließung einer Agrarregion

Maßstab 1:500 000
0 5 10 km

Entwicklungshilfeprojekt der World Bank, ausgeführt durch die Federal Land Development Authority (FLDA)

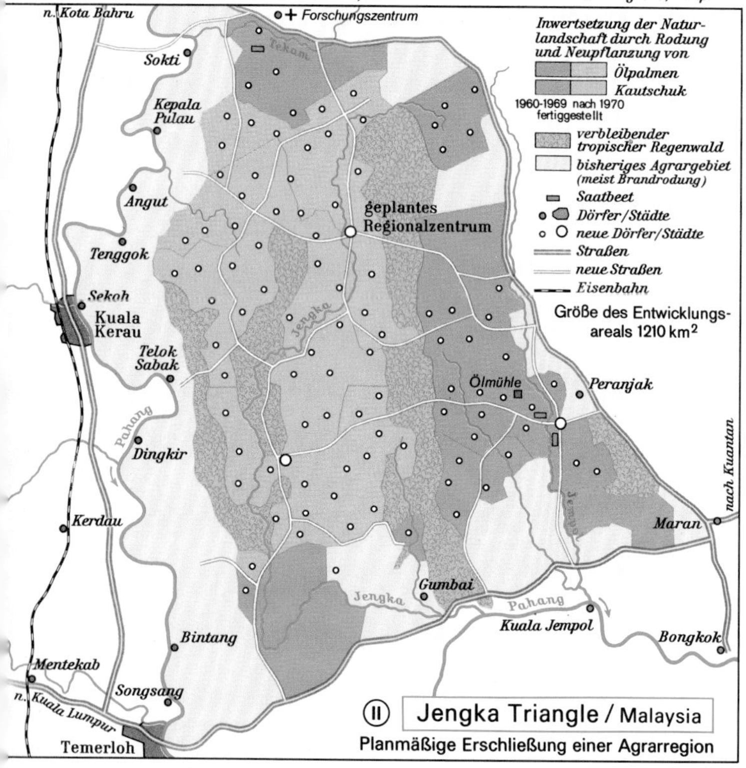

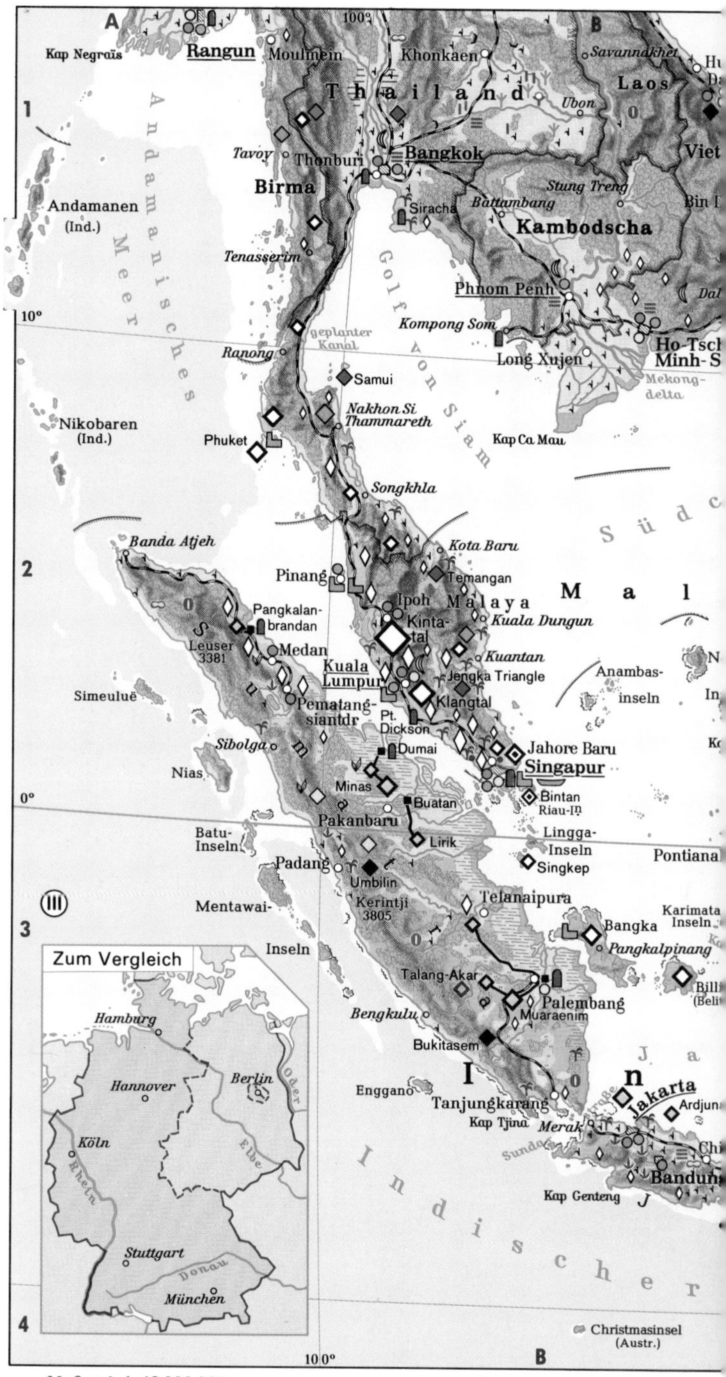

Bevölkerung Singapurs
Inder und Pakistani 8,0%
Sonstige 3,2%
Malayen 14,5%
Chinesen 74,3%

Ⅳ **Singapur**

Maßstab 1:500 000
0 5 10 km

Baumkulturen	Citybereich, Geschäftszentren, z.T. Einzelhandel
sonstiges Agrarland, (Marktgartenland) z.T. Brache	vorwiegend Wohngebiet
Mangrove	öffentliche Institutionen, militärische Anlagen
Wasserschutzgebiet	Industrie- u. Hafenanlagen

1 cm auf der Karte ≙ 5 km in der Natur

Stadtgrenze
Staatsgrenze
Wasserleitung

Weitere Erläuterungen siehe Karte III

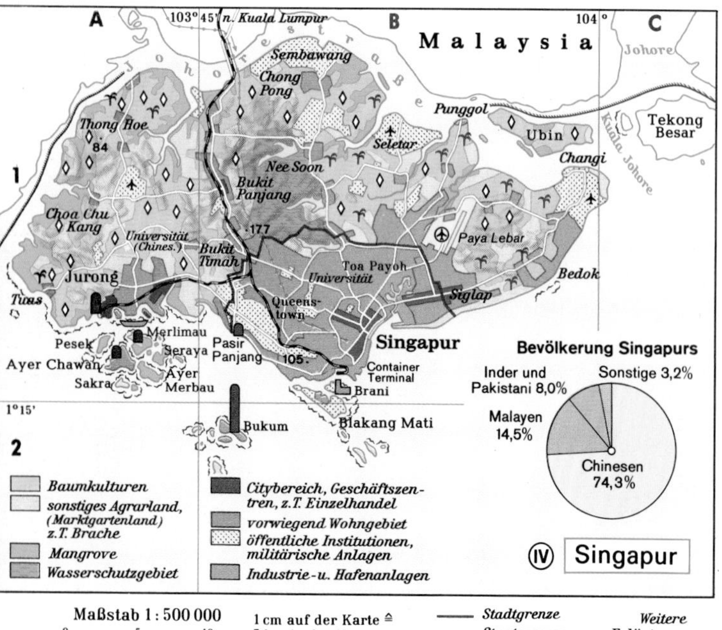

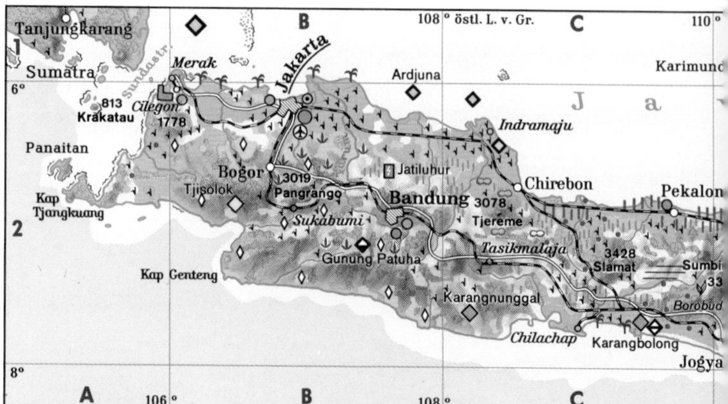

Ⅲ **Zum Vergleich**

Maßstab 1:18 000 000
0 100 200 300 400 500 km

1 cm auf der Karte ≙ 180 km in der Natur

◆ Orte über 1 000 000 Einwohner
○ Orte über 100 000–1 000 000 Einwohner

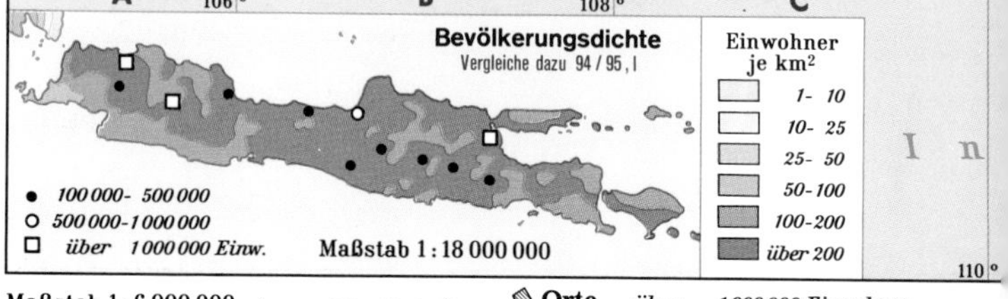

Bevölkerungsdichte
Vergleiche dazu 94 / 95, 1

Einwohner je km²
1 - 10
10 - 25
25 - 50
50 -100
100 -200
über 200

● 100 000- 500 000
○ 500 000-1 000 000
□ über 1 000 000 Einw.

Maßstab 1:6 000 000
0 50 100 km

1 cm auf der Karte ≙ 60 km in der Natur

◆ Orte über 1 000 000 Einwohner
○ Orte von 100 000-1 000 000 Einwohner
○ Orte unter 100 000 Einwohner

Philippinen

Luzon

Laoag
Aparri
Tuguegarao
San Fernando
Baguio
Masinlok
Quezon City
Limay
Manila
Paracale
Rosario
Catanduanes
Bauan
Batangas
Legaspi
Mindoro
Tablas
Rapu-Rapu
Busuanga
Coron
Masbate
Libro Point
Calbayog
Samar
Panay
Iloilo
Cebu
Leyte
Bacolod
Dinagat
Negros
Bohol
Palawan
Cagayan
Butuan
Dipolog
Iligan
Kap Buliluyan
Davao
Mindanao
Zamboanga
Cotabato
Apo 2965
Mati
Basilan
Jolo
Kap San Agustin
Kiamba

Chinesisches Meer
Paracel-Inseln
östl. L. v. Gr.
Sulu-See

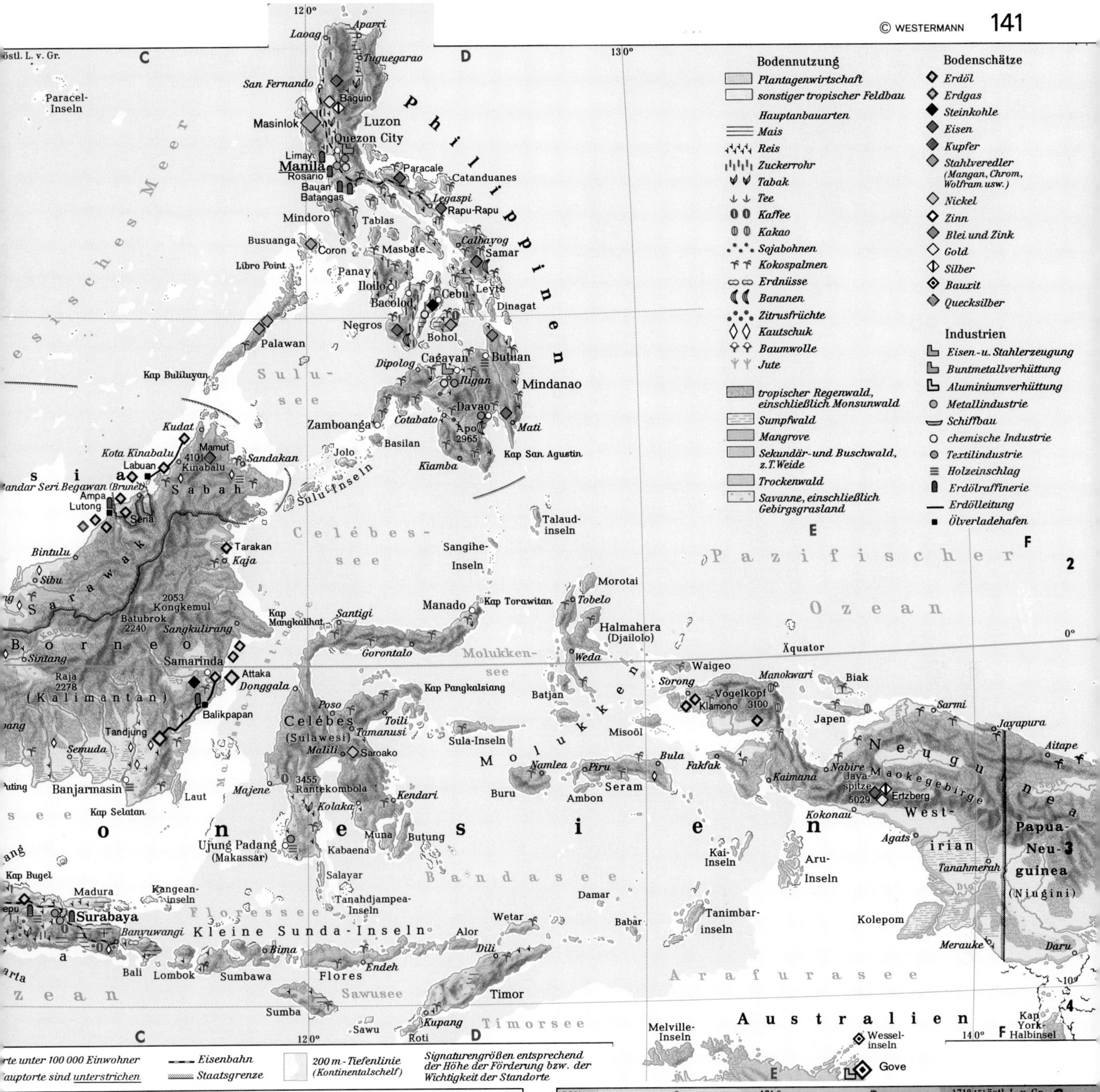

Bodennutzung

| | Plantagenwirtschaft |
| | sonstiger tropischer Feldbau |

Hauptanbauarten

~	Mais
~	Reis
	Zuckerrohr
~	Tabak
↓	Tee
OO	Kaffee
OO	Kakao
:∴	Sojabohnen
↑↑	Kokospalmen
∞	Erdnüsse
◟	Bananen
◊	Zitrusfrüchte
◊	Kautschuk
♀♀	Baumwolle
ᛉ	Jute

	tropischer Regenwald, einschließlich Monsunwald
	Sumpfwald
	Mangrove
	Sekundär- und Buschwald, z.T. Weide
	Trockenwald
	Savanne, einschließlich Gebirgsgrasland

Bodenschätze

◆	Erdöl
◆	Erdgas
◆	Steinkohle
◆	Eisen
◆	Kupfer
◆	Stahlveredler (Mangan, Chrom, Wolfram usw.)
◇	Nickel
◇	Zinn
◇	Blei und Zink
◇	Gold
◇	Silber
◇	Bauxit
◇	Quecksilber

Industrien

ᴸ	Eisen- u. Stahlerzeugung
ᴸ	Buntmetallverhüttung
ᴸ	Aluminiumverhüttung
●	Metallindustrie
⌐	Schiffbau
○	chemische Industrie
◉	Textilindustrie
≡	Holzeinschlag
▮	Erdölraffinerie
—	Erdölleitung
■	Ölverladehafen

Malaysia / Borneo (Kalimantan)

Kudat
Mamut
Kota Kinabalu
410
Labuan
Kinabalu
Sandakan
Ampa
Sabah
Lutong
Sena
Bandar Seri Begawan (Brunei)
Bintulu
Tarakan
Sibu
Kaja
Sarawak
2053 Kongkemul
Batubrok 2240
Sangkulirang
Raja 2278
Samarinda
Sintang
Attaka
Donggala
Balikpapan
Semuda
Tandjung
Banjarmasin
Kap Selatan
Laut

Celébes (Sulawesi)

Manado
Santigi
Kap Mangkalihat
Gorontalo
Kap Torawitan
Kap Pangkalsiang
Poso
Toili
Tamanusi
Malili
Saroako
3455 Rantekombola
Kendari
Kolaka
Muna
Butung
Kabaena
Salayar
Ujung Padang (Makassar)
Tanahdjampea-Inseln
Majene

Celébes-see
Molukken-see
Banda-see

Molukken

Morotai
Tobelo
Halmahera (Djailolo)
Weda
Batjan
Misoöl
Sula-Inseln
Buru
Namlea
Piru
Seram
Ambon
Bula
Fakfak
Kai-Inseln
Damar
Babar
Tanimbar-inseln
Talaud-inseln
Sangihe-Inseln

Indonesien

Neuguinea / West-Irian

Waigeo
Sorong
Manokwari
Biak
Klamono
Vögelkopf 3100
Japen
Sarmi
Jayapura
Nabire
Java-spitze 5029
Erzberg
Maokegebirge
Kaimana
Kokonau
Aitape
Agats
Tanahmerah
Kolepom
Merauke

Papua-Neu-guinea (Niugini)
Daru
Kap York Halbinsel

Äquator 0°

Kleine Sunda-Inseln

Madura
Surabaya
Banyuwangi
Bali
Lombok
Bima
Sumbawa
Flores
Endeh
Wetar
Alor
Dili
Timor
Sumba
Sawu
Kupang
Roti

Flores-see
Sawu-see
Bali-see
Arafurasee
Timorsee

Australien

Melville-Inseln
Wessel-inseln
Gove

Pazifischer Ozean

— Eisenbahn
⫘ Staatsgrenze
200 m - Tiefenlinie (Kontinentalschelf)

Signaturengrößen entsprechend der Höhe der Förderung bzw. der Wichtigkeit der Standorte

---

Java ⓥ

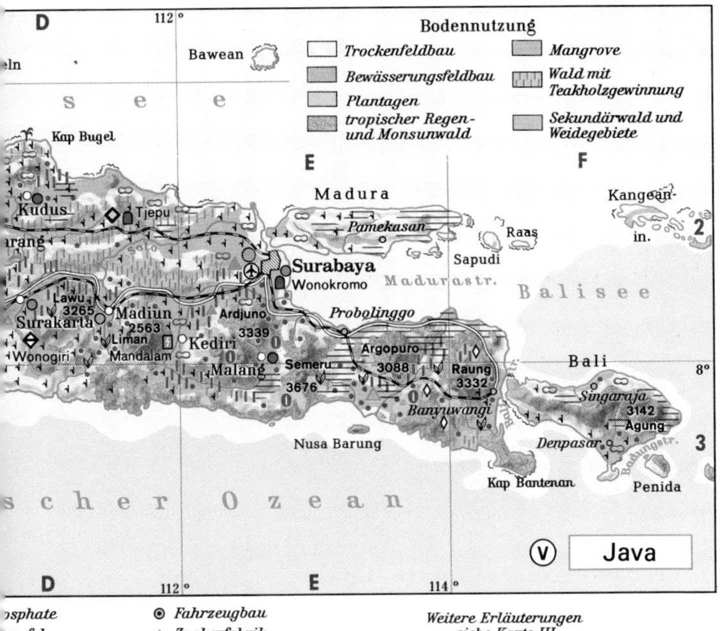

Bodennutzung

	Trockenfeldbau		Mangrove
	Bewässerungsfeldbau		Wald mit Teakholzgewinnung
	Plantagen		Sekundärwald und Weidegebiete
	tropischer Regen- und Monsunwald		

Bawean
Kap Bugel
Kudus
Tjepu
Madura
Kangean-in.
Pamekasan
Raas
Sapudi
Surabaya
Wonokromo
Probolinggo
Lawu 3265
Madiun
Ardjuno 3339
Surakarta
Kediri
Argopuro 3088
Raung 3332
Wonogiri
Liman 2563
Mandalam
Semeru 3676
Malang
Bali
Nusa Barung
Banyuwangi
Singaraja 3142
Agung
Denpasar
Kap Bantenan
Penida

Phosphate
Schwefel
Wasserkraftwerk
Fahrzeugbau
Zuckerfabrik
tabakverarbeitende Industrie

Weitere Erläuterungen siehe Karte III

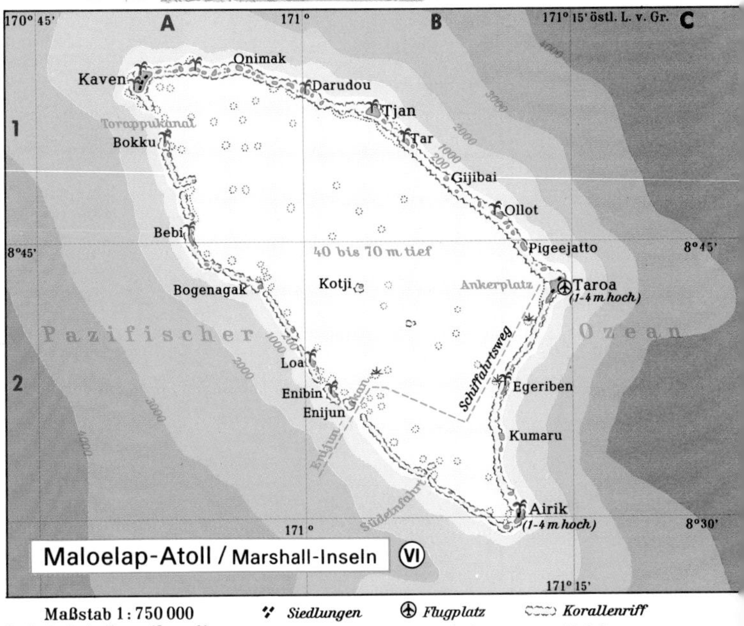

Maloelap-Atoll / Marshall-Inseln ⓥⅠ

östl. L. v. Gr.

Kaven
Onimak
Darudou
Bokku
Tjan
Tar
Gijibai
Bebi
Ollot
Bogenagak
Pigeejatto
Kotji
Ankerplatz
Taroa (1-4 m hoch)
Loa
Enibin
Schiffahrsweg
Egeriben
Enijun
Kumaru
Airik (1-4 m hoch)

Pazifischer Ozean

40 bis 70 m. tief

Maßstab 1 : 750 000
0 2 4 6 8 10 15 20 km

| ᛉ | Siedlungen | ✈ | Flugplatz | ∽ | Korallenriff |
| ↑↑ | Kokospalmen | ⚓ | Leuchtfeuer | ∽ | Untiefen (anwachsende Korallen) |

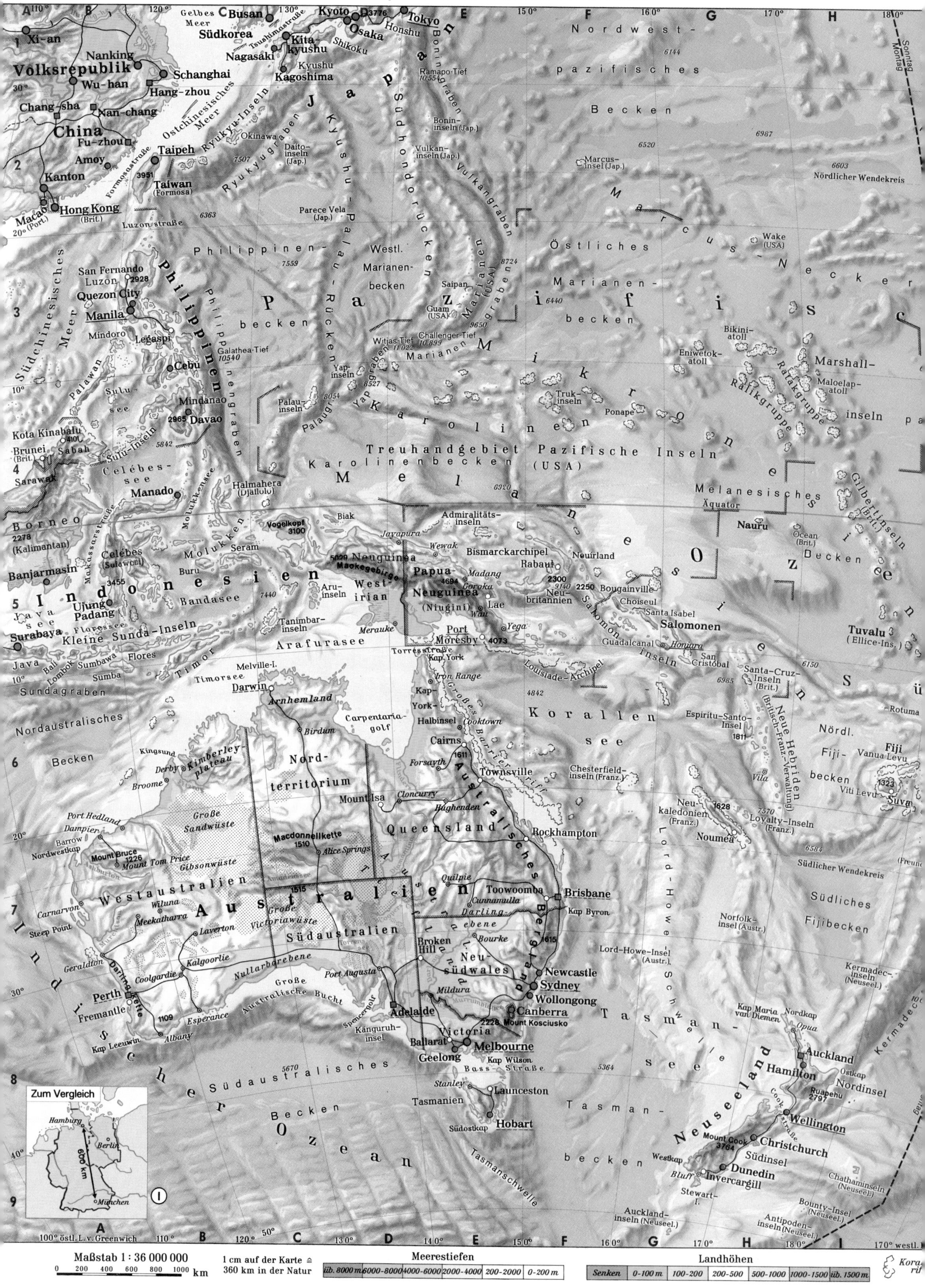

0   200   400   600   800   1000   km

1 cm auf der Karte ≙ 360 km in der Natur

Meerestiefen					
üb. 8000 m	6000–8000 m	4000–6000	2000–4000	200–2000	0–200 m

Landhöhen					
Senken	0–100 m	100–200	200–500	500–1000	1000–1500	üb. 1500 m

Zum Vergleich

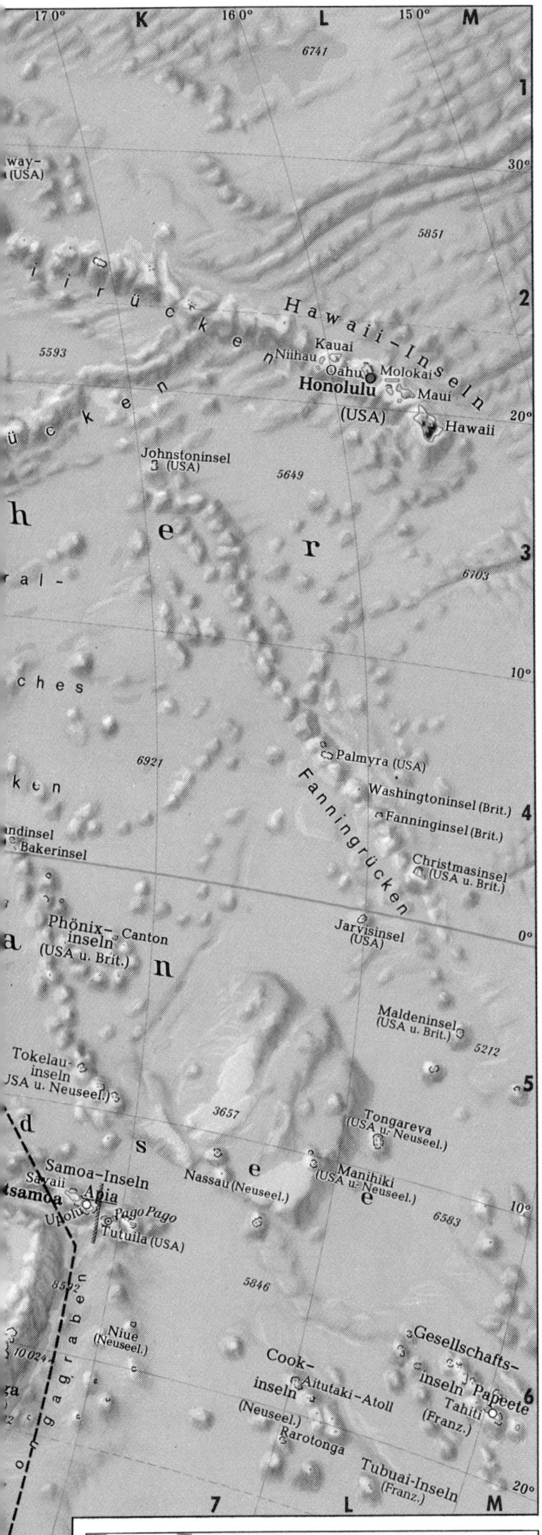

II Bodennutzung

Maßstab der Karten II u. III 1 : 60 000 000

Agrar-produkte:
☐ Weizen ☐ Hirse ■ Zitrusfrüchte ☐ Erdnüsse ● Kaffee ● Tabak ▲ Kautschuk
■ Reis ☐ Zuckerrohr ☐ Bananen ● Kakao ○ Wein △ Kopra

Legende (Bodennutzung):
Ackerbau, Bewässerungsgebiet
Savanne, Scrub, Weideland
vorwiegend Trockenwald
tropischer und subtropischer Regenwald
Wüste, Halbwüste
artesische Becken
Seefischerei
Holzindustrie

III Bodenschätze

Bodenschätze (bei Erzen entsprechend dem Metallgehalt):
◆ Steinkohle ◆ Erdgas ◆ Mangan ◇ Zink ◇ Gold ◇ Phosphate
◆ Braunkohle ◆ Eisen ◆ Wolfram ◇ Blei ◇ Silber
◇ Erdöl ◆ Kupfer ◇ Nickel ◇ Zinn ◇ Bauxit

— Erdölleitung
— Erdgasleitung

Größenstufen der Signaturen für Karte II und III siehe Seite 147

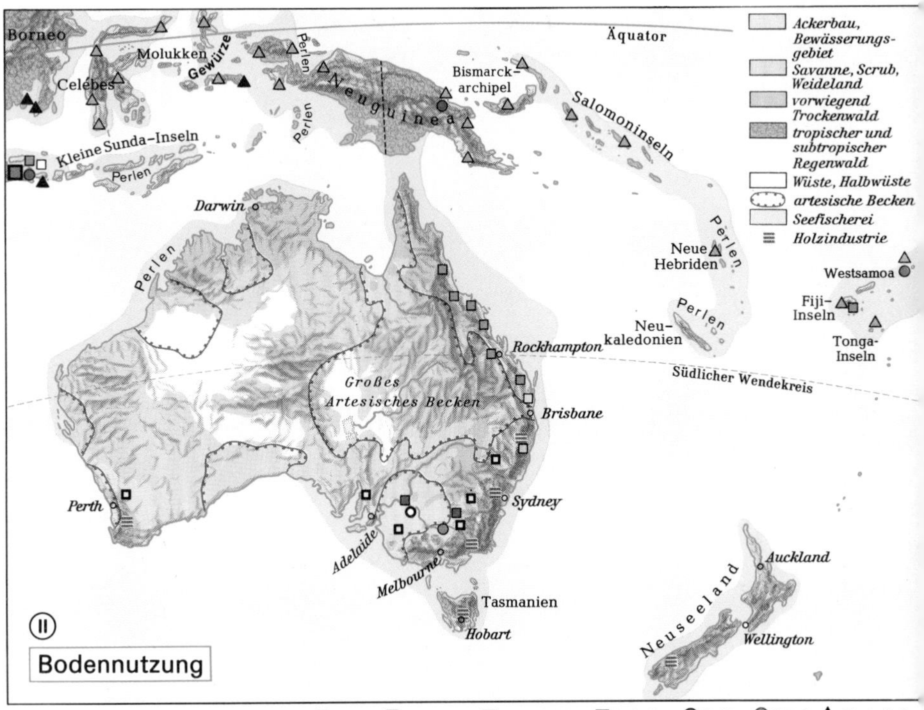

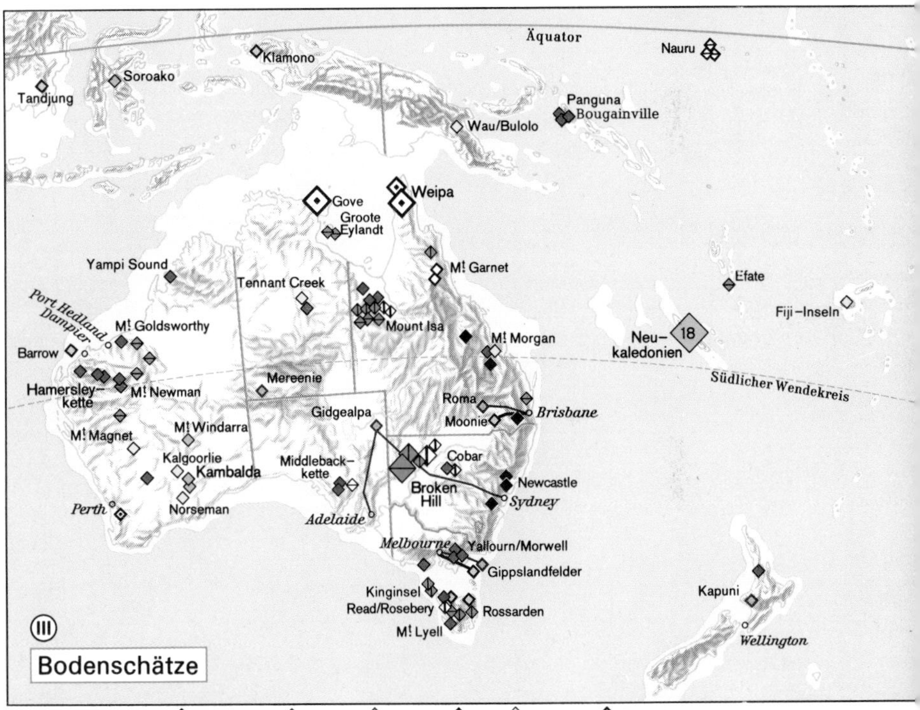

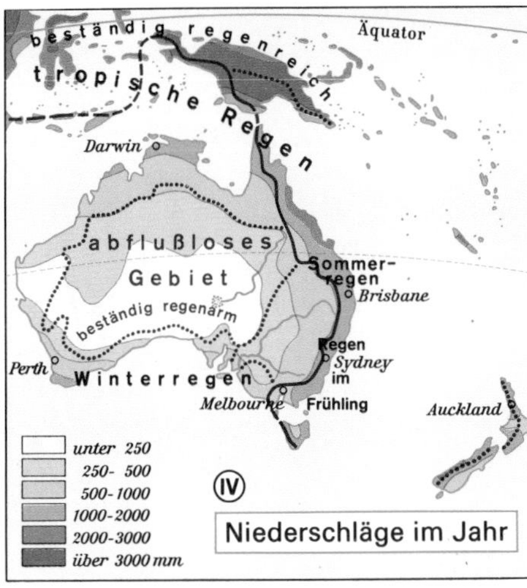

IV Niederschläge im Jahr

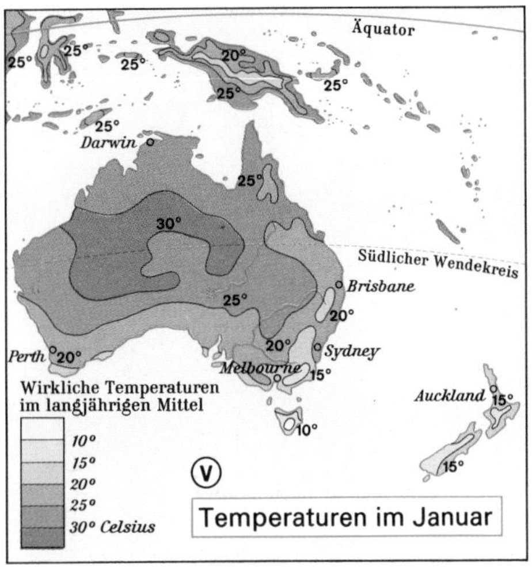

unter 250
250- 500
500-1000
1000-2000
2000-3000
über 3000 mm

Weitere Erläuterungen siehe Seite 148/149

Haupt-wasserscheiden
— kontinentale Wasserscheide
.... Grenzen wichtiger Einzugsbereiche

V Temperaturen im Januar

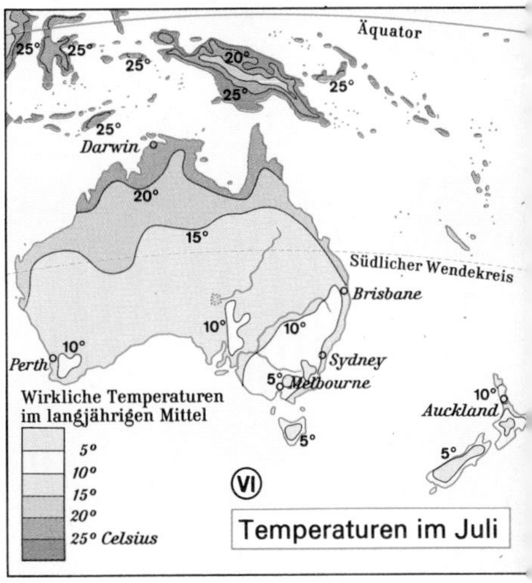

Wirkliche Temperaturen im langjährigen Mittel
10°
15°
20°
25°
30° Celsius

VI Temperaturen im Juli

Wirkliche Temperaturen im langjährigen Mittel
5°
10°
15°
20°
25° Celsius

Maßstab der Karten IV - VI 1 : 90 000 000

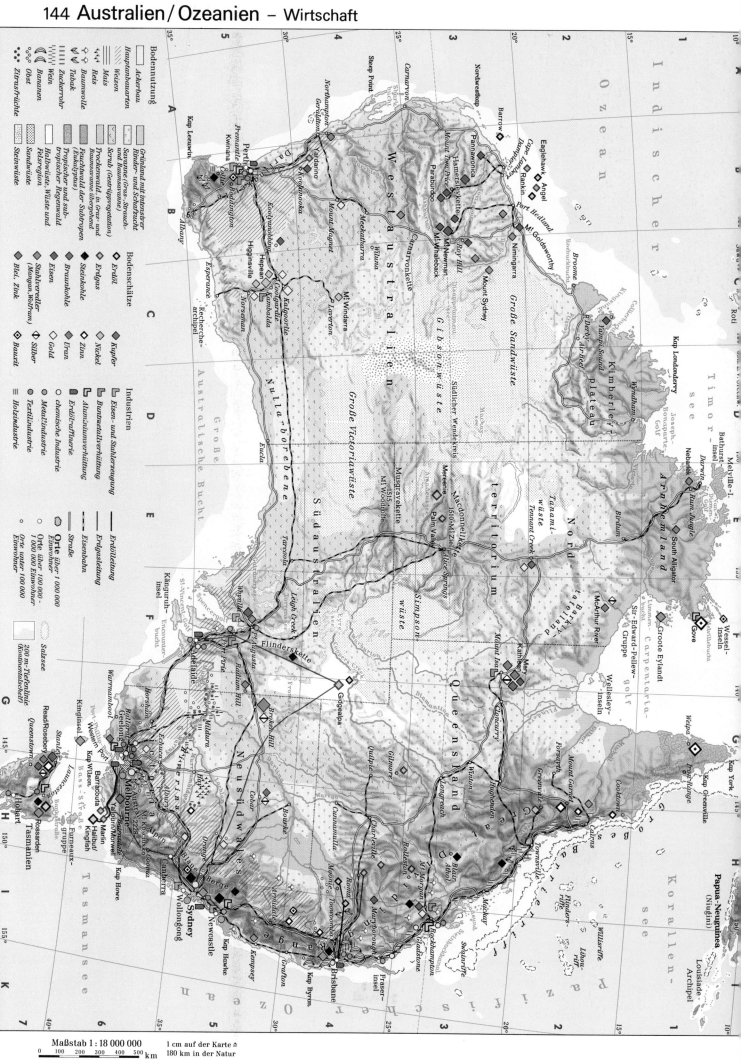

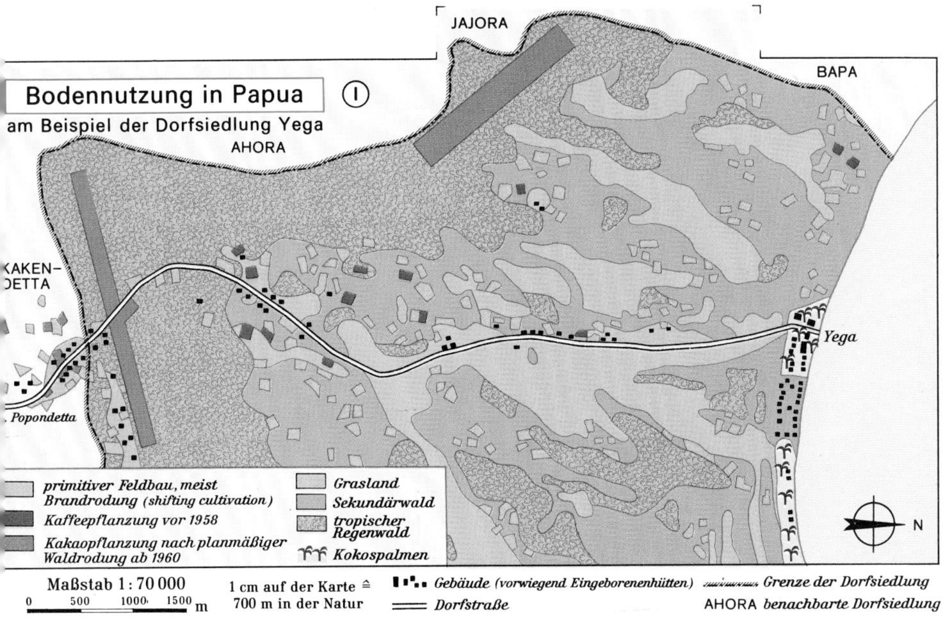

Bodennutzung in Papua
am Beispiel der Dorfsiedlung Yega

JAJORA — BAPA — AHORA

KAKENDETTA · Popondetta · Yega

Legend:
- primitiver Feldbau, meist Brandrodung (shifting cultivation)
- Kaffeepflanzung vor 1958
- Kakaopflanzung nach planmäßiger Waldrodung ab 1960
- Grasland
- Sekundärwald
- tropischer Regenwald
- Kokospalmen

Maßstab 1 : 70 000
0 500 1000 1500 m
1 cm auf der Karte ≙ 700 m in der Natur

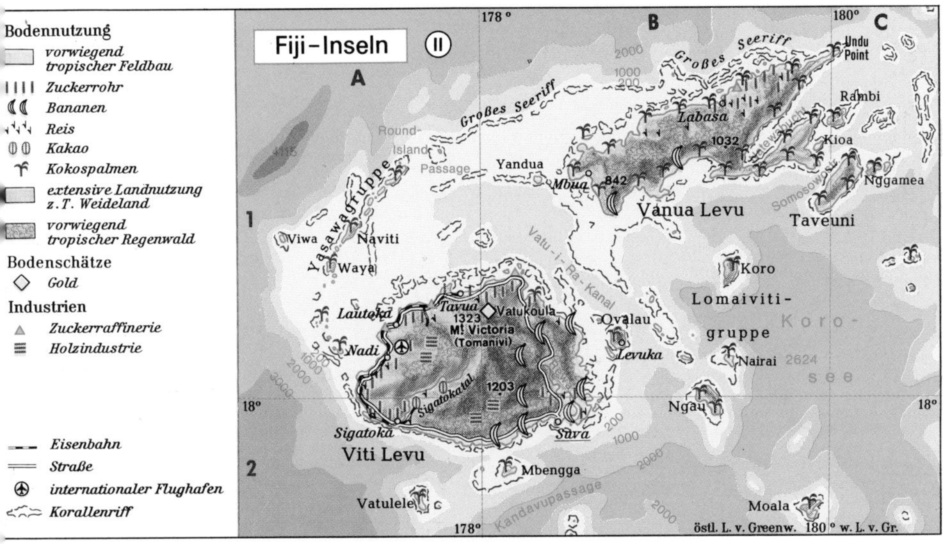

Gebäude (vorwiegend Eingeborenenhütten)
Dorfstraße
Grenze der Dorfsiedlung
AHORA benachbarte Dorfsiedlung

Fiji-Inseln

Bodennutzung:
- vorwiegend tropischer Feldbau
- Zuckerrohr
- Bananen
- Reis
- Kakao
- Kokospalmen
- extensive Landnutzung z. T. Weideland
- vorwiegend tropischer Regenwald

Bodenschätze: Gold
Industrien: Zuckerraffinerie, Holzindustrie

- Eisenbahn
- Straße
- internationaler Flughafen
- Korallenriff

Undu Point, Rambi, Labasa, Kioa, Nggamea, Vanua Levu, Taveuni, Yandua, Mbua, Round-Island Passage, Yasawagruppe, Viwa, Naviti, Waya, Koro, Lomaiviti-gruppe, Lautoka, Tavua, M! Victoria (Tomanivi) 1322, Vatukoula, Ovalau, Levuka, Nadi, Nairai, Koro-see, Ngau, Sigatokakanal, Sigatoka, Suva, Viti Levu, Mbengga, Vatulele, Moala, Kandavupassage

östl. L. v. Greenw. 180° w. L. v. Gr.

Maßstab 1 : 4 500 000
0 25 50 100 km
1 cm auf der Karte ≙ 45 km in der Natur

Canberra – Innere Stadt

Legend:
- Gebäude mit Regierungs- u. Verwaltungsfunktionen
- Parlamentsbereich
- Citygebiet, Hauptgeschäftszentren
- Schulen, Kliniken, Museen, Forschungsinstitute
- vorwiegend Wohngebiet
- weitgehend Diplomatenwohnviertel
- vorwiegend Parkplätze
- Industrie- und Verkehrsanlagen
- bisher ungenutzte Flächen (Ausbaureserven)
- angelegte Grünflächen, Sportplätze
- Eukalyptus - Buschwald, z. T. Parkanlagen

Braddon, Universität, Acton, City Hill, City, Reid, Campbell, Fairbairn Avenue, Russel, Lake Burley Griffin, Stirling Park, Parkes, Parlament, Golfplatz, Yarralumla, Capital Hill, Barton, Brisbane Avenue, Adelaide Avenue, Melbourne Avenue, Deakin, Forrest, Kingston, Griffith, Molonglo, Jerrabomberra

149° 8' östl. v. Gr. · 35° 18'

Maßstab 1 : 50 000
0 250 500 1000 m
1 cm auf der Karte ≙ 500 m in der Natur

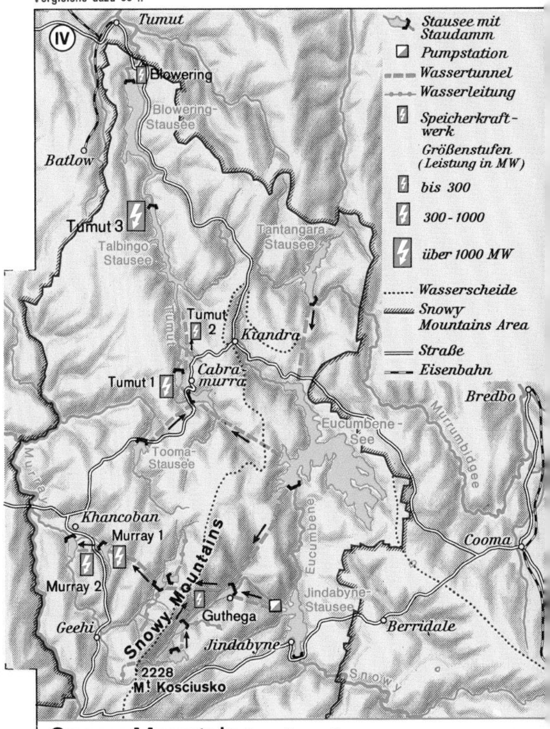

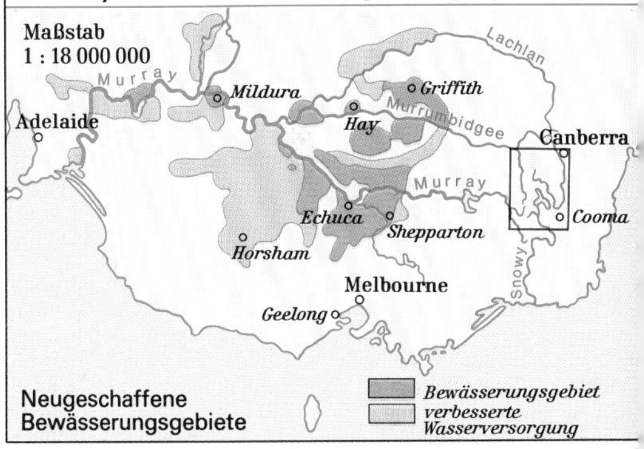

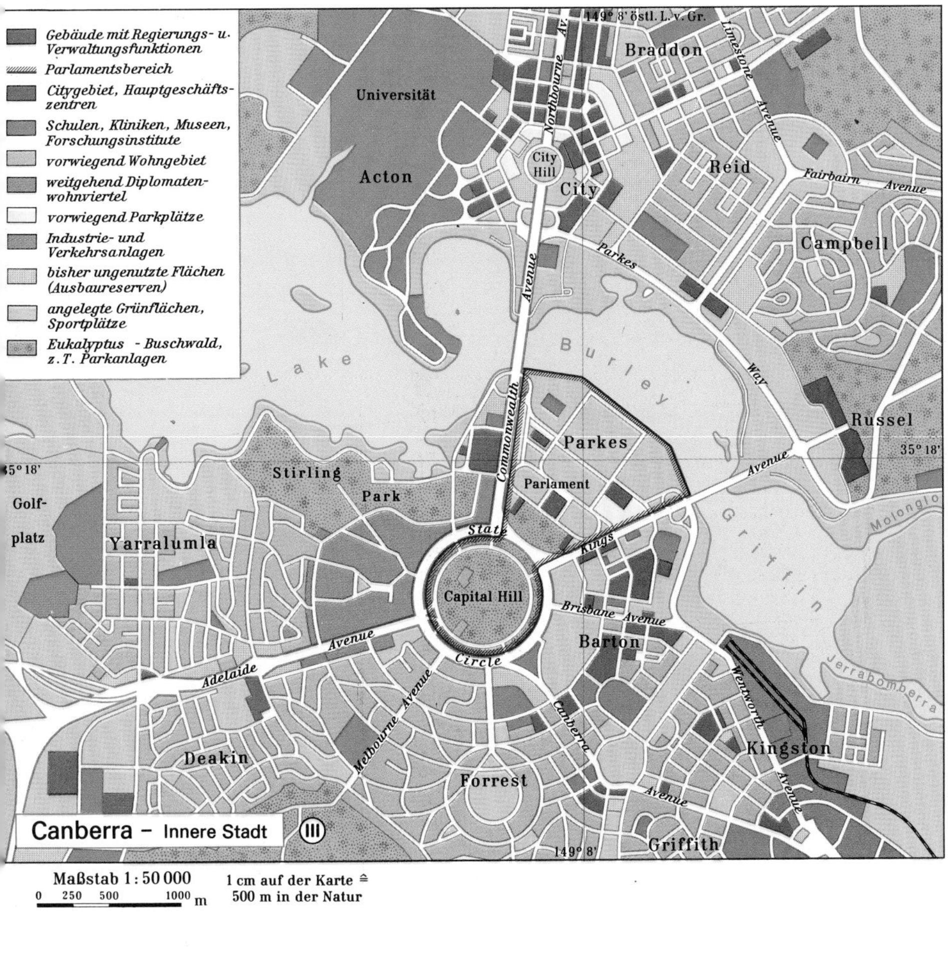

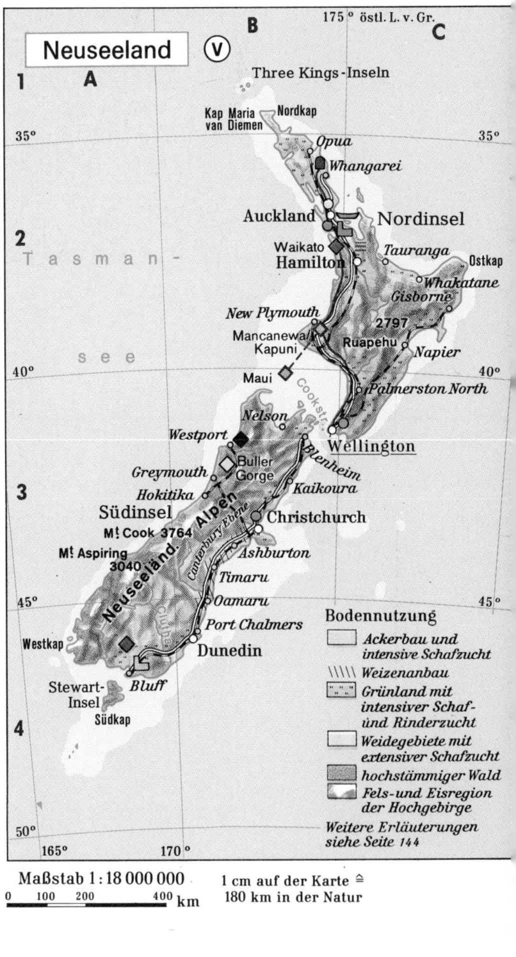

Snowy Mountains – Energieerzeugung

Vergleiche dazu 50 II

Legend:
- Stausee mit Staudamm
- Pumpstation
- Wassertunnel
- Wasserleitung
- Speicherkraftwerk
- Größenstufen (Leistung in MW): bis 300 / 300 - 1000 / über 1000 MW
- Wasserscheide
- Snowy Mountains Area
- Straße
- Eisenbahn

Tumut, Blowering, Blowering-Stausee, Batlow, Tumut 3, Talbingo Stausee, Tantangara Stausee, Tumut 2, Ktandra, Cabra-murra, Tumut 1, Eucumbene-See, Tooma-Stausee, Bredbo, Khancoban, Murray 1, Snowy Mountains, Murray 2, Jindabyne-Stausee, Geehi, Guthega, Cooma, ! 2228 M! Kosciusko, Jindabyne, Snowy, Berridale

Maßstab 1 : 18 000 000
Murray, Mildura, Griffith, Adelaide, Murrumbidgee, Hay, Canberra, Murray, Echuca, Shepparton, Cooma, Horsham, Melbourne, Geelong, Lachlan

Neugeschaffene Bewässerungsgebiete
- Bewässerungsgebiet
- verbesserte Wasserversorgung

Maßstab der Karte IV 1 : 1 500 000
0 5 10 15 20 25 km
1 cm auf der Karte ≙ 15 km in der Natur

Neuseeland

175° östl. L. v. Gr.

Three Kings-Inseln, Kap Maria van Diemen, Nordkap, Opua, Whangarei, Nordinsel, Auckland, Waikato, Tauranga, Ostkap, Hamilton, Whakatane, Gisborne, New Plymouth, Mancanewai, 2797 Ruapehu, Kapuni, Napier, Maui, Palmerston North, Nelson, Westport, Cook'str., Buller Gorge, Wellington, Greymouth, Blenheim, Hokitika, Kaikoura, Südinsel, M! Cook 3764, Neuseeländ. Alpen, Christchurch, M! Aspiring 3040, Ashburton, Canterbury-Ebene, Timaru, Oamaru, Port Chalmers, Bodennutzung, Westkap, Dunedin, Stewart-Insel, Bluff, Südkap

Tasman-see

Bodennutzung:
- Ackerbau und intensive Schafzucht
- Weizenanbau
- Grünland mit intensiver Schaf- und Rinderzucht
- Weidegebiete mit extensiver Schafzucht
- hochstämmiger Wald
- Fels- und Eisregion der Hochgebirge

Weitere Erläuterungen siehe Seite 144

Maßstab 1 : 18 000 000
0 100 200 400 km
1 cm auf der Karte ≙ 180 km in der Natur

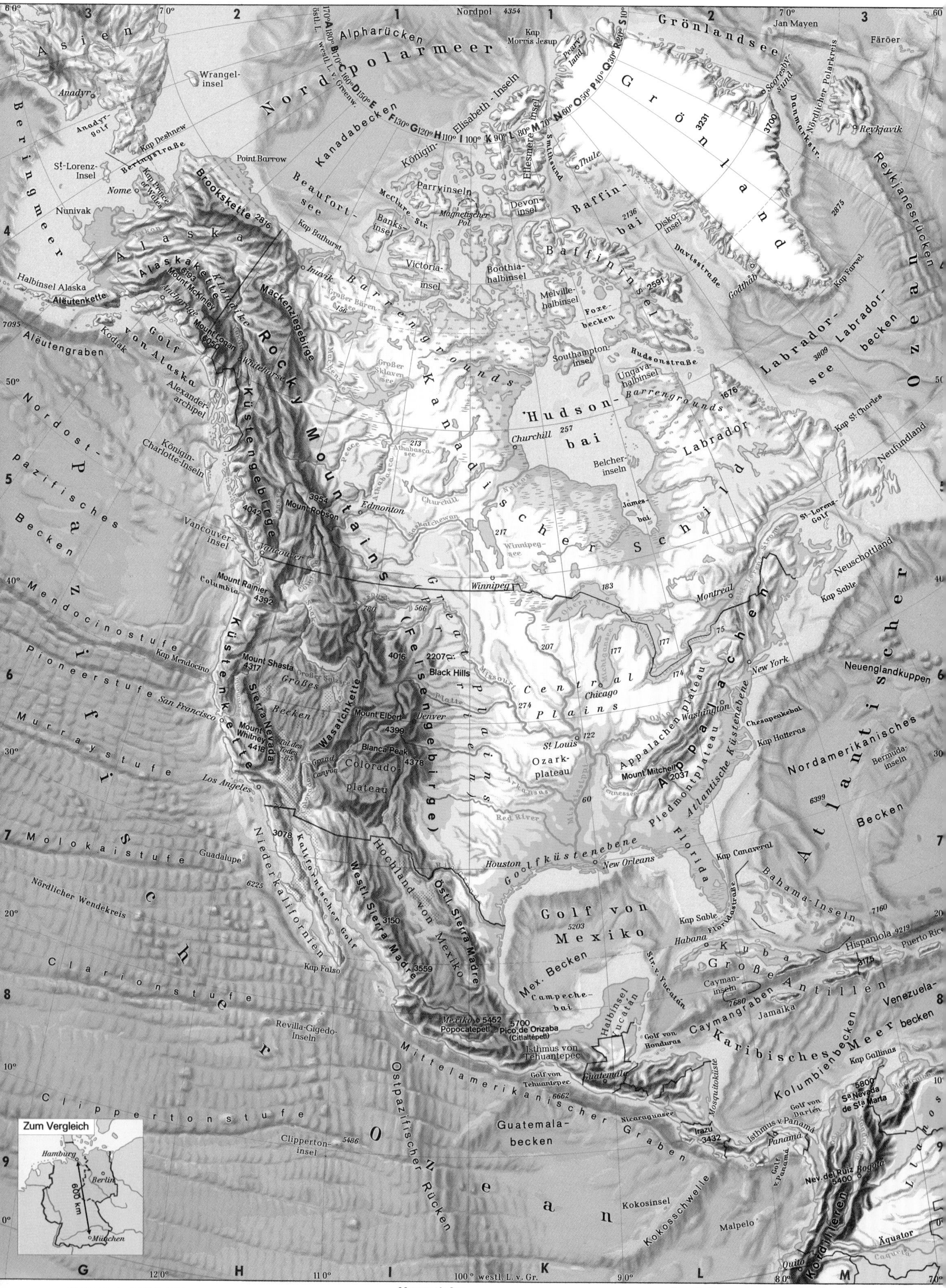

Maßstab 1 : 36 000 000

1 cm auf der Karte ≙ 360 km in der Natur

0 200 400 600 800 1000 km

Meerestiefen

üb. 6000 m	4000–6000 m	2000–4000	200–2000	0–200 m

Landhöhen

Senken	0–100 m	100–200	200–500	500–1000	1000–1500	üb. 1500 m

Weitere
Erläuterungen
siehe Seiten 148/14.

Zum Vergleich

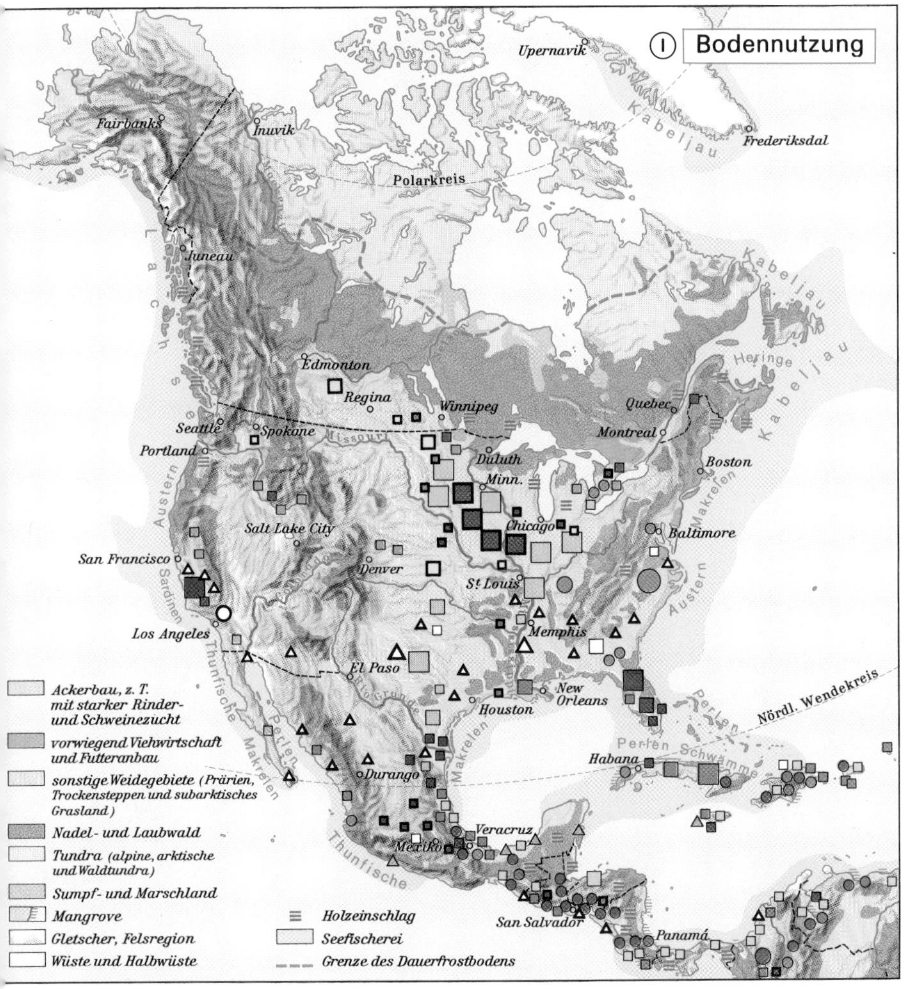

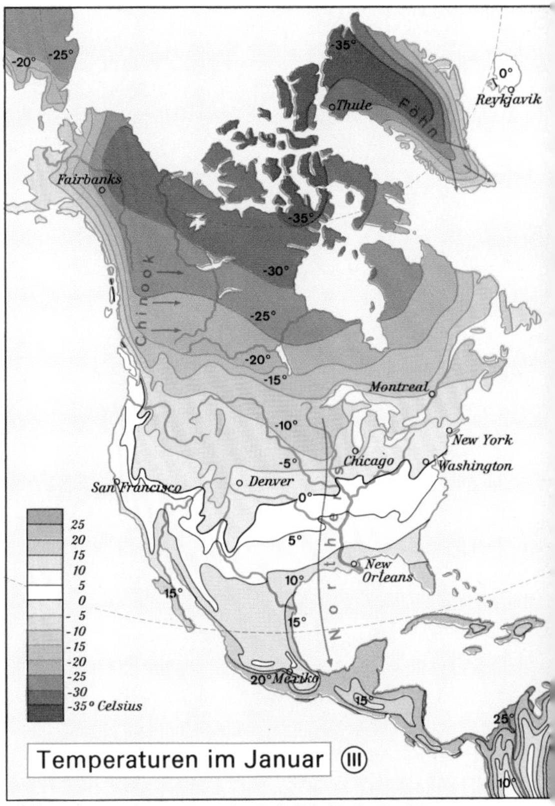

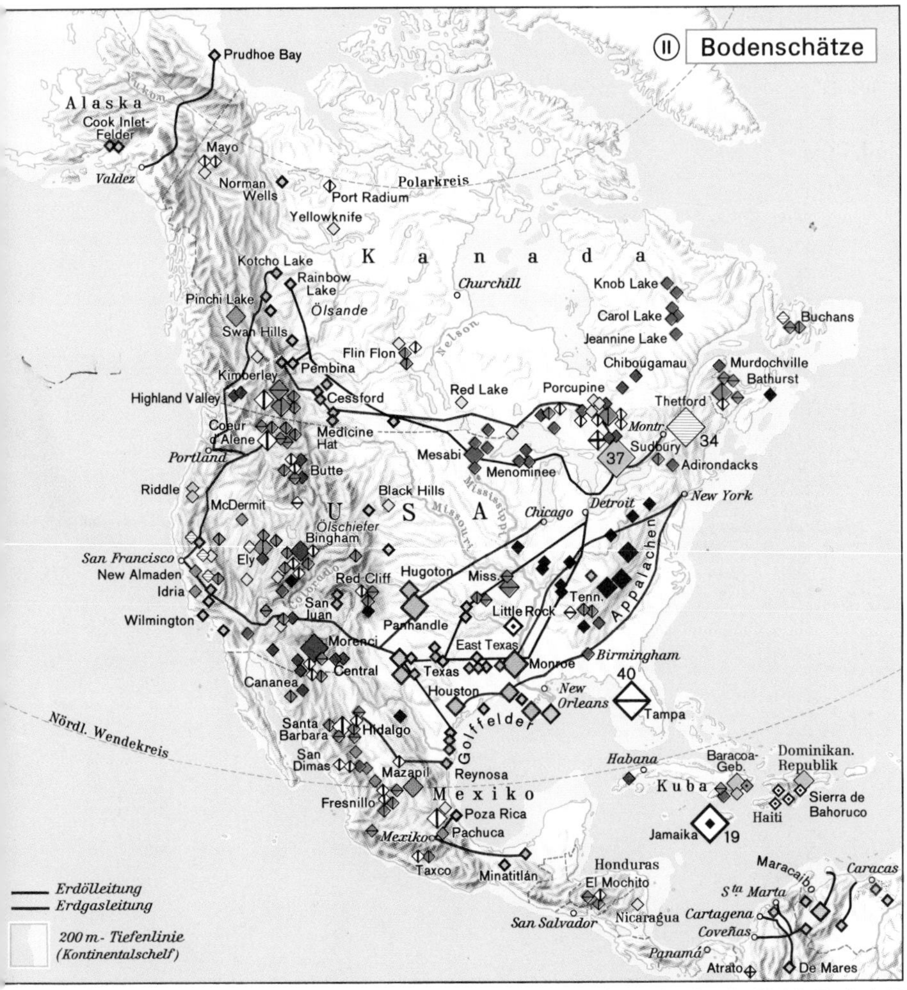

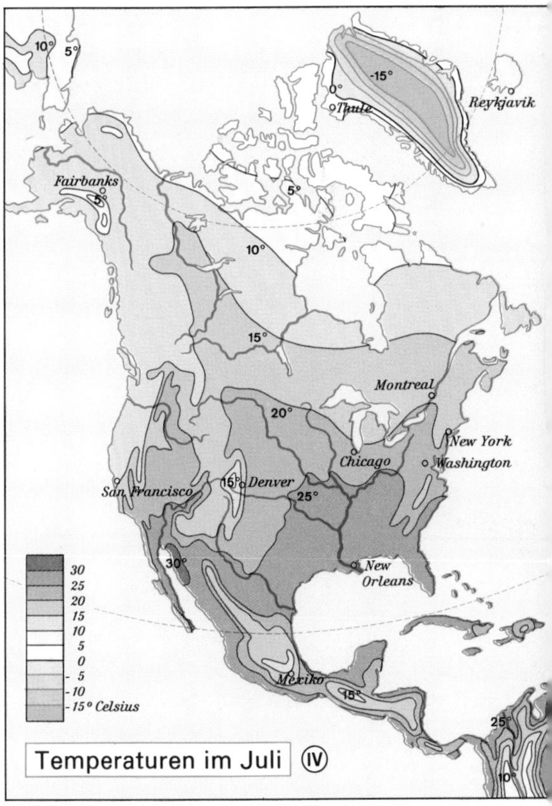

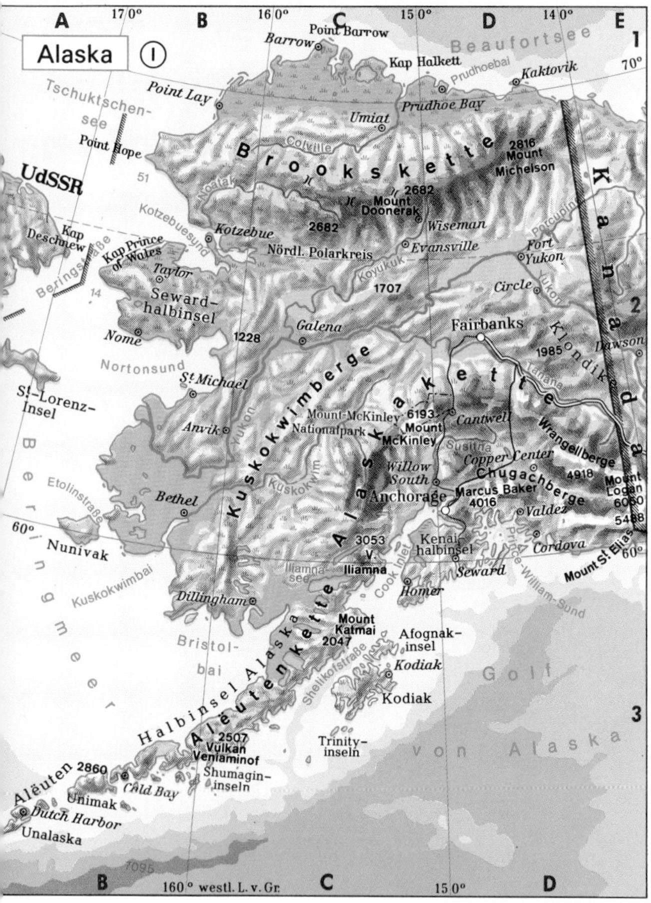

148 USA und Kanada

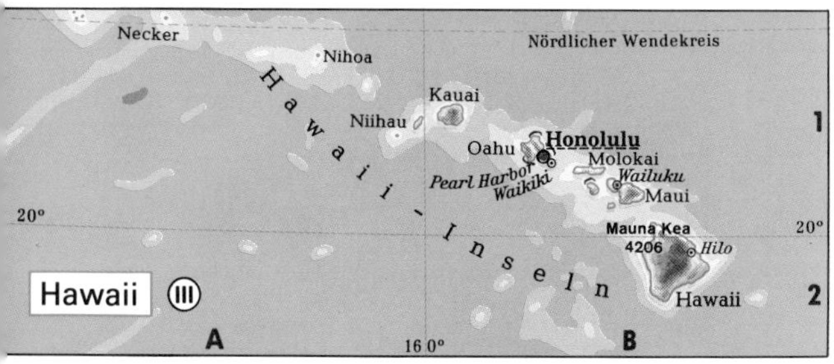

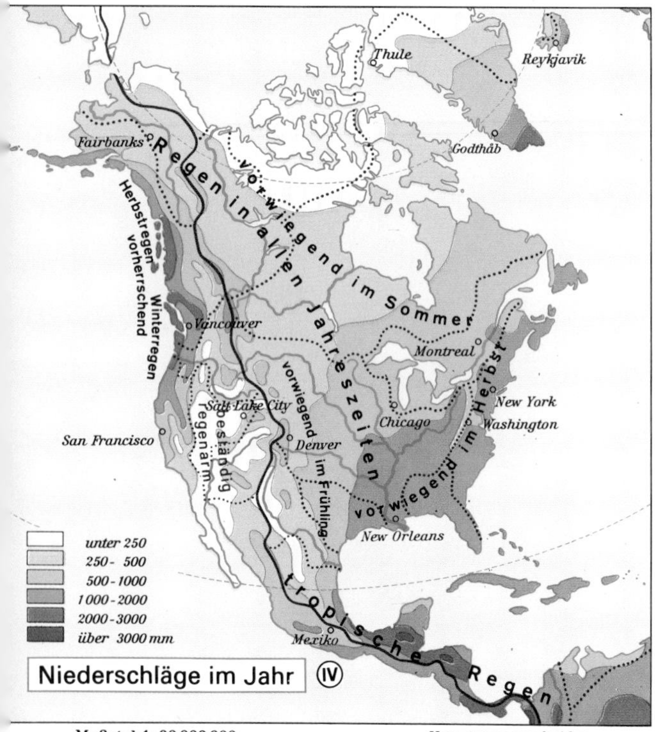

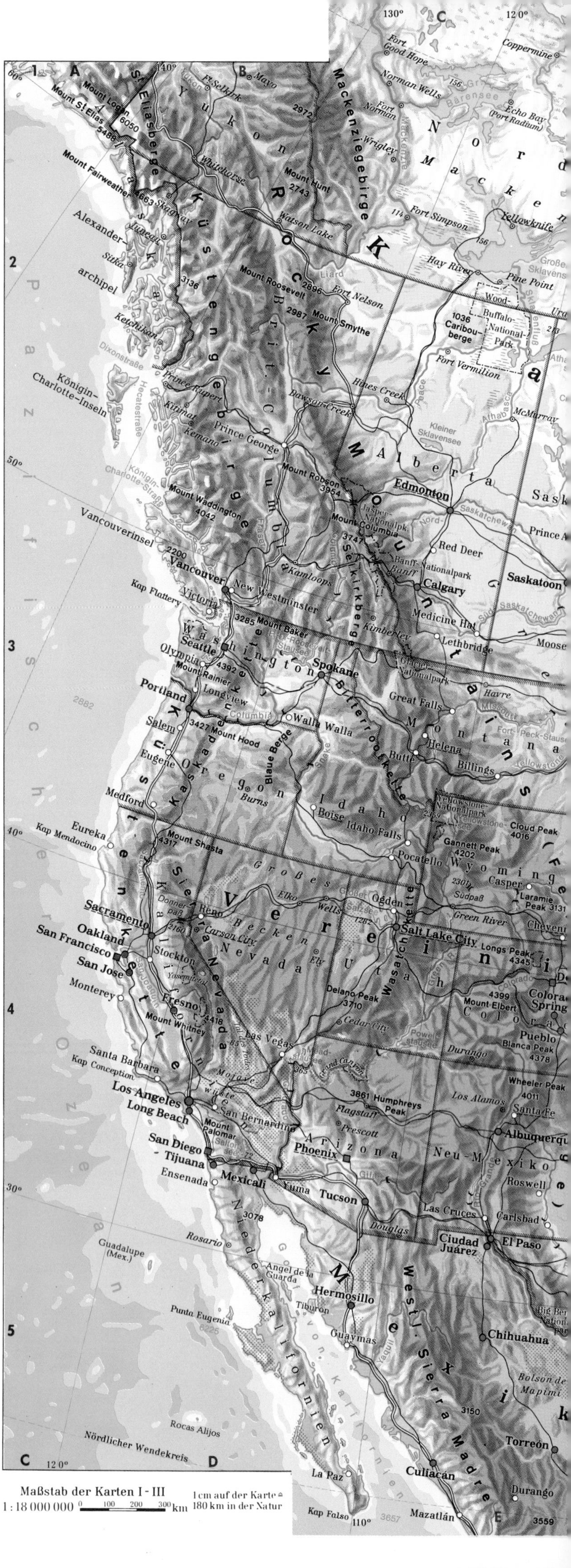

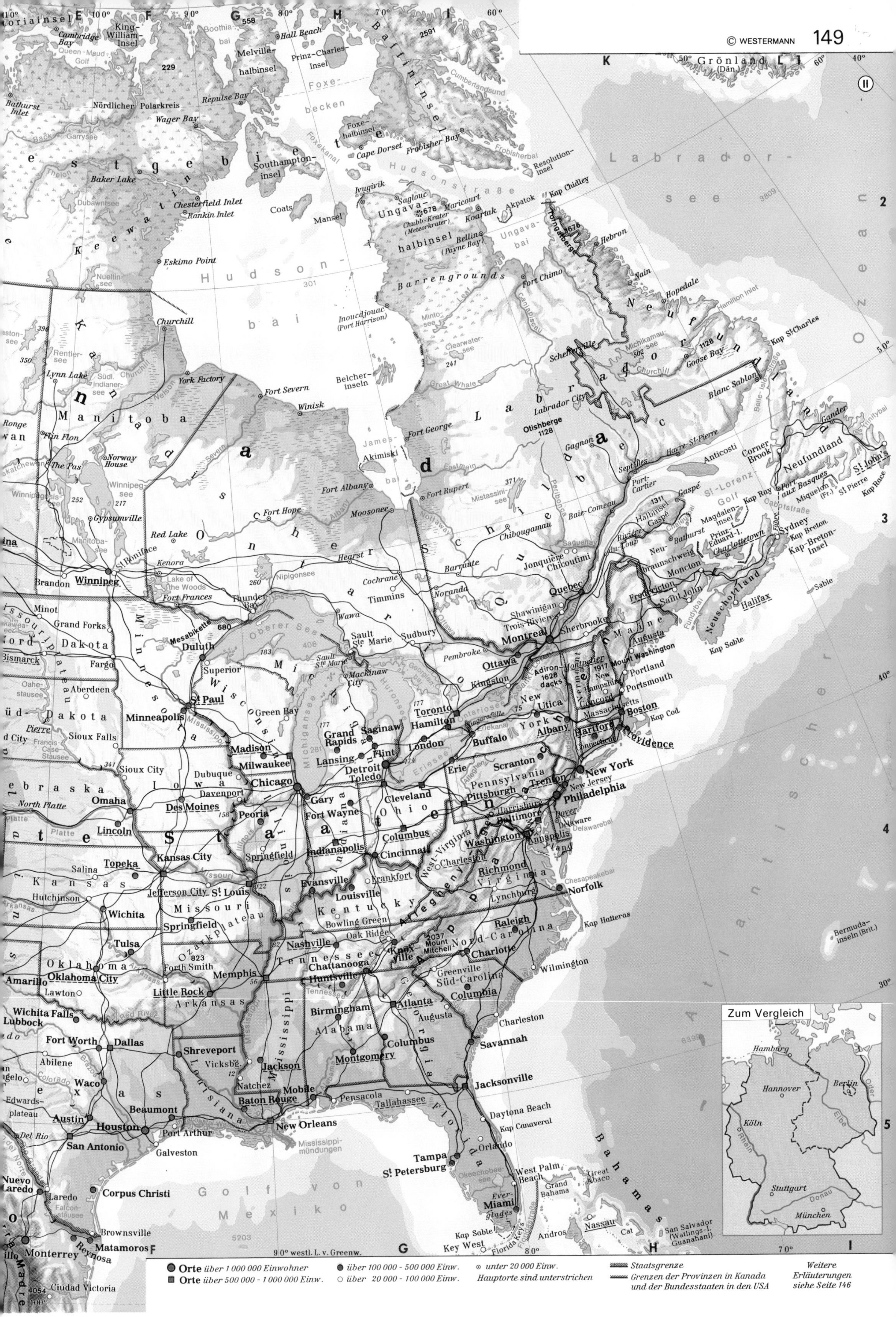

Zum Vergleich

● Orte *über 1 000 000 Einwohner*   ● *über 100 000 - 500 000 Einw.*   ○ *unter 20 000 Einw.*   ▨▨ Staatsgrenze   *Weitere*
■ Orte *über 500 000 - 1 000 000 Einw.*   ○ *über 20 000 - 100 000 Einw.*   *Hauptorte sind unterstrichen*   ▬▬ Grenzen der Provinzen in Kanada   *Erläuterungen*
und der Bundesstaaten in den USA   *siehe Seite 146*

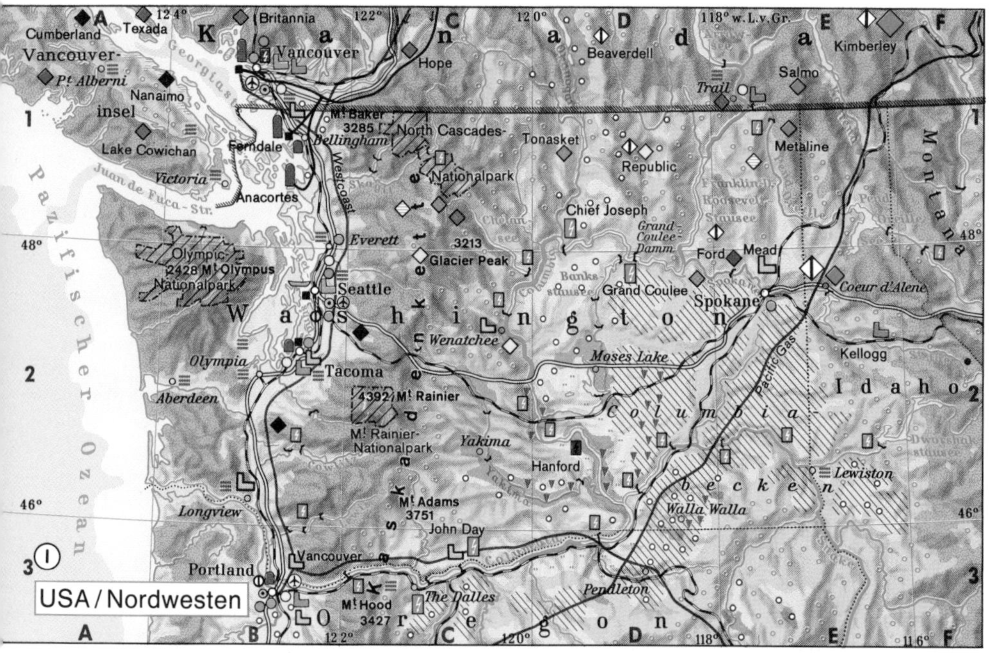

Maßstab der Karten I u. II 1 : 6 000 000
0 50 100 150 km

200m-Tiefenlinie (Kontinentalschelf)
Eisenbahn
Straße (Highway)
Staatsgrenzen
Grenzen der Bundesstaaten

Bodennutzung
- Ackerland, z. T. Weide
- Bewässerungsgebiete
- Weidegebiete der Grassteppen, Gebirgsweiden
- Waldweide
- Wald
- Strauch- und Wüstensteppe mit extensiver Viehzucht
- Wüste, z. T. Halbwüste
- Sumpf
- Salzsee

Hauptanbauarten
- Weizen
- Zuckerrüben
- Baumwolle
- Reis
- Obst und Gemüse
- Zitrusfrüchte
- Wein

Bodenschätze
- Erdöl
- Erdgas
- Steinkohle
- Eisen
- Blei und Zink
- Kupfer
- Gold
- Silber
- Uran
- Stahlveredler
- Quecksilber
- Asbest
- Phosphate
- Salz

Industrien
- Eisen- und Stahlerzeugung
- Buntmetallverhüttung
- Aluminiumverhüttung
- Metallindustrie
- Fahrzeugbau
- Luftfahrt- und Raumfahrtindustrie
- Schiffbau
- chemische Industrie
- Elektroindustrie
- Textilindustrie
- Konservenindustrie
- Holzindustrie

Wasserkraftwerke
- über 1000
- unter 1000 MW

Wärmekraftwerke
- über 1000
- unter 1000 MW (in Auswahl)
- Atomkraftwerk über 100 MW

Erdölraffinerien (Jahresdurchsatz)
- über 15
- 10-15
- 5-10
- unter 5 Mill. t

- Erdölleitung
- Erdgasleitung
- Erdölverladehafen
- Wasserleitung
- Staudamm
- internationaler Flughafen
- Nationalpark

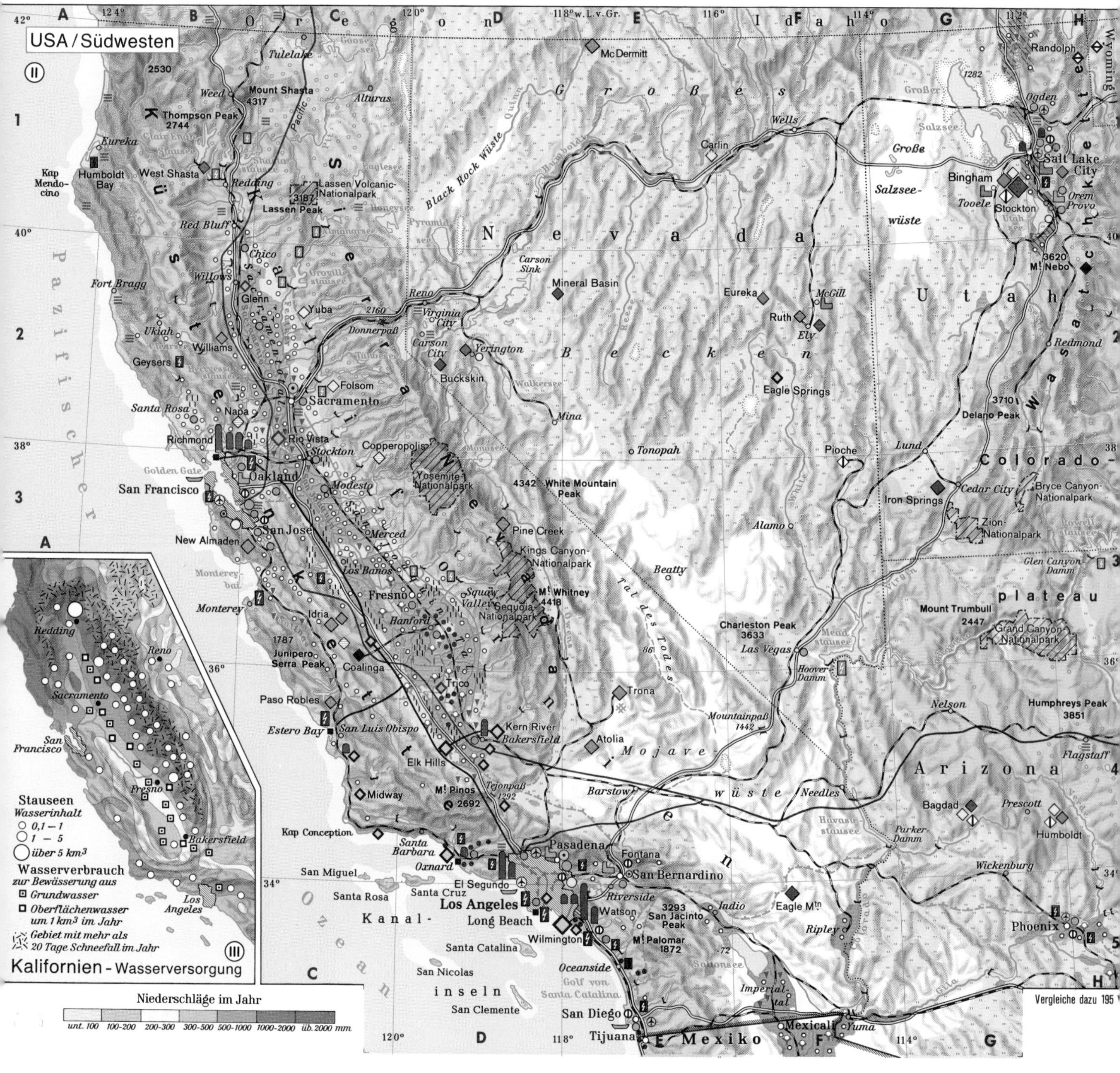

Vergleiche dazu 195

Kalifornien - Wasserversorgung

Stauseen Wasserinhalt
- 0,1 – 1
- 1 – 5
- über 5 km³

Wasserverbrauch zur Bewässerung aus
- Grundwasser
- Oberflächenwasser um 1 km³ im Jahr

Gebiet mit mehr als 20 Tage Schneefall im Jahr

Niederschläge im Jahr

unt. 100	100-200	200-300	300-500	500-1000	1000-2000	üb. 2000 mm

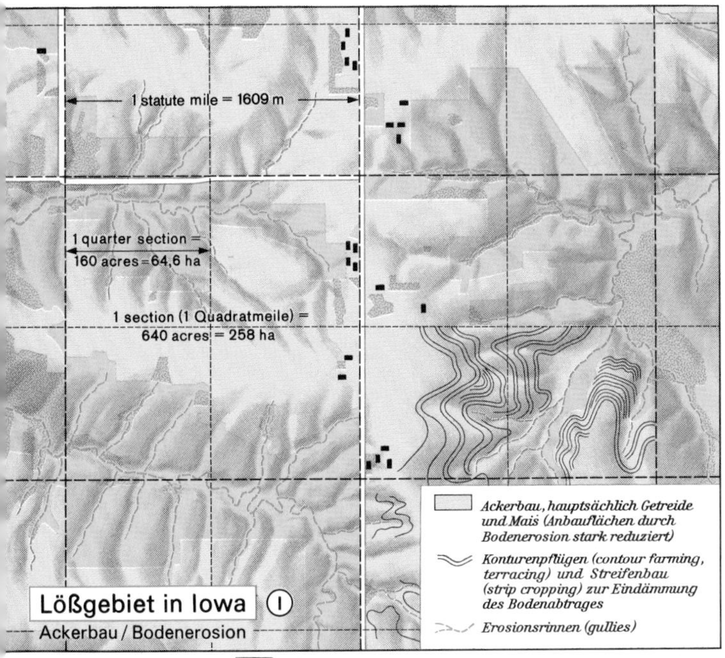

Lößgebiet in Iowa (I)
Ackerbau / Bodenerosion

1 statute mile = 1609 m

1 quarter section = 160 acres = 64,6 ha

1 section (1 Quadratmeile) = 640 acres = 258 ha

Maßstab 1:40 000
200 400 600 800 1000 m

Ackerbau, hauptsächlich Getreide und Mais (Anbauflächen durch Bodenerosion stark reduziert)

Konturenpflügen (contour farming, terracing) und Streifenbau (strip cropping) zur Eindämmung des Bodenabtrages

Erosionsrinnen (gullies)

Wiese und Weide, hauptsächlich Kleegras (erosionshemmend)

Wald und Gebüsch

Schema der ersten Landeinteilung (1785)

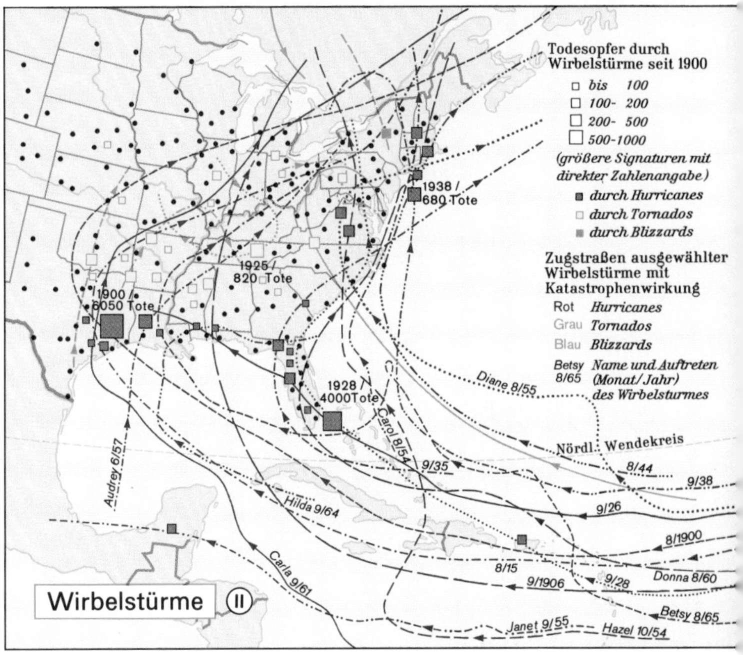

Wirbelstürme (II)

Todesopfer durch Wirbelstürme seit 1900
□ bis 100
□ 100- 200
□ 200- 500
□ 500-1000
(größere Signaturen mit direkter Zahlenangabe)
■ durch Hurricanes
□ durch Tornados
■ durch Blizzards

Zugstraßen ausgewählter Wirbelstürme mit Katastrophenwirkung
Rot Hurricanes
Grau Tornados
Blau Blizzards
Betsy 8/65 Name und Auftreten (Monat/Jahr) des Wirbelsturmes

Maßstab 1:50 000 000

Wetterradarstation (Frühwarnsystem der USA)

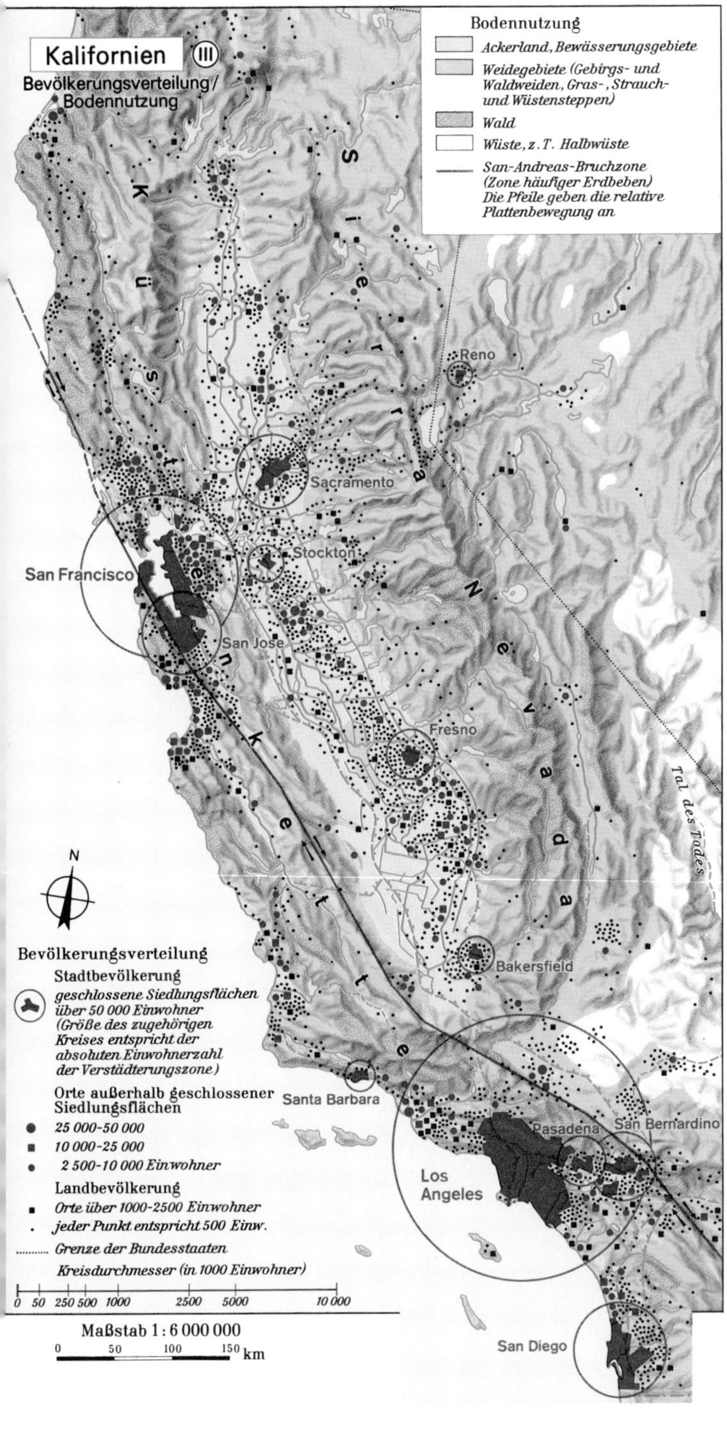

Kalifornien (III)
Bevölkerungsverteilung / Bodennutzung

Bodennutzung
Ackerland, Bewässerungsgebiete
Weidegebiete (Gebirgs- und Waldweiden, Gras-, Strauch- und Wüstensteppen)
Wald
Wüste, z.T. Halbwüste
San-Andreas-Bruchzone (Zone häufiger Erdbeben) Die Pfeile geben die relative Plattenbewegung an

Bevölkerungsverteilung
Stadtbevölkerung
geschlossene Siedlungsflächen über 50 000 Einwohner (Größe des zugehörigen Kreises entspricht der absoluten Einwohnerzahl der Verstädterungszone)

Orte außerhalb geschlossener Siedlungsflächen
● 25 000-50 000
● 10 000-25 000
● 2 500-10 000 Einwohner

Landbevölkerung
• Orte über 1000-2500 Einwohner
• jeder Punkt entspricht 500 Einw.
Grenze der Bundesstaaten
Kreisdurchmesser (in 1000 Einwohner)

Maßstab 1:6 000 000
0 50 100 150 km

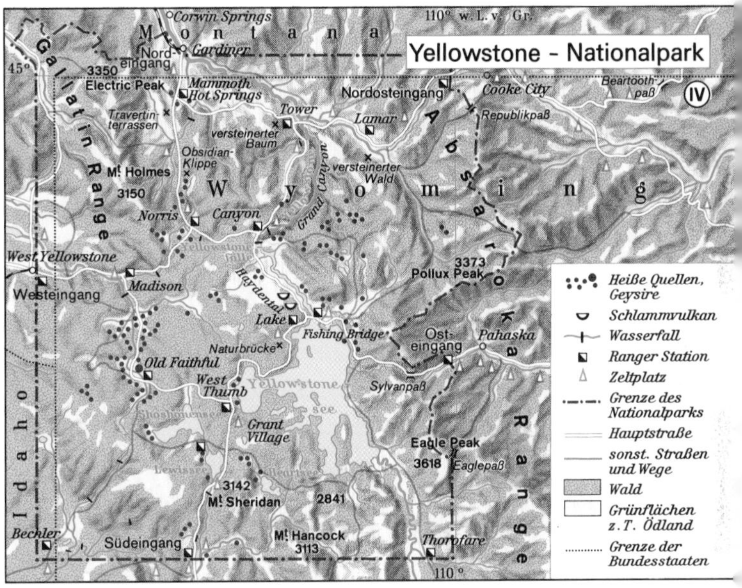

Yellowstone - Nationalpark (IV)

Heiße Quellen, Geysire
Schlammvulkan
Wasserfall
Ranger Station
Zeltplatz
Grenze des Nationalparks
Hauptstraße
sonst. Straßen und Wege
Wald
Grünflächen z.T. Ödland
Grenze der Bundesstaaten

Maßstab 1:1 500 000
0 5 10 15 20 25 km
1 cm auf der Karte ≙ 15 km in der Natur

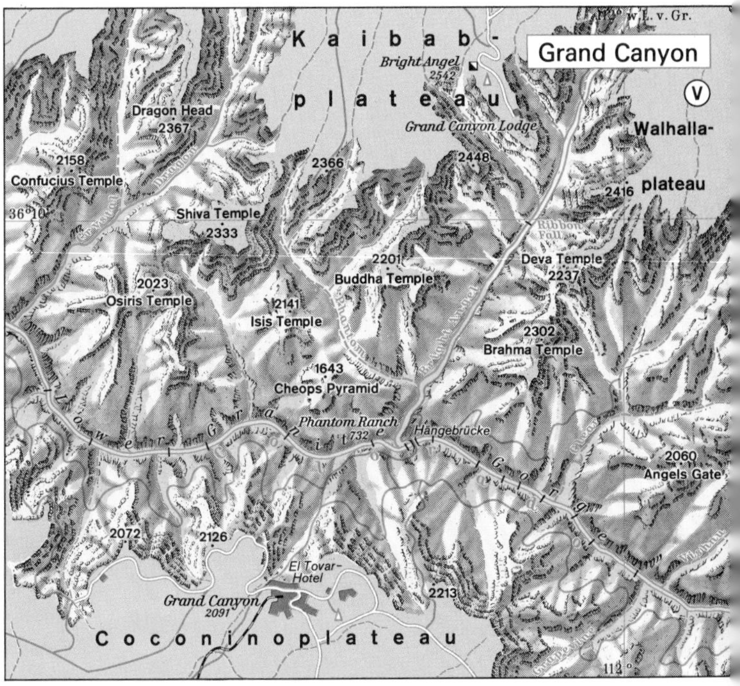

Grand Canyon (V)

Maßstab 1:250 000
0 1 2 3 4 5 km
1 cm auf der Karte ≙ 2,5 km in der Natur

Landhöhen
unt. 1000 1000-2000 üb. 2000
Straße
Weg

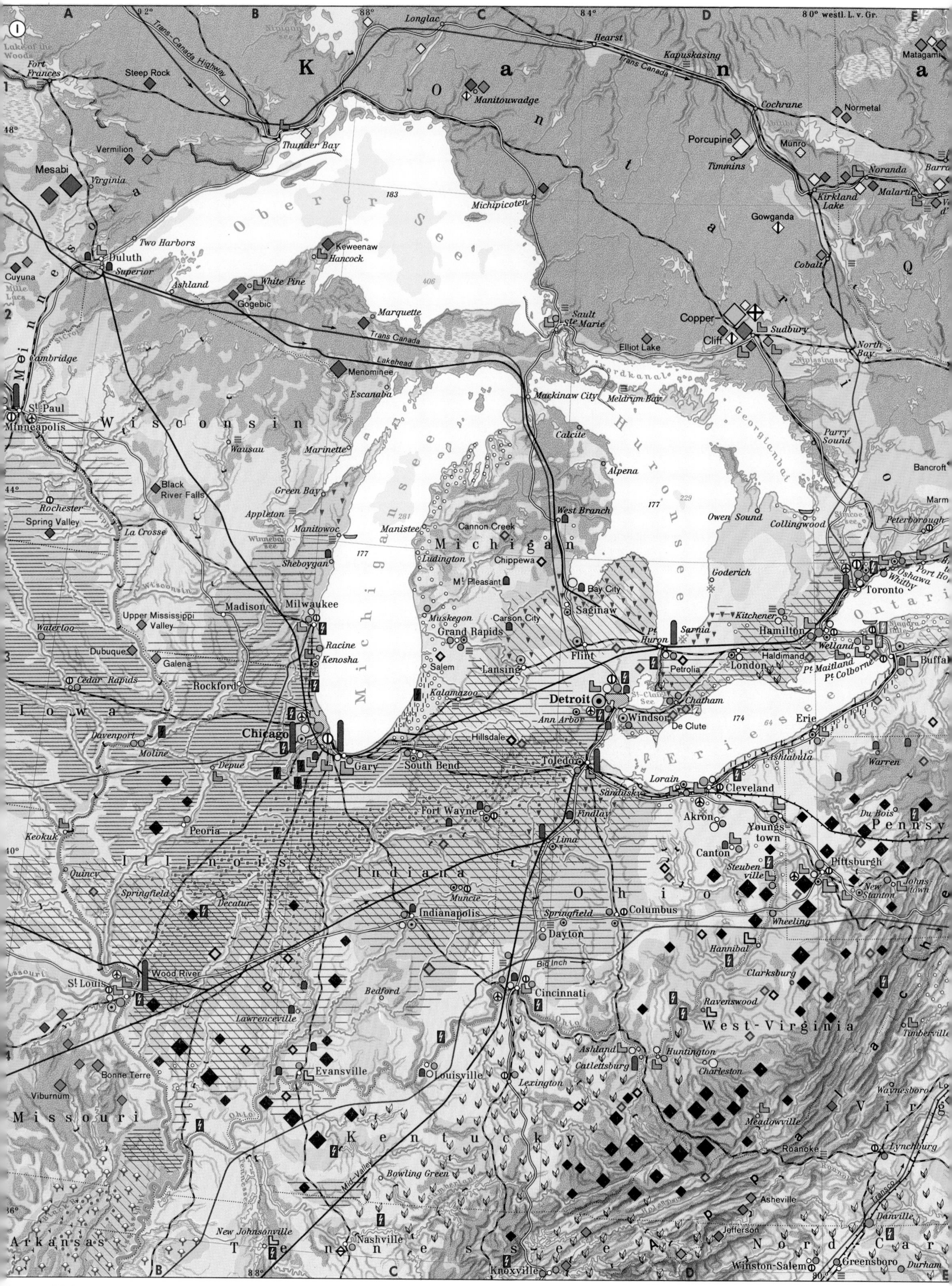

Maßstab 1 : 6 000 000

1 cm auf der Karte ≙
60 km in der Natur

0   50   100   150 km

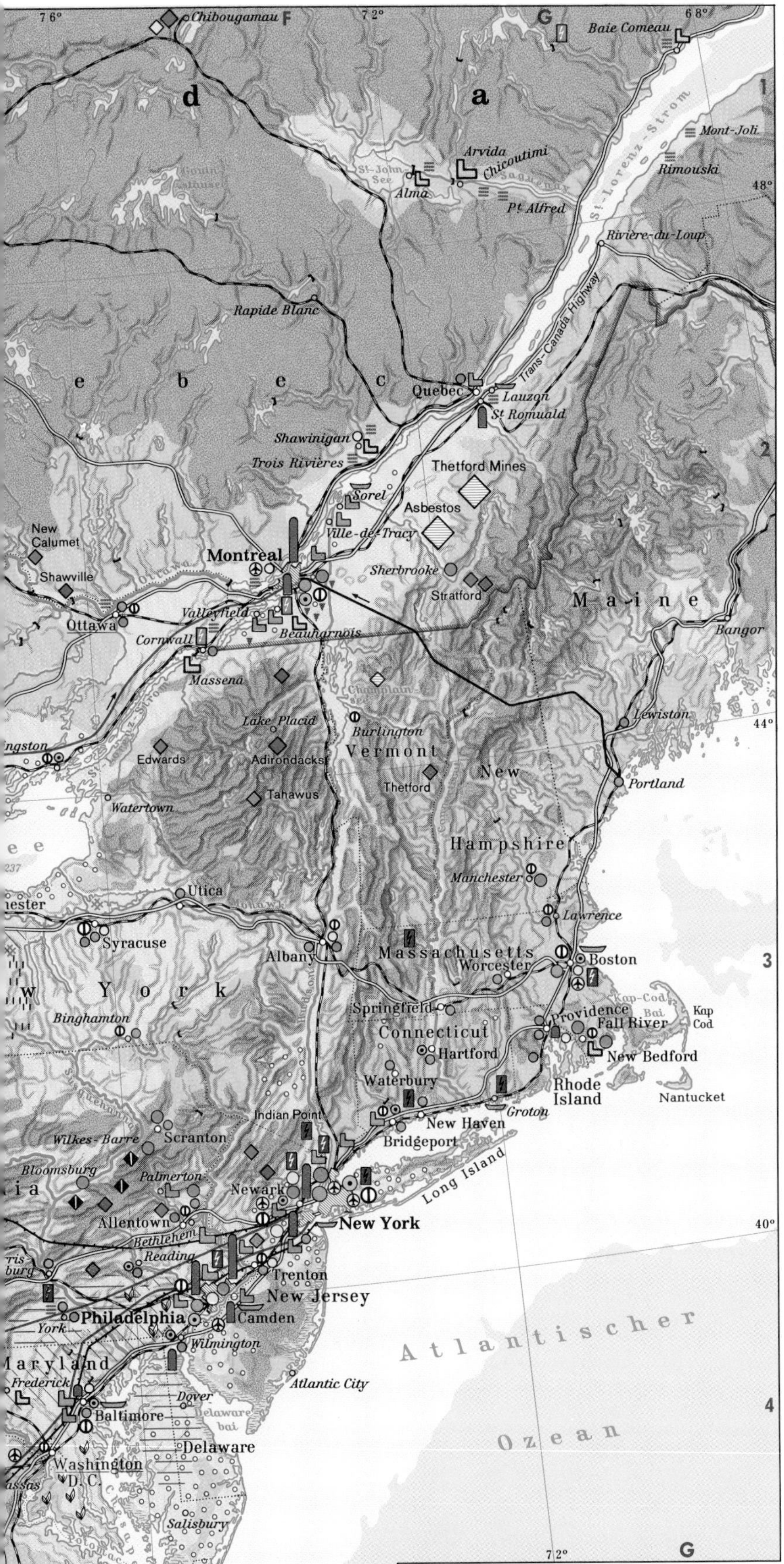

Bodennutzung

- intensiver Ackerbau auf hochwertigen Böden
- sonstiger Ackerbau, z. T. Weideland mit Viehwirtschaft
- vorwiegend Viehwirtschaft und Futteranbau
- Nadel- und Laubwald
- Sumpf und Marschland

Hauptanbauarten

- Winterweizen
- Mais
- davon intensiver Anbau
- Baumwolle
- Zuckerrüben
- Sojabohnen
- Tabak
- Reis
- Wein
- Erdnüsse
- Obst und Gemüse

Bodenschätze

- Erdöl
- Erdgas
- Steinkohle
- Anthrazit
- Eisen
- Stahlveredler
- Kupfer
- Blei und Zink
- Nickel
- Uran
- Gold
- Platin
- Silber
- Phosphat
- Asbest
- Salz

Industrien

- Eisen- u. Stahlerzeugung
- Buntmetallverhüttung
- Aluminiumverhüttung
- Metallindustrie
- Fahrzeugbau, z. T. Luftfahrtindustrie
- Schiffbau
- Elektroindustrie
- Textilindustrie
- chemische Industrie
- Holzindustrie
- Wasserkraftwerk ab 1000 MW
- Wärmekraftwerk ab 1000 MW
- Atomkraftwerk ab 100 MW

Erdölraffinerien (Jahresdurchsatz)
- über 15
- 10-15
- 5-10
- unter 5 Mill. t

- Erdölleitung
- Erdölproduktenleitung
- Erdgasleitung

- Eisenbahn
- Straße (Highway)
- Kanal
- Staudamm
- internationaler Flughafen

Orte	über	1 000 000 Einw.
Orte	über 100 000 - 1 000 000 Einw.	
Orte	unter	100 000 Einw.

Signaturengrößen entsprechend der Höhe der Förderung bzw. der Wichtigkeit der Standorte

- Staatsgrenzen
- Grenzen der US-Bundesstaaten u. der Provinzen in Kanada
- 200 m - Tiefenlinie (Kontinentalschelf)

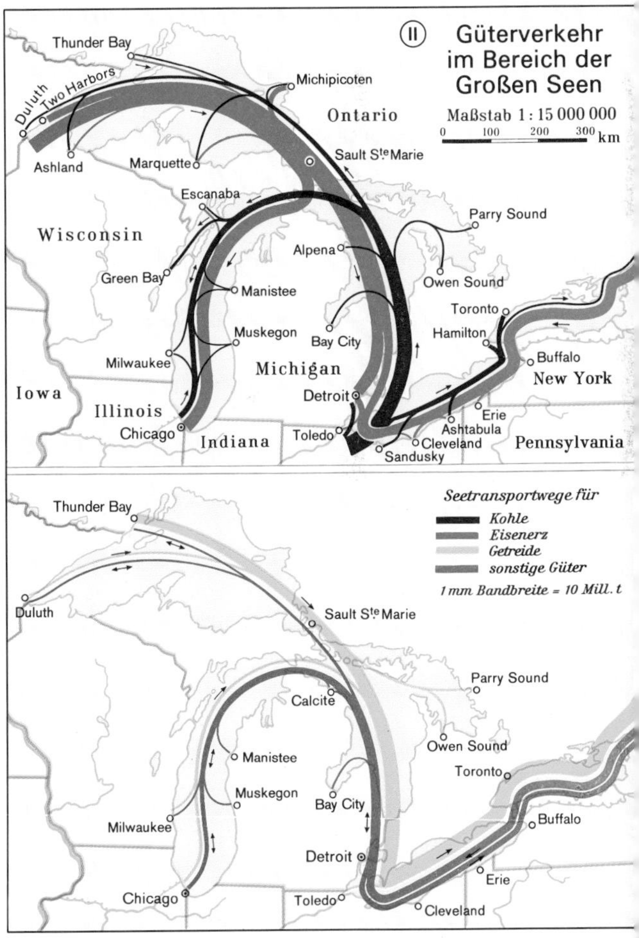

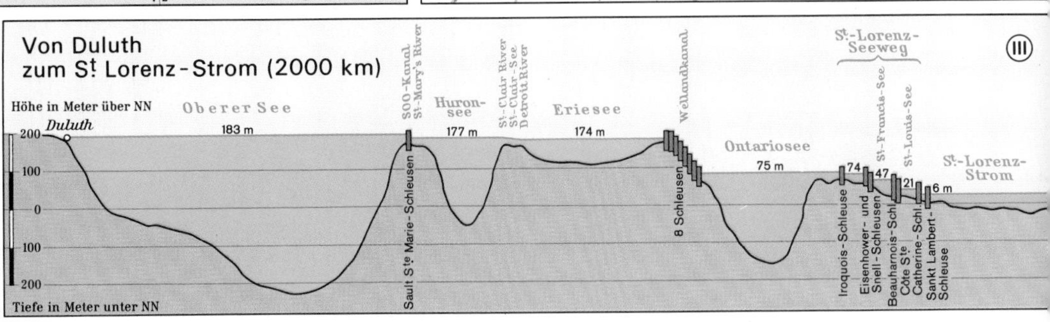

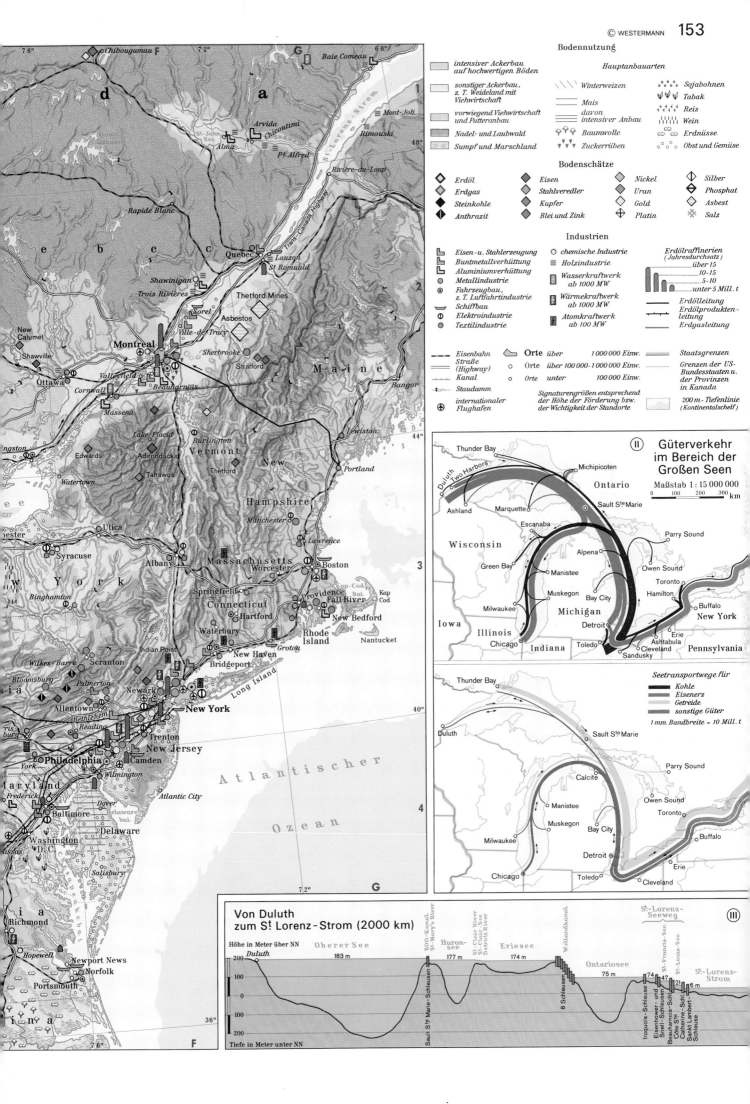

Anteil der Neger-
bevölkerung an der
Gesamtbevölkerung
der USA um 1970

10 – 30
30 – 50
über 50%

22% Anteil der Negerbevölkerung in den einzelnen
Bundesstaaten

Ausbreitung der
Negerbevölkerung

Anteil der Neger-
bevölkerung in den
Großstädten des
Nordens in Prozent

Städte
über 500 000
Einwohner

unter 500 000
Einwohner

Asiaten
(Japaner, Chinesen)

Sioux Indianer-
reservationen

Staatsgrenze

Grenzen der Bundes-
staaten

Grenze der Südstaaten

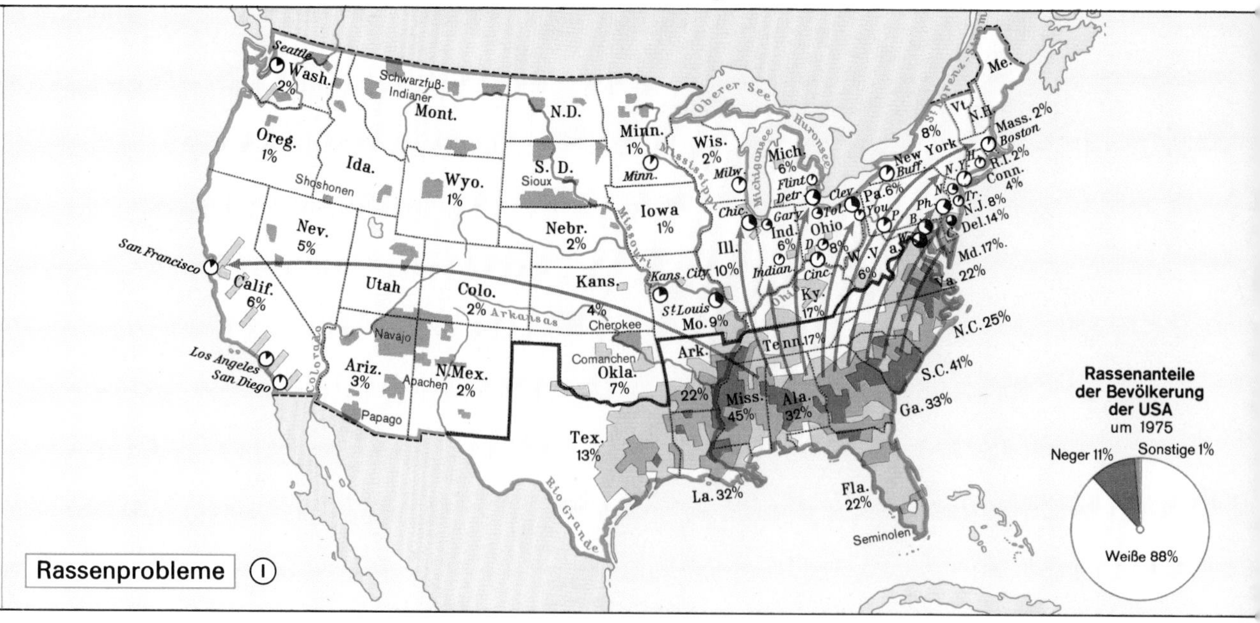

Rassenprobleme ①

Maßstab 1 : 40 000 000

Rassenanteile
der Bevölkerung
der USA
um 1975

Neger 11% Sonstige 1%

Weiße 88%

Seattle Wash. 2%
Oreg. 1%
Ida.
Mont.
Schwarzfuß-Indianer
N.D.
Minn. 1%
Wis. 2%
Mich. 6%
Me.
Vt. N.H.
Mass. 2%
Boston 8%
New York Buff.
San Francisco
Calif. 6%
Nev. 5%
Utah
Wyo. 1%
Shoshonen
S.D.
Sioux
Nebr. 2%
Iowa 1%
Ill.
Ind. 6%
Ohio 8%
Pa. 6%
Conn. 4%
N.J. 8%
Del. 14%
Los Angeles
San Diego
Ariz. 3%
Apachen 2%
Navajo
N.Mex. 2%
Colo. 2%
Kans. 4%
Kans. City 10%
St. Louis
Mo. 9%
Cherokee
Okla. 7%
Comanchen
Papago
Tex. 13%
Ark. 22%
Tenn. 17%
Ky. 17%
W.Va. 6%
Va. 22%
Md. 17%
N.C. 25%
S.C. 41%
Miss. 45%
Ala. 32%
Ga. 33%
La. 32%
Fla. 22%
Seminolen
Oberer See

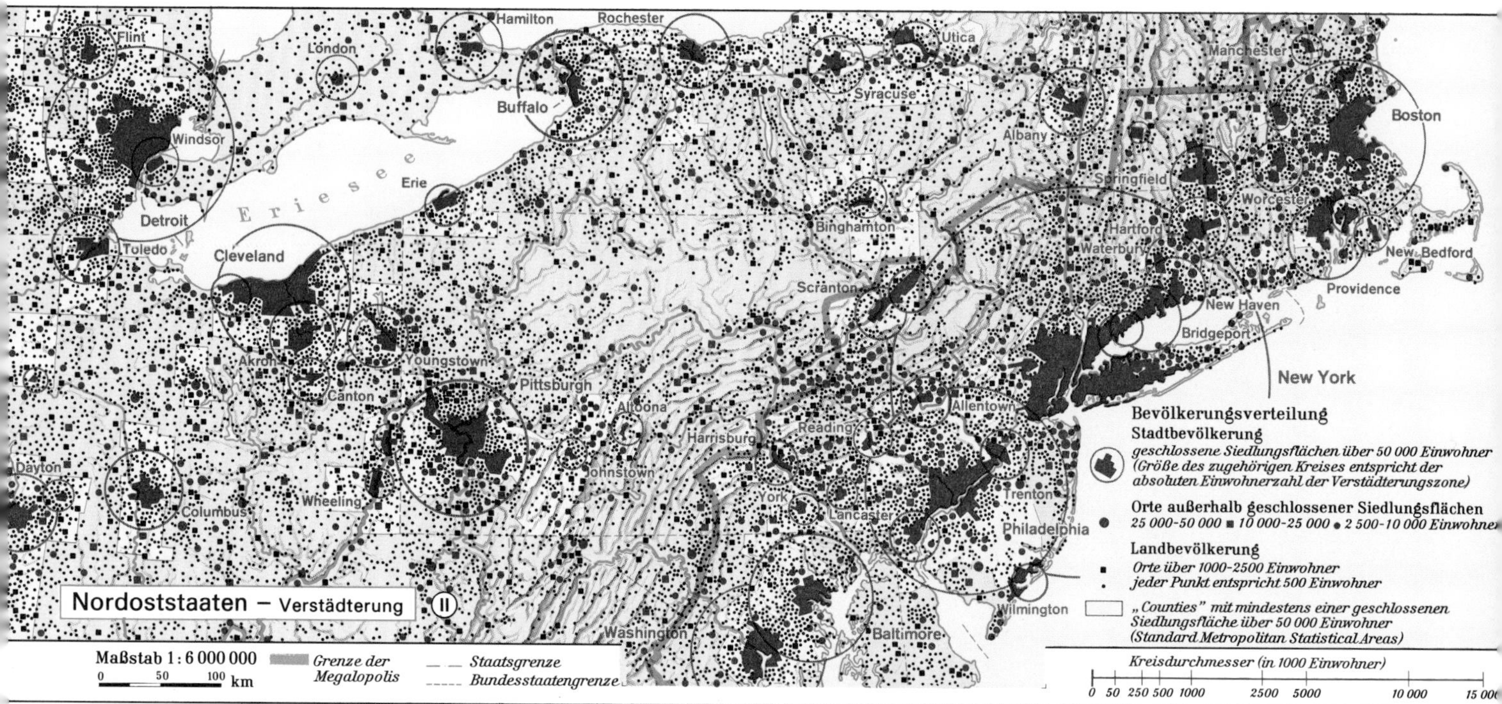

Nordoststaaten – Verstädterung ②

Maßstab 1 : 6 000 000

Grenze der
Megalopolis

Staatsgrenze

Bundesstaatengrenze

Bevölkerungsverteilung
Stadtbevölkerung
geschlossene Siedlungsflächen über 50 000 Einwohner
(Größe des zugehörigen Kreises entspricht der
absoluten Einwohnerzahl der Verstädterungszone)

Orte außerhalb geschlossener Siedlungsflächen
25 000-50 000 ● 10 000-25 000 ■ 2 500-10 000 Einwohner

Landbevölkerung
Orte über 1000-2500 Einwohner
jeder Punkt entspricht 500 Einwohner

"Counties" mit mindestens einer geschlossenen
Siedlungsfläche über 50 000 Einwohner
(Standard Metropolitan Statistical Areas)

Kreisdurchmesser (in 1000 Einwohner)
0 50 250 500 1000   2500   5000   10 000   15 000

dicht besiedeltes
Wohngebiet

City of Los Angeles

Bildungszentren
(Universitäten, Colleges)

Park, Garten

Wald

Nationalpark

vorwiegend
Industriegebiet

internationaler
Flughafen

Flugplatz

wichtige Straße

Eisenbahn

Wasserleitung

Stausee

Flutbecken

vom Smog stark
betroffene Gebiete

Hauptrichtung der
landeinwärts ziehenden
Seewinde (vorwiegend
im Sommer und meist
tagsüber, im Winter
ablandig)

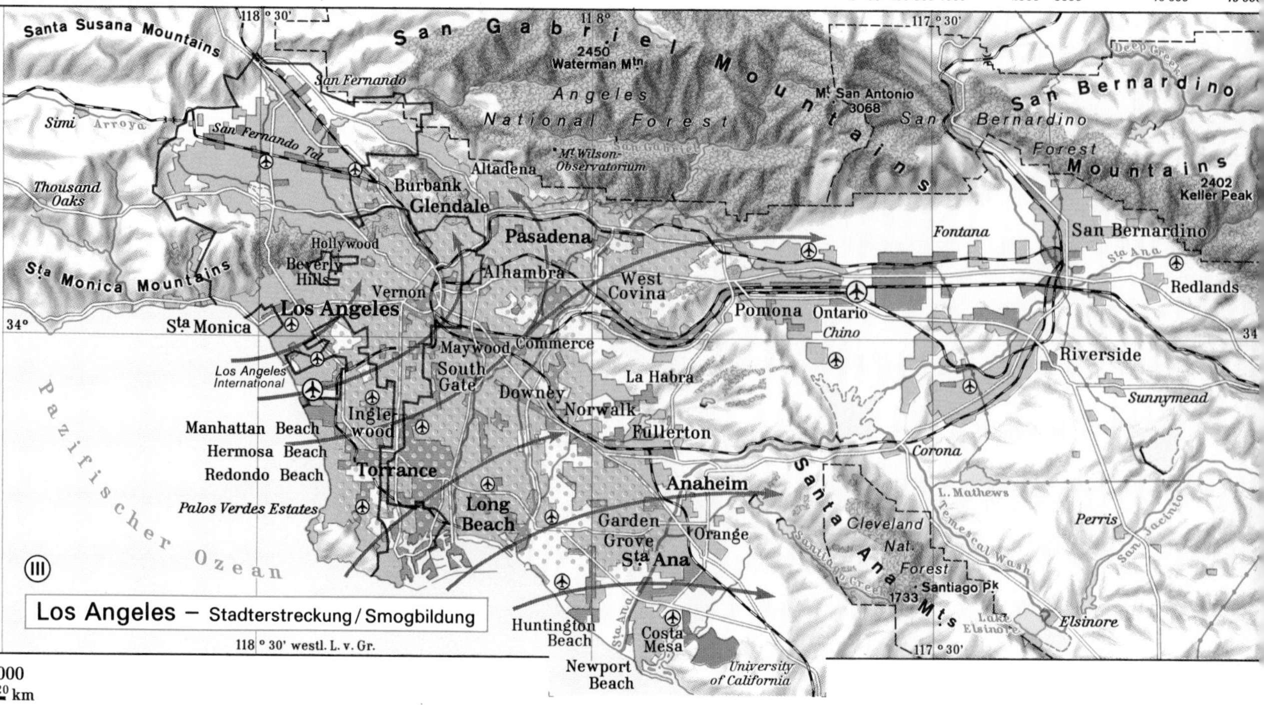

Los Angeles – Stadterstreckung/Smogbildung ③

Maßstab 1 : 1 000 000

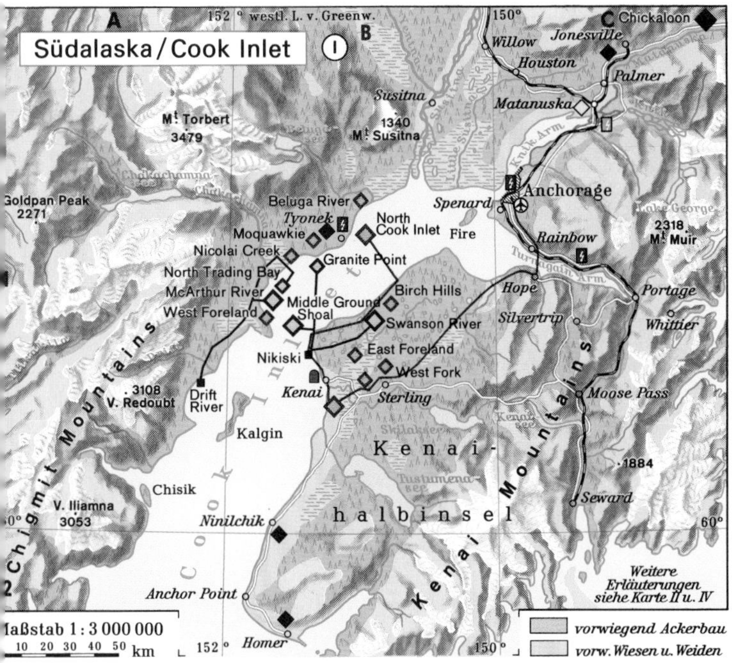

Maßstab 1 : 3 000 000 (0 10 20 30 40 50 km)

vorwiegend Ackerbau; vorw. Wiesen u. Weiden

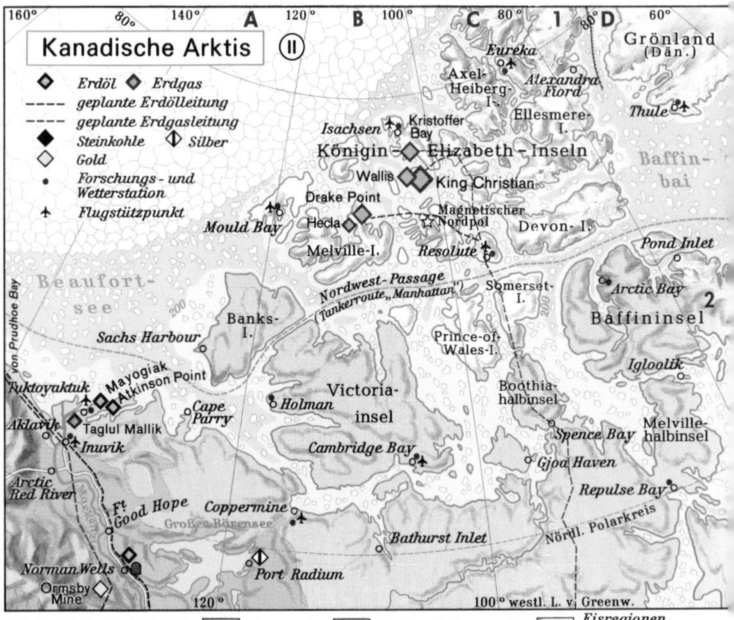

Maßstab 1 : 24 000 000 (0 100 200 300 400 500 km)

Nadelwald; Waldtundra; Tundra, Gebirgstundra; arktische Wüste; Eisregionen, Inlandeis, Gletscher; Packeis

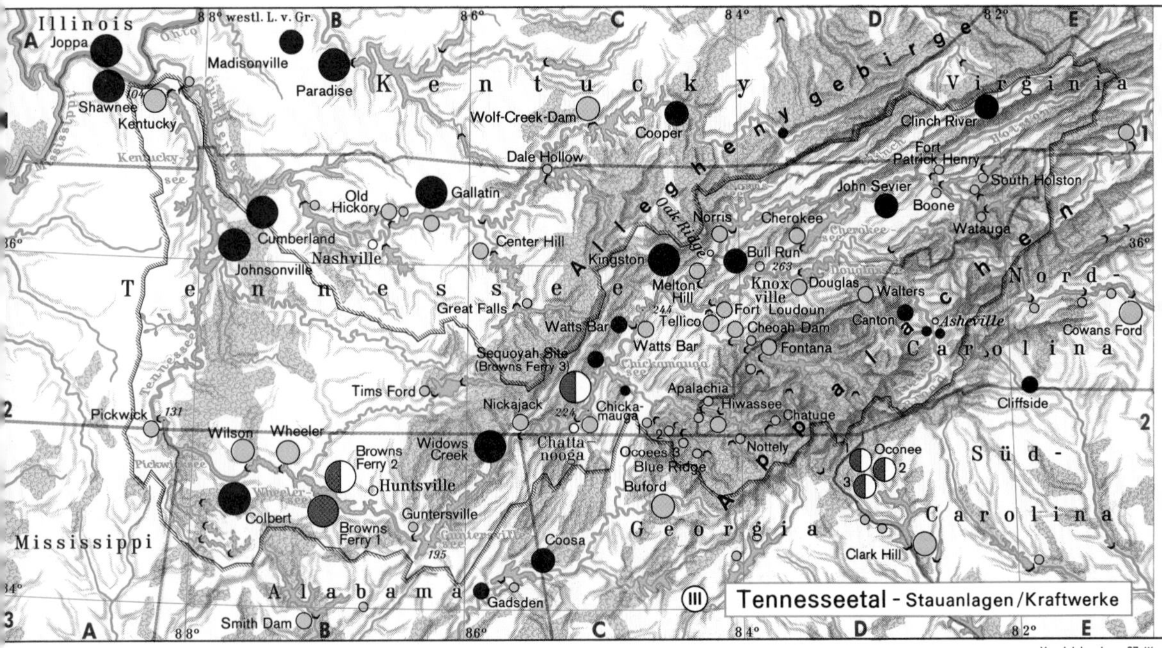

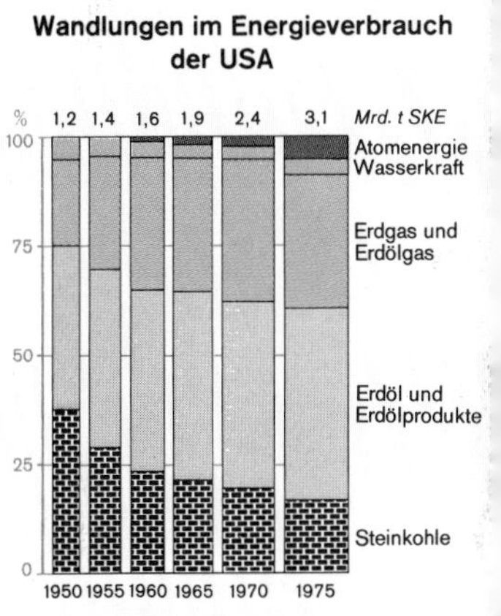

Maßstab 1 : 5 000 000 (20 40 60 80 100 km)

1 cm auf der Karte ≙ 50 km in der Natur

Einzugsbereich des Tennessee (Region Tennessee Valley Authority)

195 Höhen in Meter

Vergleiche dazu 37 III

Vergleiche dazu 63 III

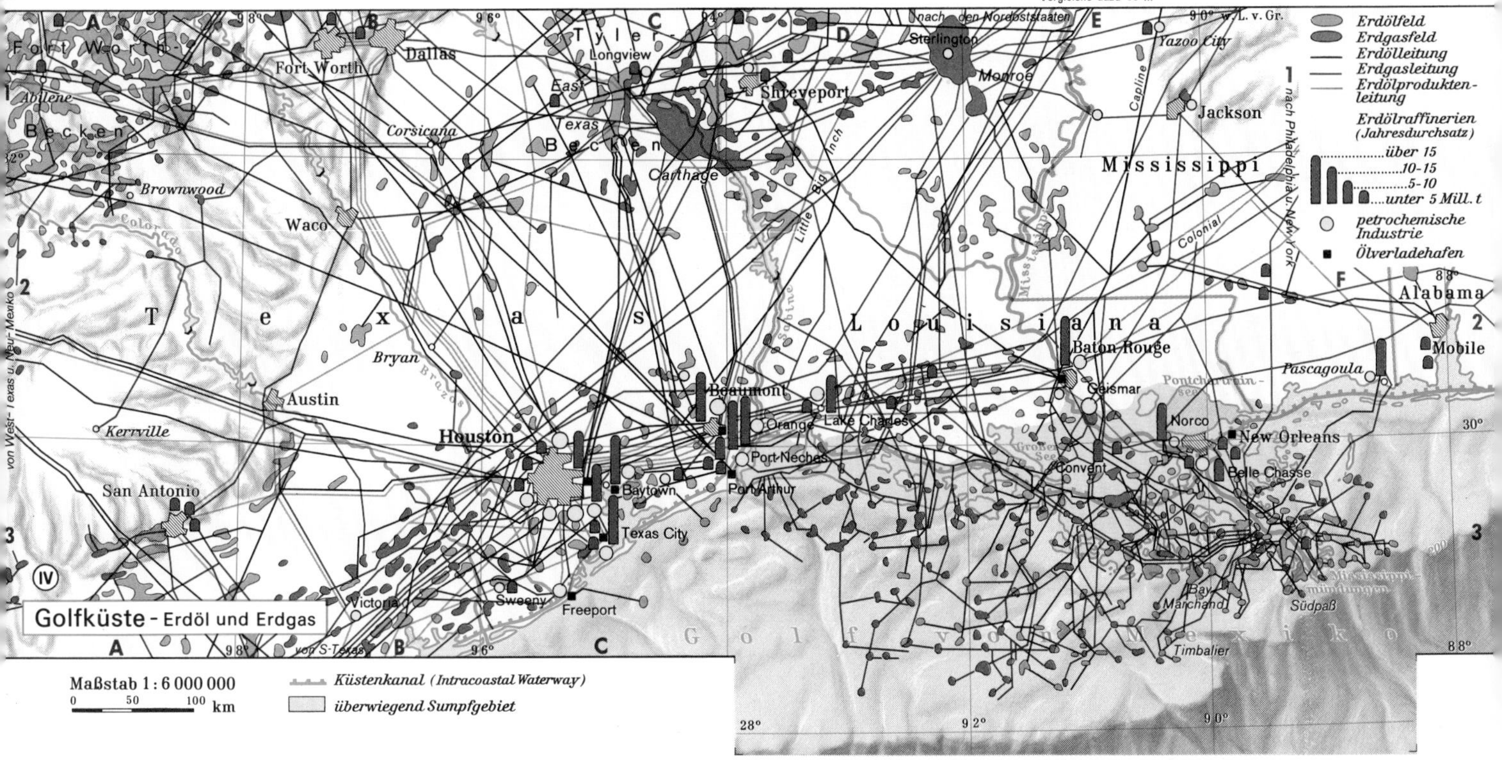

Maßstab 1 : 6 000 000 (0 50 100 km)

Küstenkanal (Intracoastal Waterway)

überwiegend Sumpfgebiet

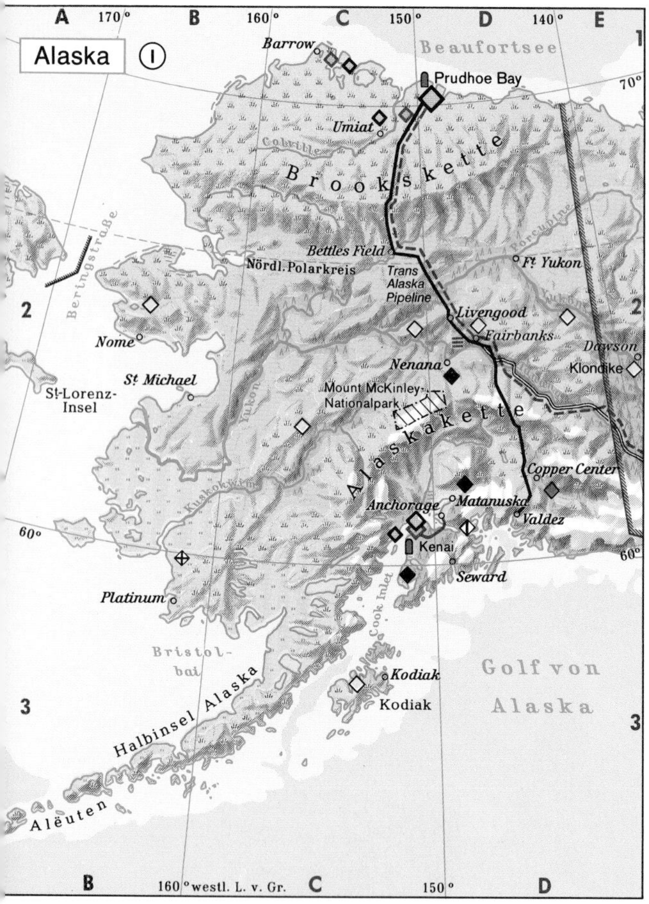

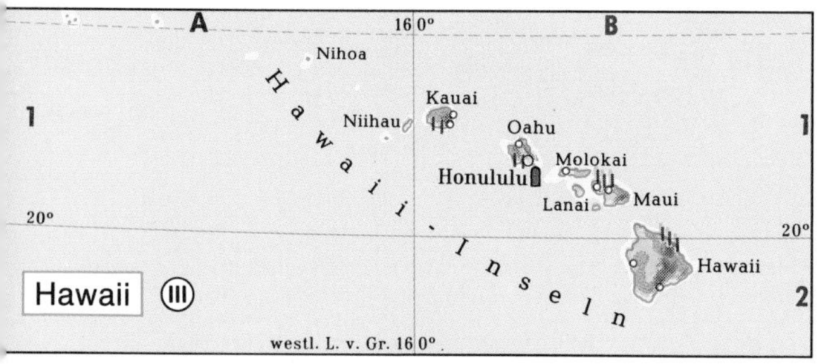

Bodennutzung

- *Ackerbau auf hochwertigen Böden, z. T. Bewässerungsgebiete*
- *sonstiger Ackerbau, vorwiegend mit Rinderzucht (General farming)*
- *vorwiegend Maisanbau, z. T. Sojabohnen, Schweinezucht*
- *vorwiegend Weizenanbau*
- *Hauptanbaugebiete*
  - *Baumwolle, z. T. Maisanbau*
  - *Erdnüsse*
  - *Zuckerrohr*
  - *Reis*
  - *Zuckerrüben*
  - *Tabak*
  - *Obst und Gemüse (Truck farming)*
  - *Wein*
- *Milchwirtschaftszone mit Wiesen, Weiden und Futteranbau (Dairy farming)*
- *Weidegebiete, hauptsächlich Prärien, gebietsweise mit Buschwald*
- *Trockensteppe mit geringer Viehzucht, z. T. Halbwüste*
- *subarktisches Grasland*
- *vorwiegend Nadelwald*
- *Laub- und Mischwald*
- *Waldtundra*
- *alpine und arktische Tundra*
- *Sumpf, Marschland*
- *Wüste*
- *Gletscher, Felsregion*

Bodenschätze

- *Erdöl*
- *Erdgas*
- *Steinkohle*
- *Eisen*
- *Stahlveredler (Titan, Vanadium, Molybdän usw.)*
- *Kupfer*
- *Blei- und Zink*
- *Quecksilber*
- *Nickel*
- *Uran*
- *Zinn*
- *Platin*
- *Gold*
- *Silber*
- *Bauxit*
- *Schwefel*
- *Asbest*
- *Phosphate*
- *Graphit*
- *Salz*

Industrien

- *Eisen- und Stahlerzeugung*
- *Buntmetallverhüttung*
- *Aluminiumverhüttung*
- *Metallindustrie (Fahrzeugbau, Maschinenbau)*
- *Schiffbau*
- *chemische Industrie*
- *Textilindustrie*
- *Holzindustrie*
- *Erdölraffinerie*
- *Erdölleitung*
- *Erdgasleitung*
- *Erdölproduktenleitung*

Signaturengrößen entsprechend der Höhe der Förderung bzw. der Wichtigkeit der Standorte

- *Staatsgrenze*
- *Grenzen der US-Bundesstaaten und der Provinzen in Kanada*
- *Straße (wichtiger Highway)*
- *Forschungszentren (Atomenergie, Raumfahrt)*
- *Stadtregionen (Urbanized Areas) über 1 000 000 Einwohner*
- *Orte über 100 000 Einwohner*
- *Orte unter 100 000 Einwohner*

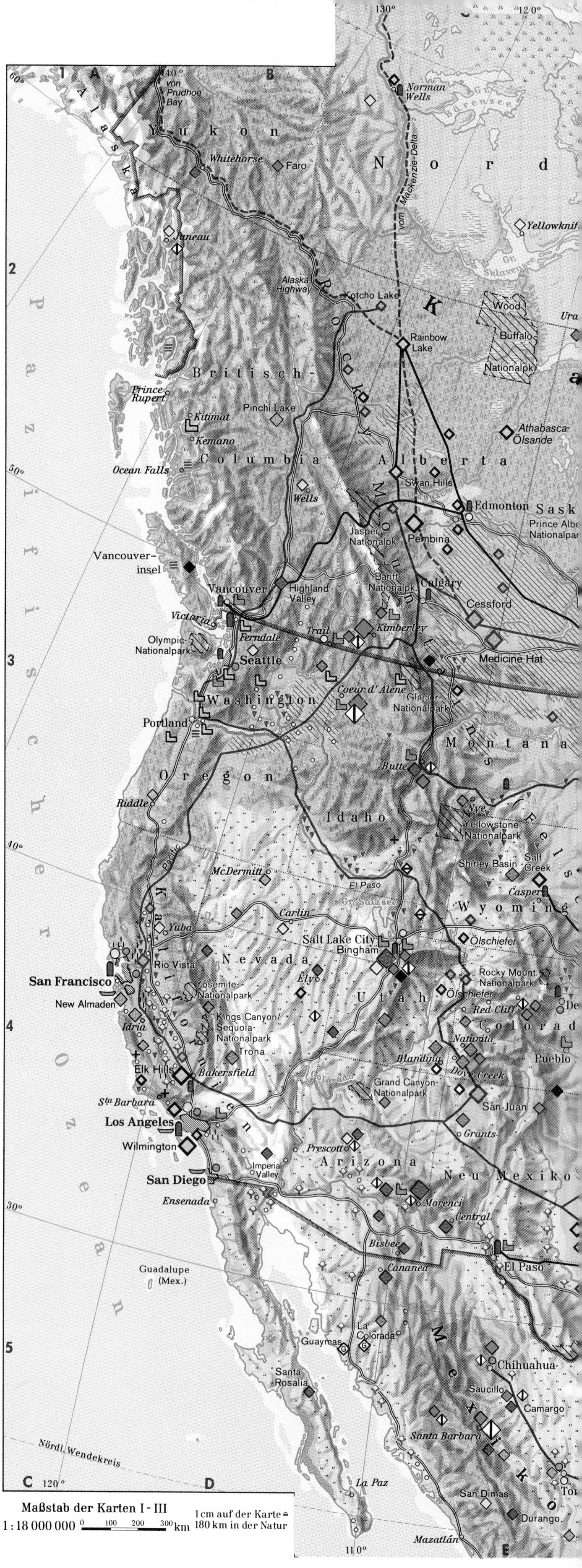

Maßstab der Karten I - III
1 : 18 000 000 0 100 200 300 km
1 cm auf der Karte ≙ 180 km in der Natur

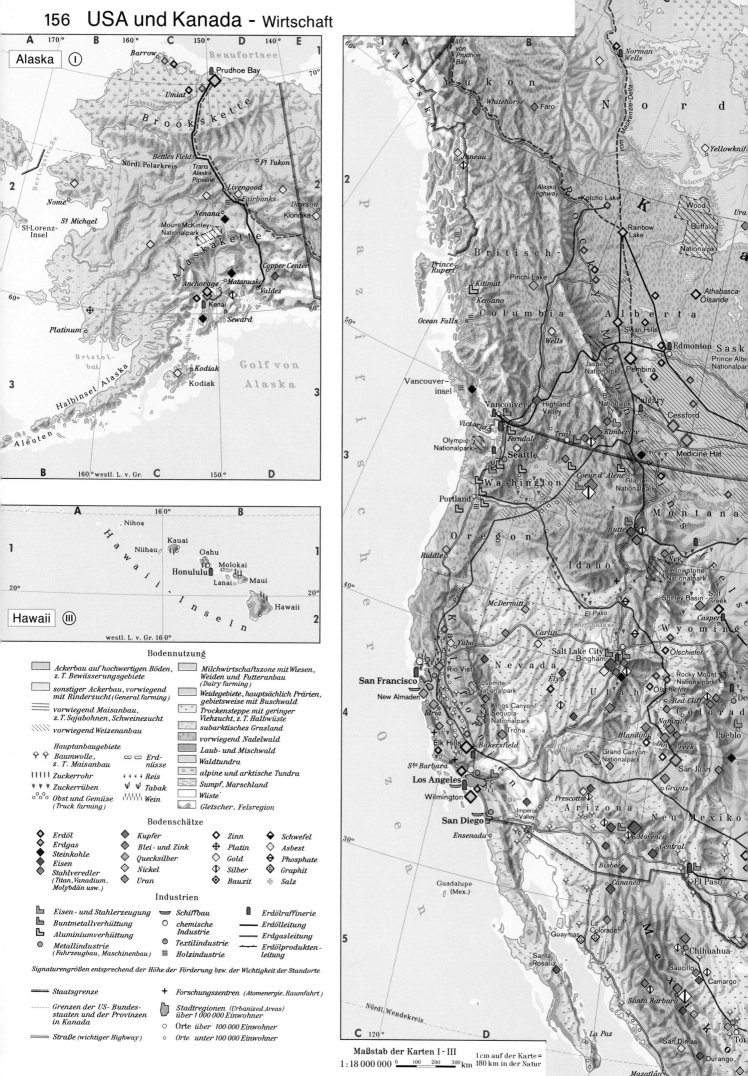

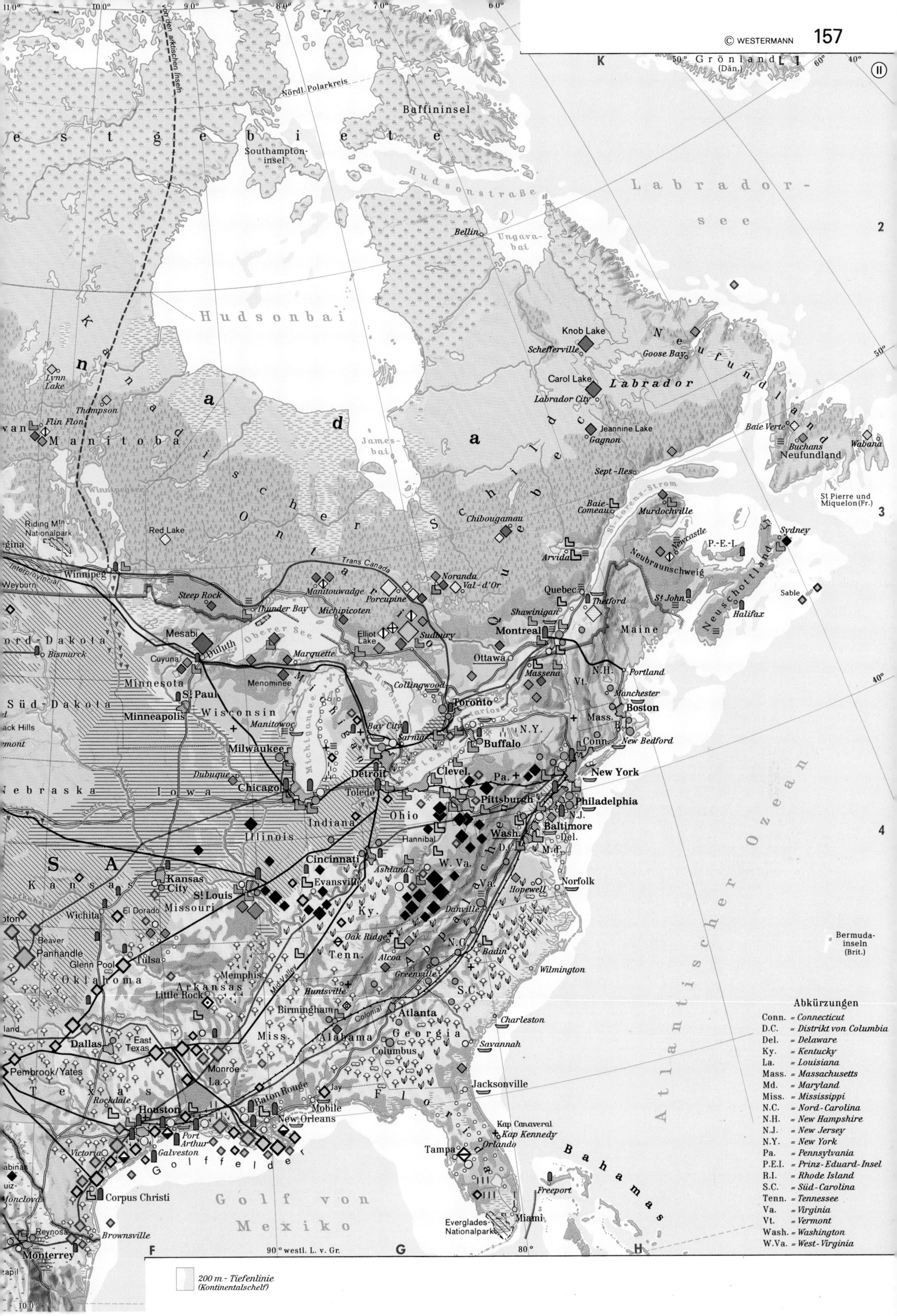

K 50° Grönland L 60° 40°
(Dän.)

Labrador-
see

Baffininsel

Southampton-
insel

Hudsonstraße

Ungava-
bai

Bellin

Hudson bai

James-
bai

Knob Lake
Schefferville
Goose Bay

Carol Lake
Labrador City
Labrador

Jeannine Lake
Gagnon

Neufundland

Lynn
Lake

Thompson

Flin Flon
Manitoba

Sept-Iles

Baie Verte
Buchans
Wabana
Neufundland

Nelson

Winnipegsee

St-Laurenz-Strom

Baie-
Comeau
Murdochville
St Pierre und
Miquelon (Fr.)

Riding Mtn
Nationalpark

Red Lake

Chibougamau

Newcastle
P.-E.-I
Sydney

egina

Trans Canada

Noranda
Val-d'Or

Arvida

Neubraunschweig
St John
Neuschottland

Sable

Weyburn

Winnipeg

Steep Rock
Manitouwadge
Porcupine

Quebec
Shawinigan
Thetford

Halifax

Interprovincial

Thunder Bay
Michipicoten

Elliot
Lake
Sudbury

Montreal

Maine

ord-Dakota

Mesabi
Cuyuna
Duluth

Oberer See

Marquette

Ottawa

Massena
N.H.
Portland

Bismarck

Süd-Dakota

Minnesota

Menominee

Collingwood

Vt.
Manchester

St Paul
Wisconsin

Michigansee

Toronto

N.Y.
Mass.
Boston

ack Hills

Minneapolis
Manitowoc

Buffalo
Conn.
New Bedford

mont

Milwaukee

Bay City
Sarnia

Huron

Erie see

New York

ebraska

Dubuque

Chicago

Detroit
Toledo

Clevel.
Pa.

Philadelphia

Iowa

Illinois

Indiana

Pittsburgh
N.J.

Hannibal

Ohio

Wash.
Baltimore
Del.
Md.

U S A

Kansas
City

Evansville

Cincinnati

Ashland
W.Va.

Va.

Norfolk

K a n s a s

St Louis
Missouri

Ky.

Danville

Hopewell

Wichita

El Dorado

Oak Ridge

N.C.
Badin

ton

Beaver
Panhandle

Tenn.

Alcoa

Greenville

Wilmington

Glenn Pool
Tulsa

Memphis

Arkansas

Huntsville

S.C.

Charleston

Oklahoma

Little Rock

Birmingham

Atlanta

Georgia

Savannah

land

Dallas

East
Texas

Miss.

Alabama

Columbus

Monroe
La.

Jacksonville

T e x a s

Rockdale

Baton Rouge
Jay

Florida

Pembrook/Yates

Houston

Port
Arthur
Mobile

New Orleans

Kap Canaveral
Kap Kennedy
Orlando

Bahamas

Victoria
Galveston

Golffelder

Tampa

Freeport

abinas

Corpus Christi

Golf von

Everglades-
Nationalpark

Miami

uiz

Reynosa
Brownsville

Mexiko

onclova

Monterrey

F 90° westl. L. v. Gr. G 80° H

200 m - Tiefenlinie
(Kontinentalschelf)

Abkürzungen

Conn. = Connecticut
D.C. = Distrikt von Columbia
Del. = Delaware
Ky. = Kentucky
La. = Louisiana
Mass. = Massachusetts
Md. = Maryland
Miss. = Mississippi
N.C. = Nord-Carolina
N.H. = New Hampshire
N.J. = New Jersey
N.Y. = New York
Pa. = Pennsylvania
P.E.I. = Prinz-Eduard-Insel
R.I. = Rhode Island
S.C. = Süd-Carolina
Tenn. = Tennessee
Va. = Virginia
Vt. = Vermont
Wash. = Washington
W.Va. = West-Virginia

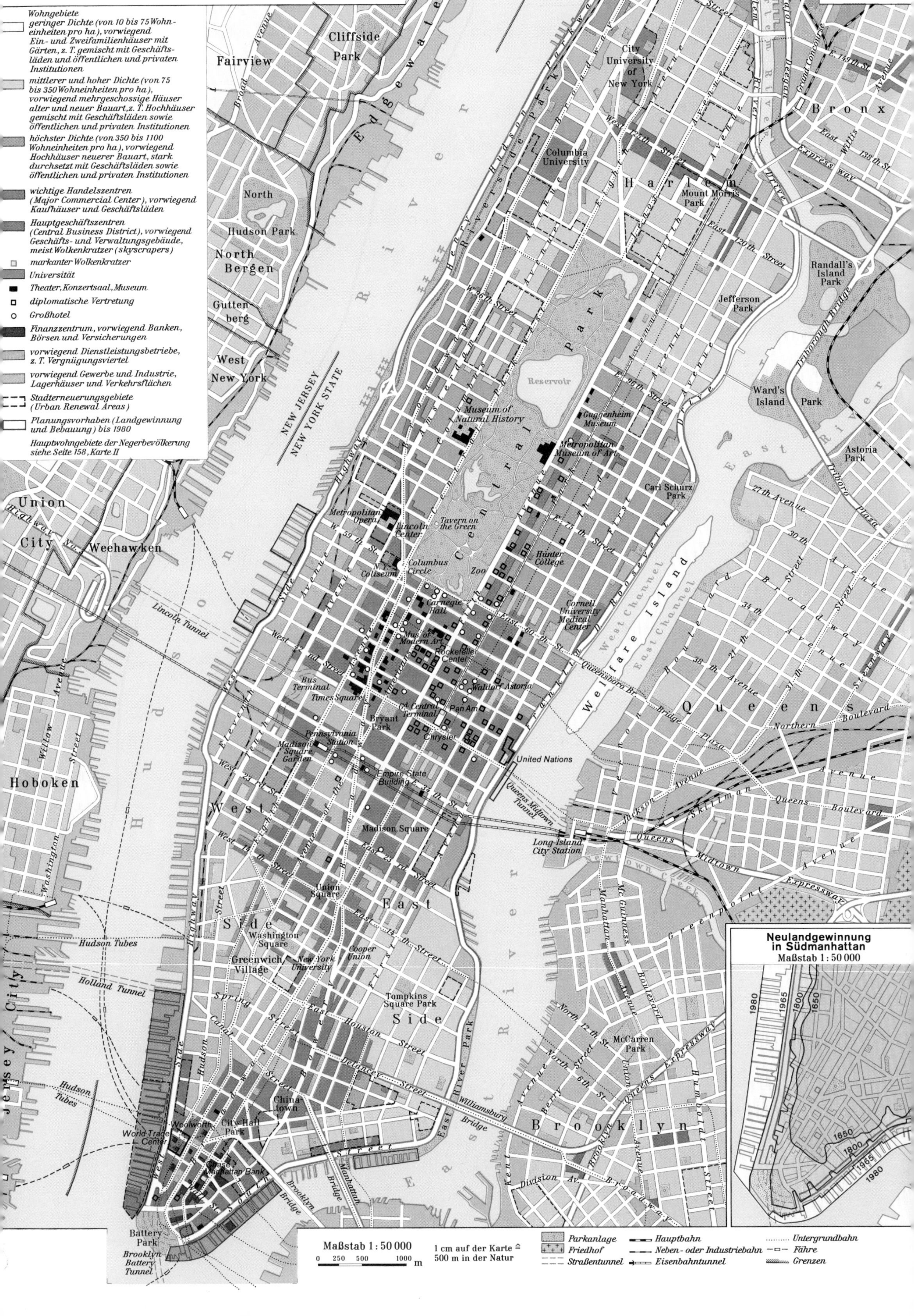

Wohngebiete
geringer Dichte (von 10 bis 75 Wohneinheiten pro ha), vorwiegend
Ein- und Zweifamilienhäuser mit
Gärten, z. T. gemischt mit Geschäftsläden und öffentlichen und privaten
Institutionen

mittlerer und hoher Dichte (von 75
bis 350 Wohneinheiten pro ha),
vorwiegend mehrgeschossige Häuser
alter und neuer Bauart, z. T. Hochhäuser
gemischt mit Geschäftsläden sowie
öffentlichen und privaten Institutionen

höchster Dichte (von 350 bis 1100
Wohneinheiten pro ha), vorwiegend
Hochhäuser neuerer Bauart, stark
durchsetzt mit Geschäftsläden sowie
öffentlichen und privaten Institutionen

wichtige Handelszentren
(Major Commercial Center), vorwiegend
Kaufhäuser und Geschäftsläden

Hauptgeschäftszentren
(Central Business District), vorwiegend
Geschäfts- und Verwaltungsgebäude,
meist Wolkenkratzer (skyscrapers)

markanter Wolkenkratzer

Universität

Theater, Konzertsaal, Museum

diplomatische Vertretung

Großhotel

Finanzzentrum, vorwiegend Banken,
Börsen und Versicherungen

vorwiegend Dienstleistungsbetriebe,
z. T. Vergnügungsviertel

vorwiegend Gewerbe und Industrie,
Lagerhäuser und Verkehrsflächen

Stadterneuerungsgebiete
(Urban Renewal Areas)

Planungsvorhaben (Landgewinnung
und Bebauung) bis 1980

Hauptwohngebiete der Negerbevölkerung
siehe Seite 158, Karte II

Neulandgewinnung
in Südmanhattan
Maßstab 1 : 50 000

Maßstab 1 : 50 000

1 cm auf der Karte ≙
500 m in der Natur

Parkanlage
Friedhof
Straßentunnel

Hauptbahn
Neben- oder Industriebahn
Eisenbahntunnel

Untergrundbahn
Fähre
Grenzen

Mexiko-Innere Stadt ①

Maßstab 1:50 000
0 250 500 1000 m

1 cm auf der Karte ≙ 500 m in der Natur

◆ Regierungs- und Verwaltungsgebäude, z.T. öffentliche Gebäude
◆ Geschäftszentrum und Geschäftsstraßen
◆ Theater, Museen, historische Gebäude
▪ bevorzugtes Wohngebiet
▪ gute und mittlere Wohngebiete
▪ vorwiegend einfache Wohngebiete, z.T. mit Industrie durchsetzt
▪ Parkanlagen
⌖ Kirche
○ Hotel
⊷ Untergrundbahn mit Station

Zum Vergleich ③

Maßstab 1:18 000 000
0 100 200 300 400 500 km

1 cm auf der Karte ≙ 180 km in der Natur

Industrien
◇ Eisen- und Stahlerzeugung
◇ Buntmetallverhüttung
◇ Aluminiumverhüttung
● Metallindustrie
○ chemische Industrie
◓ Textilindustrie
⌐ Schiffbau
≡ Holzindustrie
+ Forschungszentren (Atomenergie, Raumfahrt)

Signaturengrößen entsprechend der Höhe der Förderung bzw. der Wichtigkeit der Standorte

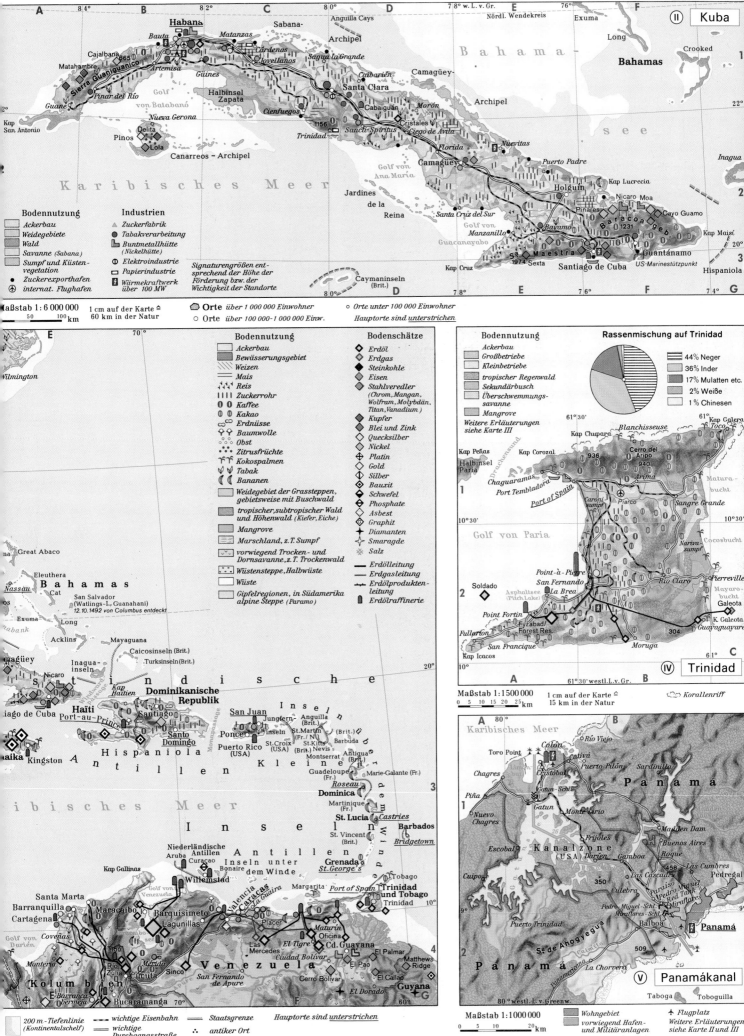

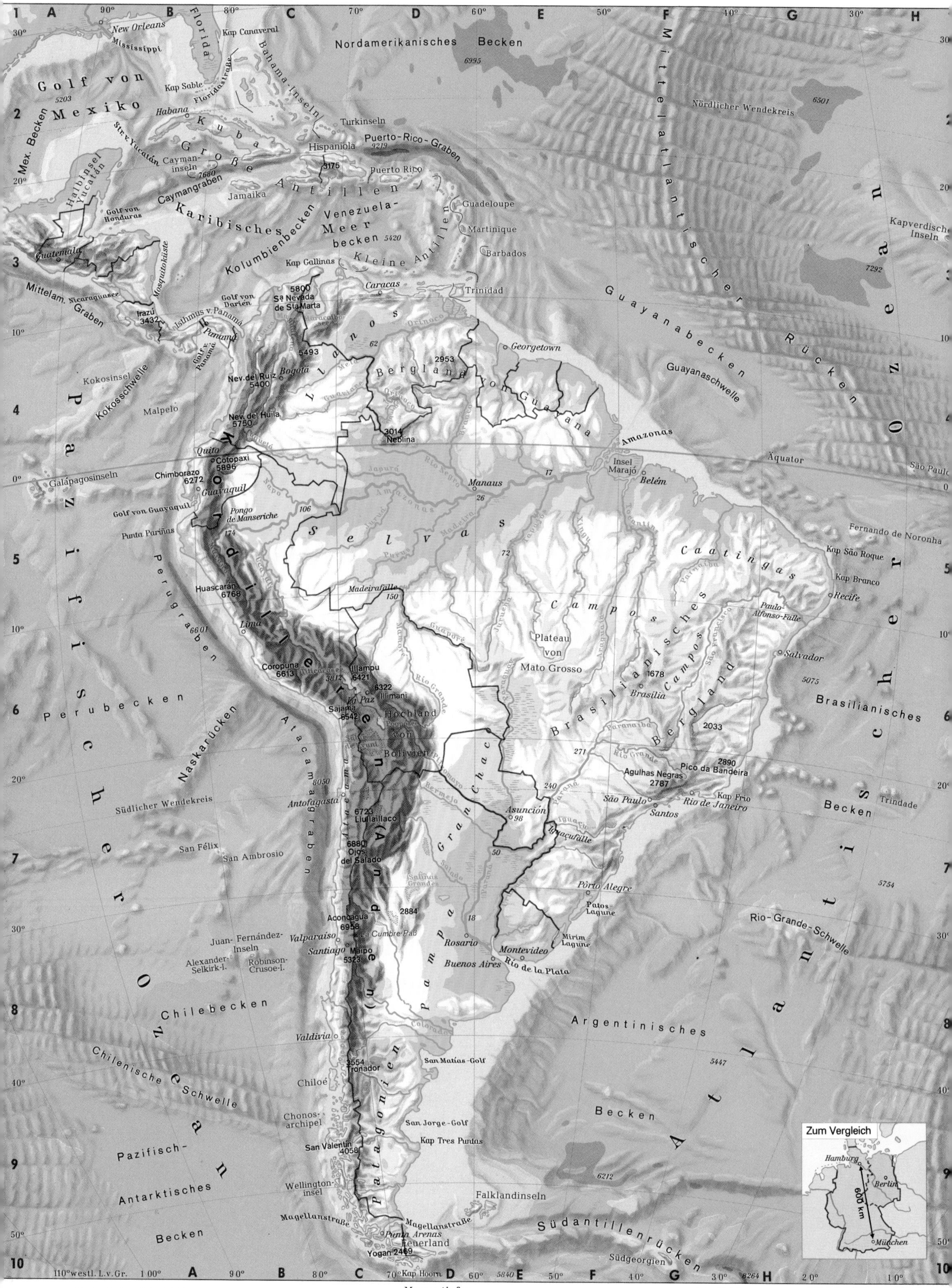

Meerestiefen

üb. 8000m	6000-8000	4000-6000	2000-4000	200-2000	0-200m

Landhöhen

Senken	0-100m	100-200	200-500	500-1000	1000-1500	üb. 1500m

Weitere
Erläuterungen
s. Seiten 164/16.

Zum Vergleich

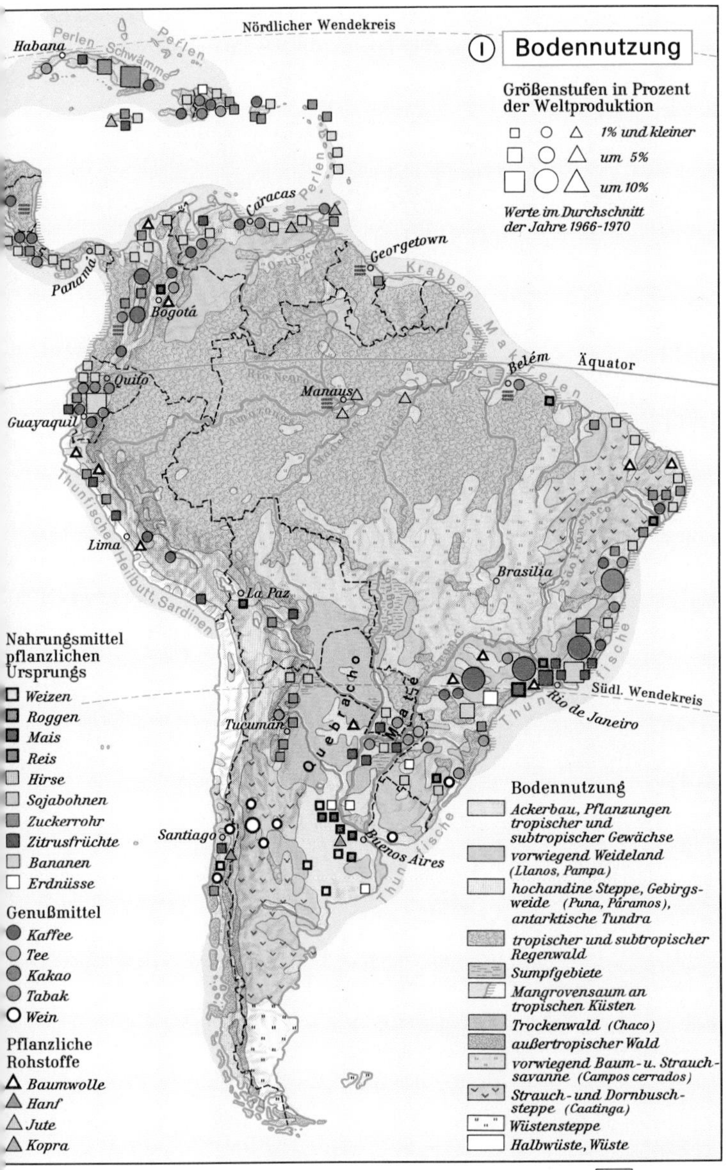

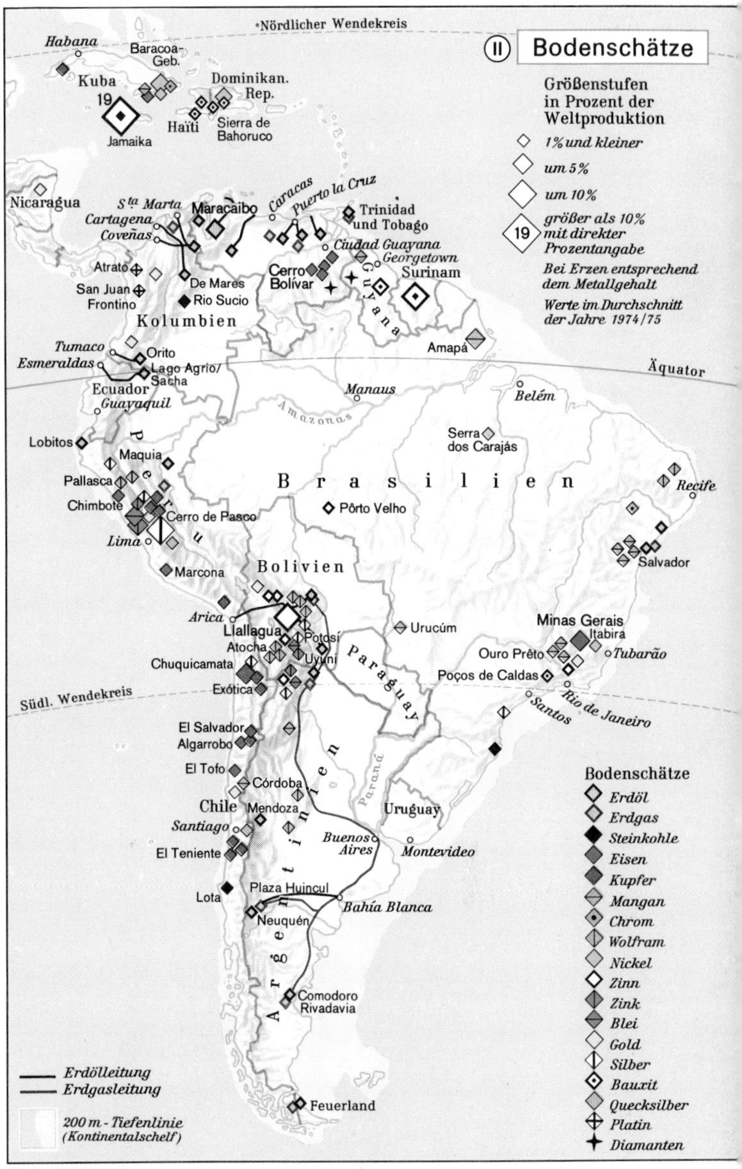

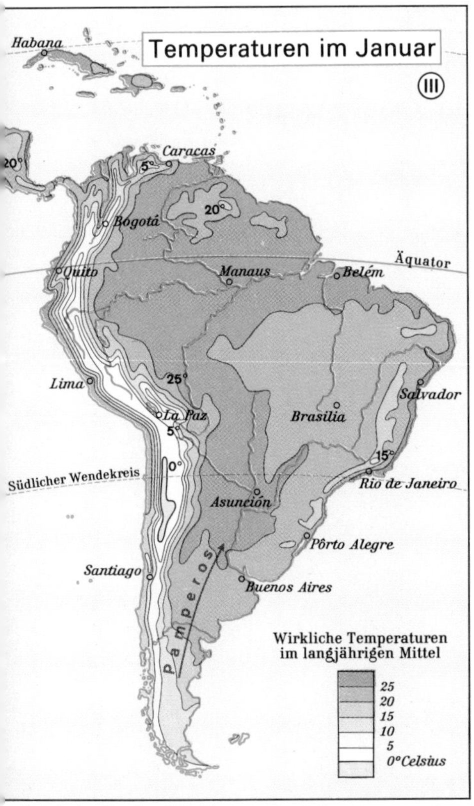

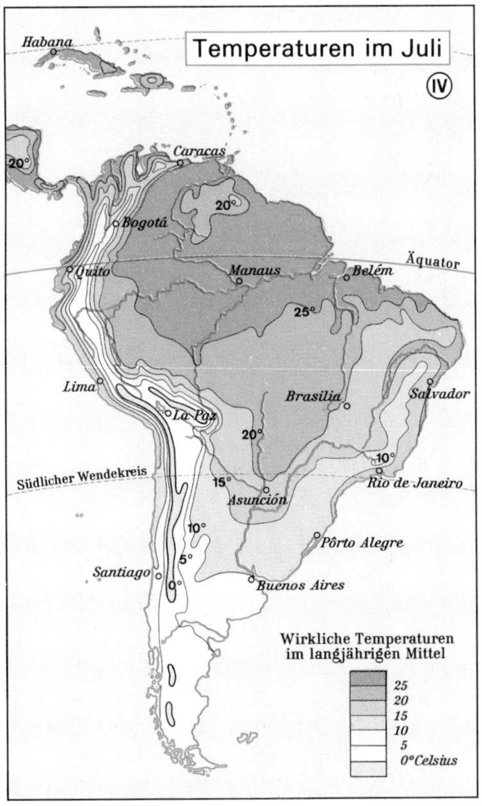

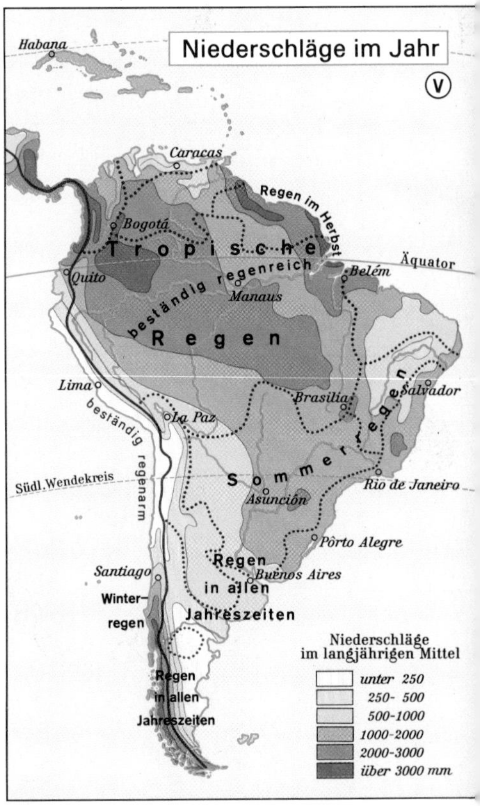

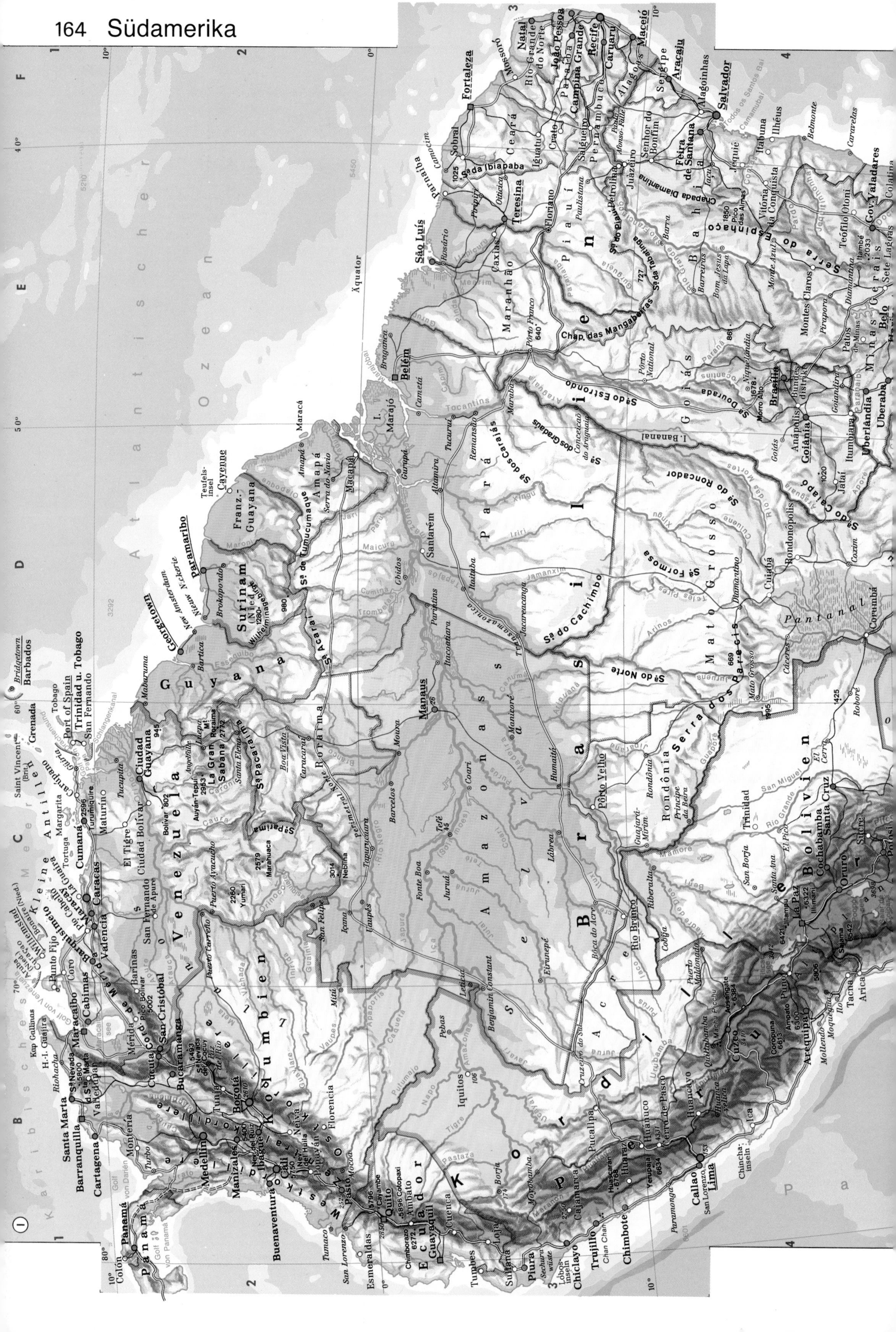
Atlantischer Ozean
Karibisches Meer
Kleine Antillen
Äquator
Venezuela
Kolumbien
Guyana
Surinam
Franz.-Guayana
Ecuador
Peru
Brasilien
Bolivien
Amazonas
Pará
Maranhão
Piauí
Ceará
Pernambuco
Bahia
Goiás
Mato Grosso
Minas Gerais
Rondônia
Roraima
Amapá
Acre
Pantanal
Caracas
Bogotá
Quito
Lima
Georgetown
Paramaribo
Cayenne
Manaus
Belém
Fortaleza
Recife
Salvador
São Luís
Teresina
Natal
João Pessoa
Maceió
Aracaju
Brasília
Goiânia
Cuiabá
Porto Velho
Rio Branco
Santarém
Macapá
La Paz
Santa Cruz
Cochabamba
Oruro
Sucre
Arequipa
Cuzco
Callao
Trujillo
Chiclayo
Piura
Iquitos
Guayaquil
Cuenca
Medellín
Cali
Cartagena
Barranquilla
Santa Marta
Maracaibo
Valencia
Ciudad Bolívar
Ciudad Guayana
Panamá
Colón
Port of Spain
Trinidad u. Tobago
Barbados
Bridgetown
Grenada
Saint Vincent
Sa. do Cachimbo
Sa. do Roncador
Sa. Formosa
Sa. dos Parecis
Sa. do Norte
Sa. Pacaraima
Sa. Parima
Sa. de Tumucumaque
Sa. Acaraí
Chapada Diamantina
Sa. do Espinhaço
Sa. Geral de Goiás
Sa. do Estrondo
Sa. dos Gradaús
Sa. dos Carajás
Sa. da Ibiapaba
Chap. das Mangabeiras
Sa. da Tabatinga
I. Marajó
I. Bananal

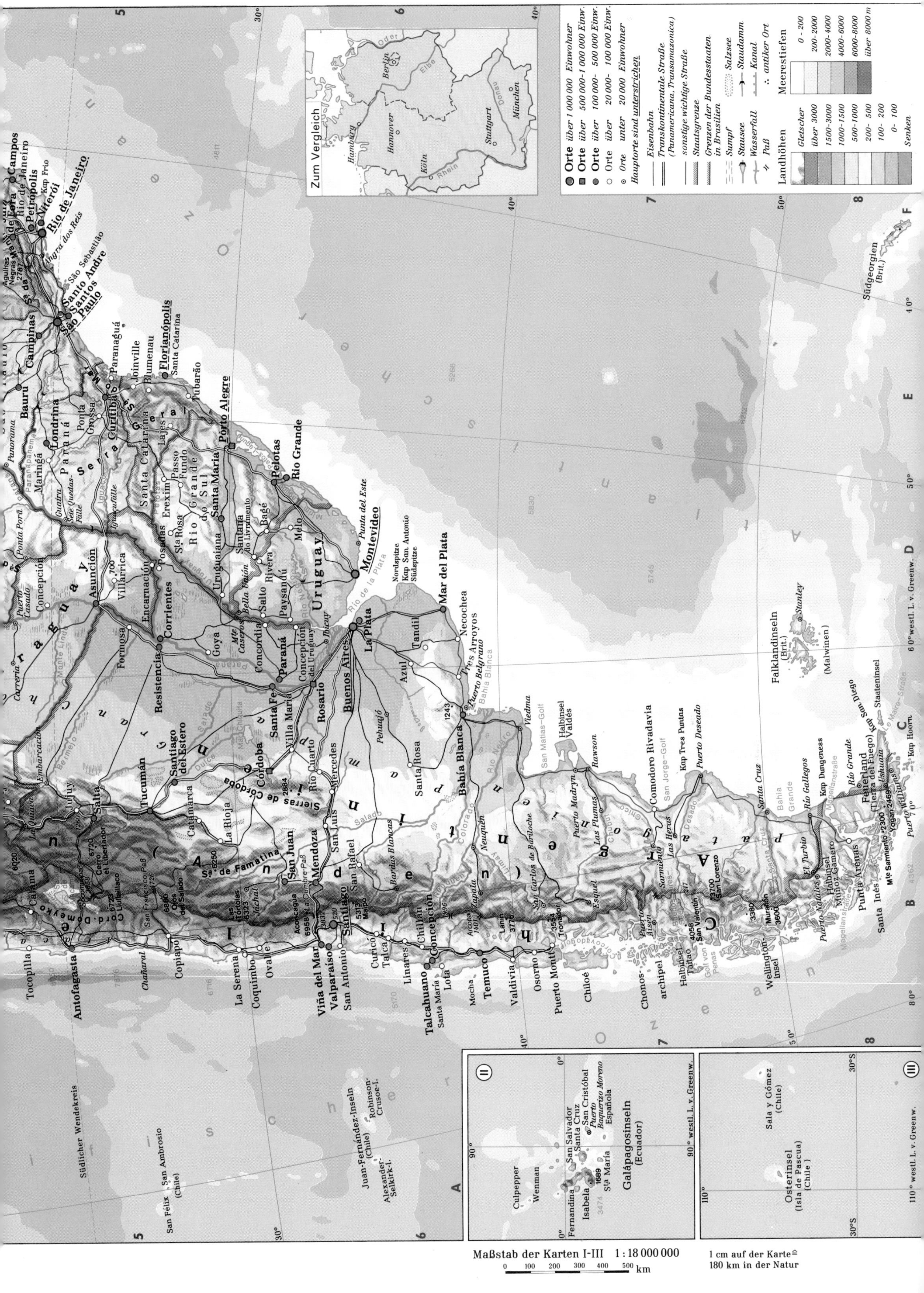

Zum Vergleich

Legende (rechts oben):
Orte über 1 000 000 Einwohner
Orte über 500 000–1 000 000 Einw.
Orte über 100 000–500 000 Einw.
Orte über 20 000–100 000 Einw.
Orte unter 20 000 Einwohner
Hauptorte sind unterstrichen

Eisenbahn
Transkontinentale Straße
(Panamericana, Transamazonica)
sonstige wichtige Straße
Staatsgrenze
Grenzen der Bundesstaaten in Brasilien
Sumpf
Stausee
Wasserfall
Paß
Salzsee
Staudamm
Kanal
antiker Ort

Meerestiefen
0–200
200–2000
2000–4000
4000–6000
6000–8000
über 8000 m

Landhöhen
Gletscher
über 3000
1500–3000
1000–1500
500–1000
200–500
0–200
0–100
Senken

Hauptkarte (Auswahl der Ortsnamen):
Campos
Rio de Janeiro
Niterói
Petrópolis
Kap Frio
Cabo de São Tomé
Santo André
Santos
São Paulo
Bauru
Campinas
Londrina
Maringá
Ponta Grossa
Curitiba
Joinville
Blumenau
Paranaguá
Florianópolis
Santa Catarina
Lajes
Passo Fundo
Sta. Rosa
Erexim
Santa Maria
Rio Grande do Sul
Porto Alegre
Pelotas
Rio Grande
Bagé
Melo
Rivera
Paysandú
Salto
Santa Fé
Ao Livramento
Punta del Este
Montevideo
Rio de la Plata
Nordspitze
Kap San Antonio
Südspitze
Mar del Plata
Necochea
Tres Arroyos
Bahía Blanca
Azul
Tandil
La Plata
Buenos Aires
Rosario
Villa María
Santa Fe
Córdoba
Santiago del Estero
Tucumán
Catamarca
La Rioja
San Juan
Mendoza
San Luis
San Rafael
Río Cuarto
Mercedes
Sierras de Córdoba
Salta
Jujuy
Antofagasta
Tocopilla
Calama
Copiapó
La Serena
Coquimbo
Ovalle
Viña del Mar
Valparaíso
San Antonio
Santiago
Curicó
Talca
Linares
Chillán
Concepción
Talcahuano
Lota
Temuco
Valdivia
Osorno
Puerto Montt
Chiloé
Chonos-archipel
Wellington-insel
Halbinsel Taitao
Golfo de Penas
Puerto Aisén
Puerto Natales
Punta Arenas
Río Gallegos
Río Grande
Ushuaia
Feuerland (Tierra del Fuego)
Kap Hoorn
Staateninsel
Kap San Diego
Kap Dungeness
Comodoro Rivadavia
Rawson
Puerto Madryn
Halbinsel Valdés
San Matías-Golf
San Jorge-Golf
Puerto Deseado
Kap Tres Puntas
Santa Cruz
Viedma
San Carlos de Bariloche
Neuquén
Santa Rosa
Río Negro
Río Colorado
Las Heras
Sarmiento
Esquel
El Turbio
Mte Sarmiento 2300
Mte Darwin 2469
San Lorenzo 3700
Asunción
Concepción
Villarrica
Encarnación
Posadas
Corrientes
Resistencia
Formosa
Goya
Concordia
Paraná
Uruguaiana
Bella Unión
Santana
Mte Caseros
Cerro el Libertador
Aconcagua 6958
Ojos del Salado 6880
Tupungato 6550
La Cumbre-Paß
San Francisco-Paß
Mte Tortolas
Cerro de Famatina 6250
Südlicher Wendekreis
Falklandinseln (Malwinen) (Brit.)
Stanley
Südgeorgien (Brit.)
Magellanstraße

Inset I (unten Mitte):
Galápagosinseln (Ecuador)
Culpepper
Wenman
Fernandina
Isabela
San Salvador
Santa Cruz
San Cristóbal
Puerto Baquerizo Moreno
Española
Sta. María
90° westl. L. v. Greenw.

Inset II (unten rechts):
Sala y Gómez (Chile)
Osterinsel (Isla de Pascua) (Chile)
110° westl. L. v. Greenw.

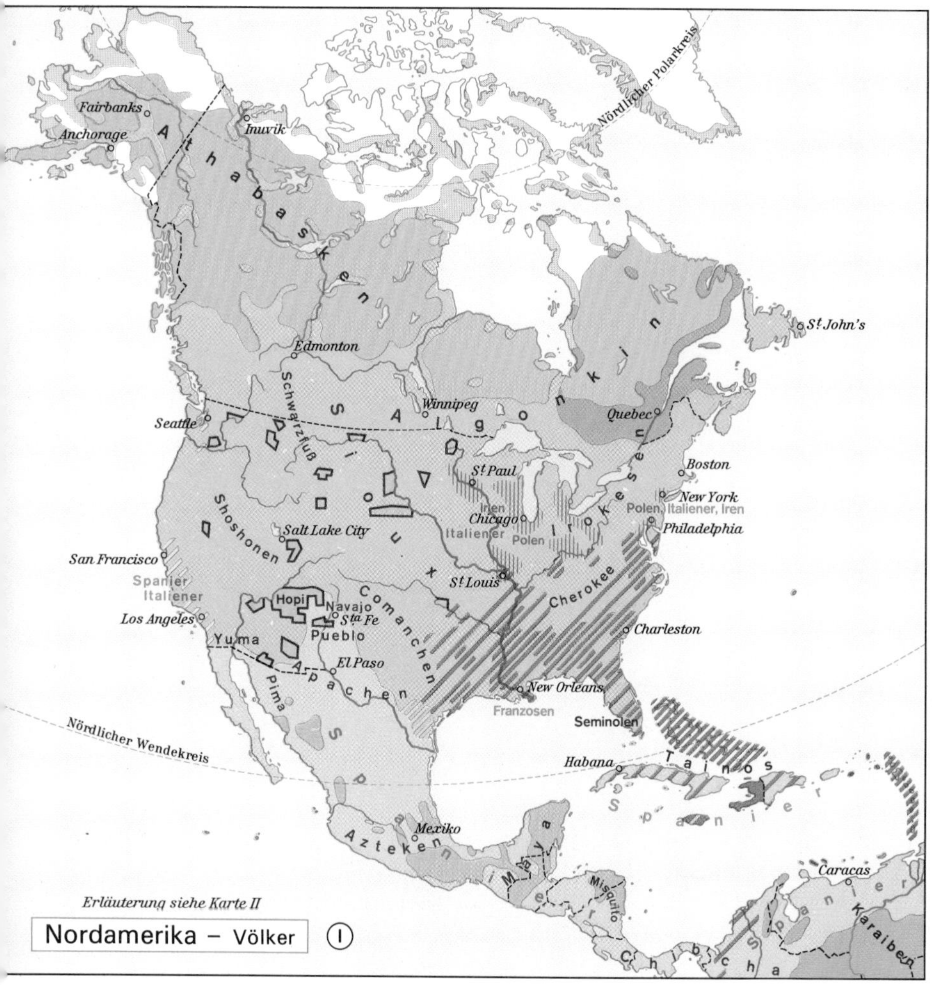

Nordamerika – Völker ①

Fairbanks
Anchorage
Inuvik
Nördlicher Polarkreis
Athabasken
Schwarzfuß
Algonkin
Edmonton
St. John's
Seattle
Winnipeg
Quebec
Sioux
Irokesen
San Francisco
Spanier
Italiener
Salt Lake City
St. Paul
Iren
Chicago
Polen, Italiener, Iren
Italiener Polen
Boston
New York
Philadelphia
Shoshonen
St. Louis
Cherokee
Los Angeles
Hopi
Navajo
Sta. Fe
Pueblo
Comanchen
Charleston
Yuma
El Paso
Apachen
New Orleans
Pima
Franzosen
New Orleans
Seminolen
Nördlicher Wendekreis
Habana
Tainos
Mexiko
Azteken
Maya
Spanier
Caracas
Misimo
Chibcha
Karaiben

Erläuterung siehe Karte II

Südamerika – Völker ②

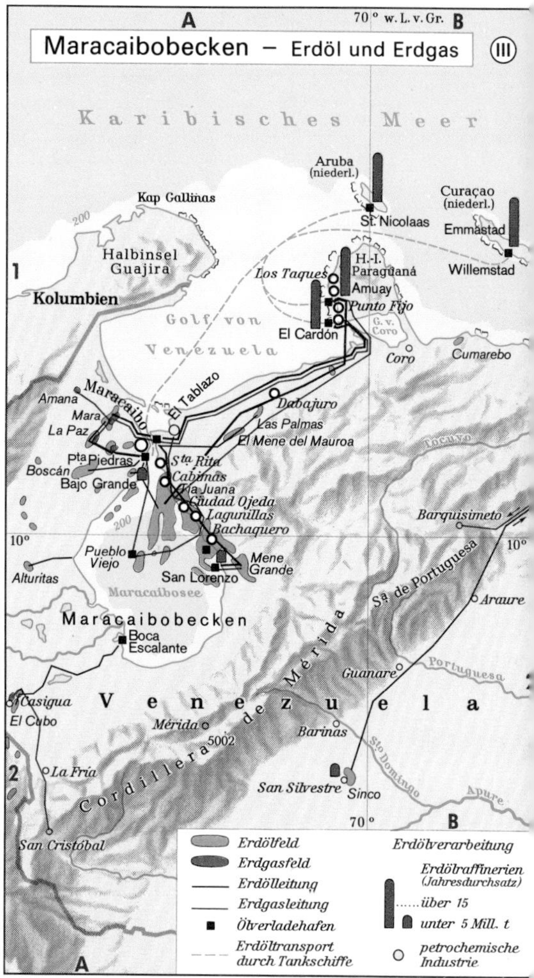

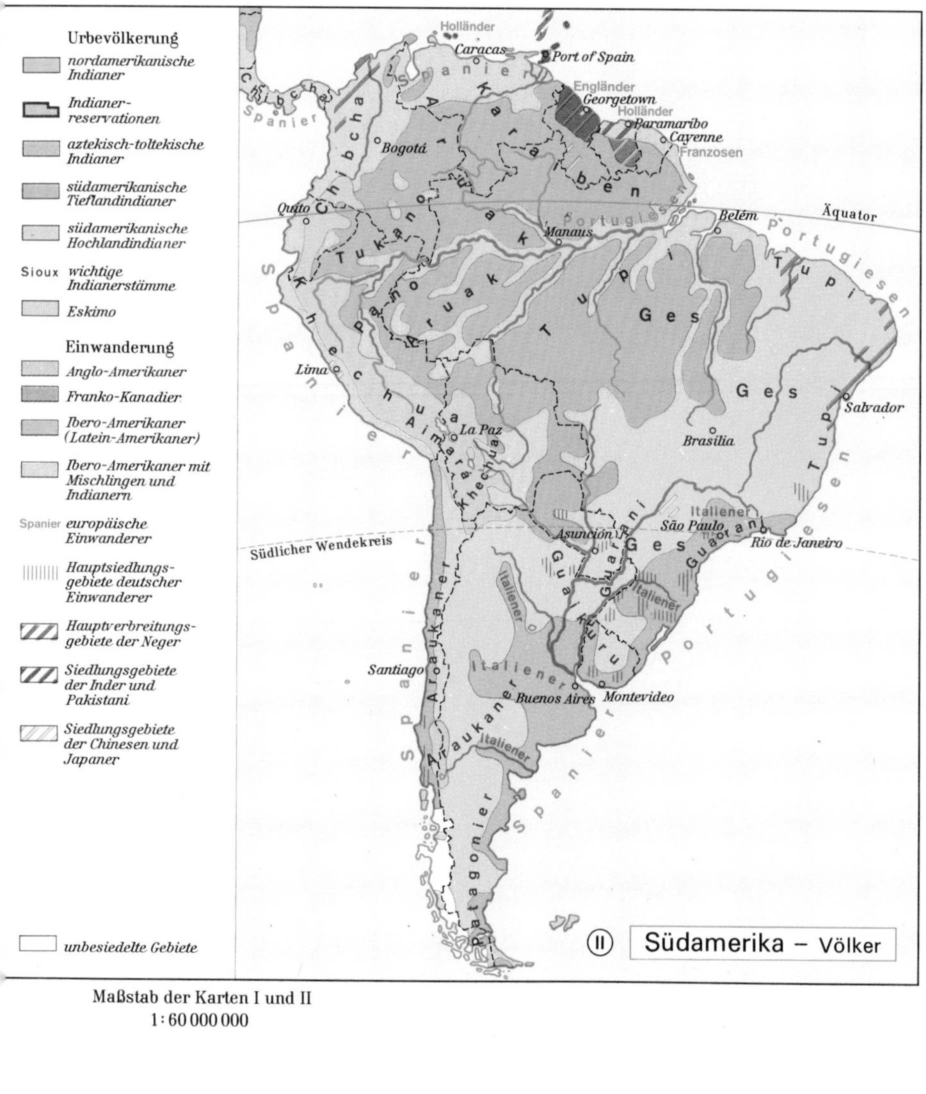

Urbevölkerung
- nordamerikanische Indianer
- Indianer-reservationen
- aztekisch-toltekische Indianer
- südamerikanische Tieflandindianer
- südamerikanische Hochlandindianer
- Sioux wichtige Indianerstämme
- Eskimo

Einwanderung
- Anglo-Amerikaner
- Franko-Kanadier
- Ibero-Amerikaner (Latein-Amerikaner)
- Ibero-Amerikaner mit Mischlingen und Indianern
- Spanier europäische Einwanderer
- Hauptsiedlungsgebiete deutscher Einwanderer
- Hauptverbreitungsgebiete der Neger
- Siedlungsgebiete der Inder und Pakistani
- Siedlungsgebiete der Chinesen und Japaner
- unbesiedelte Gebiete

Holländer
Caracas
Port of Spain
Spanier
Chibcha
Engländer
Georgetown
Holländer
Paramaribo
Bogotá
Arawak
Karaiben
Cayenne
Franzosen
Quito
Chibcha
Tukano
Belém
Äquator
Portugiesen
Manaus
Arawak
Tupi
Tupi
Ges
Quechua
Lima
Ges
Salvador
Aimara
La Paz
Brasília
Quechua
Italiener
São Paulo
Rio de Janeiro
Südlicher Wendekreis
Asunción
Guaraní
Araukaner
Santiago
Italiener
Buenos Aires Montevideo
Ges
Guaraní
Tupi
Portugiesen
Spanier
Araukaner
Patagonier
Spanier

Maßstab der Karten I und II
1 : 60 000 000

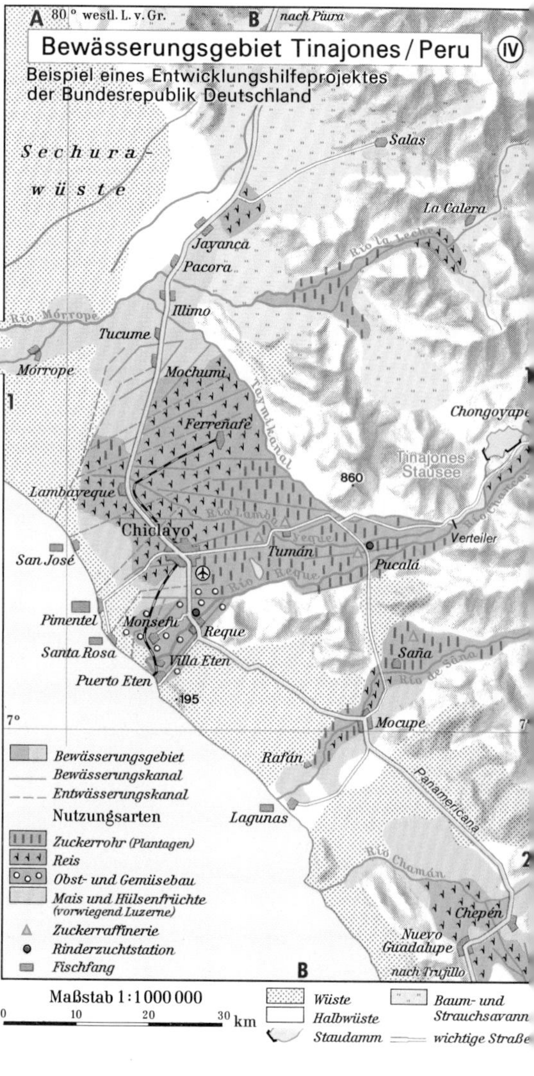

Maracaibobecken – Erdöl und Erdgas ③

70° w. L. v. Gr.
A B

Karibisches Meer
Aruba (niederl.)
St. Nicolaas
Curaçao (niederl.)
Emmastad
Willemstad
Kap Gallinas
Halbinsel Guajira
Los Taques
H.-I. Paraguaná
Amuay
Kolumbien
Punta Fijo
Golf von Venezuela
El Cardón
Coro
Cumarebo
Maracaibo
Tablazo
Dabajuro
Amana
Las Palmas
Mara
El Mene del Mauroa
La Paz
Pta. Piedras
Boscán
Sta. Rita
Barquisimeto
Bajo Grande
Cabimas
Sta. Juana
Ciudad Ojeda
Lagunillas
Bachaquero
Pueblo Viejo
Mene Grande
Alturitas
San Lorenzo
Maracaibosee
Maracaibobecken
Boca Escalante
Sª. de Portuguesa
Guanare
Araure
Casigua
El Cabo
Mérida
Cordillera de Mérida
5002
Barinas
Portuguesa
V e n e z u e l a
La Fría
San Silvestre
Sinco
San Cristóbal
Apure
Sto. Domingo

Maßstab 1 : 6 000 000

0 50 100 km

- Erdölfeld
- Erdgasfeld
- Erdölleitung
- Erdgasleitung
- Ölverladehafen
- Erdöltransport durch Tankschiffe
- Erdölverarbeitung
- Erdölraffinerien (Jahresdurchsatz): über 15 / unter 5 Mill. t
- petrochemische Industrie
- ○○ im Verlauf der Ölerschließung neugegründete oder wesentlich ausgebaute Orte
- Korallenriff

Bewässerungsgebiet Tinajones / Peru ④

80° westl. L. v. Gr.
A B nach Piura

Beispiel eines Entwicklungshilfeprojektes der Bundesrepublik Deutschland

Salas
Sechura-wüste
La Calera
Río La Leche
Jayanca
Pacora
Illimo
Tucume
Río Taymi
Mochumi
Chongoyape
Mórrope
Río Mórrope
Ferreñafe
Tinajones Stausee
Lambayeque
860
Verteiler
Chiclayo
Tumán
Pucalá
San José
Río Reque
Pimentel
Monsefú
Reque
Saña
Santa Rosa
Villa Eten
Puerto Eten
-195
Mocupe
Panamericana
Rafán
Lagunas
Nuevo Guadalupe
Chepén
Río Chamán
nach Trujillo

- Bewässerungsgebiet
- Bewässerungskanal
- Entwässerungskanal

Nutzungsarten
- Zuckerrohr (Plantagen)
- Reis
- Obst- und Gemüsebau
- Mais und Hülsenfrüchte (vorwiegend Luzerne)
- Zuckerraffinerie
- Rinderzuchtstation
- Fischfang
- Wüste
- Halbwüste
- Staudamm
- Baum- und Strauchsavann
- wichtige Straße

Maßstab 1 : 1 000 000

0 10 20 30 km

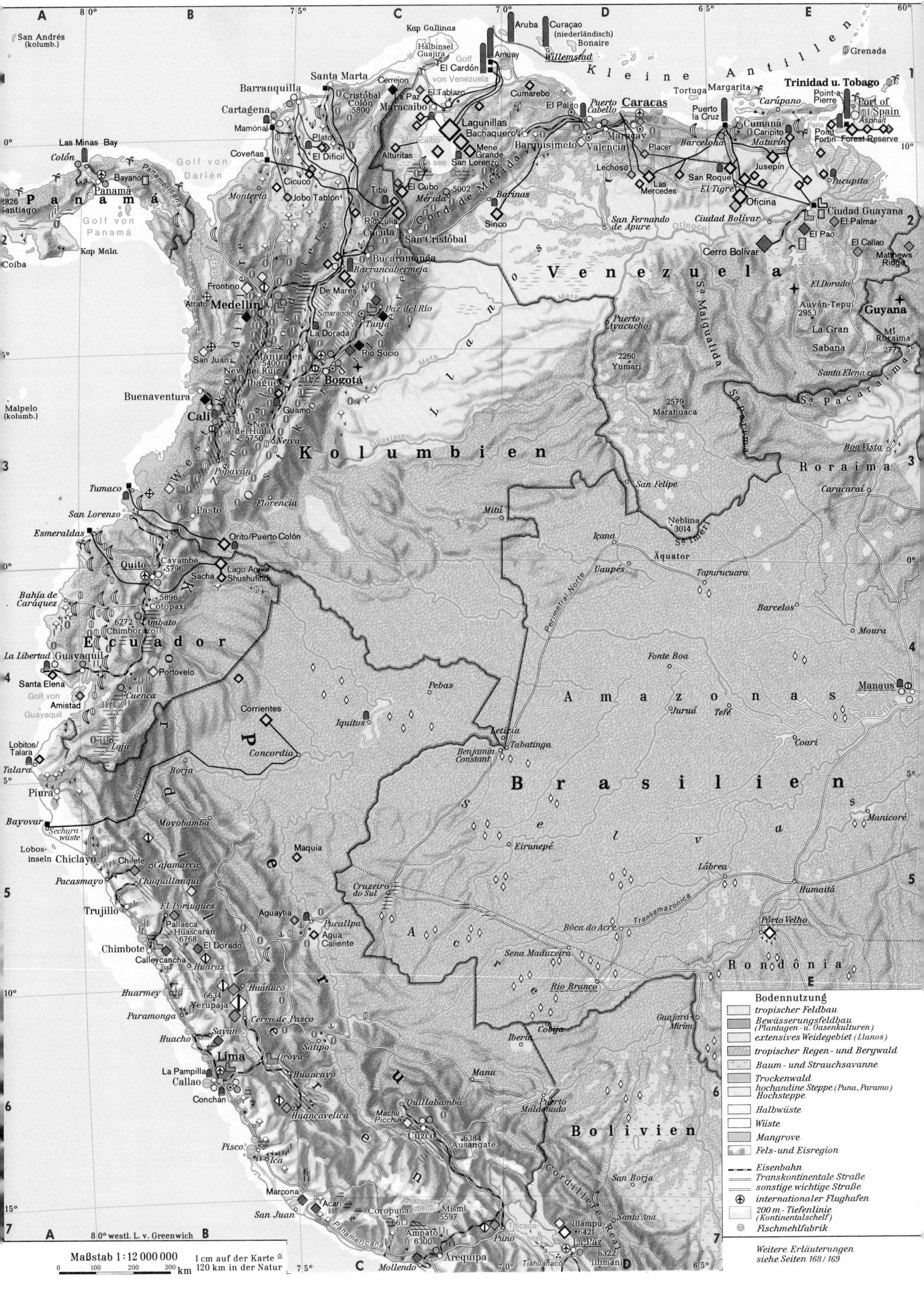
Kleine Antillen
Aruba
Curaçao (niederländisch)
Bonaire
Willemstad
Grenada
Trinidad u. Tobago
Port of Spain
Point-a-Pierre
Point Fortin
Forest Reserve
Asphalt
Kap Gallinas
Halbinsel Guajira
Golf von Venezuela
El Cardón
Amuay
El Tablazo
Cumarebo
Maracaibo
La Paz
Lagunillas
Bachaquero
Mene Grande
San Lorenzo
Maracaibo-see
Alturitas
El Palito
Puerto Cabello
Caracas
Tortuga
Margarita
Carúpano
Puerto la Cruz
Cumaná
Caripito
Golf von Paria
Maturín
Barcelona
Valencia
Maracay
Barquisimeto
Placer
Lechoso
Las Mercedes
San Roque
El Tigre
Oficina
Jusepín
Tucupita
Ciudad Guayana
El Palmar
El Pao
Ciudad Bolívar
Cerro Bolívar
El Callao
Matthews Ridge
El Dorado
Auyán-Tepui 2953
Guyana
La Gran Sabana
Mt. Roraima 2772
Santa Elena
Sa. Pacaraima
Sa. Parima
Sa. Maigualida
Marahuaca 2579
Yumari 2260
Puerto Ayacucho
San Fernando de Apure
Orinoco
Apure
Meta
Barinas
Sinco
Mérida
5002
Cord. de Mérida
El Cubo
Tibú
Río Zulia
Cúcuta
San Cristóbal
Bucaramanga
Barrancabermeja
De Mares
Paz del Río
Tunja
Smaragde
La Dorada
Río Sucio
Bogotá
Manizales
Nev. del Ruiz 5400
Ibagué
Guamo
Nev. del Huila 5750
Neiva
Popayán
Florencia
Pasto
Venezuela
Llanos
Kolumbien
Santa Marta
Cerrejon
Cristóbal Colón 5800
Barranquilla
Cartagena
Mamónal
Plato
El Dificil
Coveñas
Cicuco
Jobo Tablón
Montería
Golf von Darién
Las Minas Bay
Colón
Bayano
Panamá
Golf von Panamá
Kap Mala
Coiba
San Andrés (kolumb.)
Frontino
Atrato
Medellín
San Juan
Buenaventura
Cali
Malpelo (kolumb.)
Tumaco
San Lorenzo
Esmeraldas
Orito/Puerto Colón
Quito
Cayambe 5796
Lago Agrio
Shushufindi
Sacha
5896 Cotopaxi
Ambato
6272 Chimborazo
Bahía de Caráquez
Ecuador
La Libertad
Guayaquil
Santa Elena
Portovelo
Golf von Guayaquil
Amistad
Cuenca
Loja
Lobitos/Talara
Talara
Piura
Bayovar
Sechura-wüste
Lobosinseln
Chiclayo
Chilete
Cajamarca
Chuquillanqui
Pacasmayo
Trujillo
El Portugués
Pallasca
Huascarán 6768
El Dorado
Chimbote
Calleycancha
Huaraz
Huarmey
Huánuco
6634 Yerupaja
Paramonga
Cerro de Pasco
Huacho
Saván
Lima
La Pampilla
Callao
Conchán
Oroya
Satipo
Huancayo
Huancavelica
Pisco
Ica
Marcona
San Juan
Acarí
Coropuna 6613
Mismi 5597
Ampato 6300
Arequipa
Mollendo
Puno
Titicaca-see
Tiahuanaco
La Paz
Illampu 6421
Illimani 6322
Cordillere Real
Santa Ana
San Borja
Machu Picchu
Quillabamba
Cuzco
6384 Ausangate
Manu
Puerto Maldonado
Bolivien
Cobija
Iberia
Guajará Mirim
Peru
Iquitos
Pebas
Corrientes
Concordia
Borja
Moyobamba
Maquia
Aguaytia
Pucallpa
Agua Caliente
Panamericana
Cruzeiro do Sul
Leticia
Tabatinga
Benjamin Constant
Mitú
Iça
Uaupés
Äquator
Perimetral Norte
Neblina 3014
Sa. Imeri
San Felipe
Tapurucuara
Rio Negro
Barcelos
Moura
Fonte Boa
Manaus
Amazonas
Juruá
Tefé
Coari
Brasilien
Manicoré
Eirunepé
Lábrea
Humaitá
Transamazonica
Bôca do Acre
Pôrto Velho
Sena Madureira
Rio Branco
Acre
Rondônia
Roraima
Boa Vista
Caracaraí
Kleine Antillen
8 0° westl. L. v. Greenwich
Bodennutzung
tropischer Feldbau
Bewässerungsfeldbau (Plantagen- u. Oasenkulturen)
extensives Weidegebiet (Llanos)
tropischer Regen- und Bergwald
Baum- und Strauchsavanne
Trockenwald
hochandine Steppe (Puna, Paramo) Hochsteppe
Halbwüste
Wüste
Mangrove
Fels- und Eisregion
Eisenbahn
Transkontinentale Straße
sonstige wichtige Straße
internationaler Flughafen
200 m - Tiefenlinie (Kontinentalschelf)
Fischmehlfabrik
Weitere Erläuterungen siehe Seiten 168/169
Maßstab 1 : 12 000 000
0 100 200 300 km
1 cm auf der Karte ≙ 120 km in der Natur

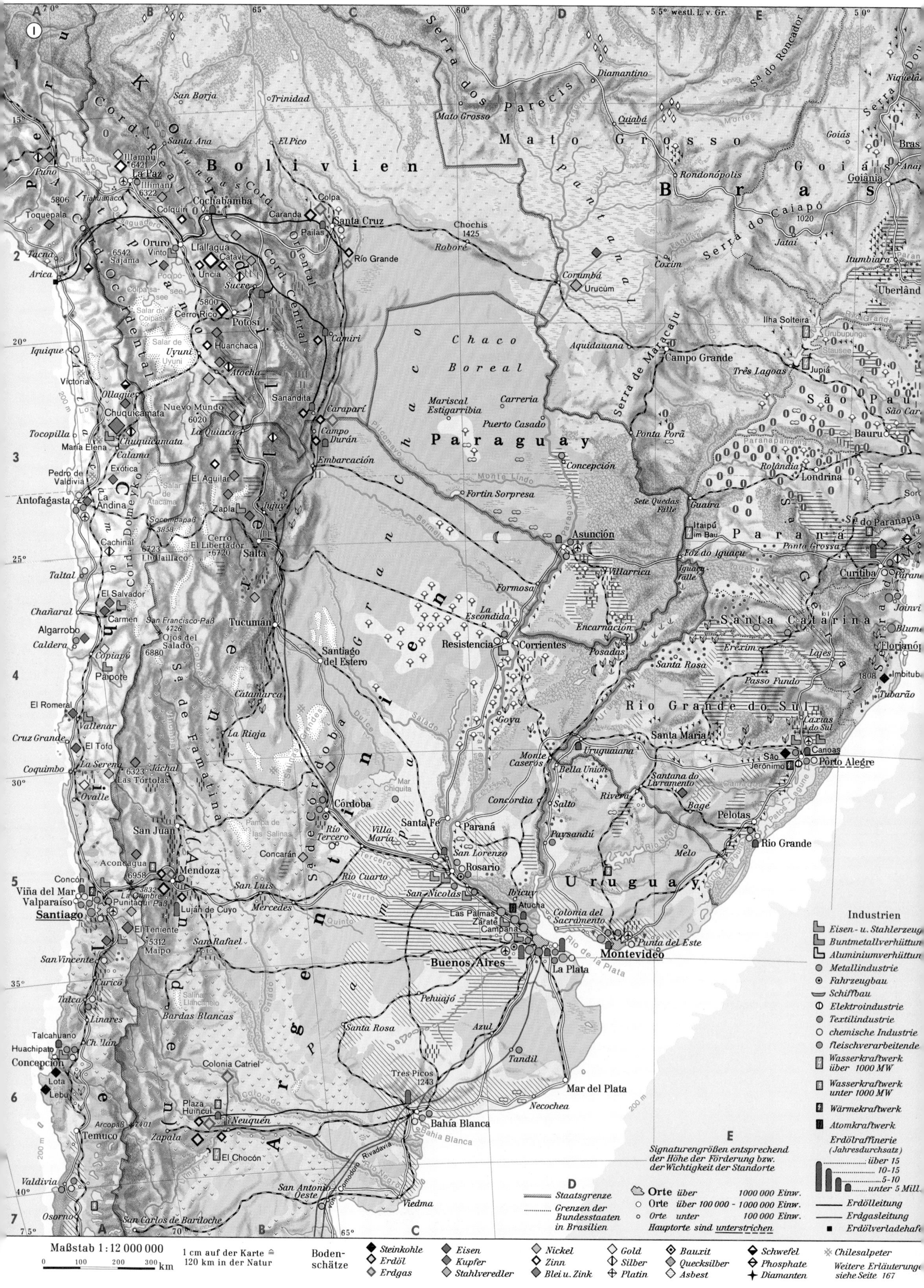

Industrien

- Eisen- u. Stahlerzeug
- Buntmetallverhüttun
- Aluminiumverhüttun
- Metallindustrie
- Fahrzeugbau
- Schiffbau
- Elektroindustrie
- Textilindustrie
- chemische Industrie
- fleischverarbeitende
- Wasserkraftwerk über 1000 MW
- Wasserkraftwerk unter 1000 MW
- Wärmekraftwerk
- Atomkraftwerk

Erdölraffinerie
(Jahresdurchsatz)
- über 15
- 10–15
- 5–10
- unter 5 Mill

Signaturengrößen entsprechend der Höhe der Förderung bzw. der Wichtigkeit der Standorte

- Staatsgrenze
- Grenzen der Bundesstaaten in Brasilien
- Orte über 1000 000 Einw.
- Orte über 100 000 – 1000 000 Einw.
- Orte unter 100 000 Einw.
- Hauptorte sind unterstrichen
- Erdölleitung
- Erdgasleitung
- Erdölverladehafe

Maßstab 1:12 000 000

0 100 200 300 km

1 cm auf der Karte ≙ 120 km in der Natur

Boden-schätze
- Steinkohle
- Erdöl
- Erdgas
- Eisen
- Kupfer
- Stahlveredler
- Nickel
- Zinn
- Blei u. Zink
- Gold
- Silber
- Platin
- Bauxit
- Quecksilber
- Asbest
- Schwefel
- Phosphate
- Diamanten
- Chilesalpeter

Weitere Erläuterunge siehe Seite 167

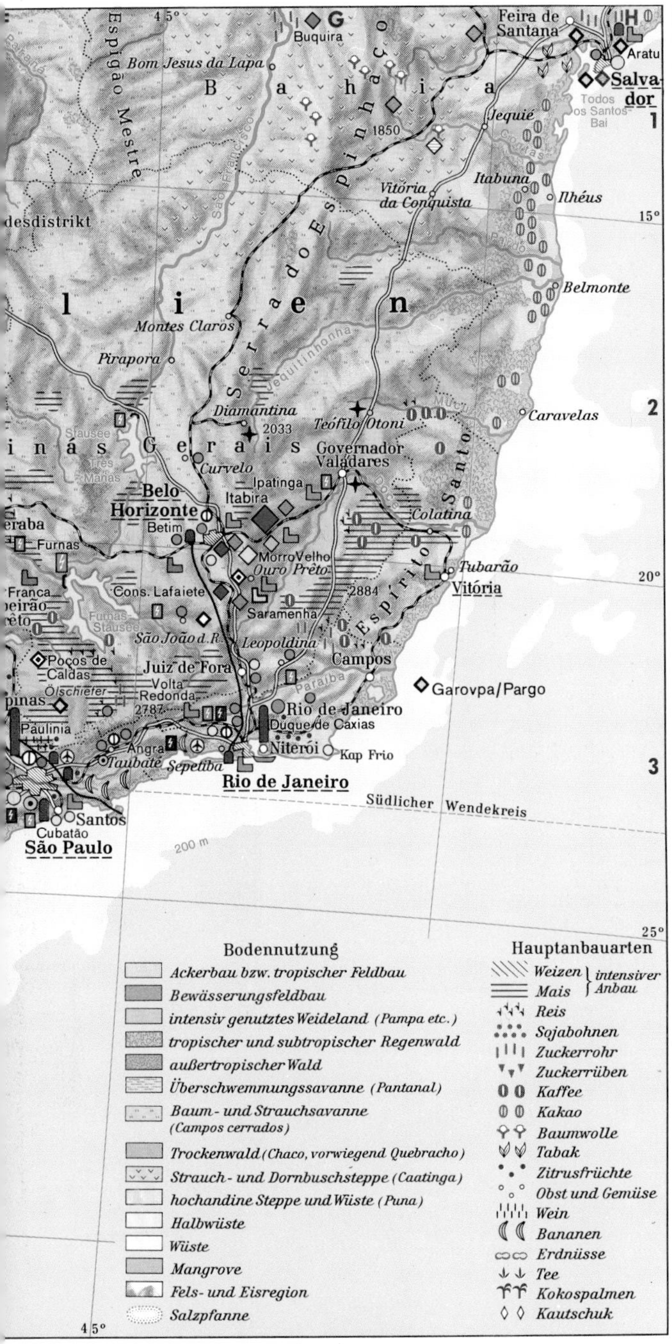

Brasília

Maßstab 1 : 250 000

0 1 2 3 4 5 km

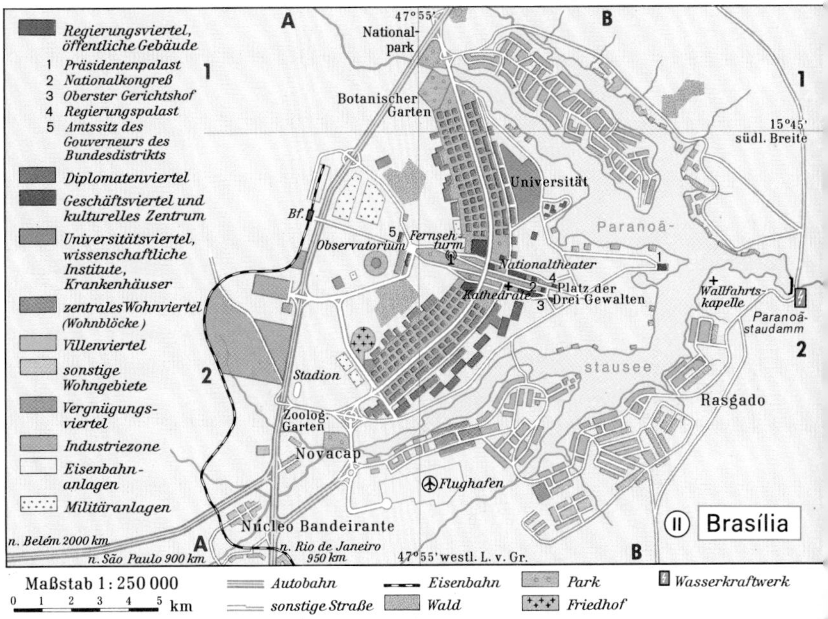

Regierungsviertel, öffentliche Gebäude
1 Präsidentenpalast
2 Nationalkongreß
3 Oberster Gerichtshof
4 Regierungspalast
5 Amtssitz des Gouverneurs des Bundesdistrikts
Diplomatenviertel
Geschäftsviertel und kulturelles Zentrum
Universitätsviertel, wissenschaftliche Institute, Krankenhäuser
zentrales Wohnviertel (Wohnblöcke)
Villenviertel
sonstige Wohngebiete
Vergnügungsviertel
Industriezone
Eisenbahnanlagen
Militäranlagen

Autobahn — Eisenbahn — Park — Wasserkraftwerk
sonstige Straße — Wald — Friedhof

Nationalpark · Botanischer Garten · Universität · Paranoá- · 15°45' südl. Breite · Wallfahrtskapelle · Paranoástaudamm · Fernsehturm · Nationaltheater · Platz der Drei-Gewalten · Kathedrale · stausee · Rasgado · Observatorium · Bf. · Zoolog. Garten · Stadion · Novacap · Flughafen · Núcleo Bandeirante

n. Belém 2000 km · n. São Paulo 900 km · n. Rio de Janeiro 950 km · 47°55' westl. L. v. Gr.

Bodennutzung

Ackerbau bzw. tropischer Feldbau
Bewässerungsfeldbau
intensiv genutztes Weideland (Pampa etc.)
tropischer und subtropischer Regenwald
außertropischer Wald
Überschwemmungssavanne (Pantanal)
Baum- und Strauchsavanne (Campos cerrados)
Trockenwald (Chaco, vorwiegend Quebracho)
Strauch- und Dornbuschsteppe (Caatinga)
hochandine Steppe und Wüste (Puna)
Halbwüste
Wüste
Mangrove
Fels- und Eisregion
Salzpfanne

Hauptanbauarten

Weizen ⟩ intensiver Anbau
Mais
Reis
Sojabohnen
Zuckerrohr
Zuckerrüben
Kaffee
Kakao
Baumwolle
Tabak
Zitrusfrüchte
Obst und Gemüse
Wein
Bananen
Erdnüsse
Tee
Kokospalmen
Kautschuk

Rio de Janeiro

Maßstab 1 : 500 000

0 5 10 km

Geschäftszentrum · Industriegebiet · Favelas (Elendsquartiere)
gehobenes Wohngebiet · Kulturland · neue Wohnviertel für Favelas-Umsiedler (z. T. geplant)
sonstige Wohngebiete · vorw. Sumpf

Rio De Janeiro · Olaria · Piedade · São Francisco do Croará · Pilar · Guia de Pacobaíba · Macacu · Nova Iguaçu · Baby · Campos Elyseos · Ipiranga · Paquetá · 22°45' · Belford Roxo · São João de Meriti · Duque de Caxias · Bucht von · Luz · 281 · Cabuçu · Mesquita · Gouverneursinsel · São Gonçalo · 887 · Nilópolis · Cocotá · Sete Pontes · Anchieta · Irajá · Penha · Galeão · Guanabara · Neves · Vila Kennedy · Ramos · Niterói · Bangu · Realengo · Madureira · Universität Fundão · Méier · Santos Dumont · Piratininga · Campo Grande · Cascadura · 1024 · Jacarepaguá · Pedra Branca · Tijuca · Laranjeiras · Botafogo · 390 Zuckerhut · Pico da Tijuca 1021 · 704 Corcovado · Copacabana · Vargem Grande · Itaipu · Ilha · Jacarepaguá-Lag. · Tijuca-Lag. · Ipanema · Leblon · Marapendi-Lag. · Barra da Tijuca · Atlantischer Ozean · Rio de Janeiro · 43°30' westl. L. v. Gr. · 43°15'

Kaffeepflanzung

IV

Nördliches Paraná Brasilien

Maßstab 1 : 50 000

250 500 1000 m

1 cm auf der Karte ≙ 500 m in der Natur

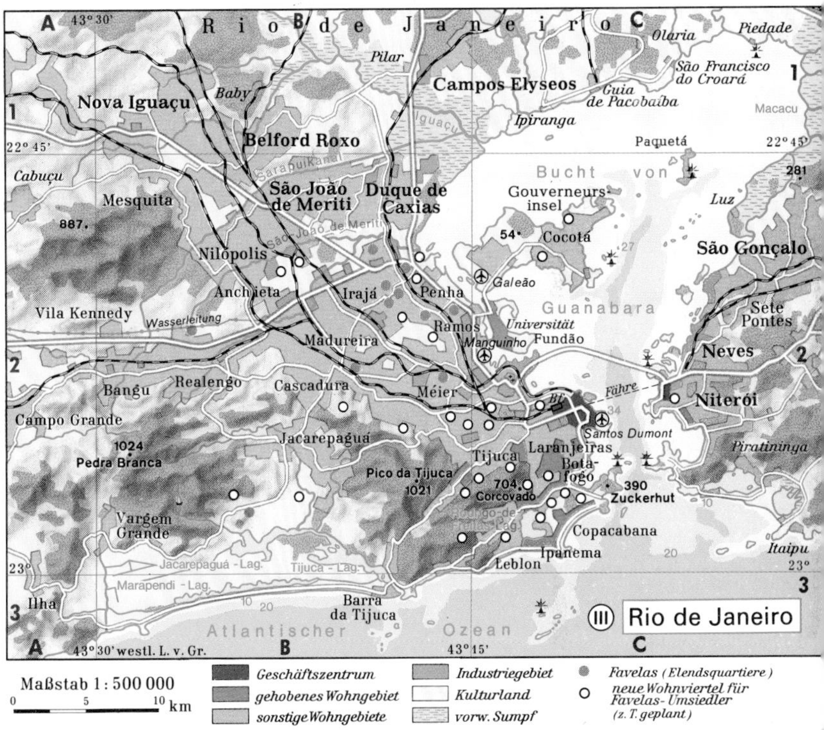

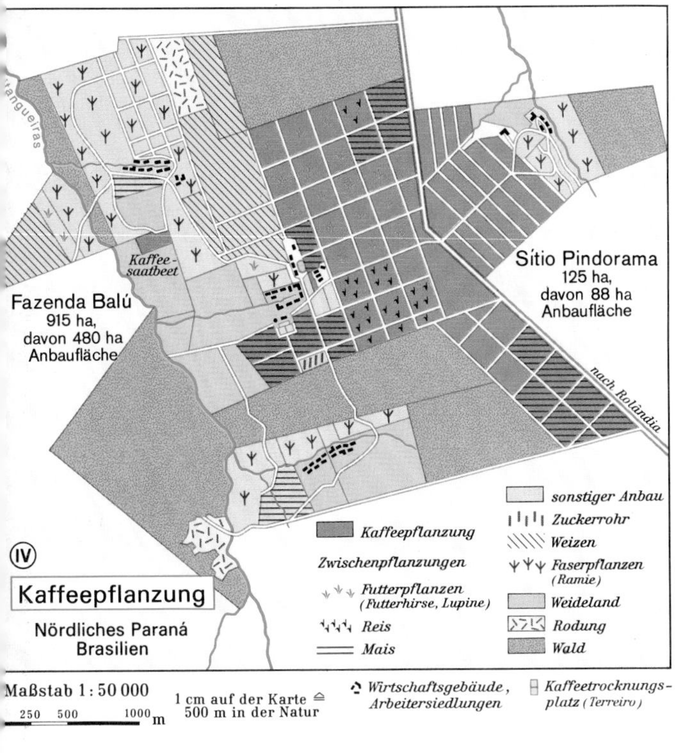

Fazenda Balú 915 ha, davon 480 ha Anbaufläche · Kaffeesaatbeet · Sítio Pindorama 125 ha, davon 88 ha Anbaufläche · nach Rolândia

sonstiger Anbau · Zuckerrohr · Kaffeepflanzung · Zwischenpflanzungen · Weizen · Faserpflanzen (Ramie) · Futterpflanzen (Futterhirse, Lupine) · Weideland · Reis · Rodung · Mais · Wald

Wirtschaftsgebäude, Arbeitersiedlungen · Kaffeetrocknungsplatz (Terreiro)

Estancia

V

Gran Chaco Argentinien

Maßstab 1 : 250 000

0 1 2 3 4 5 km

1 cm auf der Karte ≙ 2,5 km in der Natur

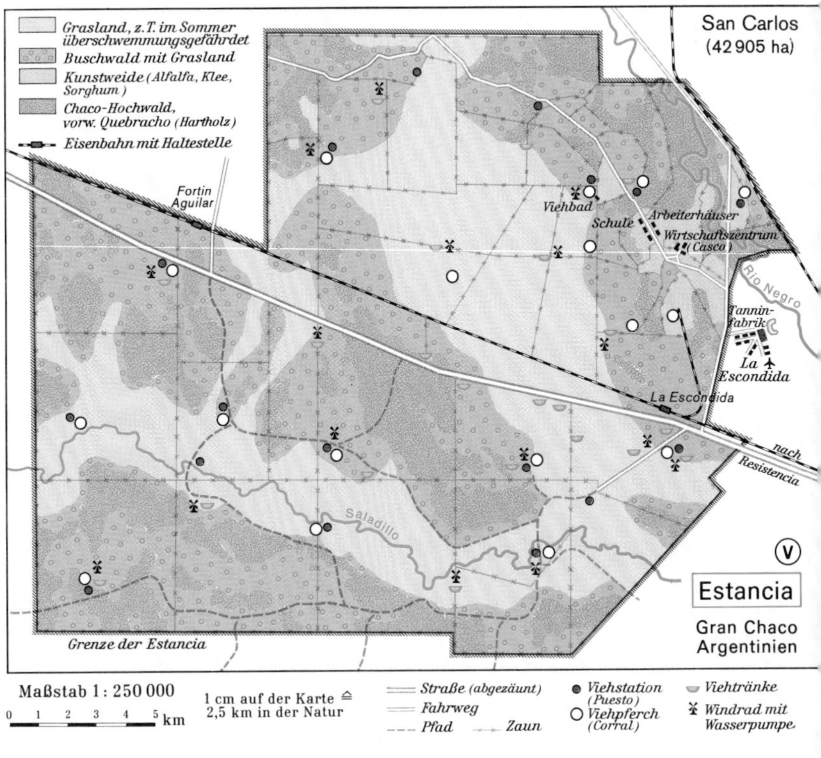

Grasland, z. T. im Sommer überschwemmungsgefährdet
Buschwald mit Grasland
Kunstweide (Alfalfa, Klee, Sorghum)
Chaco-Hochwald, vorw. Quebracho (Hartholz)
Eisenbahn mit Haltestelle

Straße (abgezäunt) · Viehstation (Puesto) · Viehtränke
Fahrweg · Viehpferch (Corral) · Windrad mit Wasserpumpe
Pfad · Zaun

San Carlos (42 905 ha) · Fortín Aguilar · Viehbad · Schule · Arbeiterhäuser · Wirtschaftszentrum (Casco) · Rio Negro · Tanninfabrik · La Escondida · nach Resistencia · Saladillo · Grenze der Estancia

Brasilien

Espigão Mestre · Buquira · G · Feira de Santana · H · Aratu · Bom Jesus da Lapa · Bahia · Salvador · Jequié · 1850 · Itabuna · Ilhéus · Todos os Santos Bai · desdistrikt · Vitória da Conquista · Belmonte · 15° · Montes Claros · Piracema · Diamantina · 2033 · Teófilo Otoni · Caravelas · Minas Gerais · Belo Horizonte · Governador Valadares · Curvelo · Ipatinga · Itabira · Colatina · Betim · Santo · 20° · Cons. Lafaiete · Morro Velho · Ouro Prêto · 2884 · Vitória · Saramenha · São João d. R. · Leopoldina · Campos · Juiz de Fora · Garoupa/Pargo · Poços de Caldas · Volta Redonda · 2787 · Rio de Janeiro · Duque de Caxias · Franca · Taubaté · Angra · Niterói · Kap Frio · Paulínia · Sepetiba · Rio de Janeiro · São Paulo · Santos · Cubatão · Südlicher Wendekreis · 200 m · 25° · 45°

Querschnitt durch Grönland
Längenmaßstab 1 : 48 Mill., Höhenmaßstab: 100 fach überhöht

Maßstab 1 : 48 000 000

| 0 | 500 | 1000 | 1500 km |

● Orte über 1 000 000 Einwohner	● Orte über 100 000 – 500 000 Einw.	── wichtige Eisenbahn	⌐ Flugsicherungs- schiff	··· Staatsgrenze	4300 Höhe in Meter	Weitere
■ Orte über 500 000 – 1 000 000 Einw.	○ Orte unter 100 000 Einwohner	─ ─ wichtige Fluglinie		── Grenze der Hoheitsgebiete	6309 Tiefe in Meter	Erläuterungen siehe Seite 171

Forschung

Politik

Maßstab der Karten II u. III
1 : 72 000 000

| 0 | 500 | 1000 km |

Packeis	Tundra	─ 10° Juliisotherme
Küsteneis im Winter	Dauerfrostboden	○ Meteorologische
Treibeis, Eisberge	(Permafrost)	Stationen

NATO - Staaten	Militärstützpunkte	Atom-U-Boote (Dauereinsatz)
Warschauer Pakt - Staaten	★ der USA / NATO	der USA
Neutrale Staaten	★ der Sowjetunion	der Sowjetunion

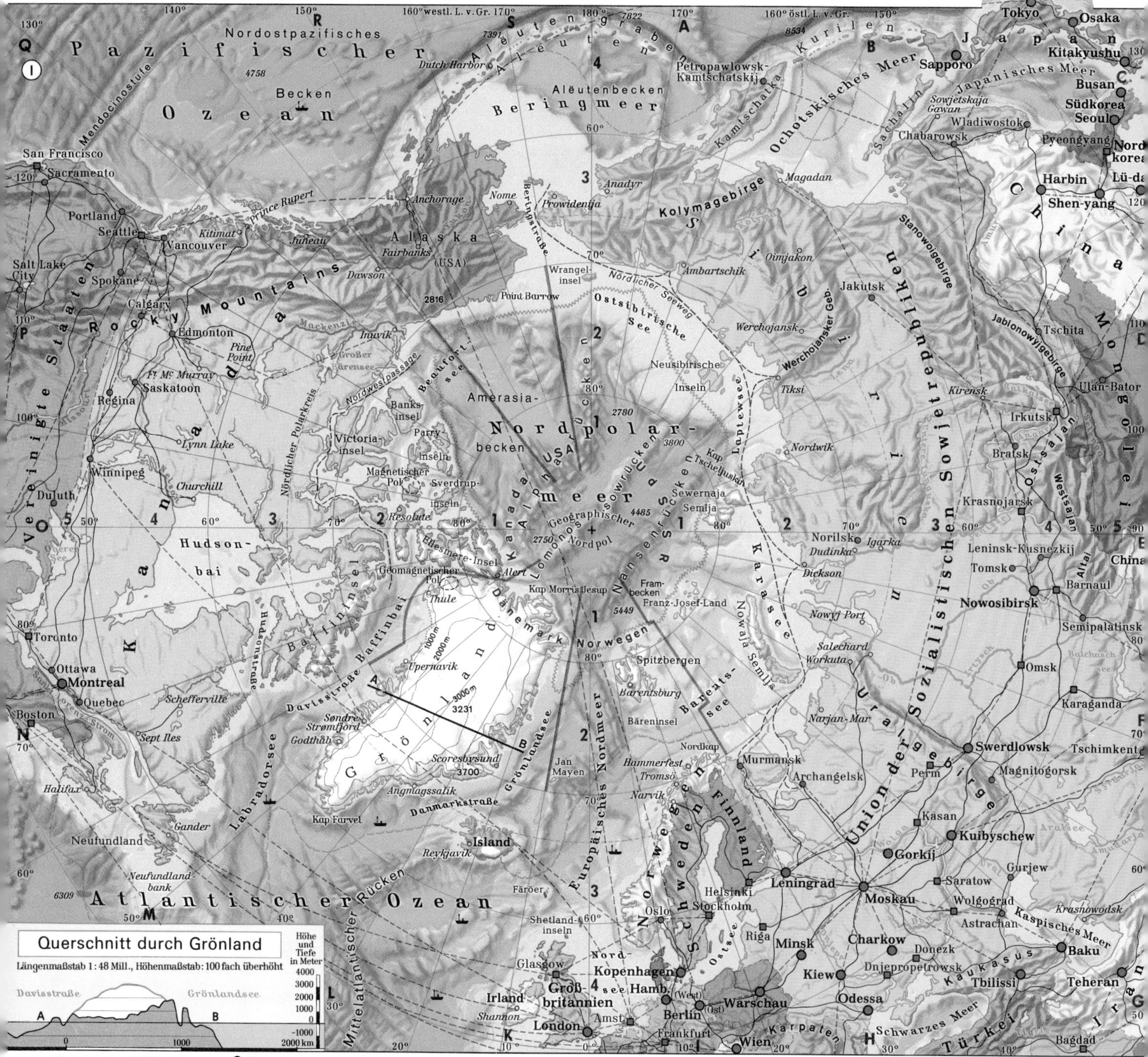

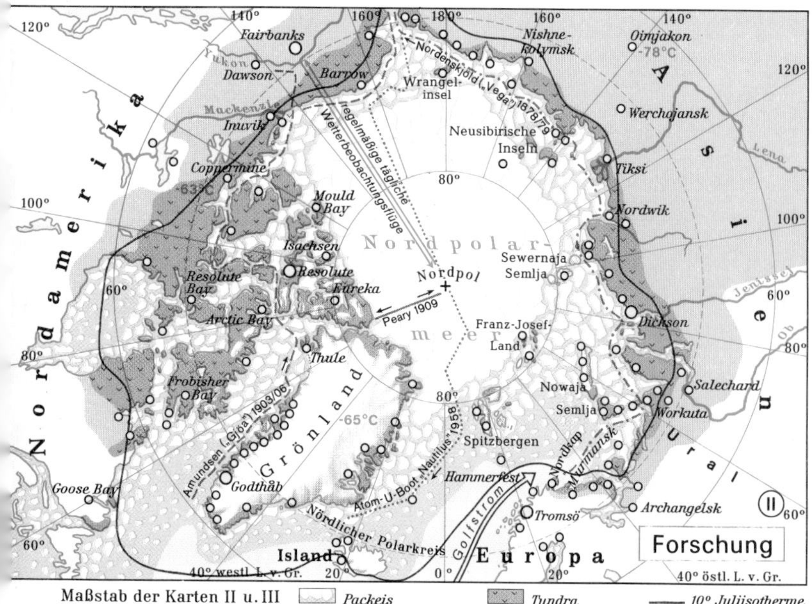

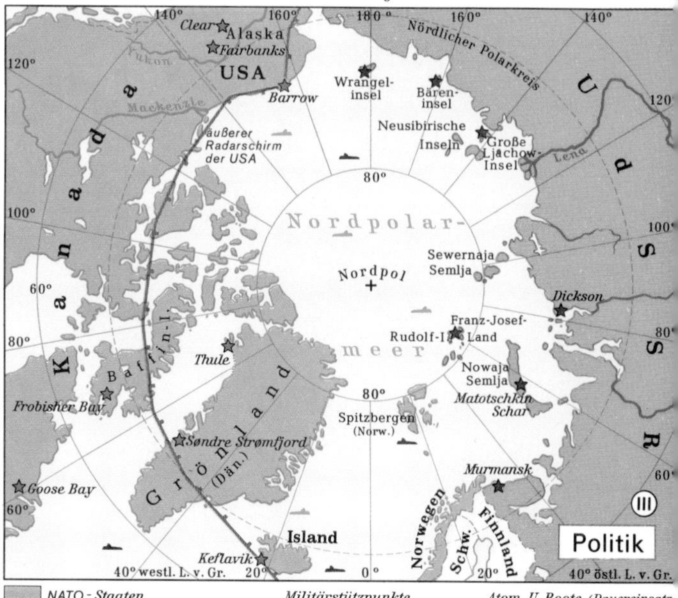

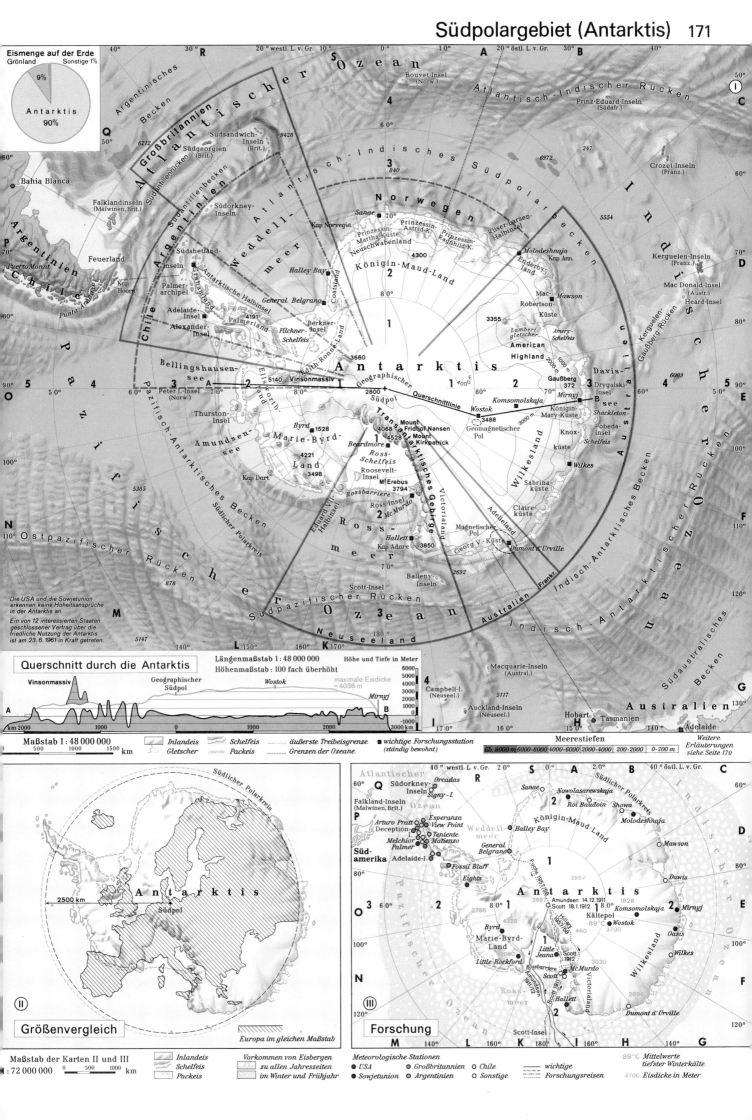

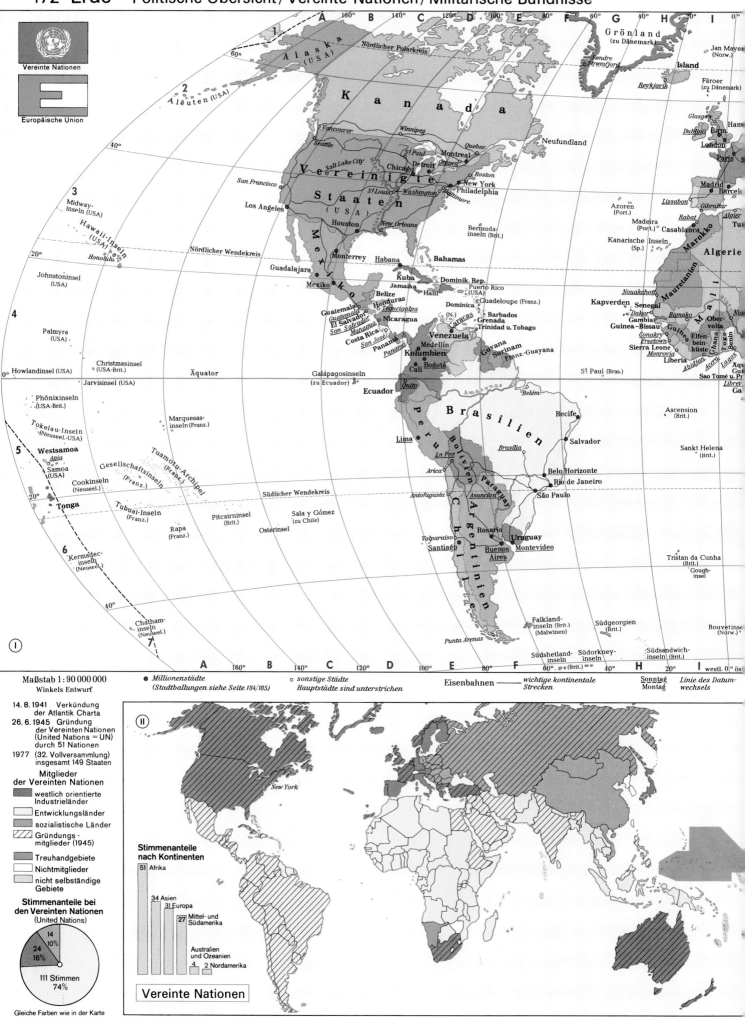

Maßstab 1:90 000 000
Winkels Entwurf

● Millionenstädte
(Stadtballungen siehe Seite 184/185)

o sonstige Städte
Hauptstädte sind unterstrichen

Eisenbahnen —— wichtige kontinentale Strecken

Sonntag / Montag

Linie des Datumwechsels

14.8.1941 Verkündung der Atlantik Charta
26.6.1945 Gründung der Vereinten Nationen (United Nations = UN) durch 51 Nationen
1977 (32. Vollversammlung) insgesamt 149 Staaten

Mitglieder der Vereinten Nationen

■ westlich orientierte Industrieländer
□ Entwicklungsländer
■ sozialistische Länder
▨ Gründungsmitglieder (1945)
■ Treuhandgebiete
□ Nichtmitglieder
□ nicht selbständige Gebiete

Stimmenanteile bei den Vereinten Nationen
(United Nations)

14 / 10%
24 / 16%
111 Stimmen / 74%

Gleiche Farben wie in der Karte

Stimmenanteile nach Kontinenten

51 Afrika
34 Asien
31 Europa
27 Mittel- und Südamerika
4 Australien und Ozeanien
2 Nordamerika

Vereinte Nationen

Maßstab der Karten II und III 1:180 000 000

Militärische Bündnisse

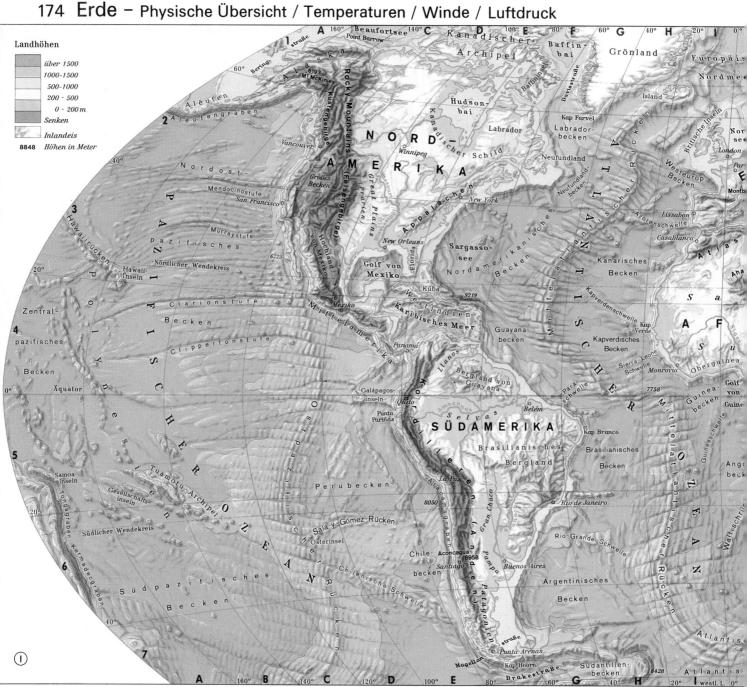

Landhöhen

- über 1500
- 1000-1500
- 500-1000
- 200 - 500
- 0 - 200 m

Senken

Inlandeis

8848 *Höhen in Meter*

Maßstab 1 : 90 000 000

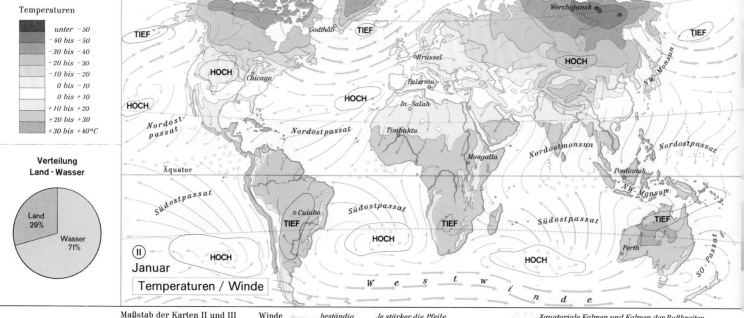

Temperaturen

- unter – 50
- – 40 bis – 50
- – 30 bis – 40
- – 20 bis – 30
- – 10 bis – 20
- 0 bis – 10
- 0 bis + 10
- + 10 bis + 20
- + 20 bis + 30
- + 30 bis + 40°C

Verteilung Land - Wasser

Land 29%

Wasser 71%

Januar

Temperaturen / Winde

Maßstab der Karten II und III
1 : 180 000 000

Winde ⟵ *beständig*
⟵ *veränderlich*

*Je stärker die Pfeile,
um so stürmischer der Wind*

*Äquatoriale Kalmen und Kalmen der Roßbreiten
an den Wendekreisen*

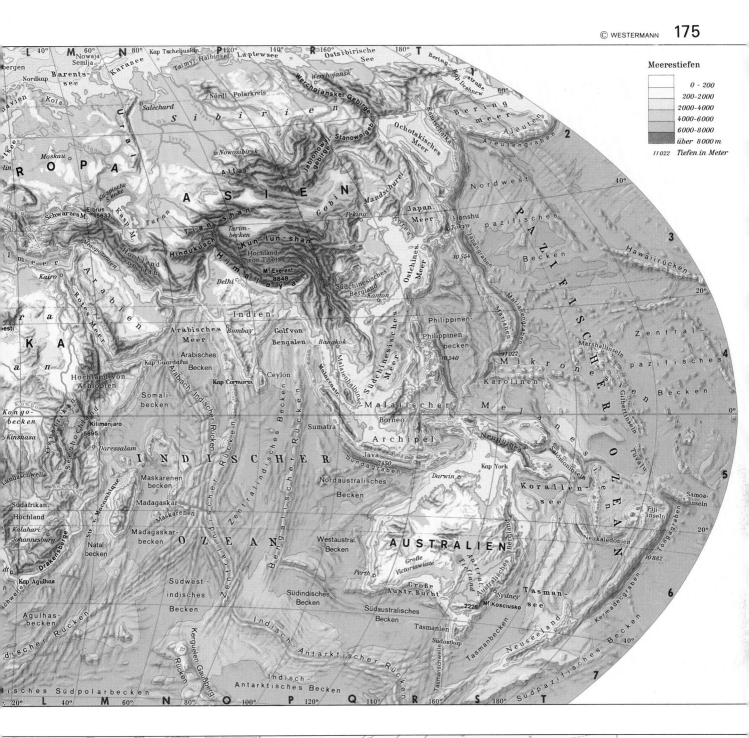

Meerestiefen

	0 - 200
	200-2000
	2000-4000
	4000-6000
	6000-8000
	über 8000 m

11022 Tiefen in Meter

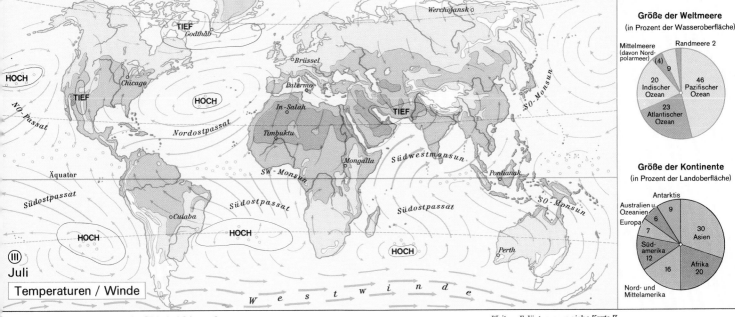

Größe der Weltmeere
(in Prozent der Wasseroberfläche)

Mittelmeere (davon Nordpolarmeer) (4) · 9 · Randmeere 2 · 46 Pazifischer Ozean · 20 Indischer Ozean · 23 Atlantischer Ozean

Größe der Kontinente
(in Prozent der Landoberfläche)

Antarktis 9 · Australien u. Ozeanien 6 · Europa 7 · Südamerika 12 · Nord- und Mittelamerika 16 · Afrika 20 · Asien 30

Ⓘ **Juli**

Temperaturen / Winde

Temperaturen in der Höhe der Bodenoberfläche in Celsiusgrad
Mittelwerte auf Grund langjähriger Messungen und Beobachtungen

Weitere Erläuterungen siehe Karte II

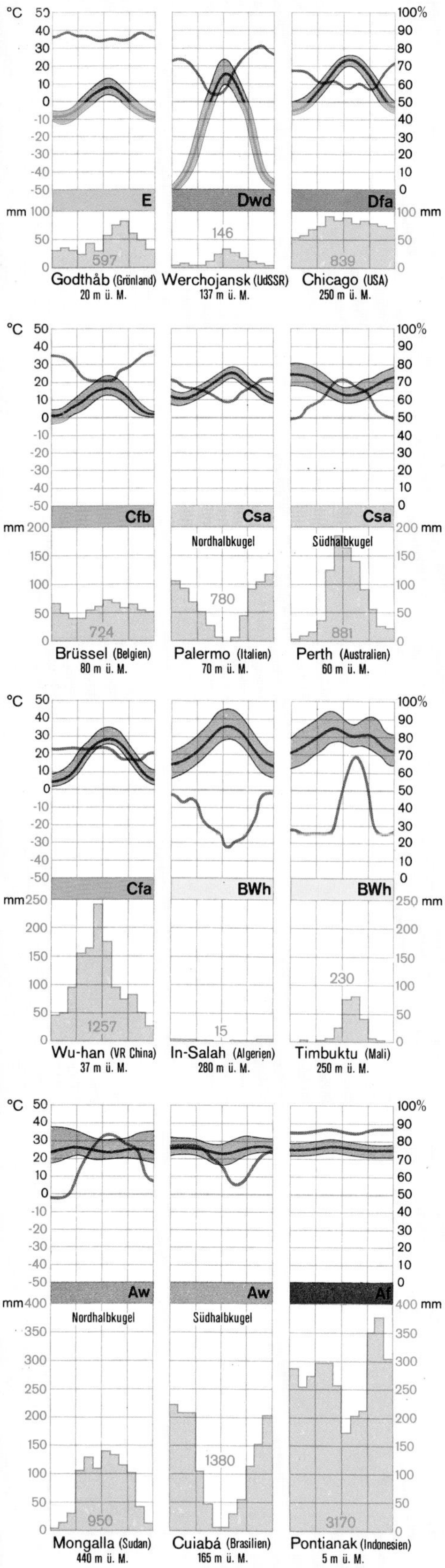

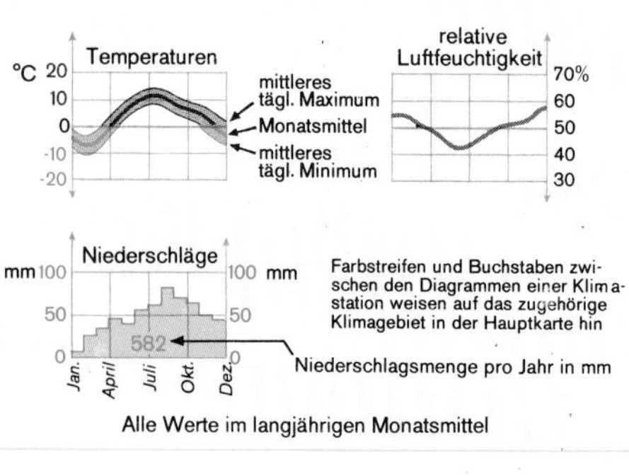

Farbstreifen und Buchstaben zwischen den Diagrammen einer Klimastation weisen auf das zugehörige Klimagebiet in der Hauptkarte hin

Alle Werte im langjährigen Monatsmittel

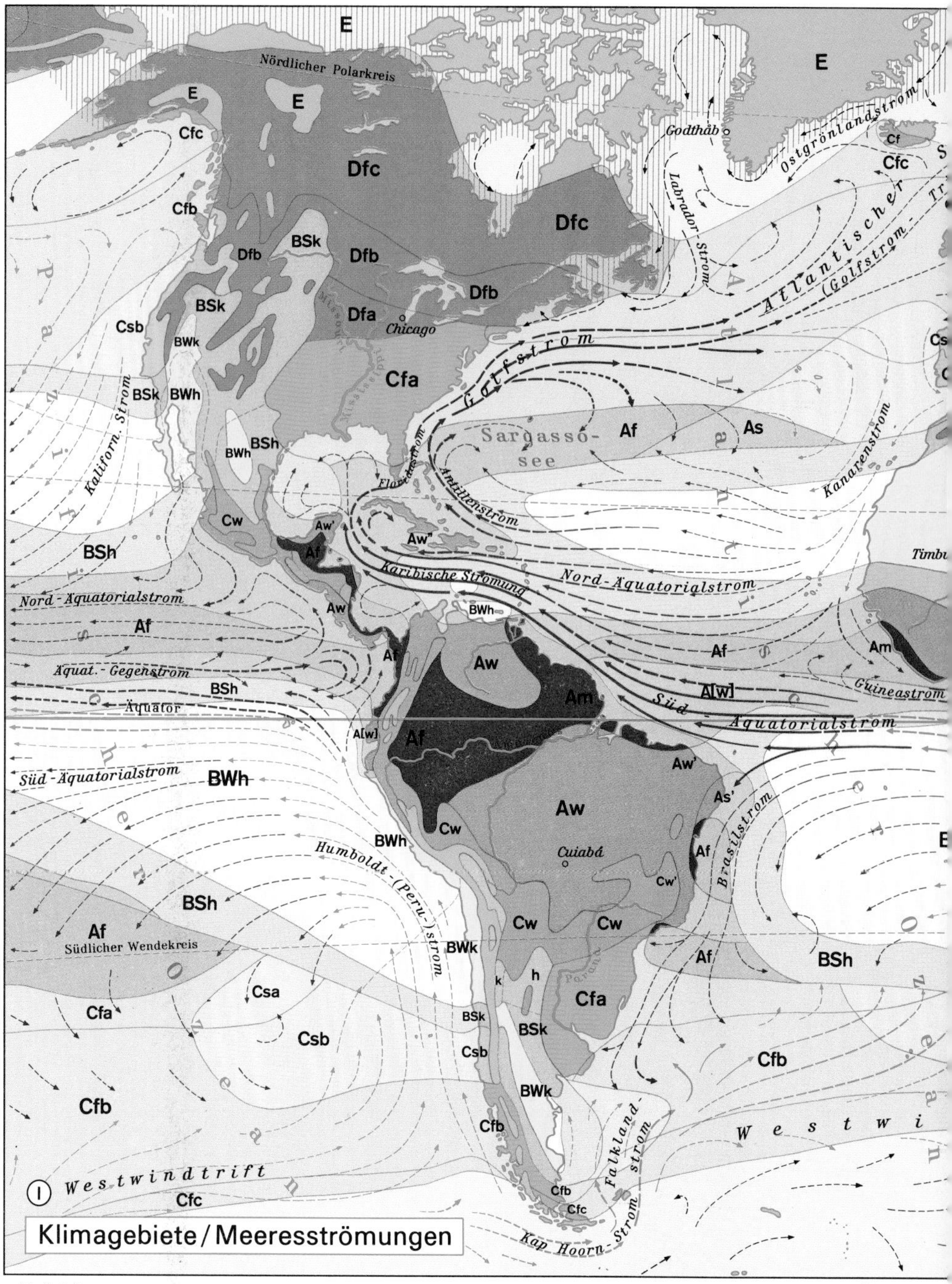

I

Klimagebiete / Meeresströmungen

Maßstab 1 : 90 000 000

Meeresströmungen im Nordwinter

Temperatur des Stromes	Geschwindigkeit des Stromes
warme	über 24
kühle	12 - 24
kalte Strömungen	6 - 12 Seem.

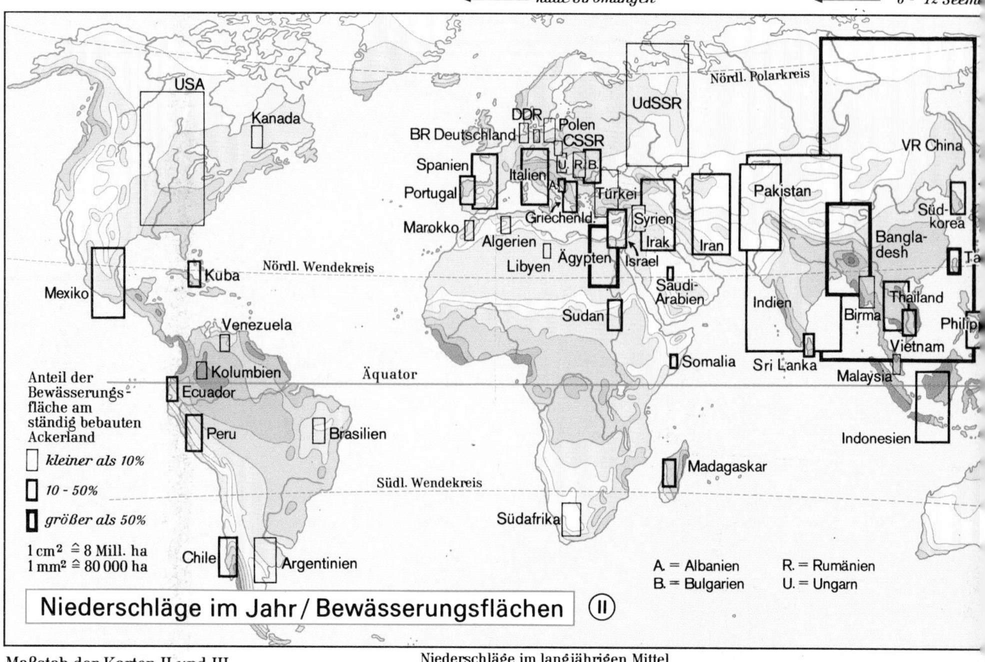

Niederschläge im Jahr / Bewässerungsflächen

II

Maßstab der Karten II und III 1 : 180 000 000

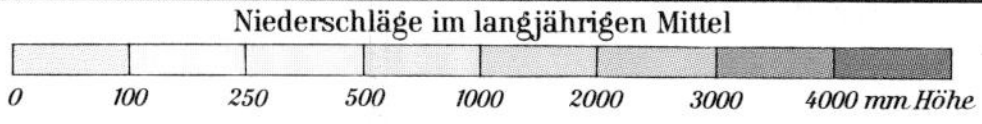

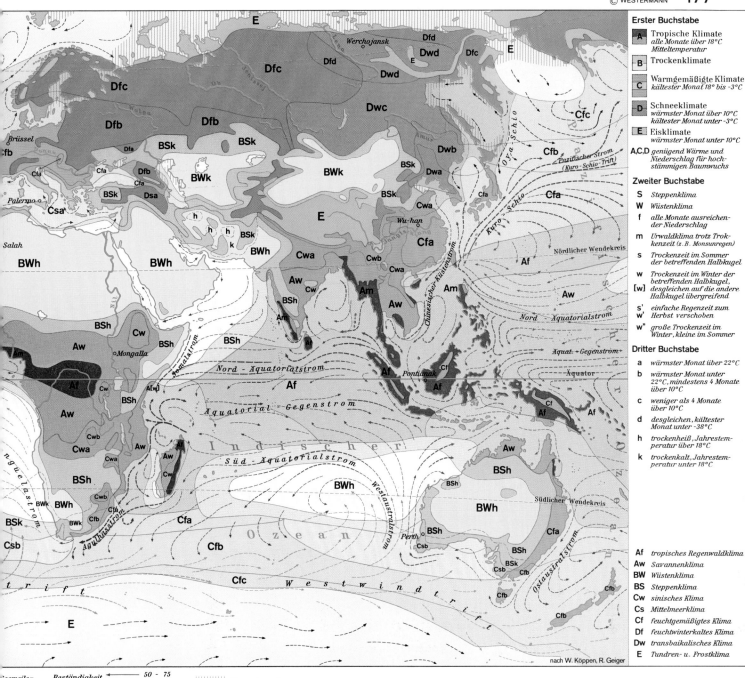

Erster Buchstabe

A	Tropische Klimate *alle Monate über 18°C Mitteltemperatur*
B	Trockenklimate
C	Warmgemäßigte Klimate *kältester Monat 18° bis -3°C*
D	Schneeklimate *wärmster Monat über 10°C kältester Monat unter -3°C*
E	Eisklimate *wärmster Monat unter 10°C*
A,C,D	*genügend Wärme und Niederschlag für hochstämmigen Baumwuchs*

Zweiter Buchstabe

S	*Steppenklima*
W	*Wüstenklima*
f	*alle Monate ausreichender Niederschlag*
m	*Urwaldklima trotz Trockenzeit (z. B. Monsunregen)*
s	*Trockenzeit im Sommer der betreffenden Halbkugel*
w	*Trockenzeit im Winter der betreffenden Halbkugel,*
[w]	*desgleichen auf die andere Halbkugel übergreifend.*
s'	*einfache Regenzeit zum*
w'	*Herbst verschoben*
w"	*große Trockenzeit im Winter, kleine im Sommer*

Dritter Buchstabe

a	*wärmster Monat über 22°C*
b	*wärmster Monat unter 22°C, mindestens 4 Monate über 10°C*
c	*weniger als 4 Monate über 10°C*
d	*desgleichen, kältester Monat unter -38°C*
h	*trockenheiß, Jahrestemperatur über 18°C*
k	*trockenkalt, Jahrestemperatur unter 18°C*

Af	*tropisches Regenwaldklima*
Aw	*Savannenklima*
BW	*Wüstenklima*
BS	*Steppenklima*
Cw	*sinisches Klima*
Cs	*Mittelmeerklima*
Cf	*feuchtgemäßigtes Klima*
Df	*feuchtwinterkaltes Klima*
Dw	*transbaikalisches Klima*
E	*Tundren- u. Frostklima*

nach W. Köppen, R. Geiger

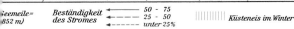

Seemeile= 852 m)

Beständigkeit des Stromes	
50 - 75	
25 - 50	
unter 25%	

||||||Küsteneis im Winter

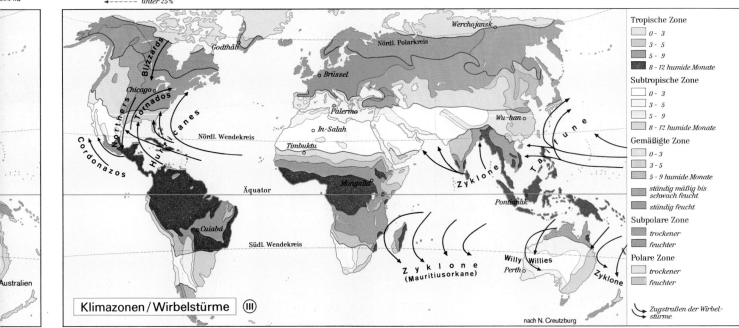

Tropische Zone

	0 - 3
	3 - 5
	5 - 9
	8 - 12 humide Monate

Subtropische Zone

	0 - 3
	3 - 5
	5 - 9
	8 - 12 humide Monate

Gemäßigte Zone

	0 - 3
	3 - 5
	5 - 9 humide Monate
	ständig mäßig bis schwach feucht
	ständig feucht

Subpolare Zone

	trockener
	feuchter

Polare Zone

	trockener
	feuchter

Zugstraßen der Wirbelstürme

Klimazonen/Wirbelstürme (III)

nach N. Creutzburg

Vergleiche dazu 151 II

Bodennutzung und Vegetationsformen

	intensiver Ackerbau mit Viehzucht, tropischer Feldbau (Plantagenwirtschaft, Bewässerungsfeldbau)
	mittelmeerischer Anbau, kapländischer Anbau
	Weidegebiete (vorwiegend Viehzucht))
	Steppen, Hochland- und Hochgebirgsweiden
	Nadel- und Laubwald der gemäßigten Breiten und Subtropen
	tropischer Regen- und Höhenwald
	Feuchtsavanne
	Trockenwald
	Trockensavanne
	Fels- und Eisregion der Hochgebirge
	arktische, alpine und Waldtundra
	Halbwüste oder Wüstensteppe
	Wüste
	Mangrove
	Inlandeis
	Korallen
	treibende Tange
	planktonreiche Gebiete (pflanzliches und tierisches Plankton)
	Seefischerei

Fischanlandung

	um 500 000
	um 1 000 000
	um 5 000 000 Tonnen

Walfang

	um 200
	um 500 Fangeinheiten

Werte im Durchschnitt der Jahre 1966 bis 1970

Wichtige Seehandelswege

Weizen (in Mill. t) 1 2 3 4 5 6

Reis (in 1000 t) 100 200 300 400 500 600

Nahrungsmittel pflanzlichen Ursprungs

	Weizen
	Roggen
	Mais
	Reis
	Hirse
	Kartoffeln
	Sojabohnen
	Zuckerrohr
	Zuckerrüben
	Zitrusfrüchte
	Bananen
	Datteln
	Erdnüsse

Genußmittel

	Kaffee
	Tee
	Kakao
	Tabak
	Wein

Pflanzliche Rohstoffe

△	Baumwolle
△	Kopra
▲	Kautschuk
△	Jute

Größenstufen in Prozent der Weltproduktion

□ ○ △	bis	5%
□ ○ △	um	10%
㉜ 43 △	über 15% mit direkter Prozentangabe	

Werte im Durchschnitt der Jahre 1974/75

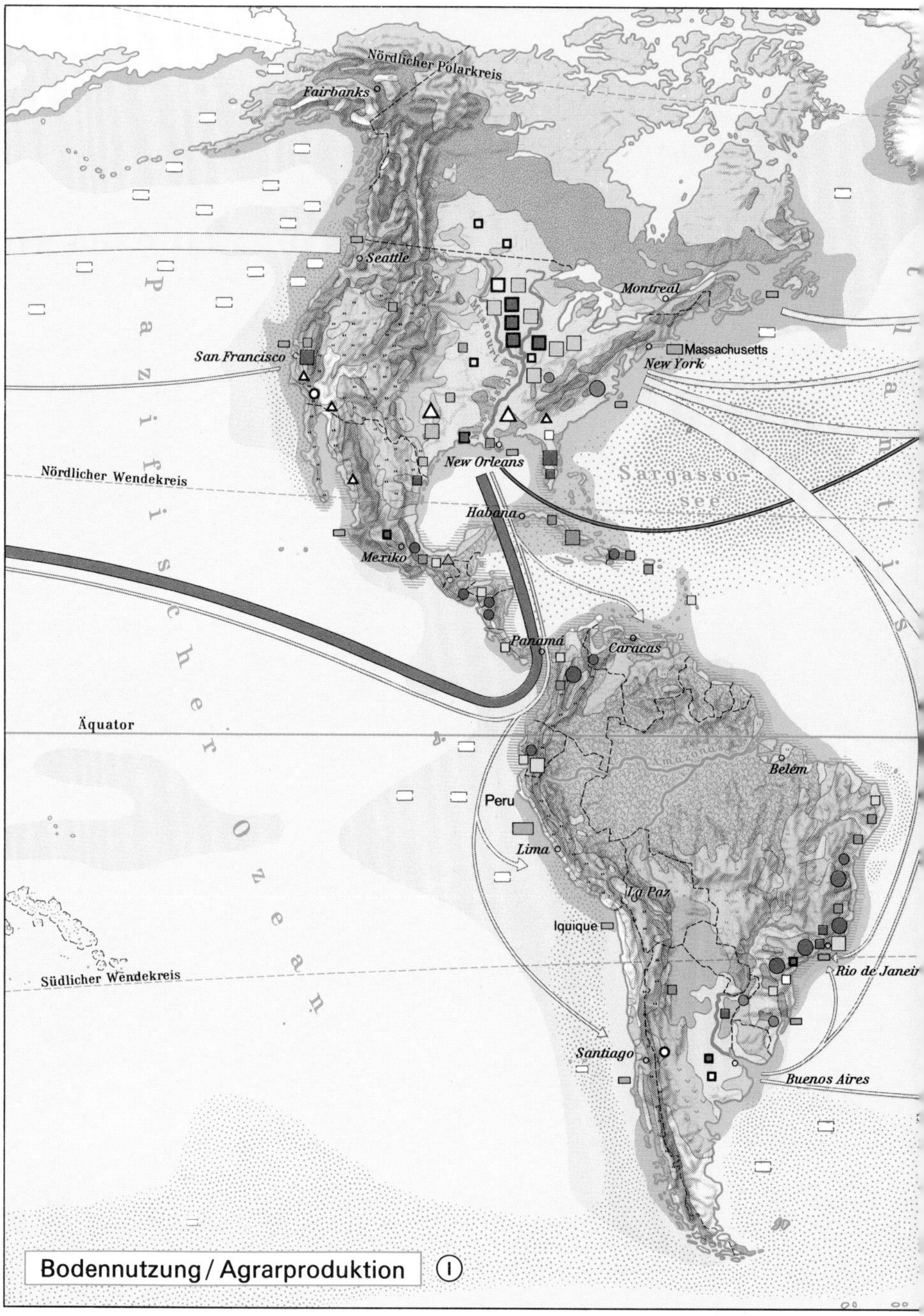

Bodennutzung / Agrarproduktion ①

Maßstab 1 : 90 000 000

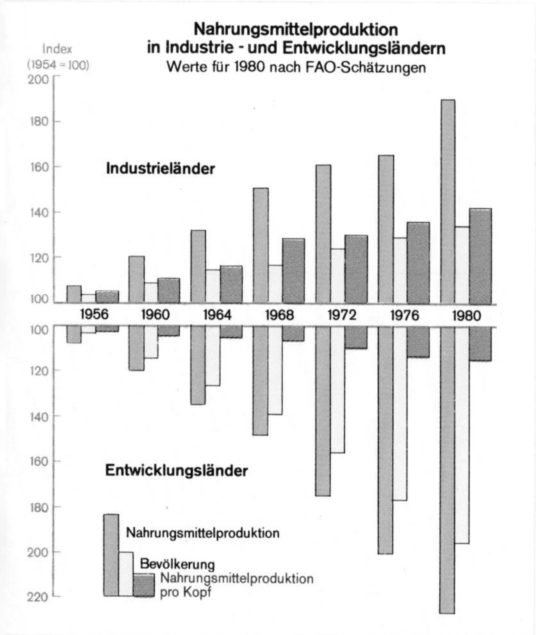

Nahrungsmittelproduktion in Industrie- und Entwicklungsländern
Werte für 1980 nach FAO-Schätzungen

Index (1954 = 100)

Industrieländer

Entwicklungsländer

Nahrungsmittelproduktion
Bevölkerung
Nahrungsmittelproduktion pro Kopf

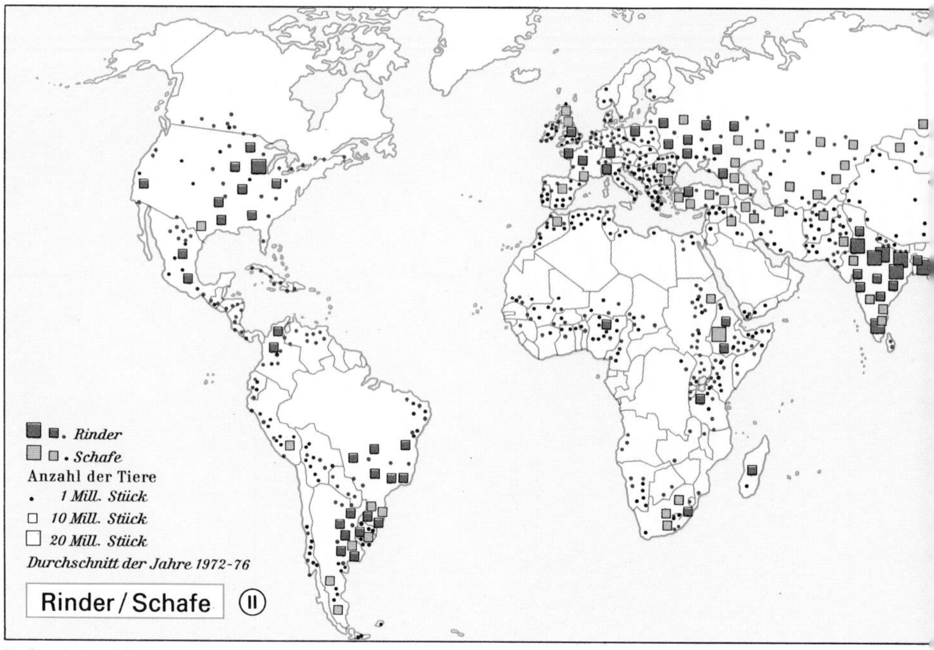

■ ▪	Rinder
◼ ▪	Schafe

Anzahl der Tiere

▪	1 Mill. Stück
□	10 Mill. Stück
□	20 Mill. Stück

Durchschnitt der Jahre 1972-76

Rinder / Schafe ⑪

Maßstab der Karten II und III
1 : 180 000 000

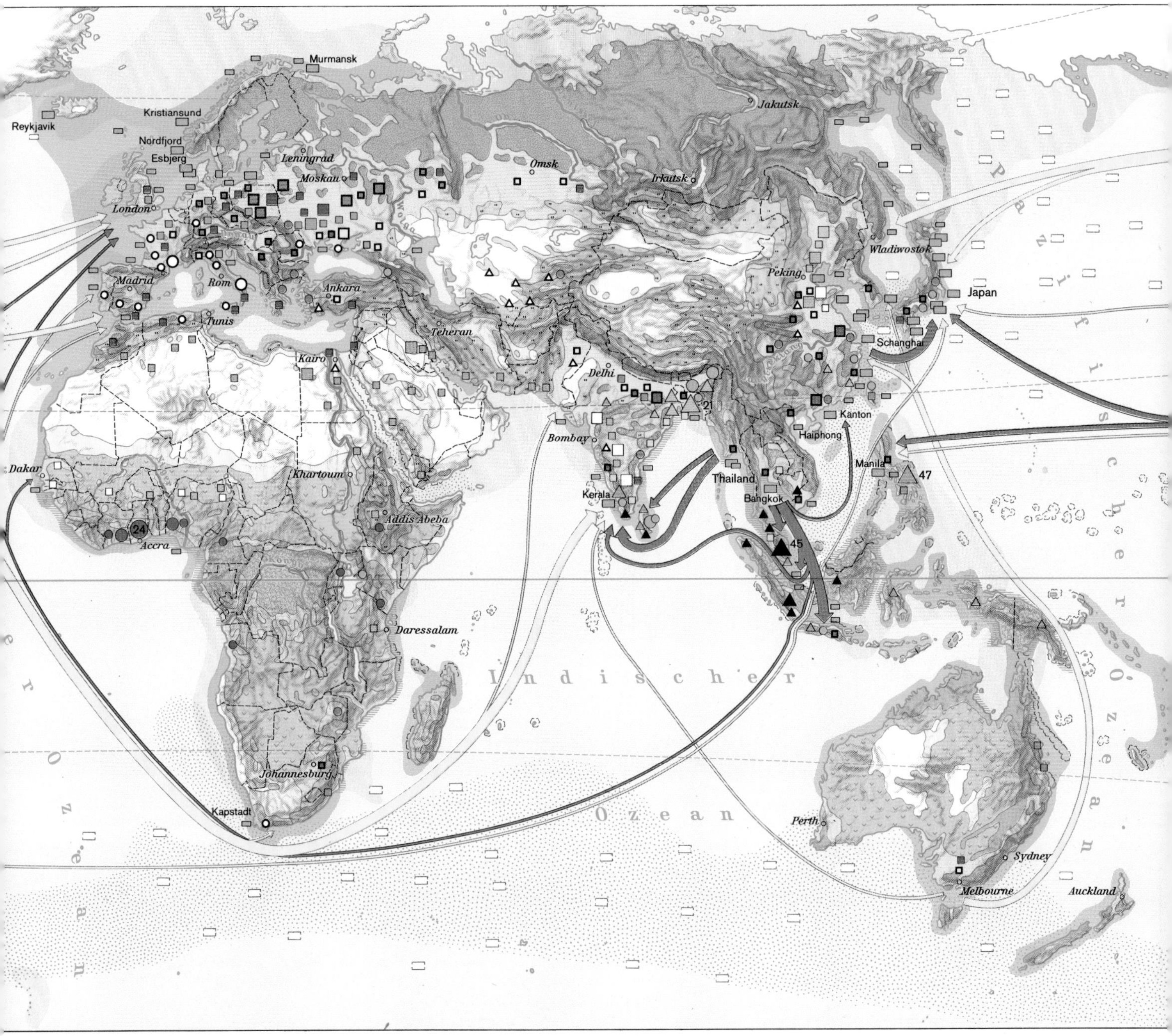

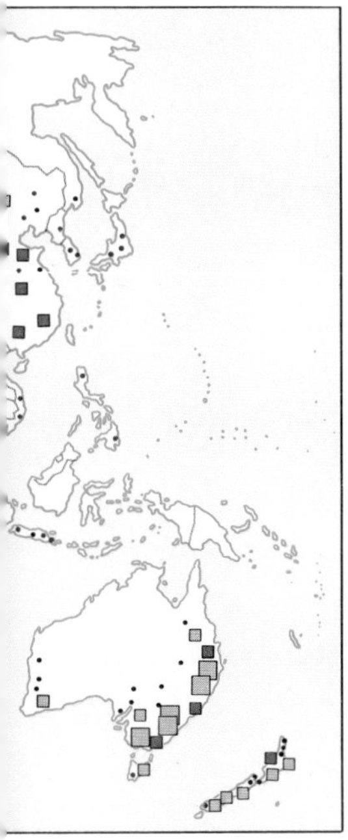

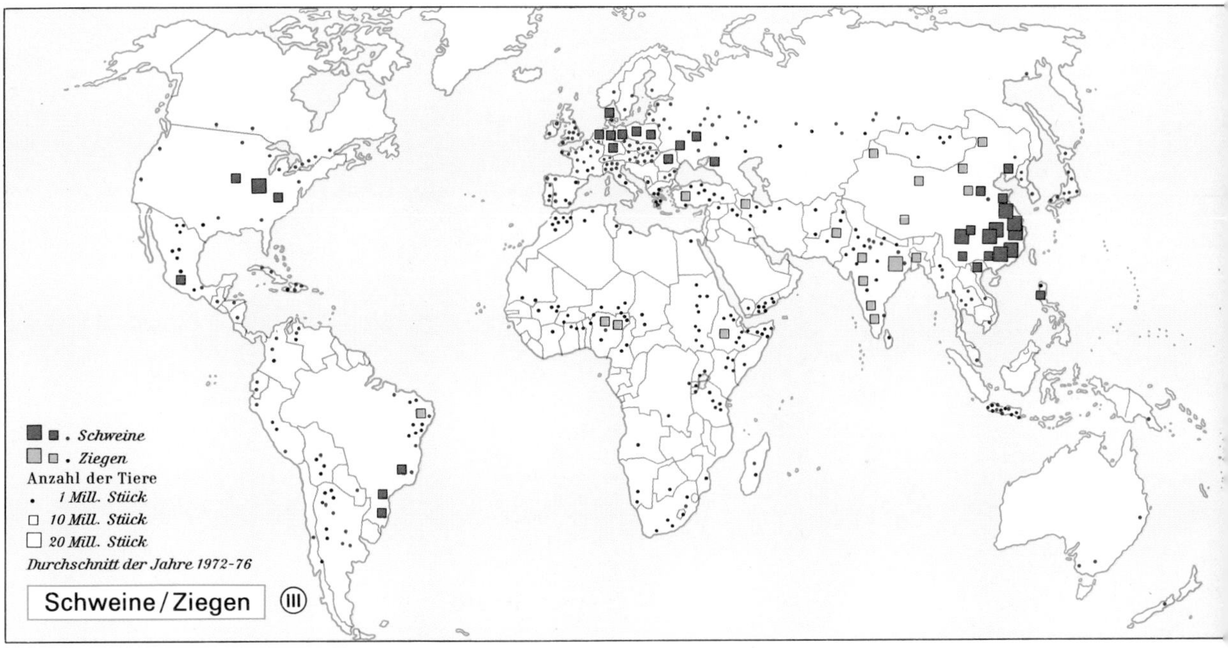

Schweine • Ziegen
Anzahl der Tiere
• 1 Mill. Stück
□ 10 Mill. Stück
□ 20 Mill. Stück
Durchschnitt der Jahre 1972-76

Schweine / Ziegen ⓘⓘⓘ

Tektonik ①

Geologie ②

Känozoikum
☐ Quartär
▢ Tertiär
Mesozoikum
▢ ungegliedert
▢ Kreide und Jura
▢ Trias
Paläozoikum
▢ ungegliedert
▢ Jungpaläozoikum
(Perm und Karbon)
▢ Mittelpaläozoikum
(Devon)
▢ Altpaläozoikum
(Silur, Ordovizium
und Kambrium)
▢ Präkambrium und
metamorphe Gesteine
▢ Tiefengesteine
▢ Ergußgesteine
☐ heutiges Inlandeis
...... äußerste Grenze der
Vereisung im Quartär

Maßstab der Karten I und II
1 : 120 000 000

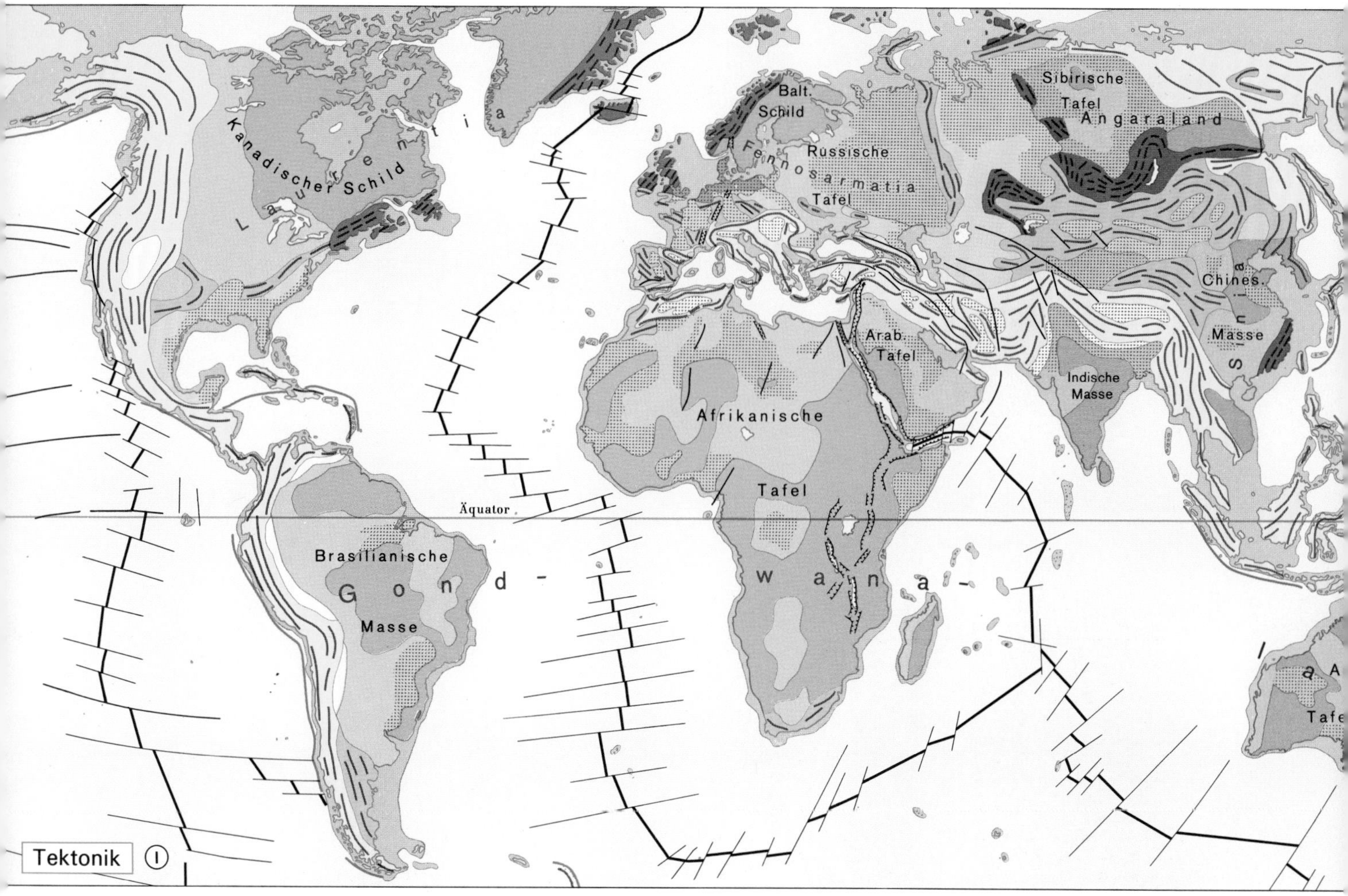

Kanadischer Schild
L a u r e n t i a
Balt.
Schild
Fennosarmatia
Russische
Tafel
Sibirische
Tafel
Angaraland
Arab.
Tafel
Afrikanische
Tafel
Chines.
Masse
Indische
Masse
Brasilianische
G o n d -
Masse
w a n a -
Äquator
Tafel

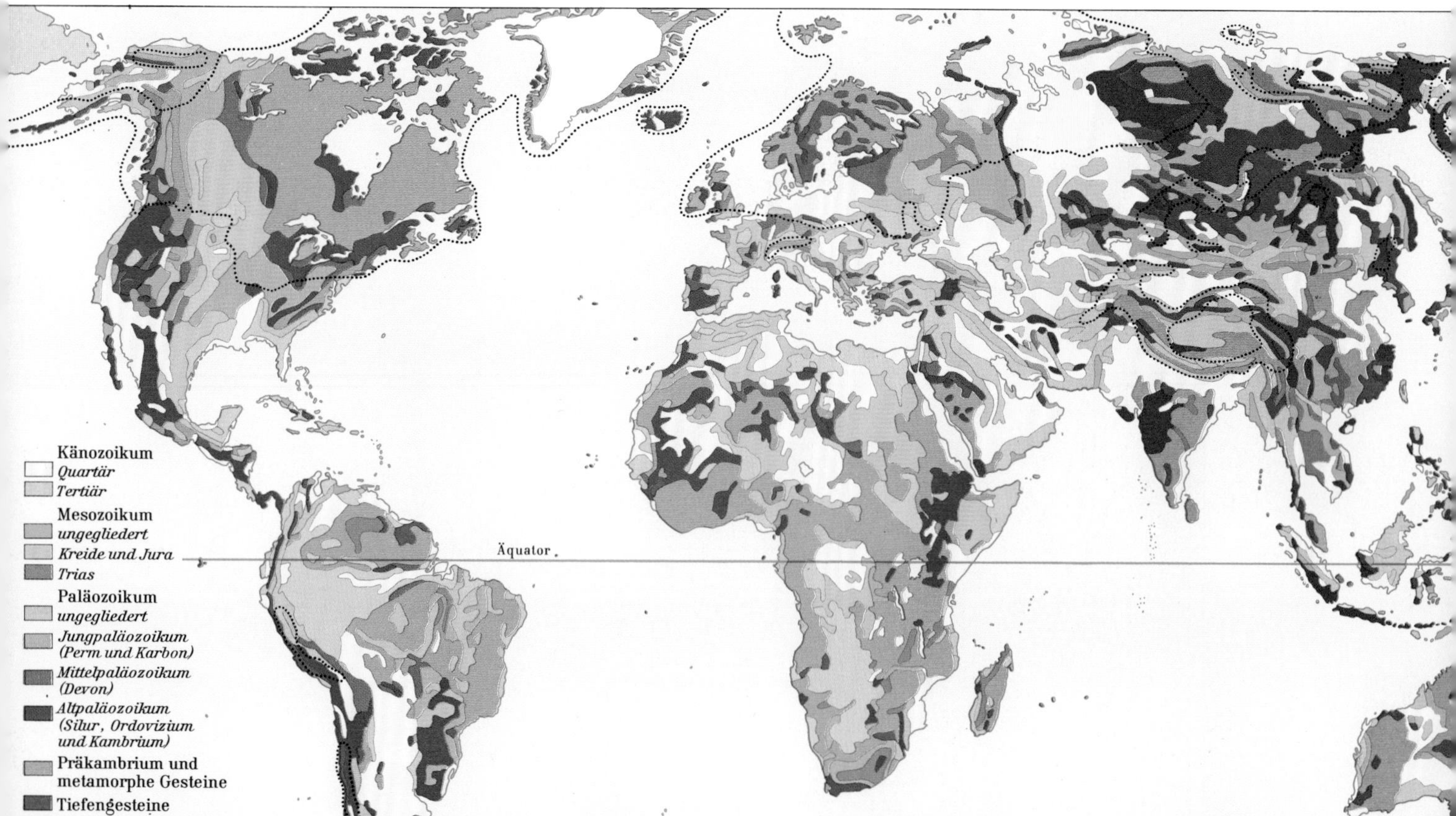

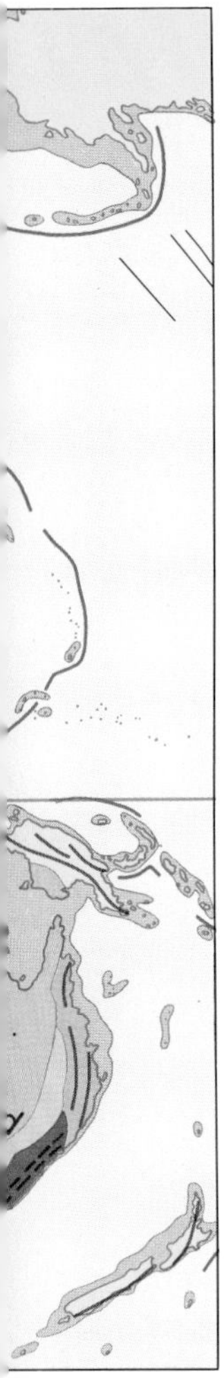

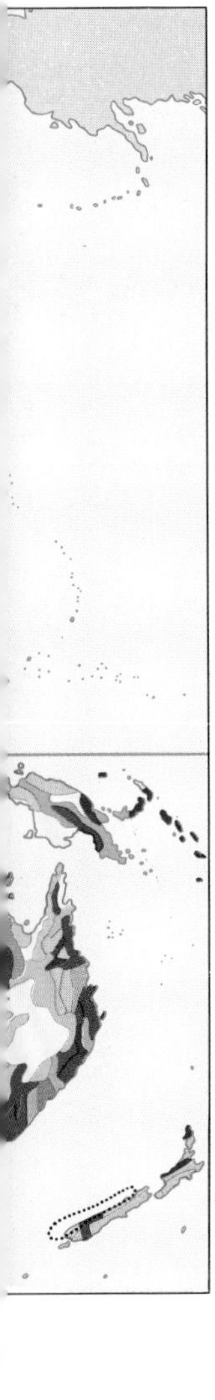

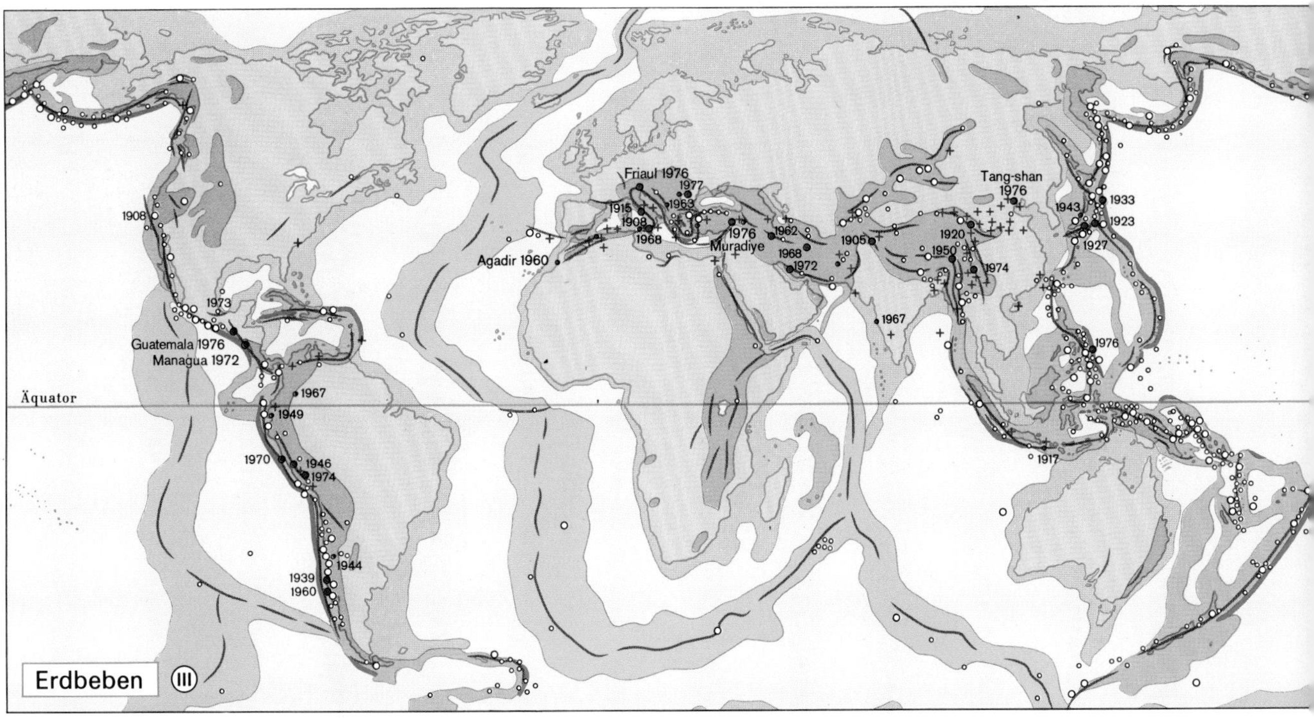

Erdbeben (III)

Darstellung der Erdzeitalter

nach D. White

Zeichenerklärung für Karte I

Känozoikum
- Faltengebirge (alpidisch)
- Tafelländer und Becken
- rein vulkanisches Festland

Jungpaläozoikum
- Faltengebirge (variskisch)
- Tafelländer und Becken

Altpaläozoikum
- Faltengebirge (kaledonisch)
- Tafelländer und Becken

Präkambrium
- Festlandsrümpfe (Kratone)
- Tafelländer und Becken

- besonders mächtige Sedimentdecken (z.T. vulkanische Decken)
- heutiges Schelfgebiet
- Grabenbruch
- wichtige Horizontal- bzw. Vertikalverschiebung
- Tiefseegraben
- Scheitelgräben der großen ozeanischen Rücken mit Querstörungen (Seafloor Spreading)

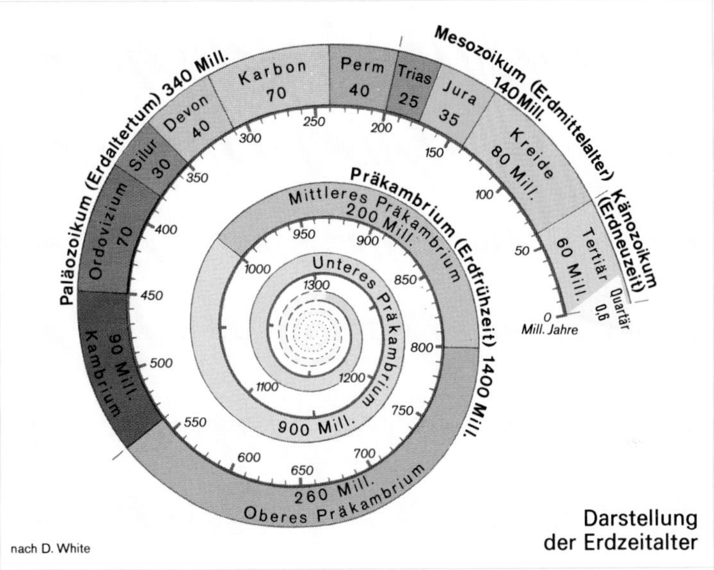

Zeichenerklärung für Karte III

Erdbebengefährdete Gebiete (mobile Zonen der Erdkruste)
- Faltengebirge und ostafrikanisches Grabensystem
- submarine (untermeerische) Küstenzone
- ozeanische Rücken- und Grabenzone
- Tiefseegraben

Durch Erdbeben nicht bzw. nur gering beeinflußte Gebiete (stabile Zonen der Erdkruste)
- Landoberfläche
- submarine Küstenzone
- ozeanische Becken

Epizentren von Erd- und Seebeben nach 1900 (Erdbebenherd in weniger als 60 km Tiefe)
- starke Beben (Magnitude 7,0 - 7,7)
- sehr starke Beben (Magnitude 7,8 - 8,5)
- Katastrophenbeben (über 1000 Tote) mit Jahresangabe
- Epizentren von Katastrophenbeben vor 1900
- seismische Linien

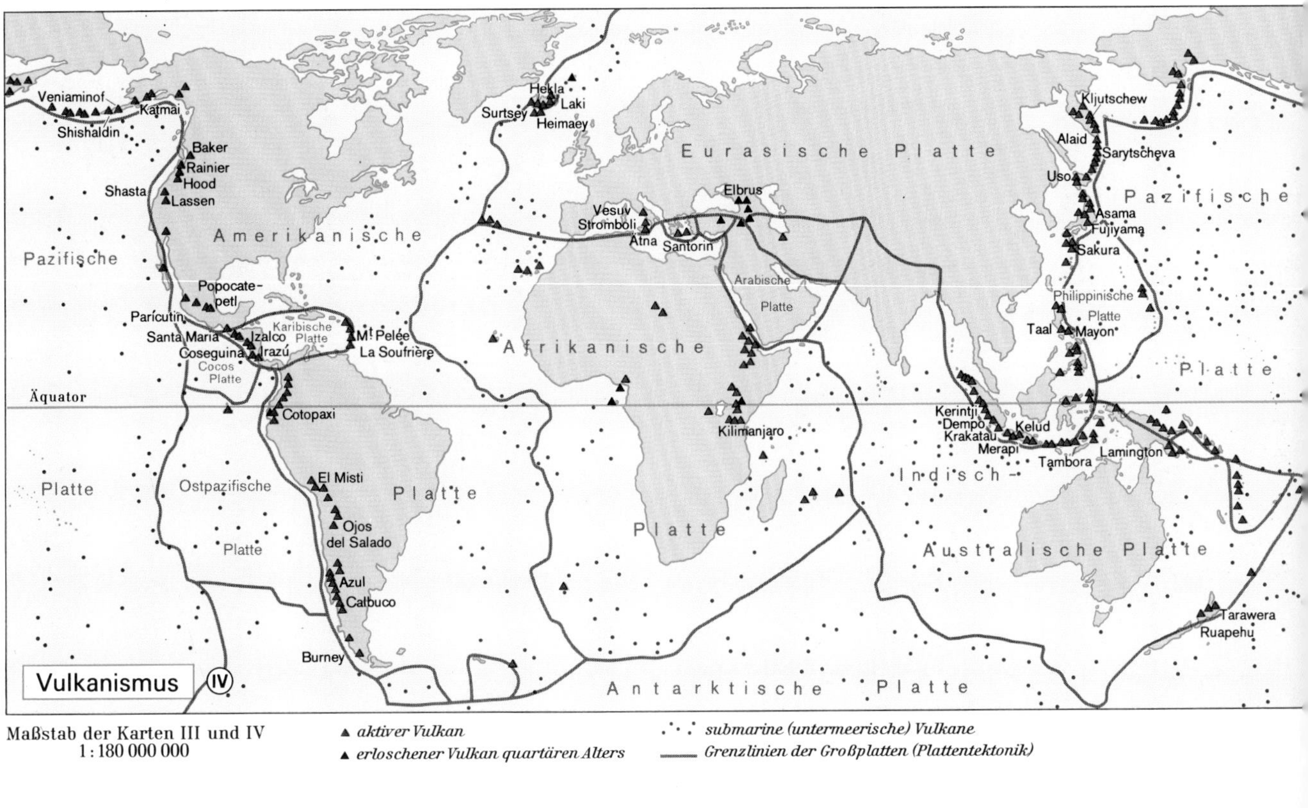

Vulkanismus (IV)

Maßstab der Karten III und IV
1 : 180 000 000

▲ aktiver Vulkan
▲ erloschener Vulkan quartären Alters
⋯ submarine (untermeerische) Vulkane
— Grenzlinien der Großplatten (Plattentektonik)

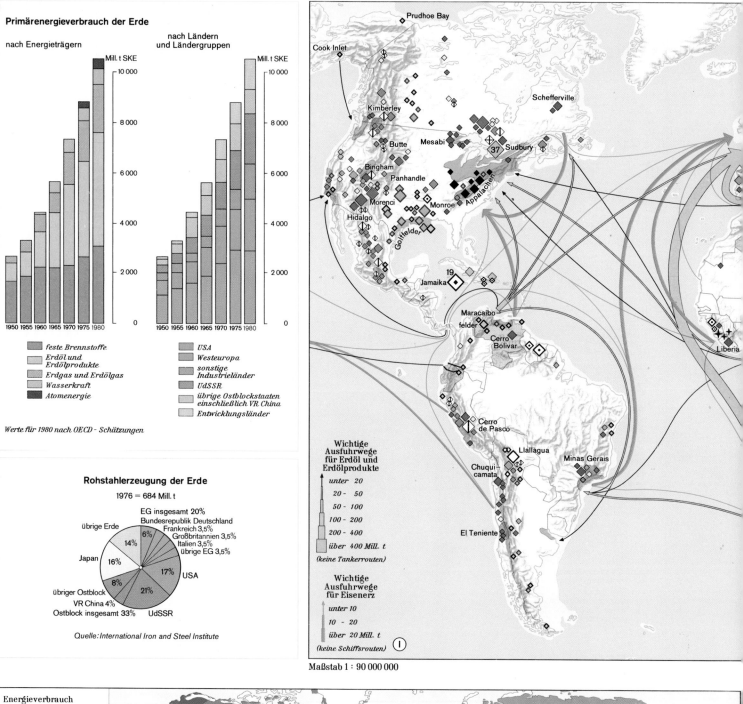

Primärenergieverbrauch der Erde

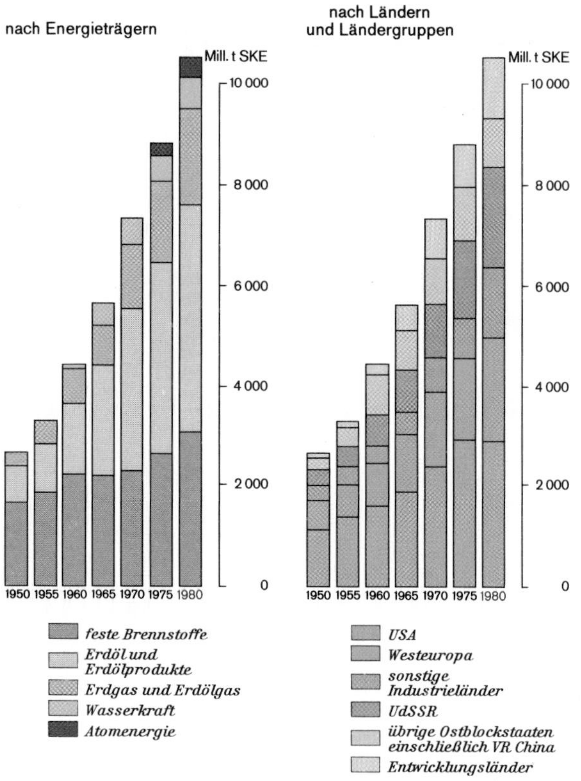

nach Energieträgern

Mill. t SKE

1950 1955 1960 1965 1970 1975 1980

nach Ländern und Ländergruppen

Mill. t SKE

1950 1955 1960 1965 1970 1975 1980

- feste Brennstoffe
- Erdöl und Erdölprodukte
- Erdgas und Erdölgas
- Wasserkraft
- Atomenergie

- USA
- Westeuropa
- sonstige Industrieländer
- UdSSR
- übrige Ostblockstaaten einschließlich VR China
- Entwicklungsländer

Werte für 1980 nach OECD - Schätzungen.

Rohstahlerzeugung der Erde

1976 = 684 Mill. t

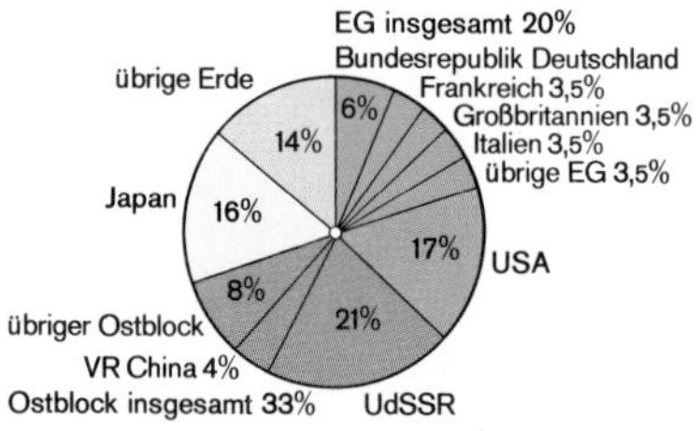

- übrige Erde 14%
- EG insgesamt 20%
  - Bundesrepublik Deutschland 6%
  - Frankreich 3,5%
  - Großbritannien 3,5%
  - Italien 3,5%
  - übrige EG 3,5%
- Japan 16%
- USA 17%
- übriger Ostblock 8%
- VR China 4%
- Ostblock insgesamt 33%
- UdSSR 21%

Quelle: International Iron and Steel Institute

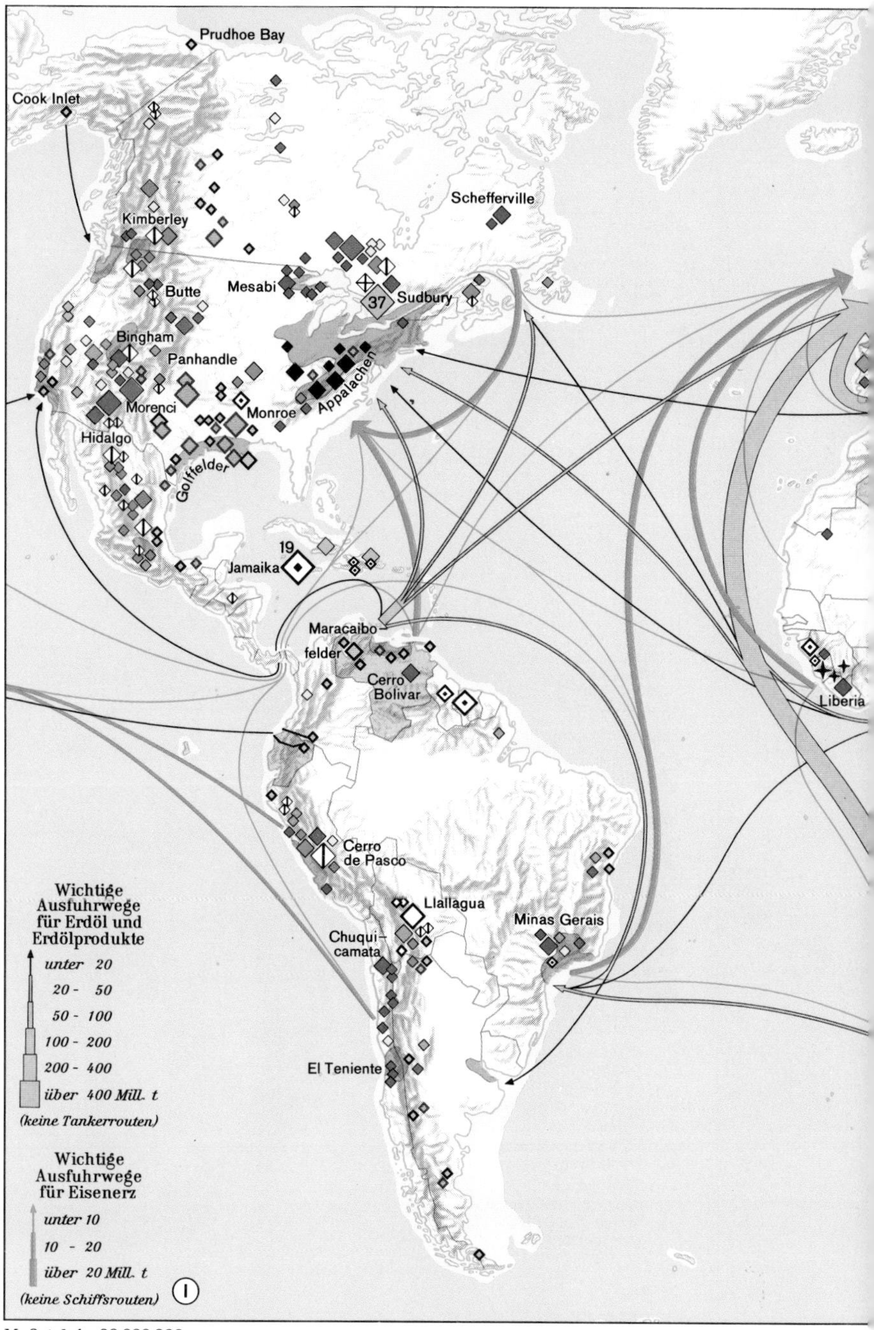

Wichtige Ausfuhrwege für Erdöl und Erdölprodukte

- unter 20
- 20 - 50
- 50 - 100
- 100 - 200
- 200 - 400
- über 400 Mill. t

(keine Tankerrouten)

Wichtige Ausfuhrwege für Eisenerz

- unter 10
- 10 - 20
- über 20 Mill. t

(keine Schiffsrouten) Ⓘ

Maßstab 1 : 90 000 000

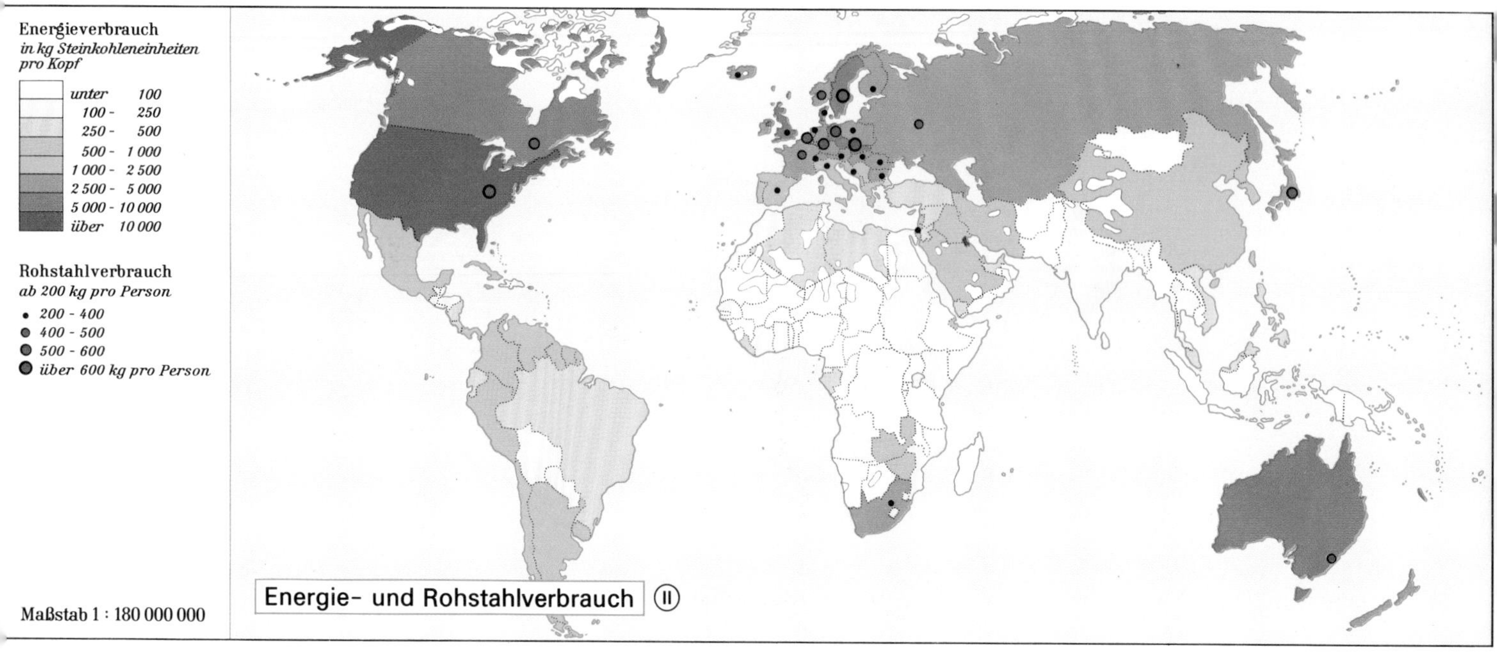

Energieverbrauch

in kg Steinkohleneinheiten pro Kopf

- unter 100
- 100 - 250
- 250 - 500
- 500 - 1 000
- 1 000 - 2 500
- 2 500 - 5 000
- 5 000 - 10 000
- über 10 000

Rohstahlverbrauch

ab 200 kg pro Person

- 200 - 400
- 400 - 500
- 500 - 600
- über 600 kg pro Person

Maßstab 1 : 180 000 000

Energie- und Rohstahlverbrauch Ⓘ

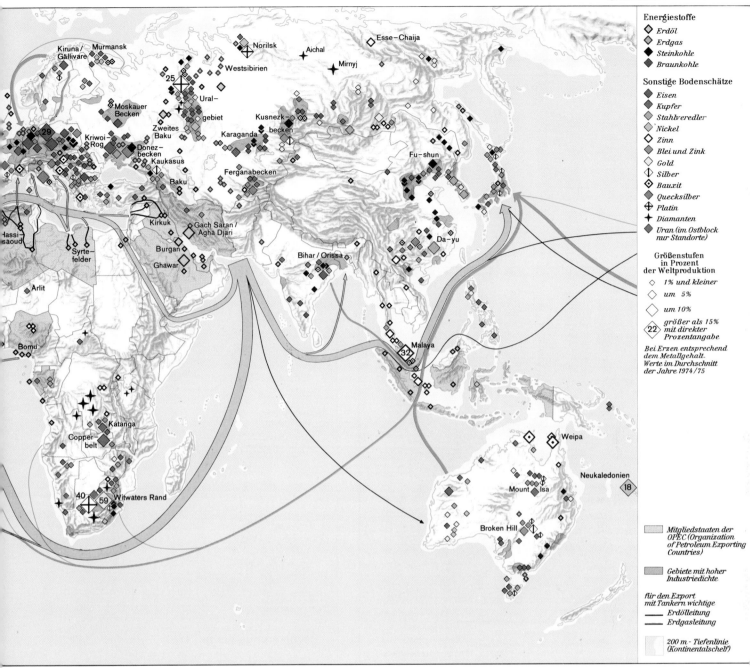

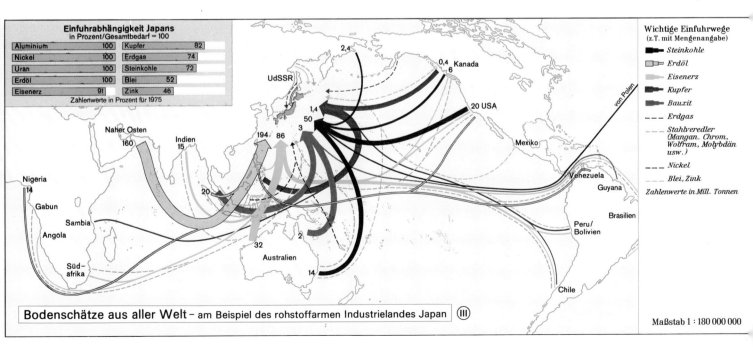

Bodenschätze aus aller Welt – am Beispiel des rohstoffarmen Industrielandes Japan (III)

Maßstab 1 : 180 000 000

Explosionsartiger Anstieg der Weltbevölkerung bis zum Jahre 2000

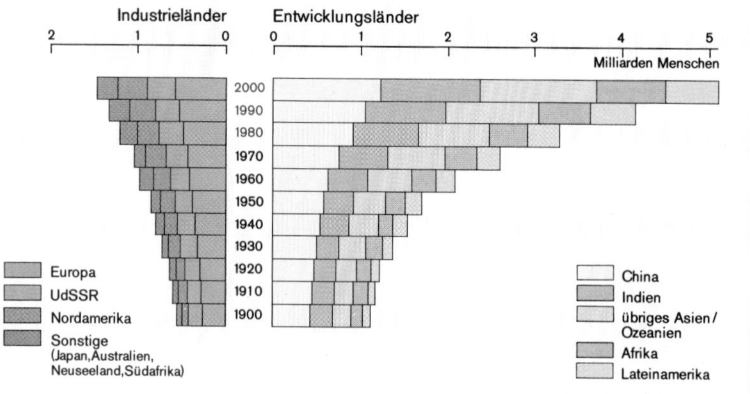

Industrieländer · Entwicklungsländer

Milliarden Menschen

2000 · 1990 · 1980 · 1970 · 1960 · 1950 · 1940 · 1930 · 1920 · 1910 · 1900

Europa
UdSSR
Nordamerika
Sonstige (Japan, Australien, Neuseeland, Südafrika)

China
Indien
übriges Asien/Ozeanien
Afrika
Lateinamerika

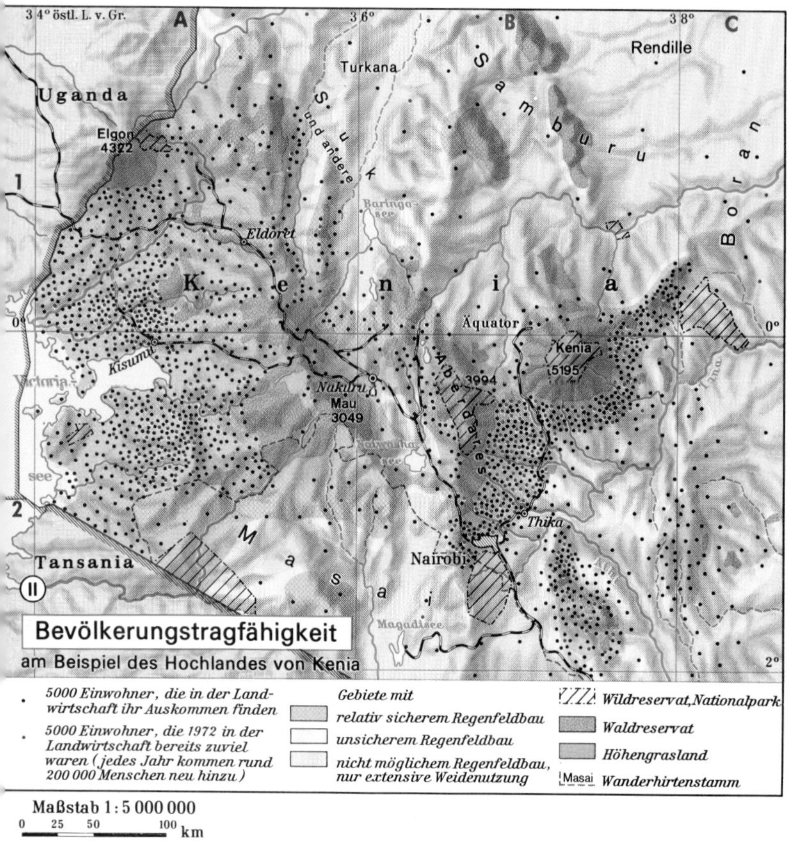

Bevölkerungstragfähigkeit
am Beispiel des Hochlandes von Kenia

- 5000 Einwohner, die in der Landwirtschaft ihr Auskommen finden
- 5000 Einwohner, die 1972 in der Landwirtschaft bereits zuviel waren (jedes Jahr kommen rund 200 000 Menschen neu hinzu)

Gebiete mit
relativ sicherem Regenfeldbau
unsicherem Regenfeldbau
nicht möglichem Regenfeldbau, nur extensive Weidenutzung

Wildreservat, Nationalpark
Waldreservat
Höhengrasland
Masai Wanderhirtenstamm

Maßstab 1 : 5 000 000
0 25 50 100 km

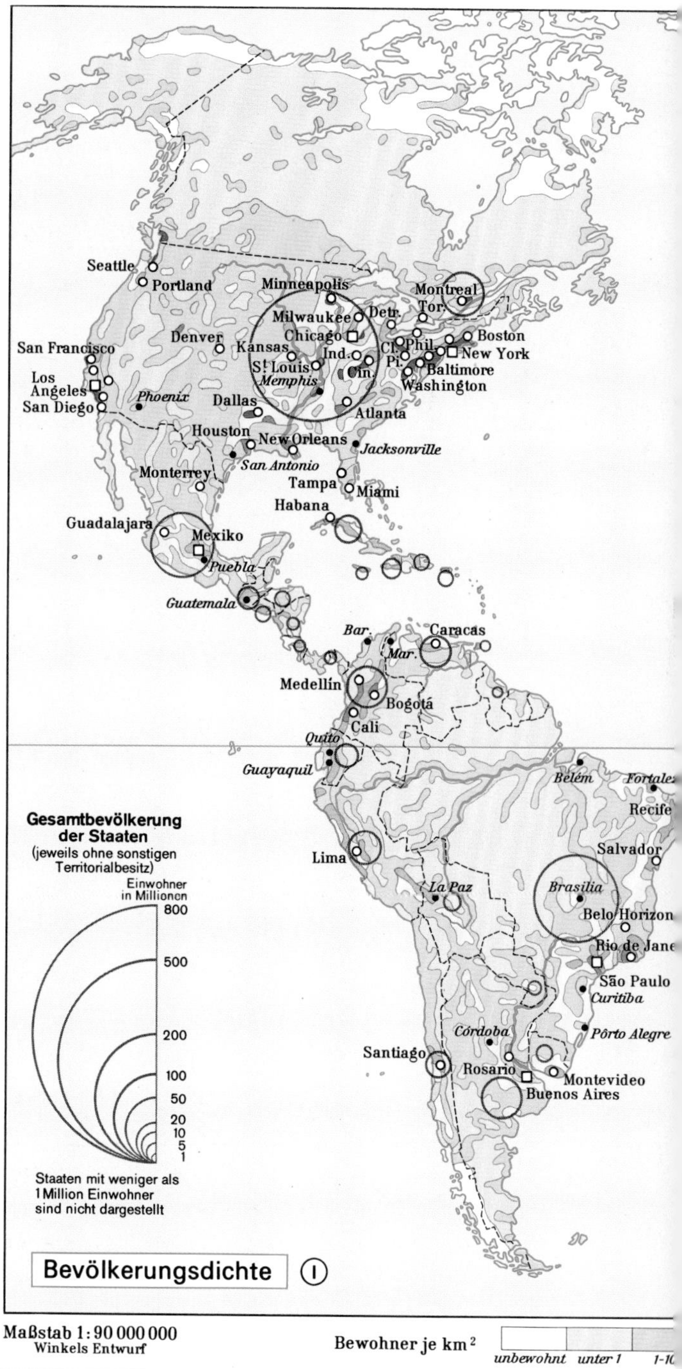

Bevölkerungsdichte ①

Gesamtbevölkerung der Staaten
(jeweils ohne sonstigen Territorialbesitz)
Einwohner in Millionen
800 · 500 · 200 · 100 · 50 · 20 · 10 · 5 · 1

Staaten mit weniger als 1 Million Einwohner sind nicht dargestellt

Maßstab 1 : 90 000 000
Winkels Entwurf

Bewohner je km²
unbewohnt · unter 1 · 1–10

Lebenserwartung/Ärztliche Versorgung

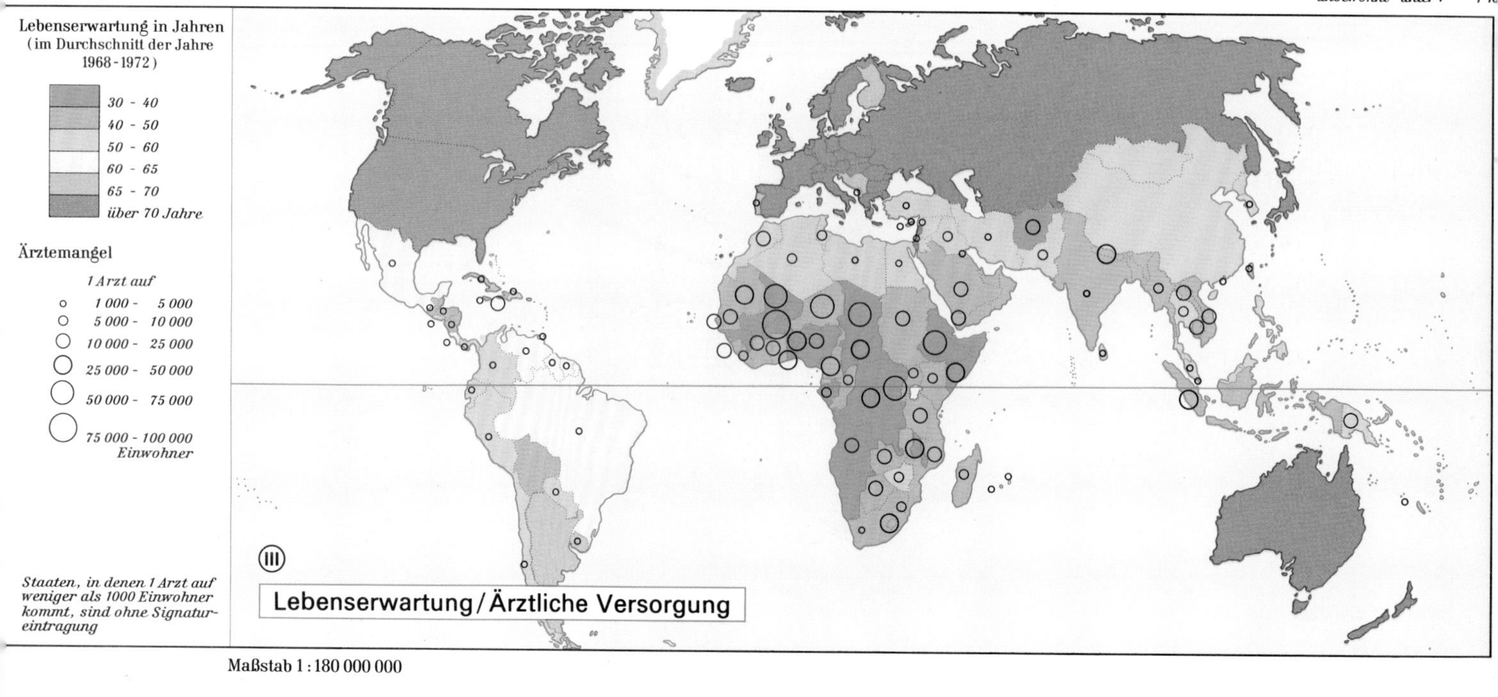

Lebenserwartung in Jahren
(im Durchschnitt der Jahre 1968–1972)
30 – 40
40 – 50
50 – 60
60 – 65
65 – 70
über 70 Jahre

Ärztemangel
1 Arzt auf
∘ 1 000 – 5 000
∘ 5 000 – 10 000
○ 10 000 – 25 000
○ 25 000 – 50 000
○ 50 000 – 75 000
○ 75 000 – 100 000 Einwohner

Staaten, in denen 1 Arzt auf weniger als 1000 Einwohner kommt, sind ohne Signatureintragung

Maßstab 1 : 180 000 000

Abkürzungen
A. = Amsterdam
Barc. = Barcelona
Bar. = Barranquilla
Belg. = Belgrad
Bir. = Birmingham
B. = Brüssel
Bu. = Budapest
Buk. = Bukarest
Cin. = Cincinnati
Cl. = Cleveland
D. = Dacca
Dam. = Damaskus
Detr. = Detroit
Dnj. = Dnjepropetrowsk
Do. = Donezk
Hal. = Haleb
H. = Hamburg
Ind. = Indianapolis
J. = Ji-nan
Kit. = Kitakyushu
K. = Kobe
M. = München
Mar. = Maracaibo
Mail. = Mailand
Md. = Madrid
Od. = Odessa
Phil. = Philadelphia
Pi. = Pittsburgh
P. = Prag
T. = Tientsin
Tor. = Toronto
Ts. = Tsingtau
W. = Wien
Z. = Zheng-zhou
Helsinki
Stockh.
Leningrad
Glasgow
Dublin
Kopenhagen
Berlin
Minsk
Warschau
Kiew
London
Paris
Rom
Neapel
Barc.
Lissabon
Casablanca
Algier
Tunis
Athen
Istanbul
Ankara
Beirut
Alexandria
Kairo
Tbilissi
Baku
Jerewan
Bagdad
Teheran
Isfahan
Gorkij
Moskau
Charkow
Kuibyschew
Wolgograd
Rostow
Kasan
Ufa
Perm
Swerdlowsk
Tscheljabinsk
Omsk
Nowosibirsk
Krasnojarsk
Nowokusnezk
Barnaul
Irkutsk
Karaganda
Alma-Ata
Urumchi
Taschkent
Lahore
Multan
Delhi
Karachi
Kanpur
Ahmadabad
Kalkutta
Bombay
Pune
Hyderabad
Bangalur
Madras
Colombo
Rangun
Bangkok
Kun-ming
Hanoi
Hong Kong
Kanton
Gui-yang
Chungking
Cheng-du
Lan-zhou
Xi-an
Wu-han
Nanking
Nan-chang
Schanghai
Tai-yuan
Peking
Shen-yang
Chang-chun
Harbin
Qi-qi-ha-er
Fu-shun
Lü-da
Seoul
Busan
Taipeh
Sapporo
Tokyo
Kyoto
Yokoh.
Nagoya
Osaka
Manila
Ho-Tschi-Minh-Stadt (Saigon)
Phnom Penh
Medan
Singapur
Palembang
Jakarta
Bandung
Surabaya
Ibadan
Lagos
Accra
Abidjan
Äquator
Addis Abeba
Nairobi
Kinshasa
Kananga
Antananarivo
Pretoria
Johannesbg.
Durban
Kapstadt
Perth
Adelaide
Melbourne
Sydney
Brisbane
Auckland
Anteile der Religionen an der Weltbevölkerung
Christen 29%
davon
17% Römisch-katholische
8% Evangelische (Protestanten)
4% Orthodoxe
Moslems 14%
Hindus 12%
Buddhisten 6%
Schintoisten 2%
Israeliten 0,4%
Sonstige 36,6%
25
25-50
50-100
100-200
über 200
Großstädte
(Stadt mit Vororten, Agglomeration)
• 500 000 - 1 000 000
○ 1 000 000 - 5 000 000 Einwohner
□ über 5 000 000 Einwohner

Salt Lake City
San Francisco
New York
New Orleans
Guadelupe
Mexiko
Caracas
Lima
Rio de Janeiro
Santiago
Buenos Aires
Uppsala
York
Canterbury
Wittenberg
Lourdes
Sarajevo
Fatima
Rom
Athos
Istanbul
Moskau
Kasan
Fès
Jerusalem
Kairo
Mekka
Djidda
Qum
Taschkent
Delhi
Varanasi
Lhasa
Bombay
Pagan
Bangkok
Angkor
Ulan Bator
Peking
Schanghai
Tokyo
Nara
Dakar
Addis Abeba
Kapstadt
Perth
Sydney
Christentum
römisch - katholisch
evangelisch
orthodox
armenisch
koptisch
Mormonen
Moslems (Mohammedaner)
Sunniten
Schiiten
Wahabiten
Israeliten
Buddhismus
nördlicher und südlicher Buddhismus
Lamaismus
Konfuzianismus
Hinduismus
Schintoismus
Naturreligionen
In kommunistischen Staaten zeigt die Karte die historische Verbreitung der Konfessionen
IV

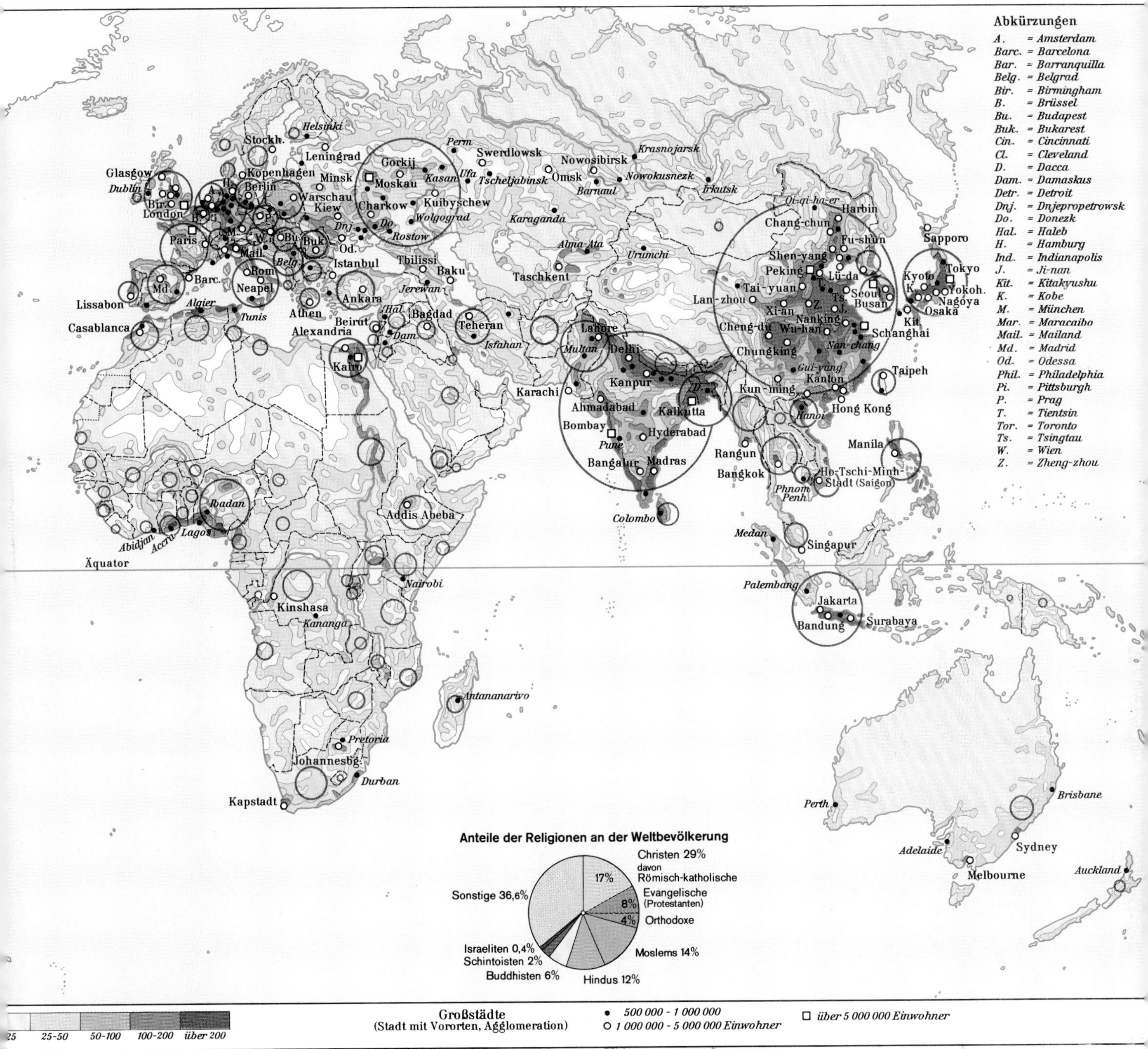

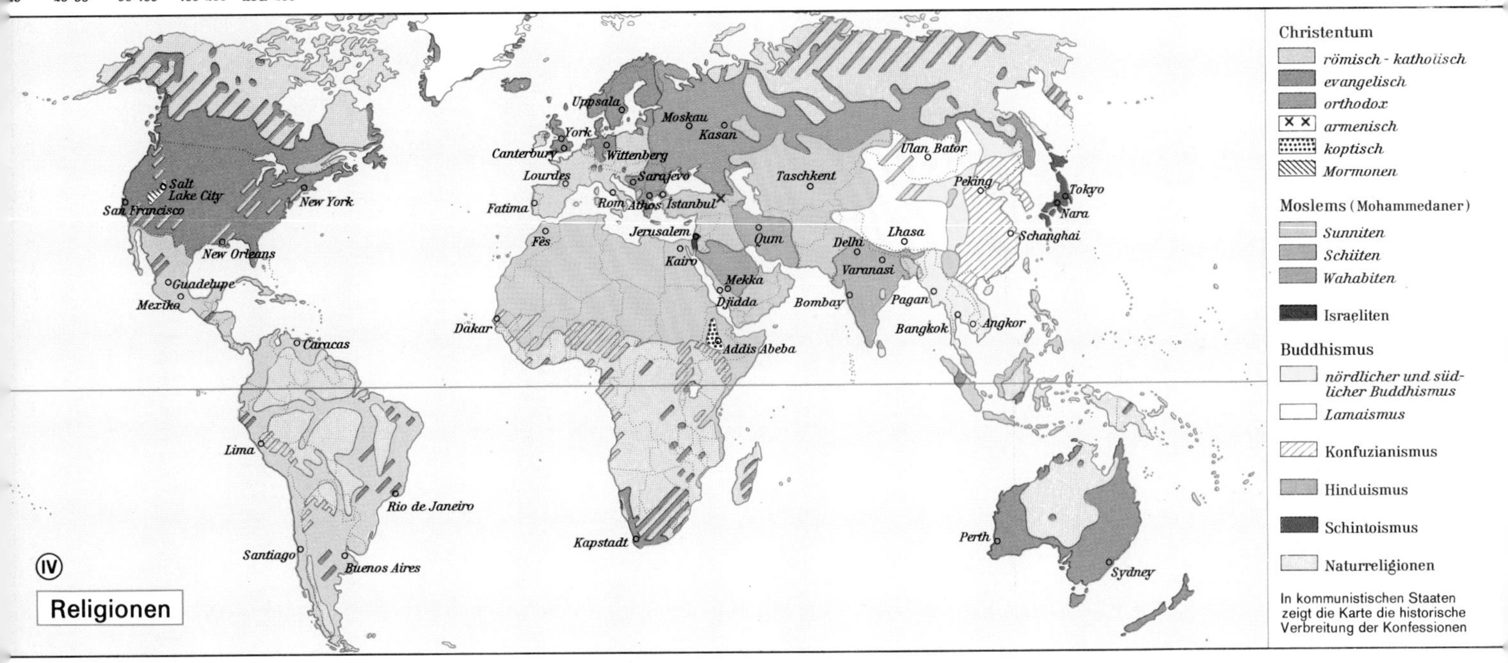

Religionen

Maßstab 1 : 180 000 000

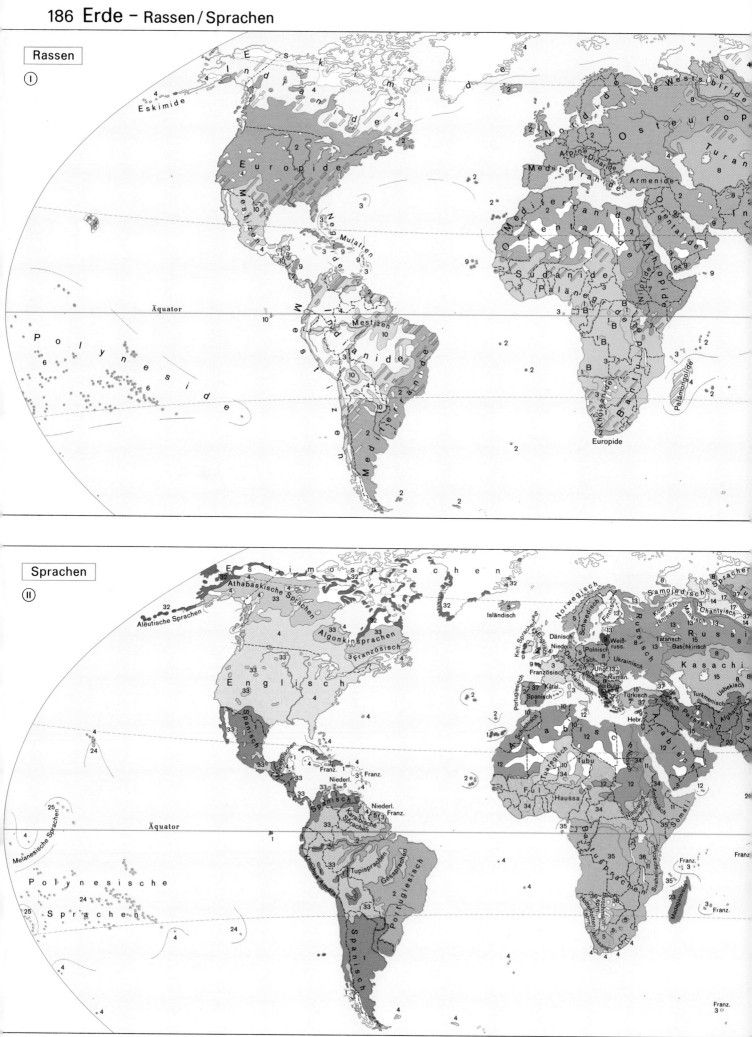

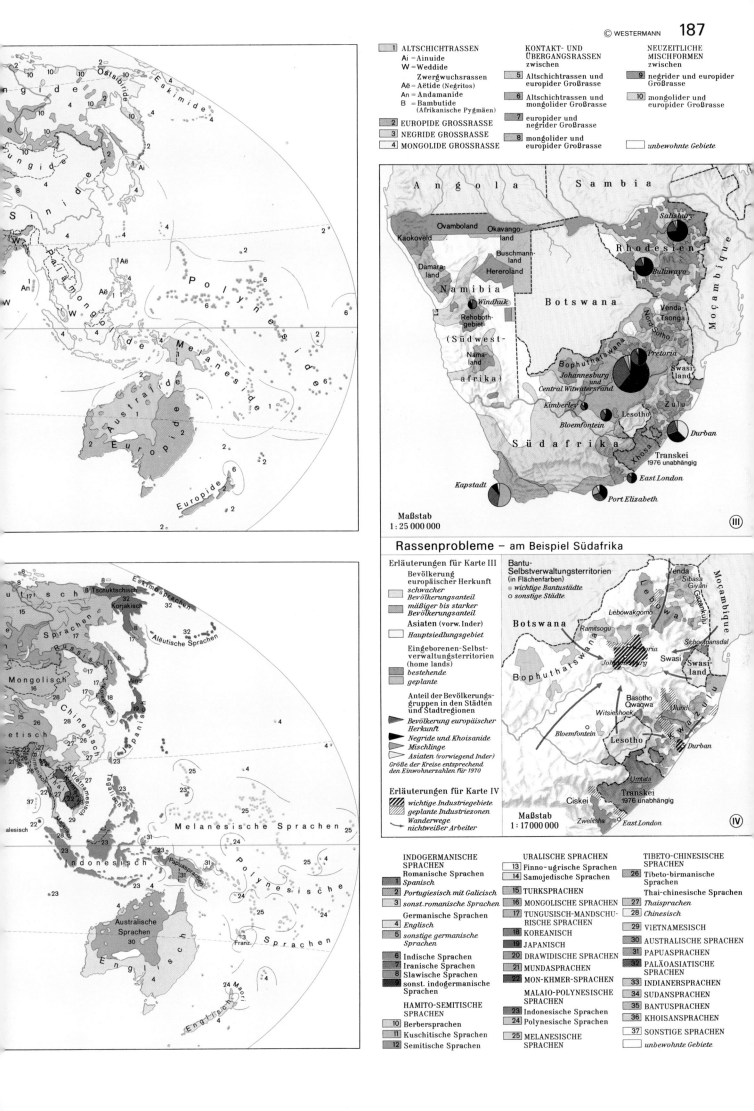

1 ALTSCHICHTRASSEN
Ai = Ainuide
W = Weddide
   Zwergwuchsrassen
Aë = Aëtide (Negritos)
An = Andamanide
B = Bambutide
   (Afrikanische Pygmäen)
2 EUROPIDE GROSSRASSE
3 NEGRIDE GROSSRASSE
4 MONGOLIDE GROSSRASSE

KONTAKT- UND ÜBERGANGSRASSEN
zwischen
5 Altschichtrassen und europider Großrasse
6 Altschichtrassen und mongolider Großrasse
7 europider und negrider Großrasse
8 mongolider und europider Großrasse

NEUZEITLICHE MISCHFORMEN
zwischen
9 negrider und europider Großrasse
10 mongolider und europider Großrasse
☐ unbewohnte Gebiete

Karte III

Maßstab 1:25 000 000 (III)

Rassenprobleme – am Beispiel Südafrika

Erläuterungen für Karte III
Bevölkerung europäischer Herkunft
- schwacher Bevölkerungsanteil
- mäßiger bis starker Bevölkerungsanteil

Asiaten (vorw. Inder)
- Hauptsiedlungsgebiet

Eingeborenen-Selbstverwaltungsterritorien (home lands)
- bestehende
- geplante

Anteil der Bevölkerungsgruppen in den Städten und Stadtregionen
- Bevölkerung europäischer Herkunft
- Negride und Khoisanide
- Mischlinge
- Asiaten (vorwiegend Inder)
Größe der Kreise entsprechend den Einwohnerzahlen für 1970

Erläuterungen für Karte IV
- wichtige Industriegebiete
- geplante Industriezonen
- Wanderwege nichtweißer Arbeiter

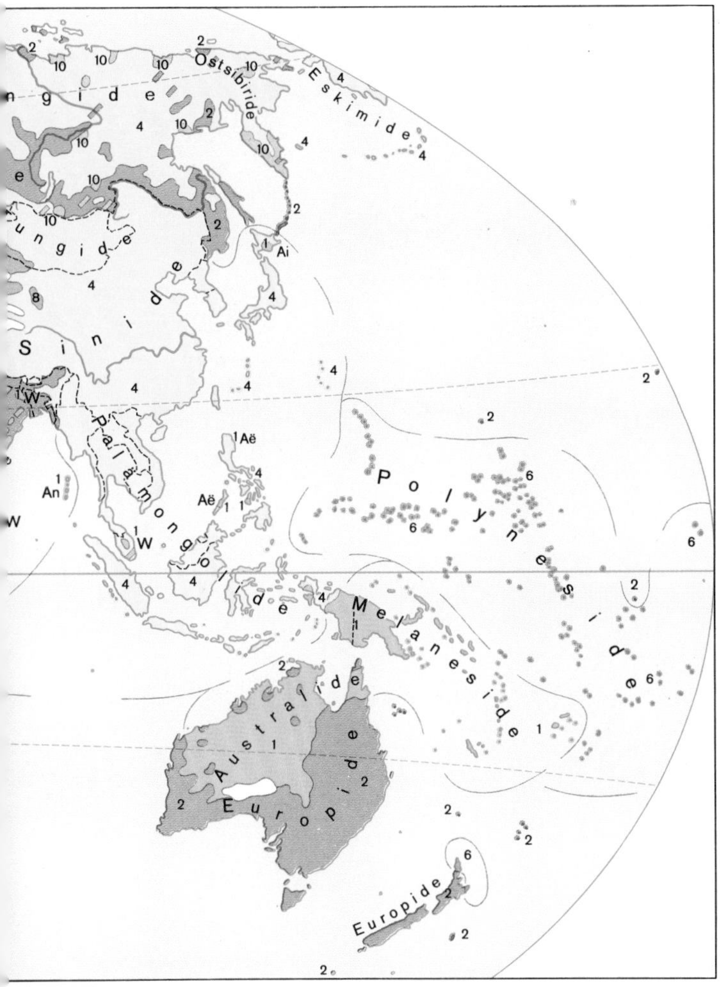

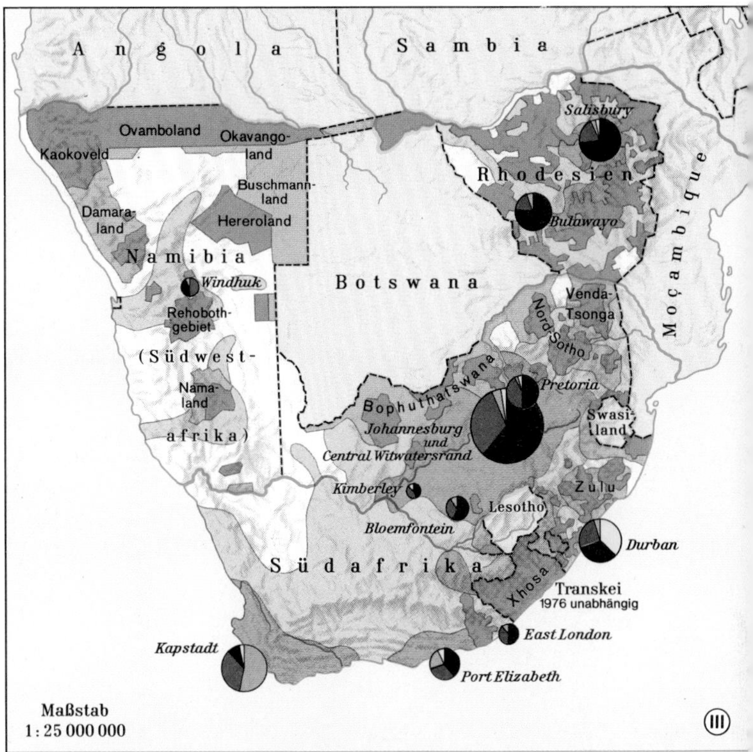

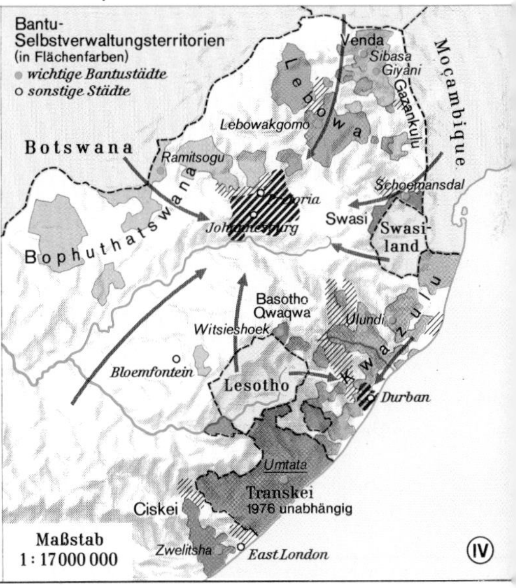

Bantu-Selbstverwaltungsterritorien (in Flächenfarben)
● wichtige Bantustädte
○ sonstige Städte

Maßstab 1:17 000 000 (IV)

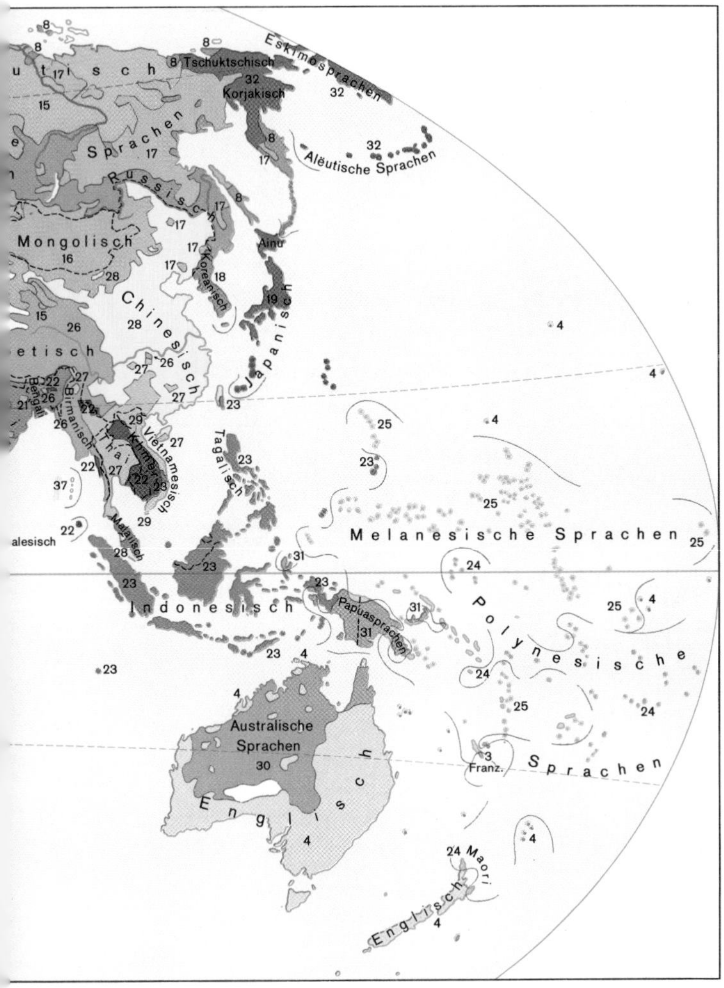

Sprachen (untere Karte)

INDOGERMANISCHE SPRACHEN
Romanische Sprachen
1 Spanisch
2 Portugiesisch mit Galicisch
3 sonst. romanische Sprachen
Germanische Sprachen
4 Englisch
5 sonstige germanische Sprachen
6 Indische Sprachen
7 Iranische Sprachen
8 Slawische Sprachen
9 sonst. indogermanische Sprachen
HAMITO-SEMITISCHE SPRACHEN
10 Berbersprachen
11 Kuschitische Sprachen
12 Semitische Sprachen

URALISCHE SPRACHEN
13 Finno-ugrische Sprachen
14 Samojedische Sprachen
15 TURKSPRACHEN
16 MONGOLISCHE SPRACHEN
17 TUNGUSISCH-MANDSCHU-RISCHE SPRACHEN
18 KOREANISCH
19 JAPANISCH
20 DRAWIDISCHE SPRACHEN
21 MUNDASPRACHEN
22 MON-KHMER-SPRACHEN
MALAIO-POLYNESISCHE SPRACHEN
23 Indonesische Sprachen
24 Polynesische Sprachen
25 MELANESISCHE SPRACHEN

TIBETO-CHINESISCHE SPRACHEN
26 Tibeto-birmanische Sprachen
Thai-chinesische Sprachen
27 Thaisprachen
28 Chinesisch
29 VIETNAMESISCH
30 AUSTRALISCHE SPRACHEN
31 PAPUASPRACHEN
32 PALÄOASIATISCHE SPRACHEN
33 INDIANERSPRACHEN
34 SUDANSPRACHEN
35 BANTUSPRACHEN
36 KHOISANSPRACHEN
37 SONSTIGE SPRACHEN
☐ unbewohnte Gebiete

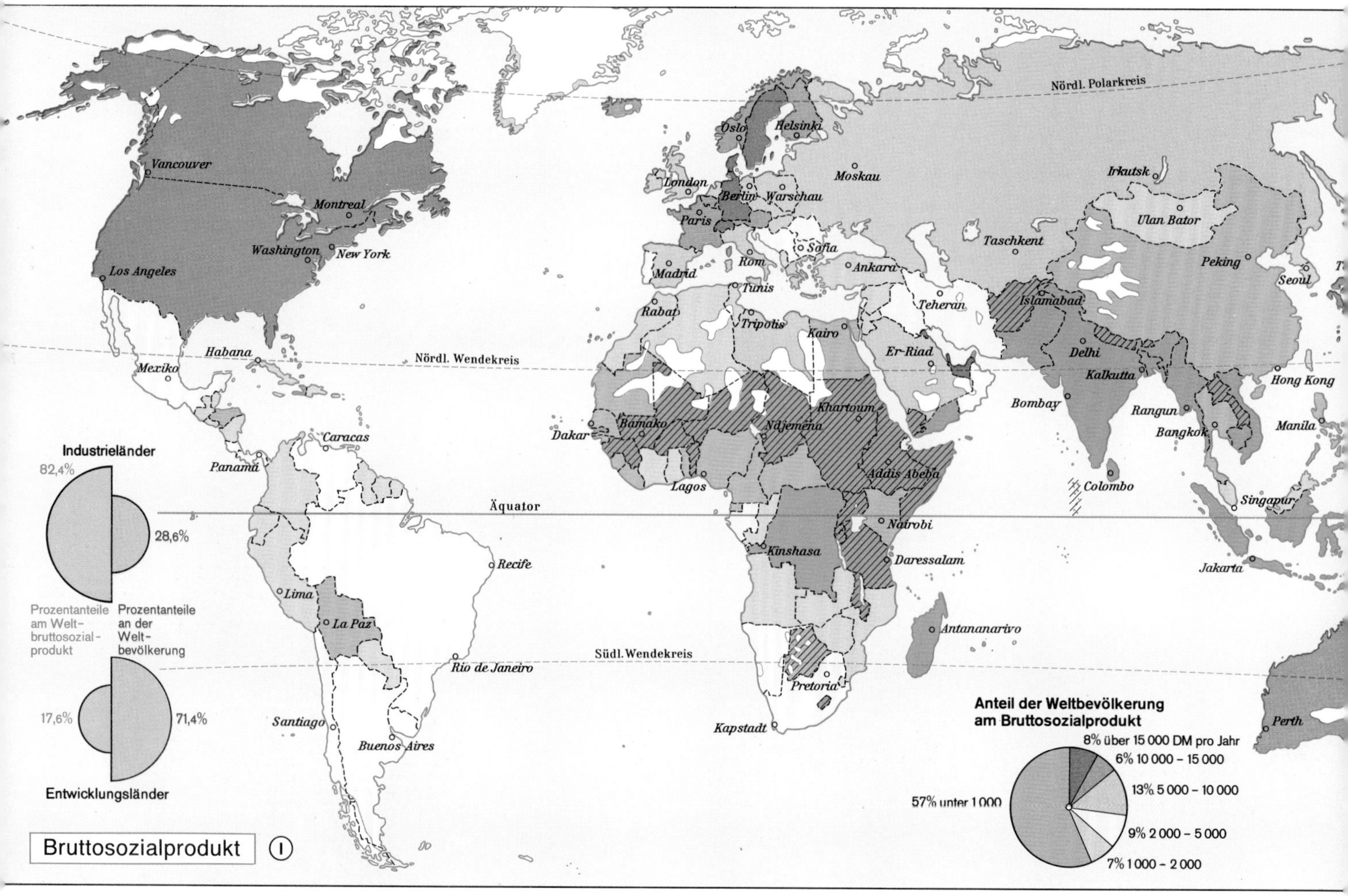

Industrieländer

82,4%

28,6%

Prozentanteile am Weltbruttosozialprodukt

Prozentanteile an der Weltbevölkerung

17,6%

71,4%

Entwicklungsländer

Bruttosozialprodukt ①

Anteil der Weltbevölkerung am Bruttosozialprodukt

8% über 15 000 DM pro Jahr

6% 10 000 – 15 000

13% 5 000 – 10 000

9% 2 000 – 5 000

7% 1 000 – 2 000

57% unter 1 000

Weltbevölkerung
(1975 = 4,0 Mrd.)
davon
rund 300 Millionen
am Rande des absoluten
Existenzminimums

rund 500 Millionen
ständig unterernährt

rund 900 Millionen
leiden unter Eiweißmangel

Ernährung / Bevölkerungswachstum ②

Geburten- und Sterberaten ausgewählter Länder

Sterberate   Bevölkerungswachstum
Geburtenrate

BR Deutschland
USA
UdSSR
VR China
Indien
Bangla Desh

60 50 40 30 20 10 0 10 20 30 40

Personen auf 1000 Einw./Jahr

Maßstab der Karten I und II
1 : 120 000 000

Jährliches Bevölkerungswachstum
(im Durchschnitt der Jahre 1970-1975)

3-4   2-3   1-2   0-1

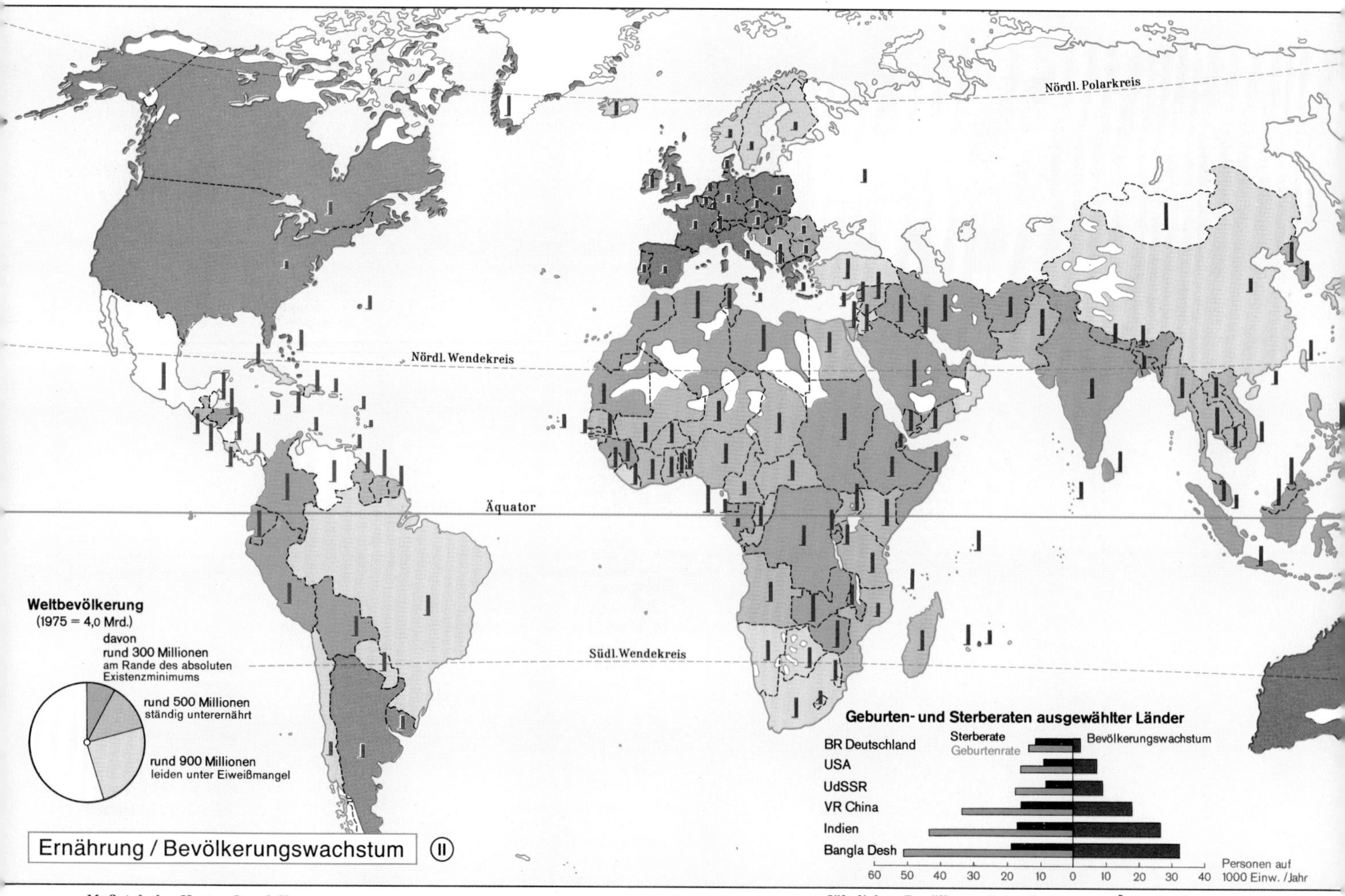

Bruttosozialprodukt pro Kopf der Bevölkerung

über 15 000
10 000 - 15 000
5 000 - 10 000
2 000 - 5 000
1 000 - 2 000
500 - 1 000
unter 500 DM
Werte für 1974

ärmste Länder der Erde (nach Festlegung der Welthandelskonferenz)

unbewohnte Gebiete

Bruttosozialprodukt und Bevölkerung (III)

Anteil in Prozent (Welt = 100)
1,3 am Bruttosozialprodukt
0,4 an der Bevölkerung

Kanada 2,6 / 0,6
Westeuropa 26,6
USA 26,7 / 5,4
Mittel- und Südamerika 5,5 / 8,0
Osteuropa 8,8 / 5,1 / 2,8
UdSSR 11,0 / 6,5
Japan 8,1 / 2,8
VR China 21,2 / 4,6
Naher Osten 4,9 / 3,9
Afrika 2,5 / 10,0
übriges Asien 3,9 / 29,6
Australien und Neuseeland 1,5 / 0,4

Maßstab der Karten III - V
1 : 180 000 000

Weltbruttosozialprodukt ca. 13,7 Bill. DM (1974)
Weltbevölkerung ca. 3,9 Mrd. Menschen

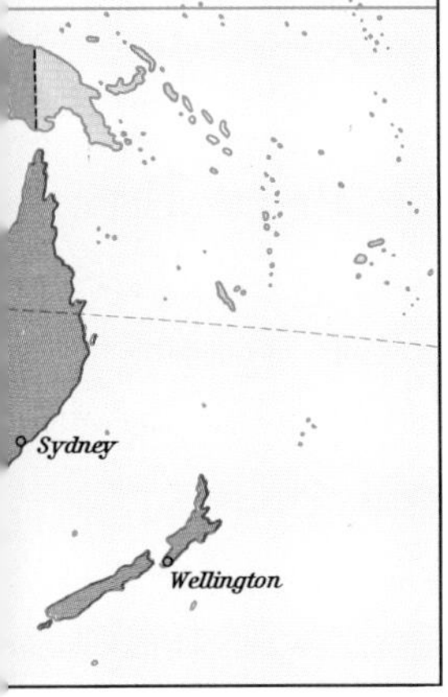

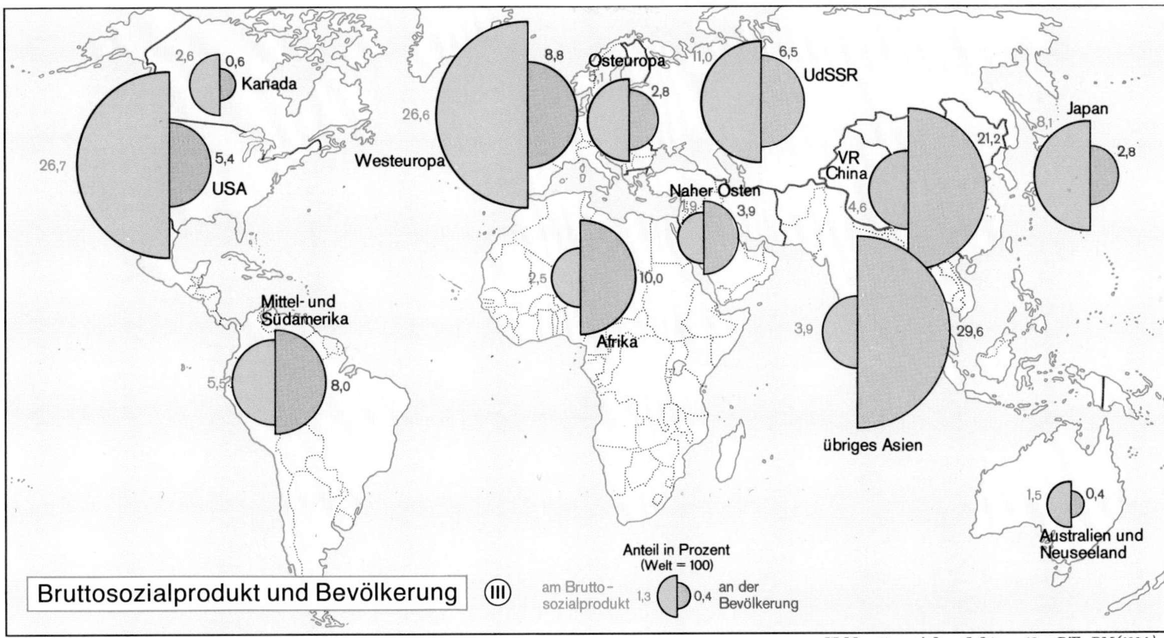

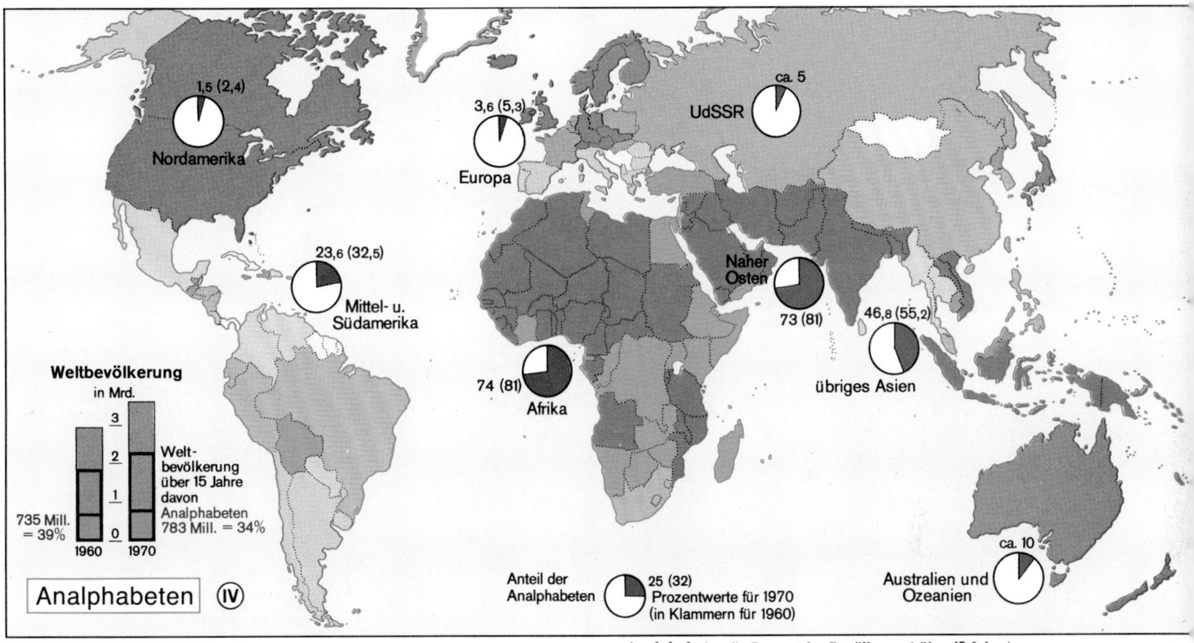

Ernährung

quantitative und qualitative Überernährung (Kalorien- und Fettüberernährung)

quantitative Überernährung (Kalorienüberernährung)

qualitative Überernährung (Fettüberernährung)

Normalernährung

leichte qualitative Unterernährung (Fett- oder Tierproteinunterernährung

schwere qualitative Unterernährung (Fett- und Tierproteinunterernährung

quantitative und qualitative Unterernährung

unbewohnte Gebiete

Analphabeten (IV)

Nordamerika 1,5 (2,4)
Europa 3,6 (5,3)
UdSSR ca. 5
Mittel- u. Südamerika 23,6 (32,5)
Naher Osten 73 (81)
Afrika 74 (81)
übriges Asien 46,8 (55,2)
Australien und Ozeanien ca. 10

Weltbevölkerung
in Mrd.
3
2
1
0
735 Mill. = 39% — 1960
1970 — Weltbevölkerung über 15 Jahre davon Analphabeten 783 Mill. = 34%

Anteil der Analphabeten 25 (32) Prozentwerte für 1970 (in Klammern für 1960)

Analphabeten (in Prozent der Bevölkerung über 15 Jahre)
unter 3 | 3 - 10 | 10 - 20 | 20 - 30 | 30 - 40 | 40 - 60 | 60 - 80 | über 80

Entwicklungshilfe nach Geberländern (1975)

Sozialistische Staaten 1,8%
OPEC-Länder 12,3%
sonst. westl. Industrieländer 23,2%
Japan 7,4%
Frankreich 8,8%
BR Deutschland 11,0%
USA 35,5%

Entwicklungshilfe (V)

Entwicklungshilfe pro Jahr und Kopf der Bevölkerung (im Mittel der Jahre 1970-1975)

Geberländer: unter 10 | 10 - 50 | 50 - 100 | über 100 DM

Nehmerländer: unter 10 | 10 - 20 | 20 - 50 | über 50 DM

Länder, die Entwicklungshilfe von RGW-Staaten und von der VR China erhalten

Sydney
Wellington

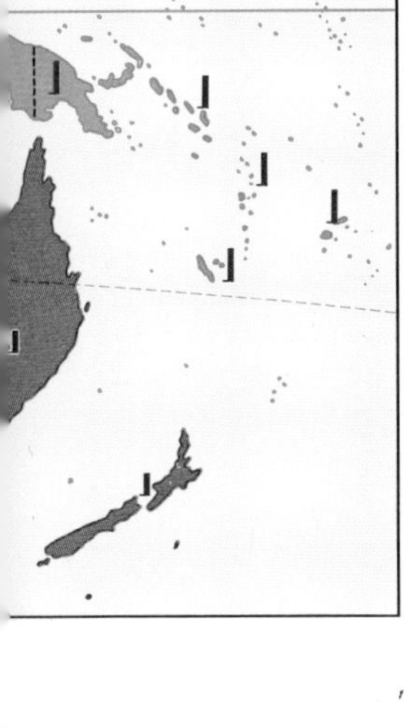

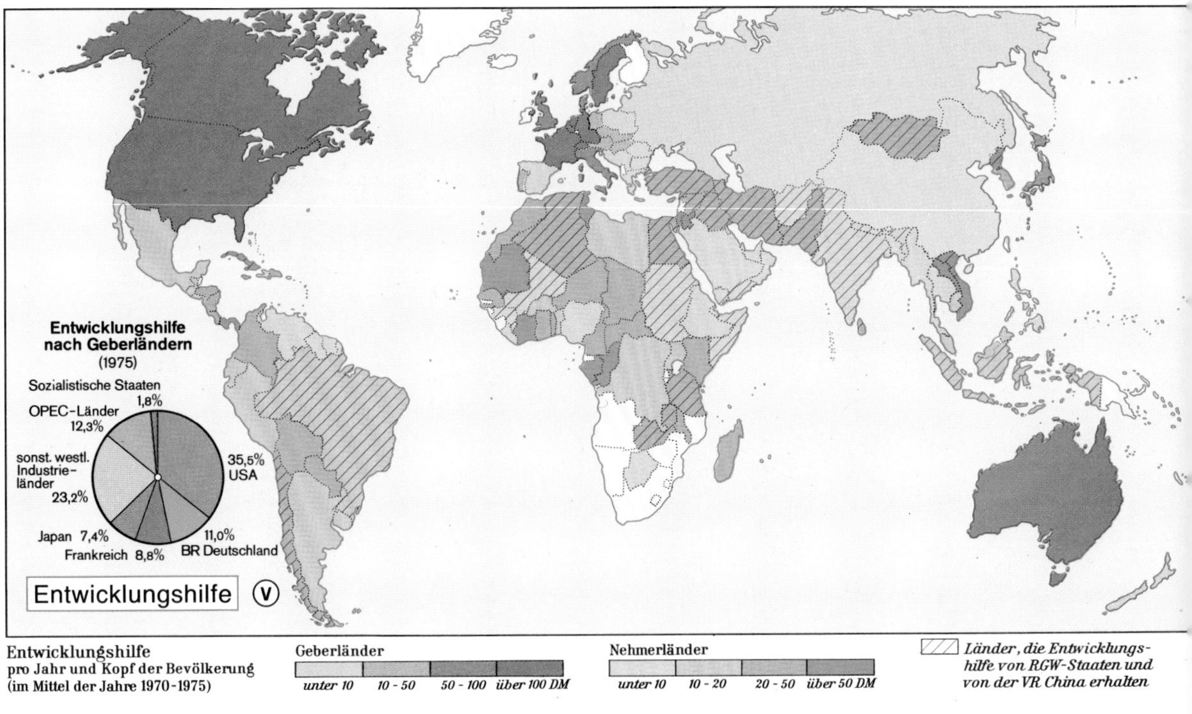

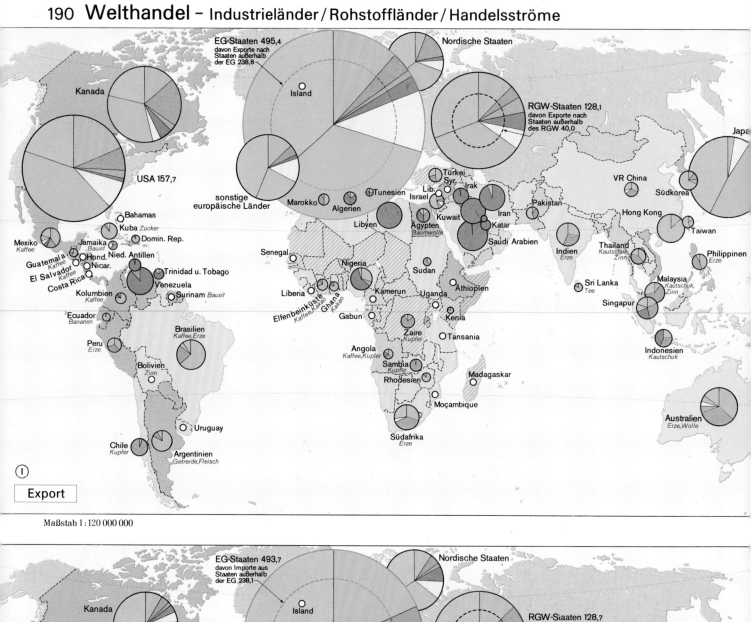

Export

Maßstab 1:120 000 000

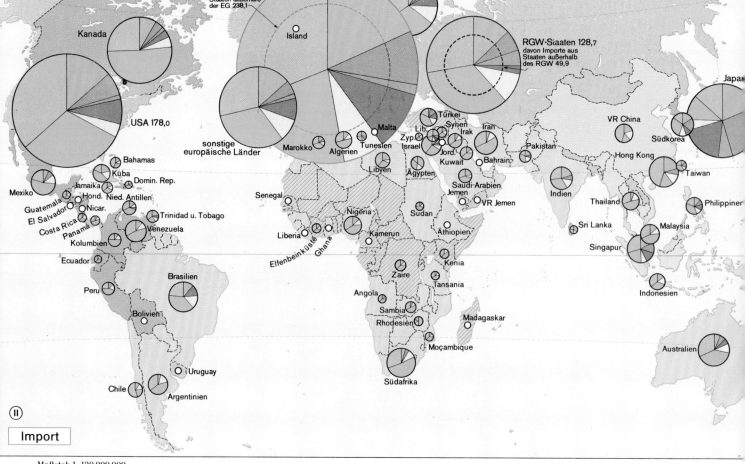

Import

Maßstab 1:120 000 000

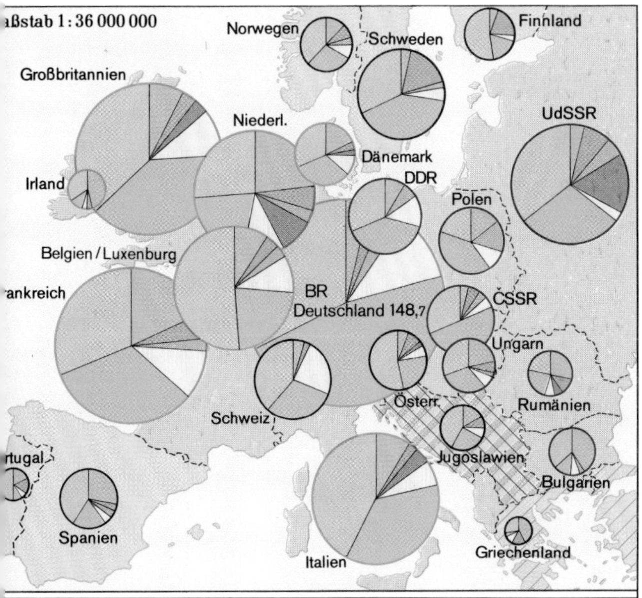

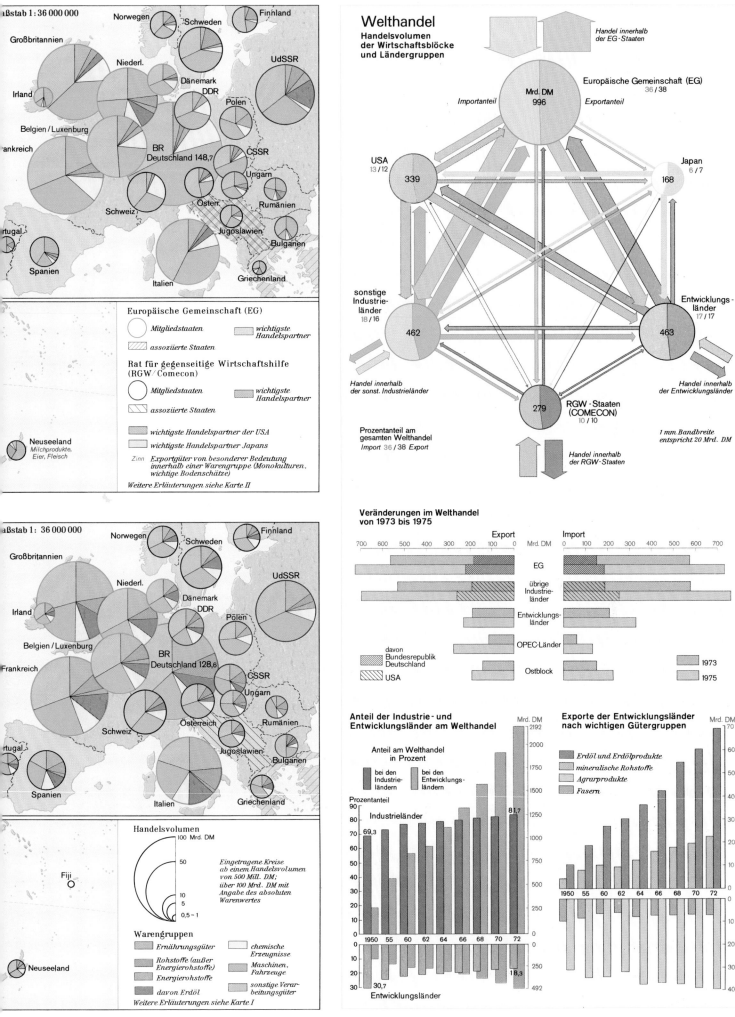

aßstab 1 : 36 000 000

Norwegen · Schweden · Finnland
Großbritannien · Niederl. · UdSSR
Irland · Dänemark · DDR · Polen
Belgien / Luxemburg · BR Deutschland 148,7 · CSSR · Ungarn
 rankreich · Österr. · Rumänien
Schweiz · Jugoslawien · Bulgarien
rtugal · Spanien · Italien · Griechenland

Europäische Gemeinschaft (EG)
○ Mitgliedstaaten — wichtigste Handelspartner
▨ assoziierte Staaten

Rat für gegenseitige Wirtschaftshilfe (RGW / Comecon)
○ Mitgliedstaaten — wichtigste Handelspartner
▨ assoziierte Staaten

— wichtigste Handelspartner der USA
— wichtigste Handelspartner Japans

Neuseeland
Milchprodukte, Eier, Fleisch

Zinn — *Exportgüter von besonderer Bedeutung innerhalb einer Warengruppe (Monokulturen, wichtige Bodenschätze)*

Weitere Erläuterungen siehe Karte II

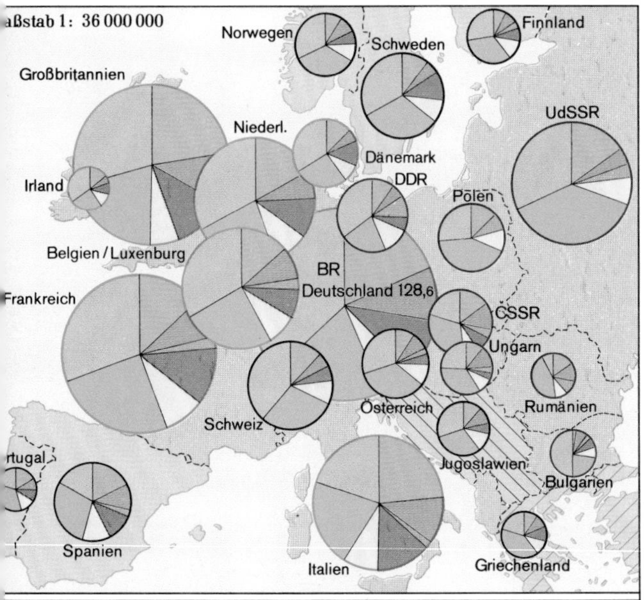

aßstab 1 : 36 000 000

Norwegen · Schweden · Finnland
Großbritannien · Niederl. · UdSSR
Irland · Dänemark · DDR · Polen
Belgien / Luxemburg · BR Deutschland 128,6 · CSSR · Ungarn
Frankreich · Österreich · Rumänien
Schweiz · Jugoslawien · Bulgarien
rtugal · Spanien · Italien · Griechenland

Fiji

Handelsvolumen
100 Mrd. DM / 50 / 10 / 5 / 0,5 – 1

Eingetragene Kreise ab einem Handelsvolumen von 500 Mill. DM; über 100 Mrd. DM mit Angabe des absoluten Warenwertes

Neuseeland

Warengruppen
▨ Ernährungsgüter — □ chemische Erzeugnisse
▨ Rohstoffe (außer Energierohstoffe) — ▨ Maschinen, Fahrzeuge
▨ Energierohstoffe — ▨ sonstige Verarbeitungsgüter
▨ davon Erdöl

Weitere Erläuterungen siehe Karte I

Welthandel
Handelsvolumen der Wirtschaftsblöcke und Ländergruppen

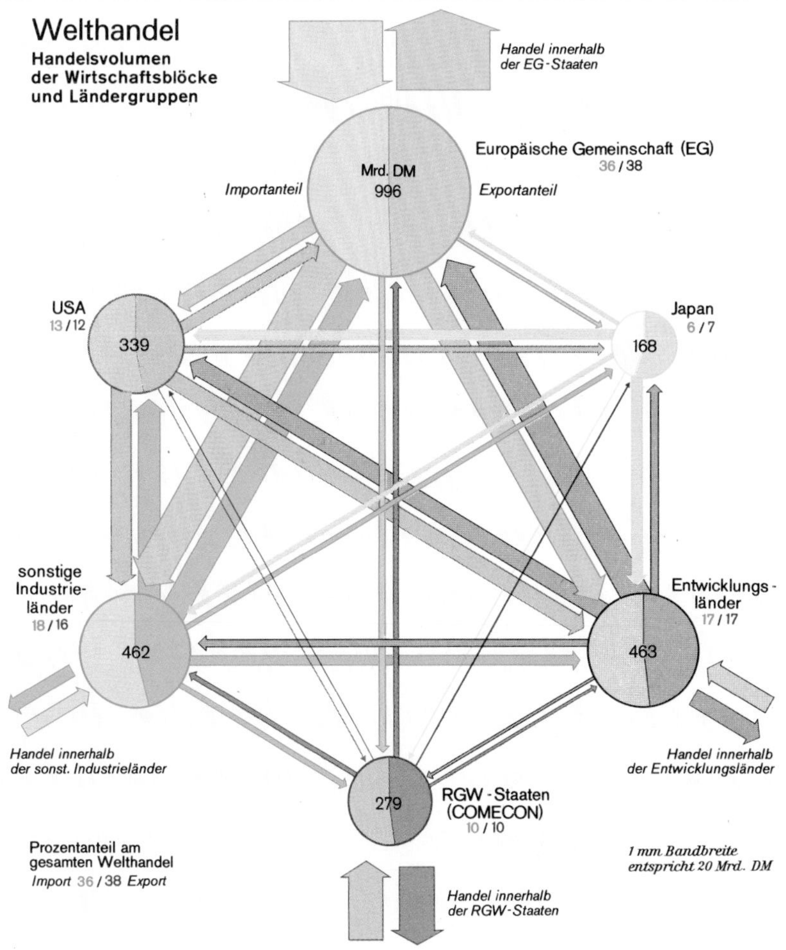

Handel innerhalb der EG-Staaten

Mrd. DM 996
Europäische Gemeinschaft (EG) 36 / 38
Importanteil · *Exportanteil*

USA 13 / 12 — 339
Japan 6 / 7 — 168

sonstige Industrieländer 18 / 16 — 462
Entwicklungsländer 17 / 17 — 463

Handel innerhalb der sonst. Industrieländer
Handel innerhalb der Entwicklungsländer

279 — RGW - Staaten (COMECON) 10 / 10

Prozentanteil am gesamten Welthandel
Import 36 / 38 Export

1 mm Bandbreite entspricht 20 Mrd. DM

Handel innerhalb der RGW-Staaten

Veränderungen im Welthandel von 1973 bis 1975

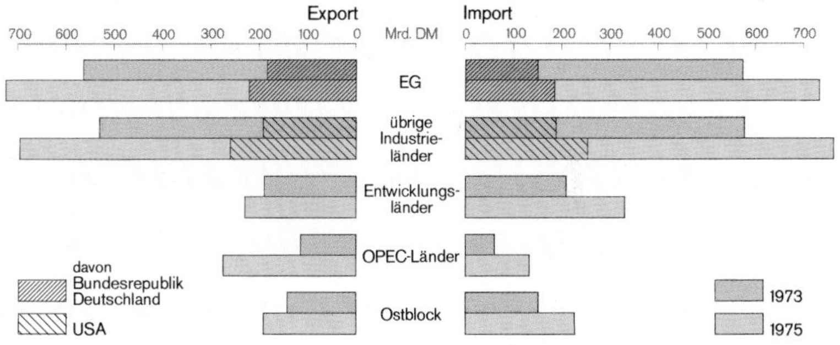

Export — 700 600 500 400 300 200 100 0 — Mrd. DM — Import — 0 100 200 300 400 500 600 700

EG
übrige Industrieländer
Entwicklungsländer
OPEC-Länder
Ostblock

davon
▨ Bundesrepublik Deutschland
▨ USA

■ 1973
■ 1975

Anteil der Industrie- und Entwicklungsländer am Welthandel

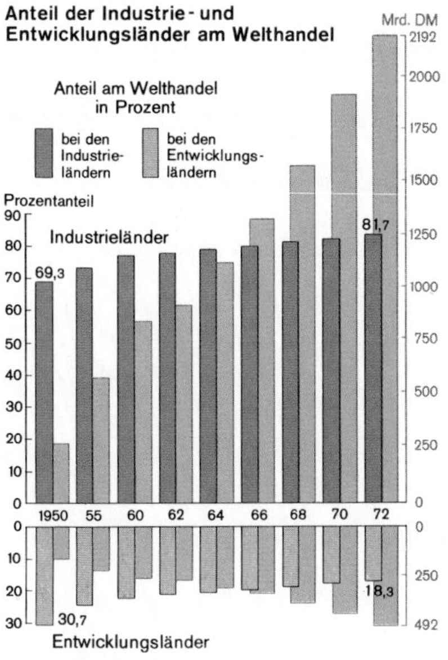

Mrd. DM
2192 / 2000 / 1750 / 1500 / 1250 / 1000 / 750 / 500 / 250 / 0

Anteil am Welthandel in Prozent
■ bei den Industrieländern
■ bei den Entwicklungsländern

Prozentanteil
90 / 80 / 70 / 60 / 50 / 40 / 30 / 20 / 10 / 0

Industrieländer
69,3 ... 81,7

1950 55 60 62 64 66 68 70 72

0 / 10 / 20 / 30
30,7 ... 18,3
Entwicklungsländer
250 / 492

Exporte der Entwicklungsländer nach wichtigen Gütergruppen

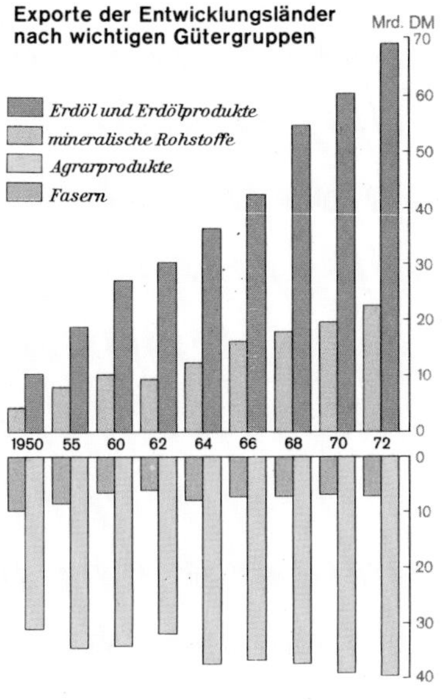

Mrd. DM
70 / 60 / 50 / 40 / 30 / 20 / 10 / 0

■ Erdöl und Erdölprodukte
▨ mineralische Rohstoffe
□ Agrarprodukte
▨ Fasern

1950 55 60 62 64 66 68 70 72

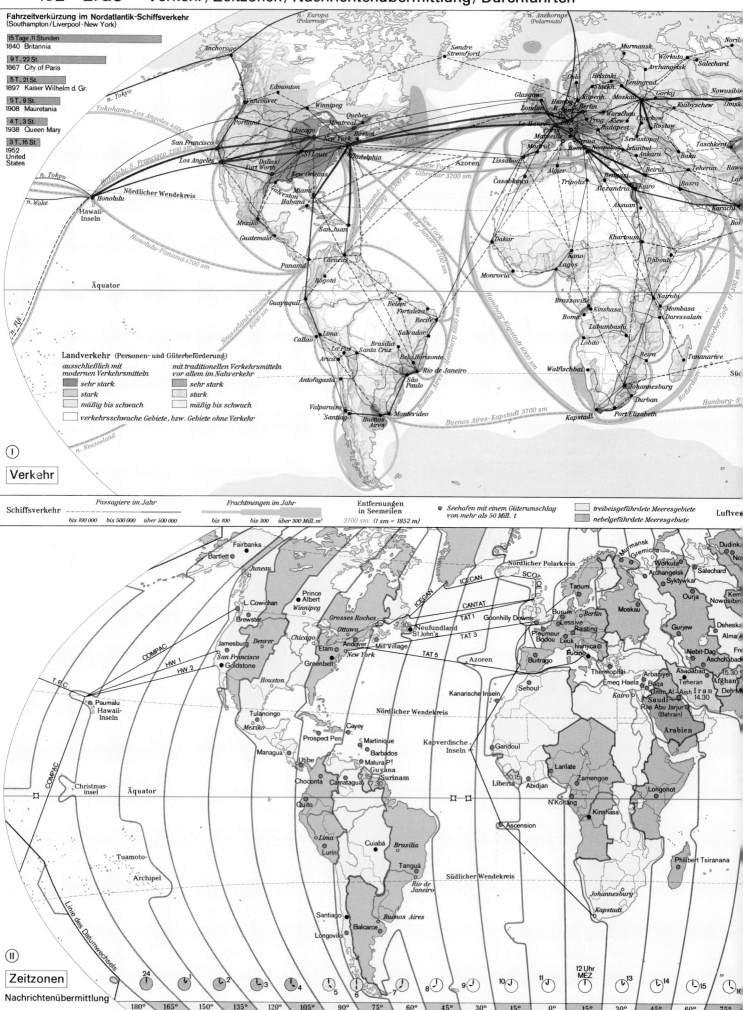

Fahrzeitverkürzung im Nordatlantik-Schiffsverkehr
(Southampton/Liverpool-New York)

15 Tage, 11 Stunden	1840 Britannia
9 T., 22 St.	1867 City of Paris
5 T., 21 St.	1897 Kaiser Wilhelm d. Gr.
5 T., 9 St.	1908 Mauretania
4 T., 3 St.	1938 Queen Mary
3 T., 16 St.	1952 United States

Landverkehr (Personen- und Güterbeförderung)

ausschließlich mit modernen Verkehrsmitteln
- sehr stark
- stark
- mäßig bis schwach

mit traditionellen Verkehrsmitteln vor allem im Nahverkehr
- sehr stark
- stark
- mäßig bis schwach

- verkehrsschwache Gebiete, bzw. Gebiete ohne Verkehr

Ⓘ Verkehr

Schiffsverkehr

Passagiere im Jahr — bis 100 000 / bis 500 000 / über 500 000

Frachtmengen im Jahr — bis 100 / bis 300 / über 300 Mill. m³

Entfernungen in Seemeilen — 3700 sm (1 sm = 1852 m)

● Seehafen mit einem Güterumschlag von mehr als 50 Mill. t

☐ treibeisgefährdete Meeresgebiete
☐ nebelgefährdete Meeresgebiete

Ⓘ Ⓘ Zeitzonen
Nachrichtenübermittlung

Maßstab der Karten I und II
1:120 000 000

☐ Zonenzeit ☐ Sonderzeit
☐ Zwischenzeit (mit direkter Angabe der Uhrzeit)

MEZ = Mitteleuropäische Zeit
T.P.C. = Haupttelefonkabel

Nachrichtenübermittlung (INTELSAT - System, sonstige Satellitenempfangs- und Relaisstation)

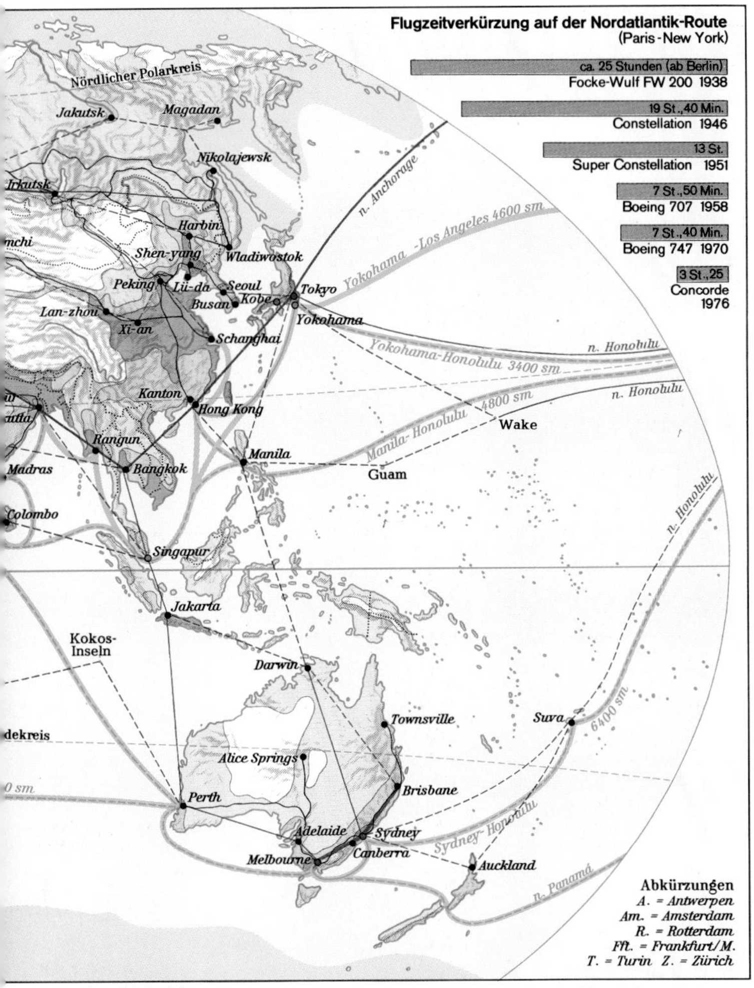

Fluggäste im Jahr

s 50 000 — bis 250 000 — bis 500 000 — über 500 000

Weltflughafen mit mehr als 5 Mill. Fluggästen pro Jahr

Eisenbahnverkehr

wichtige Strecken

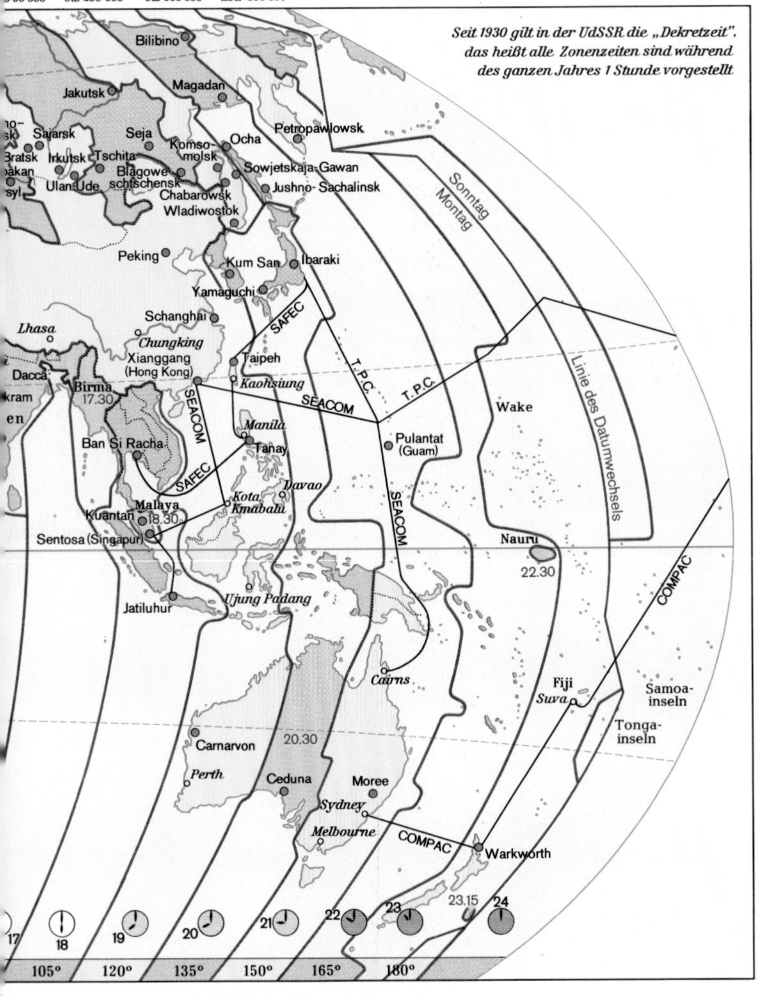

Bodenstation — LANDSAT - Satellitenaufnahmestation

Orbitalstation (quasistationärer Satellit)

Durchfahrten im Vergleich

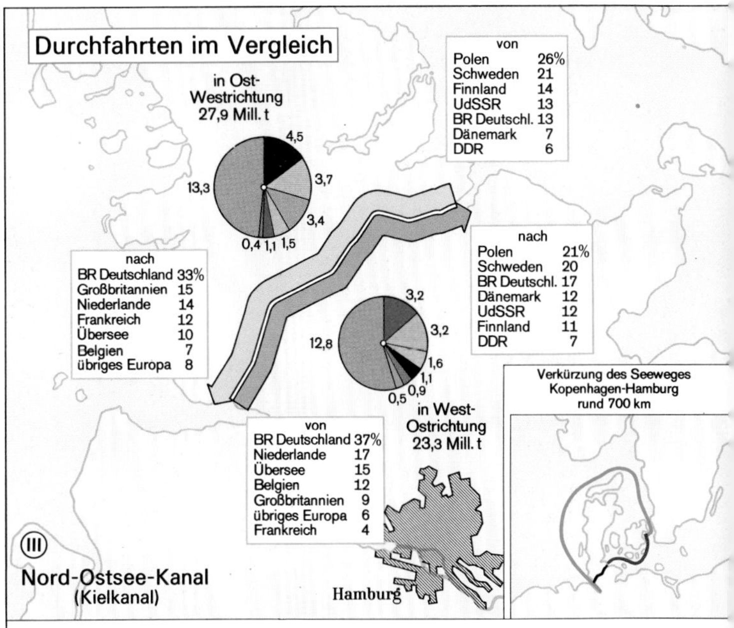

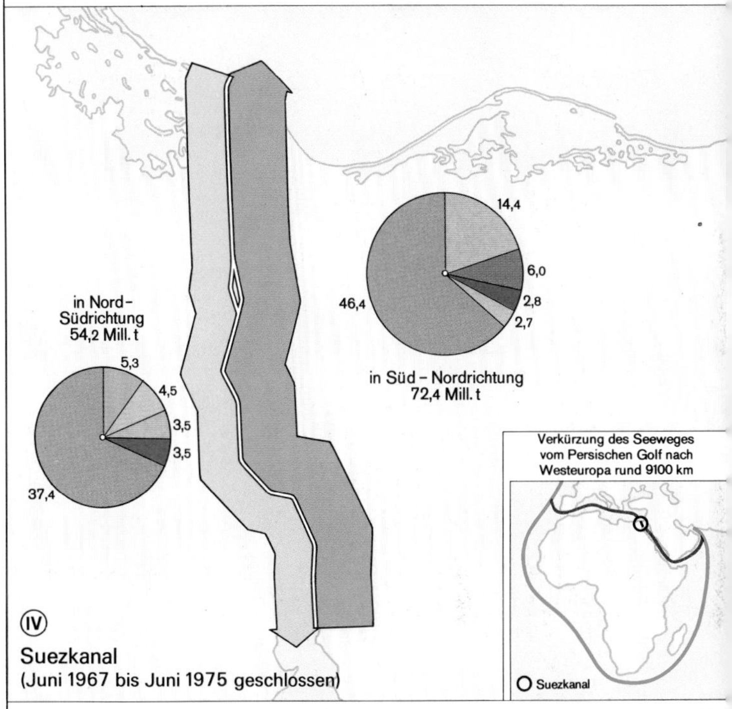

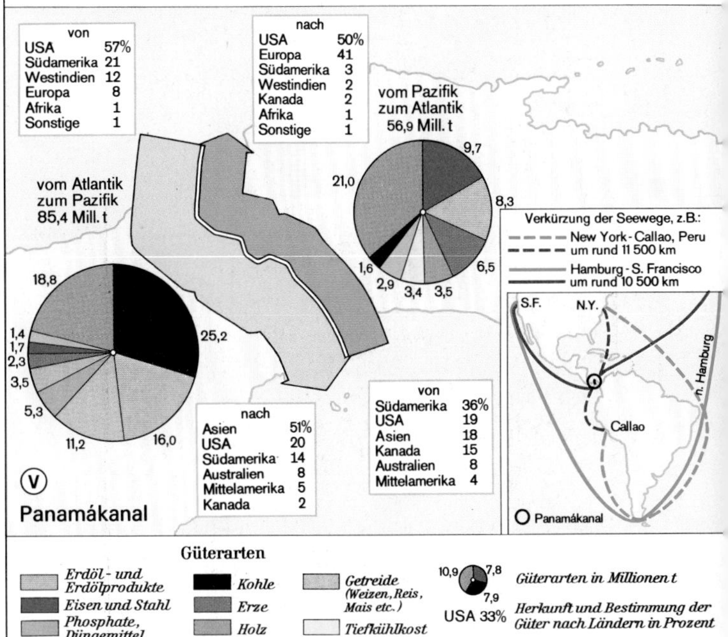

Güterarten

Erdöl- und Erdölprodukte	Kohle	Getreide (Weizen, Reis, Mais etc.)
Eisen und Stahl	Erze	Tiefkühlkost
Phosphate, Düngemittel	Holz	Sojabohnen
sonstige Stück- und Massengüter	Zucker	

10,9 / 7,8 / 7,9 — Güterarten in Millionen t

USA 33% — Herkunft und Bestimmung der Güter nach Ländern in Prozent

1 mm Bandbreite = 10 Millionen t

Maßstab der Karten III - V
1 : 2 000 000

Zahlenwerte: Nord-Ostsee-Kanal, Panamákanal 1975; Suezkanal Juni 1975 - Mai 1976 (erstes Jahr nach der Wiedereröffnung)

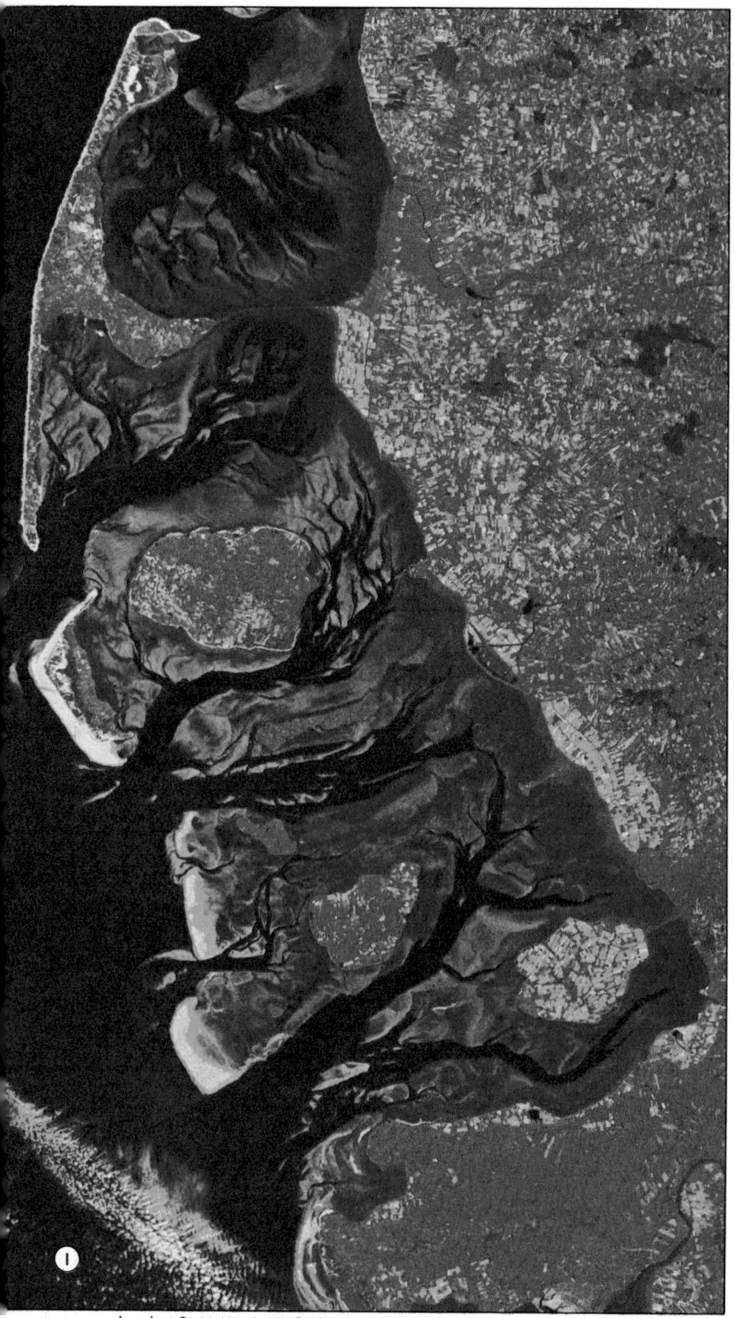

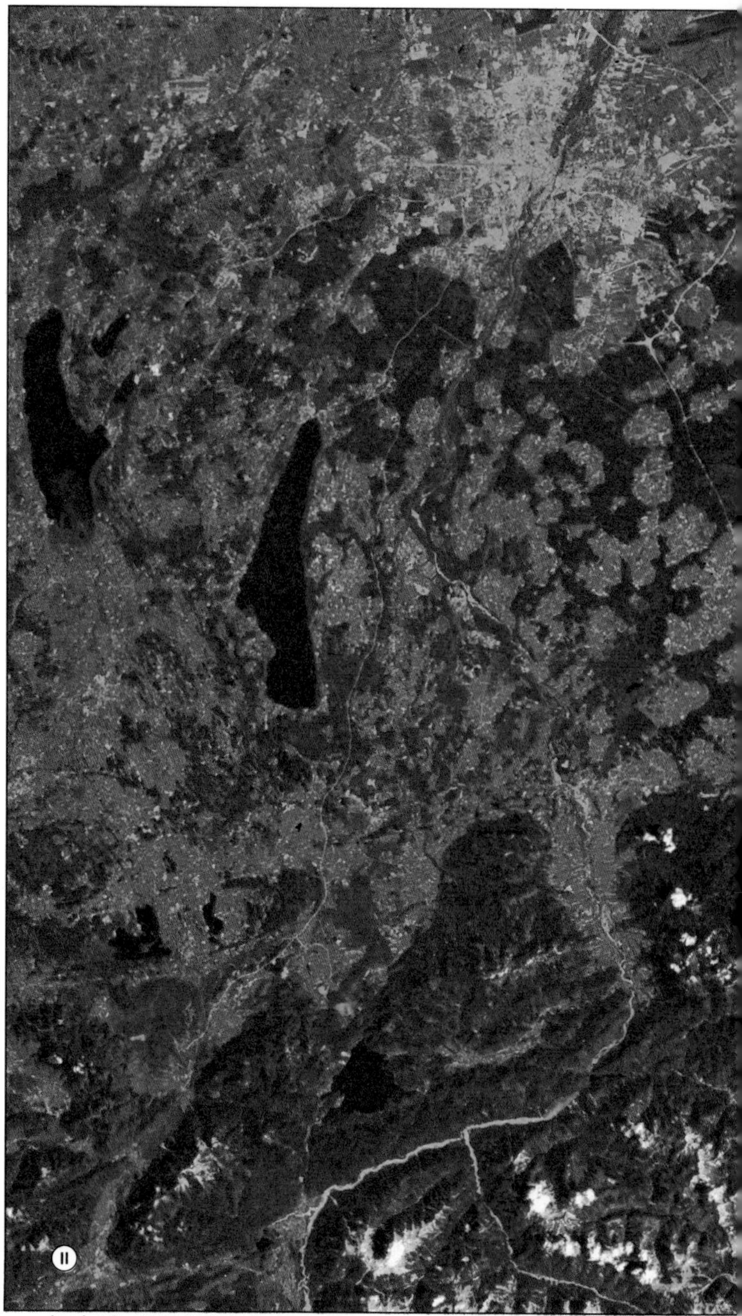

Landsat 2 – Multispektrale Senkrechtaufnahme
Aufnahmehöhe 915 km/August 1975

Vergleiche dazu Karte 8/I

Landsat 2 – Multispektrale Senkrechtaufnahme
Aufnahmehöhe 915 km/Juni 1976

Vergleiche dazu Karte 22/II

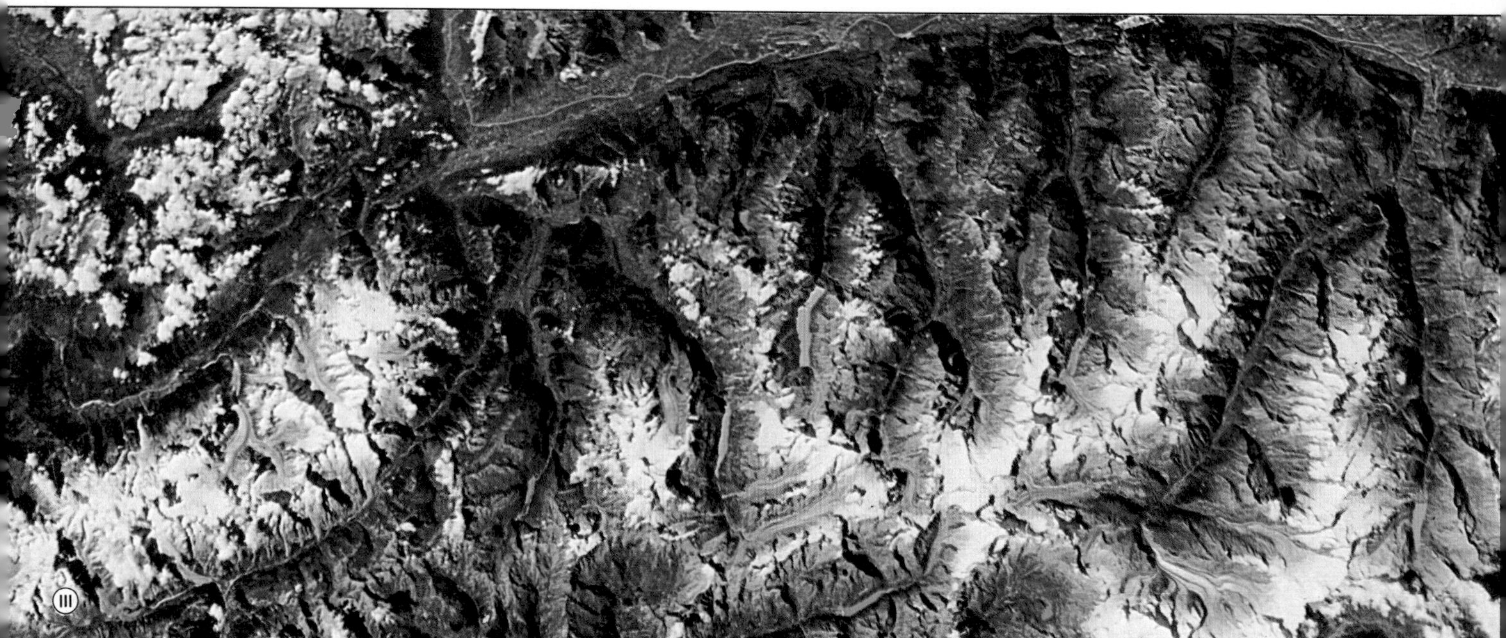

Skylab 3 – Farbfilm – Senkrechtaufnahme
Aufnahmehöhe 435 km/September 1973

Vergleiche dazu Karte 50/II und III sowie 98/IV

Bildmaßstab der Aufnahmen I-III 1:500 000

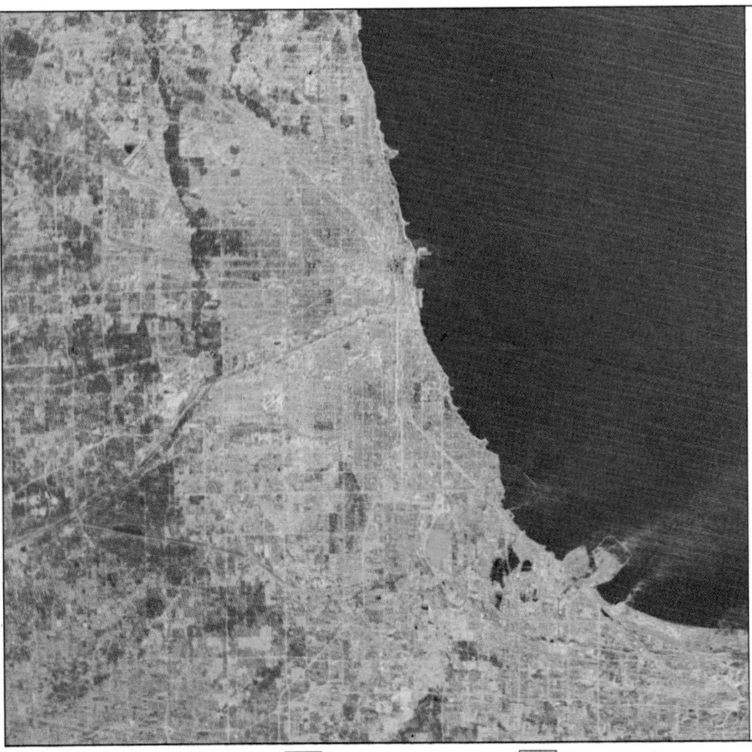

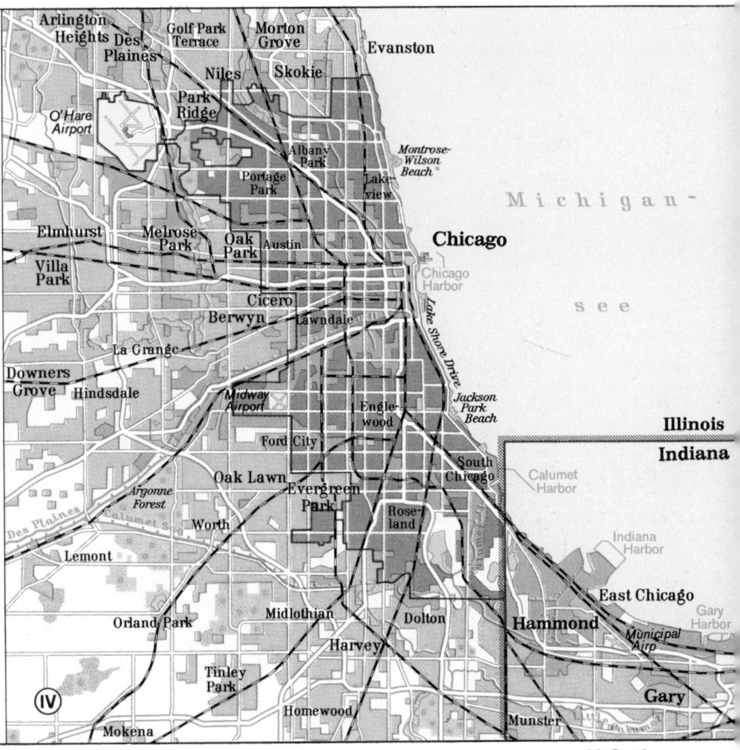

Landsat 1 –
Multispektrale Senkrechtaufnahme
Aufnahmehöhe 915 km/Oktober 1973

	Wohnbebauung		Industrieanlagen		Flughafen	Maßstab
	davon Stadt Chicago		Parkanlagen		Eisenbahn	1 : 600 000

Landsat 1 –
Multispektrale Senkrechtaufnahme
Aufnahmehöhe 415 km/Oktober 1973

	Bewässerungsgebiet		Grassteppe, Gebirgsweide		Strauch- u. Wüstensteppe		Salzpfanne	Maßstab
	Ackerland, z. T. Weide		Wald, Waldweide		Wüste, Halbwüste		Bewässerungskanal	1 : 1 500 000

Apollo 7 –
Farbfilm – Schrägaufnahme
Aufnahmehöhe rd. 270 km/Oktober 1968

	Kulturland		Berg- und Höhenwald		Hochgebirgswüste		Terrassenfeldbau	Maßstab
	Steppe und Hochgebirgsweide		tropischer u. subtropischer Wald, einschl. Monsunwald		Gletscherregion			1 : 10 000 000

© WESTERMANN

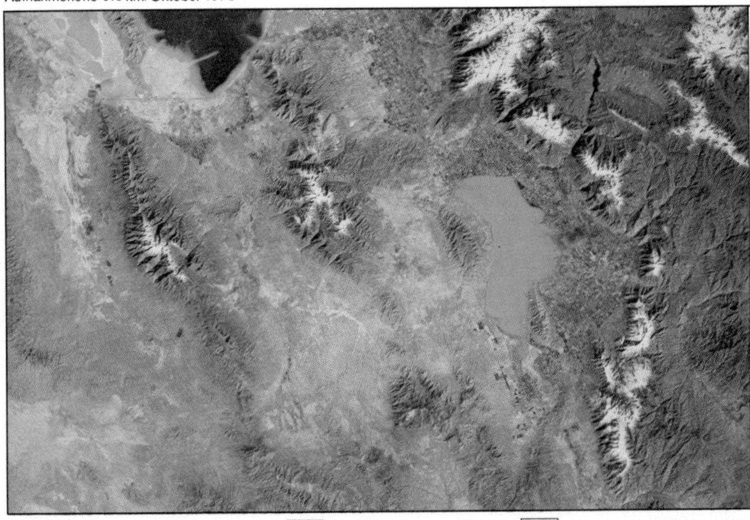

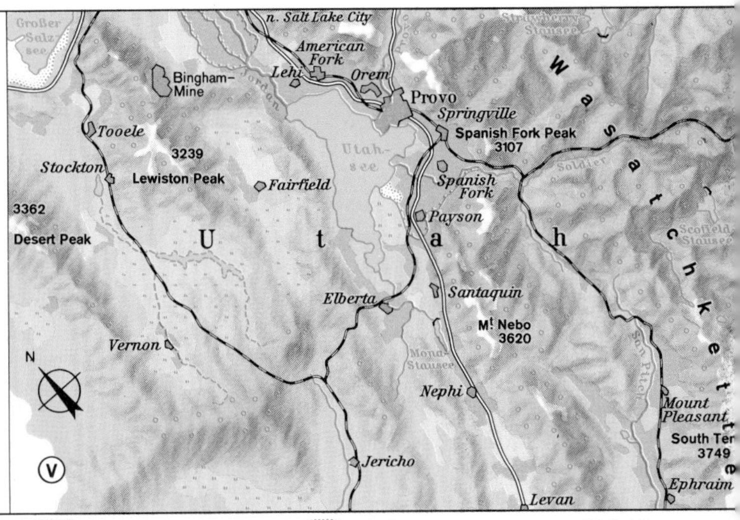

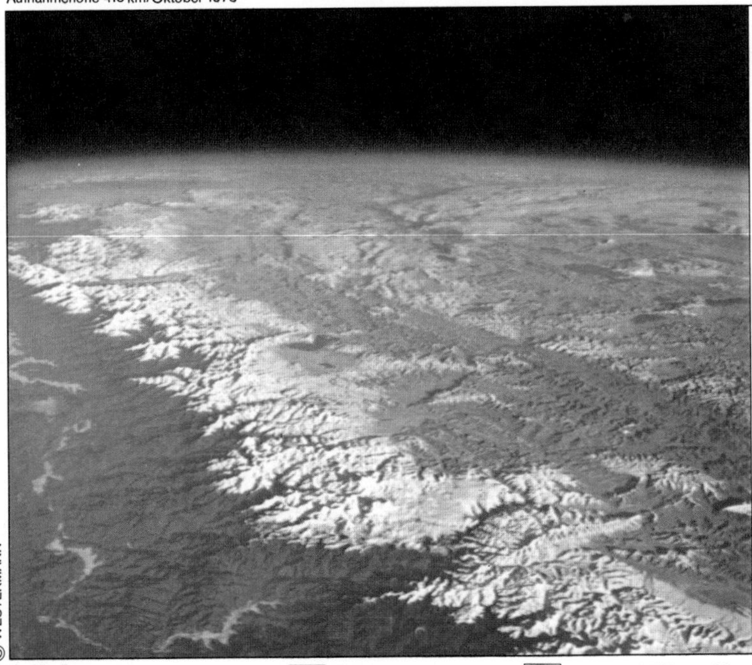

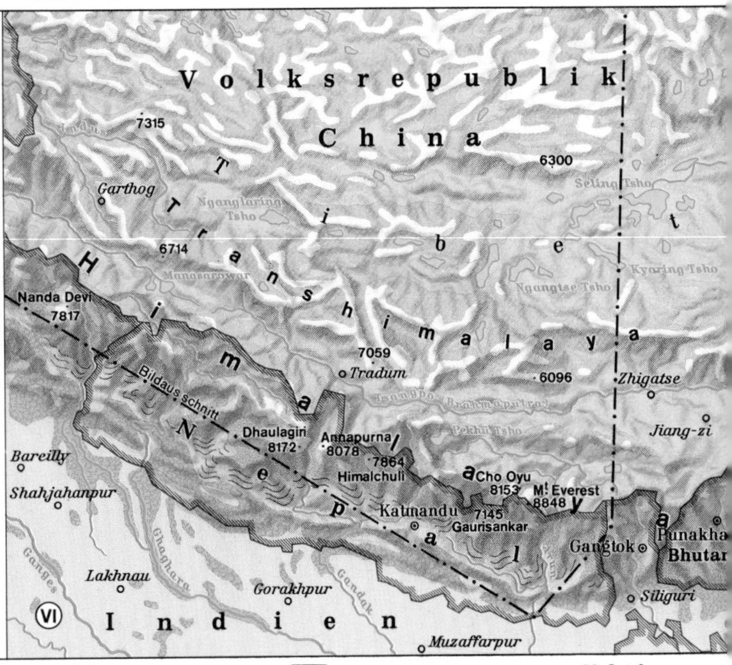

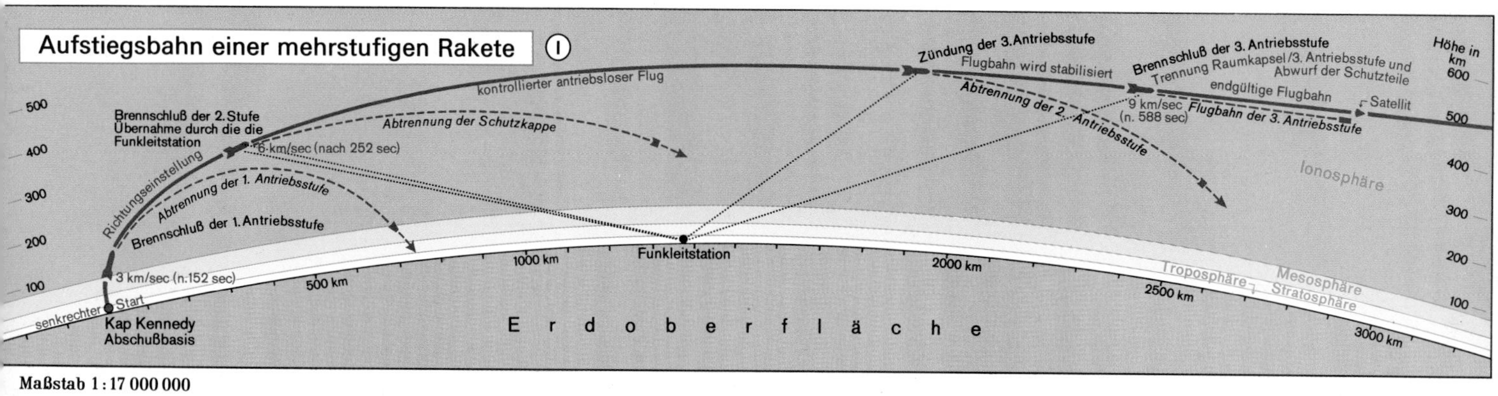

Aufstiegsbahn einer mehrstufigen Rakete ①

Maßstab 1 : 17 000 000

Zündung der 3. Antriebsstufe
Flugbahn wird stabilisiert
Brennschluß der 3. Antriebsstufe
Trennung Raumkapsel/3. Antriebsstufe und Abwurf der Schutzteile
endgültige Flugbahn
(n. 588 sec) Flugbahn der 3. Antriebsstufe
Satellit
Höhe in km

kontrollierter antriebsloser Flug
Abtrennung der Schutzkappe
Abtrennung der 2. Antriebsstufe
9 km/sec

Brennschluß der 2. Stufe
Übernahme durch die Funkleitstation
Richtungseinstellung
6 km/sec (nach 252 sec)
Abtrennung der 1. Antriebsstufe
Brennschluß der 1. Antriebsstufe

3 km/sec (n.152 sec)
senkrechter Start
Kap Kennedy Abschußbasis

Funkleitstation
Erdoberfläche
Ionosphäre
Troposphäre
Stratosphäre
Mesosphäre

500 km   1000 km   2000 km   2500 km   3000 km

Umlaufbahn eines Erdsatelliten – am Beispiel Skylab 1 – 3 ②

Flughöhe 435 km
Flugbahnen auf die Erde projiziert

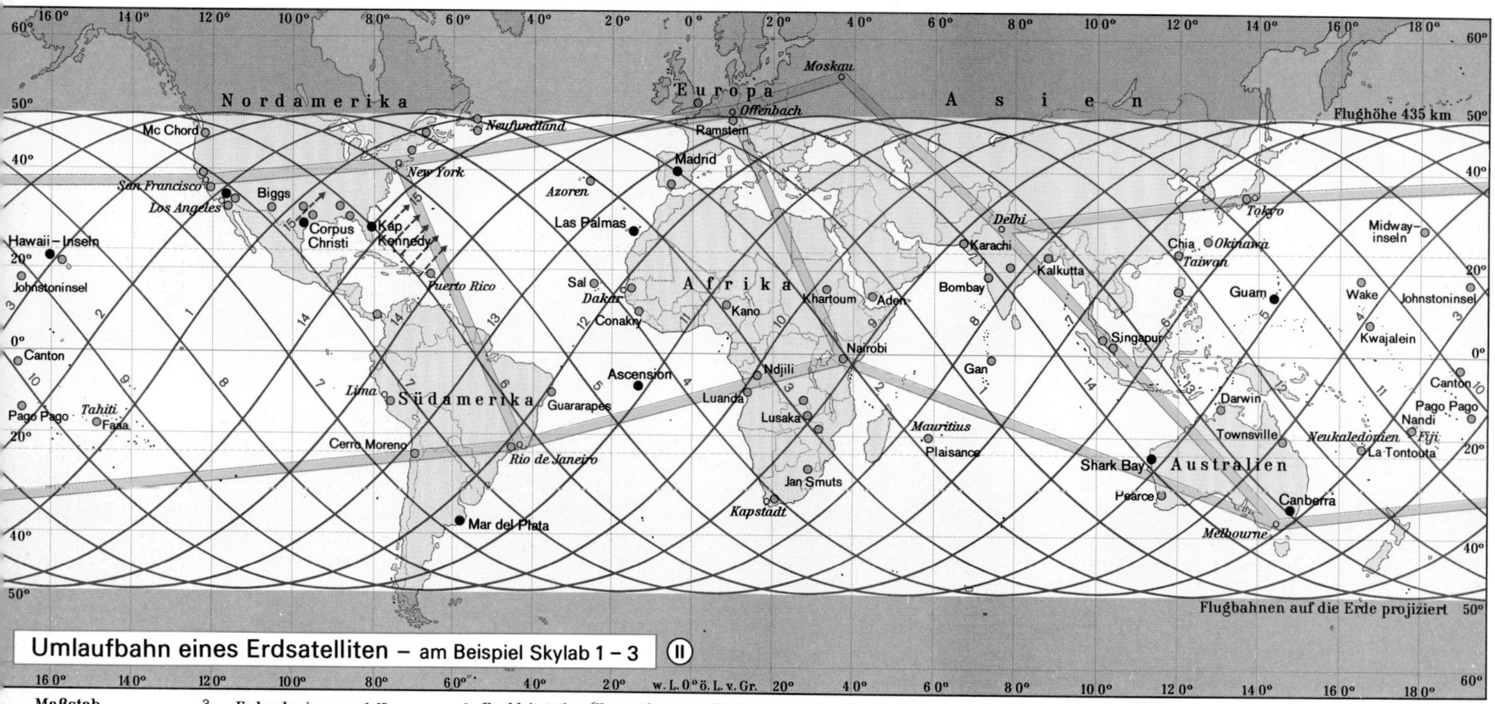

Nordamerika   Europa   Asien
Afrika   Südamerika   Australien

Maßstab
1 : 200 000 000

3 — Erdumkreisungen 1-15 (14 Umkreisungen in 24 Std.)
● Funkleitstation (Kennrufnummer für den Flugverkehr)
● Flugplatz-Bereitschaftsstation (für Unfälle und besondere Aufgaben)
▬ Internationales Wetternachrichtennetz

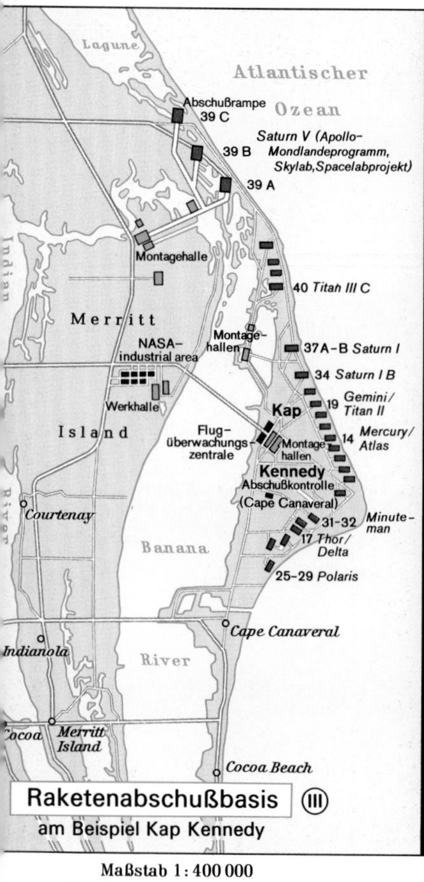

Raketenabschußbasis ③
am Beispiel Kap Kennedy

Maßstab 1 : 400 000

0 2 4 6 8 10 km

Atlantischer Ozean
Lagune
Abschußrampe 39 C
Saturn V (Apollo-Mondlandeprogramm, Skylab, Spacelabprojekt)
39 B
39 A
Montagehalle
40 Titan III C
Merritt
NASA-industrial area
Montage-hallen
37 A-B Saturn I
34 Saturn I B
Werkhalle
19 Gemini/Titan II
Kap
Flug-überwachungs-zentrale
14 Mercury/Atlas
Montage-hallen
Kennedy
Abschußkontrolle (Cape Canaveral)
Island
31-32 Minuteman
17 Thor/Delta
25-29 Polaris
Cape Canaveral
Banana
Courtenay
River
Indianola
Cocoa   Merritt Island
River
Cocoa Beach

Ablauf eines Fluges zum Mond ④
am Beispiel von Apollo 11 (Juli 1969)

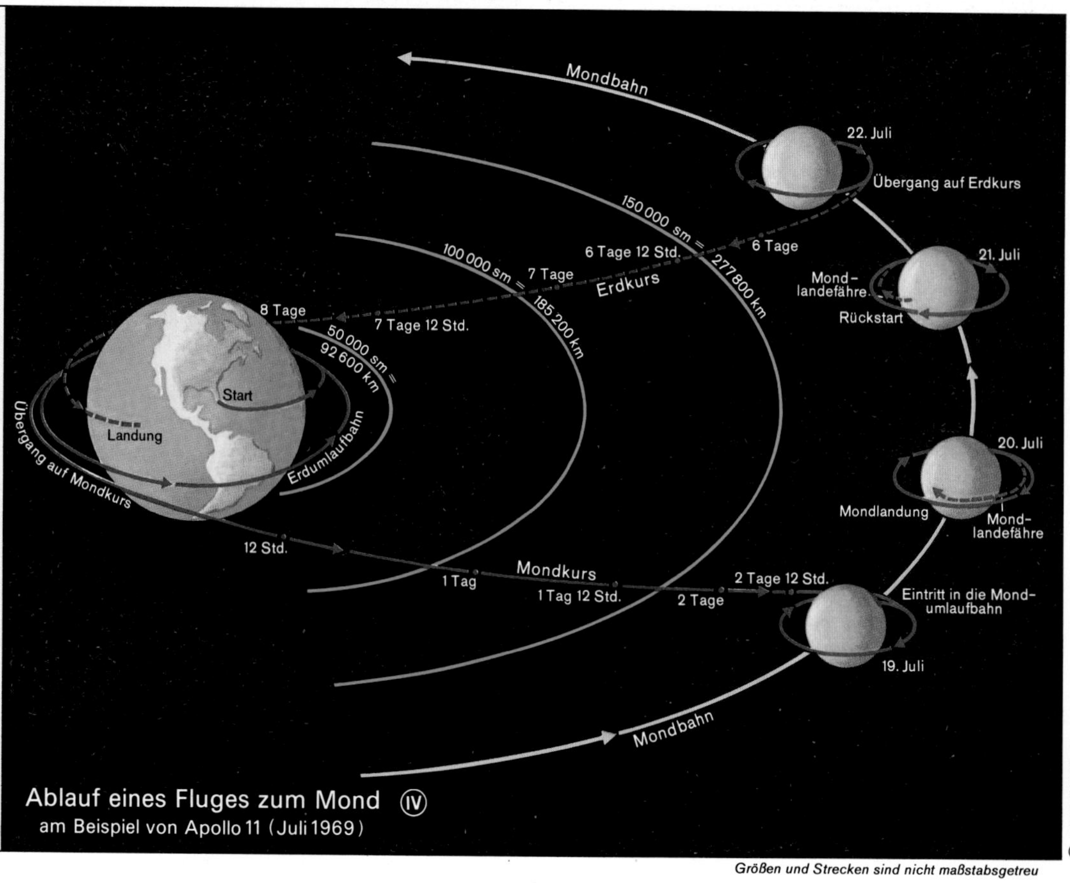

Mondbahn
22. Juli
Übergang auf Erdkurs
150 000 sm = 277 800 km
6 Tage 12 Std.
6 Tage
21. Juli
Mond-landefähre
Rückstart
100 000 sm = 185 200 km
7 Tage
Erdkurs
7 Tage 12 Std.
8 Tage
Übergang auf Mondkurs
50 000 sm = 92 600 km
Start
Landung
Erdumlaufbahn
12 Std.
1 Tag
Mondkurs
1 Tag 12 Std.
2 Tage
2 Tage 12 Std.
20. Juli
Mondlandung
Mond-landefähre
Eintritt in die Mond-umlaufbahn
19. Juli
Mondbahn

Größen und Strecken sind nicht maßstabsgetreu

© WESTERMANN

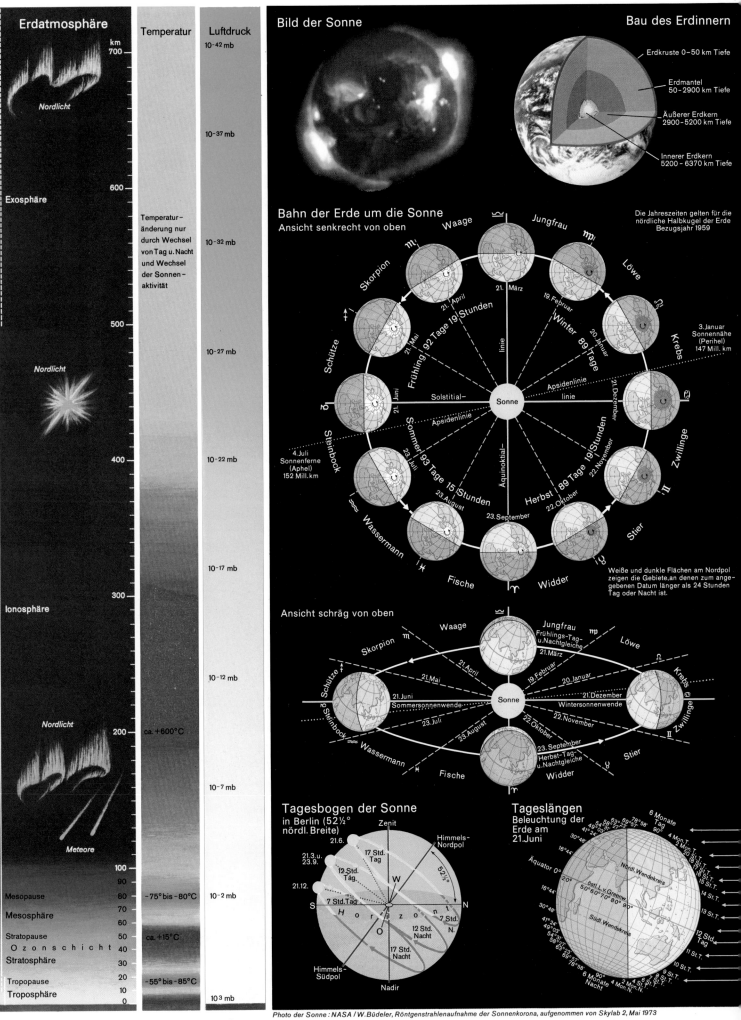

Photo der Sonne: NASA / W. Büdeler, Röntgenstrahlenaufnahme der Sonnenkorona, aufgenommen von Skylab 2, Mai 1973

Vorderseite
Ⓘ

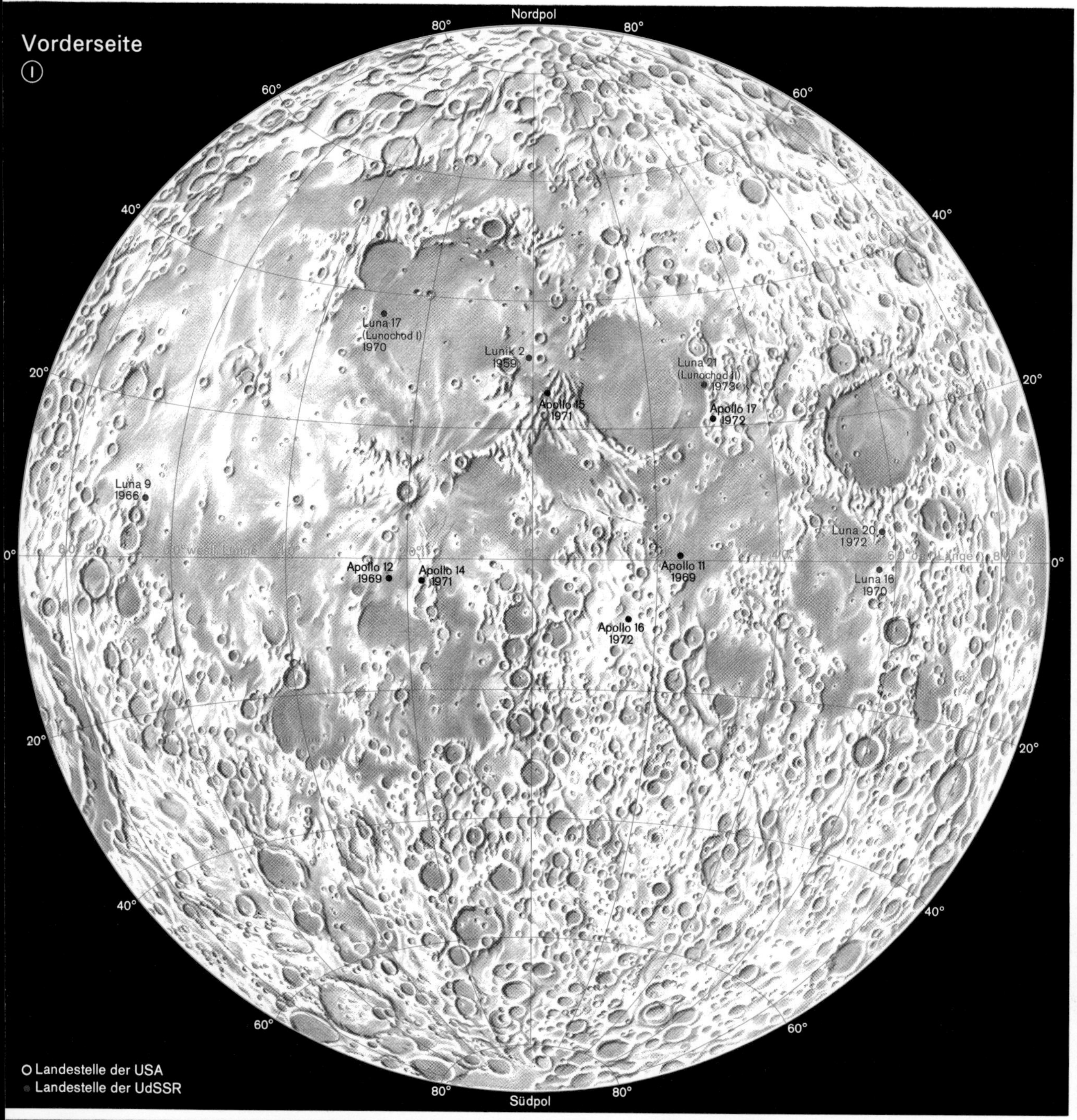

Nordpol

80°
80°
60°
60°
40°
40°
20°
20°

Luna 17
(Lunochod I)
1970

Lunik 2
1959

Luna 21
(Lunochod II)
1973

Apollo 15
1971

Apollo 17
1972

Luna 9
1966

Luna 20
1972

0° westl. Länge
östl. Länge
0°

Apollo 12
1969

Apollo 14
1971

Apollo 11
1969

Luna 16
1970

Apollo 16
1972

20°
20°

40°
40°

60°
60°

80°
80°

Südpol

O Landestelle der USA
▪ Landestelle der UdSSR

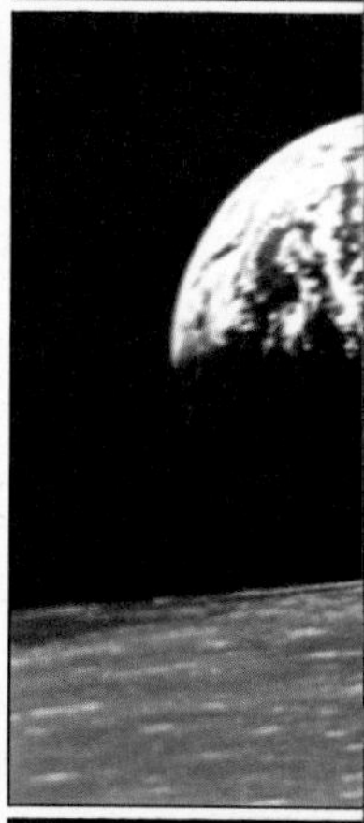

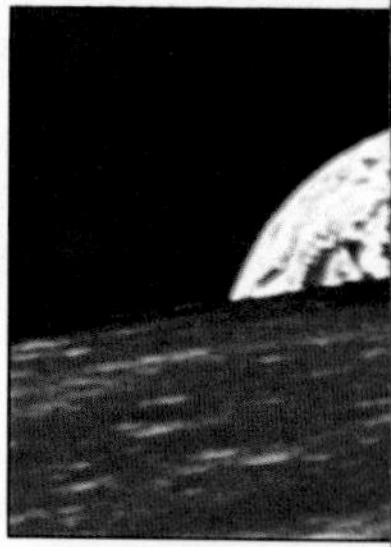

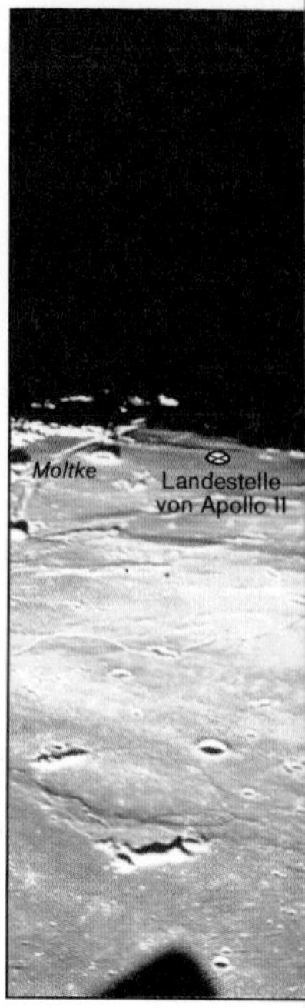

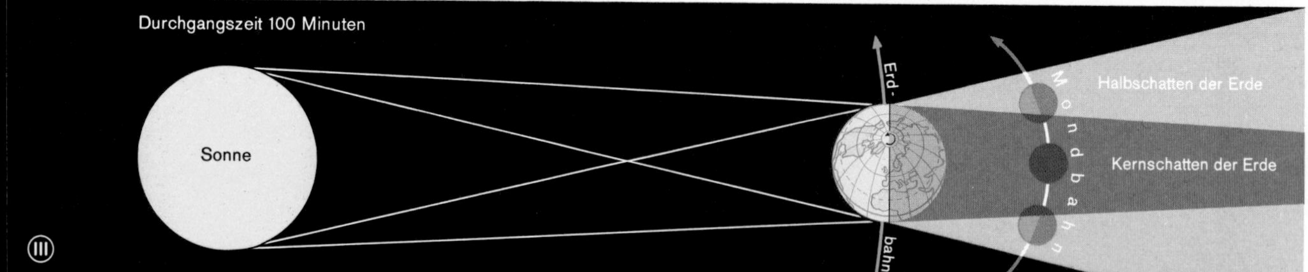

Durchgangszeit 100 Minuten

Sonne

Erd-bahn

Mondbahn

Halbschatten der Erde

Kernschatten der Erde

Ⓘ Ⓘ Ⓘ
Mondfinsternis

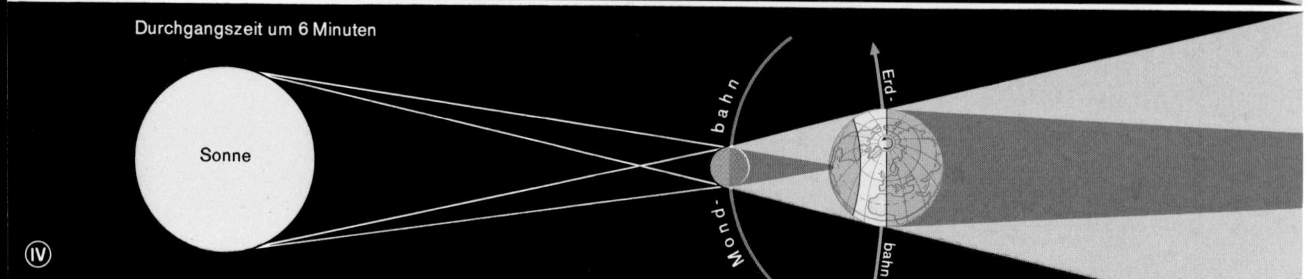

Durchgangszeit um 6 Minuten

Sonne

Mond-bahn

Erd-bahn

Ⓘ Ⓥ
Sonnenfinsternis

Moltke   Landestelle
von Apollo 11

Bei den Darstellungen der Karten III-VI sind Größen und Entfernungen nicht maßstabsgetreu

Rückseite
(II)

Nordpol
80° 80°
60° 60°
40° 40°
20° 20°
0° 120° ... Länge 60° ... west. Länge 0° 0°
20° 20°
40° 40°
60° 60°
80° 80°
Südpol

Maßstab der beiden Mondkarten 1 : 32 000 000

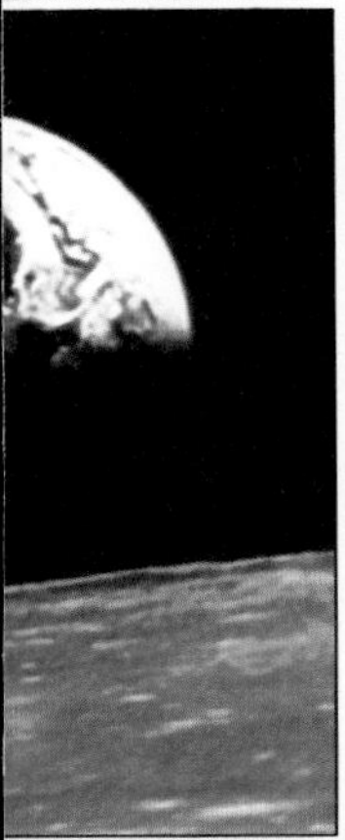

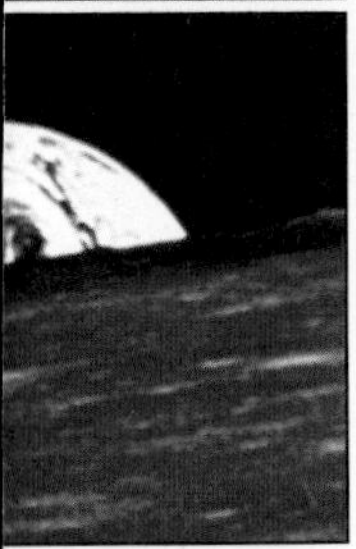

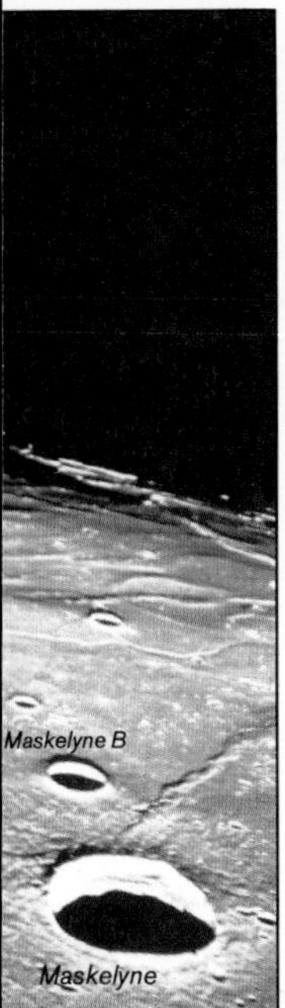

Maskelyne B

Maskelyne

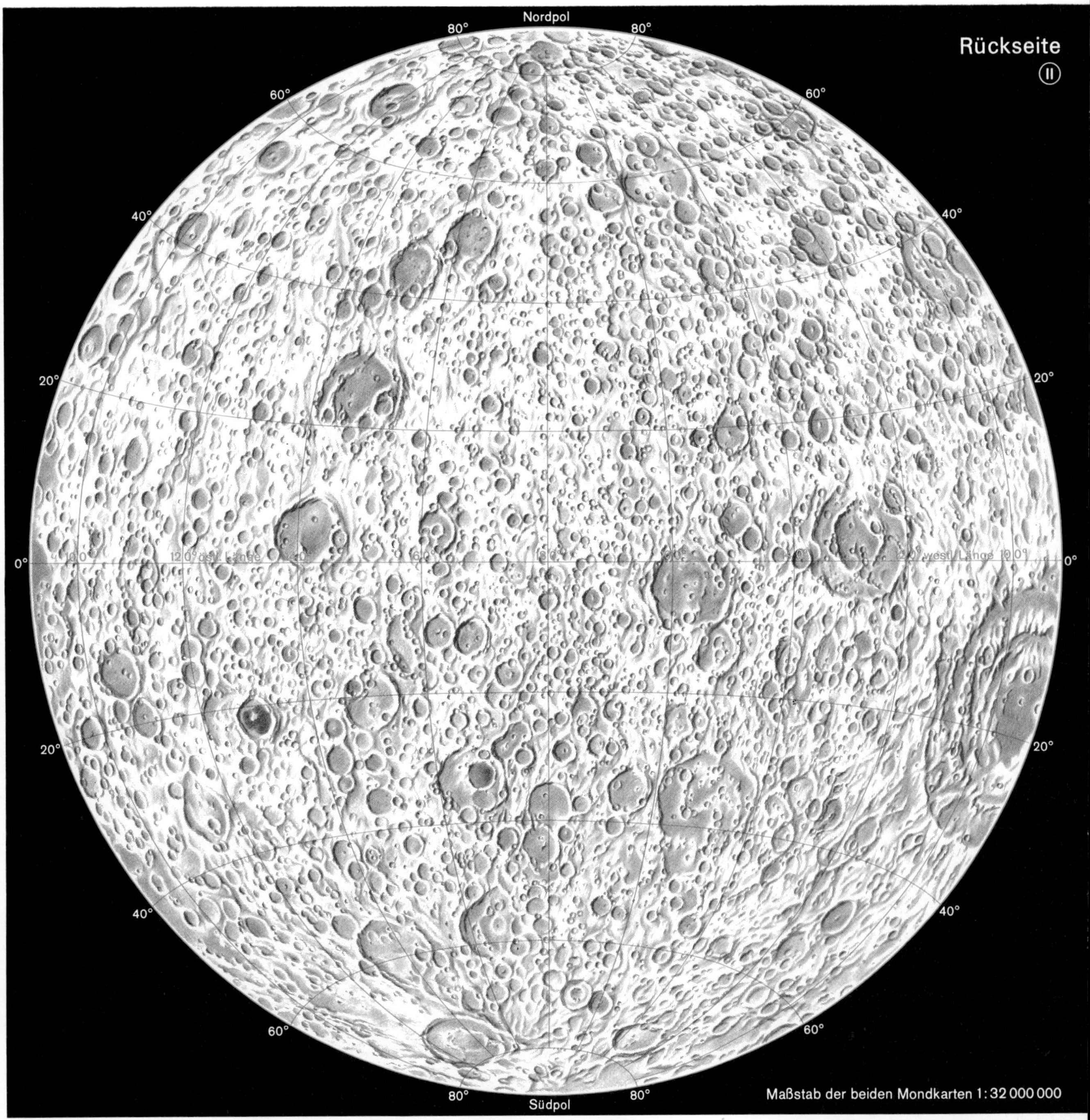

Fotos: NASA/USIS, Bonn

Mondphasen

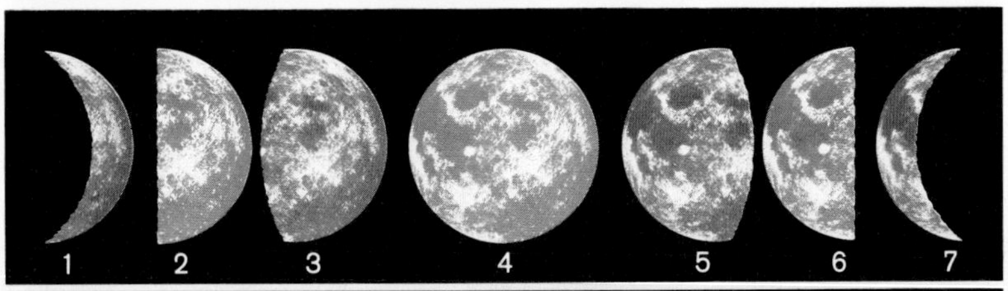

1 2 3 4 5 6 7

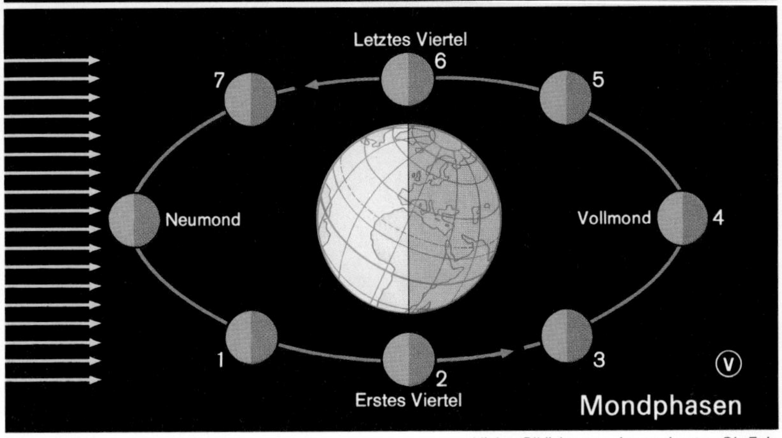

Letztes Viertel
6
7   5

Neumond   Vollmond
                                    4

1   2   3
Erstes Viertel

(V)

Gezeiten

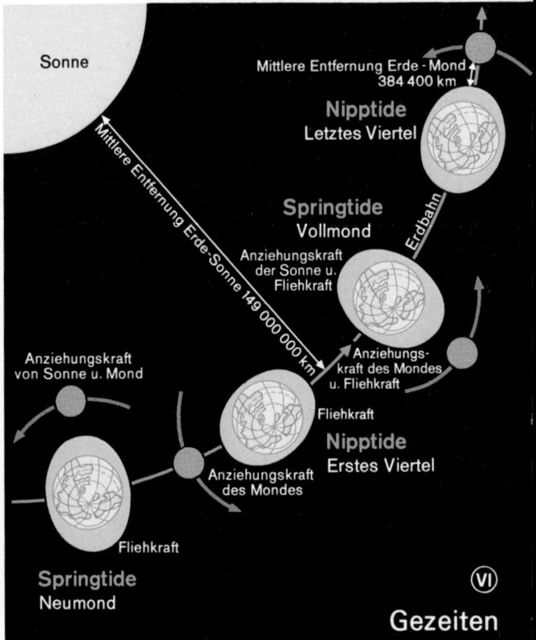

Sonne

Mittlere Entfernung Erde - Mond
384 400 km

Nipptide
Letztes Viertel

Springtide
Vollmond

Anziehungskraft
der Sonne u.
Fliehkraft

Mittlere Entfernung Erde-Sonne 149 000 000 km

Erdbahn

Anziehungs-
kraft des Mondes
u. Fliehkraft

Fliehkraft

Anziehungskraft
von Sonne u. Mond

Nipptide
Erstes Viertel

Anziehungskraft
des Mondes

Springtide
Neumond

Fliehkraft

(VI)

Mittlere Bildleiste von oben nach unten: Die Erde, der „blaue Planet", über dem Mondhorizont–aufgenommen in 3 Phasen aus einer
mittleren Entfernung von 386 000 km während des Rückfluges von Apollo 10 am 31. 5. 1969
Landegebiet von Apollo 11–aufgenommen beim Anflug am 20. 7. 1969

Wettersatellitenbild (I)

Warmfront
H Hochdruckgebiet
Kaltfront
T Tiefdruckgebiet
Okklusion
Isobaren

Bewölkung
- *wolkenlos*
- *heiter*
- *halb bedeckt*
- *wolkig*
- *bedeckt*

Windstärke
- *windstill*
- *10 km/h (Nordwind)*
- *20 km/h (Ostwind)*
- *30 km/h (Südwind)*
- *40 km/h (Westwind)*

Niederschläge
- *Regen*
- *Nieseln*
- *Schnee*
- *Schauer*
- *Dunst*
- *Gewitter*

Luftdruckangaben in Millibar, Temperaturangaben in Celsiusgrad (°C)

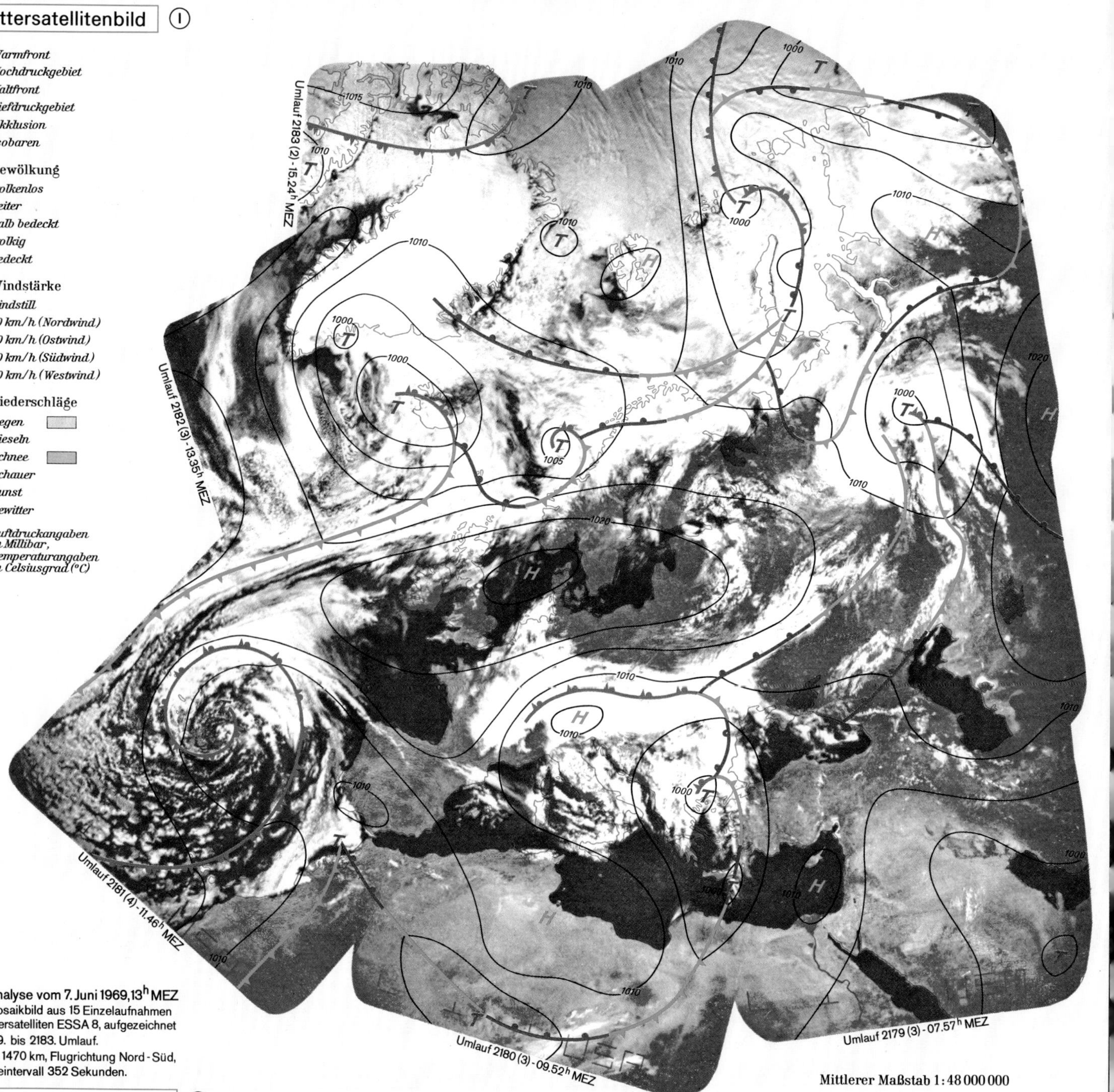

Bodenanalyse vom 7. Juni 1969, 13h MEZ
Wettermosaikbild aus 15 Einzelaufnahmen des Wettersatelliten ESSA 8, aufgezeichnet beim 2179. bis 2183. Umlauf.
Flughöhe 1470 km, Flugrichtung Nord - Süd, Aufnahmeintervall 352 Sekunden.

Mittlerer Maßstab 1 : 48 000 000

Typische Wetterlagen (II)

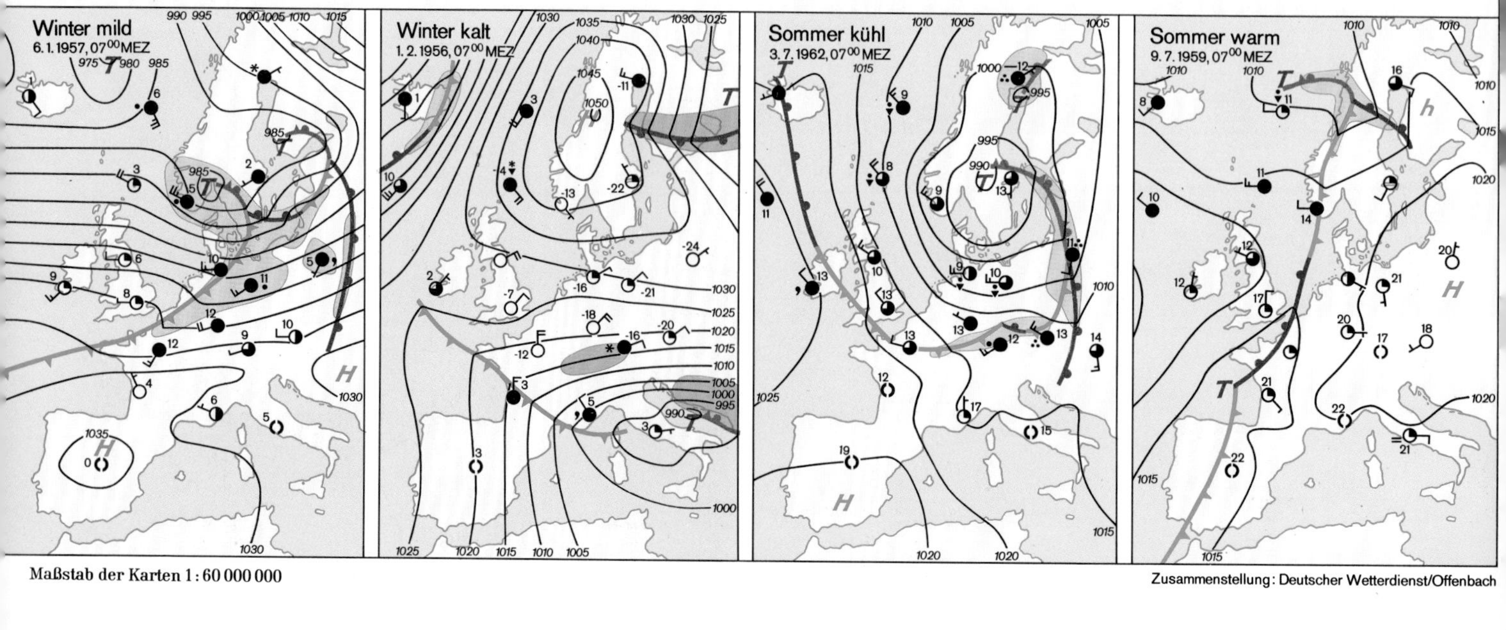

Maßstab der Karten 1 : 60 000 000

Zusammenstellung: Deutscher Wetterdienst/Offenbach

Register

Zum Auffinden der Namen sind die Karten mit Seitenzahlen und römischen Ziffern versehen; die Längengradstreifen weisen am oberen und unteren Kartenrand rote Buchstaben, die Breitengradzonen an den Seitenrändern rote Zahlen auf. In dieser Abfolge bezeichnen sie die Lage des im Verzeichnis ausgewiesenen Namens nach Atlasseite, Teilkarte und Gradfeld. Auf einen Kartennamen wird im Verzeichnis in der Regel nur einmal verwiesen, und zwar im allgemeinen auf die Übersichtskarte des größten Maßstabs, in der er enthalten ist. Auf großmaßstäbige Teilkarten und Stadtpläne ist zusätzlich hingewiesen. Bei Flüssen ist die Lage des Namens angegeben.
Die in den Karten abgekürzten Namen sind im Verzeichnis ausgeschrieben. Gleichlautenden Namen ist ein unterscheidender Zusatz mit Lagebezeichnung oder Hinweis auf die Art des Objektes in Klammern beigefügt, ebenso dann, wenn ihre Bedeutung nicht klar erkennbar ist [z. B. Titisee (O.), Stadland (Kap.)]. Die hierbei benutzten Abkürzungen bedeuten:

(B.)	= Berg	(Kl.	= Kloster, Kirche
(Fl.)	= Fluß	(L.)	= Landschaft
(G.)	= Gebirge	(R.)	= Ruine
(I.)	= Insel, Inseln	(S.)	= See
(O.)	= Ort, Siedlung	(Schl.)	= Schloß, Burg
(P.)	= Paß	(St.)	= Staat

Sämtliche Namen sind alphabetisch geordnet. Die Umlaute ä, ö, ü sind wie die Selbstlaute a, o, u behandelt und im Alphabet an entsprechender Stelle bei diesen eingeordnet; ß ist ss gleichgestellt. Buchstaben mit besonderen Zeichen aus fremden Schriften gelten als einfache lateinische Buchstaben. Namenteile wie Aïn, Bad, Bucht, Djebel, Golf, Kap, Monte, Mount, Oase, Paß, Puerto, Punta, Rio, Saint, San, Santa, Wadi u. a. bleiben in ihrer Stellung erhalten und sind bei der Alphabetisierung mit berücksichtigt. Grundsätzlich nachgestellt sind die deutschen Artikel (z. B. Börde, Die –).
Bei mehrsprachigen (Doppel-)Bezeichnungen wird, wie in der Karte, der Zweitname in Klammern zum Hauptnamen gesetzt, z. B. Preßburg (Bratislava). Zusätzlich ist an entsprechender Stelle im Verzeichnis der Zweitname in Gleichsetzung zum Hauptnamen aufgenommen worden, z. B. Bratislava = Preßburg.
Grundsätzlich nicht berücksichtigt sind Namen und Begriffe von Plätzen, Parkanlagen, Straßen, Stadtteilen und dergleichen aus den Stadtkarten. Ebenso sind nicht aufgenommen spezielle Namen von Industriestandorten und Lagerstätten, ferner Begriffe aus Sprachen- und Rassenkarten, topographische Bezeichnungen aus extrem großmaßstäbigen Fallstudien u. a. m.

A

Aachen (O.) 14/15 B 3
Aalen 20/21 E/F 3
Aalst 56/57, I C 4
Aalten 6/7 B 4
Aar (Fl.) 14/15 D 3
Aarau (O.) 51, I C/D 1
Aarberg 51, I C 1
Aarbergen 18, I B 1
Aare 51, I C 2
Aargau (Kanton) 51, II
Aavasaksa 70/71, I E/F 3
Aba 108, I E 2
Abadan 116/117, I E 3
Abadla 106/107 C 1
Abai 120/121 F 5
Abajasee 106/107 G 4
Abakan (O. u. Fl.) 129, I F 3
Abashiri 134/135, I L 2
Abbai (Blauer Nil) 106/107 G 3/4
Abbeville 58/59, I D 1
Abbiategrasso 51, I D 3
Abbottabad 138/139, III C 1
Abd el-Kuri 116/117, I F 7
Abdulino 124/125 H 3
Abéché 106/107 E/F 3
Åbenrå 72, IV B 2
Abensberg 20/21 G/H 3
Abeokuta 108, I D 2
Aberdeen (Schottland) 62/63, I F 2
– (Süd-Dakota, USA) 148/149, II E/F 3
– (Washington, USA) 150, I B 2
Abessinien = Äthiopien
Abetone 55 D 3
Abha 106/107 H 3
Abidjan 108, I C 2 u. 106/107 C 4
Abild 8, I B 2
Abilene 148/149, II F 4
Abisko 90/91, III C 1
Abitibisee 152/153, I D 1
Ablis 60, I A 2
Abo = Turku
Abomey 108, I D 2
Abondance 50, III B 2
Abqaiq 116/117, I E 4
Abrantes 74/75, I A/B 4
Abreschwiller 20/21 C 3
Abruzzen 76/77, I E 3/4
Absaroka Range 151, IV
Absdorf 52/53, II G/H 1
Abtenau 52/53, II E 2
Abtsgmünd 19, III C 1
Abu Dhabi 116/117, I F/G 5
Abu el-Gheit 109, III A 1
Abu el-Numrus 109, III A 2
Abu Fulus 116/117, I E 3
Abu Gharaba 118, IV B 3
Abu Gharadig 100/101, I I/K 5
Abu Hadrija 106/107 H 2
Abu Hamed 106/107 G 3
Abukumagebirge 134/135, I I 5
Abu Simbel 106/107 F/G 2
Abu Zenima 106/107 G 2
Acajutla 160/161, III C 3
Acapulco 160/161, III B 3
Acari 167 C 7
Accra 108, C/D 2
Ach (Fl. zur Ammer) 22, II B 2
Achalm (B.) 19, III B 1
Acharnä 80/81, IV B 1
Acheloos 80/81, I D 5
Achen 22, II D 2
Achenbach (O.) 22, II C 2
Achenkirch 52/53, II C 2
Achenpaß 22, II C 2
Achensee 52/53, II C 2
Achern 20/21 D 3
Achill 62/63, I A 4
Achim 6/7 E 2
Achkarren (Oberrotweil-) 32, III A 1
Achterwehr 8, II A 2
Achtrup 8, I C 2
Achtuba 124/125 F 4/5
Achtubinsk 124/125 F 4
Aci Castello 78, IV B 1
Aci Catena 78, IV B 1
Acireale 78, IV B 1
Aci Sant' Antonio 78, IV B 1
Aci Trezza 78, IV B 1
Acklins 160/161, III E 2
Aconcagua 164/165, I B/C 6
Acre 164/165, I B/C 3
Adaja 74/75, I C 3
Adala 80/81, I H 5
Adama 106/107 G/H 4
Adamaoua 106/107 E 4
Adamellogruppe 52/53, II B 3
Adamsbrücke 136/137, I B 4
Adam's Peak 136/137, I C 4
Adana 116/117, I C 2
Adda 76/77, I D 1
Addis Abeba 106/107 G 4
Adelaide-Insel 171, I P 3
– (O., Australien) 144 F/G 5
Adelberg (Kl.) 19, III C 1
Adelboden 50, III D 2 u. 51, I C 2
Adelmannsfelden 19, III C 1
Adelsberg (Postojna) 79, II
Adélieland 171, 1 G 2/3
Adelsheim 20/21 E 2
Aden 116/117, D/E 7
Adenau 14/15 B 3
Adige = Etsch
Adigrat 106/107 G 3
Adirondacks (G.) 148/149, III H 3
Adler (O.) 123, IV A 2
Adlersruhe 54, II A 2
Admiralitätsinseln 142/143, I E 5
Admont 52/53, II F 2
Adolfseck 18, I B 1
Adour 58/59, I D 5
Adrano 78, IV A 1
Adrar (O.) 106/107 C/D 2
Adrar der Iforas 106/107 D 2/3
Adria (O.) 76/77, IV A 2
Adriatisches Meer 76/77, I E 2–H 4
Adula 51, I D/E 2
Ærø 72, IV C2
Ærøskøbing 6/7 F 1
A-er-shan 130/131, I G 2
Affalterbach 19, III B 1
Afghanistan (St.) 136/137, I A 1
Afjord 73, I B 1
Aflenz 52/53, II G 2
Afognakinsel 148/149, I C/D 3
Afula 118, IV B 2
Afyon 116/117, I B 2
Agadez 106/107 D 3
Agadir 106/107 B/C 1
Ägadische Inseln 76/77, I D/E 5/6
Ägäisches Meer 80/81, I F/G 5/6
Agalega-Inseln 110/111, IV F 3
Agartala 136/137, I D 2
Agats 140/141, III E 3
Agboville 106/107 C 4
Agde 58/59, III A 2
Agen 58/59, I D 4
Ager 52/53, II E 2
Agger (Fl.) 38, I D 3
Agha Djari 116/117, I F 3
Ägina (I. u. O.) 80/81, IV B 2
Agno 52/53, II C 4
Agora (Athen) 80/81, V
Agordat 106/107 G 3
Agordo 52/53, II D 3
Agorro 106/107 G 4
Agout 58/59, I E 5
Agra 136/137, I B 2
Agram = Zagreb
Agri 76/77, I G 4
Agrigento 76/77, I E 6
Agrinion 80/81, I D 5
Aguascalientes 160/161, III B 2
Aguilas 74/75, I E 5
Agulhas Negras 164/165, I E 5
Agung 140/141, V F 3
Ägypten (St.) 106/107, F/G 2
Ahaggar (Hoggar) 106/107 D 2
Ahaus 14/15 B 1
Ahlbeck 6/7 K 1/2
Ahlen 14/15 C/D 2
Ahlerstedt 10/11, II A 2
Ahmadabad 136/137, I B 2
Ahmadnagar 136/137, I B 3
Ahr 14/15 B 3
Ahrensburg 10/11, II C 1
Ahrensfelde 13, I C 1
Ahrenshöft 8, I C 2
Ahrnbach 52/53, II D 2
Ahtopol 80/81, I H 3
Åhus 72, IV E 2
Ahvenanmaa- = Ålandinseln
Ahwar 116/117, I E 7
Ahwas 116/117, I E 3
Aich (Fl.) 19, III B 1
Aichach 20/21 G 3
Aidlingen 19, III A 1
Aigen 52/53, II E/F 1
Aigina = Ägina
Aigle 50, III B/C 2
Aiguebelle 51, I B 3
Aigues-Mortes 58/59, III B 2
Aiguille d'Argentière 98/99, IV B/C 2
Aiguille du Midi 98/99, IV B 2
Aiguilles des Glaciers 98/99, IV B 2
Aiguilles Rouges 50, II A 1
Aiguille Verte 98/99, IV B/C 2
Ai-hui 130/131, I G 1
Ailsa Craig 62/63, I D 3
Ain 58/59, I F 3
Aïn Sefra 106/107 C/D 1
Ain Sukhna 104/105, V C 2
Ain Temouchent 74/75, I D/E 6
Aion 120/121 P 2
Aïr (Azbine) 106/107 D 3
Air Beef 144 C/D 2
Airolo 50, III F 1 u. 51, I D 2
Aisch 20/21 F 2
Aisne 58/59, I F 2
Aist 52/53, II F 1
Aitape 140/141, III F 3
Aitutaki-Atoll 142/143, I L 6
Aix-en-Provence 58/59, III C 2
Aix-les-Bains 55 A/B 3
Ajaccio 58/59, I H 6
Ajagus 120/121 F/G 5
Ajälmarsee 70/71, I C/D 5
Ajan 120/121 M 4
Ajdábiyah 106/107 F 1
Ajdovščina 52/53, II E 4
Äjina = Ägina
Äjion 80/81, I D/E 5
Ajios Efstratios 80/81, I F 5
Ajlun 118, IV B 2
Ajmer 136/137, I B 2
Akaba 118, IV B 5
Akademgorodok 129, I C/D 2
Akaishigebirge 134/135, I H 6
Akassa 106/107 D 4
Aken 39, I C 1
Akersberga 72, III B 1
Aketi 110/111, IV C 1
Akhisar 80/81, I G/H 5
Akimiski 148/149, II G/H 2
Akita 134/135, I H/I 4
Akjoujt 106/107 B 3
Akko (Akre) 118, IV A/B 2
Aklavik 115, II A 2
Akobo (O. u. Fl.) 106/107 G 4
Akola 136/137, I B 2
Akpatok 148/149, II I 1
Akraifnion (Akraiphia) 80/81, IV B 1
Akraiphia = Akraifnion
Akranes 70/71, II B 1
Akre = Akko
Akron 152/153, I D 3
Akropolis (Athen) 80/81 V
Aksai-Chin 130/131, I B 3
Aksum 106/107 G 3
Aktjubinsk 124/125 I 4
Aktogai 120/121 F/G 5
Akureyri 70/71, II C 1
Akyab = Sittwe
Ala 52/53, II C 4
Alabama (Bundesstaat, USA) 148/149, II G 4
– (Fl.) 148/149, II G 4
Alagna Valsesia 50, III D/E 3
Alagon 74/75, I B 4
Alagoas 164/165, I F 3
Alaikette 129, II F/G 3
Alakul 120/121 F/G 5
Alakurtti 70/71, I G 3
Alamo 150, II F 3
Aland (Fl. zur Elbe) 6/7 G 3
Ålandinseln (Ahvenanmaa) 70/71, I D/E 4
Alaotrasee 110/111, IV E 3
Alapajewsk 124/125 K 2
Alasani 123, IV E 3
Alaşehir 80/81, I H 5
Alaska 148/149, I
Alaskakette 148/149, I C/D 2
Alatau 120/121 F/G 5
Alatyr 124/125 F 3
Alawerdi 123, IV C/D 3
Alba 74/75, I C 3
Albacete 74/75, I E 4
Alba Iulia 48/49 L 5
Albaner Berge 78, II B 1/2
Albaner See 78, II B 2
Albanien (St.) 80/81, I D 4
Albanische Alpen 80/81, I C/D 3
Albano Laziale 78, II B 2
Albany (Fl.) 148/149, II G 2
– (O., Australien) 144 B 6
– (O., USA) 152/153, I F 3
Alberobello 76/77, I G 4
Albersdorf 6/7 E 1
Alberta 148/149, II D 2
Albertkanal 56/57, I C/D 3
Albert-Nil 106/107 G 4
Alberton 110/111, V B 2
Albertsee = Mobuto-Sese-Seko-See
Albertville 51, I B 3
Albi 58/59, I E 5
Albig 18, I B 2
Albino 52/53, II A 4
Alboran 74/75, I D 5/6
Ålborg 72, IV C 1
Albristhorn 50, III C/D 1
Albrunpaß 50, III E 2
Albstadt 20/21 D/E 3
Albuch 19, III C 1
Albufera 74/75, I E 4
Albula (P. u. Fl.) 51, I E 2
Albuquerque 148/149, II E 4
Albury 144, H 6
Albuskjell 62/63, III D 3
Alcabideche 74/75, III B 2
Alcalá de Henares 74/75, I D 3
Alcalá la Real 74/75, I D 5
Alcamo 76/77, I E 6
Alcañiz 74/75, I E/F 3
Alcantara (Fl., Italien) 78, IV B 1
– (O., Spanien) 74/75, I B 4
Alcantarilla 74/75, II A 2
Alcázar de San Juan 74/75, I D 4
Alcazarquivir = Ksar el-Kébir
Alcira 74/75, I E 4
Alcoa 156/157, II G 4
Alcobaça 74/75, I A 4
Alcochete 74/75, III B/C 2
Alcoy 74/75, I E 4
Aldabra (I.) 110/111, IV E 2
Aldan (O. u. Fl.) 120/121 M/L 3/4
Aldanhochland 120/121 L 4
Aldeia de Paio Pires 74/75, III B 2
Alderney 62/63, I E 6
Aldingen 19, III B 1
Alegranza 74/75, IV D 1
Alej 129, I B 4
Alejsk 129, I C 3
Aleksinac 80/81, I D/E 3
Alençon 58/59, I D 2
Alentejo 74/75, I A/B 4/5
Alepochori 80/81, IV B 1
Aleppo = Haleb
Alert 170, I N 1
Alès 58/59, III B 1
Alessandria 76/77, I C 2
Ålesund 72, I A 1
Aletschhorn 50, III D/E 2
Alëuten 148/149, I B 3
Alëutenkette 148/149, I B/C 3
Alexanderarchipel 148/149, II B 2
Alexanderinsel 171, I P 3
Alexander-Selkirk-Insel 164/165, I A 6
Alexandra Fiord (O.) 155, II C/D 2
Alexandraland 120/121 C 1
Alexandria (Ägypten) 104/105, V A 1 u. 106/107 F 1
– (Rumänien) 80/81, III A 3
Alexandrowsk 124/125 I 2
Alexandrowskoje 128, IV B 2
Alexandrowsk-Sachalinskij 120/121 N 4
Alexandrupolis 80/81, I F/G 4
Alexin 124/125 D 3
Alfdorf (Schl.) 19, III C 1
Alfeld 6/7 E 4
Alföld = Großes Ungarisches Tiefland
Alfotbre 73, I B 1
Algarve 74/75 A/B 5
Algeciras 74/75, I B/C 5
Algerien (St.) 106/107 C/D 2
Algezares 74/75, II B 2
Alghero 76/77, I B/C 4
Algier (El-Djezair) 74/75, I G 5
Algoabai 110/111, IV C 5
Algolsheim 32, III A 1
Alguaza 74/75, II A 1
Alhambra (Spanien) 74/75, I D 5
Alhandra 74/75, III B 1
Al Hoceima 74/75, I D 6
Alhos Vedros 74/75, III B 2
Alhucemasinseln 74/75, I D 6
Ålhus 73, I C 1
Aliakmon 80/81, I D/E 4
Alicante 74/75, I E/F 4
Alice Springs 144 E/F 3
Alicudi 76/77, I E/F 5
Aligarh 136/137, I B 2
A-ling-shan 130/131, I C 3
Aliskerowo 120/121 P 3
Aliwal North 108, II D 4
Aliweri 80/81, IV B 1
Aljucer 74/75, II A/B 2
Alkersum 8, I A/B 2
Alkmaar 56/57, I C 2
Alkyonideninseln 80/81, IV A 1
Allach-Jun 120/121 M 3
Allahabad 136/137, I B/C 2
Allalinhorn 50, II C 1
Alland 54, III A 2
Alle 47, I E 1
Allegheny (Fl.) 148/149, II H 3
Alleghenygebirge 148/149, II G/H 4
Allenbybrücke 118, IV B 3
Allenstein (Olsztyn) 48/49 K 2
Allentown 152/153, I E/F 3
Allentsteig 52/53, II G 1
Alleppey 136/137, I B 4
Aller 6/7 E 3
Allersberg 20/21 G 2
Allgäu 20/21 E/F 4
Allgäuer Alpen 20/21 E/F 4
Allier 58/59, I E 4
Allinge 72, IV E 2
Allstedt 39, I A 2
Alma 152/153, I G 1
Alma-Ata 120/121 F 5
Almada 74/75, III B 2
Almadén 74/75, I C 4
Almalyk 129, II E 2
Almasfüzitö 30/31 H 5
Almelo 6/7 B 3
Almeria 74/75, I D 5
Almetjewsk 124/125 H 3
Almoçageme 74/75, III A/B 1
Alnwick 62/63, I E/F 3
Alor 140/141, III D 3
Álora 74/75, I C 5
Alor Setar 136/137, I D/E 4
Alpbach (O.) 55 D/E 2
Alpe d'Huez 55 A/B 3
Alpen (G.) 82/83, I G/H 6/7 u. 55
– (O). 38, I A/B 1
Alpena 152/153, I D 2
Alpenvorland 20/21 E–H 3
Alphonse 110/111, IV F 2
Alphubel 50, II C 1
Alquerias 74/75, II B 1
Als = Alsen
Alsamaj 128, V A 1
Alsdorf 14/15 B 3
Alsen (Als) 72, IV B 2
Alsenz 14/15 C 4
Alsfeld 14/15 E 3
Alsheim 18, I B 2
Alsleben 39, I B 1
Alster 10/11, II C 1
Alta 70/71, I E 2
Altaelv 70/71, I E 2
Altafjord 70/71, I E 2
Altai (G.) 120/121 G 4
– (O.) 130/131, I D 2
Altamira (Brasilien) 164/165, I D 3
– (Spanien) 74/75, I C 2
Altamura 76/77, I G 4
Altbach 19, III B 1
Altdöbern 39, II B 1
Altdorf (Baden-Württ.) 19, III A 1
– (Schweiz) 51, I D 2
Altefähr 8, III A 2
Alte IJssel 6/7 B 4
Altena 38, I D 2
Altenau 4, III
Altenbeken 14/15 D 2
Altenberg (O.) 14/15 I 3
Altenburg 14/15 H 3
Altenerding 22, II C 1
Altenesch 10, I B 2
Altenhain 39, I D 2
Altenhof 8, II A 2
Altenkirchen (Rheinland-Pfalz) 14/15 C 3
– (Rügen) 8, III A 1
Altenstadt (Kreis Hanau) 18, I C 1
– (Kreis Weilheim) 22, II A 2
Altensteig 20/21 D 3
Altentreptow 6/7 I 2
Altenwörth 52/53, II G 1
Altes Land 10/11, II B 2
Altforweiler 38, I A 1
Althegnenberg 22, II B 1
Althengststedt 19, III A 1
Althofen 52/53, II F 3
Althütte 19, III C 1
Altin Tagh 130/131, I C/D 3
Altiplano 168/169, I A/B 2
Altkastilien 74/75, I C 3 – D 2
Altkirch 51, I C 1
Altkönig 18, I B/C 1
Altlandsberg 13, I C 1
Altlünen 38, I C/D 1
Altmark 6/7 F/G 3
Altmühl 20/21 G 3
Alto Duro 110/111, I A 2
Altötting 20/21 H 3
Altstätten 51, I E 1
Alturas 150, II C 1
Alturitas 166, III A 2

Balsthal 51, I C 1
Balta 48/49 O 5
Baltijsk = Pillau
Baltimore 152/153, I E/F 4
Baltischer Landrücken 82/83, I I 5–L 4
Baltmannsweiler 19, III B/C 1
Baltrum 6/7 C 2
Baluba 110/111, IV C 2
Balya 80/81, I G 5
Balzenheim 32, III A 1
Bam 116/117, I G 4
Bamako 108, I B 1
Bambari 106/107 F 4
Bamberg 20/21 F 2
Bambili 110/111, IV C 1
Bamboutogebirge 106/107 D/E 4
Bamenda 106/107 D/E 4
Bamian 136/137, I A 1
Banana 110/111, IV B 2
Banat (L.) 48/49 K 6
Banater Gebirge 48/49 K/L 6
Banda Atjeh (Kutaradja) 136/137, I D 4
Bandama 108, I B/C 2
Bandar 136/137, I C 3
Bandar Rompin 136/137, I E 4
Bandar Seri Begawan (Brunei) 140/141 III C 2
Bandasee 140/141, III D 3
Bandirma 116/117, I A 1
Banjarmasin 140/141, III C 3
Bandundu 110/111, IV B 2
Bandung 140/141, V B/C 2
Banff (Kanada) 148/149, II D 2
– (Schottland) 62/63, I E 2
Bangala 110/111, IV B 1
Bangalur 136/137, I B 3
Bangaon 138/139, IV C 2
Bangassou 106/107 F 4
Bang-fou 130/131, I F 3
Bangka 136/137, I E 5
Bangkok (Krung Thep) 136/137, I E 3
Bangladesh 136/137, I C/D 2
Bangor (England) 62/63, I D/E 4
– (Maine, USA) 152/153, I G 2
– (Nordirland) 62/63, I D 3
Bangui 106/107 E 4
Bangweulusee 109, II A/B 4
Bani 108, I B/C 1
Banias 116/117, I C 2
Banja Luka 76/77, I G 2
Banjul (Bathurst) 106/107 B 3
Banksinsel 155, II A/B 2
Banksstausee 150, I D 2
Banksstraße 144 H 7
Bank von Campeche 160/161, III C/D 2
Bann 62/63, I C 3
Bannu 136/137, I A/B 1
Banská Bistrica 48/49 I 4
Banská Stiavnica 30/31 H 4
Banstead 61, I B 2
Bantry (O.) 62/63, I B 5
Bantrybai 62/63, I A/B 5
Banyuwangi 140/141, V E/F 3
Banz 20/21 F 1
Bao-ding 130/131, I F 3
Bao-ji 130/131, I E 3
Bao-tou 130/131, I E/F 2
Baoulé (O.) 108, I B 1
Bapsfontein 110/111, V B 1
Bar 76/77, I H 3
Barabaebene 120/121 F 4
Baracaldo 74/75, I D 2
Baracoagebirge 160/161 F 2
Bărăgan 48/49 N 6
Barakar 138/139, IV B 1
Barakat 104/105, VI A 1
Baranagar 138/139, IV C 2
Baranowitschi 48/49 N 2
Barbados (I. u. St.) 160/161, III G 3
Barberton 108, II E 3
Barbizon 60, I C 3
Barbuda 160/161, III F 3
Barcares 58/59, I E 5
Barcelona (Spanien) 74/75, I G 3
– (Venezuela) 167 D/E 2
Barcelonnette 55 B 3
Barcelos 167 E 4
Bardaï 106/107 E 2
Bardas Blancas 168/169, I B 6
Bardejov 48/49 K 4
Bardera 106/107 H 4
Bardiya 106/107 F 1
Bardolino 52/53, II B 4
Bardowick 6/7 F 2
Bareilly 136/137, I B/C 2
Barendrecht 56/57, VI D 2
Bäreninsel 70/71, I D/E 1
Barentin 58/59, II B 1
Barentsburg 90/91, II B 1
Barentsinsel 90/91, II D 1
Barentssee 112/113, III C/D 2
Bargfeld-Stegen 10/11, II C 1
Bargstedt 10/11, II A 2
Bargteheide 10/11, II C 1
Bargum 8, I C 2
Bargusin 120/121 I/K 4
Bari 76/77, I G 4
Barinas 166, III A 2
Baris 106/107 G 2
Barisal 138/139, IV D 3
Barito 140/141, III C 3
Barkelsby 8, II A 1
Barklytafelland 114 F 2
Bar-Köl 130/131, I D 2
Bar-le-Duc 58/59, I F 2
Barletta 76/77, I G 4
Barlt 33, VII B 1
Barmstedt 10/11, II B 1
Barnaul 129, I C 3
Barnstaple 62/63, I D/E 5
Baro 108, I E 2
Barobai 134/135, I B 6
Barotse 110/111, IV C 3
Barquisimeto 166, III B 1
Barra (I., Schottland) 62/63, I B/C 2
– (O., Brasilien) 164/165, I E 4
Barracouta 144 H 6
Barrancabermeja 167 C 2
Barranquilla 167 B/C 1
Barraute 152/153, I E 1
Barreiras 164/165, I E 4
Barreiro 74/75, III B 2
Barrengrounds 148/149, II H 2
Barrow (Fl., Irland) 62/63, I C 4
– (I., Australien) 142/143, I B 7
– in Furness (England) 62/63, I E 3
– (O., Alaska, USA) 148/149, I C 1
– (O., Australien) 144 A/B 3
Barsbüttel 10/11, II C 1
Barsfleth 8, I B/C 3
Barsinghausen 9, II A 2
Barstow 150, II E 4
Bar-sur-Aube 58/59, I F 2
Bartenstein (Bartoszyce) 47, I E 1
Barth 6/7 H 1
Bartholomä 19, III C 1
Bartica 164/165, I D 2
Bartmannshagen 8, III A 2
Bartoszyce = Bartenstein
Baruni 138/139, IV B 1
Baruntse 136/137, II A 2
Barun-Urt 130/131, I F 2
Baruth 6/7 I 3
Barysch 124/125 F 3
Basankusu 110/111, IV B/C 1
Basardjusju 123, IV E 3
Basel 51, I C 1 u. 51, II
Basento 76/77, I G 4
Ba-shi-Straße 130/131, I G 4
Basilan 140/141, III D 2
Basildon 61, I C/D 1
Baskische Provinzen 74/75, I D 2
Baskuntschaksee 124/125 F/G 4
Basodino 50, III E/F 2
Basoko 110/111, IV C 1
Basra 116/117, I E 3
Bassano del Grappa 52/53, II C 4
Bassas da India 110/111, IV D 4
Bassein 136/137, I D 3
Bass-Straße 144 H 6
Bassum 6/7 D 3
Båstad 72, IV D 1
Bastia 58/59, I H 5
Bastogne 56/57, I D 4
Basus 109, III A 1
Basutoland = Lesotho
Bata 106/107 D 4
Batak 136/137, I D 4
Batalha 74/75, I A 4
Ba-tang 130/131, I D/E 4
Batangafo 106/107 E 4
Bataninseln 130/131, I G 4
Bath 62/63, I E 5
Barhurst = Banjul (Gambia)
– (Quebec, Kanada) 148/149, II I 3
Bathurst Inlet 155, II B 2
Bathurstinsel 144 D 1
Batjan 140/141, III D 3
Baton Rouge 148/149, II F/G 4
Batouri 106/107 E 4
Batschka 80/81, I C 2
Båtsfjord 70/71, I G 2
Battambang 136/137, I E 3
Batu 106/107 G 4
Batu-Inseln 136/137, I D 5
Batumi 123, IV B 3
Bat Yam 118, IV A 2
Bauchi 106/107 D/E 3
Baume-les-Dames 51, I B 1
Baumholder 14/15 C 4
Baunach 20/21 F 1
Baunatal (O.) 14/15 E 2
Bauru 168/169, I F 3
Bauschlott 19, III A 1
Bautzen 14/15 K 2
Bawean 140/141, V E 1
Bayamo 160/161, II E 2
Ba-yan-ka-la-shan 130/131, I D 3
Bayburt 123, IV A/B 3
Bay City 152/153, I D 3
Bayerischer Wald 20/21 H 2–I 3
Bayern 20/21 F–H 3
Bayersoien 22, I A/B 2
Bayeux 58/59, I C 2
Bayon 20/21 B 3
Bayonne (Frankreich) 58/59, I C 5
Bayovar 167 A 5
Bayram-Ali 129, II B 4
Bayreuth 20/21 G 2
Bayrischzell 20/21 G/H 4
Baza 74/75, I D 5
Bazaruto 110/111, IV D 4
Beaconsfield 61, I A 1
Béarn 58/59, I C 5
Beatty 150, II E 3
Beaucaire 58/59, III B 2
Beauchamp 60, I B 1
Beaufortsee 146 E/F 2
Beaufort West 108, II C 4
Beauharnois 152/153, I F 2
Beaumont 155, IV C/D 2
Beaune 58/59, I F 3
Beauvais 58/59, I D/E 2
Beaver 156/157, II E/F 4
Bebenhausen (Kl.) 19, III B 1
Bebra 14/15 E 3
Bec d'Epicoune 50, II A 2
Bečej 80/81, I D 2
Béchar 106/107 C 1
Bechen 38, I C 2
Bechler (Fl. u. O.) 151, IV
Bechtolsheim 18, I B 2
Bechuanaland 110/111, IV C 4
Beckingen 38, II A 1
Beckum 14/15 D 2
Becov = Petschau
Bédarieux 100/101, I D 2
Bedburg 38, I B 3
Beddingen (Salzgitter-) 41, III
Bedekovčina 52/53, II G/H 3
Bederkesa 6/7 D/E 2
Bedford (England) 62/63, I F/G 4
– (Indiana, USA) 152/153, I C 4
Bednja 52/53, II H 3
Bedok 140/141, IV B 1
Bedretto 50, III E/F 1
Będzin 47, II C 1
Beelitz 6/7 I 3
Beemster 56/57, II B/C 2
Beerfelden 14/15 D 4
Beer Menuha 118, IV A/B 4
Beer Ora 118, IV A 5
Beersheba (Be'er Sheva, O. u. Fl.) 118, IV A 3
Beeskow 6/7 K 3
Bega 48/49 L 6
Begitschew-Insel 120/121 K 2
Behnkendorf 8, III A 2
Behringersdorf 22, I B 2
Bei-hai (Pakhoi) 130/131, I E 4
Bei-jing = Peking
Beilngries 20/21 G 2
Beimerstetten 19, III C 2
Beinn Dearg 62/63, I D 2
Beinum (Salzgitter-) 41, III
Beira (L., Portugal) 74/75, I A/B 3/4
– (O., Moçambique) 108, II E/F 1
Beirut 116/117, I B/C 3 u. 119, II
Bei-shan 130/131, I D 2
Beitbridge 108, II D/E
Beit-Lahm = Bethlehem
Beja (Portugal) 74/75, I B 4
– (Tunesien) 76/77, I C 6
Bejaia 100/101, I E 3
Bejar 74/75, I C 3
Bekabad 129, II E 2
Bekdash 116/117, I F 1
Békéscsaba 48/49 K 5
Bela (Pakistan) 136/137, I A 2
Bela Crkva 80/81, I D 2
Belaja 123, IV B 1/2
Belas 74/75, III B 1
Belchen (B., Schwarzwald) 20/21 C 4
Belchen, Großer- 20/21 B/C 4
Belcherinseln 148/149, II G 2
Belebej 124/125 H 3
Belém (Lissabon) 74/75, III B 2
– (Pará, Brasilien) 164/165, I E 3
Béler Tatra 47, III B 1
Belet Uen 106/107 H 4
Belfast 62/63, I D 3
Belfort 51, I B 1
Belgard (Bialogard) 48/49 G 1
Belgaum 136/137, I B 3
Belgien 56/57, I B–D 4
Belgrad (Beograd) 80/81, I C/D 2
Belinga 106/107 E 4
Belitung = Billiton
Belize (Britisch-Honduras, O. u. St.) 160/161, III D 3
Bellano 51, I E 2
Bella Unión 168/169, I D 5
Belle Ile 58/59, I B 3
Bellin (Payne Bay) 148/149, II H 1/2
Bellingham 150, I B/C 1
Bellingshausensee 171, I O 2/3
Bellinzona 51, I E 2
Bellmullet 62/63, I B 3
Belluno 52/53, II D 3
Belmez 74/75, I C 4
Belmopan 160/161, III D 3
Belmonte 168/169, I H 2
Belo Horizonte 168/169, I F/G 2
Belugasee 155, I B 1
Belum 8, I B/C 4
Belutschistan 136/137, I A 1/2
Belvedere (O.) 50, II C 2
Belvedere Marittimo 76/77, I F 5
Belzig 6/7 H 3
Belzy 48/49 N 5
Bemaraha 110/111, IV E 3
Bempflingen 19, III B 1
Benadir 106/107 H 4
Benavente 74/75, I B/C 3
Benbecula 62/63, I B/C 2
Bender Abbas 116/117, I G 4
Bender Mashur 116/117, I E/F 3
Bender Schah 116/117, I F 2
Benderý 48/49 O 5
Bene Beraq 118, V A 2
Benediktbeuren 22, II B 2
Benediktenwand 22, II B/C 2
Bénestorff 20/21 B 3
Benevento 76/77, I F 4
Benfleet 61, I D 1
Bengalen 138/139, IV
Bengasi (Benghazi) 106/107 E 1
Bengkulu 136/137, I E 5
Benguela 110/111, IV B 3
Benha 104/105, V B 1
Beni 164/165, I C 4
Beni-Abbès 106/107 C 1
Benidorm 74/75, I E/F 4
Beni Mazar 106/107 F/G 2
Benin (Dahomey) 106/107 D 3/4
– (O.) 108, I E 2
Beni Saf 100/101, I C 3
Beni Suef 104/105, V B 2
Benjamin Constant 167 C 4
Ben Lawers 62/63, I D/E 2
Ben Macdhui 62/63, I D/E 2
Ben More Assynt 62/63, I D 1
Bennebroek 56/57, V A 2
Ben Nevis 62/63, I D 2
Bennigsen 9, II B 2
Benoni 110/111, V B 2
Benrath (Düsseldorf-) 38, I B 2
Bensberg 38, I C 3
Bensert (Bizerte) 76/77, I C/D 6
Bensheim 14/15 D 4
Bentheim 6/7 C 3
Benue 106/107 D 4
Ben Wyvis 62/63, I D 2
Ben-xi 130/131, I G 2
Berat 80/81, I C 4
Beraun (Berounka) 20/21 I 1/2
Bebera 106/107 H 3
Berbérati 106/107 E 4
Berca 80/81, III B 1
Berchtesgaden 20/21 H/I 4
Berditschew 48/49 O 4
Berdjansk 124/125 D 5
Berdsk 129, I C 2
Beresina (Fl. zum Dnjepr) 124/125 B 3
– (Fl. zum Njemen) 48/49 N 1/2
Beresniki 124/125 H/I 1
Beresowo 128, V A 2
Berg 22, II B 2
Bergama 80/81, I G 5
Bergamasker Alpen 52/53, II A/B 4
Bergamo 52/53, II A 4
Bergell 51, I E 2
Bergen (Kreis Celle) 6/7 E 2
– (Norwegen) 70/71, I A 4
– (Rügen) 8, III A 2
Bergen op Zoom 56/57, III B 1/2
Bergerac 58/59, I D 4
Bergeshövede 45, III
Bergfelde 13, I B 1
Bergheim 38, I B 3
Bergholz-Rehbrücke 13, I A 2
Berghülen 19, III C 2
Bergisches Land 38, I C 2/3
Bergisch-Gladbach 38, I C 3
Bergkamen 38, I D 1
Bergland von Guyana 162 D/E 4
Bergland von Fouta Djalon 106/107 B 3
Bergland von Jos 106/107 D 3/4
Berglen 19, III B/C 1
Berg Meron 118, IV B 1
Bergneustadt 38, I D 2
Bergschenhoek 56/57, VI D 2
Bergshamra 72, III B 2
Berg Tabor 118, IV B 2
Bergwitz 39, I D 1
Berg Zion 118, I
Berhampur 136/137, I C 3
Beringmeer 146 A–C 4
Beringowskij 120/121 Q/R 3
Beringstraße 148/149, I A/B 2
Berkel (Fl. zur IJssel) 6/7 B 3
– (O.) 56/57, VI C 1
Berkhamstead 61, I A 1
Berknerinsel 17, I Q 1/2
Berkovica 80/81 E 3
Berleburg 14/15 D 2
Berlenga-Inseln 74/75, I A 4
Berlin (Ost) 13, I B/C 1;
– (West) 13, I A/B 1;
Bermejo 168/169, I C 3
Bermeo 86/87, I C 4
Bermuda-Inseln 156/157, II I 4
Bern 51, I C 2
Bernau 13, I C 1
Bernburg 39, I B 1
Berndorf 52/53, II G/H 2
Berne 10, I A 2
Berner Alpen 50, III C 2–E 1
Bernhausen 19, III B 1
Bernina (Paß) 51, I F 2
Bernina, Pik- 51, I E 2
Berninagruppe 51, I E 2
Bernkastel-Kues 14/15 C 4
Beograd = Belgrad
Beromünster 51, I D 1
Beroun 20/21 K 2
Berounka = Beraun
Berre 58/59, III C 2
Berrenrath 40, I
Berry 58/59, I D/E 3
Bersenbrück 6/7 C 3
Bertschogur 120/121 D/E 5
Berwick-upon-Tweed 62/63, I F 3
Beryl 62/63 III C 2
Berzdorf 30/31 F 3
Besançon 51, I A/ B 1
Beskiden 48/49 I/K 4
Besor 118, IV A 3
Bessarabien 48/49 N 4–O 6
Bessed 48/49 P 2
Bessin 8, III A 1
Besso 50, II B 1
Betanzos 74/75, I A/B 2
Bethanien 108, II B 3
Bethel (Alaska, USA) 148/149, I B 2
– = Ramallah (Israel)
Bethlehem (Beit-Lahm, Israel) 118, IV B 3
– (Pennsylvania) 152/153, I F 3
– (Südafrika) 110/111, IV C 4
Betim 168/169, I G 2
Betpak Dala (Hungersteppe) 120/121 E/F 5
Betroka 110/111, IV E 4
Bet Shean 118, IV B 2
Bettles Field 156/157, I C 2
Bettringen 19, III C 1
Betwa 136/137, I B 2
Betzdorf 14/15 C 3
Beucha 39, I D 2
Beuel (Bonn-) 16, I
Beuerberg 22, II B 2
Beuna 39, I B 2
Beuren 19, III B 1
Beuron (Kl.) 20/21 D/E 3
Beuthen (Bytom) 47, II B 1
Beuvronne 60, I C 1/2
Beuzeville 58/59, II A 2
Beverly Hills 154, III
Bevern 10/11, II A 2
Beverstausee 38, I C 2
Beverstedt 10, I B 2
Beverungen 14/15 E 2
Beverwijk 56/57, V A 1
Bex 50, III C 2
Bexbach 38, II B 1
Bexhövede 10, I B 2
Bezau 52/53, II A/B 2
Béziers 58/59, III A 2
Bezuljak 79, II B 2
Bhadravati 136/137, I B 3
Bhagalpur 138/139, IV B 1
Bhatinda 138/139, III D 2
Bhatpara 138/139, IV C 2
Bhaun 138/139, III C 1
Bhaunagar 136/137, I B 2
Bhima 136/137, I B 3
Bhopal 136/137, I B 2
Bhutan 136/137, I C/D 2
Biak 140/141, III E 3
Białka 47, III B 1
Białogard = Belgard
Białystok 48/49 L 2
Biancavilla 78, IV A 1
Biarritz 58/59, I C 5
Biasca 51, I E 2
Biberach 20/21 E 3
Bibione 52/53, II E 4
Bicaz 48/49 M/N 5
Bichl 22, II B 2
Bickensohl 32, III A 1
Bida 108, I E 2
Bié (O. u. L.) 110/111, IV B 3
Biebesheim 18, I B 2
Biebrich (Wiesbaden-) 18, I B 1
Biebrza 48/49 L 2
Biedenkopf 14/15 D 3
Biel (Bienne) 51, I C 1
Bielawa = Langenbilau
Bielefeld 14/15 D 1
Bieler See 51, I C 1
Biella 51, I D/E 3
Bielsko-Biała 48/49 I/K 4
Bielsk Podlaski 48/49 L 2
Bielstein (Wiehl-) 38, I C 3
Bienne = Biel
Bière 50, III A 1
Bieringen 19, III A 2
Bierstein (Wiesbaden-) 18, I B 1
Biese 6/7 G 3
Biesenthal 6/7 I 3
Biesheim 32, III A 1
Bietigheim-Bissingen 19, III B 1
Bietigheim 20/21 D 3
Big Bend-Nationalpark 148/149, II E 5
Biggestausee 38, I D 2
Bignasco 50, III E/F 2
Bihac 80/81, I A/B 2
Bihar (B., Rumänien) 48/49 L 5
– (Provinz, Indien) 136/137, I C 2
Bija 129, I E 3
Bi-jie 130/131, I E 4
Bijsk 129, I D 3
Bikaner 136/137, I B 2
Bikin 120/121 M 5
Bikiniatoll 142/143, I G 3
Bilaspur 136/137, I C 2
Bilbao 74/75, I D 2
Bilin 136/137, I D 3
Bilina = Biela
Bille 10/11, II C 1
Billercay 61, I C 1
Billings 148/149, II D/E 3
Billiton (Belitung) 136/137, I E 5
Billund 72, IV B 2
Bilma 106/107 E 3
Bilogebirge 52/53, II H 3/4
Bima 140/141, III C 3
Bin Dinh 136/137, I E/F 3
Bingen 18, I A 2
Bingham 150, II G 1
Binghamton 152/153, I E/F 3
Binn 50, III E 2
Binz 8, III B 2
Birao 106/107 F 3
Birawka 47, II A 1
Birdjan 116/117, I G/H 3
Birdum 144 E 2
Bir el-Atrun 106/107 F 3
Birkeneck 22, II C 1
Birkenfeld 14/15 C 4
Birkenhead 62/63, I E 4
Birkenwerder 13, I B 1
Birkfeld 52/53, II G 2
Birkholz 13, I C 1
Birlad 48/49 N 5
Birma 136/137, I D 2
Birmingham (Alabama, USA) 148/149, II G 4
– (England) 62/63, I E/F 4
Bir Moghreim 106/107 B/C 2
Birnbaum (Międzychód) 48/49 G/H 2
Birnlücke (P.) 52/53, II D 2
Birobidshan 120/121 M 5
Birougouberge 110/111, IV B 2
Birs 51, I C 1
Birsk 124/125 H 3
Bisamberg 54, III A 1
Bisbee 156/157, II D/E 4
Bisceglie 76/77, I G 4
Bischoffingen 32, III A 1
Bischofsheim (Kreis Groß-Gerau) 18, I B 1/2
–, Maintal- 18, I C 1
Bischofshofen 52/53, II E 2
Bischofswerda 14/15 K 2
Bischofswiesen 20/21 H/I 4
Bischwiller 20/21 C 3
Bishop Rock 62/63, I C 6
Bishop's Stortfort 61, I C 1
Biskra 106/107 D 1
Bislich 38, I A/B 1
Bismarck (Nord-Dakota, USA) 148/149, II E 3
Bismarckarchipel 142/143, I E/F 5
Bismarckshütte (Mandara) 109, I A 2
Bismark (Bezirk Magdeburg) 6/7 G 3
Bispingen 6/7, F 2
Bissagosinseln 106/107 B 3
Bissau (O.) 106/107 B 3
Bistrita (O. u. Fl.) 48/49 M 5
Bitburg 14/15 B 4
Bitche 20/21 C 2
Bitola 80/81, I D 4
Bitonto 76/77, I G 4
Bitterfeld 39, I C 1
Bitterfontein 108, II B 4
Bitterrootkette 148/149, II D 3
Biwasee 134/135, I G 6
Bjelaja 124/125 H 3
Bjelaja-Zerkow 48/49 P 4
Bjelgorod 124/125 D 4
Bjelograd 120/121 B 4
Bjelojesee 124/125 D 1
Bjelomorsk 120/121 B 3
Bjelorezk 124/125 I 3
Bjelosersk 124/125 D 2
Bjelousowka 129, I C 4
Bjelovar 52/53, II H/I 4
Bjelowo 129, I E 2
Bjelucha 120/121 G 5
Bjelyj-Insel 120/121 E/F 2
Bjordal 73, I B 1
Blackburn 62/63, I E 4
Black Hills 148/149, II E 3
Blackpool 62/63, I E 4
Black Rock Wüste 150, II D 1
Blackwater 62/63, I B/C 4
Blagoevgrad 80/81, I E 3
Blagoweschtschenka 129, I A/B 3
Blagoweschtschensk 120/121 L/M 4
Blair Athol 144 H 3
Blanca Peak 148/149, II E 4
Blanchisseuse 160/161, IV B 1
Blanc Sablon 148/149, II I/K 2
Blanding 156/157, II D/E 4
Blankenburg 6/7 F/G 4
Blankenfelde 6/7 I 3
Blankenhain 14/15 B 3
Blantyre 110/111 D 3
Blåskavl 73, I D 2
Blatná 20/21 I 2
Blatten 50, III D 2
Blatzheim 40, I
Blau (Fl.) 20/21 E 3
Blaubeuren 20/21 E 3
Blaue Berge (Neusüdwales, Australien) 144, H/I 5
– (Oregon, USA) 148/149, II D 3
Blaue Grotte = Grotta Azzurra
Blauer Nil = Abbai
Blauort 8, I B 3
Blåvands Huk 72, IV A/B 2
Blaye 58/59, I C 4
Blechhammer (Blachownia Slaska) 47, II A 1
Bleckede 6/7 F 2
Bled 52/53, II F 3
Blega 73, I B 1
Bleia 73, I D 1
Bleiburg 52/53, II F 3
Bleicherode 14/15 F 2
Bleilochtalsperre 14/15 G 3
Bleiwijk 56/57, VI C/D 1
Blekinge 72, IV E 1
Blenheim 145, V B/C 3
Blida 74/75, I G 5
Blidö (I. u. O.) 72, III B 1
Blies 38, II B 2
Bliesgau 38, II B 2
Blieskastel 38, II B 2
Blinnenhorn 50, III E 2
Blitta 108, I D 2
Bloemendaal 56/57, V A 1
Bloemfontein 108, II C/D 3
Blois 58/59, I D 3
Blokhus 72, IV B 1
Blonay 50, III B 2
Blovice 20/21 I 2
Bludenz 52/53, II A 2
Bluefields 160/161, III D 3
Bluff 145, V A 4
Blumberg 13, I C 1 u. 20/21 D 4
Blumenau 168/169, I F 4
Blyth 62/63, I F 3
Bo 108, I A 2
Bø 73, I B 1
Boac 140/141, I B 2
Boa Vista (I., Kapverdische Inseln) 102/103, I B/C 4
– (O., Brasilien) 167 E 3
Bober (Bóbr) 48/49 G 3
Bobigny 60, I B 2
Böbing 22, II A/B
Bobingen 20/21 F 3
Böbingen 19, III C 1
Böblingen 19, III B 1
Bobo Dioulasso 108, I C 1
Bóbr = Bober
Bobruisk 48/49 O 2
Boca do Acre 167 D 5
Bochnia 48/49 K 3
Bocholt 14/15 B 2
Bochum 38, I C 2 u. 14/15 C 2
Bock 8, III A 2
Bockhorn 6/7 C/D 2
Bodaibo 120/121 K 4
Bødal 73, I D 1
Boddington 144 B 5
Bode 6/7 G 4 u. 14/15 G 2
Bodélé 106/107 E 3
Boden 70/71, I E 3
Bodenheim 18, I B 2
Bodenmais 20/21, I 2
Bodensee 20/21 E 4
Bodenwerder 6/7 E 4
Bodö 70/71, I C 3
Bodrog 48/49 K 4
Bodrum 80/81, I G 6
Bóe 106/107 B 3
Boende 110/111, IV C 2
Bogdo-Uul 130/131, I C/D 2
Bogen 20/21 H 3
Bogenfels 110/111, IV B 4
Bogor 140/141, V B 2
Bogotá 167 C 3
Bogotol 129, I F 1
Boguszowice 47, II B 2
Bogutschanystausee 120/121 H 4
Bo-Hai 130/131, I F 3
Böhlen 14/15 H 2
Böhmerwald 20/21 I 2/3
Böhmisches Mittelgebirge 20/21 I/K 1
Böhmisch Leipa (Ceská Lipa) 14/15 K 3
Böhmisch-Mährische Höhe 48/49 G/H 4
Böhmkirch 19, III C 1
Bohmte 6/7 D 3
Bohol 140/141, III D 2
Bohor 52/53, II G 3
Böhringen 19, III B/C 2
Boise 148/149, II D 3
Bois-le-Roi 60, I C 3
Boissy-le-Sec 60, I B 3
Boite 52/53, II D 3
Boizenburg 6/7 F 2
Bojana 80/81, I C 4
Bøjden 72, IV B 2
Bokaro 138/139, IV A 1/2
Boké 106/107 B 3
Bokel (Reg.-Bez. Aurich) 33, V
– (Reg.-Bez. Stade) 10, I B 2
– (Schleswig-Holstein) 10/11, II B 1
Bokelermoor (O.) 33, V
Boknafjord 72, I A 2
Boksburg 110/111, V B 2
Boksitogorsk 124/125 C 2
Bolbec 58/59, II A 1
Boldesti 80/81, III B 1
Boleslawiec = Bunzlau
Bolgatanga 108, I C 1
Bolgrad 48/49 O 6
Bolivar 164/165, I C 2
Bolivien (St.) 164/165, I C 4
Bölkow 10/11, III
Boll 19, III C 1
Bollnäs 70/71, I C/D 4
Bollwiller 20/21 C 4
Bölmen 72, IV D 1
Bologna 76/77, I D 2
Bolotnoje 129, I C/D 2
Bolschewik-Insel 120/121 I/K 2
Bolsenasee 76/77, I D 3
Bolsón de Mapimi 160/161, III B 2
Boltenhagen 6/7 F/G 2
Boltingen 50, III C 1
Bolton 62/63, I E 4
Bolzano = Bozen
Boma 110/111, IV B 2
Bombach 32, III B 1
Bombay 136/137, I B 3
Bombon 60, I C 2
Bomi Hills 108, I A 2
Bom Jesus da Lapa 168/169, I F/G 1
Bomu 108, I E 3
Bonaire 167 D 1
Bonampak 160/161, III C 3
Bondo 110/111, IV C 1
Bondorf 19, III A 1
Bondoukou 106/107 C 4
Bône = Annaba
Bönen 38, I D 1
Bonga 106/107 G 4
Bongor 106/107 E 3
Bongsieler Kanal 8, I B 2
Bonifacio 58/59, I H 6
Boningraben 142/143, I E 1–2
Bonininseln 142/143, I E 2
Bonn 16/17, I u. 14/15 C 3
Bonnefjord 72, II A 2
Bonneville 51, I B 2
Bonnières 60, I A 1
Bonthe 106/107 B 4
Bonthiabai 148/149, II G 1
Bonthiahalbinsel 155, II C 2
Booué 110/111, IV B 1
Bopfingen 20/21 F 3
Boppard 14/15 C 3
Bopser (B.) 19, III B 1
Bor (Jugoslawien) 80/81, I E 2
– (Sudan) 106/107 G 4
– = Haid (Tschechoslowakei)
Boran 106/107 G 4
Borås 72, IV D 1
Bordeaux 58/59, I C 4
Bordelum 8, I B 2
Bordeyri 70/71, II B 1

Bor

Chan-jiang (Isamkong) 130/131, I F 4
Chankasee 120/121 M 5
Chanthaburi 136/137, I E 4
Chanty-Mansijsk 128, IV A 2
Chao-an 130/131, I F 4
Chao-yang (Guang-dong, V. R. China) 130/131, I F 4
Chapada Diamantina 164/165, I E 4
Charabali 124/125, F/G 5
Charchan (Qie-mo) 130/131, I/C 3
Char Choto 130/131, I E 2
Charente 58/59, I C 4
Charkhlik (Ruo-qiang) 130/131, I C 3
Charkow 124/125 D 4
Charleroi 56/57, I C 4
Charleston (Süd-Carolina, USA) 148/149, II H 4
– (West-Virginia, USA) 152/153, I D 4
Charleville (Australien) 144 H 4
– -Mézières (Frankreich) 58/59, I E/F 2
Charlotte 148/149, II G/H 4
Charlottetown 148/149, II I 3
Charmes 20/21 B 3
Charmey 50, III C 1
Char Nuur 130/131, I D 3
Chartres 58/59, I D/E 2
Chartrettes 60, I C 3
Chasseral 51, I C 1
Chasseron 51, I B 2
Chatanga (O. u. Fl.) 120/121 I 2
Châteaubriant 58/59, I C 3
Château des Dames 50, III B 2
Château d'Oex 50, III C 2
Châteaudun 58/59, I D 2
Châteauroux 58/59, I D/E 3
Château-Salins 20/21 B 3
Châtel 20/21 B 3
Châtellerault 58/59, I C/D 3
Châtel-Saint Denis 50, III B 1
Chatham (England) 61, I D 2
– (Ontario, Kanada) 152/153, I D 3
Chathaminseln 142/143 I 9
Châtillon (Italien) 51, I C 3
– -sur-Seine (Frankreich) 58/59, I F 3
Chatou 60, I B 2
Chattanooga 148/149, II G 4
Chaumes-en-Brie 60, I C 2
Chaumont 58/59, I F 2
Chaussy 60, I A 1
Chaves 74/75, I B 3
Chawast 129, II E 2
Cheb = Eger
Chechaouen 74/75, I C 6
Cheduba 136/137, I D 3
Chelansee 150, I C 1
Chelles 60, I C 2
Chelm 48/49 L 3
Chelmek 47, II C 2
Cheltenham 62/63, I F 5
Chemnitz = Karl-Marx-Stadt
Chemtschik 129, I G 4
Chenab 136/137, I B 1
Cheng-de 130/131, I F/G 2
Cheng-du 130/131, I E 3
Cheongjin 130/131, I H 2
Cher 58/59, I D 3
Cherbourg 58/59, I C 2
Cherchell 74/75, I F/G 5
Cherokeesee 155, III D 1
Cherrapunji 136/137, I D 2
Cherson 124/125 C 5
Chertsey 61, I B 2
Chesapeakebai 152/153, I E 4
Chesham 61, I A 1
Cheshunt 61, I B 1
Chess 61, I A 1
Chester 62/63, I E 4
Chesterfield Inlet 148/149, II F/G 1
Chesterfieldinseln 142/143, I F 6
Cheta 120/121 H 2
Cheviot Hills 62/63, I E 3
Chevreuse 60, I A/B 2
Cheyenne 148/149, II E 3
Chiangmai 136/137, I D/E 3
Chiangsaen 136/137, I D/E 2
Chianje 110/111 B 3
Chiari 52/53, II A/B 4
Chiasso 51, I E 3
Chiavenna 51, I E 2
Chiba 134/135, IV D 3
Chibin 70–71, I H 3
Chibougamau 152/153, I F 1
Chicago 152/153, I B 3
Chichén Itzá 160/161, III D 2
Chiclayo 166, IV B 1 u. 167 A/B 5
Chico (Fl., Argentinien) 164/165, I C 7
– (O., Kalifornien, USA) 150, II C 2
Chiemsee 20/21 H 4
Chienti 76/77, I E 3
Chiese 51, I F 3
Chieti 76/77, I F 3
Chi-feng 130/131, I F 2
Chigmit Mountains 155, I A 1/2
Chigwell 61, I C 1
Chihuahua 160/161, III B 2
Chilachap 140/141, V C 2
Chile (St.) 164/165, I B 7–C 5
Chilete 167 B 5
Chililabombwe 104/105, VII B 2
Chillán 168/169, I A 6
Chillon (Kl.) 50, III B 2
Chiloé 164/165, I B 7
Chilok 120/121 I/K 4
Chiltern Hills 61, I A 1
Chilwasee 110/111, IV D 3
Chimay 56/57, I C 4
Chimborazo 167 B 4
Chimbote 167 B 5
Chimoio 108, II E 1
Chindwin 136/137, I D 2
China, Volksrepublik – 130/131, I C–F 3
Chingansk 126/127 M 5
Ching-gang-shan 130/131, I F 4
Chingola 110/111, IV C 3
Ching-shi 132/133, I F 2
Chinon 58/59, I D 3
Chin-wang-tao 132/133, I G 1/2
Chioggia 76/77, IV A 2
Chios (O. u. I.) 80/81, I F/G 5
Chipata 110/111, IV D 3
Chirebon 140/141, III B 3
Chiredzi 108, II E 2
Chiriqui 160/161, III D 4
Chiscani 80/81, III C 1
Chitral 136/137, I B 1
Chittagong 136/137, I D 2
Chittaranjan 138/139, IV B 2
Chiung-lai-chan 130/131, I E 3
Chiusa = Klausen
Chiusi 76/77, I D 3
Chivasso 51, I C 3
Chiwa 120/121 D/E 5
Chmelnizkij 48/49, N 4
Chochis 168/169, I C/D 2
Chŏch Nuur 130/131, I D 3
Chocholow 47, III A 1
Chodakow 30/31 H/I 2
Chodziez 30/31 G 2
Chofu 134/135, IV A 3
Choi 116/117, I D 2
Choiseul 142/143, I F 5
Chojna = Königsberg, Neumark
Chokaisan 134/135, I I 4
Cholet 58/59, I C 3
Cholm 124/125, B 2
Cholmsk 120/121 M/N 5
Choma 110/111, IV C 3
Chomolungma = Mount Everest
Chomutov = Komotau
Chong-qing = Chungking
Chonosarchipel 164/165, I B 7
Chonuu 120/121 N 3
Cho Oyu (M 1) 136/137, II A 1 u. 195, VI
Choper 124/125 E 4
Chorleywood 61, I A 1
Chorog 120/121 F 6
Chorzów = Königshütte
Chostia 80/81, IV A 1
Chotin 48/49 N 4
Christales 160/161, II D 2
Christchurch 145, V B/C 3
Christmasinsel (Indischer Ozean) 140/141, III B 4
– (Pazifischer Ozean) 142/143, I L 4
Christian-Albrecht-Koog 8, I B 2
Christianso 72, IV E 2
Christóbal 160/161, V B 1
Chubb-Krater 148/149, II H 1
Chubsugul Nur 130/131, I D 1
Chubut 164/165, I C 7
Chugachberge 148/149, I D 2
Chugokugebirge 134/135, I E/F 6
Chuguchak (Ta-cheng) 130/131, I C 2
Chuncheon 134/135, I B/C 5
Chungking (Chong-qing) 130/131, I E 4
Chuparbhita 138/139, IV B 1
Chuquicamata 168/169, I B 3
Chuquillanqui 167 B 5
Chur 51, I E 2
Churchill (Fl. zur Hudsonbai) 148/149, II F 2
– (Fl. zur Labradorsee) 148/149, II I 2
– (O., Manitoba, Kanada) 148/149, II F 2
Churfirsten 51, I E 1
Chust 48/49 L 4
Chu-xiong 130/131, I E 4
Chwalowice 47, II B 2
Cicuco 167 B/C 2
Ciego de Avila 160/161, II D 2
Cienfuegos 160/161, II C 1
Cieza 74/75, I E 4
Çildirsee 123, IV C 3
Cilli (Celje) 52/53, II G 3
Cima (Fl.) 74/75, III C 2
Cima d'Asta 52/53, II C 3
Cima di Jazzi 50, II C 2
Cima Presanella 51, I F 2
Cimon della Pala 52/53, II C 3
Cimpina 80/81, III A 1
Cimpulung Moldovenesc 48/49 M 5
– (Südkarpaten) 48/49 M 6
Cinca 74/75, I F 3
Chincinnati 152/153, I C/D 4
Circle 148/149, I D 2
Circus maximus (Rom) 78, I
Cisapaß 76/77, I D 2
Ciskei 110/111, IV C 5
Cismon 52/53, II C 4
Citeaux 58/59, I F 3
Citlaltépetl = Pico de Orizaba
Cittadella 52/53, II C 4
Ciudad Bolívar 167 D/E 2
Ciudad Encantada 74/75, I D 3
Ciudad Guayana 167 E 2
Ciudad Juárez 160/161, III B 1
Ciudad Ojeda 166, III A 1
Ciudad Pemex 160/161, III C 3
Ciudad Real 74/75, I C/D 4
Ciudad Rodrigo 74/75, I B 3
Ciudad Victoria 160/161, III C 2
Cive 76/77, IV A 2
Cividale 52/53, II E 3
Civitavecchia 76/77, I D 3
Cizre 120/121 C 6
Claireküste 171, I G 3
Clairvaux 58/59, I F 2
Clare 62/63, I A 4
Clarión 160/161, III A 3
Clarksburg 152/153, I D 4
Clarks Fork 151, IV
Clausthal-Zellerfeld 4, III
Claye-Souilly 60, I C 2
Clear (I.) 62/63, I B 5
Clearwatersee 148/149, II H 2
Cléon 58/59, II B/C 2
Clères 58/59, II C 1
Clermont-Ferrand 58/59, I E 4
Clermont-l'Hérault 58/59, III A 2
Cleveland 152/153, I D 3
Clichy 60, I B 2
Clifden 62/63, I A 4
Clippertoninsel 146 H 8/9
Cloncurry 144 G 3
Clonmel 62/63, I C 4
Cloppenburg 6/7 C/D 3
Closter 158, I B 1
Cloud Peak 148/149, II E 3
Cluj (Klausenburg) 48/49 L 5
Cluny 58/59, I F 3
Cluses 51, I B 2
Clusone 52/53, II A/B 4
Clutha 145, V A 4
Coari (O. u. Fl.) 167 D 5
Coats (I.) 148/149, II G 1
Coatsland 171, I R 2
Cobalt 152/153, I D/E 2
Cobar 144 H 5
Cobh 62/63, I B 5
Cobham 61, I B 2
Cobija 167 D 6
Coburg 20/21 F/G 1
Coca 74/75, I C 3
Cochabamba 168/169, I B 2
Cochem 14/15 C 3
Cochin 136/137, I B 3/4
Cochinchina 136/137, I E 3/4
Cochrane 152/153, I D 1
Cochstedt 39, I A 1
Cocosbucht 160/161, IV B/C 2
Codigoro 76/77, IV A 3
Codroipo 52/53, II D/E 4
Coesfeld 14/15 C 2
Coëtivy 110/111 F 2
Coeur d'Alène 150, I E/F 2
Coevorden 6/7 B 3
Cognac 58/59, I C 4
Cogne 51, I C 3
Coimbatur 136/137, I B 3
Coimbra 74/75, I A 3
Coina 74/75, III B 2
Colares 74/75, III B 1
Colatina 168/169, I G 2
Colchester 62/63, J G 5
Cold Bay 148/149, I B 3
Col de Fréjus (P.) 51, I B 3
Col de la Faucille 51, I B 2
Col de la Forclaz 51, I B/C 2
Col de la Perche 74/75, I F/G 2
Col de l'Iseran (P.) 51, I B/C 3
Col de Puymorens 58/59, I D/E 5
Col de Tende 58/59, I G 4
Colditz 14/15 H 2
Col du Galibier 51, I B 3
Col du Mont Cenis (P.) 51, I B/C 3
Coll 62/63, I C 2
Colle di Tenda 76/77, I B 2
Collicano nel Lazio 78, II B 1
Collie 144 B 5
Collierbucht 144 C 2
Collingwood 152/153, I D/E 2
Collo 76/77, I B 6
Colmar 20/21 C 3
Colme 61, I B 1
Col Nudo 52/53, II D 3
Colombes 60, I B 2
Colombier (R.) 51, I B 2
Colombo 136/137, I B 4
Colón 160/161, V B 1
Colonina del Sacramento 168/169, I D 5
Colonna 78, II B 1
Colonsay 62/63, I C 2
Colorado Bundesstaat, USA) 148/149, II E 4
– (Fl. zum Golf von Kalifornien) 148/149, II D 4
– (Fl., Sierra de Famatina, Argentinien) 168/169, I B 4
Coloradoplateau 150, II G/H 3
Colorado Springs 148/149, II E 4
Colosseum (Rom) 78, I
Colpa 168/169, I C 2
Columbia, Distrikt von – 152/153, I E 4
– (Fl. zum Pazifischen Ozean) 148/149, II C/D 3
– (O., Süd-Carolina, USA) 148/149, II G/H 4
Columbretesinseln 74/75, I F 4
Columbus (Georgia, USA) 156/157, II G 4
– (Ohio, USA) 152/153, I D 3
Comacchio 76/77, I E 2
Combloux 50, III B 3
Combs-la-Ville 60, I C 2
Comer See 51, I E 2
Comino 76/77, II B 1
Como 51, I E 3
Comodoro Rivadavia 164/165, I C 7
Comoé 108, I C 2
Compatri 78, II B 1
Compiègne 58/59, I E 2
Conakry 106/107 B 4
Conca dei Marini 78, III B 2
Conceição do Araguaia 164/165, I D/E 3
Concepción (Chile) 168/169, I A 6
– del Uruguay 164/165, I C/D 6
– (Paraguay) 168/169, I D 3
Conchán 167 B 6
Concord 148/149, II H 3
Concordia (Argentinien) 168/169, I D 5
– (Peru) 167 B/C 4
Con Dao 136/137, I E 4
Condé-sur-Vesgre 60, I A 2
Conegliano 52/53, II D 4
Conflans-Sainte-Honorine 60, I B 1/2
Connecticut (Bundesstaat, USA) 152/153, I F 3
– (Fl.) 152/153, I F 3
Connemara 62/63, I B 4
Constanta = Konstanza
Constantiaberge 110/111, III A 2
Constantine 76/77, I B 6
Contarina 76/77, IV A 2
Contas 168/169, I H 1
Contwig 38, II B 2
Cooke City 151, IV
Cook Inlet 155, I A 2–B 1
Cookinseln 142/143, I K/L 6
Cookstraße 145, V B 3
Cooktown 144 G/H 2
Cool 120/121 L 5
Coolgardie 144 C 5
Cooma 144 H/I 6
Coopers Creek 144 F 4
Copán 160/161, III D 3
Copiapó 168/169, I A/B 4
Coposile 76/77, IV B 1
Copper Center 148/149, I D 2
Copper Cliff 152/153 D 2
Coppermine 155, II A/B 2
Coquilhatville = Mbandaka
Coquimbo 168/169, I A 4
Corabia 48/49 M 7
Corato 76/77, I G 4
Corbeil 60, I C 2 u. 58/59, I E 2
Córbola 76/77, IV A 2
Corcaigh = Cork
Corcovado (B.) 168/169, III C 2
Corcovadogolf 164/165, I B 7
Cordevole 52/53, II D 3
Cordillera Domeyko 168/169, I B 3/4
Cordillera de Famatina 168/169, I B 4/5
Córdoba (Argentinien) 168/169, I C 5
– (Spanien) 74/75, I C 5
Cordon 50, III B 3
Cordova 148/149, I D 2
Corinto 160/161, III D 3
Coriscobucht 106/107 D 4
Cork (Corcaigh) 62/63, I B 5
Çorlu 80/81, I G/H 4
Cormeilles-en-Vexin 60, I B 1
Cormor 52/53, II E 4
Cormorant (Fundort) 62/63, III C 1
Corner Brook 148/149, II K 3
Cornwall (L., England) 62/63, I D 5
– (O., Ontario, Kanada) 152/153, I F 2
Corny 20/21 B 2
Coro 164/165, I C 1
Coropuna 167, C 7
Corpus Christi 148/149, II F 5
Corralejo 74/75, IV D 1
Corregidor 140/141, I A 1
Correnti 76/77, I F 6
Correzzola 76/77, IV A 2
Corrientes 168/169, I D 4
Corsicana 155, IV B 1
Corte 76/77, I C 3
Cortellazzo 76/77, IV B 1
Cortina d'Ampezzo 52/53, II D 3
Coruh 123, IV B 3
Çorum 116/117 B/C 1
Corumbá 168/169, I D 2
Coryton 61, I C/D 1
Cosel (Kozle) 47, II A 1
Cosenza 76/77, I F/G 5
Cosmoledo 110/111, IV E 2
Cosne 58/59, I E 3
Cossonay 50, III B 1 u. 51, I B 2
Costa Blanca 74/75, I E 5–F 4
Costa Brava 74/75, I G 2/3
Costa Colombina 74/75, I B 5
Costa da Caparica 74/75, III B 2
Costa de la Luz 98/99, II B 5
Costa del Azahar 74/75, I E 4–F 3
Costa de Levante 74/75, I E/F 4
Costa de los Vinos 74/75, I B 5
Costa del Sol (Spanien) 74/75, I C/D 5
Costa de Rios Bajos 74/75, I A 2
Costa Dorada 74/75, I F 3
Costa do Sol (Portugal) 74/75, III B 2
Costa Luminosa 74/75, I E 5
Costa Real 74/75, I D 2
Costa Rica (St.) 160/161, III D 4
Costa Smeralda 98/99, II E/F 4
Costa Verde 74/75, I B/C 2
Costa Virgen 74/75, I D 5
Coswig (Bez. Dresden) 39, I C 1
– (Bez. Halle/Saale) 14/15 H 2
Cotabato 140/141, III D 2
Côte d'Argent 98/99, II C 4
Côte d'Azur 55 B 4
Côte d'Or 58/59, I F 3
Cotentin 58/59, I C 2
Côte Vermeille 98/99, II D 4
Cotonou 108, I D 2
Cotopaxi 167 B 4
Cotswold Hills 62/63, I E 5–F 4
Cottbus 3 39, II B 1
Coubert 60, I C 2
Courcelles-Chaussy 20/21 B 2
Courtry 60, I C 2
Courmayeur 51, I C 3
Coutances 58/59, I C 2
Coventry 62/63, I F 4
Covilhã 74/75, I B 3
Coxheath 61, I C/D 2
Coxim 168/169, I E 2
Cozumel 160/161, III D 2
Cradock 108, II C/D 4
Crailsheim 20/21, F 2
Craiova 48/49 L 6
Cramme 41, III
Crans 55 B 2
Cranz (Zelenogradsk) 47, I E 1
Crato 164/165, I F 3
Crau 58/59, III B/C 2
Crécy-en-Brie 60, I C 2
Cremlingen 35, V B 1
Cremona 76/77, I D 2
Cres 80/81, I A 2
Crêt de la Neige 51, I A/B 2
Créteil 60, I B 2
Creuse 58/59, I D 3
Creutzwald 38, II A 2
Crimmitschau 14/15 H 3
Crinitz 39, II A 1
Cristóbal Colón 167 C 1
Crişul Alb 48/49 K/L 5
– Negru 48/49 K/L 5
– Repede 48/49 L 5
Crivitz 6/7 G 2
Crnagora 80/81, I D 3
Črnomelj 52/53, II G 4
Crodo 50, III E 2
Cro Magnon 58/59, I D 4
Cromer 62/63, I G 4
Crooked 160/161, II F/G 1
Crotone 76/77, I G 5
Crouch 61, I D 1
Crozetinseln 171, I C 5
Cruz Alta 74/75, III B 1
Cruzeiro do Sul 167 C 5
Cruz Grande 168/169, I A 4
Cserta 52/53, II H 3
Csongrad 48/49 I/K 5
Csurgó 52/53, II I 3
Cubo 108, II E 2
Cúcuta 167 C 2
Cuenca (Ecuador) 167 B 4
– (Spanien) 74/75, I D/E 3
Cuevas del Almanzora 74/75, I D/E 5
Cuffley 61, I B 1
Cuiabá 168/169, I D 2
Cuijk 14/15 A 2
Cuipo 160/161, V A 1
Cuito Cuanavale 110/111, IV B 3
Culebra 160/161, V B 1
Culiacán 160/161, III B 2
Culpepper 164/165, II
Cuma (Antiker Ort) 78, III A 1
Cumaná 167 E 1
Cumberland 152/153, I C 4
Cumbrian Mountains 62/63, I E 3
Cuneo 76/77, I B 2
Cunnamulla 144 H 4
Cupar 62/63, I E 2
Curaçao 167 D 1
Curicó 168/169, I E/F 4
Curitiba 168/169, I E/F 4
Curtea-de-Arges (Kl.) 48/49 M 6
Curvelo 168/169, I G 2
Cuttack 136/137, I C 2
Cuxhaven 8, I B 4
Cuyuna 152/153, I A 2
Cuzco 167 C 6
Cyrenaika 100/101, I H 4
Czechowice 30/31 H 4
Czeladź 47, II C 1
Czeremcha 48/49, L 2
Czerwionka 47, II B 2
Częstochowa = Tschenstochau

D

Da-ba-shan 130/131, I E/F 3
Dabola 108, I A 1
Dabringhausen 38, I C 2
Dabrowa 47, II C 1
Dacca 138/139, IV C/D 2
Dachau 22, II B 1
Dachla (Villa Cisneros) 106/107 B 2
Dachstein 52/53, II E 2
Da-dong 130/131, I F 3
Daegu 130/131, I G 3
Daejeon 134/135, I B/C 5
Dagabur 106/107 H 4
Dağardi 80/81, I H 5
Dagebüll 8, I B 2
Dagestan 123, IV E 1–3
Dagö (Hiiumaa) 70/71, I E 5
Dahlakarchipel 106/107 G/H 3
Dahlem 14/15 B 3
Dahlwitz-Hoppegarten 13, I C 1
Dahme (Fl. zur Spree) 6/7 I 3
– (O., Bezirk Cottbus) 14/15 I 2
– (O., Kreis Ostholstein) 6/7 G 1
Dahomey = Benin
Dahra (L.) 74/75, I F 5
Daisen 134/135, I E 6
Daisetsuzan 134/135, I K 2
Daito (O.) 134/135, V D 1
Daito-Inseln 130/131, I H 4
Dakar 106/106 B 3
Dakhla 106/107 F 2
Dakovica 80/81, I D 3
Dalaj Nuur 130/131, I F 2
Dalälv 70/71, I D 4
Dalan-Dzadagad 130/131, I E 2
Dalarna 70/71, I C 4
Dalarö 72, III B 1
Dalat 136/137, I E 3
Dale 73, I B 1
Dalen 72, II B 2
Da-li 130/131, I D 4
Da-liang-shan 130/131, I E 4
Dallas 148/149, II F 4
Dallgow 13, I A 1
Dalmatien 80/81, I A 2–C 3
Dalmatinische Inseln 80/81, I A 2–B 3
Dalneretschensk 120/121 M 5
Daloa 108, I B 2
Da-lou-shan 130/131, I E 4
Dalselv 73, I D 1
Dalsfjord 73, I B 1
Damanhur 104/105, V B 1
Damar 140/141, III D 3
Damaraland 110/111, IV B 4
Damaskus (Dimachq, Ech Cham) 116/117, I C 3
Damergou 106/107 D 3
Damghan 120/121 D 6
Damietta 104/105, V B 1
Damiya 118, IV B 2
Dammarie-les-Lys 60, I C 2
Dammartin-en-Goële 60, I C 1
Dammastock 50, III E 1 u. 51, I D 2
Damme 6/7 D 3
Damodar 138/139, IV B 2
Damp 8, II B 1
Dampier 144 B 2/3
Dan 62/63, III E 4
Danakil 116/117, I D 7
Da Nang 136/137, I E 3
Dänemark (St.) 72, IV
Danfoss 72, IV B/C 2
Dänischenhagen 8, II B 2
Dänischer Wohld 8, II A/B 2
Dänische Wiek 8, III A 2
Dänisch Nienhof 8, II B 2
Danmarkstraße 146 R 3
Dannemora 70/71, I D 4
Dannenberg 6/7 G 2
Dannhausen 4, III
Danville 152/153, I E 4
Danzig (Gdansk) 47, I C 1
Daola 106/107 C 4
Darchan 130/131, I E 2
Dardanellen (Hellespont) 80/81 I G 4
Dar el-Beida 74/75, I G 5
Darent 61, I C 2
Darenwurth 33, VII B 2
Daressalam (Dar es Salaam) 109, II C 3
Darfur 106/107 F 3
Dargun 6/7 H 2
Darién, 160/161, V B 1
Darling (Fl.) 144 G 5
Darlingkette 144 B 5
Darlington 62/63, I F 3
Darmstadt (O.) 18, I C 2
Darnétal 58/59, II C 2
Dar Nuba 106/107 F/G 3
Dar Rounga 106/107 E/F 4
Darßer Ort 6/7 H 1
Dartford 61, I C 2
Dartmoor 62/63, I D/E 5
Daru 140/141, III F 4
Darudou 140/141, VI B 1
Darwin 144 D/E 1
Das, Insel – 116/117, I F 4
Dassow 6/7 F/G 2
Datong 130/131, I F 2/3
Datteln (O.) 14/15 C 2 u. 38, I C 1
Daua 106/107 H 4
Daugawa = Düna
Daugavpils = Dünaburg
Daun 14/15 B 3
Daupfanne 108, II C/D 2
Dauphiné 58/59, I F/G 4
Davao 140/141, III D 2
Davissee 171, I E 3
Davisstraße 146 O 3
Davos (O.) 51, I E 2
Dawson Creek 148/149, II C 2
Dax 58/59, I C 5
Dayton 152/153, I D 4
Daytona Beach 148/149, II G/H 5
Da-yu 130/131, I F 4
Da-yu-ling 130/131, I F 4
Da-zhai 130/131, I E/F 3
De Aar 108, II C 4
Deauville 58/59, II A 2
Debalzewo 124/125 D 4
Debar 80/81, I D 4
Dęblin 48/49 K/L 3
Debnica-Kaszubska = Rathsdamnitz
Dębno = Neudamm
Debra Markos 106/107 G 3/4
Debra Tabor 106/107 G 3
Debrecen 48/49 K 5
Decazeville 58/59, I E 4
Děčin = Tetschen
Deckenpfronn 19, III A 1
Dee 62/63, I E 2
Deferegger Gebirge 52/53, II D 3
Deganya 118, IV B 2
Deggendorf 20/21 H/I 3
Deggingen 19, III C 1
De Grey 144 C 3
Dehri 138/139, IV A 1
Deim Zubeir 106/107 F 4
Deinste 10/11, II A 1
Deinstedt 10/11, II A 2
Deir-ez-Zor 120/121 B/C 6
Deister 6/7 E 3 u. 9, II A/B 2
Dej 48/49 L 5
Dekkan 136/137, I B/C 3
Delagoabucht 108, II E 3
Delaware 152/153, I F 4
Delémont 51, I C 1
Delfland 56/57, VI C 2
Delft 56/57, I C 3
Delfzijl 6/7 B 2
Delhi 136/137, I B 2
Delion 80/81, IV B 1
Delitzsch 39, I C 1
Delle 51, I C 1
Dellys 74/75, I G/H 5
Delme 6/7 D 3
Delmenhorst 10, I B 2
Delnice 52/53, II F 4
De Long-Inseln 120/121 O 2
Delos 80/81, I F 6
Delphi 80/81, I E 5
Del Rio 148/149, II E/F 5
Delvinë 80/81, I C 5
Demawend 116/117, I F 2
Demer 56/57, I D 4
Demirci Daği 80/81, I H 5
Demirköprüstausee 80/81, I H 5
Demjanskoje 128, IV A/B 3
Demmin 6/7 I 2
Dempo 136/137, I E 5
Denau 129, II D 3
Den Bosch 56/57, I D 3
Den Haag 56/57, I B/C 2
Den Ham 6/7 B 3
Den Helder 56/57, I C 2
Denia 74/75, I F 4
Denizli 116/117, I A 2
Denkendorf 19, III B 1
Denklingen 22, II A 2
Denpasar 140/141, V F 3
Dent Blanche 50, II B 1
Dent de Morcles 50, III C 2
Dent de Perroc 50, II B 1
Dent d'Herens 50, II B 2
Dents du Midi 50, III B 2 u. 51, I B 2
Denver 148/149, II E 3/4
Denzlingen 32, III A 1
Depue 152/153, I B 3
Dera Ismail Chan 138/139, III B 2
Derbent 123, IV F 2
Derby (Australien) 144 C 2
– (England) 62/63, I F 4
Derja Nemek 106/107 I 1
Derna 106/107 F 1
Desaguadero 168/169, I B 2
Deseado 164/165, I C 7
Desenzano del Garda 52/53, II B 4
Desht-i-Kevir = Große Salzwüste
Des Moines 148/149, II F 3
Desna 124/125 C 4
Dessau 39, I C 1 u. 6/7 H 4
Dessie 106/107 G 3
Detmold (O.) 14/15 D/E 2
Detroit 152/153, I C/D 3
Dettenhausen 19, III B 1
Dettifoss 70/71, II C/D 1
Dettingen am Main 18, I D 1
– an der Erms 19, III B 1
– unter Teck 19, III B/C 1
Deuben 39, I C 2
Deutsche Bucht 6/7 C 1
Deutsche Demokratische Republik 28, III D/E 2/3
Deutschkreutz 52/53, II H 2
Deutschland, Bundesrepublik – 28, III B–D 2–4
Deutschlandsberg 52/53, II G 3
Deutsch-Wagram 54, III B 1
Deva 48/49 L 6
Deventer 6/7 B 3
Déville-lès-Rouen 58/59, II B/C 2
Devodi 136/137, I C 3
Devoll 80/81, I D 4
Devon (L.) 62/63, I D/E 5
Devoninsel 155, II C 2
De-zhou 130/131, I F 3
Dhahiriya 118, IV A/B 3
Dhahran 116/117, I F 4
Dhanbad 138/139, IV B 2
Dhaulagiri 136/137, I C 2
Dhisak 129, II D 2
Dhofar (L.) 116/117, I F/G 6
Dhünn 38, I C 2
Diamantina (Fl., Australien) 144 G 3
– (O., Brasilien) 168/169, I G 2
Diamantino 168/169, I D 1
Dibrugarh 136/137, I D 2
Dichtelbach 2/3, II d
Dickson 120/121 G 2
Didimotichon 80/81, I F/G 4
Dieburg 18, I C 2
Diedersdorf 13, I B 2
Diégo Suarez 110/111, IV E/F 3
Diehlo (O.) 41, II
Diekhusen 33, VII B 2
Dieksander Koog 33, VII A 2
Diemel 14/15 E 2
Diemen 56/57, V B 1
Dien Bien Phu 130/131, I E 4
Diepensee (O.) 13, I C 2
Diepholz 6/7 D 3
Dieppe 58/59, I D 2
Dierhagen 6/7 H 1
Dießen 22, II B 2
Dietfurt 20/21 G 2
Dietramszell 22, II C 2
Dietzenbach 18, I C 1
Dieuze 20/21 B 3
Dievenow (Fl.) 6/7 K 2
– (O., Dziwnów) 6/7 K 1
Diez 14/15 C 3

E

Kap Formentor 74/75, I G 3/4
Kap Frio 164/165, I E 5
Kap Futtsu 134/135, IV B 5
Kap Galeota 160/161, IV C 2
Kap Galera 160/161, IV C 1
Kap Gallinas 166, III A 1
Kap Gallo 76/77, I E 5
Kap Gata 74/75, I D/E 5
Kap Genteng 140/141, V A/B 2
Kap Ghir 106/107 B 1
Kap Glossa 80/81, I C 4
Kap Gracias a Dios 160/161, III D 3
Kap Greenville 144 G/H 1
Kap Gris-Nez 58/59, I D 1
Kap Guardafui 112/113, III E 8
Kap Hague 58/59, I C 2
Kap Haïtien 160/161, III E 2
Kap Hanikra 118, IV A/B 1
Kap Hatteras 148/149, II H 4
Kap Hawke 144 I 5
Kap Hève 58/59, II A 1
Kap Hoorn 164/165, I C 8
Kap Howe 144 I 6
Kapidaği 80/81, I G/H 4
Kap Inubo 134/135, I I 6
Kap Janggi 134/135, I C/D 5
Kap Juby 100/101, I A 5
Kap Kamenjak 80/81, I A 2
Kap Kamui 134/135, I H/I 2
Kap Kanin 120/121 C 3
Kap Karmel 118, IV A 2
Kap Kochi 80/81, IV B 2
Kapkot 136/137, I B 2
Kapland 110/111, IV B/C 5
Kap Leeuwin 144 A 5
Kaplice 52/53, II F 1
Kap Londonderry 144 C/D 1
Kap Lopatka 112/113, III P/Q 4
Kap Lopez 110/111, IV A 2
Kap Lucrecia 160/161, II F 2
Kap Maleas 80/81, I E 6
Kap Maria van Diemen 145, V B 1
Kap Matapan = Kap Tänaron
Kap Melankawi 80/81, IV A 1
Kap Mendocino 150, II A 1
Kap Midia 48/49 O 6
Kap Miseno 78, III A 1
Kap Mondego 74/75, I A 3
Kap Morris Jesup 146 1
Kap Nao 74/75, I F 4
Kap Nawarin 120/121 Q/R 3
Kap Nojima 134/135, I H/I 6
Kap Norvegia 171, I R/S 2/3
Kap Oljutorskij 120/121 Q 4
Kap Ortegal 74/75, I A/B 2
Kapos 48/49, I 5
Kaposvár 48/49 H 5
Kap Palmas 108, I B 3
Kap Palos 74/75, I E 5
Kap Pangkalsiang 140/141, III D 3
Kap Passero 76/77, I F 6
Kappeln 6/7 E/F 1
Kap Posillipo 78, III A 1
Kap Prince of Wales 148/149, I B 2
Kap Puting 140/141, III C 3
Kap Race 148/149, II K 3
Kap Raso 74/75, III A 2
Kap Roca 74/75, III A 1
Kaprun 52/53, II D 2
Kapruner Törl 54, II A 2
Kap Sable (Florida) 148/149, II G 5
– (Neuschottland) 148/149, II I 3
Kap Saint André 110/111, IV E 3
Kap Saint Charles 148/149, II K 2
Kap Sainte Marie 110/111, IV E 4
Kap Salinas 74/75, I G 4
Kap Sambar 136/137, I F 5
Kap San Augustin 140/141, III D 2
Kap San Antonio (Argentinien) 164/165, I D 6
– (Kuba) 160/161, II A 2
Kap San Diego 164/165, I C 8
Kap San Lucas 160/161, III A/B 2
Kap São Roque 162 G 5
Kap São Vicente 74/75, I A 5
Kap Sata 134/135, I D 8
Kap Schalaurow 120/121 N 2
Kap Schelagskij 120/121 P/Q 2
Kap Schmidt (O.) 120/121 Q 3
Kap Selatan 140/141, III C 3
Kap Shelanija (Eiskap) 120/121 E/F 2
Kap Shio 134/135, I F/G 7
Kap Shiriya 134/135, I I/K 3
Kap Sideros 80/81, II C 2
Kap Soya 134/135, I K 1
Kap Spartel 74/75, I B/C 6
Kap Spartivento 76/77, I C 5
Kap Spatha 80/81, II A 2
Kapstadt (Cape Town) 108, II B 4
Kapsukas 48/49 L 1
Kap Sunion 80/81, IV B/C 2
Kap Suzu 134/135, I G 5
Kap Tänaron (Kap Matapan) 80/81, I E 6
Kap Teulada 76/77, I C 5
Kap Tjangkuang 140/141, V A 2
Kap Tjina 140/141, III B 3
Kap Toi 134/135, I D 8
Kap Tolstoi 120/121 O 4
Kap Torawitan 140/141, III D 2
Kap Trafalgar 74/75, I B 5
Kap Tres Puntas 164/165, I C 7
Kap Trois Fourches 74/75, I D 6
Kap Tscheljuskin 120/121 I/K 2
Kap Turlos 80/81, IV B 2
Kapuas 140/141, III C 2
Kapuvár 52/53, II H/L 2
Kap Verde 106/107 B 3
Kapverdische Inseln 102/103, I A/B 4
Kap Wilson 144 G/H 6
Kap Wrath 62/63, I D 1
Kap York 144 G 1
Kap-York-Halbinsel 142/143, I E 6
Kara 100/101, I I 5
Kara-Bogas-Gol 120/121 D 5
Karabük 116/117, I B 1
Karagaily 120/121 F 5
Karaganda 120/121 E/F 5
Karaginskij-Insel 120/121 P 4
Karachi 136/137, I A 2
Karak 118, IV B 3
Karakorum (Antiker Ort) 130/131, I E 2
– (G.) 136/137, I B 1
Karakorumpaß 136/137, I B 1
Karaköse 123, IV C 4
Karakul 129, II B/C 3
Karakum (Schwarze Wüste) 129, II B 3
Karakumkanal 129, II B 4
Karama 118, IV B 3
Karanga 109, I A 2
Karansch 116/117, I F 3
Karasburg 108, II B 3
Karasee 120/121 E–G 2
Karasjok 70/71, I F 2
Karassuk 120/121 F 4
Karastraße 120/121 D 2
Karatal (Fl.) 120/121 F 5
Karatau (O. u. G.) 129, II E/F 1
Kara-ussu-Nur 130/131, I D 2
Karawanken 52/53, II E/F 3
Karben 18, I C 1
Karcag 48/49 K 5
Karditsa 80/81, I D/E 5
Kărdžali 80/81, I F 4
Kareeberge 110/111, IV C 5
Karelien (L., Finnland) 70/71, I G 4
– (L., UdSSR) 70/71 G 3–H 4
Karema 110/111, IV D 2
Karen 136/137, I D 3
Karerpaß 52/53, II C 3
Karesuando 70/71, I E 2
Karhula 70/71, I F 4
Karibasee 110/111, IV C 3
Karibib 108, II B 2
Karibisches Meer 160/161, III E/F 3
Karikal 136/137, I B/C 3
Karima 106/107 G 3
Karimata-Inseln 136/137, I E 5
Karimundjawa-Inseln 140/141, V C/D 1
Karisimbi 110/111, IV C 2
Karkaralinsk 120/121 F 5
Karl-Marx-Stadt (Chemnitz, O.) 14/15 H/I 3
Karlö = Hailuoto
Karlovac 80/81, I A 2
Karlovo 80/81, I F 3
Karlovy Vary = Karlsbad
Karlsbad (Karlovy Vary) 20/21 H 1
Karlsberg 13, I A 2
Karlsfeld 20/21 G 3
Karlshamn 72, IV E 1
Karlskoga 70/71, I C 5
Karlskrona 72, IV E 1
Karlsruhe 20/21 D 3
Karlstad 70/71, I C 5
Karlstadt 20/21 E 2
Karlstein 18, I D 1
Karmelgebirge 118, IV B 2
Karmø 62/63, III E 2
Karnataka 136/137, I B 3
Karnische Alpen 52/53, II D/E 3
Kärnten 52/53, I
Karnul 136/137, I B 3
Karolinen 142/143, I D–F 4
Karonga 110/111, IV D 3
Karpaten 80/81, III A/B 1
Karpathos 80/81, II C 2
Kars 123, IV C 3
Karsakpai 120/121 E 5
Karschi 129, II C/D 3
Karsdorf 39, I B 2
Karst (G.) 52/53, II E/F 4
Karsta 72, III B 1
Karstädt 6/7 G 2
Kartaly 124/125 I/K 3
Karthago 76/77, I D 6
Kartuzy 47, I C 1
Karuk 116/117, I F 3
Karun 116/117, I F 3
Karvina 30/31 H 4
Karwendel (G.) 52/53, II C 2
Karwia 47, I C 1
Karymskoje 120/121 K 4
Kasachensteppe 120/121 D–F 5
Kasachstan 124/125 G/H 4
Kasai 110/111, IV C 2
Kasaji 110/111, IV C 3
Kasama 110/111, IV D 2
Kasan 124/125 G 3
Kasanga 110/111, IV D 2
Kasatin 48/49 O 4
Kasbek 123, IV D 2
Kaschan 120/121 D 6
Kaschau (Košice) 48/49 K 4
Kaschira 124/125 D 3
Kaschmir (L.) 136/137, I B 1
Kasempa 104/105, VII B 2
Kasenga 104/105, VII B 2
Kasese 109, II B 1
Kashghar (Ke-shi) 130/131, I B 2/3
Kashghar Darya 130/131, I B 3
Kashima 134/135, I C/D 7
Kashitu 104/105, VII B 2
Kasi-Magomed 123, IV F 3
Kaskadenkette (G., USA) 150, I C 1–2
Kaskinen (Kaskö) 70/71, I E 4
Kaskö = Kaskinen
Kasli 124/125 K 3
Kasnevitz 8, III A 2
Kasos 80/81, II C 2
Kaspische Senke 124/125 F 5–H 4
Kaspisches Meer 120/121 D 6–C 5
Kasprowy 47, III A 1
Kassai 110/111, IV C 2
Kassala 106/107 G 3
Kassandra 80/81, I E 4/5
Kassel 14/15 E 2
Kassimow 124/125 E 3
Kassow 10/11, III
Kastamonu 116/117, I B 1
Kastilisches Scheidegebirge 74/75, I B–D 3
Kastl 20/21 G 2
Kästorf 41, I
Kastoria 80/81, I D 4
Kaswin 120/121 C/D 6
Kasumbalesa 104/105, VII B 2
Kataba 110/111, IV C 3
Kataissi 120/121 C 5
Katalonien 74/75, I F 3–G 2
Katanga (Shaba) 104/105, VII
Katar (Qatar, St.) 116/117, I F 4
Katarapaß 80/81, I D 5
Katerini 80/81, I E 4
Katha 136/137, I D 2
Kathiawarhalbinsel 136/137, I A/B 2
Katmandu 136/137, I C 2
Kat O 132/133, III C 1
Katontwe 104/105, VII B 2
Katoro 52/53, II E 4
Katowice = Kattowitz
Katschberg (P.) 52/53, II E 2
Katschug 128, V B 2
Katsina 108, I E 1
Kattakurgan 129, II D 2/3
Kattarasenke 106/107 F 1/2
Kattegat 72, IV C 1
Kattowitz (Katowice) 47, II B/C 2
Katun 129, I E 4
Katwijk 56/57, I B/C 2
Katzenbach 16/17, I
Katzenbuckel 20/21 E 2
Katzenelnbogen 18, I A/B 1
Kauai 148/149, III B 1
Kaub 14/15 C 3
Kaufbeuren 20/21 F 4
Kaufering 22, II A 1
Kaukasus 123, IV B 2–E 3
Kaukopää 73, III C 1
Kaunas (Kowno) 70/71, I E 6
Kaupanger 73, I D 1
Kaura Namoda 108, I E 1
Kavelstorf 10/11, III
Kaveri 136/137, I B 3
Kawaguchi 134/135, IV B 2
Kawala 80/81, I F 4
Kawambwa 110/111, IV C/D 2
Kawanishi 134/135, V C 1
Kawasaki 134/135, IV B/C 3
Kayes 108, I A 1
Kayseri 116/117, I C 2
Kaysersberg 20/21 C 3
Kazanlăk 80/81 F/G 3
Kaz daği 80/81, I G 5
Kazimierz Górniczy 47, II C 1
Kea 80/81, I F 6
Kebir (Fl.) 76/77, I B 6
Kebir Kuh (G.) 120/121 C 6
Kebnekajse 70/71, I D 3
Kecskemét 48/49 I 5
Kedange 20/21 B 2
Kedainiai 48/49 L/M 1
Kediri 140/141, V E 2
Kedzierzyn = Kandrzin 47, II A 1
Keelung (Ji-long) 130/131, I G 4
Keeper Hill 62/63, I B 4
Keetmanshoop 108, II B 3
Keewatin 148/149, II E/F 1
Kefallinia 80/81, I C/D 5
Kefar Sava 118, IV A/B 2
Keflavik 70/71, II B 2
Kehdingen 10/11, II A 1
Kehl 20/21 C 3
Keilberg 20/21 H/I 1
Keitelesee 70/71, I F 4
Keitum, Sylt-Ost – 8, I A 2
Ke-la-mai = Qara-Mai
Kelang 136/137, I E 4
Kelheim 20/21, G 3
Kelkheim 18, I B 1
Kellenhusen 6/7 G 1
Keller (G.) 14/15 E 2/3
Kellinghusen 6/7 E 2
Kelloselkä 70/71, I F/G 3
Kelsterbach (O.) 18, I C 1
Kem (O. u. Fl.) 70/71, I H 3
Kemano 148/149, II C 2
Kemberg 39, I D 1
Kemel (Heidenrod-) 18, I A/B 1
Kemerowo 129, I E 2
Kemi 70/71, I F 3
Kemijärvi 70/71, I F/G 3
Kemijoki 70/71, I F/G 3
Kemnath 20/21 G 2
Kemnitz 8, III B 2
Kempen (Campine, L., Niederlande) 56/57, I C/D 3
– (O., Nordrhein-Westfalen) 38, I A 2
Kempsey 144 I 5
Kempten 20/21 F 4
Kemsing 61, I C 2
Kenai 155, I B 1
Kendari 140/141, III D 3
Kengere 104/105, VII A/B 2
Kenhardt 108, II C 3
Kenia (B.) 109, II C 2
– (St.) 110/111, IV D 1
– Nationalpark 109, II C 2
Kennemerduinen 56/57, V A 1
Kenora 148/149, II F 2/3
Kenosha 152/153, I C 3
Kent 62/63, I G 5
Kentau 129, II E 1
Kentucky 152/153, I C/D 4
Kenzingen 32, III B 1
Keokuk 152/153, I B 3
Kephisos 80/81, IV B 1
Kerala 136/137, I B 3/4
Keratea 80/81, IV B/C 2
Kerbela 116/117, I D 3
Kercha 116/117, I E 3
Kerem Shalom 118, IV A 3
Keren 106/107 G 3
Keretsee 70/71, I H 3
Kergueleninseln 171, I D 4/5
Kerintji 136/137, I E 5
Keriya (Yu-tian) 130/131, I C 3
Kerka 52/53, II H 3
Kerken 38, I A 2
Kerkenna-Inseln 100/101, I F 4
Kerki 120/121 E 6
Kerkira = Korfu 80/81, I C 5
Kerma 106/107 G 3
Kermadecinseln 142/143, I H/I 8
Kerman 116/117, I G 3
Kermanschah 116/117, I E 3
Kerpen 40, I
Kerrville 155, IV A 2
Kerspestausee 38, I C/D 2
Kertsch 120/121 B 5
Kerulen 130/131, I F 2
Kerunsee 104/105, V B 2
Ke-shi = Kashghar
Keshma 120/121 H/I 4
Kestenga 70/71, I G 3
Keszthely 48/49 H 5
Ket 120/121 G 4
Keta 108, I D 2
Ketapang 140/141, III C 3
Ketchikan 148/149, II B 2
Key West 148/149, II G 5
Keziv 118, IV B 1
Kežmarok 48/49 K 4
Khaiberpaß 138/139, III B 1
Khaliq Tau 130/131, I C 2
Khanewal 138/139, III C 2
Khanpur 138/139, III B 3
Khan Yunis 118, IV A 3
Kharagpur 138/139, IV B 2
Kharasavai 126/127 E 2
Kharga 106/107 F/G 2
Khartoum 104/105, VI A 1
Khartoum Bahri 104/105, VI A 1
Khasigebirge 136/137, I D 2
Khaybar 106/107 G 2
Khod/Zohar 116/117, I C 3
Khonkaen 136/137, I E 3
Khorasan 106/107 I 1
Khorramschahr 106/107 H/I 1
Khotan (He-tian) 130/131, C 3
Khotan Darya 130/131, C 3
Khouribga 100/101, I B 4
Khulna 138/139, IV C 2
Khumbu (O.) 136/137, II A 2
Kialwe 104/105, VII B 1
Kiamba 140/141, III D 2
Kiantasee 70/71, I G 3
Kiaton 80/81, IV A 1
Kibali 110/111, IV C 1
Kibo 109, I A 2
Kibombo 110/111, IV C 2
Kibongoto 109, I A 2
Kibosho 109, I A 2
Kibouendé 110/111, II A 2
Kichtschik 120/121 O 4
Kidal 106/107 D 3
Kidepo Valley Nationalpark 109, II B 1
Kidia 109, I A 2
Kidričevo 100/101, I G 1
Kidrontal 118, I
Kiechlingsbergen 32, III A 1
Kiedrich 18, I B 1
Kiefersfelden 22, II D 2
Kiekebusch (Bezirk Cottbus) 39, II B 1
– (Bezirk Potsdam) 13, I C 2
Kiel 6/7 E/F 1 u. 8, II B 2
Kielce 48/49 K 3
Kieler Bucht 6/7 F 1 u. 8, II B 1
Kieler Förde 8, II B 2
Kielkanal = Nord-Ostsee-Kanal
Kiental (O.) 50, III D 1
Kierspe 38, I D 2
Kieselbronn 19, III A 1
Kiew 124/125 B 4
Kifisia 80/81, IV B 1
Kigali 109, II A/B 2
Kigoma 109, II A/B 2
Kiigebirge 134/135, I F 7
Kija 129, I E 1
Kikafu 109, I A 2
Kikinda 80/81, I D 2
Kikole 104/105, VII B 1
Kikuma 134/135, I E 6
Kikwit 110/111, IV B 2
Kildare 62/63, I C 4
Kildininsel 70/71, I H 2
Kilembe 109, II A/B 2
Kilia 80/81, III E 1
Kilija 48/49 O 6
Kilimanjaro 109, I A 2 u. 109, II C 2
Kilkenny 62/63, I C 4
Kilarney 62/63, I B 4
Killiecrankiepaß 62/63, I E 2
Killingholme 62/63, III B 5
Killini 80/81, I E 5/6
Kilosa 110/111, IV D 2
Kilwa Kivinje 110/111, IV D 2
Kimberley (Kanada) 150, I E 1
– (Südafrika) 108, II C/D 3
Kimberleyplateau 144 D 2
Kimchaek = Seongjin
Kimmeridge 62/63, III A/B 6
Kimolos 80/81, I F 6
Kinabalu 140/141, III C 2
Kindberg 52/53, II G 2
Kindia 108, I A 1
Kindu 110/111, IV C 2
Kineschma 124/125 E 2
Kinetta 80/81, IV B 2
Kinginsel 144 G 6/7
Kingissepp 70/71, I E 5
King's Lynn 62/63, I G 4
Kingston (Jamaika) 160/161, III E 3
– (Ontario, Kanada) 152/153, I E 2
– -upon-Hull = Hull
Kingsund 144 C 2
King-William-Insel 148/149, II F 1
King Williams Town 108, II D 4
Kinilä 73, III A 1
Kinn 73, I A 1
Kinnairds Head 62/63, I F 2
Kinsale 62/63, I B 5
Kinshasa (Leopoldville) 110/111, II A 2 u. IV B 2
Kintariberg 110/111, II A 1
Kintatal 140/141, III B 2
Kintélé 110/111, II A 1
Kintsana 110/111, II A 2
Kintyre 62/63, I D 3
Kinu 134/135, I I 5
Kinzig (Fl. zum Main) 14/15 E 3
– (Fl. zum Rhein) 20/21 C 3
Kioa 145, II B/C 1
Kiparissia 80/81, I D 6
Kipfenberg 20/21 G 3
Kippel 50, III D 2
Kirchbach (O.) 52/53, II G 3
Kirchberg am Wagram 52/53, II G 1
– an der Mur 19, III B 1
– an der Pielach 52/53, II G 1
– in Tirol 52/53, II D 2
Kirchbichl 22, II C 2
Kirchdorf (Österreich) 52/53, II F 2
Kirchenkirnberg 19, III C 1
Kirchentellinsfurt 19, III B 1
Kirchheimbolanden 14/15 D 4
Kirchheim unter Teck 19, III B/C 1
Kirchhellen (Bottrop-) 38, I B 1
Kirchhundem 14/15 D 2
Kirchschlag 52/53, II H 2
Kirchseeon 22, II C 1
Kirchzarten 20/21 C/D 4
Kirensk 120/121 I/K 4
Kirgis-Nur 130/131, I D 2
Kirgisistan 120/121 F 5
Kirikkale 116/117, I B 2
Kirischi 124/125 B 2
Kirishima 134/135, I D 8
Kirisimbi 109, II A 2
Kirkcaldy 62/63, I E 2
Kirkel 38, II B 1
Kirkenes 70/71, I G 2
Kirki 138/139, I B 3
Kirkland Lake 152/153, I E 1/2
Kirklareli 80/81, I G 4
Kirkuk 116/117, I D/E 2
Kirkwall 62/63, I E 1
Kirn 14/15 C 4
Kirokawan 123, IV D 3
Kirow 124/125 G 2
Kirowabad 123, IV D/E 3
Kirow-Inseln 120/121 G/H 2
Kirowograd 124/125 B/C 4
Kirowsk 120/121 B 3
Kirrlach 20/21 D 4
Kirstenbosch 110/111, III A/B 1
Kirua 109, I A 2
Kiruna 90/91, III D 2 u. 70/71, I E 3
Kisangani (Stanleyville) 110/111, IV C 1
Kisarazu 134/135, IV C 4
Kischinew 48/49 O 5
Kisdorfer Wohld 10/11, II C 1
Kishon 118, IV B 2
Kishumundu 109, I A 2
Kisilrai 120/121 F 5
Kisil Usen 120/121 C 6
Kisimayu 106/107 H 5
Kiskunhalas 48/49 I/K 5
Kisljar 123, IV E 2
Kiso 134/135, I G 6
Kisseljowsk 129, I E 2/3
Kissidougou 108, I A/B 2
Kissing 22, II B 1
Kisumu 109, II B 1
Kisyl-Arwat 120/121 D 6
Kisyl-Kum 116/117, I F/G 2
Kita 108, I B 1
Kitakami 134/135, I I 4
Kitakata 134/135, I H 5
Kitakyushu 134/135, I C/D 7
Kitale 109, II C 1
Kitamigebirge 134/135, I K 1
Kitchener 152/153, I D 3
Kitendeni 109, I A 1
Kitgum 106/107 G 4
Kithäron 80/81, IV B 1
Kithira 80/81, I E 6
Kithnos 80/81, I E/F 6
Kitimat 148/149, II C 2
Kitoi 128, V A 2
Kitui 110/111, IV D 2
Kitwe 104/105, VII B 2
Kitzbühel 52/53, II D 2
Kitzbüheler Alpen 52/53, II C/D 2
Kitzingen 20/21 F 2
Kitzsteinhorn 54, II A 1
Kivalo 70/71, I F 3
Kiviapaja 73, III C 1
Kivisee 73, III B 2
Kivu 110/111, IV C 2
Kivusee 109, II A 2
Kizilirmak 116/117, I B 1
Kjachta 120/121 I 4
Kjustendil 80/81, I E 3
Kladanj 80/81, I C 2
Kladno 20/21 K 1
Klagenfurt 52/53, II F 3
Klaipėda = Memel
Klana 52/53, II F 4
Klanxbüll 8, I B 2
Klarälv 70/71, I C 4
Klatovy = Klattau
Klattau (Klatovy) 20/21 I 2
Klaus (O.) 52/53, II F 2
Klausdorf 8, II B 2
Klausen (Chiusa) 52/53, II C 3
Klausenburg = Cluj
Klausenpaß 51, I D 2
Klay 106/107 B 4
Kleinasien 120/121 B 5/6
Kleinbeeren 13, I B 2
Kleinblittersdorf 38, II B 2
Kleine Antillen 160/161, III F 3
Kleine Elster 39, II A 1
Kleine Karpaten 48/49 H 4
Kleiner Belt 72, IV B 2
Kleiner Burgstall 54, II A 2
Kleiner Chingan 130/131, I G 2
Kleiner Jenissej 120/121 H 4
Kleiner Kaukasus 123, IV C 3–E 4
Kleiner Minch 62/63, I C 2
Kleiner Sankt Bernhard (P.) 51, I B 3
Kleiner Sklavensee 148/149, II D 2
Kleiner Usen 124/125 G 4
Kleines Haff 6/7 K 2
Kleine Sunda-Inseln 140/141, III C/D 3
Kleines Walsertal 55 C/D 2
Kleine Syrte 100/101, I F 4
Kleinmachnow 13, I A 2
Kleinostheim 18, I D 1
Klein Ziethen 13, I B 2
Klerksdorp 108, II D 3
Klessow 48/49 N 3
Kleve 14/15 B 2
Klevenow 8, III A 2
Klimontów 47, II C 1
Klin 124/125 D 2
Klingberg 10/11, II C 1
Klingenthal 13/15 H 3
Klintum 8, I B/C 2
Klixbüll 8, I B 2
Kljasma 124/125 E 2/3
Klodnitz 47, II A 1
Klodawa 30/31 H 2
Klodzko = Glatz
Klofta 72, II B 1
Klondike 148/149, I D/E 2
Klösterle 51, I F 1
Klosterlechfeld 22, II A 1
Klostermansfeld 39, I A 1
Klosterneuburg 54, III A 1
Klosters 51, I E/F 2
Kloten 51, I D 1
Klötze 6/7 G 3
Kluis 8, III A 2
Klüppelberg (O.) 38, I D 2
Knebworth 61, I B 1
Knetzberg 20/21 F 2
Knidos 80/81, I G 6
Knin 80/81, I A/B 2
Knitra 106/107 C 1
Knittelfeld 52/53, II F/G 2
Knob Lake 156/157, II I 2
Knokke 56/57, I B 3
Knossos 80/81, II B 2
Knoten (B.) 14/15 D 3
Knowle Hill 62/63, II B 2
Knoxküste 171, I F 3
Knoxville 155, III D 2
Knüll 14/15 E 3
Knurów 47, II B 2
Knysna 110/111, IV C 5
Kobanke 72, IV D 2
Kobbelgrube (Stegna) 47, I C/D 1
Kobdo (Fl.) 120/121 G/H 5
– = Jirgalanta (O.)
Kobe 134/135, V B 1
København = Kopenhagen
Kobiór 47, II B 2
Koblenz (O.) 14/15 C 3
Kobrin 48/49 M 2
Kobuleti 123, IV B 3
Kocabas (Granikos) 80/81, I G 4/5
Kočani 80/81 E 4
Kočevje 80/81, I A 2
Kochel 22, II B 2
Kocher 20/21 E 2
Kochi 134/135, I E 7
Kodiak (O. u. I.) 148/149, I C 3
Kodok (Fashoda) 106/107 G 3
Köflach 52/53, II F/G 2
Koforidua 106/107 C/D 4
Køge 72, IV D 2
Kogilnik 48/49 O 5/6
Kohat 138/139, III B 1
Köhlbrand (Fl.) 10/11, VI
Köhlen 10, I B 1
Köhn 8, II B 2
Kohtla-Järve 124/125 A 2
Koikkala 73, III A/B 1
Kokand 129, II F 2
Kokava 30/31 H 4
Kokemäenjoki 70/71, I E 4
Kokinis 80/81, IV B 1
Kokkola 70/71, I E 4
Kokonau 140/141, III E 3
Kokonselkä 73, III C 1
Kokoschkinskij 123, I A 2
Kokosinsel (Pazif. Ozean) 162 B 4
Kokosinseln (Indischer Ozean) 172/173, I O 5
Koktschetaw 120/121 E/F 4
Kola (O.) 70/71, I H 2
Kolaka 140/141, III D 3
Kolari 70/71, I F 3
Kolbeinsey 70/71, II C 1
Kolberg (Kołobrzeg) 48/49 G 1
Kolbermoor 22, II D 2
Kolding 72, IV B 2
Kolelnyj 120/121 M 2
Kolepom 140/141, III E 3
Kolgujew 120/121 C 3
Kolhapur 136/137, I B 3
Kolin 48/49 G 4
Kolkanranta 73, III B 1
Kolkwitz 39, II B 1
Kölleda 14/15 G 2
Kollmarsreute 32, III B 1
Köln (O.) 14/15 B 3 u. 38, III B 3
Kölner Bucht 26/27, I D 3
Kolo 48/49 I 2
Kołobrzeg = Kolberg
Kolomna 124/125 D 3
Kolomyja 48/49 M 4
Kolophon 80/81, I G 5
Kolpino 124/125 B 2
Koltschugino 124/125 D 2
Kolumbien (St.) 167 C/D 3
Kolwezi 104/105, VII A/B 2
Kolyma 120/121, I O
Kolyma-(Gydan-)Gebirge 120/121 O/P 3
Komadugu 106/107 E 3
Komae 134/135, IV A 3
Komárno 48/49 I 4
Komárom 48/49 H/I 5
Kommunarsk 124/125 D/E 4
Komoren 110/111, IV E 3
Komotau (Chomutov) 20/21 I 1
Komotini 80/81, I F 4
Komovi 80/81, I C 3
Kompaßberg 110/111, IV C 5
Kompong Som 136/137, I E 3
Komrat 48/49 O 5
Komsomolezinsel 120/121 H–K 1
Komsomolsk 120/121 M 4
Komsomolskoje 73, III C 2
Konar 136/137, II A 2
Konda 128, V A 3
Kondratjewo 73, III C 2
Köndringen 32, III B 1
Köngen 19, III B 1
Kongkemul 140/141, III C 2
Kongo (Fl.) 110/111, IV B 1/2
– (Volksrepublik) 106/107 E 4/5
Kongobecken 102/103, I F/G 5/6
Kongolo 110/111, IV C 2
Kongsberg 70/71, I B 5
Kongsvinger 70/71, I B 4
Königgrätz (Hradec Králové) 48/49 G 3
Königin-Charlotte-Inseln 148/149, II B 2
Königin-Elisabeth-Inseln 155, II B/C 2
Königin-Mary-Küste 171, I E 2/3
Königin-Maud-Land 171, I S–B 2
Königsaue (O.) 39, I A 1
Königsberg (Chojna, Neumark) 6/7 K 3
– (Kaliningrad) 48/49 K 1
Königsbrunn 22, II A 1
Königschaffhausen 32, III A 1
Königsdorf 22, II B 2
Königshofen im Grabfeld 20/21 F 1
Königshoven 38, I A/B 2
Königshütte (Chorzów) 47, II B/C 1
Königslutter 6/7 F 3
Königssee 20/21 H/I 4
Königsspitze 52/53, II B 3
Königsstuhl (B., Rügen) 8, III B 1
– (O. Österreich) 52/53, II E 3
Königstein (Bezirk Dresden) 14/15 I/K 3
– im Taunus 18, I B 1
Königstetten 54, III A 1
Königswinter 17, I
Königs Wusterhausen 6/7 I 3
Konin 30/31 H 2
Köniz 51, I C 2
Könnern 39, I B 1
Konnunsuo 73, III C 1
Konoschanowo 128, V B 1
Konotop 124/125 C 4
Konshakowskij Kamen 120/121 D/E 3/4
Konstantinowka 124/125 D 4
Konstanz 20/21 D/E 4
Konstanza 80/81, III D/E 2
Kontagora 106/107 D 3
Kontu 73, III C 2
Konya 116/117, I B 2
Konz 14/15 B 4
Koolanooka 144 B 4
Koolyanobbing 144 B 5
Koos 8, III A 2
Kopaissenke 80/81, IV A/B 1
Kopejsk 124/125 K 3
Kopenhagen (København) 72, IV C/D 2
Koper 52/53, II E 4
Kopervik 70/71, I A 5
Koprivnica 52/53, II H 3
Koprivnice 30/31 H 4
Korallensee 142/143, I F 6
Koralpe 52/53, II F/G 3

Koratplateau 136/137, I E 3
Korba 138/139, I C 2
Korbach 14/15 D/E 2
Korçë 80/81, I D 4
Korčula 80/81, I B 3
Kordilleren (Anden) 164/165, I B 3–C 6
Kordofan 106/107 F/G 3
Koreastraße 134/135, I O 6
Korfbucht 120/121 P 3/4
Korfu (Kerkira) 80/81, I C 5
Korhogo 108, I B 2
Koria 73, III A 2
Korinth 80/81, IV A 2
Koriyama 134/135, I I 5
Korjakengebirge 120/121 P/Q 3
Korkino 124/125 K 3
Korla 130/131, I C 2
Körmend 52/53, II H 3
Kornelimünster 14/15 B 3
Korneuburg 54, III A 1
Korntal 19, III B 1
Kornwestheim 19, III B 1
Korogwe 109, II C 3
Koromandelküste 136/137, I B 3/4
Koropi 80/81, IV B 2
Körös 48/49 K 5
Korosten 48/49 N/O 3
Korsakow 120/121 N 5
Korschenbroich 38, I B 2
Korsika 58/59, I G/H 5
Köris-hegy 48/49 H 5
Korsør 72, IV C 2
Kortrijk 56/57, I A/B 4
Korzybie = Zollbrück
Kos 80/81, I G 6
Kosaka 134/135, I I 3
Kosani 80/81, I D 4
Kóscielsko 47, III A 1
Koscierzyna 47, I C 1
Koshigaya 134/135, IV B 1
Koshiki-Inseln 134/135, I C 8
Košice = Kaschau
Koslan 120/121 C/D 3
Köslin (Koszalin) 48/49 H 1
Kosmodemjansk 124/125 F 2
Kosokensee 73, III C 1
Kosovo 80/81, I D 3
Kosovska 80/81, I D 3
Kossoustausee 108, I B 2
Kosti 104/105, VI A 2
Kostroma (O. u. Fl.) 124/125 E 2
Kostrzyn = Küstrin
Kostuchna 47, II B 2
Koszalin = Köslin
Kőszeg 52/53, II H 2
Kota 136/137, I B 2
Kota Baru 140/141, III B 2
Kota Kinabalu 140/141, III C 2
Kotalahti 126/127 A 3
Kotawabai 134/135, IV A 5
Koteljnyj-Inseln 120/121 M 2
Kotelnikowo 124/125 E 5
Kotelnitsch 124/125 F/G 2
Köthen 39, I B 1
Kotka 70/71, I F 4
Kotlas 120/121 C 3
Kotor 80/81, I C 3
Kotowsk 48/49 O/P 5
Kötschach-Mauthen 52/53, II E 3
Kottenforst 16, I
Kotto 106/107 F 4
Kotui 120/121 I 2
Kotzebue 148/149 I B/C 2
Kötzting 20/21 H/I 2
Kouango 106/107 F 4
Koudougou 106/107 C 3
Koulikoro 108, I B 1
Koumba 106/107 D/E 4
Kounradskij 120/121 F 5
Kouroussa 108, I A/B 1
Kouvola 73, III A 2
Kowdor 70/71, I G 3
Kowdsee 70/71, I G/H 3
Kowel 48/49 M 3
Kowno = Kaunas
Kowrow 124/125 E 2
Kowsha 124/125 D 1
Kowylkino 124/125 E 3
Kozhikode 136/137, I B 2
Kozina 52/53, II E/F 4
Kozle = Cosel
Kragujevac 80/81, I D 2
Kraichgau 20/21 D 2
Krailling 22, II B 1
Krainburg (Kranj) 52/53, II F 3
Krakatau 140/141, V A 2
Krakau (Kraków) 48/49 I 3
Krakow am See 6/7 H 2
Kraków = Krakau
Kralovice 20/21 I 2
Kralupy 20/21 K 1
Kramatorsk 124/125 D 4
Krampnitz 13, I A 2
Kranichstein 18, I C 2
Kranj = Krainburg
Kranjska gora 52/53, II E 3
Krapina (O. u. Fl.) 52/53, II G/H 3
Kraslice = Graslitz
Krasnoarmejsk (an der Wolga) 124/125 F 4
– (Ukraine) 124/125 C/D 4
Krasnodar 120/121 B 5
Krasnojarsk 129, I H/I 1
Krasnokamsk 124/125 H 2
Krasnoselkup 120/121 F/G 3
Krasnosnamenskij 120/121 E/F 4
Krasnoufimsk 124/125 I 2
Krasnouralsk 124/125 K 2
Krasnowodsk 120/121 D 5
Krasnyj Kut 124/125 F 4
Krasnyj Lutsch 124/125 D 4/5
Krasnyj Sulin 124/125 E 4
Kratie 136/137, I E 3
Krefeld 38, I B 2
Kreiensen 6/7 E 4
Kremenez 48/49 M/N 3
Krementschug 124/125 C 4
Kreml 123, I B 1 u III
Kremmen 6/7 H 3
Kremnica 30/31 H 4
Krempe 10/11, II B 1
Krempel 8, I B/C 3
Krems an der Donau (O.) 52/53, II G 1
– (Fl.) 52/53, II F 1
Kremsmünster 52/53, II E/F 1
Kreta 80/81, II B 2
Kreuth 22, II C 2
Kreuzberg (B., Rhön) 20/21 F 1
Kreuzeckgruppe 52/53, II D/E 3
Kreuztal (O.) 14/15 C/D 3
Kribi 106/107 D/E 4
Krieglach 52/53, II G 2
Kriftel 18, I B 1
Krimml 52/53, II D 2
Krishna 136/137, I B 3
Kristiansand 70/71, I A/B 5
Kristianstad 72, IV E 1
Kristiansund 72, I A 2
Kristiinankaupunki 70/71, I E 4
Kritschew 48/49 P 2
Krivan 47, III A/B 2
Kriwoi Rog 124/125 C 5
Križevci 52/53, II H 3
Krk 80/81, I A 2
Krka 52/53, II G 4
Krnov = Jägersdorf
Kroatien 80/81, I A/B 2
Kronach 20/21 G 1
Kronberg 18, I B/C 1
Kronprinzenkoog 8, I B/C 3/4
Kronshagen 8, II B 2
Kronstadt = Brașov (Rumänien)
– (UdSSR) 70/71, I G 4
Krückau (Fl.) 10/11, II B 1
Krüger-Nationalpark 108, II E 2/3
Krugersdorp 108, II D 3
Kruisland (O.) 56/57, III B 1
Krumau (Österreich) 52/53, II G 1
– (Český Krumlov, Tschechoslowakei) 20/21 K 3
Krumbach 20/21 F 3
Krummendeich (O.) 10/11, II A 1
Krummensee 13, I C 1
Krummhörn 6/7 B/C 2
Krün 20/21 G 4
Krung Thep = Bangkok
Krupki 48/49 O 1
Kruså 6/7 E 1
Kruševac 80/81, I D 3
Kroonstad 108, II D 3
Kröslin 8, III B 2
Krossinsee 13, I C 2
Krostitz 39, I C/D 2
Kröv 14/15 C 3/4
Krynica Morska = Kahlberg
Ksar el-Boukhari 74/75, I G 6
Ksar el-Kébir (Alcazarquivir) 74/75, I B/C 6
Ksar es-Souk 100/101, I C 4
Ksyl-Orda 120/121 E 5
Ktipas (Messapion) 80/81, IV B 1
Kuala Dungun 136/137, I E 4
Kuala Lumpur 136/137, I E 4
Kuala Trengganu 136/137, I E 4
Kuando 110/111, IV C 3
Kuango 110/111, IV B 2
Kuantan 136/137, I E 4
Kuanza 110/111, IV B 2
Kubenasee 124/125 D 2
Kuba (I. u. St.) 160/161, II u. III D 2
Kuban 120/121 B/C 5
Kubango 110/111, IV B 3
Kubany 20/21 I 4
Kubiki 126/127 M 6
Kubiri 134/135, IV B 5
Kubitzer Bodden 8, III A 2
Kubrat 80/81, III B 3
Kucha (Ku-che) 130/131, I C 2
Kuchen 19, III C 1
Kuching 140/141, III C 2
Kuda 128, V B 2
Kudat 140/141, III C 2
Kuddalur 136/137, I B/C 3
Kudymkar 124/125 H 2
Kufstein 52/53, II D 2
Kuhak 136/137, I A 2
Kühenberg 19, III A 1
Kuh-i-Baba 136/137, I A 1
Kuh-i-Dinar 106/107 I 1
Kühkopf 18, I B 2
Kühlungsborn 6/7 G 1
Kuhrudgebirge 116/117, I F 3–G 4
Kuibyschew 124/125 G 3
Kuito 110/111, IV B 3
Kujtoseen 70/71, I G 3
Kujtun 128, V A 2
Kujukuristrand 134/135, I I 6
Kujusan 134/135, I D 7
Kukawa 106/107 E 3
Kulja (Yi-ning) 130/131, I C 2
Kuljab 129, II E 4
Kulkwitz 39, I C 2
Kullen 70/71, I C 5
Kulmbach 20/21 G 1
Kulsary 124/125 H 5
Kuludinskojer See 129, I A/B 3
Kulunda 129, I A 3
Kulundaebene 120/121 F/G 4
Kuma 123, IV C 1
Kumamoto 134/135, I D 7
Kumanovo 80/81, I D/E 3
Kumasi 108, I C 2
Kumertau 124/125 H 3
Kummerower See 6/7 H/I 2
Kumran 118, IV B 3
Kumrovec 52/53, II G 3
Kunaschiri 130/131, I I 2
Kundelungüberge 110/111, IV C 2/3
Kunene 110/111 B 3
Kungrad 120/121 D 5
Kungur 124/125 I 2
Künheim 32, III A 1
Kunlong 136/137, I D 2
Kun-lun-shan 130/131, I C/D 3
Kun-ming 130/131, I E 4
Künzelsau 20/21 E 2
Kuolimosee 73, III B 1
Kuopio 70/71, I F/G 4
Kuopto 70/71, I F/G 4
Kupa 52/53, II H 4
Kupang 140/141, III D 4
Kupčina 52/53, II G 4
Kupjansk 124/125 D 4
Kuppingen 19, III A 1
Kura 123, IV F 3
Kurashiki 134/135, I E 6
Kure 134/135, I E 6
Kurejka (O. u. Fl.) 120/121 G/H 3
Kurdistan (L.) 120/121 C 6
Kurgan 120/121 E 4
Kuria-Muria-Inseln 116/117, I G 6
Kurilen 112/113, III O/P 5
Kurische Nehrung 48/49 K 1
Kurisches Haff 47, I E 1
Kurland 70/71, I E/F 5
Kurnub 118, IV B 3
Kurram 138/139, III B 1
Kursk 124/125 C 4
Kürten 38, I C 2
Kuruman 108, II C 3
Kurume 134/135, I D 7
Kurunegala 136/137, I B/C 4
Kurvila 73, III B 2
Kuşadasi 80/81, I G 6
Kuschka 120/121 E 6
Kuschwa 124/125 I 2
Kusel 14/15 C 4
Kushiro 134/135, I L 8
Kushtia 138/139, IV C 2
Kuskokwim 148/149, I C 2
Kuskokwimberge 148/149, I C 2
Küsnacht 51, I D 1
Kusnezker Alatau 129, I E/F 2/3
Küssnacht 51, I D 1
Kustanei 120/121 E 4
Küstenkanal (Niedersachsen) 6/7 C 2
Küstrin (Kostrzyn) 6/7 K 3
Kut 120/121 C 6
Kütahya 116/117, I A/B 2
Kutaissi 123, IV C 2
Kutaradja = Banda Atjeh
Kutch 136/137, I A 2
Kutenholz (O.) 10/11, II A 1
Kutina 52/53, II H 4
Kutna-Hora = Kuttenberg
Kutno 48/49 I 2
Kutschan 120/121 D 6
Kutschukskojer See 129, I A/B 3
Kuttenberg (Kutna-Hora) 30/31 F 4
Küty 52/53, II I 1
Kuusamo 70/71, I G 3
Kuusankoski 73, III A 2
Kuwait (O. u. St.) 116/117, I E 4
Kuźnice 47, III A/B 1
Kvamsoy 73, I C 1
Kvänangen 70/71, I E 2
Kvarner 76/77, I F 2
Kwa 110/111, IV B 2
Kware 109, I A 2
Kwei-lin (Gui-lin) 130/131, I E 4
Kwilu 110/111, IV B 2
Kwinana 144 A/B 5
Kyburg (Schl.) 51, I D 1
Kyffhäuser (B.) 14/15 F/G 2
Kyhna 39, I C 1
Kykladen 80/81, I F 6
Kyle 62/63, I D 2
Kyll 14/15 B 4
Kyllburg 14/15 B 3
Kymijoki 73, III A 2
Kyogasee 109, II B 1
Kyoto 134/135, I F 6
Kyriaki 80/81, IV A 1
Kyritz 6/7 H 3
Kyrkjebo 73, I B 1
Kysucké 30/31 H 4
Kysyl 129, I I 4
Kysylart 129, II G 3
Kysyl-Kija 129, II G 2
Kysylkum (Rote Wüste) 129, II B 2–D 2
Kyushu 134/135, I D/E 7
Kyushugebirge 134/135, I D 7/8
Kyyvoo 73, III B 1

L

Laa an der Thaya (Niederösterreich) 52/53, II H 1
Laab im Walde 54, III A 2
Laage 6/7 H 2
Laakirchen 52/53, II E/F 2
La Alberca 74/75, II B 2
La Alcarria 74/75, I D 3
Laba 123, IV B 1/2
Laban 118, IV B 4
Laband (Łabędy) 47, II B 1
Labasa 145, II B 1
La Baule 58/59, I B 3
Labe = Elbe
Labé 106/107 B 3
Łabędy = Laband
Labinsk 123, IV B 1
Laboe 6/7 F 1. u. 8, II B 2
Labrador 148/149, II H/I 2
Labrador City 148/149, II H/I 2
Labradorsee 146 O/P 4
Lábrea (Brasilien) 167 D/E 5
Labytnangi 128, V A 2
La Carolina 74/75, I C/D 4
Lac d'Annecy 51, I B 3
Lac de Dix 50, II A 1 u. 50, III C 2
Lac de Mauvoisin 50, II A 2
Lac di Place Moulin 50, II B 2
La Chapelle-Gauthier 60, I C 2
La Chaux-de-Fonds 51, I B 1
Lachendorf 6/7 F 3
Lachlan 144 H 5
La Chorrera 160/161, V B 2
La Léman = Genfer See
La Clusaz 51, I B 3
La Colorada 160/161, III A/B 2
La Coruña 74/75, I A 2
Lacq 58/59, I C 5
La Crosse 152/153, I B 3
La Cumbre-Paß 168/169, I A/B 5
La Cure 51, I B 2
Ladakh 136/137, I B 1
La Défence 60, I B 1
Ladelund 8, I B/C 2
Ladogasee 70/71, I G/H 4
Ladogakanal 70/71, I G 5–H 4
La Dôle 51, I B 2
Laduschkin = Ludwigsort
Ladyshin 124/125 B 4
Lae 142/143, I E 5
Lærdal 73, I D 1
Lærdalsoyri 73, I D 1
La Estrada 74/75, I A 2
La Fenouillère 58/59, IV
La Fère 58/59, I E 2
La Ferté-Alais 60, I B 3
Lafia 106/107 D 4
Lafnitz 52/53, II H 2
La Forcla 50, II B 1
Lagan 72, IV D 1
Lage 14/15 D 2
Lågen 70/71, I B 4
Lägerdorf 10/11, II B 1
Laghouat 106/107 D 1
La Giettaz 50, III B 3
Lagny 60, I C 2
Lagny-le-Sec 60, I C 1
Lago Agrio Shushufindi 167 B 4
Lago Maggiore 51, I D 2/3
Lagonissi 80/81, IV B 2
Lagos (Griechenland) 80/81, I F 4
– (Nigeria) 106/107 D 4. u. 108, I D 2
– (Portugal) 74/75, I A 5
Lago Santo 76/77, IV A 3
La Granja 74/75, I D 3
La Gran Sabana 164/165, I C 2
La Grave 51, I B 3
La Guardia Airport 158, I B 1
La Guaira 160/161, III F 3
Laguna Morta 76/77, IV A 2
Lagunas 166, IV B 2
Lagunen von Venedig 76/77, IV A 2
Lagunillas 166, III A 1
Lahn (Fl.) 14/15 C/D 3
Lahnstein 14/15 C 3
Laholm 72, IV D 1
Lahore 136/137, I B 1
Lahr 20/21 C 3
Lahti 70/71, I F 4
Laibach (Ljubljana) 52/53, II F 3
Laichingen 19, III C 2
Laila 116/117, I E 5
Lainsitz 52/53, II F 1
Laiya 140/141, I B 2
Lajes 168/169, I E 4
Lake (O.) 151, IV
Lake George 155, I C 1
Lake of the Woods 148/149, II F 3
Lakhnau 136/137, I C 2
Lakkadiven = Lakshadweep
Lakoja 106/107 D 4
Lakonischer Golf 80/81, I E 6
Laksefjord 70/71, I F 2
Lakshadweep (Lakkadiven) 136/137, I B 3
La Léchère 50, II A 2
La Libertad 167 A 4
La Línea 74/75, I C 5
Lalomita 80/81, III C 2
Lam 20/21 I 2
La Maddalena 76/77, I C/D 4
La Maiella 76/77, I E/F 3
Lama-Kara 108, I D 2
La Mancha 74/75, I D 4
La Manche = Der Kanal
Lamar (Fl. u. O.) 151, IV
Lambach (O.) 52/53, II E 1
Lambaréné 110/111, IV B 2
La Mede 58/59, III C 2
Lamego 74/75, I B 3
Lamia 80/81, I E 5
Lamon 52/53, II C 3
Lamonbai 140/141, I B/C 1
Lampang 136/137, I D/E 3
Lampedusa 76/77, II A 2
Lampertheim 14/15 D 4
Lamu 110/111, IV E 2
Lan 48/49 N 2
Lana 52/53, II C 3
Lanai 156/157, III B 1
Lan-cang-jiang = Mekong
Lancaster 62/63, I E 3
Landau an der Isar 20/21 H 3
– in der Pfalz 14/15 C/D 4
Landeck (Inn) 52/53, II B 2
– (R. bei Mundingen) 32, III B I
Landesbergen 6/7 E 3
Landquart (Fl. u. O.) 51, I E 2
Landsberg am Lech 22, II A 1
– an der Warthe (Gorzów Wielkopolski) 48/49 G 2
– (Bezirk Halle/Saale) 39, I C 1
Land's End 62/63, I C/D 5
Landshut 20/21 H 3
Landskrona 72, IV D 2
Landsmeer (O.) 56/57, V B 1
Landstuhl 14/15 C 4
Langanes 70/71, II D 1
Langau 52/53, II G 1
Langeland 72, IV C 2
Langelsheim 6/7 F 4
Langen (Fl.) 72, II A 2
– (O.) 18, I C 2
Langenau 20/21 F 3
Langenberg (B. im Rothaargebirge) 14/15 D 2
– (O.) 38, I C 2
Langenbielau (Bielawa) 30/31 G 3
Langeneichstädt 39, I B 2
Langenfeld 38, I B 2
Langenhorn (Nordfriesland) 8, I B 2
Langenlois 52/53, II G 1
Langenlonsheim 18, I A 2
Langenselbold 18, I D 1
Langenthal 51, I C/D 1
Langenzenn 20/21 F 2
Langenzersdorf 54, III A 1
Langeoog 6/7 C 2
Langjökull 70/71, II B/C 1
Langnau 51, I C 2
Langöy 70/71, I C 2
Langreo 74/75, I C 2
Langres 58/59, I F 3
Lang Son 136/137, I E 2
Languedoc 58/59, I D 5–F 4
Lang-zhong 130/131, I E 3
Lanin 164/165, I B 6
Lanken-Granitz 8, III B 2
Länna 72, III B 1
Lannemezan 100/101, I D 2
La Nora 74/75, II A 2
Lanslebourg-Mont Cenis 51, I B/C 3
Lansing 152/153, I C 3
Lanuvio 78, II B 2
Lanzarote 74/75, IV C/D 1
Lanzendorf 54, III A/B 2
Lan-zhou 130/131, I E 3
Laoag 140/141, III C/D 1
Lao-jun-miao 130/131, I D 3
Lao Kay 136/137, I E 2
Laon 58/59, I E 2
Laos 136/137, I E 3
La Palma 74/75, IV B 1
La Paz (Bolivien) 168/169 B 2
– (Mexiko) 148/149, II D 5
La Pérouse-Straße 112/113, III N/O 5
La Plata (O.) 168/169, I D 5/6
Lappeenranta 73, III C 1
Lappland 70/71, I C 3–G 2
Laptewsee 120/121, I L/M 2
La Queue 60, I A 2
La Quiaca 168/169, I B 3
L'Aquila 76/77, I E 3
Lar 106/107 I 2
Larache = El-Araïch
Laramie Peak 148/149, II E 3
La Rance 62/63, III B 7
Lardy 60, I B 2
Laredo 148/149, II F 5
La Rioja 164/165, I C 5
Larisa 80/81, I E 5
Larissa (Antiker Ort) 79, IV
Larjak 128, IV B/C 2
Larnaka 106/107 G 1
Larne 62/63, I C/D 3
La Roche-sur-Yon 58/59, I B/C 3
La Rochelle 58/59, I C 3
La Ronge 148/149, II E 2
La Ruinette 50, II A 2
Larvik 70/71, I B 5
La Sage 50, II B 1
La Sagra 74/75, I D 4/5
Läsäkoski 73, III A/B 1
Las Alpujarras 74/75, I D 5
Las Cascades 160/161, V B 1
Lascaux 58/59, I D 4
Las Cruces 148/149, II E 4
Las Cumbres 160/161, V B 1
La Serena 164/165, I B 5
Las Heras 164/165, I C 7
Lashio 136/137, I D 2
La Singla (B.) 50, II A 2
La Skhirra 100/101, I F 4
Laško 52/53, II G 3
Las Marismas 74/75 B/C 5
Læso 72, IV C 1
Las Palmas 74/75, IV C 1
La Spezia 76/77, I C/D 2
Las Piedras 167 C/D 1
Las Plumas 164/165, I C 7
Lassan 6/7 I 2
Lassen Peak 150, II C 1
Laßnitz 52/53, II G 3
Las Tórtolas 168/169, I B 5
Lastoursville 110/111, IV B 2
Lastovo 80/81, I B 3
Las Vegas 150, II F 3
Latakia 116/117, I B/C 2
Latemar 52/53, II C 3
Latina 76/77, I E 4
Latisana 52/53, II E 4
Latium 76/77, I D 3–E 4
Latorica 48/49 K/L 4
La Tour 50, II A/B 1
La Trappe 58/59, I D 2
Lauban (Lubán) 30/31 F 3
Laubusch 39, II B 2
Laucha 39, I B 2
Lauchert 20/21 E 3
Lauchhammer 39, II A 1
Lauda 20/21 E 2
Lauenburg an der Elbe 6/7 F 2
– (Lębork) 47, I B 1
Lauf 20/21 G 2
Laufen (Oberbayern) 20/21 H 4
– (Schweiz) 51, I C 1
Laufenburg 51, I D 1
Laufenselden, 18, I A/B 1
Lauffen 20/21 D/E 2
Lauingen 20/21 F 3
Laukkala 73, III B 1
Launceston 144 H 7
La Unión (El Salvador) 160/161, III D 3
– (Spanien) 74/75, I E 5
Laupheim 20/21 E/F 3
Laurentum (Antiker Ort) 78, II A 2
Lauritsala 73, III C 1
Lausanne 50, III B 1 u. 51, I B 2
Lauscha 14/15 G 3
Laut 140/141, III C 3
Lauta 39, II B 2
Lauter (Fl. zum Neckar) 19, III B 1
– (Fl. zum Rhein) 14/15 D 4
Lauterach 20/21 G 2
Lauterbach (O., Kreis Dachau, Oberbayern) 22, II B 1
– (O., Kreis Lauterbach, Hessen) 14/15 E 3
Lauterbrunnen 50, III D 1
Lauterstein 19, III C 1
Lauwerssee 56/57, II C/D 1
Lauzon 152/153, I G 2
Laval 58/59, I C 2/3
Lavant 52/53, II F 3
La Vega 74/75, I C/D 5
Laveno 51, I D 3
Lavéra 58/59, III C 2 u. IV
Laverton 144 C 4
Lavik 73, I B 1
Lawley 110/111, V A 2
Lawrence 152/153, I G 3
Lawrenceville 152/153, I B/C 4
Lawrion 80/81, I E/F 6 u. IV B/C 2
Lawton 148/149, II F 4
Lawu 140/141, V D 2
Laxenburg 54, III A 2
Lazise 52/53, II B 4
Laziska 47, II B 2
Lazy 47, II C 1
Lea (Fl.) 61, I B 1
Lead 156/157, II E 3
Leaf 148/149, II H 2
Leatherhead 61, I B 2
Leba (Fl. u. O.) 47, I B 1
Lebach 38, II A 1
Lebadeia = Lewadia
Lebap 129, II A/B 2
Lebasee 47, I B 1
Le Biot 51, I B 2
Lebomboberge 110/111, IV D 4
Lebork = Lauenburg
Le Bourget 60, I B 2
Le Brassus 51, I B 2
Lebrija 74/75, I B/C 5
Lecce 76/77, I H 4
Lecco 52/53, II A 4
Lech (Fl.) 20/21 F 3 u. 22, II A 1
– (O.) 51, I F 1
Le Châble 50, III C 2
Le Châtelet-en-Brie 60, I C 2
Lechenich (Erftstadt-) 40, I
Lechfeld (L.) 20/21 F 3
Lechtaler Alpen 52/53, II B 2
Leck 8, I B/C 2
Le Creusot 58/59, I E/F 3
Leczyca 30/31 H 2
Leda 6/7 C 2
Lędziny 47, II C 2
Leeds 62/63, I F 4
Leeheim 18, I B 2
Leer 6/7 C 2
Leeuwarden 56/57, I D/E 1
Le Fayet 98/99, IV B 2
Lefkas (Leukas) 80/81, I D 5
Legaspi 140/141, III D 1
Legau 20/21 F 4
Legnano (Lombardei) 51, I D 3
– (Venetien) 76/77, I D 2
Legnica = Liegnitz
le Grau d'Agde 58/59, III A 2
Leh 136/137, I B 1
Le Havre 58/59, I C/D 2 u. II A 1
Lehe 8, I C 3
Lehre 35, V B 1
Lehrte 6/7 E/F 3
Leibnitz 52/53, II G 3
Leicester 62/63, I F 4
Leichlingen 38, I C 2
Leiden 56/57, I C 2
Leigh Creek 144 F 5
Leikanger 70/71, I A 4 u. 73, I C 1
Lein 19, III C 1
Leine 6/7 E 3
Leinfelden 19, III B 1
Leinster 62/63, I C 4
Leinzell 19, III C 1
Leipzig 39, I C/D 2
Leira 72, II B 1
Leiria 74/75, I A 4
Leiselheim (Sasbach-) 32, III A 1
Leiterbach 54, II B 2
Leith 62/63, I E 2
Leitha 52/53, II H 1
Leithagebirge 52/63, II H 2
Leitmeritz (Litoměrice) 14/15 K 3
Leizach 22, II C 2
Lek 56/57, I C 3
Lekenik 52/53, II H 4
Le Locle 51, I B 1
Lelystad 56/57, II C 2
Le Madonie 76/77, I E/F 6
Le Maire-Straße 164/165, I C 8
Leman Bank 62/63, III D 5
Le Mans 58/59, I D 3
Le Marais Vernier 58/59, II A/B 2
Lembach 52/53, II E 1
Lemberg (Lwow) 48/49 M 4
Lemery 140/141, I A 2
le Mesnil-Amelot 60, I C 1
le Mesnil-Aubry 60, I B 1
Lemförde 6/7 D 3
Lemgo 14/15 D 1
Lemi 73, III B 1
Lemosho Glades 109, I A 2
Lemwerder 10, I B 2
Lena 120/121 L 3
Lend 52/53, II D/E 2
Lendava 52/53, II H 3
Lendak 47, III B 1
Lendery 70/71, I G 4
Lendringsen 38, I D 2
Lengede 41, III
Lenger 129, II F 1
Lengerich 14/15 C 1
Lenggries 22, II C 2
Leninabad 129, II E/F 2
Leninakan 123, IV C/D 3
Leningrad 70/71, I G 4
Leninkanal 123, IV D 2
Leninogorsk 129, I C/D 4
Leninsk-Kusnezkij 129, I E/F 4
Leninskoje 120/121 M 5
Lhasa (La-sa) 130/131, I D 4
Lhotse 136/137, II A 2
Lhotse-Gletscher 136/137, II A 2
Leninsk 120/121 E 5
Lenk 50, III C/D 2
Lenkoran 123, IV F 4
Lenna 52/53, II A 4
Lenne 14/15 C 2
Lennep (Remscheid-) 38, I C 2
Lennestadt 14/15 D 2
Lenningen 19, III B/C 1
Lensk 120/121 K 3
Lentföhrden 10/11, II B 1
Lenti 52/53, II H 3
Lenzing 30/31 E 4
Leuna 14/15 G 2
Lenzburg 51, I D 1
Lenzen 6/7 G 2
Lenzerheide 51, I E 2
Leoben 52/53, II G 2
León (L. u. O., Spanien) 74/75, I B/C 2
– (O., Mexiko) 160/161, III B 2
Leonberg (O.) 19, III A 1
Leoni 22, II B 2
Leopoldberg 110/111, II A 2
Leopoldina 168/169, I G 3
Leopold II.-See = Mai Ndombe-See
Leopoldville = Kinshasa
Leordeni 80/81, III B 2
Le Perray 60, I A 2
Le Plessis-Belleville 60, I C 1
Le Puy 58/59, I E 4
Lérida 74/75, I F 3
Lermoos 52/53, II B 2
Le Rocher Blanc 51, I A/B 3
Lerongo 109, I A 2
Léry 58/59, II C 2
Lesachtal 52/53, II D 3
Les Aiguilles Rouges 98/99, IV B 1/2
Les Andelys 58/59, II D 2
Les Avants 50, III B/C 2
Les Baux 58/59, III B 2
Les Causses 58/59, I E 4/5
Les Clayes-sous-Bois 60, I A/B 2
Les Contamines 98/99, IV B 2
Les Contamines-Montjoie 51, I B 3
Les Diablerets (B. u. O.) 51, I C 2
Le Sentier 51, I B 2
Les Essarts-le-Roi 60, I A 2
Les Gets 50, III B 2
Les Granges-le-Roi 60, I B 2
Les Haudères 50, II B 1
Les Houches 50, III B 2
Les Jumeaux (B.) 50, II B 2
Leskovac 80/81, I D 3
Les Landes 58/59, I C 4/5
Les Mureaux 60, I A 2
Lesnoi 70/71, I H 3
Lesny 20/21 H 1
Lesogorskij 73, III C 1
Lesotho 108, II D 3
Les Rangiers (P.) 51, I C 1
Les Sables-d'Olonne 58/59, I B/C 3
Lessinische Alpen 52/53, II C 4
Lesum 10, I B 2
Leszczyny 47, III B 2
Leszno = Lissa
Letenye 52/53, II H 3
Letiahau 108, II C 2
Leticia 164/165, I B/C 3
L'Etivaz 50, III C 2
Letmathe 38, I D 2
Le Trait 58/59, II B 1/2
Letterkenny 62/63, I B/C 3
Lettland 70/71, I F 5
Letzlinger Heide 6/7 G 3
Leucate 58/59, I E 5
Leuck 50, III D 2
Leukas = Lefkas (I.)
Leukerbad 50, III D 2

Leuktra 80/81, IV B 1
Leuna 39, I C 2
Leuser 136/137, I D 4
Leutensdorf (Litvinov) 20/21 I 1
Leuthen 39, II B 1
Leutkirch 20/21 E/F 4
Levanger 70/71, I B/C 4
Le Verdon-sur-Mer 58/59, I C 4
Leverkusen 14/15 C 2 u. 38, I C 2
Levico 52/53, II C 4
Le Vigan 58/59, III A 2
Levuka 145, II B 1
Lewadia (Lebadeia) 80/81, I E 5
Lewis 62/63, I C 1
Lewisham 61, I B/C 1
Lewiston (Idaho, USA) 150, I E 2
Lexington 152/153, I C/D 4
Leysin 50, III C 2
Leyte 140/141, III D 1
Lezhë 80/81, I C 4
Lezirias 74/75, III C 1
Lian-shui 132/133, I G 2
Lian-yün-gang 130/131, I F/G 3
Liao-he 130/131, I G 2
Liao-ning 130/131, IV
Liao-yuan 130/131, I G 2
Liard 148/149, II C 2
Libanon 116/117, I B/C 3
Libau (Liepāja) 70/71, I E 5
Libben 8, III A 1
Libenge 110/111, IV B 1
Liberec = Reichenberg
Liberia 108, I B 2
Libiaz 47, II C 2
Libitz 8, III A 2
Liblar (Erftstadt-) 40, I
Libourne 58/59, I C/D 4
Libreville 106/107 D/E 4
Libro Point 140/141, III C 1
Libyen 106/107 E/F 2
Libysche Wüste 106/107 F 2
Licata 76/77, I E 6
Lich 14/15 D 3
Lichtenau 14/15 D 2
Lichtenberge 41, III
Lichtenfels (O.) 20/21 F/G 1
Lida 48/49 M 2
Lido di Jesolo 76/77, IV B 1/2
Lidzbark Warminski = Heilsberg
Liebenau 4, IV
Liebenfels (O.) 52/53, II F 3
Liebenwalde 6/7 I 3
Liebertwolkwitz 39, I C/D 2
Liechtenstein (St.) 51, I E 1
Liede 56/57, IV A 1
Liège = Lüttich
Liegnitz (Legnica) 48/49 G/H 3
Lienz 52/53, II D 3
Liepāja = Libau
Lieser (Fl. zur Drau) 52/53, II E 3
– (Fl. zur Mosel) 14/15 B 3
Liestal 51, I C 1
Lietsee 73, III B/C 1
Lietzow 8, III A 2
Liezen 52/53, II F 2
Lifford 62/63, I B/C 3
Lifoula 110/111, II A 1
Li Galli (I.) 78, III A 2
Lightwater (O.) 61, I A 2
Lignano Sabbiadoro 52/53, II E 4
Ligurien 76/77, I B 3–C 2
Ligurische Alpen 76/77, I B/C 2
Ligurisches Meer 76/77, I B/C 3
Lihisten 73, I B 1
Lihouriff 144 I 2
Liiansaari 73, III B 1
Likasi 110/111, IV C 3
Lilienfeld 52/53, II G 2
Lilienthal 10, I B 2
Lille 58/59, I E 1
Lillebonne 58/59, II A/B 1
Lillehammer 70/71, I B 4
Lillestrøm 72, II A/B 2
Lilongwe 110/111, IV D 3
Lim 80/81, I C 3
Lima (Ohio, USA) 152/153, I D 3
– (Peru) 167 B 6
Limagne 58/59, I E 3/4
Liman 140/141, V D 2
Limay (Fl., Argentinien) 164/165, I C 6
– (O., Frankreich) 60, I A 2
Limbach-Oberfrohna 14/15 H 3
Limburg a. d. Lahn 14/15 D 3
– (L., Belgien u. Niederlande) 56/57, I D 3
Limerick 62/63, I B 4
Limes 19, III C 1
Limeshain 18, I C/D 1
Limfjord 70/71, I A/B 5
Limina 78, IV B 1
Limmat 51, I D 1
Limmenbucht 144 F 1
Limnos 80/81, I F 5
Limoges 58/59, I D 4
Limón 160/161, III D 3/4
Limónbai 160/161, V B 1
Limours 60, I B 2
Limousin 58/59, I D 4
Limpelberg 20/21 G 2
Limpopo 108, II D 2
Limpurger Berge 19, III C 1
Linares (Chile) 164/165, I B 6
– (Spanien) 74/75, I C/D 4
Lincoln (England) 62/63, I F 4
– (Nebraska, USA) 148/149, II F 3
Lindau (Bodensee) 20/21 E 4
– (Kreis Rendsburg-Eckernförde) 8, II A 2
Linden 22, II C 2
Lindenberg (Allgäu) 20/21 E 4
– (Bezirk Frankfurt/Oder) 13, I C 1
Linderhof 22, II A/B 2
Linderödsås 72, IV D/E 2
Lindesnes 70/71, I A 5
Lindi (Fl., Zaïre) 110/111, IV C 1
– (O., Tansania) 110/111, IV D 2
Lindingö 72, III B 1
Lindisfarne = Holy Island
Lindlar 14/15 C 2 u. 38, I C 2
Lindos 80/81, I H 6
Lindow 6/7 I 3
Lin-fen 130/131, I F 3
Lingeh 106/107 I 2
Lingen 6/7 C 3
Lingga-Inseln 135/137, I E 4/5
Linguaglossa 78, IV B 1
Linguère 106/107 B 3
Lin-hai 130/131, I G 4
Linköping 70/71, I C/D 5
Linosa 76/77, II A 2
Linowo 124/125 F 4
Lintfort 38, I B 2
Linth 51, I E 2
Linthal 51, I D 2
Lin-xi 130/131, I F 2
Lin-xia 130/131, I E 3
Linyanti 110/111, IV C 3
Lin-yi 130/131, I F 3
Linz (a. d. Donau) 52/53, II F 1
– (am Rhein) 14/15 C 3
Lin-zhi 130/131, I D 4
Lipari 76/77, I F 5
Liparische Inseln (Äolische Inseln) 76/77, I F 5
Lipezk 124/125 D 3
Lipno 20/21 K 3
Lipowez 48/49 O 4
Lippe (Fl.) 14/15 C 2 u. 38, I B 1
Lippetal 14/15 C/D 2
Lippstadt 14/15 D 2
Liptauer Tatra 47, III A 1
Liranga 110/111, IV B 2
Liri 76/77, I E 4
Liro 51, I E 2
Lisala 110/111, IV C 1
Lisboa = Lissabon
Lisieux 58/59, I D 2
l'Isle-Adam 60, I B 1
Lissa (Leszno) 48/49 H 3
Lissabon (Lisboa) 74/75, I A 4 u. III B 2
Lissitschansk 124/125 D 4
List 6/7 D 1 u. 8, I A 1
Listerstausee 38, I D 2
Listwjanka 128, V B 2
Litauen 70/71, I E/F 6
Litberg 10/11, II B 2
Litija 52/53, II F 3
Litin 48/49 N/O 4
Litoměrice = Leitmeritz
Litomysl 30/31 G 4
Litschau 52/53, II G 1
Little Heath 62/63, II B 2
Little Rock 148/149, II F 4
Little Susitna 155, I B 1
Litvinow = Leutensdorf
Liu-xia 136/137, I E 1
Liu-zhou 130/131, I E 4
Livengood 156/157, I D 2
Livenza 52/53, II D 4
Liverpool 62/63, I E 4
Livigno 52/53, II B 3
Livingstone = Maramba
Livingstonegebirge 110/111, IV D 2/3
Livingstonia 110/111, IV D 3
Livland 70/71, I F 5
Livno 80/81, I B 3
Livorno 76/77, I C/D 3
Liwati 109, I A 2
Liwny 124/125 D 3
Lizard Point 62/63, I D 6
Ljachow-Inseln 120/121 N 2
Ljuberzy 123, I B 2
Ljubija 80/81, I B 2
Ljubljana = Laibach
Ljubno 52/53, II F 3
Ljuboten 80/81, I D 3
Ljudinowo 124/125 C 3
Ljungby 72, IV D/E 1
Ljusdal 70/71, I C 4
Ljusnan 70/71, I C 4
Ljusterö (I. u. O.) 72, III B 1
Ljutomer 52/53, II H 3
Llandudno 110/111, III A 2
Llanes 74/75, I C 2
Llano Estacado 148/149, II E 4
Llerena 74/75, I B/C 4
Llullaillaco 164/165, I C 5
Lobatse 108, II C/D 3
Lobau 54, III B 2
Löbau 14/15 K 2
Löbejün 39, I B 1
Lobenstein 14/15 G 3
Lobito 110/111, IV B 3
Lobitos 167 A 4
Lob Nuur 130/131, I D 2
Lobosinseln 167 A 5
Loboye 106/107 E 4
Locarno 51, I D 2
Loccum 6/7 E 3
Lochem 6/7 B 3
Loch Linnhe 62/63, I D 2
Loch Lomond 62/63, I D 2
Lockton 62/63, III B 4
Lod (Lydda) 118, IV A/B 3
Lodalskåpa 73, I D 1
Lodejnoje Polje 124/125 C 1
Lods 51, I B 1
Łódź 48/49 I 3
Lofer 52/53, II D 2
Lofoten 70/71, I B 3–C 2
Logone 106/107 E 3/4
Logroño 74/75, I D 2
Løgumkloster 6/7 D/E 1
Lohals 72, IV C 2
Lohardaga 138/139, IV A 2
Lohme 8, III B 1
Lohne 6/7 D 3
Löhne 14/15 D 1
Lohr 20/21 E 2
Loibl (P.) 52/53, II F 3
Loir 58/59, I D 3
Loire 58/59, I D 3
Loisach 22, II B 2
Loitz 6/7 I 2
Loja (Ekuador) 164/165, I B 3
– (Spanien) 74/75, I C 5
Lokka 70/71, I F/G 3
Lokken 72, IV B 1
Lokoja 108, I E 2
Lol 106/107 F 4
Lolland 72, IV C 2
Lollar 14/15 D 3
Lom 80/81, I E 3
Lomaberge 106/107 B/C 4
Lomaivitigruppe 145, II B 1
Lomami 110/111, IV C 2
Lombardei 76/77, I C/D 2
Lombok 140/141, III C 3
Lomé 106/107 D 4 u. 108, I D 2
Lomela 110/111, IV C 2
Lomie 106/107 E 4
Lomnitza 48/49 M 4
Lomnitzer Spitze 47, III B 1
Lomonossow 70/71, I G 5
Lomont 51, I B 1
Lomza 48/49 K/L 2
London (England) 61, I u. 62/63, I F/G 5
– Airport (Gatwick) 61, I B 2
– (Ontario, Kanada) 152/153, I D 3
Londonderry 62/63, I C 3
Londrina 164/165, I D/E 5
Lone 19, III C 1
Long (I.) 160/161, III E 2
Longarone 52/53, II D 3
Long Beach 148/149, II C/D 4
Long Island 152/153, I F 3
Longjumeau 60, I B 2
Longlac 152/153, I C 1
Longnes 60, I A 2
Longreach 144 G/G 3
Longs Peak 148/149, II E 3
Longview 148/149, II C 3
Longwy 58/59, I F 2
Long Xujen 136/137, I E 3/4
Longyearbyen (O.) 90/91, II B/C 1
Löningen 6/7 C 3
Lonja 52/53, II H 4
Lönsdal 70/71, I C 3
Lonsee 19, III C 1
Lons-le-Saunier 58/59, I F 3
Lønstrup 72, IV B 1
Loolmalasin 110/111, IV D 2
Loose 8, II A 1
Lopezbai 140/141, I B/C 1
Lorain 152/153, I D 3
Lorca 74/75, I E 5
Lorch am Rhein 14/15 C 3
– a. d. Rems 20/21 E 3
Lord-Howe-Insel 142/143, I F/G 8
Loreo 76/77, IV A 2
Loreto 76/77, I E/F 3
Loriansumpf 110/111, IV D/E 1
Lorient 58/59, I B 3
Lörrach 51, I C 1
Los Alamos 148/149, II E 4
Los Angeles 148/149, II C/D 4
Los Banos 150, II C 3
Los Christianos 74/75, IV B 1
Los Garres 74/75, II B 2
Lošinj 80/81, I A 2
Los Llanos 74/75, IV A/B 1
Los Pedroches 74/75, I C 4
Los Ramos 74/75, II B 2
Lot 58/59, I D 4
Lota 164/165, I B 6
Lotagipisumpf 106/107 G 4
Lothringen 58/59, I F/G 2
Lötschenpaß 50, III D 2
Lötschental 50, III D 2 u. 51, I C 2
Loubomo 110/111, IV B 2
Louchi 70/71, I H 3
Louga 106/107 B 3
Lough Corrib 62/63, I B 4
Lough Derg 62/63, I B 4
Lough Erne 62/63, I C 3
Lough Neagh 62/63, I C 3
Lough Ree 62/63, I B 4
Loughton 61, I C 1
Lou-he 136/137, I E 1
Louisiade-Archipel 142/143, I F 6
Louisiana 148/149, II F 4
Louisville 152/153, I C 4
Lou-lan 130/131, I C 2
Loulé 74/75, I B 5
Louny 20/21 I 1
Lourdes 58/59, I C 5
Lourenço Marques = Maputo
Loures 74/75, III B 1
Louviers 58/59, II C 2
Lova 76/77, IV A 2
Lovászi 52/53, II H 3
Loveč 80/81, I F 3
Lövenich 38, I B 3
Lovere 52/53, II B 4
Lowat 70/71, I G 5
Löwen 56/57, I C/D 4
Löwenrücken 110/111, III A 1
Lowestoft 62/63, I G/H 4
Loxstedt 10, I B 2
Loyalty-Inseln 142/143, I G/H 7
Lož 52/53, II F 4
Lssyk-kul 120/121 F 5
Lualaba (Kongo) 110/111, IV C 2/3
Luanda 110/111, IV B 2
Luang Prabang 136/137, I E 2
Luangwa 110/111, IV D 3
Luansaari 73, II B 1
Luanshya 110/111, IV C 3
Luapula 104/105, VII B 2
Luarca 74/75, I B 2
Lubaantum 160/161, III C/D 3
Lubán = Lauban
Lubanqinselin 140/141, I A 2
Lubango 110/111, IV B 3
Lubban, 118, IV B 2
Lübbecke 14/15 D 1
Lübben 14/15 I 2
Lübbenau 14/15 K 2 u. 39, II A 1
Lubbock 148/149, II E/F 4
Lübeck 6/7 F 2
Lübecker Bucht 6/7 G 1
Lubin 30/31 G 3
Lublin 48/49 L 3
Lubmin 8, III B 2
Lubny 124/125 C 4
Lübtheen 6/7 G 2
Lubumbashi (Elisabethville) 104/105, VII B 2
Lübz 6/7 G 2
Lucca 76/77, I D 3
Lucena 140/141, I B 2
Lucera 76/77, I F 4
Lüchow 6/7 G 3
Lučivna 47, III B 2
Lucka 39, I C 2
Luckau 14/15 I 2
Luckenkopf 22, II C 2
Luckenwalde 6/7 I 3
Lü-da 130/131, I G 3
Ludbreg 52/53, II H 3
Lüdenscheid 14/15 C 2 u. 38, I D 2
Lüder 14/15 E 3
Lüderich 30/31 B 3
Lüderitz 108, II A/B 3
Lüderitzbucht 110/111, IV B 4
Ludhiana 138/139, I B 1
Lüdinghausen 14/15 C 2
Ludington 152/153, I C 3
Ludvika 70/71, I C 4
Ludwigsburg 19, III B 1
Ludwigsfelde 6/7 H/I 3
Ludwigshafen am Bodensee 20/21 E 4
– am Rhein 18, II A 2
Ludwigslust 6/7 G 2
Ludwigsort (Laduschkin) 47, I E 1
Luebo 110/111, IV C 2
Luena 104/105, VII B 1
Luepa 164/165, I C 2
Lufira 110/111, IV C 2
Luga (Fl. u. O.) 70/71, I G 5
Luganer See 51, I D/E 3
Lugano 51, I D/E 2
Lugenda 110/111, IV D 3
Lugh Ganane 106/107 H 4
Lugo 74/75, I B 2
Lugoj 48/49 K 6
Luhaiyah 106/107 H 3
Luhe 6/7 F 2
Luhit 136/137, I D 2
Luino 51, I D 3
Luishia 104/105, VII B 2
Luiwishi 104/105, VII B 2
Lukafu 104/105, VII B 2
Lukangasumpf 110/111, IV C 3
Lukenie 110/111, IV C 2
Lukisia 80/81, IV B 1
Lukmanier (P.) 51, I D 2
Lukolela 110/111, IV B 2
Luków 48/49 L 3
Lukuga 110/111, IV C 2
Luleå 70/71, I E 3
Luleälv 72/73, I E 3
Lüleburgaz 80/81, I G 4
Lulua 110/111, IV C 2
Lumi 109, I B 2
Luna 100/101, I G 3
Lund (Schweden) 70/71, I C 6
– (Utah, USA) 150, II G 2
Lunda (L., Angola) 110/111, IV B/C 2
– (O., Schweden) 72, III B 1
Lundaschwelle 102/103, I F/G 7
Lunden 8, I C 3
Lundenburg (Breclav) 52/53, II H 1
Lundy 62/63, I D 5
Lune 6/7 D 2
Lüneburg 6/7 F 2
Lüneburger Heide 6/7 F/G 2/3
Lunel 58/59, III B 2
Lünen 14/15 C 2 u. 38, I C/D 1
Lunestedt 10, I B 2
Lunéville 58/59, I G 2
Lunga 104/105, VII B 2
Lungau 52/53, II E 2
Luni 136/137, I B 2
Luninez 47/49 N 2
Lunz 52/53, II G 2
Luonterisee 73, III B 1
Luo-yang 136/137, I F 1
Lupow 47, I B 1
Luppe 39, I C 2
Luputa 110/111, IV C 2
Lure 51, I B 1
Lurio 110/111, IV D 3
Lusaka 110/111, IV C 3
Lusambo 110/111, IV C 2
Lusen 20/21 I 4
Lusterfjord 73, I D 1
Lütjenburg 6/7 F 1
Lütjenholm 8, I C 2
Luton 61, I B 1 u. 62/63, I F 5
Lutraktion 80/81 A 2
Lüttich (Liège) 56/57, I D 4
Lützen 39, I C 2
Lützkendorf 39, I B 2
Luukkola 73, III C 1
Luukkosenkyla 73, III C 1
Luumäki 73, III B 2
Luvua 110/111, IV C 2
Luxemburg 56/57, I D/E 5
Luxeuil-les-Bains 20/21 B 4
Luxor 106/107 G 2
Luza 136/137, II A 2
Luzarches 60, I B 1
Luzern 51, I D 1
Lu-zhou 130/131, I E 4
Luzk 48/49 M 3
Lužnice 52/53, II F 1
Luzon 140/141, III D 1
Lwow = Lemberg
Lyallpur 138/139, III C 2
Lyamungu 109, I A 2
Lychen 6/7 I 2
Lyck (Elk) 48/49 L 2
Lycksele 70/71, I D 3
Lydda = Lod
Lydenburg 108, II D/E 2
Lykabettos (Athen) 80/81, V
Lynchburg 148/149, II H 4
Lyngenfjord 70/71, I E 2
Lynn Lake 148/149, II E/F 2
Lyon 58/59, I F 4
Lys 56/57, I B 4
Lysá hora 48/49 H/I 4
Lysefjord 70/71, I A 5
Lyskamm (G.) 50, II C 2
Lyskowo 124/125 F 2
Lysogóry 48/49 K 3
Lyss 51, I C 1
Lyswa 120/121 D 4

M

Maa = Ma-zu
Maad 118, IV B 2
Maan 116/117, I C 3/4
Mäander = Büyük Menderes
Maanselkä 70/71, I G 2/3
Ma-an-shan 132/133, I F/G 2
Maarianhamina = Mariehamn
Maas (Meuse) 58/59, I F 2
Maassluis 56/57, VI B/C 2
Maastricht 56/57, I D 4
Mabaruma 164/165, I D 2
Macao (Ao-men) 130/131, I F 4
Macapá 164/165, I D 2
MacDonald-Insel 171, I D 4/5
Macdonnellkette 144 E 3
Maceió 164/165, I F 3
Macerata 76/77, I E/F 3
Machame 109, I A 2
Machaneng 108, II D 2
Machatschkala 123, IV E/F 2
Machern 39, I D 2
Machu Picchu 164/165, I B 4
Macias Nguema (Fernando Póo) 106/107 D 4
Macina 106/107 C 3
Mackay 144 H/I 3
Mackaysee 144 D 3
Mackenheim 32, III A 1
Mackenzie (Distrikt, Kanada) 148/149, II C–E 1
– (Fl.) 146 G/H 3
Mackenziegebirge 146 F/G 3
Mackinaw City 152/153, I C/D 2
Mâcon 58/59, I F 3
Macquarie-Inseln 171, I H 4
MacRobertson-Küste 171, I C/D 2/3
Macugnaga 50, III D/E 3
Madagaskar 110/111, IV E 3/4
Madalena 110/111, I A/B 1
Madan 80/81, I F 4
Madang 142/143, I E 5
Madaripur 138/139, IV C/D 2
Madden Dam (O.) 160/161, V B 1
Madeira (Fl. zum Amazonas) 164/165, I C 3
– (I. im Atlantischen Ozean, zu Portugal) 106/107 B 1
Madeirafälle 162 D 5
Mädelegabel 52/53, II B 2
Madison 148/149, II F/G 3
Madiun 140/141, V D 2
Madon 20/21 B 3
Madras 136/137, I C 3
Madrid 74/75, I C/D 3
Madura 140/141, III C 3
Madurai 136/137, I B 4
Madurastraße 140/141, V E/F 2
Madüsee 6/7 K 2
Mae 52/53, II D 3
Maebashi 134/135, I H 5
Mae Sai 136/137, I D/E 2
Maevatanana 110/111, IV E 3
Mafeking 110/111, IV C 4
Mafia 110/111, IV E 2
Mafra 74/75, III B 1
Magadan 120/121 O 4
Magadi 110/111, IV D 2
Magdagatschi 120/121 L 4
Magdalena (Fl. Kolumbien) 167 C 2
Magdaleninsel 148/149, II I 3
Magdeborn 39, I C/D 2
Magdeburg 6/7 G 3
Magdeburger Börde 6/7 G 3
Magellanstraße 164/165, I B/C 8
Mageröy 70/71, I F 2
Maggia 51, I D 2
Maghnia 74/75, I E 6
Magnitogorsk 124/125 I/K 3
Magstadt 19, III A/B 1
Magwe 136/137, I D 2
Mahabaleshwar 136/137, I B 2
Mahalapya 108, II D 2
Mahalla el-Kubra 104/105, V B 1
Mahanadi 136/137, I C 2
Maharashtra 136/137, I B 3
Mahé (I., Seychellen) 110/111, IV F 2
Mahe (O., Indien) 136/137, I B 3
Mahenge 110/111, IV D 2
Mahlow 13, I B 2
Mahón 74/75, I H 4
Mährische Pforte 48/49 H 4
Maiche 51, I B 1
Maidstone 61, I C/D 2
Maiduguri 106/107 D 3
Maikop 123, IV A/B 1
Mailand (Milano) 51, D/E 3
Maimanah 136/137, I A 1
Mai Munene-Fälle (Wissmannfälle) 110/111, IV B/C 2
Main 14/15 D 3
Mainake 74/75, I D 5
Mainau (I.) 20/21 E 4
Mainburg 20/21 G 3
Mainhausen 18, I C/D 1
Mai Ndombe-(Leopold II.-) See 110/111, IV B/C 2
Main-Donau-Kanal 20/21 G 2
Maine (Bundesstaat, USA) 148/149, II H/I 3
– (L., Frankreich) 58/59, I C/D 2
Mainland (Pomona) 62/63, I E 1
Maintal (O.) 18, I C 1
Maintenon 60, I A 2
Maintirano 110/111, IV E 3
Mainz 14/15 D 4 u. 18, I B 2
Maipo 164/165, I B/C 6
– (O.) 22, II B 1
Maisach 22, II B 1
Maisons-Laffitte 60, I B 2
Maisur 136/137, I B 3
Maizuru 134/135, I F 6
Maja 120/121 M 4
Maidanpek 80/81, I D 2
Majene 140/141, III C 3
Maji 106/107 G 4
Majunga 110/111, IV E 3
Makale 106/107 G 3
Makarikarisalzpfanne 108, II D 2
Makassar = Ujung Padang
Makat 120/121 D 5
Makedonien 80/81, I D/E 4
Makejewka 124/125 D 4
Makenij 108, I A 2
Makinsk 120/121 F 4
Makkah = Mekka
Makkola 73, III C 1
Maklakowo 120/121 H 4
Makronisos 80/81, IV C 2
Makteir 106/107 B 2
Makurdi 108, I E 2
Malabarküste 136/137, I B 3/4
Malabo (Santa Isabel) 106/107 D 4
Malawisee (Njassasee) 110/111, IV D 3
Malcca (O.) 136/137, I E 4
Malaccastraße 136/137, I D/E 4
Malacky, 52/53, II I 1
Maladeta 74/75, I F 2
Malafede 78, II A 1
Málaga 74/75, I C 5
Malaienhalbinsel 136/137, I D/E 4
Malakal 106/107 G 4
Malamocco 76/77, IV A 2
Malang 140/141, V E 3
Malanje 110/111, IV 2
Mälarsee 70/71, I D 5
Malartic 152/153, I E 1
Malatya 116/117, I C 2
Malaunay 58/59, II C 1
Malawi 110/111, IV D 3
Malaya 140/141, III B 2
Malaysia 140/141, II B/C 2
Malbork = Marienburg
Malcesine 52/53, II B 4
Malchin 6/7 H 2
Malchow 6/7 H 2
Maldeninsel 142/143, I L 5
Male (O., auf den Malediven) 136/137, I B 4
– (O., Italien) 52/53, II B 3
Malebu (Stanley Pool) 110/111, II A 1
Maleck (Emmendingen-) 32, III B 1
Malediven (I. u. St.) 136/137, I B 4
Malegaon 136/137, I B 2
Malente-Gremsmühlen 24, II
Maletto 78, IV A 1
Mali 106/107 C 3
Malili 140/141, III D 3
Malin 48/49 O 3
Malin Head 62/63, I B C 3
Malindi 110/111, IV E 2
Maliniec 30/31 H 2
Mallaig 62/63, I D 2
Mallersdorf 20/21 H 3
Malles = Mals 52/53, II B 3
Mallnitz 52/53, II E 3
Mallorca 74/75, I G 4
Malmberget 70/71, I E 3
Malmédy 14/15 B 3
Malmö 70/71, I C 6 u. 72, IV D 2
Maloelap-Atoll 140/141, VI
Maloja (P.) 51, I E 2
Malpelo 162 B 4
Mals (Malles) 52/53, II B 3
Malsch 20/21 D 3
Malše 52/53, II F 1
Målset 73, I C 2
Malstrom 70/71, I C 3
Malta (I. u. St.) 76/77, II B 2
Maltahöhe 108, II B 2
Malterdingen 32, III B 1
Maltsch 52/53, II F 1
Maluku-Maes 110/111, II B 1
Malvagna 78, IV B 1
Malveira 74/75, III B 2
Malveiro 74/75, III B 1
Malwinen = Falklandinseln
Malyginstraße 120/121 E/F 2
Maly Karmakuly 120/121 C/D 2
Mama 120/121 K 4
Mamaia 80/81, III D 2
Mamberamo 140/141, III E 3
Mammendorf 22, II B 1
Mammoth Hof Springs 151, IV
Mamonowo = Heiligenbeil
Mamoré 164/165, I C 4
Mamry, Jezioro = Mauersee
Man (I., Großbritannien) 62/63, I D 3
– (O., Elfenbeinküste) 108, I B 2
Manacor 74/75, I G 4
Manado 140/141, III D 2
Managil 104/105, VI A 1/2
Managua 160/161, III D 3
Manakara 110/111, IV E 3
Manama 106/107 I 2
Mananara 110/111, IV E 3
Mananass 152/153, I E 4
Mananjary 110/111, IV E 4
Manasarowar 136/137, I B/C 1
Ma-na-si 120/121 G 5
Manaus 164/165, I C/D 3
Manchester (England) 62/63, I E/F 4
– (New Hampshire, USA) 152/153, I F/G 3
Manching 20/21 G 3
Mand 116/117, I F 4
Mandalay 136/137, I D 2
Mandal-Gobi (O.) 130/131, I E 2
Mandaragebirge 106/107 E 3
Mandelbachtal 38, II B 2
Mandelsloh 9, II B 1
Mandra 80/81, IV B 1
Mandschukuo 112/113, II
Mandschurei 130/131, I G/H 2
Mandvi 136/137, I A 2
Manfredonia 76/77, I G 4
Manga 106/107 E 3
Mangai 110/111, IV B 2
Mangalia 80/81, I H 3
Mangalur 136/137, I B 3
Mangfall 22, II C 2
Mangfallgebirge 22, II C/D 2
Mangla 138/139, III C 1
Mangoche 110/111, IV D 3
Mangoky 110/111, IV E 4
Mangueni 106/107 E 2
Manguinho 168/169, III C 2
Mangyschlak 126/127 D 5
Manhartsberg 52/53, II G 1
Manhattan (New York-) 158, I B 1/2 u. 159
Manheim 40, I
Maniago 52/53, II D 3
Manicoré 164/165, I C/D 3
Manihari 138/139, IV B/C 1
Manihiki 142/143, I L 6
Manila 140/141, I A 1
Manilabai 140/141, I A 1
Manipur (L.) 136/137, I D 2
Manisa 80/81, I G 5
Manistee 152/153, I C 2
Manitoba 148/149, II E/F 2
Manitobasee 148/149, II F 2
Manitouwadge 152/153, I C 1
Manitowoc 152/153, I B/C 2
Manizales 164/165, I B 2
Mank 52/53, II G 1
Mannheim 18, II B 1 u. 20/21 D 2
Manono 110/111, IV C 2
Manresa 74/75, I F/G 3
Mansa 104/105, VII B 2
Mansel 148/149, II G/H 1
Mansfeld 39, I A 1
Mantes-la-Jolie 60, I A 1
Mantes-la-Ville 60, I A 2
Mantua 76/77, I D 2
Mäntyharju 73, III A 1
Mäntyluoto 70/71, I E 4
Manu 167 C 6
Manyassee 80/81, I G 4
Manyoni 110/111, IV D 2
Manytschsee 124/125 E 5
Manzalasee 104/105, V B/C 1
Manzanares (Fl.) 74/75 D 3
– (O.) 74/75 D 4
Manzanillo 160/161, II E 2
Maokegebirge 142/143, I D E 5
Mao-ming 130/131, I F 4
Mapleton 110/111, V B 2
Maputo (Lourenço Marques) 110/111, IV D 4
Maquela do Zombo 110/111, IV B 2
Maquia 167 C 5
Maracaibo 166, III A 1
Maracaibosee 166, III A 1/2
Maracay 167 D 1
Maramba 110/111, IV C 3
Marangan 104/105, VI A 1
Marangu 109, I B 2
Maranhão 164/165, I E 3
Marano 76/77, IV A 2
Marañón 164/165, I B 3
Marapi 136/137, I E 5
Maraş 116/117, I C 2

Mont Ventoux 58/59, I F 4
Monza 51, I E 3
Moon (Muhu) 70/71, I E 5
Moonie 144 H 4
Moorenweis 22, II B 1
Moosburg 20/21 G 3
Moose Jaw 148/149, II E 2
Moosinning 22, II C 1
Moosonee 148/149, II G 2
Mooswald 32, III A/B 1/2
Mopti 106/107 C 3
Moquawkie 155, I B 1
Moquegua 164/165, I B 4
Mora 70/71, I C 4
Moradabad 136/137, I B/C 2
Moramanga 110/111, IV E 3
Moratuwa 136/137, I B 4
Morava 80/81, I D 2
Moray Firth 62/63, I E 2
Morbegno 51, I E 2
Morecambebai 62/63, I E 3/4
Mörel 50, III E 2
Morelia 160/161, III B 3
Morenci 156/157, II E 4
Moreni 80/81, III A 2
Morez 51, I A/B 2
Mörfelden-Walldorf 18, I C 2
Morges 50, III B 1
Morgex 98/99, IV C 2
Morgins 50, III B 2
Morigny-Champigny 60, I B 3
Moriguchi 134/135, V D 1
Morin 60, I C 2
Morioka 130/131, I I 3
Morlaix 58/59, I A/B 2
Mormant 60, I C 2
Moroeni 80/81, III A 1
Morogoro 110/111, IV D 2
Morombé 110/111, IV E 4
Morón 160/161, II D 1
Morondava 110/111, IV E 4
Moroni 110/111, IV E 3
Morotai 140/141, III D 3
Moroto 106/107 G 4
Morozowsk 124/125 C 4
Morro Alto 164/165, I E 4
Mors 72, IV B 1
Morsbach 14/15 C 3
Morsum Kliff 8, I A 2
Mortagne 20/21 B 3
Mortara 51, I D 3
Mortcerf 60, I C 2
Morteau 51, I B 1
Moruga 160/161, IV B 2
Morupula 108, II D 2
Morvan 58/59, I E/F 3
Morzine 50, III B 2
Mosbach 20/21 E 2
Mosel 20/21 B 2
Moselotte 20/21 B 4
Moses Lake (O.) 150, I D 2
Moshaisk 124/125 C 3
Moshi 110/111 D 2 u. 109, I A 2
Mosjöen 70/71, I C 3
Moskau 124/125 D 3 u. 123, I u. II
Moskog 73, I C 1
Moskwa (Fl.) 123, I B 2
Moslavačkagora 52/53, II H 4
Mosonmagyaróvar 52/53, II I 2
Mosquitoküste 160/161, III D 3
Moss 70/71, I B 5
Mosselbaai 110/111, IV C 5
Mössingen 20/21 D/E 3
Mossoró 164/165, I F 3
Most = Brüx
Mostaganem 106/107 D 1
Mostar 80/81, I B/C 3
Mosul 116/117, I D 2
Mosyr 48/49 O 3
Motala 70/71, I C 5
Motherwell 62/63, I D/E 3
Motosusee 134/135, II A 1
Motôt 50, II A 1
Motril 74/75, I D 5
Motta 52/53, II D 4
Motteville 58/59, II B 1
Mottlau 47, I C 1
Mötzingen 19, III A 1
Moudon 51, I B 2
Mouila 110/111, IV B 2
Mouille Point 110/111, III A 1
Moulins 58/59, I E 3
Moulmein 136/137, I D 3
Moulouya 106/107 C 1
Moundu 106/107 E 4
Mount Abu 136/137, I B 2
Mount Adams 150, I C 2
Mount Aspiring 145, V A 3
Mount Baker 148/149, II C/D 3
Mount Bruce 142/143, I B 7
Mount Columbia 148/149, II D 2
Mount Cook 142/143, I G/H 9
Mount Elbert 148/149, II E 4
Mount Erebus 171, I I/K 2
Mount Everest (Chomolungma) 136/137, I C 2, II A 1/2
Mount Fairweather 148/149, II A/B 2
Mount Frere 108, II D 4
Mount Fridtjof Nansen 171, I G/H 1
Mount Garnet 144 G 2
Mount Godwin-Austen 130/131, I B 3
Mount Hood 148/149, II C/D 3
Mount Hunt 148/149, II C 1
Mount Isa 144 F 3
Mount Katmai 148/149, I C 3
Mount Kirkpatrick 171, I G/H 1
Mount Kosciusko 142/143, I E/F 8
Mount Logan 148/149, II A 1
Mount Magnet 144 B/C 4
Mount McKinley 148/149, I C/D 2
Mount Michelson 148/149, I D 2
Mount Mitchell 148/149, II G 4
Mount Morgan 144 H 3
Mount Muir 155, I C 1
Mount Olympus 150, I B 2
Mount Palomar 150, II E 5
Mount Rainier 150, I C 2
Mount Robson 148/149, II C/D 2
Mount Roosevelt 148/149, II C 2
Mount Roraima 164/165, I C 2
Mount Saint Elias 148/149, II A 1
Mount Shasta 150, II B/C 1
Mount Smythe 148/149, II C 2
Mount Susitna 155, I B 1
Mount Tom Price 144 B 3
Mount Torbert 155, I A 1
Mount Victoria (Tomanivi) 145, II A/B 1
Mount Waddington 148/149, II C 2
Mount Washington 148/149, II H/I 3
Mount Whitney 150, II D/E 3
Mount Woodroffe 144 E 4
Mount Ziel 144 E 3
Moura (O., Brasilien) 164/165, I C 3
– (O., Spanien) 74/75, I B 4
Mourdisenke 106/107 F 3
Mourne Mountains 62/63, I C/D 3
Moutier 51, I C 1
Moûtiers 51, I B 3
Mövenort 8, III A 1
Moville 62/63, I C 3
Moyale 110/111, IV D 1
Moyeuvre 20/21 B 2
Moyobamba 164/165, I B 3
Mpanda 110/111, IV D 2
Mpika 110/111, IV D 3
Mpouya 110/111, IV B 2
Mpulungu 109, II B 3
M'Sila 74/75, I H 6
Mtwara 110/111, IV E 3
Mua 109, I A 2
Mubambu 104/105, VII B 2
Much 14/15 C 3
Mucheln 8, II B 2
Mücheln 14/15 G 2 u. 39, I B 2
Muchingagebirge 110/111 C/D 3
Muckberg 19, III A 1
Mucusso 110/111, IV C 3
Mudanya 80/81, I H 4
Mu-dan-jiang 130/131, I G/H 2
Müden 6/7 F 3
Mudio 109, I A 2
Mufttdja 116/117, I E 3
Mufulira 104/105, VII B 2
Mügeln 14/15 H/I 2
Müggelberge 13, I C 2
Muggia 52/53, II E 4
Muğla 80/81, I H 6
Mugodsharyberge 120/121 D 5
Muhammad Qol 106/107 G 2
Mühlacker 19, III A 1
Mühlbach 18, I A 1
Mühldorf 52/53, II D 1
Mühlen 19, III A 2
Mühlenbach 16/17, I
Mühlenbeck 13, I B 1
Mühlhausen (Thüringen) 14/15 F 2
Mühlheim am Main 18, I C 1
Mühlrose 39, II A/B 2
Mühltal (o.) 18, I C 2
Mühlviertel (L.) 52/53, II E/F 1
Muhu = Moon
Mujib 118, IV B 3
Mujunkum 129, II F/G 1
Mukalla 116/117, I E/F 7
Mukatschewo 48/49 L 4
Muko 134/135, V C 1
Mukulla 106/107 H/I 3
Mulda 14/15 I 3
Mulde (Fl. zur Elbe) 14/15 H 2
Mülhacén 74/75, I D 5
Mülhausen (Mulhouse) 20/21 C 4
Mülheim an der Ruhr 38, I B 2
Mulhouse = Mülhausen
Mull 62/63, I C/D 2
Mullet 62/63, I A 3
Müllheim (Breisgau) 20/21 C 4
Multan 138/139, III B 3
Mumbwa 110/111, IV C 3
Mümling 18, I D 2
Muna (Fl., Sibirien) 120/121 K 3
– (I., Indonesien) 140/141, III D 3
Münchberg 20/21 G 1
Münchehofe 13, I C 2
München 23, II; 22, II C 1
Münchendorf 54, III A 2
Muncie 152/153, I C 3
Münden 6/7 E 4
Mundenheim 18, II A 2
Mundingen 32, III B 1
Mungbere 106/107 F 4
Munkebo 72, IV C 2
Munku-Sardyk 128, V A 2
Munnaberg 70/71, I F 5
Münsing 22, II B 2
Münsingen (Baden-Württemberg) 20/21 E 3
– (Schweiz) 51, I C 2
Munster (L., Irland) 62/63, I B/C 4
– (O., Niedersachsen) 6/7 E/F 3
– (O., Frankreich) 20/21 C 3
Münster (Westfalen) 14/15 C 2
– (Kreis Dieburg) 18, I C 2
– (Wallis, Schweiz) 51, I D 2
Münsterdorf 10/11, II B 1
Münsterland 14/15 C/D 2
Münster-Sarmsheim 18, I A 2
Muntenia 48/49 M/N 6
Munzing (Freiburg-) 32, III A 2
Muonio 70/71, I E/F 3
Muonioälv 70/71, I E 2/3
Mur 52/53, II G 2/3
Mura = Mur
Murallón 164/165, I B 7
Murano 76/77, III u. IV A 2
Muraschi 124/125 F/G 2
Murau 52/53, II F 5
Murban 116/117, I F 5
Murchison 144 B 4
Murcia 74/75, I E 5 u. II B 1/2
Murcki 47, II C 2
Murdochville 147, II
Mureck 52/53, II G 3
Muren 130/131, I E 2
Mureş 48/49 K 5
Murg 20/21 D 3
Murgab 120/121 E 6
Murgul 123, IV B/C 3
Muri (Indien) 138/139, IV A 2
– (Schweiz) 51, I D 1
Müritz 6/7 H 2
Murmanküste 70/71, I H/I 2
Murmansk 70/71, I G/H 2
Murn 22, II D 2
Murnau 22, II B 2
Murom 124/125 E 3
Muroran 130/131, I I 2
Murr (Fl. u. O.) 19, III B 1
Murray 144 F G 5
Mürren 50, III D 1
Murrhardt 19, III C 1
Murrumbidgee 144 G/H 5
Murshidabad 138/139, IV B/C 1
Murska Sobota 52/53, II H 3
Mursko Središće 52/53, II H 3
Murten 51, I C 2
Murtensee 51, I C 2
Muruci 168/169, I G/H 2
Murui Ussu 130/131, I D 3
Mürz 52/53, II G 2
Murzasichle 47, III A/B 1
Murzuq 106/107 E 2
Mürzzuschlag 52/53, II G 2
Muş 116/117, I D 2
Musala 80/81, I E 3
Musashino 134/135, IV A 2
Mus Chaja 120/121 N 3
Muschwitz 39, I C 2
Musgravekette 144 E 4
Musi 136/137, I E 5
Muskegon 152/153, I C 3
Muskö (I. u. O.) 72, III B 1/2
Musoma 110/111, IV D 2
Musonoi 104/105, VII B 2
Musoshi 104/105, VII B 2
Mussoro 106/107 E 3
Musturud 109, III B 1
Mutlangen 19, III C 1
Mutshatsha 104/105, VII A/B 2
Mutsubai 134/135, I I 3
Muzaffarpur 136/137, I C 2
Muz Tagh Ata 130/131, I B 3
Mwanza 110/111, IV D 2
Mwerusee 110/111, IV C 2
Mwika 109, I B 2
Myeik (O.) 136/137, I D 3
Myeik (Mergui-)Inseln 136/137, I D 3
Myingyan 136/137, I D 2
Myinmoletkat 136/137, I D 3
Myitkyina 136/137, I D 3
Myjava 52/53, II I 1
Mykenä 80/81, I E 6 u. 79, IV
Myldshino 128, IV B 3
Myllykoski 73, III A 2
Mymensingh 138/139, IV D 1
Myrdal 70/71, I A/B 4
Myrdalsjökull 70/71, II C 2
Myslibórz = Soldin
Myslowice 47, II C 2
Mythen 51, I D 1
My Tho 136/137, I E 3
Mytischtschi 123, I B 1
Myvatn 70/71, II C 1
Mze = Mies (Fl.)

N

Naab (Fl.) 20/21 G 2
Naaldwijk 56/57, VI B/C 2
Naarn 52/53, II F 1
Nabereshnyje Tschelny 124/125 H 3
Nabeul 76/77, I D 6
Nabire 140/141, III E 3
Nablus (Sichem) 118, IV B 2
Nacale 110/111, IV E 3
Nachitschewan 123, IV D 4
Nachodka 120/121 M 5
Nachterstedt 39, I A 1
Nacka 72, III B 1
Nackenheim 18, I B 2
Nadelhorn 50, II C 1
Nadelkap = Kap Agulhas
Nador 74/75, I D 6
Nadwoizy 126/127 B 3
Nadym 128, IV B 2
Næstved 72, IV C 2
Nafplion = Nauplia
Naga 130/131, I G 5
Nagai 134/135, IV A 5
Nagaland (L.) 136/137, I D 2
Nagano 134/135, I H 5
Nagaoka 134/135, I H 5
Nagappattinam 136/137, I C 4
Nagasaki 134/135, I C 7
Nag Chhu (Nu jiang) 130/131, I D 3
Nagdong 134/135, I C 5
Nagercoil 136/137, I B 4
Nagold (Fl.) 20/21 D 3
– (O.) 19, III A 1
Nagornyj 120/121 L 4
Nagoya 134/135, I G 6
Nagpur 136/137, I B 2
Nagybatony 30/31 H 5
Nagykanizsa 48/49 H 5
Naha 130/131, I G 4
Nahariyya 118, IV A/B 1
Nahe 14/15 C 4
Nahorkatiya 138/139, I D 2
Nahres-Zarka 118, IV B 2
Naibilie 109, I A 2
Naila 14/15 G 3
Na'ima 104/105, VI A 1
Nain 148/149, II I 2
Nairn 62/63, I E 2
Nairobi 110/111, IV D 2
Najin 130/131, I H 2
Najio 134/135, V B 1
Nakatsugawa 134/135, I G 6
Nakhon Phanom 136/137, I E 3
Nakhon Ratchasima 136/137, I E 3
Nakhon Sawan 136/137, I D 3
Nakhon Si Thammareth 136/137, I E 4
Nakuru 110/111, IV D 2
Nalajcha 130/131, I E 2
Nalbach 38, II A 1
Nalemoru 109, I A 1
Naltschik 123, IV C 2
Nalut 106/107 E 1
Namangan 129, II F 2
Namaqualand 110/111, IV B 4
Nam Dinh 136/137, I E 2
Nämdö (I. u. O.) 72, III B 1
Namhu 136/137, I E 2
Namib 108, II A/B 1–3
Namibia (Südwestafrika) 108, II B 2
Namlea 140/141, III D 3
Nampo 134/135, I A 4
Nampula 110/111, IV D 3
Namsos 70/71, I B/C 3
Nam Tsho (Na-mu-hu) 130/131, I C/D 3
Namtu 136/137, I D 2
Na-mu-hu = Nam Tsho
Namur 56/57, I C/D 4
Nanatsu 134/135, I G 5
Nan-chang 130/131, I F 4
Nan-cheng 130/131, I F 4
Nan-chong 132/133, I E 2
Nancy (Lothringen) 58/59, I G 2
Nancy-sur-Cluses 50, III B 2/3
Nanda Devi 136/137, I B/C 1
Nandet 136/137, I B 3
Nan-dong 132/133, I E 3
Nangal 138/139, I B 1
Nanga Parbat 136/137, I B 1
Nanjara 109, I B 2
Nan-jiang 130/131, I E/F 3
Nan-jing = Nanking
Nanking (Nan-jing) 130/131, I F 3
Nan-ling 130/131, I E/F 4
Nan-ning 130/131, I E 4
Nan-ping 130/131, I F 4
Nan-shan 130/131, I D/E 3
Nanterre 60, I B 2
Nantes 58/59, I C 3
Nanteuil-lès-Meaux 60, I C 2
Nan-tong 130/131, I G 3
Nantucket 152/153, I G 3
Nanyaki 110/111, IV D 1
Nan-yang 130/131, I F 3
Nanyuki 106/107 G 4
Naoëtsy 134/135, I G/H 5
Napf 51, I C 2
Napier 145, V C 2
Napo 164/165, I B 3
Napoli = Neapel
Nara (Japan) 134/135, I F/G 6
–, (Mali) 106/107 C 3
Narayanganj 138/139, IV D 2
Narbonne 58/59, I E 5
Narew 48/49 K 2
Narivasumpf 160/161, IV B 2
Narjan Mar 120/121 D 3
Narmada 136/137, I B 2
Narodnaja Gora 120/121 D/E 3
Narotschsee 70/71, I F 6
Narva (Fl. u. O.) 70/71, I F 5
Narvik 90/91, III B 1 u. 70/71, I D 2
Narym 120/121 G 4
Naryn (Fl. u. O.) 120/121 F 5
Nasarowo 129, I G 1
Nashville 148/149, II G 4
Nasik 136/137, I B 2
Näsisee 70/71, I E/F 4
Nassau (I. im Pazifischen Ozean) 142/143, I K 6
– (O. an der Lahn) 18, I A 1
– (O. auf den Bahamas) 160/161, III E 2
Nassereith 52/53, II B 2
Nassersee 106/107 G 2
Naßfeld (P.) 52/53, II E 3
Naßfeldstausee 54, II B 2
Nässjö 70/71, I C 5
Nastätten 14/15 C 3
Nasugbu 140/141, I A 1
Natal (Fl. in Südafrika) 110/111, V B 2
– (Provinz, Südafrika) 110/111, IV D 4
– (O. in Brasilien) 164/165, I F 3
Natchez 148/149, II F 4
Naters 50, III D 2
Natewabucht 145, II B 1
Nationalchina = Taiwan
Natisone 52/53, II E 3
Natronsee 109, II C 2
Natrontal 104/105, V A/B 1
Natuna-Inseln 136/137, I E 4
Naturita 156/157, II E 4
Naturno = Naturns
Naturns (Naturno) 52/53, II B/C 3
Nau 129, II E 2
Nauders 52/53, II B 3
Nauen 6/7 H 3
Nauendorf 39, I B 1
Nauheim 18, I B/C 2
Naumburg an der Saale 39, I B 2
Naunhof 39, I D 2
Nauplia (Nafplion) 80/81, I E 6
Naurod, (Wiesbaden-) 18, I B 1
Nauru (I. u. St.) 142/143, I G 5
Nausta 73, I B 1
Naustdal 73, I B 1
Navarino = Pilos
Navarra 74/75, I D/E 2
Navia 74/75, I B 2
Naviglio di Brenta 76/77, IV A 2
Năvodari 80/81, III D/E 2
Navrongo 106/107 C 3
Nawoi 126/127 E 5
Naxos 80/81, I F 6
Nazareth 118, IV B 2
Nazilli 80/81, I H 6
Ndélé 106/107 F 4
Ndjemena (Fort Lamy) 106/107 E 3
Ndjolé 110/111, IV A/B 2
Ndola 110/111, IV C 3
Nea Artaki 80/81, IV B 1
Nea Makri 80/81, IV C 1
Neapel 78, III A 1 u. 76/77, I E/F 4
Nea Peramos 80/81, IV B 1
Nea Psara 80/81, IV B 1
Nebel (O.) 8, I A 2
Nebelhorn 20/21 F 4
Nebit-Dag 120/121 D 6
Neblina 164/165, I C 2
Nebra 14/15 G 2
Nebraska 148/149, II E/F 3
Neckar 20/21 D/E 2
Neckarelz 20/21 E 2
Neckargemünd 20/21 D 2
Neckarsulm 20/21 E 2
Neckartailfingen 19, III B 1
Neckartenzlingen 19, III B 1
Necker (I.) 148/149, III A 1
Necochea 164/165, I D 6
Nedjd 106/107 H 2
Nedjef (An-Najaf) 116/117, I D 3
Nędza = Nensa
Needles 150, II F 4
Neetze 6/7 F 2
Neffelbach 40, I
Neftegorsk 123, IV A/B 1
Neftejugansk 128, IV B 2
Neftekamsk 124/125 H 2/3
Negelli 106/107 G 4
Negev 118, IV A/B 4
Negros 140/141, III D 2
Neheim-Hüsten 14/15 C/D 2
Nehoiu 80/81, III B 1
Neidlingen 19, III B/C 1
Neiße (Lausitzer Neiße, Fl.) 48/49 G 3
Neisse (Nysa, O.) 48/49 H 3
Neiva 164/165, I B 2
Nejdeck = Neudeck
Nejris 106/107 I 2
Nekso 72, IV E 2
Nelidowo 124/125 C 2
Nelkan 120/121, M 4
Nellingen 19, III C 1
Nellur 136/137, I C 3
Nelma 120/121, M 5
Nelson (Fl. in Kanada) 148/149, II F 2
– (O., Neuseeland) 145, V B 3
Nemi (O.) 78, II B 2
Nemi-See 78, II B 2
Nemtschinowka 123, I A 2
Nemurostraße 134/135, I L 1/2
Nenana 156/157, I C/D 2
Nen-jiang 130/131, I G 2
Nensa (Nędza) 47, II A 2
Nepal 136/137, I C 2
Nephin 62/63, I B 4
Neqarot 118, V B 4
Nera 76/77, I E 3
Nerechta 124/125 E 2
Neretva 80/81, I B 3
Neris = Wilija
Nertschinsk 120/121, K 4
Nertschinskij Sawod 120/121, K 4
Nesebär 80/81, I G/H 3
Nesher 119, I A/B 2
Neskaupstadur 70/71, II D 1
Nesodden 72, II A 2
Nesselwang 20/21 F 4
Nesslau 51, I E 1
Nestos 80/81, I F 4
Neswish 48/49 N 2
Netanya 118, IV A 2
Neto 76/77, I G 5
Nettetal (O.) 14/15 B 2
Netze (Notec) 48/49 H 2
Neu-Anspach 14/15 D 3 u. 18, I B 1
Neu Boltenhagen 8, III B 2
Neubrandenburg 6/7 I 2
Neubraunschweig 148/149, II I 3
Neubreisach 32, III A 1
Neubritannien 142/143, I F 5
Neubukow 6/7 G 1
Neubulach 19, III A 1
Neuburg (O.) 20/21 G 3
Neuchâtel = Neuenburg
Neudamm (Dębno) 6/7 K 3
Neudeck (Nejdek) 20/21 H 1
Neu-Delhi = Delhi
Neue Hebriden 142/143, I G/H 6
Neue Maas 56/57, II B 3
Neuenburg (Kanton) 51, II
– (Neuchâtel, O.) 51, I B/C 2
Neuendettelsau 20/21 F/G 2
Neuendorf bei Elmshorn 10/11, II B 1
– bei Greifswald 8, III A 2
Neufeld 30/31 G 5
Neuenhagen 6/7 I 3
Neuenkirchen (Dithmarschen) 8, I B/C 3
– (Kreis Greifswald) 8, III A 2
– (Kreis Osterholz-Scharmbeck) 10, I B 2
– (Rügen) 8, III A 1
Neuenrade 38, I D 2
Neuershausen 32, II
Neufahrn 22, II C 1
Neuf-Brisach 20/21 C 3/4
Neufelden 52/53, II E/F 1
Neufelderkoog 8, I B 4
Neuffen 19, III B 1
Neufundland (I.) 148/149, II K 3
– (Provinz, Kanada) 148/149, II I 2–K 3
Neugersdorf 14/15 K 3
Neuguinea (I.) 142/143, I D/E 5
Neuhaus am Grimming 54, IV
– am Rennweg 14/15 F/G 3
– (Bezirk Schwerin) 6/7 F 2
Neuhausen (Kreis Pforzheim) 19, III A 1
– (Schweiz) 51, I D 1
– auf den Fildern 19, III B 1
Neuhof (Taunusstein-) 18, I B 1
Neuilly 60, I C 2
Neuirland 142/143, I F 5
Neu-Isenburg 18, I C 1
Neukaledonien 142/143, I G 7
Neukastilien 74/75, I C 4–D 3
Neukieritzsch 39, I C 2
Neukirchen (Kreis Nordfriesland) 8, I B 2
– (Kreis Ziegenhain) 14/15 E 3
– -Vluyn 38, I A/B 2
Neukuhren (Pionerskij) 47, I E 1
Neulengbach 52/53, II G 1
Neulingen 19, III A 1
Neumarkt am Wallersee (Salzburg) 52/53, II E 2
– in der Oberpfalz 20/21 G 2
– in der Steiermark 52/53, II F 2
Neu-Mexiko 148/149, II E 4
Neumünster 6/7 F 1
Neunburg vorm Walde (Bayern) 20/21 H 2
– (Bezirk Magdeburg) 39, I B 1
Neunkirchen (Niederösterreich) 52/53, II H 2
– (Saarland) 38, II B 1
Neunkircher Höhe 14/15 D 4
Neuötting 20/21 H 3
Neupetershain 39, II B 1
Neuquén 164/165, I C 6
Neuruppin 6/7 H 3
Neusalz (Nowa Sól) 30/31 F 3
Neusandez (Nowy Sacz) 48/49 K 4
Neuschottland 148/149, II I 3
Neuschwabenland 171, I S/A 2
Neuseeland 145, V
Neusibirische Inseln 120/121, M–O 2
Neusiedl am See 52/53, II H I 2
Neusiedler See 52/53, II H 2
Neuss 14/15 B 2 u. 38, I B 2
Neustadt an der Aisch 20/21 F 2
– bei Coburg 20/21 F G 1
– -Glewe 6/7 G 2
– (Bezirk Gera) 14/15 G 3
– (Halle-, Saale) 39, I B 2
– in Holstein 6/7 F 1
– am Rübenberge 6/7 E 3
– an der Waldnaab 20/21 G/H 2
– an der Weinstraße 20/21 C/D 2
Neustetten-Remmingsheim 19, III A 2
Neustettin (Szczecinek) 48/49 H 2
Neustrelitz 6/7 I 2
Neusüdwales 144 G/H 5
Neu-Ulm 20/21 F 3
Neuves-Maisons 20/21 B 3
Neuwerk (I.) 6/7 D 2 u. 8, I B 4
Neuwied 14/15 C 3
Neu-Wulmstorf 10/11, II B 2
Neu Zittau 13, I C 2
Nevada 148/149, II D 4
Nevado del Huila 164/165, I B 2
Nevado del Ruiz 164/165, I B 2
Nevers 58/59, I E 3
Neves (Brasilien) 168/169, III C 2
– (São Tomé) 110/111, I A 1
Nevestausee 38, I C 2
Neviges 38, I C 2
Nevis 160/161, III F 3
Newa 70/71, I G 5
New Amsterdam 164/165, I D 2
Newark 158, I A 2
Newcastle (Australien) 142/143, I F 8
– (Südafrika) 108, II D 3
– upon Tyne (England) 62/63, I E/F 3
Newel 70/71, I G 5
Newer 120/121, L 4
New Hampshire 148/149, II H 3
New Haven 152/153, I F 3
Newhaven (England) 62/63, I G 5
Newington 61, I D 2
Newinnomyssk 123, IV B 1
New Jersey 148/149, II H 3
New Johnsonville 152/153 I B/C 4
New Milford 158, I A/B 1
New Orleans 148/149, II G 5
New Plymouth 145, V B 2
Newport (O. in Wales) 62/63, I E 5
– (O. auf I. Wight, England) 62/63, I F 5
Newport News 152/153, I E/F 4
Newry 62/63, I C 3
New Stanton 152/153, I E 3
New Westminster 148/149, II C/D 3
New York (Bundesstaat, USA) 148/149, II H 3
– (O.) 148/149, II H 3; 158, I u. 159
Neyagawa 134/135, V D 1
Ngamiland 110/111, IV C 4
Ngamipfanne 108, II C 2
Ngaoundéré 106/107 E 4
Ngombé 110/111, II A 2
Ngorongorokrater 109, II B/C 2
N'Guigmi 106/107 E 3
Ngungu 110/111, IV B 2
Nguru 106/107 E 3
Niagarafälle 152/153, I E 3
Niamey 106/107 D 3
Niangara 106/107 F 4
Nian-qing-tang-gu-la-shan 130/131, I C 4–D 3
Nias 136/137, I D 4
Nicaragua (St.) 160/161, III D 3
Nicaraguasee 160/161, III D 3
Nice = Nizza
Nicolosi 78, IV B 1
Nidda (Fl. u. O.) 14/15 D 3
Niddatal (O.) 18, I C 1
Nidder 14/15 E 3
Nidderau 18, I C 1
Nidwalden 51, II
Nieblum 8, I A 2
Niebüll 6/7 D 1 u. 8, I B 2
Nied 20/21 B 2
Niederaula 14/15 E 3
Niederbronn 20/21 C 3
Niederdollendorf 17, I
Niedere Tatra 48/49, I C 1
Niedere Tauern 52/53, II E/F 2
Niederguinea 102/103, I F 6/7
Niederrimsingen 32, III A 2
Niederkalifornien 148/149, II D 4/5
Niederlande 56/57, I C 3–E 2
Niederländische Antillen 160/161, II E/F 3
Niederlausitz 39, II A–C 1
Niedermarsberg 14/15 D 2
Niedernhausen 18, I B 1
Nieder-Olm 18, I B 2
Niederösterreich 52/53, I
Nieder-Ramstadt 18, I C 2
Niederroth 22, II B 1
Niedersachsen 6/7 C–F 3
Niederursel 18, I C 1
Niederwald (G.) 18, I A 1/2
Niedobczyce 47, II A/B 2
Niefern-Öschelbronn 19, III A 1
Niemberg 39, I C 1
Nienburg (Weser) 6/7 E 3
– (Bezirk Halle/Saale) 39, I B 1
Niers 14/15 B 2
Nierstein 14/15 D 4 u. 18, I B 2
Niesen (B.) 51, I C 2 u. 50, III D 1
Niete (B.) 106/107 C 4
Nieuw-Buinen 30/31 B 2
Nieuweschans 45, I
Nieuwe Waterweg 56/57, VI B 2
Nieuw Nickerie 164/165, I D 2
Niğde 116/117, I B/C 2
Nigel 110/111, V B 2
Niger (Fl.) 106/107 D 3
– (St.) 106/107 D/E 3
Nigeria 106/107 D/E 4
Nihoa 148/149, III A 1
Niigata 134/135, I H 5
Niihama 134/135, I E 6
Niihau 148/149, III A 1
Niiza 134/135, IV A 2
Nijmegen = Nimwegen
Nikko 134/135, I H 5
Nikobaren 136/137, I D 4
Nikolajew 124/125 B 5
Nikolajewsk 120/121, M/N 4
Nikopol (Bulgarien) 80/81, I F 3
– (UdSSR) 124/125 C 5
Nikosia 106/107 G 1
Nikšic 80/81, I C 3
Nil 106/107 G 2
Nilgiris 136/137, I B 3
Nil = Kagera
Nimbaberge 108, I B 2
Nimburg (Tenningen-) 32, III A/B 1
Nîmes 58/59, I E/F 5
Nimrim 118, IV B 3
Nimrud 106/107 H 1
Nimwegen (Nijmegen) 56/57, I D 3
Ning-an 130/131, I G/H 2
Ning-bo 130/131, I G 4
Ning-de 130/131, I F/G 4
Ning-xia-Hui 130/131, IV
Ninilchik 155, I A/B 1
Ninive 116/117, I D 2
Niokolo-Koba-Nationalpark 108, I A 1
Nioro 106/107 C 3
Niort 58/59, I C 3
Nipigonsee 148/149, II G 3
Niquelândia 164/165, I E 4
Niš 80/81, I D/E 3
Nišava 80/81, I E 3
Nischapur 120/121, D 6
Nishinomija 134/135, V B/C 1

Pais do Vinho 74/75, I A/B 3
Paisley 62/63, I D 3
Pai-yin-chang 132/133, I E 2
Pakanbaru 136/137, I D/E 4
Pakhoi = Bei-hai
Pakistan 136/137, I A/B 2
Pakokku 136/137, I D 2
Paks 48/49 I 5
Pakse 136/137, I E 3
Pakwach 109, II B 1
Palagruža 80/81, I B 3
Palaiseau 60, I B 2
Palana 120/121 P 4
Palanpur 136/137, I B 2
Palapye 110/111, IV C 4
Palästina (L.) 118, IV A 3–B 2
Palatin (B., Rom) 78, I
Palaugraben 142/143, I D 4
Palau-Inseln 142/143, I D 4
Palvas-les-Flots 58/59, III A/B 2
Palawan 140/141, III C 2
Palazzolo sul'Oglio 52/53, II A 4
Paldiski 70/71, I E 5
Palembang 136/137, I E 5
Palencia 74/75, I C 2
Palenque 160/161, III C 3
Palermo 76/77, I E 5
Palézieux 50, III B 1
Palimé 108, I D 2
Paljakka 73, III A 1
Palkstraße 136/137, I B 4–C 3
Pallasca 167 B 5
Pallstunturi 70/71, I E/F 2
Palma Campina 78, III B 1
Palma de Mallorca 74/75, I G 4
Palmanova 52/53, II E 4
Palmer 155, I C 1
Palmerarchipel 171, I P 3
Palmerland 171, I P 2
Palmer Ort 8, III A 2
Palmerston North 145, V C 3
Palmerton 152/153, I F 3
Palmnicken (Jantarnyj) 47, I D 1
Palmyra (I., Pazifischer Ozean) 142/143, I K/L 4
– (O., Syrien) 116/117, I C 3
Palos de la Frontera 74/75, I B 5
Paltenbach 52/53, II F 2
Palude Maggiore 76/77, IV A/B 1
Paluzza 52/53, II E 3
Pamekasan 140/141, V E 2
Pamir (G.) 129, II F/G 3/4
Pampa 164/165, I C 6
Pamplona 74/75, I D/E 2
Panaitan 140/141, V A 2
Panamá-Kanal 160/161, V B 1
– (O.) 160/161, V B 2
– (St.) 160/161, III D/E 4
Panarea 76/77, I F 5
Panaro 76/77, I D 2
Panasqueira 100/101, I B 2
Panay 140/141, III D 1
Pančevo 80/81, I D 2
Panevežys = Ponewiesch
Panfilow 120/121 F/G 5
Pangani 109, II C 2
Pangkalanbrandan 136/137, I D 4
Pangkalpinang 136/137, I E 5
Pangrango 140/141, V B 2
Panjab 136/137, I B 1/2
Panjim (Goa) 136/137, I B 3
Panke 13, I B 1
Panorama (O.) 164/165, I D 5
Pantanal 168/169, I D 2
Pantelleria 76/77, I D/E 6
Pantifer Höhen 70/71, I F 5
Pantin 60, I B 2
Papeete 142/143, I L/M 6
Papenburg 6/7 C 2 u. 33, VI
Pappenheim 20/21 F/G 3
Papua-Neuguinea (Niugini) 140/141, III F 3
Papuk 80/81, I B/C 2
Paquetá 168/169, III C 1
Pará 164/165, I D 3
Paracelinseln (Xi-sha-qun-dao) 130/131, I E/F 5
Paracin 80/81, I D 3
Paraguay (Fl. zum Paraná) 168/169, I D 3
– (St.) 164/165, I D 5
Paraiba (Bundesstaat, Brasilien) 164/165, I F 3
– (Fl. zum Atlantischen Ozean) 168/169, I G 3
Paraiso 160/161, V B 1
Parakou 108, I D 2
Paralimnisee 80/81, IV B 1
Paramaribo 164/165, I D 2
Paramonga 167 B 6
Paran 118, IV B 4
Paraná (Bundesstaat, Brasilien) 168/169, I E 3
– (Fl. zum Paraguay, Argentinien) 168/169, I D/E 4
– (Fl. zum Tocantins, Brasilien) 164/165, I E 4
– (O., Argentinien) 168/169, I C/D 5
Paranaguá 168/169, I F 4
Paranaíba 168/169, I F 2
Paranapanema 168/169, I E 3
Parang 140/141, I A 1
Parayer 50, II B 2
Parchim 6/7 G 2
Pardes Hanna 118, IV A/B 2
Pardubice = Pardubitz
Pardubitz (Pardubice) 48/49 G/H 4
Parece Vela 142/143, I D 2
Parede 74/75, III B 2
Parentis-en-Born 58/59, I C 4
Parintins 164/165, I D 3
Paris (O.) 58/59, I E 2 u. 60, I B 2
Parker-Damm 150, II F/G 4
Parkkjela 73, III A 1
Parkkola 73, III B 1
Park Ridge 158, I A 1
Parma 76/77, I C/D 2
Parnaiba (O. u. Fl.) 164/165, I E 3
Parnaß 80/81, I E 5
Parnes 80/81, IV B 1
Pärnu = Pernau
Paros 80/81, I F 6
Parryinseln 146 H/I 2
Parry Sound 152/153, I E 2
Parsberg 20/21 G 2
Parsdorf 20/21 G 3
Parseierspitze 52/53, II B 2
Partenen 52/53, II B 2/3
Parthenon (Athen) 80/81, V
Partizánske 30/31 H 4
Partynia 30/31 I 3
Paru 164/165, I D 3
Pasadena 150, II D/E 4
Pasajes 86, I C 4
Pascagoula 155, IV F 2
Paşcani 48/49 N 5
Pas de Calais = Straße von Dover
Pas de Rio 164/165, I B 2
Pasewalk 6/7 K 2
Pasi 73, III B 2
Pasig 140/141, I B 1
Pasłek = Preußisch Holland
Pasni 136/137, I A 2
Paso Robles 150, II C 4
Passarge 47, I E 1
Passau 20/21 I 3
Passo Fundo 168/169, I E 4
Paß Thurn 52/53, II D 2
Paß von Despenaperros 74/75, I D 4
Paß von Pajares 74/75, I C 2
Paß von Roncesvalles 74/75, I E 2
Paß von Somosierra 74/75, I D 3
Passy 98/99, IV B 2
Pasterzenkees 54, II A 2
Pasto 167 B 3
Pasvikelv 70/71, I G 2
Patagonien 164/165, I B 8–C 6
Pateras 80/81, IV B 1
Paternion 52/53, II E 3
Paterno 78, IV A 1
Paterson 158, I A 1
Pathankot 138/139, III D 1
Patkaigebirge 136/137, I D 2
Patmos 80/81, I G 6
Patna 138/139, IV A 1
Patomhochland 120/121 K 4
Patos de Minas 164/165, I E 4
Patos-Lagune 168/169, I E 5
Patras (O., Patrā) 80/81, I D 5
Patroklu 80/81, IV B 2
Pattani 136/137, I E 4
Pattensen 9, II B 2
Patzig 8, III A 2
Pau 58/59, I C 5
Pauillac 58/59, I C 4
Paulistana 164/165, I E 3
Paulo-Afonso-Fälle 164/165, I F 3
Pavia 51, I E 3
Pavilly 58/59, II B 1
Pawlodar 120/121 F 4
Pawlowo 124/125 E 3
Pawlowsker Stausee 124/125 I 3
Payerne 51, I B 2
Payne Bay = Bellin
Paysandú 168/169, I D 5
Pazardžik 80/81, I F 3
Paz del Rio 167 C 2
Pazifischer Ozean 142/143, I D 3–K 6
Paznaun 52/53, II B 2/3
Peace 148/149, II D 2
Pearl Habour 148/149, III B 1
Pearl River 158, I A 1
Pebas 167 C 4
Pec 80/81, I D 3
Pecetto 50, II C 2
Pecos 148/149, II E 4
Pécs (Fünfkirchen) 48/49 H/I 5
Pedara 78, IV B 1
Pedregal 160/161, V B 1
Pedro Miguel 160/161, V B 1
Peene 6/7 I 2
Peenemünde 6/7 I/H 1
Pegau 39, I C 2
Peggau 52/53, II G 2
Pegnitz (O. u. Fl.) 20/21 G 2
Pegu 136/137, I D 3
Pegugebirge 136/137, I D 2/3
Pehuajó 168/169, I C 6
Peine 6/7 F 3
Peipussee 70/71, I F 5
Peiskretscham (G.-Pyskowice) 47, II B 1
Peißen 39, I C 1/2
Peißenberg (O. u. B.) 22, II B 2
Peiting 22, II A 2
Peitz 14/15 K 2
Pekalongan 140/141, V C/D 2
Peking (Bei-jing, O. 130/131, I F 3 u. 130/131, II
– (Provinz, V. R. China) 130/131, IV
Pelagische Inseln 76/77, II A 2
Peledui 120/121 K 4
Pelion 80/81, I E 5
Pelješac 80/81, I B 3
Pella 80/81, I E 4
Pellestrina 76/77, IV A 2
Pello 70/71, I F 3
Pellworm 8, I B 2
Peloponnes 80/81, I D/E 6
Pelos 52/53, II D 3
Pelotas (O. u. Fl.) 168/169, I E 4/5
Pelvouxgruppe 58/59, I G 4
Pematangsiantar 136/137, I D/E 4
Pemba (I., Tansania) 109, II C 2
–, (O. Moçambique) 110/111, IV E 3
Pembina 156/157, II D 2
Pembroke (Kanada) 148/149, II H 3
– (Großbritannien) 62/63, I D 5
Peñagolosa 74/75, I E 3
Peñalera 74/75, I D 3
Peñarroya (B.) 74/75, I E 3
– -Pueblonuevo (O.) 74/75, I C 4
Pendembu 108, I A 2
Pendjari-Nationalpark 108, I D 1
Pendleton 150, I D 3
Penida 140/141, V F 3
Peñíscola 74/75, I F 3
Penkum 6/7 K 2
Penna 136/137, I B 3
Pennines 62/63, I E 3–F 4
Pennsylvania 152/153, I E 3
Pensa 124/125 F 3
Pensacola 148/149, II G 4
Penshina 120/121 P 3
Pentelikon 80/81, IV B 1
Pentland Firth 62/63, I D/E 1
Pentland Hills 62/63, I E 3
Penzance 62/63, I C/D 5
Penzberg 22, II B 2
Penzing 22, II A 1
Peoria 152/153, I B 3
Pepel 106/107 B 4
Perachora 80/81, IV A 1
Perche Beauce 58/59, I D/E 2
Perchtoldsdorf 54, III A 2
Perchuschkowo 123, I A 2
Perdika 80/81, IV B 2
Perekop 124/125 C 5
Perg 52/53, II F 1
Pergamon 80/81, I G 5
Pergine 52/53, II C 3
Périgueux 58/59, I D 4
Perim 116/117, I D 7
Perleberg 6/7 G/H 2
Perm 124/125 I 2
Pernambuco 164/165, I E/F 3
Pernau (Pärnu) 70/71, I E/F 5
Pernik 80/81, I E 3
Perñon de Valez de la Gomera (I.) 74/75, I C/D 6
Pero Pinheiro 74/75, III B 1
Perpignan 58/59, I E 5
Perray 60, I A 2
Persepolis 116/117, I F 4
Persien = Iran
Persischer Golf 116/117, I E/F 4
Perth (Australien) 144 A/B 5
– (England 62/63, I E 2
Perthes 60, I C 3
Peru (St.) 164/165, I B 3/4
Perugia 76/77, I E 3
Perwomaisk (Russische Sozialistische Föderative Sowjetrepublik) 124/125 E 3
– (Ukraine) 124/125 B 4
Perwouralsk 124/125 I 2
Pesaro 76/77, I E 2/3
Pescadoresinseln 130/131, I F/G 4
Pescara (O. u. Fl.) 76/77, I E/F 3
Peschiera del Garda 52/53, II B 4
Peshawar 138/139, III B 1
Pesnica 52/53, II G 3
Pestraja Dreswa 120/121 O 3
Petah Tiqwa 118, IV A/B 2
Petalischer Golf 80/81, IV C 2
Peterborough (England) 62/63, I F/G 4
– (Kanada) 152/153, I E 2
Peter-der-Große-Bai 130/131, I H 2
Peterhead 62/63, I F 2
Peter I.-Insel 171, I O 3
Petersberg (B. bei Bonn) 17, I
– (B. bei Halle/Saale) 39, I B 1
Petersbrunn (Schl.) 22, II B 1
Petershagen 14/15 D 1
Petit (O.) 110/111, V B 2
Petit-Couronne 58/59, II B/C 2
Petra 116/117, I C 3
Petrikau (Piotrków Trybunalski) 48/49 I 3
Petrinja 52/53, II H 4
Petrokrepost 70/71, I G 5
Petrolina 164/165, I E 3
Petropawlowsk 120/121 E/F 4
Petropawlowsk-Kamtschatskij 112/113, P/Q 4
Petrópolis 164/165, I E 5
Petrosa 78, II B 1
Petroșani 48/49 L 6
Petrosawodsk 120/121 B 3
Petrovice 20/21 K 2
Petrowsk 124/125 F 3
Petsamo = Petschenga
Petschau (Bečov) 20/21 H 1
Petschenga (Petsamo) 70/71, I G/H 2
Petschora (O. u. Fl.) 120/121 D 3
Pettau (Ptuj) 52/53, II G 3
Peuerbach 52/53, II E 1
Peureulak 136/137, I D 4
Pewek 120/121 Q 3
Peyreleau 58/59, III A 1
Pézenas 58/59, III A 2
Pezinok 52/53, II I 1
Pfaffenhofen 20/21 G 3
Pfahl, Der – 20/21 H/I 2
Pfälzer Wald 14/15 C 4
Pfänder 52/53, II A 2
Pfarrkirchen 20/21 H/I 3
Pfefferküste 106/107 B/C 4
Pfirt 20/21 C 4
Pfitsch 70/71, I G 6
Pforzheim 19, III A 1
Pfreimd 20/21 H 2
Pfrimm 14/15 D 4
Pfronten 24, II
Pfullendorf 20/21 E 4
Pfullingen 19, III B 2
Pfungstadt 18, I C 2
Phaistos 80/81, II B 2
Phalaborwa 108, II D/E 2
Phaleron (Athen-) 80/81, IV B 2
Phalsbourg 20/21 C 3
Phan Rang 136/137, I E/F 3
Philadelphia 152/153, I E/F 4
Philippeville = Skikda
Philippi 80/81, I F 4
Philippinen 140/141, III D 1/2
Philippsthal 13, I A 2
Phitsanulok 136/137, I E 3
Phlegräische Felder 78, III A 1
Phnom Penh 136/137, I E 3
Phoenix (O.) 148/149, II D 4
Phönixinseln 142/143, I I 5
Phuket 136/137, I D 4
Phyle 80/81, IV B 1
Piacenza 76/77, I C 2
Pianosa (I., Adriatisches Meer) 76/77, I F 3
– (I., Tyrrhenisches Meer) 76/77, I C/D 3
Piarco 160/161, IV B 1
Piatra Neamt 48/49 N 5
Piauí 164/165, I E 3
Piave 52/53, II D 4
Pibor 106/107 G 4
Picardie 58/59, I E 1/2
Pic du Midi 58/59, I C 5
Pic du Midi de Bigorre 58/59, I D 5
Pico Ana de Chaves 110/111, I A 1
Pico Bolivar 164/165 B 2
Pico Cabumbé 110/111, I A 1
Pico da Bandeira 164/165, I E 4/5
Pico das Agulhas Negras 164/165, I E 5
Pico das Almas 164/165, I E 4
Pico da Tijuca 168/169, III B 2
Pico de Aneto 74/75, I F 2
Pico de Bandeira 162 F/G 7
Pico de Orizaba (Citlaltépetl) 160/161, III C 3
Pico de Teide 106/107 B 2
Pico Ruivo 106/107 B 1
Picos de Europa 74/75, I C 2
Picos de San Lorenzo 74/75, I D 2
Pidurutalagala 136/137, I C 4
Piedimonte 78, IV B 1
Piedmontplateau 146 L/M 6
Piekary Slaskie 47, II B/C 1
Piekberg 8, III B 1
Pieksämäki 70/71, I F 4
Pieksänlahti 73, III C 1
Pielach 52/53, II G 1
Pielissee 70/71, I G 4
Piemont 76/77, I B/C 2
Pierre 148/149 E 3
Pierrefontaine-les-Varans 51, I B 1
Pierreville 160/161, IV C 2
Piešťany 48/49 H/I 4
Piesteritz 30/31 E 3
Piesting 52/53, II H 2
Pietarsaari (Jakobstad) 70/71, I E/F 4
Pietermaritzburg 108, II D/E 3
Pietersburg 108, II D 2
Pietra Neamt 48/49 N 5
Pietrosul (B., östlich von Bistrita) 48/49 M 5
– (B., nördlich der Großen Szamos) 48/49 M 5
Pieve de Cadore 52/53, II D 3
Pigne d'Arolla 50, II A 2
Pik Bernina 51, I E 2
Pik Kommunismus 129, II F/G 3
Pik Lenin 129, II G 3
Pik Pobedy 120/121 F 5
Pila (Italien) 76/77, IV A 3
Piła = Schneidemühl
Pilatus 51, I D 2
Pilcomayo 168/169, I C 3
Pilica 48/49 K 3
Pillau (Baltijsk) 47, I D 1
Pilos (Navarino) 80/81, I D 6
Pilsen (Plzen) 20/21 I 2
Pilsensee 22, II B 1
Piña 160/161, V A 1
Pinang 136/137, I D/E 4
Pinar del Rio 160/161, II B 1
Pindaré 164/165, I E 3
Pindos 80/81, I D 4/5
Pine Point 148/149, II D 1
Ping 136/137, I D 3
Ping-liang 130/131, I E 3
Pinhel 74/75, I B 3
Pinios 80/81, I D 5
Pinka 52/53, II H 2
Pinkafeld 52/53, II H 2
Pinnau (Fl.) 10/11, II B 1
Pinneberg 10/11, II B 1
Pinos 160/161, II B 2
Pinsk 70/71, I F 6
Pinzgau 52/53, II D/E 2
Pinzolo 52/53, II B 3
Piojärvi 73, III C 1
Piombino 76/77, I C/D 3
Pionerskij = Neukuhren 47, I E 1
Pionki 30/31 I 3
Piotrków Trybunalski = Petrikau
Piove di Sacco 76/77, IV A 2
Pip 116/117, I H 4
Piräefs = Piräus
Piran 52/53, II E 4
Pirapora 168/169, I F/G 2
Piräus (Piräefs) 80/81, IV B 2
Pirgos 80/81, I D 6
Pirin 80/81, I E 4
Piripiri 164/165, I E 3
Pirmasens 20/21 C 2
Pirna 14/15 I 3
Pirot 80/81, I E 3
Piru 140/141, III D 3
Pisa 76/77, I D 3
Pisco 167 B 6
Pisek 20/21 K 2
Pi-shan = Guma
Pištin 20/21 K 2
Pistoia 76/77, I D 2/3
Pisuerga 74/75, I C 2/3
Pit 150, II C 1
Pita 108, I A 1
Pitcairn 172/173, I C 6
Pitea 70/71, I E 3
Piteälv 70/71, I D/E 3
Pitești 48/49 M 6
Pitkjaranta 70/71 G/H 4
Piton des Neiges 110/111, IV F 4
Pittsburgh 152/153, I E 3
Pityusen 74/75, I F/G 4
Piura 167 A 5
Piva 80/81, I C 3
Pivka 52/53, II F 4
Piz Linard 51, I F 2
Piz Medel 51, I D 2
Pizzo Bianco 50, II C 2
Pizzo di Coca 52/53, II A/B 3
Pjandsh (O. u. Fl.) 120/121 E/F 6
Pjasee 70/71, I G 3
Pjasina 120/121 G 2
Pjatigorsk 123, IV C 2
Placlivô 47, III A 1
Plailly 60, I C 1
Plaisir 60, I A 2
Plan (Planá) 20/21 H 2
Planá = Plan
Plane 6/7 H 3
Planina 79, II
Plansee 52/53, II B 2
Plast 124/125 K 3
Plasy 20/21 I 2
Platää 80/81, IV B 1
Plateau de Langres 58/59, I F 3
Plateau de Millevaches 58/59, I D/E 4
Plateau von Mato Grosso 162 E 6
Plateau von Tademaït 106/107 D 2
Platte (G.) 19, III A 1
– (I., Indischer Ozean) 110/111, IV F 2
– (Fl. zum Missouri) 148/149, II F 3
–(Schl.) 18, I B 1
Plattensee (Balaton) 48/49 H/I 5
Plattling 20/21 H 3
Plau 6/7 H 2
Plauen (Vogtland) 14/15 G/H 3
Plauer See (Bezirk Neubrandenburg) 6/7 H 2
– (Bezirk Potsdam) 6/7 H 3
Playa Blanca 74/75, IV C/D 1
Playa de Santiago 74/75, IV B 1
Pleidelsheim 19, III B 1
Pleinfeld 20/21 G 2
Pleiße 14/15 H 2
Pleskau (Pskow) 70/71, I G 5
Plettenberg 38, I D 2
Pleven 80/81 F 3
Pliening 22, II C 1
Pliezhausen 19, III B 1
Pljussa 70/71, I G 5
Ploče 80/81, I B 3
Plochingen 19, III B 1
Plock 48/49 I 2
Plöckenpaß 52/53, II D/E 3
Plöckenstein 20/21 I 3
Ploiești 48/49 N 6
Plombières-les-Bains 20/21 B 4
Plön 6/7 F 1
Plovdiv 80/81, I F 3
Plüderhausen 19, III C 1
Plumtree 108, II D 2
Plymouth 62/63, I D/E 5
Po 76/77, I C 2
Pobé 108, I D 2
Pobeda 120/121 N 3
Pobedainsel 171, I E/F 3
Pobedino 120/121 N 5
Pobugskoje 124/125 B 4
Pocatello 148/149, II D 3
Pöchlarn 52/53, II G 1
Pocking (Kreis Passau) 20/21 I 3
– (Kreis Starnberg) 22, II B 2
Podborany 20/21 I 1
Podbrezová 30/31 H 4
Po della Pila 76/77, IV B 3
Po delle Tolle 76/77, IV A/B 3
Podgorje 52/53, II E 4
Podivín 52/53, II H/I 1
Podolsk 124/125 D 3
Poebene 82/83, I G/H 6
Poel 6/7 G 1
Pofadder 108, II B 3
Poggiomarino 78, III B 1
Pöggstall 52/53, II G 1
Po Grande 76/77, IV A 2/3
Pohang 134/135, I C 5
Poing 22, II C 1
Point-à-Pierre 160/161, IV A 2
Point Barrow 148/149, I C 1
Pointe de Penmarch 58/59, I A 3
Pointe de Saint Mathieu 58/59, I A 2
Pointe du Raz 58/59, I A 2/3
Pointe Noire 110/111, IV B 2
Pointe Percée 98/99, IV B 2
Point Fortin 160/161, IV A 2
Point Hope 148/149, I B 2
Point Lay 148/149, I A/B 2
Poissy 60, I B 2
Poitiers 58/59, I C/D 3
Poitou 58/59, I C/D 3
Pojarkowo 120/121 L/M 5
Polanco 160/161, I
Polcirkeln (O.) 70/71, I E 3
Polder Oostzaan 56/57, V B 1
Polder Westzaan 56/57, V B 1
Pole 73, III C 2
Polen 48/49 H–L 2
Polesine 76/77, IV A 2/3
Polesje 48/49 L 3–P 2
Polewskoj 124/125 I 2
Police = Pölitz
Polillo (O.) 140/141, I B/C 1
Polilloinseln 140/141, I B 1
Poliny Ossipenko 120/121 M 4
Pölitz (Police) 6/7 K 2
Poljanšćica 52/53, II F 3
Poljarnyl (Halbinsel Kola) 70/71, I H 2
– (Sibirien) 120/121 N 2
Pöllau 52/53, II G 2
Polleben 39, I B 1
Polling 22, II B 2
Pollino 76/77, I G 4/5
Pollux (B.) 50, II C 2
Polmak 70/71, I F/G 2
Polonnoje 48/49 N/O 3
Polozk 124/125 B 3
Pöls 52/53, II F 2
Poltawa 124/125 C 4
Polynesien 174/175, I A 3–B 6
Pomarão 74/75, I B 5
Pomerellen 47, I B/C 1
Pomezia 78, II B 2
Pommersche Bucht 6/7 K 1
Pommersche Seenplatte 48/49 G 2–H 1
Pommertsweiler 19, III C 1
Pomona = Mainland
Pomorie 80/81, I G/H 3
Pompeji 78, III A/B 1
Pompey 20/21 B 3
Ponape 142/143, I F 4
Ponce 160/161, III F 3
Pondicherry 136/137, I C 3
Ponewiesch (Panevežys) 70/71, I F 6
Pongau 52/53, II E 2
Ponta da Erva 74/75, III C 1
Ponta Grossa 168/169, I E 4
Pont-à-Mousson 20/21 B 3
Ponta Porã 168/169, I D/E 3
Pontarlier 51, I B 2
Pont-Audemer 58/59, II A/B 2
Pont Canavese 51, I C 3
Pontcharra 51, I B 3
Pontchartrainsee 155, IV E/F 2
Pont-de-Roide 51, I B 1
Pont-du-Gard 58/59, III B 2
Pontebba 52/53, II E 3
Ponte de Lousa (O.) 74/75, III B 1
Pontelongo 76/77, IV A 2
Pontevedra 74/75, I A 2
Pontianak 136/137, I E 5
Pontinische Inseln 76/77, I E 4
Pontisches Gebirge 116/117, I B–D 1
Pont-l'Evêque 58/59, II A 2
Pontoise 60, I B 1
Pontremoli 76/77, I C/D 2
Pontresina 51, I E/F 2
Ponza 76/77, I E 4
Poole 62/63, I E 5
Poopósee 168/169, I B 2
Popayán 167 B 3
Popesti 80/81, III B 2
Popocatépetl 160/161, III B/C 3
Poppberg 20/21 G 2
Poprad 47, III B 2
Porbandar 136/137, I A 2
Porcupine 148/149, I D 2
Pordenone 52/53, II D 4
Pordoijoch (P.) 52/53, II C 3
Pori 70/71, I E 4
Porjus 70/71, I D 3
Porkkala 70/71, I F 5
Pornic 58/59, I B/C 3
Poronaisk 120/121, N 5
Porrentruy 51, I B/C 1
Porsangerfjord 70/71, I F 2
Porsgrunn 70/71, I B 5
Port Alberni 150, I A 1
Portalegre 74/75, I B 4
Port Alfred 108, II D 4
Port Arthur 148/149, II F 5
Port Augusta 144 F 5
Port-au-Prince 160/161, III E 3
Port-aux-Basques 148/149, II K 3
Port Blair 136/137, I,D 3
Port Bou 74/75, I G 2
Port Bouet 106/107 C 4
Port Cartier 148/149, II I 3
Port Chalmers 145, V B 4
Port Colborne 152/153, I E 3
Port-de-Bouc 58/59, IV
Porto di Chioggia 76/77, IV A 2
Port Elizabeth 108, II D 4
Port Etienne = Nouadhibou
Port Gentil 110/111, IV A 2
Port Harcourt 108, I E 3
Port Harrison 148/149, II G/H 2
Port Hedland 144 B 2/3
Port Hope 152/153, I E 3
Port Huron 152/153, I D 3
Portici 78, III A 1
Portimão 74/75, I A 5
Port Jérôme 58/59, II A/B 2
Portland (USA) 150, I B 3
Portland Bill (Kap) 62/63, I E/F 5
Port Louis 110/111, IV F 4
Port Maitland 152/153, I D/E 3
Port Moresby 142/143, I E 5
Port Nolloth 108, II B 3
Porto (Portugal) 74/75, I A 3
Pôrto Alegre 168/169, I E/F 5
Porto Alexandre 110/111 B 3
Porto Amboim 110/111, IV B 3
Porto Cervo 76/77, I C/D 4
Porto di Chioggia 76/77, IV A 2
Porto di Lido 76/77, IV A/B 2
Porto di Malamocco 76/77, IV A 2
Porto Empedocle 76/77, I E 6
Portoferraio 76/77, I C/D 3
Pôrto Franco 164/165, I E 3
Port of Spain 160/161, IV A 1
Porto Garibaldi 86/87, I E 4
Portogruaro 52/53, II D/E 4
Pôrto Nacional 164/165, I E 4
Porto Novo 108, I D 2
Portorož 52/53, II E 4
Porto Tolle 76/77, IV A 3
Porto Torres 76/77, I B/C 4
Porto Vecchio 76/77, I C 4
Pôrto Velho 167 E 5
Port-Philip-Bucht 144 G 6
Port Pirie 144 F 5
Port Radium 155, II B 2
Portree 62/63, I C 2
Port Safaga 106/107 G 2
Port Said 104/105, V C 1
Port Saint Johns 110/111, IV C/D 5
Port-Saint-Louis-du-Rhône 58/59, IV
Pörtschach am Wörthersee 52/53,II F 3
Port Shepstone 108, II E 4
Portsmouth (England) 62/63, I F 5
– (Vermont, USA) 148/149, II H/I 3
– (Virginia, USA) 152/153, I E 4
Port Sudan 106/107 G 3
Port Tembladora 160/161, IV A 1
Porttipahta 70/71, I F 3
Portugal 74/75, I A 5–B 3
Portugalete 74/75, I D 2
Port Vendres 58/59, I E 5
Porz am Rhein 38, I C 3
Posadas 168/169, I D 4
Poschiavo 51, I F 2
Posen (Poznań) 48/49 H 2
Poseritz 8, III A 2
Positano 78, III A/B 2
Posjet 120/121 M 5
Poso 140/141, III D 3
Pößneck 14/15 G 3
Poßruck 52/53, II G 3
Postmasburg 108, II C 3
Postojna = Adelsberg
Potchefstroom 110/111, IV C 4
Potenza 76/77, I F 4
Potgietersrus 108, II D 2
Poti 123, IV B 2
Potillostraße 140/141, I B 1
Potiskum 106/107 E 3
Potok 52/53, II H 4
Potomac 152/153, I E 4
Potosi 168/169, I B 2
Potsdam 6/7 H/I 3 u. 13, I A 2
Potters Bar 61, I B 1
Pöttmes 20/21 F/G 3
Pouch 39, I C 1
Povazka Bystrica 30/31 H 4
Póvoa de Santa Iria 74/75, III B 1
Póvoa de Varzim 74/75, I A 3
Po-yang-hu 130/131, I F 4
Poysdorf 52/53, II H 1
Požarevac 80/81, I D 2
Poznań = Posen
Pozzuoli 78, III A 1
Prachatice 20/21 I/K 2
Prag (Praha) 20/21 K 1
Praha = Prag
Prahova 80/81, I E 2
Praia das Maçãs 74/75, III A/B 1
Praiano 78, III B 2
Pralognan-la-Vanoise 51, I B 3
Prärien = Great Plains (USA)
Pratas (Dong-sha-dao) 130/131, I F 4
Pratau 39, I D 1
Prato 76/77, I D 3
Prättigau 51, I E 2
Praz-sur-Arly 50, III A/B 2
Predazzo 52/53, II C 3
Predeal 80/81, I F/G 2
Predil (P.) 52/53, II E 3
Preetz 8, II B 2
Pregarten 52/53, II F 1
Pregel (Fl.) 48/49 K 1
Prelog 52/53, II H 3
Premnitz 6/7 H 3
Prenzlau 6/7 I/K 2
Prerow 6/7 H 1
Pré-Saint-Didier 98/99, IV B 2
Presberg 18, I A 1
Prescott 150, II G 4
Presles 60, I B 1
Prešov 48/49 K 4
Prespasee 80/81, I D 4
Preßburg (Bratislava) 52/53, II I 1
Pressel 39, I D 1
Preston 62/63, I E 4
Prestwick 62/63, I D/E 3
Pretoria 108, II D 3
Preußisch-Eylau (Bagrationowsk) 47, I E 1
Preußisch Holland (Paslek) 47, I D 1
Prewesa 80/81 D 5
Pribram 20/21 K 2

Prien 20/21 H 4
Prieska 108, II C 3
Prignitz 6/7 G/H 2
Prikumsk 123, IV C 1
Prilep 80/81, I D 4
Primda 20/21 H 2
Prims 38, II A 1
Prince Albert (O.) 148/149, II E 2
Prince Albert-Nationalpark 156/157, II E 2
Prince George 148/149, II C 2
Principe (I.) 106/107 D 4
Principe da Beira 164/165, I C 4
Prince-of-Wales-Insel 155, II B/C 2
Prince Rupert 148/149, II B/C 2
Prinz-Charles-Insel 148/149, II G/H 1
Prinz-Eduard-Insel (Provinz, Kanada) 148/149, II I 3
Prinz-Eduard-Inseln (Indischer Ozean) 171, I B/C 5
Prinzeninseln (Büyükada) 80/81, I H 4
Prinzessin-Astrid-Küste 171, I A 2
Prinzessin-Margriet-Kanal 56/57, II C 1/2
Prinzessin-Martha-Küste 171, I S/A 2
Prinzessin-Ragnhild-Küste 171, I A/B 2
Pripjet (Fl.) 124/125 A/B 3
Prislop 48/49 M 5
Priština 80/81, I D 3
Prittitz 39, I B 2
Prittriching 22, II A 1
Pritzwalk 6/7 H 2
Privas 58/59, I F 4
Prizren 80/81, I D 3
Probolinggo 140/141, V E 2
Probstei (L.) 8, II B 2
Probstzella 45, I
Prochladnyj 123, IV C 2
Procida (O. u. I.) 78, III A 1
Profen 39, I C 2
Prokopjewsk 129, I D/E 3
Prome 136/137, I D 3
Prorer Wiek 8, III B 2
Prostejov 30/31 G 4
Provence 58/59, I F/G 5
Providence (I., Indischer Ozean) 110/111, IV F 2
– (O., Rhode Island, USA) 152/153, I G 3
Providenija 120/121, R 3
Provins (O.) 58/59, I E 2
Provo 150, II H 1
Prshewalsk 120/121, F 5
Prudhoebai 148/149, I D 1
Prüm (O. u. Fl.) 14/15 B 3
Prushany 48/49 M 2
Prusków 30/31 I 2
Pruth 48/49 O 5
Prutz 52/53, II B 2
Przemysl 48/49 I 4
Pskow = Pleskau
Pszów 47, II A 2
Pucallpa 167 C 5
Puchheim 22, II B 1
Puchow 30/31 H 4
Pucioasa 80/81, III A 1
Puck = Putzig
Pudkamennaja Tunguska 120/121 H 3
Puebla 160/161, III C 3
Pueblo 148/149, II E 4
Puente-Genil 74/75, I C 5
Puerto Armuelles 160/161, III D 4
Puerto Asién 164/165, I B 7
Puerto Ayacucho 167 D 2
Puerto Barrios 160/161, III D 3
Puerto Belgrano 164/165, I C/D 6
Puerto Cabello 167 D 1
Puerto Cabezas 160/161, III D 3
Puerto Carreño 164/165, I C 2
Puerto Casado 168/169, I D 3
Puerto Cortés 160/161, III D 3
Puerto de la Cruz 74/75, IV B 1
Puerto del Rosario 74/75, IV D 1
Puerto de Santa Maria 74/75, I B/C 5
Puerto Deseado 164/165, I C 7
Puerto Eten 166, IV B 1
Puerto la Cruz 167 D/E 1
Puertollano 74/75, I C 4
Puerto Madryn 164/165, I C 7
Puerto Maldonado 167 D 6
Puerto Montt 164/165, I B 7
Puerto Natales 164/165, I B 8
Puerto Padre 160/161, II E/F 2
Puerto Pilón 160/161, V B 1
Puerto Rico (I.) 160/161, III F 3
Puerto Trinidad 160/161, V B 2
Puerto Williams 164/165, I B/C 8
Pujko 128, IV A/B 2
Pula 80/81, I A 2
Pulheim 38, I B 3
Pul-i-Khumri 138/139, I A/B 1
Pulkau 52/53, II G 1
Pullach im Isartal 22, II B/C 1
Pully 51, I B 2
Pulog 130/131, I G 5
Pulsa 73, III B/C 2
Pułtusk 48/49 K 2
Pumlumon Fawr 62/63, I D/E 4
Punakha 136/137, I D 2
Pune 136/137, I B 3
Puno 168/169, I A 2
Punta Arenas 164/165, I B 8
Punta de Jandia 74/75, IV C 1
Punta de la Estaca de Bares 74/75, I B 2
Punta de la Mona 74/75, I D 5
Punta del Este 168/169, I D/E 5
Punta de Teno 74/75, IV B 1
Punta Eugenia 148/149, II D 5
Punta Fuencaliente 74/75, IV A/B 1
Punta Marroqui 74/75, I B/C 6
Punta Pariñas 162 B 5
Puntarenas 160/161, III D 4
Pur 128, IV B 2
Puri 136/137, I C 3
Purkersdorf 54, III A 2
Pürgen 22, II A 1
Purmer 56/57, II C 2
Pursai 136/137, I E 3
Purulia 138/139, IV B 2
Purús 167 E 4
Puschkin 70/71, I G 5
Pustertal 52/53, II C/D 3
Putao 136/137, I D 2
Putbus 8, III A 2
Putgarten 8, III A 1
Putlitz 6/7 H 2
Putoranagebirge 120/121 H 3
Putten 56/57, III B 1
Puttgarden 6/7 G 1
Püttlingen 38, II A 1
Putumayo 167 C 4
Pütz 38, I A/B 2
Putzig (Puck) 47, I C 1
Putziger Nehrung 47, I C 1
Puulasee 73, III A 1
Puumala 73, II C 1
Puy-de-Dôme 58/59, I E 4
Pyaye 132/133, I D 4
Pyeongyang 134/135, I A/B 4
Pyhälto 73, III B 2
Pyhrnpaß 54, IV
Pyinmana 136/137, I D 3
Pyli 80/81, IV B 1
Pyramiden (O.) 90/91, II C 1
Pyramid Peak 136/137, II A/B 2
Pyrenäen 74/75, I E–G 2
Pyrgos (O., Thira) 79, III
Pyritz (Pyrzyce) 6/7 K 2
Pyrzyce = Pyritz
Pyschma 124/125 L 2
Pyskowice = Peiskretscham

Q

Qara-Mai (Ke-la-mai) 130/131, I C 2
Qasr 118, IV B 3
Qatar = Katar
Qeziot 118, IV A 4
Qia-mu-si 130/131, I H 2
Qie-mo = Charchan
Qi-lian-shan 130/131, I D/E 3
Qing-dao = Tsingtau
Qing-hai 130/131, IV
Qing-jiang (Huai-yin) 130/131 F/G 3
Qin-ling 130/131, I E/F 3
Qi-qui-ha-er (Tsitsihar)130/131, I G 2
Qiryat Ata 118, IV B 2
Qiryat Gat 118, IV A 3
Qiryat Shemona 118, IV B 1
Qiryat Tivon 118, IV B 2
Qiryat Yam 118, IV B 2
Qishm 116/117, I G 4
Qi-tai 130/131, I C/D 2
Quadrath-Ichendorf 40, I
Quakenbrück 6/7 C 3
Quang Ngai 136/137, I E/F 3
Quan-zhou 130/131, I F 4
Quarto d'Altino 76/77, IV A 1
Qubba 104/105, VI A 1
Quebec (O. u. Provinz) 152/153, I G 2
Quedlinburg 14/15 G 2
Queensland 142/143, I D/E 7
Queenstown (Australien) 144 G/H 7
– (Südafrika) 110/111, IV C 5
Queich 14/15 D 4
Quelimane 110/111, IV D 3
Quellendorf 39, I C 1
Queluz 74/75, III B 2
Quemoy (Jin-men) 130/131, I F 4
Quena 106/107, G 2
Quenstedt 39, I A 1
Que-Que 110/111, IV C/D 3
Querfurt 14/15 G 2 u. 39, I B 2
Quetta 136/137, I A 1
Quevilly 58/59, II B/C 2
Quezaltenango 160/161, III C 3
Quezon City 140/141, I B 1
Quiberon 58/59, I B 3
Quickborn 10/11, II B 1
Quierschied 38, II B 1
Quillabamba 164/165, I B 4
Quillan 58/59, I D/E 5
Quilon 136/137, I B 4
Quilpie 144 G 4
Quimper 58/59, I A/B 2
Quincy 152/153, I B 4
Quirang 62/63, I C 2
Quirinal (B., Rom) 78, I
Quissac 58/59, III A 2
Quito 164/165, I B 3
Qu-jiang = Shao-guan
Qu-jing 130/131, I E 4
Qum 116/117, I F 3
Qum Darya 130/131, I C 2
Qungur Tagh 130/131, I B 3
Qurug Tagh 130/131, I C 2
Quseima 118, IV A 4

R

Raab (Rába, Fl. in Ungarn) 48/49, H 5
– (Györ, O. in Ungarn) 48/49 H/I 5
– (O. in Österreich) 53/53, II E 1
Raabs an der Thaya 52/53, II G 1
Raahe 70/71, I E/F 3
Raalte 6/7 B 3
Raas 140/141, V F 2
Raasdorf 54, III B 1
Rab 80/81, I A 2
Rába = Raab (Fl.)
Rabak 104/105, VI A 2
Rabat 106/107 C 1
Rabaul 142/143, I F 5
Rabigh 116/117, I C 5
Rabnitz 52/53, II H 2
Racherin 54, II B 2
Racibórz = Ratibor
Rackwitz 39, I C 2
Radaune 47, I C 1
Radaunensee 47, I B/C 1
Rădăuti 48/49 M 5
Radbusa 20/21 H 2
Råde 72, II A 3
Radeberg 14/15 I 2
Radebeul 14/15 I 2
Radefeld 39, I C 2
Radegast 39, I C 1
Radenci 52/53, II G/H 3
Radenthein 52/53, II E 3
Radevormwald 38, I C 2
Radium Hill 144 F/G 5
Radkersburg 52/53, II G/H 3
Radlett 61, I B 1
Radlin 47, II B 2
Rådmansö 72, III B 1
Radolfzell 20/21 D/E 4
Radom 48/49 K 3
Radomsko 48/49 I/K 3
Radstadt 52/53, II E 2
Radstädter Tauern 52/53, II E 2
Radzionków 47, II B 1
Raesfeld 14/15 B 2
Rafina 80/81, IV C 1
Ragla 52/53, II G 3
Raguhn 39, I C 1
Ragusa 76/77, I F 6
Rahad 104/105, VI A 1/2
Rahula 73, III B 1
Raichur 136/137, I B 3
Rain (O.) 20/21 F 3
Rainbow 155, I C 1
Raipur 136/137, I C 2
Raisting 22, II B 2
Raja 140/141, III C 3
Rajahmundry 136/137, I C 3
Rajasthan 136/137, I B 2
Rajkot 136/137, I B 2
Rajmahal 138/139, IV B 1
Rajshahi 138/139, IV C 1
Rakitnik 79, II
Rakiya 118, IV B 5
Rakovnik 20/21 I 1
Rakúsy 47, III B 1
Raleigh 148/149, II H 4
Ralikgruppe 142/143, I G 4
Ralswiek 8, III A 2
Ramallah (Bethel) 118, IV B 3
Ramat Gan 118, IV A/B 2
Rambersvillers 20/21 B 3
Rambin 8, III A 2
Rambouillet 60, I A 2
Ramla 118, IV A 3
Ramlingen 4, IV
Rammelsberg 4, III
Rammert 19, III A/B 2
Ramnes 72, II A 3
Ramon 118, IV A 4
Ramree 136/137, I D 3
Ramsach 22, II B 2
Ramsbeck 30/31 C 3
Ramsele 70/71, I C/D 4
Ramsgate 62/63, I G/H 5
Rance 58/59, I B 2
Ranchi 136/137, I C 2
Randa 50, II C 1
Randazzo 78, IV A 1
Randburg 110/111, V A/B 2
Randers 70/71, I B 5
Randfontein 110/111, V A 2
Randow 6/7 K 2
Rangoon = Rangun
Rangun (Rangoon) 136/137, I D 3
Raniganj 138/139, IV B 2
Rankin Inlet 148/149, II F/G 1
Ranong 136/137, I D 4
Ranshofen 52/53, II D/E 1
Rantala 73, III B 2
Rantekombola 140/141, III C/D 3
Ranten 52/53, II F 2
Rantum 6/7 D 1 u. 8, I A 2
Rantzauhöhe 8, I B/C 2
Raon-l'Etape 20/21 B/C 3
Rapa 172/173, I B 6
Rapid City 148/149, II E 3
Rapide Blanc 152/153, I F 2
Rapperswil 51, I D/E 1
Rappin 8, III A 1
Rapu-Rapu 140/141, III D 1
Raron 50, III D 2
Rarotonga 142/143, I L 7
Ras Banas 106/107 G 2
Ras Dashan 106/107 G 3
Ras el-Had 112/113, III E/F 7
Ras el-Ma 74/75, I E 6
Rasgado 168/169, II B 2
Ras Gharib 106/107 G 2
Ras Hafun 112/113, III E 8
Ras Lanuf 100/101, I G 4
Ras Mohammed 106/107 G 2
Rasskasowo 124/125 E 3
Rassower Strom 8, III A 1
Ras Tanura 116/117, I F 4
Rastatt 20/21 D 3
Rastede 6/7 D 2
Rastenberg 39, I A 2
Ratakgruppe 142/143, I G/H 3/4
Ratheim-Hückelhoven 14/15 A/B 2
Rathenow 6/7 H 3
Rathsdamnitz (Dębnica-Kaszubska) 47, I B 1
Ratibor (Racibórz) 47, II A 2
Ratiborhammer (Kuźnia Raciborska) 47, II A 2
Rätikon 51, I E 1
Ratingen 14/15 B/C 2 u. 38, I B 2
Ratsdorf 8, II B 2
Rattenberg 52/53, II C/D 2
Ratzeburg 6/7 F 2
Raubling 22, II D 2
Raufarhöfn 70/71, II D 1
Rauha 73, III C 1
Rauma 70/71, I E 4
Raung 140/141, V F 3
Raunheim 18, I B/C 1
Rauris 52/53, II D 2
Rauschen (Swetlogorsk) 47, I E 1
Ravenna 76/77, I E 2
Ravensburg 20/21 E 4
Ravenswood 152/153, I D 4
Ravne na Koroškem 52/53, II F/G 3
Rawalpindi 138/139, II u. III C 1
Rawa-Russkaja 48/49 L/M 3
Rawson 164/165, I C 7
Rax 52/53, II G 2
Rayleigh 61, I D 1
Razelmsee 80/81, III D/E 2
Razgrad 80/81, I G 3
Ražine 100/101, I G 2
Ré 58/59, I C 3
Reading (England) 62/63, I F 5
– (Pennsylvania, USA) 152/153, I F 3
Rebun 134/135, I I 1
Rechberg 19, III C 1
Recherchearchipel 144 C 5
Recife 164/165, I F 3
Recklinghausen 38, I C 1
Recknitz 6/7 H 1
Red Bluff 150, II B 1
Red Cliff 156/157, II E 4
Red Deer 148/149, II D 2
Reddern 39, II B 1
Redding 150, II B/C 1
Red Hill 62/63, II A 2
Red Lake 148/149, II F 2
Redmond 150, II H 2
Red Mountain 150, II B 1
Red River 148/149, II F 4
Red Tank (O.) 160/161, V B 1
Rees 14/15 B 2
Refsnes 73, I D 1
Regen (Fl.) 20/21 H 2
– (O.) 20/21 I 3
Regensburg 23, II u. 20/21 H 2/3
Regenstauf 20/21 H 2
Reggane 106/107 C 2
Regge 6/7 B 3
Reggio di Calabria 76/77, I F/G 5/6
Reggio nell'Emilia 76/77, I C/D 2
Reghin 48/49 M 5
Regina 148/149, II E 2
Regis-Breitingen 39, I C/D 2
Registan 136/137, I A 1
Regnitz 20/21 F 2
Rehau 20/21 G/H 1
Rehlingen 38, II A 1
Rehm-Flehde-Bargen 8, I C 3
Rehoboth 110/111, IV B 4
Rehovot 118, IV A 3
Reichenau an der Rax (Niederösterreich) 52/53, II G 2
Reichenbach (O., Bezirk Karl-Marx-Stadt) 14/15 H 3
– (Dzierzoniow) 30/31 G 3
– (O., Schweiz) 50, III D 1
Reichenberg (Liberec, ČSSR) 48/49 G 3
Reichersbeuern 22, II C 2
Reichling 22, II A 2
Reichshof 14/15 C 3
Reichshoffen 20/21 C 3
Reigate 61, I B 2
Reims 58/59, I F 2
Reinbek 6/7 F 2 u. 10/11, II C 1
Reinberg 8, III A 2
Reinhardswald 14/15 E 2
Reinheim 18, I C 2
Reinosa 74/75, I C 2
Reinsbüttel 8, I B 3
Reisalpe 52/53, II G 2
Reitdiep 6/7 B 2
Reit im Winkl 20/21 H 4
Reka 52/53, II F 4
Rellingen 10/11, II B 1
Remagen 14/15 C 3
Remansão 164/165, I D/E 3
Rémarde 60, I B 2
Remiremont 20/21 B 3
Rems 20/21 E 3 u. 19, III C 1
Remscheid 14/15 C 2 u. 38, I C 2
Remshalden 19, III B 1
Rendsburg 6/7 E 1
Reni 48/49 O 6
Renk 106/107 G 3
Rennertshofen 20/21 G 3
Rennes 58/59, I C 2
Renningen 19, III A 1
Reno (Fl. in Italien) 76/77, I D 2
– (O., Nevada, USA) 148/149, II D 4
Rens 8, I C 2
Renteria 100/101, I C 2
Rentiersee 148/149, II E/F 2
Répce 52/53, II H 2
Repewskoje 124/125 H 3/4
Repisko 47, III B 1
Repón 166, IV B 1
Reppen (Rzepin) 6/7 K 3
Repulse Bay 155, II C 2
Requena 74/75, I E 4
Requie 166, IV B 1
Rerik 6/7 G 1
Reschen (Resia) 52/53, II B 3
Rescht 116/117, I E/F 2
Resh 124/125 K 2
Resia = Reschen
Resina 78, III A 1
Resistencia 164/165, I C/D 5
Reşita 48/49 K 6
Resolute 155, II B/C 2
Resolutioninsel 148/149, II I 1
Rethel 56/57, I C 5
Rethimnon 80/81, II B 2
Retschiza 48/49 O/P 2
Retz 52/53, II G 1
Reuden 39, I C 2
Réunion 110/111, IV F 4
Reus (O. in Spanien) 74/75, I F 3
Reuß (Fl. in der Schweiz) 51, I D 1
Reußenkoge 8, I B 2
Reußenstein (R.) 19, III C 1
Reute 32, III B 1
Reutlingen 20/21 D/E 3 u. 19, III B 1
Reutow 123, I B 1
Reutte 52/53, II B 2
Reval (Tallin) 70/71, I F 5
Revilla-Gigedo-Inseln 160/161, III A 3
Revnice 20/21 K 2
Rewa 136/137, I C 2
Reykjanes 70/71, II B 2
Reykjavik 70/71, II B 1
Reynosa 160/161, III C 2
Rezaiyeh 120/121, C 6
Rezaiyehsee (Urmiasee) 116/117, I E 2
Rezat 20/21 F 2
Rezekne 70/71, I F 5
Rhafsai 74/75, I C 6
Rhandaq 106/107 F/G 3
Rheda-Wiedenbrück 14/15 D 2
Rhein 14/15 B 2; 20/21 D 2 u. 48/49 C 3
Rheinbach 14/15 B/C 3
Rheinberg (O.) 38, I B 1
– (R.) 18, I A 1
Rheine 14/15 C 1
Rheinfall 51, I D 1
Rheinfelden 51, I C 1
Rheingaugebirge 18, I A/B 1
Rheinhausen 14/15 B 2 u. 38, I B 2
Rhein-Herne-Kanal 38, I B 2–C 1
Rheinisches Schiefergebirge 48/49 B–D 3
Rheinkamp 38, I B 2
Rheinland-Pfalz 14/15 B–D 3/4
Rhein-Main-Donau-Kanal 22, I A 1/2
Rhein-Marne-Kanal 20/21 B 3
Rheinsberg 6/7 H/I 2
Rheinseitenkanal 20/21 C 4
Rheinstein 18, I A 1/2
Rheinwaldhorn 51, I D/E 2
Rheydt 38, I A/B 2
Rhin 6/7 H 2
Rhinkanal 6/7 H 3
Rhode Island 152/153, I G 3
Rhodesien = Zimbabwe
Rhodopen 80/81, I E/F 4
Rhodos (I. u. O.) 80/81, I H 6
Rhön 14/15 E/F 3
Rhondda 62/63, I E 5
Rhône 58/59, I F 4
Rhône-Rhein-Kanal 20/21 B/C 4
Rhoon 56/57, VI C 2
Rhum 62/63, I C 2
Rhume 6/7 F 4
Riasi 138/139, III D 1
Riau-Inseln 136/137, I E 4
Rib 61, I C 1
Ribadeo 74/75, I B 2
Ribatejo 74/75, I A 4
Ribben 56/57, VI A/B 2
Ribe 72, IV B 2
Ribeauvillé 20/21 C 3
Ribeira Afonso 110/111, I B 1
Ribeirão Prêto 164/165, I E 5
Riberalta 164/165, I C 4
Ribnica 52/53, II F 4
Ribnitz-Damgarten 6/7 H 1
Ribug 136/137, II A 2
Richards Bai 108, II E 3
Richebourg 60, I A 2
Richlingen-Hanweiler 38, II B 2
Richmond (Kalifornien, USA) 150, II B 2
– (Virginia, USA) 148/149, II H 4
Richstetten 32, III A 1
Richtenberg 6/7 H 1
Richterswil 51, I D 1
Rickmansworth 61, I A/B 1
Riddes 50, III C 2
Riddle 156/157, II C 3
Ridgewood 158, I A 1
Ried (L.) 18, I B/C 2
– (O., Kr. Aichach-Friedberg) 22, II B 1
– (O. in der Schweiz) 50, II C 1
Ried am Riederberg 54, III A 1
– im Innkreis 52/53, II E 1
Rieden 22, II B 2
Riedenburg 20/21 G 3
Riederberg 54, III A 1
Riedlingen 20/21 E 3
Riedstadt 18, I B/C 2
Riegel 32, III A 1
Riegelsberg 38, II A 1
Riegsee 22, II B 2
Riems 8, III A 2
Rienz 52/53, II C 3
Ries 20/21 F 3
Riesa 14/15 I 2
Rieseby 8, II A 1
Riesengebirge 48/49 G/H 3
Riestedt 39, I A 1
Rieti 76/77, I E 3
Riffelberg 50, II B/C 2
Rifstangi 70/71, II C/D 1
Riga 70/71, I F 5
Rigaischer Meerbusen 70/71, I E/F 5
Riiser-Larsen-Halbinsel 171, I B/C 3
Rijeka 80/81, I A 2
Rijssen 6/7 B 3
Ri-ke-ze = Zhigatse
Riksgränsen 90/91, III B/C 2
Rila 80/81, I E 3
Rilakloster 80/81, I E 4
Rimba 72, III B 1
Rimini 76/77, I E 2
Rîmnicu-Sărat 80/81, III C 1
Rîmnicu-Vîlcea 48/49 L/M 6
Rimpfischhorn 50, II C 1
Ringelspitz 51, I E 2
Ringhals 72, IV C/D 1
Ringkøbing 72, IV B 1
Ringkøbingfjord 72, IV B 1/2
Ringkøbing-Sønderviq 72, IV A/B 1
Ringvaart 56/57, V A 2
Ringvassøy 70/71, I D 2
Rinteln 6/7 E 3
Rio Balsas 160/161, III B 3
Rio Branco 164/165, I C 4
Rio Bravo del Norte 160/161, III B 2
Rio Claro 160/161, IV B 2
Rio Coco 160/161, III D 3
Rio Cuarto 164/165, I C 6
Rio das Mortes 164/165, I D 4
Rio de Janeiro (Bundesstaat, Brasilien) 164/165, I E/F 5
– (O.) 164/165, I E 5 u. 168/169, III
Rio de la Plata 164/165, I D 6
Rio Gallegos 164/165, I C 8
Rio Grande (Fl. zum Golf von Mexiko) 148/149, II E/F 5
– (Fl. zum Paraná, Brasilien) 164/165, I D/E 5
– (O., Brasilien) 164/165, I D 6
– (O., Feuerland, Argentinien) 164/165, I C 8
Rio Grande do Norte 164/165, I F 3
Rio Grande do Sul 164/165, I D 5
Riohacha 164/165, I B 1
Rio Mórrope 166, IV A/B 1
Rio Muni (Fl.) 106/107 D 4
– (Provinz) = Mbini
Rio Negro (Fl. zum Amazonas, Brasilien) 164/165, I C 3
– (Fl. zum Atlantischen Ozean, Argentinien) 164/165, I C 6/7
Rioni 123, IV B/C 2
Rio Pánuco 160/161, III B/C 2
Rio Tercero 168/169, I C 5
Riotinto 100/101, I B 3
Rio Viejo 160/161, V B 1
Rioz 51, I B 1
Ripley (England) 61, I B 2
– (Kalifornien, USA) 150, II F 5
Ripoll 100/101, I D 2
Riposto 78, IV B 1
Rishiri 134/135, I I 1
Rishon Le Zion 118, IV A 3
Risle 58/59, II A 2
Risnes 73, I B 2
Risnjak 52/53, II F 4
Ris-Orangis 60, I B 2
Riß 20/21 E 3
Risser Kogel 22, II C 2
Ristedt 4, IV
Ristiina 73, III B 1
Risum-Lindholm 8, I B 2
Ritterhude 10, I A 3
Riva (O. am Gardasee) 52/53, II B 4
– (O. im Podelta) 76/77, IV A 3
Riva-Valdobbia 51, I C 3
Rivera 164/165, I D 6
Rivera de Abajo 74/75, II A 1
River Edge 158, I A 1
Riverina 144 G/H 6
River Mole 62/63, II B 1
Riverside 150, II E 5
Riviera di Levante 76/77 C 2
Riviera di Ponente 76/77, I C 2/3
Rivière-du-Loup 148/149, II I 3
Rixhöft (Kap) 48/49 H/I 1
Rize 116/117, I D 1
Rjasan 124/125 D/E 3
Rjukan 70/71, I B 4
Rö 72, III B 1
Roanne 58/59, I E 4
Roanoke (O. u. Fl.) 152/153, I D/E 4
Röbel 6/7 H 2
Robertsport 106/107 B 4
Robinson Crusoe-Insel 164/165, I B 6
Röblingen am See 39, I B 2
Roboré 164/165, I C/D 4
Rocamadour 58/59, I D 4
Roca Partida 160/161, III A 3
Rocas Alijos 148/149, II D 5
Rocca di Papa 78, II B 1
Rocca Priora 78, II B 1
Rocciamelone 51, I C 3
Roc d'Enfer 50, III B 2
Rocella Valdemone 78, IV B 1
Rochefort 58/59, I C 4
Rochester (England) 61, I C 2
– (New York, USA) 152/153, I E 3
Rochlitz 14/15 H 2
Rockall (I.) 82/83, I C 4
Rockaway Point 158, I B 2
Rockdale 156/157, II F 4
Rockenhausen 14/15 C 4
Rockford 152/153, I B 3
Rockhampton 144 I 3
Rocky Mountains (Felsengebirge) 148/149, II C 1–E 4
Rodach (Fl.) 20/21 G 1
– (O.) 20/21 F 1
Rodau 18, I C 2
Rødby 6/7 G 1
Rødbyhavn 48/49 E 1
Rodenäs 8, I B 2
Rodenbach 18, I D 1
Rodenkirchen (Kr. Köln) 38, I B 3
– (Kr. Wesermarsch) 10, I A 2
Rödermark 18, I C 2
Rodez 58/59, I E 4
Rodgau (O.) 18, I C 1
Rodheim 18, I C 1
Roding (Fl. zur Themse) 61, I C 1
– (O., Kr. Cham) 20/21 H 2
Rodleben 39, I C 1
Rodrigues 102/103, I K/L 7
Roebuckbucht 144 C 2
Roermond 14/15 A/B 2
Roeselare 56/57, I A/B 4
Roetgen 14/15 B 3
Rogaška Slatina 52/53, II G 3
Rogatin 48/49 M 4
Rogatschew 48/49 O 2
Rogers City 152/153, I C/D 2
Rohrbach (O., Frankreich) 20/21 C 2
– (O., Kr. Sankt Ingbert) 38, II B 1
– im Mühlkreis (O., Oberösterreich) 52/53, II E/F 1
Rohrdorf 22, II D 2
Roissy 60, I C 2
Rolândia 168/169, I E 3
Rolle 50, III A 2
Rolleston 144 H 3
Rom (Roma) 78, I; 78, II A/B 1
Romagna 76/77, I D/E 2
Roman 48/49 N 5
Romano di Lombardia 52/53, II A 4
Romanshorn 51, I E 1
Romariswandkopf 54, II A 2
Römerstein 19, III C 1/2
Rommerskirchen 40, I
Romo 72, IV B 2
Romstadslott 72, II A/B 2
Rona 62/63, I D 1
Ronchamp 20/21 B 4
Ronda 74/75, I C 5
Rondônia (Bundesstaat, Brasilien) 164/165, I C 4
– (O.) 164/165, I C 4
Rondonópolis 164/165, I D 4
Rongai 109, I A 1
Rønne 72, IV E 2
Ronneburg (O., Bezirk Gera) 14/15 H 2
– (R.) 18, I D 1
Roodepoort-Maraisburg 110/111, V A 2
Roosendaal 56/57, III B 1
Rooseveltinsel 171, I I/K 1/2
Roper 144 E 1
Roque 160/161, V B 1
Roquefort 58/59, I E 5
Roraima 164/165, I C 2
Röros 70/71, I B 4
Rorschach 51, I E 1
Ros 48/49 O 4
Rosablanche 50, II A 1
Rosario (Argentinien) 164/165, I C 6
– (Niederkalifornien, Mexiko) 148/149, II D 4
Rosário (Brasilien) 164/165, I E 3
Rosbach 18, I C 1
Roseau 160/161, III F 3
Roseck (Schl.) 19, III A/B 1
Rosenbach 52/53, II F 3
Rosengarten (B.) 52/53, II C 3
– (O.) 10/11, II B 2
Rosenheim 22, II D 2
Rosenstein (R.) 19, III C 1
Rosetta 106/107 F/G 1
Roşiori de Vede 48/49 M 6
Roskilde 70/71, I B 6
Roslags-Kulla 72, III B 1
Roslawl 124/125 C 3
Rosny-sur-Seine 60, I A 2
Rosolina 76/77, IV A 2
Rösrath 38, I C 3
Rossano 76/77, I G 5
Roßbach 44, I
Rossbarriere 171, I I–L 2
Roßdorf 18, I C 2
Rossert 18, I B 1
Roßhaupt (Rozvadov) 20/21 H 4
Roßhaupten 20/21 F 4
Rossinsel 171, I I/K 2
Roßkopf (B.) 32, III B 1
Rosslare 62/63, I C/D 4
Roßlau/Elbe 39, I C 1
Roßleben 39, I A 2
Rossmeer 171, I I/K 2
Rosso 106/107 B 3

Roßschartenkopf 54, II B 2
Ross-Schelfeis 171, I I/K 1
Roßstein 22, II C 2
Rostock 6/7 G/H 1 u. 10/11, III
Rostow (am Don) 124/125, D/E 5
– (bei Moskau) 124/125 D 2
Rösvatn 70/71, I C 3
Roswell 148/149, II E 4
Rot 19, III C 1
Rota 74/75, I B 5
Rotbach 40, I
Rotberg 13, I C 2
Rotebro 72, III A 1
Rotenburg an der Fulda 14/15 E 3
– (Wümme) 6/7 E 2
Rotenturmpaß 48/49 L/M 6
Roter Fluß (V. R. China) 136/137, I E 2
Roter Main 20/21 G 1/2
Rotes Becken (V. R. China) 130/131, I E 3/4
Rotes Kliff 8, I A 2
Rotes Meer 116/117, I C 4–D 6
Rote Wüste = Kysylkum
Roth 20/21 G 2
Rötha 39, I C 2
Rothaargebirge 14/15 D 2/3
Röthenbach 20/21 G 2
Rothenburg (Bezirk Halle) 39, I B 1
Rothenburg ob der Tauber 1, III u. 20/21 E/F 2
Rothesay 62/63, I D 3
Roti 144 C 1
Rott (Fl. zum Inn) 20/21 I 3
– (O., Kr. Landsberg am Lech) 22, II A/B 2
– am Inn (Kr. Rosenheim) 20/21 H 4
Rottach (Fl.) 22, II C 2
Rottach-Egern 22, II C 2
Rotten (Rhône) 50, III E 2
Rottenbuch 22, II A/B 2
Rottenburg am Neckar 20/21 D/E 3
– an der Laber 20/21 G/H 3
Rottenmann 52/53, II F 2
Rotterdam 56/57, I C/D 3 u. VI
Rottesee 56/57, VI D 2
Rottum 6/7 B 2
Rottweil 20/21 D 3
Rotuma 142/143, I H 6
Rotwand 22, II C 2
Roubaix 56/57, I B 4
Rouen 58/59, I D 2
Rourkela 138/139, IV A 2 u. V
Roussillon 58/59, I E 5
Rovaniemi 70/71, I F 3
Rovato 52/53, II B 4
Rovereto 52/53, II C 4
Röverhagen 10/11, III
Rovigo 76/77, I D 2
Rovinj 76/77, I E 2
Rovuma 110/111, IV D 3
Rowe 47, I A/B 1
Rowno 48/49 N 3
Roxheim 18, I A 2
Royan 58/59, I C 4
Roy Hill 144 C 3
Rozenburg 56/57, VI B/C 2
Roztocze 48/49 L 3/4
Rozvadov = Roßhaupt
Rshew 124/125 C 2
Ruacanafälle 110/111, IV B 3
Ruaha 109, II B/C 3
Ruanda 110/111, IV C/D 2
Ruapehu 142/143, I H 8
Rub el-Khali = Große Arabische Wüste
Rubzowsk 129, I B/C 4
Rückersdorf 22, I B 1
Ruda 47, II A 2
Ruda Slaska 47, II B 1
Ruden (I.) 6/7 I 1
Rudersberg 19, III B/C 1
Rüdesheim 18, I A 1/2
Rudkøbing 6/7 F 1
Rudnaja-Pristan 120/121, M 5
Rudnitschnyi 120/121, C/D 4
Rudnogorsk 128, V B 1
Rudnyj 120/121, E 4
Rudolfsee = Turkanasee
Rudolphstein 14/15 G 3
Rudolstadt 14/15 G 3
Rudy = Groß Rauden
Rue (Schl. in der Schweiz) 51, I B 2
Ruetzbach 52/53, II C 2
Rufa'a 104/105, VI A 1
Rufiji 110/111, IV D 2
Rugard 8, III A 2
Rügen (I.) 6/7 I 1 u. 8, III A/B 2
Rugenort 33, VII A 1
Rühen 6/7 F 3
Rühimäki 70/71, I E/F 4
Ruhla 14/15 F 3
Ruhland 39, II A 2
Ruhlsdorf 13, I A/B 2
Ruhner Berge 6/7 G 2
Ruhpolding 20/21 H 4
Ruhr (Fl.) 14/15 C 2 u. 38, I B 2
Rukwasee 109, II B 3
Rumaila 116/117, I E 3
Rumänien 48/49 K–N 6
Rumbek 106/107 F/G 4
Rumia 47, I C 1
Rumilly 51, I A/B 3
Rum Jungle 144 E 1
Rummelloch 8, I A/B 3
Rummelsburg (Miastko) 47, I A/B 1
Rumohr 8, II A/B 2
Rungis 60, I B 2
Rungwa 109, II B 3
Rungwe 109, II B 3
Runmarö 72, III B 1
Runtu 110/111, IV B 3
Runwell 61, I D 1
Ruokolahti 73, III C 1
Ruo-qiang = Charkhlik
Rupa 52/53, II F 4
Rur 14/15 B 2/3
Ruse 80/81, I G 3 u. III B 3
Ruß (Fl.) 48/49 K 1
Rußbach 54, III B 1
Rüsselsheim 14/15 D 4 u. 18, I B 2
Russische Sozialistische Föderative Sowjetrepublik 84 G–K 2/3
Russkaja Gawan 120/121, D/E 2
Russkoje 128, IV C 2
Rust 52/53, II H 2
Rustawi 123, IV D 3
Rustenburg 110/111, IV C 4
Rutba 120/121 C 6
Rutesheim 19, III A 1
Rutledal 73, I B 1
Ruwe 104/105, VII A/B 2
Ruwenzori 109, II A 1
– Nationalpark 109, II A 1–2
Rybatschje 120/121 F 5
Rybnik 47, II B 2
Rybinsk 124/125 D 2
Ryck 8, III A 2
Ryduttowy 47, II A 2
Rygge 72, II A 3
Ryhälä 73, III C 1
Rylsk 124/125 C 4
Rysy 47, III B 1
Ryukyu-Inseln 130/131, I G 3/4
Rzepin = Reppen
Rzeszów 48/49 K/L 3

S

Saalach (Fl.) 52/53, II D 2
Saalbach (O.) 52/53, II D 2
Saalburg 18, I C 1
Saale 14/15 G 2
Saalfeld 14/15 G 3
Saalfelden 52/53, II D/E 2
Saane 50, III C 1
Saanen 51, I C 2
Saar 20/21 B 2
Saarbrücken 38, II B 2
Saarburg 20/21 B 2
Saaremaa = Ösel (I.)
Saargemünd = Sarreguemines
Saariselkä 70/71, I G 2
Saarland 20/21 B/C 2
Saarlouis 38, II A 1
Saarwellingen 38, II A 1
Saas Almagell 50, II C 1
Saaser Vispa 50, II C 1
Saas Fee 50, II C 1 u. 50, III D/E 2
Saas Grund 50, III D/E 2
Saastal 50, II C 1
Saaz (Žatec) 20/21 I 1
Sabac 80/81, I C 2
Sabadell 74/75, I G 3
Sabah 140/141, III C 2
Sabalan 120/121, C 6
Sabana-Archipel 160/161, II C/D 1
Sabastiyah 118, IV B 2
Sabi 110/111, IV D 4
Sabinas 156/157, II E 5
Sabine (Fl.) 155, IV D 2
Sabiner Berge 76/77, I E 3
Sabirabad 123, IV E/F 3
Sable (I.) 148/149, II K 3
Sabol 136/137, I A 1
Sabrinaküste 171, I G 2/3
Sabugo 74/75, III B 1
Sabya 106/107 H 3
Sacavém (O. u. Fl.) 74/75, III B 1
Sacco 76/77, I E 4
Sacha 167 B 4
Sachalin 120/121, N 4
Sachsen 14/15 H 3–I 2
Sachsenhausen 18, I C 1
Sachsenheim 19, III B 1
Sachsenkam 22, II C 2
Sachsenwald 10/11, II C 1
Sachs Harbour 155, II A 2
Sacile 52/53, II D 4
Säckingen 20/21 C/D 4
Saclay 60, I B 2
Sacramento (O. u. Fl.) 150, II B/C 2
Sadaba 74/75, I E 2
Sadah 116/117, I D 6
Sadd el-Ali Damm 106/107 G 2
Saddle River 158, I A 1
Sadiya 136/137, I D 2
Sado (Fl., Portugal) 74/75, I A 4/5
– (I., Japan) 134/135, I G/H 4
Sadon 123, IV C/D 2
Safi (Marokko) 106/107 B/C 1
– (Jordanien) 118, IV B 3
Sagamibucht 134/135, I H 6
Saganoseki 134/135, I D/E 7
Sagar 136/137, I B 2
Sagard 8, III B 1
Saggi 118, IV A 4
Saginaw 152/153, I D 3
Saglouc 148/149, II H 1
Sagorsk 124/125 D 2
Sagres 74/75, I A 5
Sagua la Grande 160/161, II C/D 1
Saguenay 152/153, I G 1
Sagunto 74/75, I E 4
Sahara (Wüste) 106/107 C–F 2
Saharaatlas 106/107 C/D 1
Saharanpur 136/137, I B 2
Sahel 102/103, I C–G 4
Saïda (Algerien) 74/75 E/F 6
– = Sidon (Libanon)
Saidia 74/75, I D 6
Saidpur 138/139, IV C 1
Saignelégier 51, I C 1
Saigon = Ho Tschi Minh-Stadt 136/137, I E/F 3
Saimaakanal 73, III C 1/2
Saimaasee 73, III B/C 1
Sain-Mitre-les Remparts 58/59, IV
Sain-Schand 130/131, I E/F 2
Saint Albans 61, I B 1
Saint Andrews 62/63, I E/F 2
Saint Arnoult 60, I A 2
Saint Avold 38, II A 2
Saint Boniface 148/149, II F 2/3
Saint-Brides-Bai 62/63, I D 5
Saint Brieuc 58/59, I B 2
Saint Cergue 50, III A 2
Saint-Clair-See 152/153, I D 3
Saint Cloud 60, I B 2
Saint Croix (I., Westindische Inseln) 160/161, III F 3
Saint Cyr 60, I B 2
Saint Denis (O., Réunion) 110/111, IV F 4
– (O., Frankreich) 60, I B 2
Saint Dié 20/21 B 3
Saint Dizier 58/59, I F 2
Sainte Adresse 58/59, II A 1
Sainte Baume 58/59, I F 5
Sainte Croix 51, I B 2
Saint Eliasberge 148/149, II A 1–B 2
Sainte Marie (I., Madagaskar) 110/111, IV F 3
Sainte-Marie-aux-Mines 20/21 C 3
Saintes 58/59, I C 4
Saintes-Maries-de-la-Mer 58/59, III B 2
Saint Etienne (O., Département Loire) 58/59, I E/F 4
Saint-Etienne-du-Ruvray 58/59, II C 2
Saint Francisbai 110/111, IV C 5
Saint Fergus 62/63, III B 3
Saint Georges 160/161, III F 3
Saint-Germain-en-Laye 60, I B 2
Saint-Germain-sur-Morin 60, I C 2
Saint Gervais 50, III B 3
Saint Gilles 58/59, III B 2
Saint Gingolph 50, III B 2
Saint Helenabai 108, II B 4
Saint Helier 58/59, I B 2
Saint Imier 51, I B 1
Saint Jean d'Aulph 50, III A/B 2
– -de-Luz 58/59, I B/C 5
– -de-Maurienne 51, I B 3
– -de-Sixt 98/99, IV A 2
– -Pied-de-Port 58/59, I C 5
Saint John 148/149, II I 3
Saint John's 148/149, II K 3
Saint-Julien-en Genevois 51, I B 2
Saint Kilda 62/63, I B 2
Saint Kitts 160/161, III F 3
Saint Léger 60, I A 2
Saint Lô 58/59, I C 2
Saint Louis (Frankreich) 20/21 C 4
– (Missouri, USA) 148/149, II F 4
– (Senegal) 106/107 B 3
Saint-Loup-sur-Semouse 20/21 B 4
Saint Luciasee 108, II E 3
Saint Malo 58/59, I B/C 2
Saint Mard 60, I C 1
Saint Martin (I.) 160/161, III F 3
– (O.) 98/99, IV B 2
Saint Maurice 51, I C 2
Saint Michael 148/149, I B/C 2
Saint Nazaire 58/59, I B 3
Saint Omer 58/59, I D/E 1
Saintonge 58/59, I C 4
Saint Paul 148/149, II F 3
Saint Pierre (I.) 110/111, IV E/F 2
Saint Pierre und Miquelon (I.) 156/157, II K 3
Saint-Quen-l'Aumône 60, I B 1
Saint Quentin 58/59, I E 2
Saint-Rémy-les-Chevreuse 60, I B 2
Saint Rhémy 50, III C 3
Saint Romuald 152/153, I G 2
Saint Soupplets 60, I C 1
Saint Tropez 58/59, I G 5
Saint Vincent 160/161, III F 3
Saint Vith 14/15 B 3
Saipan 142/143, I E 3
Saissan (O.) 120/121 G 5
Saiun 116/117, I E 6
Sajak 120/121 F 5
Sajama 168/169, I B 2
Sajarsk 128, V B 1
Sajó 48/49 K 4
Sakai 134/135, V C 2
Sakaide 134/135, I E 6
Sakakawea-Stausee 148/149, II E 3
Sakamensk 120/121 I 4
Sakania 104/105, VII B 2
Sakarya 116/117, I B 1
Sakata 134/135, I H 4
Sakinthos (I. u. O.) 80/81, I D 6
Sakishima-Inseln 130/131, I G 4
Sal 102/103, I B 4
Sala 70/71, I D 5
Salach 19, III C 1
Salado (Fl. zum Colorado, Argentinien) 164/165, I C 6
– (Fl. zum Paraná, Argentinien) 164/165, I C 5
Salalah 116/117, I F 6
Salamanca 74/75, I C 3
Salamis (I. u. O.) 80/81, IV B 2
Salar de Atacama 164/165, I C 5
Salar de Coipasa 164/165, I C 4
Salar de Uyuni 164/165, I C 5
Salari 128, V B 2
Salawat 124/125 H 3
Salayar 140/141, III D 3
Sála y Gómez 164/165, III
Saldanha 108, II B 4
Salechard 120/121, IV A 2
Salem (Indien) 136/137, I B 3
– (Oregon, USA) 148/149, II C 3
Salerno 76/77, I F 4
Salgótarján 48/49 I/K 5
Salgueiro 164/165, I F 3
Salima 110/111, IV D 3
Salina (I., Italien) 76/77, I F 5
– (O., Kansas, USA) 148/149, II F 4
Salina Cruz 160/161, III C 3
Salina Llancanelo 168/169, I B 6
Salinas Grandes 168/169, I B 5–C 4
Salin-de-Giraud 58/59, III B 2
Salindres 58/59, III B 1
Salisbury (England) 62/63, I E/F 5
– (Maryland, USA) 152/153, I F 4
– (Rhodesien) 110/111, IV D 3
Saljany 123, IV F 4
Salkava 73, III C 1
Sallanches 98/99, IV B 2
Sallgast 39, II A 1
Salling 72, IV B 1
Salnau (Zelnava) 20/21 I/K 3
Salo 52/53, II B 4
Salomoninseln 142/143, I F/G 5/6
Salon-de-Provence 58/59, III C 2
Saloniki = Thessaloniki
Salorno = Salurn
Salou 74/75, I F 3
Salpansselkä 73, III A–C 1
Salsk 124/125 E 5
Salt 118, IV B 2
Salta 164/165, I C 5
Salt Creek 156/157, II E 3
Saltfjord 70/71, I C 3
Saltillo 148/149, II E 5
Salt Lake City 150, II H 1
Salto 164/165, I D 6
Saltonsee 150, II E/F 5
Salt Range 138/139, III B/C 2
Saltsjöbaden 72, III B 1
Saluën (Nu-jiang) 130/131, I D 3/4
Salurn (Salorno) 52/53, II C 3
Salvador 164/165, I F 4
Salvan 50, III B 2
Salza (Fl. zur Enns) 52/53, II F 2
– (Fl. zur Saale) 39, I B 1
Salzach 52/53, II D 1
Salzano 76/77, IV A 1
Salzburg 52/53, II E 2
Salzgitter 6/7 F 3 u. 41, III
Salzkammergut 52/53, II E 2
Salzmünde 39, I B 1
Salzwedel 6/7 F/G 3
Samanga 109, I B 2
Samar 140/141, III D 1
Samaria 118, IV B 2
Samarinda 140/141, III C 3
Samarkand 129, II C/D 3
Samarra 120/121 C 6
Sambalpur 136/137, I C 2
Sambas 136/137, I E 4
Sambesi 110/111, IV D 3
Sambia 110/111, IV C/D 3
Sambor 48/49, L 4
Sambre 58/59, I F 1
Samcheog 134/135, I C 5
Samedan 51, I E/F 2
Samland 47, I E 1
Samnaun 51, I F 2
Samnaungruppe 52/53, II B 2/3
Samoa-Inseln 142/143, I I/K 6
Samobor 52/53, II G 4
Samoëns 50, III B 2
Samois 60, I C 3
Samojeden-Halbinsel = Jamal-Halbinsel
Samora 74/75, III C 1
Samos 80/81, I G 6
Samothraki 80/81, I F 4
Samouco 74/75, III C 2
Samsø 72, IV C 2
Samsøbelt 72, IV C 2
Samsun 116/117, I C 1
Samtens 8, III A 2
Samtredia 123, IV C 2
Samur 123, IV E 3
Samut Prakan 136/137, I D/E 3
San (Fl. zur Weichsel) 48/49 L 3
– (O., Mali) 106/107 C 3
Sana 116/117, I D 6
Sanaga 106/107 E 4
San Ambrosio 162 C 7
San Andrés (I., Kolumbien) 167 A 1
– (O., Kanarische Inseln) 74/75, IV B 1
San Angelo (Italien) 76/77, IV A 2
– (Texas, USA) 148/149, II E 4
San Ambrosio 164/165, I B 5
San Antonio (O., Chile) 164/165, I B 6
– (O., Spanien) 98/99, II D 5
– (O., Texas, USA) 148/149, II F 5
San Antonio Oeste 168/169, I B 7
San Benedicto 160/161, III A/B 3
San Bernardino (P., Alpen) 51, I E 2
San Bonifacio 52/53, II C 4
San Borja 164/165, I C 4
San Bruson 76/77, IV A 2
San Carlos de Bariloche 164/165, I B/C 7
San Cristóbal (I., Galapagosinseln) 164/165, II
– (I., Salomoninseln) 142/143, I G 6
– (O., Venezuela) 164/165, I B/C 2
San Croce 52/53, II D 3
Sancti Spiritus 160/161, II D 2
Sand (Campo Tures) 52/53, II C/D 3
Sandakan 140/141, III C 2
Sandane 73, I C 1
San Daniele del Friuli 52/53, II D/E 3
Sanday 62/63, I E/F 1
Sande (O., Dalsfjord) 73, I B 1
– (O., Oslafjord) 72, II A 2
Sandersdorf 39, I C 1
Sandersleben 39, I A 1
Sandhammaren 72, IV E 2
Sandhamn 72, III B 1
San Diego 150, II E 5
Sandoa 110/111, IV C 2
Sandomierz 48/49 K 3
San Domingos 74/75, I B 5
San Domingos de Rana 74/75, III B 2
San Donà di Piave 52/53, II D 4
Sandøy 73, I A/B 2
Sandsandingdamm 108, I B 1
Sandstedt 10, I B 2
Sandusky 152/153, I D 3
Sandvika 72, II A 2
San Felipe (Venezuela) 167 D 3
San Félix 162 B 7
San Fernando (Philippinen) 140/141, III C/D 1
– (Trinidad) 160/161, IV A/B 2
– (Spanien) 74/75, I B 5
San Fernando de Apure (Venezuela) 164/165, I C 2
San Felipe 164/165, I C 2
San Félix 164/165, I A 5
San Francique 160/161, IV A 2
San Francisco 150, II B 3
San Fransisco-Paß 164/165, I C 5
Sangar 120/121 L 3
San Gennaro 78, III A/B 1
Sangerhausen 39, I A 2
Sangha 106/107 E 4/5
Sangihe-Inseln 140/141, III D 2
San Giovanni (Sizilien) 78, IV B 1
San Giovanni Lupatoto 52/53, II B/C 4
Sangiti 140/141, III D 2
Sangkulirang 140/141, III C 2
Sangonera la Verde 74/75, II A 2
San Gregorio 78, IV B 1
Sangre Grande 160/161, IV B/C 1
Sangro 76/77, I F 3/4
San Guiseppe Vesuviano 78, III B 1
San Joaquin 150, II C 3
San Jorge-Golf 164/165, I C 7
San José (Costa Rica) 160/161, III D 3
– (Guatemala) 160/161, III C 3
– (Kalifornien, USA) 150, II C 3
San Juan (Fl., Nicaragua) 160/161, III D 3
– (O., Argentinien) 164/165, I C 6
– (O., Neu-Mexiko, USA) 156/157, II E 4
– (O., Puerto Rico) 160/161, III F 3
San Juanico 160/161, I
Sankt Andrä 54, III A 1
Sankt Andreasberg 4, III
Sankt Anton 52/53, II B 2
Sankt Augustin 17, I
Sankt Blasien 20/21 D 4
Sankt Gallen
– (O., Österreich) 52/53, II F 2
– (O., Schweiz) 51, I E 1
Sankt Georg 80/81, III D/E 1/2
Sankt Georgen (Mühlviertel) 52/53, II F 1
– (Schwarzwald) 20/21 D 3
Sankt Georghe = Sankt Georg
Sankt-Georgs-Kanal 62/63, I C 5–D 4
Sankt Gilgen 52/53, II E 2
Sankt Goar 14/15 C 3
Sankt Goarshausen 14/15 C/D 3
Sankt Gotthard 50, III F 1
Sankt Heinrich (O.) 22, II B 2
Sankt Ingbert 38, II B 1
Sankt Jakob 52/53, II D 3
Sankt Johann (Eningen-) 19, III B 2
– im Pongau 52/53, II E 2
– in Tirol 52/53, II D 2
Sankt Leonhard (Kl.) 22, II C 1
– (O.) 52/53, II B 2
Sankt-Lorenz-Golf 148/149, II I 3
Sankt-Lorenz-Insel 146 B 3
Sankt-Lorenz-Strom 148/149, II H 3
Sankt Louis 106/107 B 3
Sankt Margarethen 10/11, II A 1
Sankt Martin (Kl.) 19, III B 1
Sankt Marylebone 61, II
Sankt Michael 52/53, II E 2
Sankt Moritz 51, I E 2
Sankt Niklaus 51, I C 2
Sankt Paul (Fl., Liberia) 108, I A/B 2
– (I., Indischer Ozean) 172/173, I N/O 6
– (O., Österreich) 52/53, II F/G 3
Sankt Peter-Ording 8, I B 3
Sankt Petersburg 148/149, II G 5
Sankt Pölten 52/53, II G 1
Sankt Stefan im Rosental (Steiermark) 52/53, II G 3
Sankt Ullrich (Ortisei) 52/53, II C 3
Sankt Veit an der Glan (Kärnten) 52/53, II F 3
– an der Gölsen (Niederösterreich) 52/53, II G 1
Sankt-Vincent-Golf 144 F 6
Sankt Wendel 14/15 B/C 4
Sankt Wolfgang 52/53, II E 2
Sankuru 110/111, IV C 2
San Lorenco 50, III E 2
San Lorenzo (B., Argentinien) 164/165, I B 7
– (O., Ecuador) 164/165, I A/B 2
Sanlúcar de Barrameda 74/75, I B 5
San Luis (Argentinien) 164/165, I C 6
San Luis Obispo 150, II C/D 4
San Luis Potosí 160/161, III B/C 2
San Maria di Sala 76/77, IV A 1
San Marino 76/77, I E 3
San Matias-Golf 164/165, I C 7
San-men-xia 130/131, I E 3
San Michele (I. u. Kl., Venedig) 76/77, III
San Miguel de Tucumán 164/165, I C 5
San Nicolas 168/169, I C 5
Sannikowstraße 120/121 M/N 2
Sanok 48/49 K/L 4
San Pablo 140/141, I B 1
San Pedro 108, I B 3
San Pedro Sula 160/161, III D 3
San Pietro (I.) 76/77, I B/C 5
San Pietro Clarenza 78, IV B 1
San Rafael 164/165, I C 6
San Remo 76/77, I B/C 3
San Salvador (I., Galápagosinseln) 164/165, II
– (O., El Salvador) 160/161, III C/D 3
– (Watling, Guanahani, I.) 160/161, III E 2
San Salvador do Congo 110/111, IV B 2
Sansanné-Mango 108, I D 1
San Sebastián 74/75, I D 2
San Severo 76/77, I F 4
Sansibar 109, II C 3
San Silvestre 166, III A 2
San Stino 52/53, II D 4
Santa Ana 164/165, I C 4
Santa Barbara (Kalifornien, USA) 150, II D 4
– (Mexiko) 160/161, III B 2
Santa Catarina 164/165, I D/E 5
Santa Clara 160/161, III D/E 2
Santa Cruz (Fl., Argentinien) 164/165, I B/C 7/8
– (I., Galápagosinseln) 164/165, II
– (O., Argentinien) 164/165, I C 7
– (O., Bolivien) 164/165, I C 4
Santa Cruz de la Palma 74/75, IV B 1
Santa Cruz del Sur 160/161, II D/E 2
Santa Cruz de Tenerife 74/75, IV B/C 1
Santa-Cruz-Inseln 142/143, I G 6
Santa Domenica Vittoria 78, IV A 1
Santa Elena (Ecuador) 167 A 4
– (Venezuela) 167 E 3
Santa Fe (Argentinien) 164/165, I C 6
– (Neu-Mexiko, USA) 148/149, II E 4
Sant' Agata 78, IV B 1
Santa Inês 164/165, I B 8
Santa Isabel (I., Salomoninseln) 142/143, I F/G 5
– = Malabo
Sant' Alfio 78, IV B 1
Santa Maria (I., Galápagosinseln) 164/165, II
– (Mexiko) 160/161, I
– (O., Brasilien) 164/165, I D 5
– (O., Schweiz) 51, I F 2
Santa Maria Maggiore (O.) 50, III E/F 2
Santa Marta 167 C 1
Sant' Ambrogio di Valpolicella 52/53, II B/C 4
Santa Monica 154, III
Santana 110/111, I B 1
Santana do Livramento 168/169, I D/E 5
Santander 74/75, I C/D 2
Sant' Antioco 76/77, I B/C 5
Santany 74/75, I G 4
Santarem (Brasilien) 164/165, I D 3
– (Portugal) 74/75, I A 4
Santa Rosa (O., Argentinien) 164/165, I C 6
– (O., Brasilien) 164/165, I D 5
– (O., Kalifornien, USA) 150, II B 2
Santa Venerina 78, IV B 1
Santiago (B., Bolivien) 167 A 2
– de Compostela (O., Spanien) 74/75, I A 2
– de Cuba (O.) 160/161, III E 2
– del Estero 164/165, I C 5
– (O., Chile) 164/165, I B/C 6
– (O., Dominikanische Republik) 160/161, III E 3
Säntis 51, I E 1
Santo Amaro 110/111, I A/B 1
Santo André 164/165, I E 5
Santo Angel 74/75, II B 2
Santo Antônio do Zaire 110/111, IV B 2
Santo Domingo (Fl., Venezuela) 166, III B 2
– (O., Haiti) 160/161, III E/F 3
Santomera 74/75, II B 1
Santorin (Thira) 79, III
Santos 168/169, I F 3
Santos Dumont 168/169, III C 2
Santo Stefano di Cadore 52/53, II D 3
Sanuki 134/135, IV C 5
San Valentin 164/165, I B 7
San Valentino 78, III B 1
San Vincente 168/169, I A 5
San Vito al Tagliamento 52/53, II D 4
Sanya (O. u. Fl.) 109, I A 2
São Carlos 168/169, I F 3
São Francisco 164/165, I E 3/4
São João das Lampas 74/75, III B 1
São João del Rei 168/169, I G 3
São João dos Angolares 110/111, I A/B 2
São José do Rio Prêto 164/165, I D/E 5
São Luis 164/165, I E 3
São Miguel 102/103, I B 2
Sâone 58/59, I F 3
Sao Paulo (Bundesstaat, Brasilien) 168/169, I E/F 3
– (I., Brasilien) 162 H 4
– (O., Brasilien) 168/169, I F 3
São Tomé 106/107 D 4
São Tomé u. Principe 106/107 D 4
São Vicente 102/103, I B 4
Sapele 108, I E 2
Saporoshje 124/125 C/D 5
Sapporo 134/135, I I 2
Sapudi 140/141, V F 2
Saquia el-Hamra 106/107 B/C 2
Saracena (Fl.) 78, IV A 1
Sarajevo 80/81, I C 3
Saran 120/121 F 5
Saransk 124/125 F 3
Sarapul 124/125 H 2
Saratow 124/125 F 4
Sarawak 140/141, III C 2
Sarca 52/53, II B 3
Sarcelles 60, I B 2
Sardeh-Kuh 120/121 C/D 6
Sardes 80/81, I H 5
Sardinien 76/77, I B/C 4
Sardinilla 160/161, V B 1
Sarek 70/71, I D 3
Sarentino = Sarnthein
Sargans 51, I E 1
Sargassosee 174/175, I F 3
Sargodha 138/139, III B/C 1
Sarh (Fort Archambault) 106/107 E 4
Saria (Saros) 80/81, II C 2
Sarilhos Grandes 74/75, III C 2
Sarmi 140/141, III E 3
Sarmiento 164/165, I B/C 7
Särna 70/71, I C 4
Sarnen 51, II
Sârnenagora 80/81, I F 3
Sarnia 152/153, I D 3
Sarnico 52/53, II A/B 4
Sarno (O. u. Fl.) 78, III B 1
Sarntaler Alpen 52/53, II C 3
Sarnthein (Sarentino) 52/53, II C 3
Sarny 48/49 N 3
Särö 72, IV C 1
Saronischer Golf 80/81, IV B 2
Saronno 51, I D/E 3
Saros = Saria
Sar Planina 80/81, I D 3/4
Sarpsborg 72, II A/B 3
Sarra 106/107 F 2
Sarrebourg 20/21 B/C 3
Sarreguemines (Saargemünd) 38, II B 2
Sarre-Union 20/21 C 3
Sarstedt 6/7 E/F 3
Sartène 58/59, I H 6
Sarthe 58/59, I C 3
Sartlansee 129, I A 2
Sárvár 52/53, II H 2
Sarysu 120/121 E 5
Sasbach (O.) 32, III A 1
Sasebo 134/135, I C 7
Sasel (Hamburg-) 10/11, II C 1
Saskatchewan (Fl.) 148/149, II E 2
– (Provinz, Kanada) 148/149, II E 2
Saskatoon 148/149, II E 2
Saskylach 120/121 K 2
Sasolburg 108, II D 3
Sassandra (O. u. Fl.) 108, I B 2/3
Sassari 76/77, I C 4
Saßnitz 8, III B 1
Satarma 50, II A 1
Satipo 167 C 6
Sátoraljaújhely 48/49 K 4
Satpuragebirge 136/137, I B 2
Satu Mare 48/49 L 5
Saturn-Venus (O.) 80/81, III D/E 3
Saualpe 52/53, II F 3
Saudárkrókur 70/71, II C 1
Saudi-Arabien 116/117, I C–E 4
Sauensiek 10/11, II B 2
Sauer (Fl.) 14/15 B 4
Sauerlach 22, II C 2
Sauerland 38, I C/D 2
Saulgau (O.) 20/21 E 3
Saulgrub 22, II A/B 2
Saulheim 18, I B 2
Sault 58/59, III C 1
Sault Sainte Marie 148/149, II G 3
Saumur 58/59, I C 3
Saurimo 110/111, IV C 2
Sauternes 58/59, I C 4
Savaii 142/143, I I 6
Savannah (O. u. Fl.) 148/149 II G/H 4
Savannakhet 136/137, I E 3
Sava = Save
Save (Fl., Moçambique) 108, II E 2
– (Sava, Fl. zur Donau) 80/81, I C 2

Tartu = Dorpat
Tartus 116/117, I C 3
Tarum 140/141, V B 2
Tarvis (Tarvisio) 52/53, II E 3
Tarvisio = Tarvis
Tas 128, IV C 2
Täsch 50, II C 1
Taschaus 120/121 D 5
Täschhorn 50, II C 1
Taschkent 129, II E/F 2
Taschtagol 120/121 G 4
Tasikmalaja 140/141, V C 2
Tasmanien 144 H/I 7
Tasmansee 142/143, I F/G 8
Tasowskoje 120/121 F/G 3
Tassili der Ajjer 106/107 D 2
Tassili des Ahaggar 106/107 D 2
Tatabánya 48/49 H/I 5
Tatarensund 120/121 N 4/5
Tatarsk 120/121 F 4
Tating 8, I B 3
Tatoi 80/81, IV B 1
Tatra (G.) 48/49 I/K 4
–, Hohe – 47, III
Tatvan 116/117, I D 2
Taubaté 168/169, I F/G 3
Taubenberg 22, II C 2
Tauber 20/21 E 2
Tauberbischofsheim 20/21 E 2
Taucha 39, I D 2
Tauernpaß 52/53, II E 2
Taufkirchen 22, II C 1
Taufstein (B.) 14/15 E 3
Taukkala 73, II A 1
Taunggyi 136/137, I D 2
Taunsa 138/139, III B 2
Taunus 14/15 D 3 u. 18, I A/B 1
Taunusstein 18, I B 1
Tauorga 100/101, I F 4
Tauplitz 52/53, II E/F 2
Taurage = Tauroggen
Tauranga 145, V C 2
Tauroggen (Taurage) 70/71, I E 6
Taurus 120/121 B 6
Taverny 60, I B 1
Tavira 74/75, I B 5
Tavoy 136/137, I D 3
Tawda (O. u. Fl.) 120/121 E 4
Taxco 160/161, III B/C 3
Taxenbach 52/53, II D/E 2
Taxila 136/137, I B 1
Taxis (Schl.) 20/21 F 3
Tay 62/63, I E 2
Taygetos 80/81, I E 6
Taylor 148/149, I B 2
Tayma 106/107 G 2
Tazerbo 106/107 F 2
Tbilissi 123, IV D 3
Tczew = Dirschau
Tébessa 100/101, I E 3
Tebulos-Mta 123, IV D 2
Techis 130/131, I C 2
Teck (R.) 19, III B 1
Tecklenburg 14/15 C 1
Tedshen 120/121 E 6
Tees 62/63, I F 3
Teesside 90/91, IV C 1
Tefé (O. u. Fl.) 164/165, I C 3
Tegel 13, I B 1
Tegeler See 13, I B 1
Tegernsee (O. u. S.) 22, II C 2
Tegucigalpa 160/161, III D 3
Teheran (Tehran) 116/117, I F 2
Teicha 39, I B/C 1
Tejkowo 124/125 D/E 2
Tejo 74/75, I A 4
Tekirdağ 80/81, I G 4
Telanaipura (Djambi) 136/137, I E 5
Tel Arad 118, IV B 3
Tel Aviv-Jaffa 118, IV A 2
Telawi 123, IV D 2
Teleajen 80/81, III B 2
Telemark 70/71, I A/B 5
Teles Pires 164/165, I D 4
Telezker See 129, I E/F 4
Telfs 52/53, II B/C 2
Telgte 14/15 C 1/2
Teli 120/121 G/H 4
Tellatlas 100/101, I C–E 3
Tell el-Amarna 116/117, I B 4
Teltow 13, I B 2
Teltowkanal 13, I B 2
Tema 108, I D 2
Temeschburg = Timişoara
Temirtau (Kasachstan) 120/121 F 4
Tempelhof 13, I B 2
Templin 6/7 I 2
Temuco 164/165, I B 6
Tenasserim 136/137, I D 3
Ten Bel 74/75, IV B 1/2
Tenedos = Bozcaada
Ténéré 106/107 E 3
Teneriffa (Tenerife) 74/75, IV B/C 1
Ténès 74/75, I F 5
Teng-chong 130/131, I D 4
Tengissee 120/121 E 4
Teningen 32, III B 1
Tenke 110/111, IV C 3
Tennant Creek 144 E 2
Tennengebirge 52/53, II E 2
Tennessee (Bundesstaat, USA) 148/149, II G 4
– (Fl.) 148/149, II G 4 u. 155, III
Tensift 100/101, I B 4
Teófilo Otoni 168/169, I G 2
Teotihuacán 160/161, III B/C 3
Teplitz (Teplice) 20/21 I 1
Ter 74/75, I G 3
Teramo 76/77, I E/F 3
Terceira 102/103, I B 2
Tercero 168/169, I C 5
Terek 120/121 C 5
Terekea 109, I B 1
Teresina 164/165, I E 3
Terezin = Theresienstadt
Teriberka 70/71, I H/I 2
Termes 120/121 E 6
Termini Imerese 76/77, I E/F 5
Ternej 120/121 M 5
Terneuzen 56/57, I B/C 3
Terni 76/77, I E 3
Ternitz 52/53, II G 2
Ternopol 48/49 M/N 4
Terpenijabai 120/121 N 5
Terracina 76/77, I E 4
Terrugem 74/75, III B 1
Terschelling 56/57, I D 1
Terterchen 38, II A 2
Tertius 8, I B 3
Teruel 74/75, I E 3
Terzigno 78, III B 1
Teseney 106/107 G 3
Tessaoua 106/107 D 3
Tessin (Kanton, Schweiz) 51, II
– (O., DDR) 6/7 H 1
– (Ticino) 51, I D 2
Tessiner Alpen 51, I D 2
Testa del Gargano 76/77, I G 4
Tete 110/111, IV D 3
Tête Blanche (B.) 50, II B 2
Tetenbüll 8, I B 3
Teterew 48/49 O 3
Teterow 6/7 H 2
Tétouan 74/75, I C 6
Tetovo 80/81, I D 4
Tetschen (Děčín) 14/15 K 3
Teuchern 39, I B/C 2
Teufelsberg 110/111, III A/B 1
Teufelsinsel 164/165, I D 2
Teufelsmoor 6/7 D/E 2
Teufelsschlucht (Rhodesien) 110/111, IV C 3
Teuschnitz 20/21 G 1
Teutoburger Wald 14/15 C 1–D 2
Teutschenthal 39, I B 2
Texada 150, I A 1
Texas 148/149, II E/F 4
Texas City 155, IV C 3
Texel 56/57, I C 1
Thabana Ntlenyana 110/111, IV C 4
Thabazimbi 108, II D 2
Thailand 136/137, I D/E 3
Thala 100/101, I E 3
Thale 14/15 G 2
Thalgau 52/53, II E 2
Thallwitz 39, I D 2
Thalwil 51, I D 1
Thames = Themse
Thangra Yumtsho 130/131, I C 3
Thann 20/21 C 4
Thannhausen 20/21 F 3
Tharsis 74/75, I B 5
Thasos 80/81, I F 4
Thaya 52/53, II H 1
Thebai = Theben
Theben (R., Ägypten) 106/107 G 2
– (Thiwä, Thebai, Griechenland) 80/81, II A 2
The Dalles 150, I C 3
Thedinghausen 6/7 D/E 3
The Fens 62/63, I F/G 4
Theiß (Tisza) 48/49 K 5
Theißen 39, I C 2
Thelon 148/149, II E 1
Themse 62/63, I F 5 u. 61, I C 2
The Narrows 158, I A 2
Thengpo 136/137, II A 2
Theodulhorn 50, II B 2
Theodulpaß 51, I C 3
The Pas 148/149, II E/F 2
Thera (Antiker Ort) 79, III
Theresienstadt (Terezin) 20/21 I/K 1
Thermalscher Golf 80/81, I E 4/5
Thermopylen (P.) 80/81, I E 5
Thespiai 80/81, IV B 1
Thessalien 80/81, I E 4/5
Thessaloniki (Saloniki) 80/81, I E 4
Thetford 152/153, I F 3
Theusing (Toužim) 20/21 H 1
The Wash 62/63, I G 4
Theydon Bois (O.) 61, I C 1
Thiersee 22, II D 2
Thiès 106/107 B 3
Thießow 8, III B 2
Thika 184/185, II B 2
Thimphu 136/137, I C/D 2
Thingvellir 70/71, II B/C 1
Thionville 58/59, I G 2
Thira (I. u. O.) 79, III u. 80/81, I F 6
Thisbe 80/81, IV A 1
Thisted 72, IV B 1
Thistilfjord 70/71, II D 1
Thiwä = Theben
Thjórsá 70/71, II C 1
Thoiry 60, I A 2
Thonburi 136/137, I D/E 3
Thonon-les-Bains 51, I B 2
Thorex 124/125 D 4
Thorigny 60, I C 2
Thorn (Toruń) 48/49 I 2
Thorofare 151, IV
Thórshöfn 70/71, II C/D 1
Thrakien 80/81, I F/G 4
Three Kings-Inseln 145, V B 1
Thule (US-Luftstützpunkt) 146 N 2
Thun 51, I C 2
Thunder Bay 148/149, II G 3
Thur 51, I D 1
Thurgau (Kanton) 51, II
Thüringen 14/15 F/G 3
Thüringer Wald 14/15 F/G 3
Thurso 62/63, I D/E 1
Thurstoninsel 171, I N/O 2/3
Thurnau 20/21 G 1
Thusis 51, I E 2
Thy 72, IV B 1
Thyborøn 72, IV A/B 1
Tian-shan 130/131, I B–D 2
Tian-shui 130/131, I E 3
Tian-jin = Tientsin
Tiao-yü-tai (Sengaku) 130/131, I G 4
Tiaret = Tagdemt
Tibati 106/107 E 4
Tiber 76/77, I E 3
Tiberias 118, IV B 2
Tibesti 106/107 E 2
Tibesti-Serir 106/107 E 2
Tibet (Xi-zang) 130/131, I C/D 3
Tiburón 160/161, III A 2
Tichoresk 124/125 E 5
Ticino = Tessin (Fl.)
Tidjikja 106/107 B 3
Tiefenbronn 19, III A 1
Tiefencastel 51, I E 2
Tiefenhöhle 19, III C 2
Tiefe Rinne 62/63, I H 4/5
Tiefland von Turan 102/103, I K/L 1/2
Tiegenhof (Nowy Dwór Gdánski) 47, I D 1
Tiengen (Kreis Freiburg) 32, III A 2
Tierem 140/141, V C 2
Tientsin (Tian-jin) 130/131, I F 3
Tierra de Campos 74/75, I C 2/3
Tierra del Fuego = Feuerland
Tiétar 74/75, I C 3
Tietäväinen 73, III C 1
Tieté 168/169, I E/F 3
Tigre 106/107 G 3
Tigris 116/117, I E 3
Tihamah 106/107 G/H 2/3
Tihoje 72, IV B 1
Tihuta (P.) 48/49 M 5
Tiilikala 73, III A 1
Tijuana 160/161, III A 1
Tikal 160/161, III C/D 3
Tiksi 120/121 L 2
Tilburg 56/57, I C/D 3
Tilbury 61, I C 2
Tilemsital 106/107 D 3
Tilitschija 120/121 P 3
Tilos 80/81, I G 6
Tilsit (Sowjetsk) 48/49 K/L 1
Timanrücken 120/121 C/D 3
Timberville 152/153, I E 4
Timbuktu (Tombouctou) 106/107 C 3
Timfristos 80/81, I D 5
Timia 106/107 D 3
Timimoun 100/101, I D 5
Timiş 48/49 K 6
Timişoara (Temeschburg) 48/49 K 6
Timmelsjoch (P.) 52/53, II B/C 3
Timmendorfer Strand (O.) 6/7 F 1
Timmins 148/149, II G 3
Timok 80/81, I E 3
Timor 140/141, III D 3
Timorsee 142/143, I C 6
Tinajones 166, IV
Tindouf 106/107 C 2
Tineo 74/75, I B 2
Tinglev 6/7 E 1
Tinningstedt 8, I B/C 2
Tinos 80/81, I F 6
Tinto 74/75, I B 5
Tintummasteppe 106/107 E 3
Tione 52/53, II B 3
Tipperary 62/63, I B 4
Tirana 80/81, I C/D 4
Tirano 52/53, II B 3
Tiraspol 48/49 O 5
Tire (O.) 80/81, I G 5
Tiree (I.) 62/63, I C 2
Tirgovişte 48/49 M 6
Tirgu Jiu 48/49 L 6
Tirgu Mureş 48/49 M 5
Tirgu Ocna 48/49 N 5
Tirljanskij 124/125 I 3
Tirol 52/53, I
Tirschenreuth 20/21 H 2
Tirso 76/77, I C 4
Tirstrup 72, IV B 1
Tiruchirapalli 136/137, I B/C 3
Tiryns (Antiker Ort) 79, IV
Tista 136/137, II A 2
Tisvildeleje 72, IV C/D 1
Tisza = Theiß
Titas 138/139, I D 2
Titisee-Neustadt 20/21 D 4
Titicacasee 168/169, I B 2
Titlis 51, I D 2
Titograd 80/81, I C 3
Titovo Užice 80/81, I C/D 3
Titov Veles 80/81, I D 4
Titting 20/21 I 3
Tittmoning 20/21 H 3
Titz 38, I A 2
Tivoli 76/77, I E 4
Tizi-Ouzou 74/75, I H 5
Tjan 140/141, VI B 1
Tjereme 140/141, V C 2
Tjugum 73, I C 1
Tjulgan 124/125 H/I 3
Tjumen 120/121 IV A 3
Tjung 120/121 K 3
Tkibuli 123, IV C 2
Tkwartscheli 123, IV B/C 2
Tlemcen 74/75, I E 6
Tlikakila 155, I A 1
Tobago 164/165, I C/D 1
Tobasee 136/137, I D 4
Tobelo 140/141, III D 2
Tobi 134/135, I H 4
Toblach (Dobbiaco) 52/53, II D 3
Tobol 120/121 E 4
Tobolsk 120/121 E/F 4
Tobruk 106/107 F 1
Tocantins 162 F 5
Toce 51, I D 2
Toco 160/161, IV C 1
Tocopilla 164/165, I B 5
Tocuyo 166, III B 1
Todesfelde 10/11, II C 1
Tödi 51, I D 2
Todos-os-Santos-Bai 164/165, I F 4
Todtmoos 24, II
Tofane 52/53, II C/D 3
Toggenburg (L.) 51, I E 1
Togliatti 120/121 D 4
Togo 108, I D 2
Togutschin 129, I D 2
Toijala 73, II B 1
Toili 140/141, III D 3
Tok 20/21 I 2
Tokaj 48/49 K 4
Tokar 106/107 G 3
Tokara-Inseln 130/131, I G/H 4
Tokelau-Inseln 142/143, I I 5
Tokmak 124/125 C/D 5
Toktogul 129, II G 2
Tokushima 134/135, I E/F 7
Tokuyama 134/135, I D 7
Tokyo 134/135, I H/I 5 u. IV B 2
Tolbuhin 80/81, I G 3
Toledo (Ohio, USA) 148/149, II G 3
– (Spanien) 74/75, I C 4
Tolkemit (Tolkmicko) 47, I D 1
Tollense (Fl.) 6/7 I 2
Tollensesee 6/7 I 2
Tolmezzo 52/53, II E 3
Tolmin 52/53, II E 3
Tolosa 74/75, I D/E 2
Tom (Fl.) 129, I D 2
Tomanivi = Mount Victoria
Tomar 74/75, I A 4
Tomaszów Lubelski 48/49 L 3
Tomaszów Mazowiecki 48/49 K 3
Tombouctou = Timbuktu
Tomelloso 74/75, I D 4
Tommot 120/121 L 4
Tomsk 120/121 G 4
Tomter 72, II A 2
Tonalepaß 52/53, II B 3
Tonbridge 61, I C 2
Tender 8, I B 2
Tone 134/135, I H 5
Tonga 142/143, I H/I 7
Tongareva 142/143, I L 5
Tong-chuan 130/131, I E/F 3
Tong-hua 130/131, I G 2
Tong-liao 130/131, I G 2
Tõnisvorst 14/15 B 2
Tonking 136/137, I E 2
Tonle Sap 136/137, I E 3
Tonney 100/101, I C 1
Tönning 6/7 D 1
Tonopah 150, II E 2
Tønsberg 70/71, I B 5
Tooele 150, II G 1
Toowoomba 144 I 4
Topeka 148/149, II F 4
Topki 129, I D 2
Topsee 70/71, I G 3
Tordesillas 74/75, I C 3
Torfajökull 70/71, II C 1
Torgau 14/15 H 2
Torgelow 6/7 K 2
Torino = Turin
Tormes 74/75, I B 3
Torneälv 90/91, III D/E 2
Tornesch 10/11, II B 1
Torneträsk 70/71, I D/E 2
Torngatberge 148/149, II I 2
Tornio 70/71, I F 3
Toronto 152/153, I E 3
Tororo 109, II B 1
Torquay 62/63, I E 5
Torreagüera 74/75, II B 2
Torre Annunziata 78, III A 2
Torrecilla (B.) 74/75, I C 5
Torre del Greco 78, III A 1
Torrelavega 74/75, I C 2
Torrenssee 144 F 5
Torreón 160/161, III B 2
Torresstraße 142/143, I E 6
Torres Vedras 74/75, I A 4
Torrevieja 74/75, I E 5
Torslanda 72, IV C 1
Torsnes 72, II B 3
Tortosa 74/75, I F 3
Tortuga 164/165, I C 1
Toruń = Thorn
Tosabai 134/135, I E 7
Toskana 76/77, I D 3
Toskanische Inseln 76/77, I D 3
Töss 51, I D 1
Totenkopf (B., Glocknergruppe) 54, II A 2
– (B., Kaiserstuhl) 32, III A 1
Totes Gebirge 52/53, II E/F 2
Totes Meer 118, IV B 3
Touggourt 100/101, I E 4
Toul 58/59, I F/G 2
Toulon 58/59, I F 5
Toulouse 58/59, I D 5
Touques 58/59, II A 2
Touraine 58/59, I D 3
Tourcoing 58/59, I E 1
Tournai 56/57, I B 4
Tournan-en-Brie 60, I C 2
Toussidé 106/107 E 2
Toužim = Theusing
Townsville 144 H 2
Toyama 134/135, I G 5
Toyamabai 134/135, I G 5
Toyohashi 134/135, I G/H 6
Toyonaka 134/135, V C/D 1
Tozeur 100/101, I E 4
Traben-Trarbach 14/15 C 4
Trablous = Tripoli
Trabzon 120/121 B 5
Tradum 130/131, I C 4
Trafaria 74/75, III B 2
Trafoi 52/53, II B 3
Trail 156/157, II D 3
Traisa 18, I C 2
Traisen (O. u. Fl.) 52/53, II G 1
Traiskirchen 52/53, II H 1/2
Traismauer 52/53, II G 1
Trajanstor 80/81, I F 3
Tralee 62/63, I B 4
Tramor ti di sopra 52/53, II D 3
– di sotto 52/53, II D 3
Träna 70/71, I B 3
Trani 76/77, I G 4
Transhimalaya 130/131, I C 3
Transkarpatien 48/49 L 4
Transkei 108, II D 4
Transsilvanien = Siebenbürgen
Transvaal 110/111, IV C/D 4
Traona 52/53, II A 3
Trapani 76/77, I E 5
Trappes 60, I B 2
Trasimenischer See 76/77, I D/E 3
Trás-os-Montes 74/75, I B 3
Traun (Fl. zur Donau) 52/53, II E/F 1
– (Fl. zur Alz) 20/21 H 4
– (O.) 52/53, II F 1
Traunerbach 54, II B 2
Traunreut 20/21 H 4
Traunsee 52/53, II E 2
Traunstein 20/21 H 4
Trautenau (Trutnov) 30/31 F/G 3
Trave 6/7 F 2
Travers 51, I B 2
Travnik 80/81, I B 2
Trbovlje 52/53, II F/G 3
Trebbia 76/77, I C 2
Trebel 6/7 H 2
Trebič = Trebitsch
Trebinje 80/81, I C 3
Trebitsch (Trebič) 68/69 F 3
Trebnje 52/53, II G 4
Trebur 18, I B 2
Trecastagni 78, IV B 1
Treene 6/7 E 1
Treis-Karden 14/15 C 3
Trè la Tête 98/99, IV B 2
Trelleborg 70/71, I C 6
Tremblay 60, I B/C 2
Tremestieri 78, IV B 1
Tremino 128, V A 1
Tremiti-Inseln 76/77, I F 3
Tremp 74/75, I F 2
Trenčin = Trentschin
Trennenwurth 33, VII B 1
Trent (Fl., England) 62/63, I F 4
– (O., Rügen) 8, III A 1
Trento = Trient
Trenton 148/149, II H 3
Trentschin (Trenčin) 48/49 H/I 4
Trepalade 76/77, IV A 1
Trepča 80/81, I D 3
Tres Arroyos 164/165, I C/D 6
Três Lagoas 168/169, I E 3
Tres Marias-Inseln 160/161, III B 2
Treuchtlingen 20/21 F 3
Treuenbrietzen 6/7 H 3
Treviglio 52/53, II A 4
Treviso 76/77, I E 2
Trezzo 52/53, II A 4
Triberg 20/21 D 3
Tribsees 6/7 H 1
Tricesimo 52/53, II E 3
Trichur 138/139, I B 3
Trico 150, II D 4
Trieben 52/53, II F 2
Triel 60, I B 2
Trient (Trento) 52/53, II C 3
Trier 14/15 B 4
Triest (Trieste) 76/77, I E/F 2
Triglav 52/53, II E 3
Trigno 76/77, I F 4
Trikala 80/81, I D 5
Trimmelkam 30/31 E 4
Trincomalee 136/137, I C 4
Trindade (I., Atlantischer Ozean) 162 H 7
– (O., São Tomé) 110/111, I B 1
Trinec 30/31 H 4
Tring 61, I A 1
Trinidad (I.) 160/161, III F/G 3 u. IV
– (O., Bolivien) 164/165, I G 4
– (O., Kuba) 160/161, II C 2
Trinidad und Tobago (St.) 160/161, III F/G 3
Trinitybai 148/149, II K 3
Trino 51, I D 3
Tripoli 106/107 G 1
Tripolis (Griechenland) 80/81, I D/E 6
– (Tarabulus, Libyen) 106/107 E 1
Tripolitanien 106/107 E 1
Tripura 136/137, I D 2
Trischen 6/7 D 1
Tristan da Cunha 172/173, I I 6/7
Trittau 6/7 F 2
Trivandrum 136/137, I B 4
Trnava 48/49 H 4
Trofaiach 52/53, II G 2
Troisdorf 14/15 C 3
Trois-Rivières 148/149, II H 3
Troizk (Jenissejberge, UdSSR) 120/121 H 4
– (Ural, UdSSR) 120/121 E 4
Troja (Antiker Ort) 80/81, I G 5
Trojan 80/81, I F 3
Trollhättanfälle 70/71, I C 5
Trombetas 164/165, I D 3
Tromelin 110/111, IV F 3
Tromper Wiek 8, III A 1
Tromsö 70/71, I D 2
Tronador 164/165, I B 7
Trondheim 70/71, I B 4
Trondheimsfjord 70/71, I B 4
Tronto 76/77, I E/F 3
Troodos 106/107 G 1
Troppau (Opava) 48/49 H 4
Trossingen 20/21 D 3
Trouville-sur-Mer 58/59, II A 2
Troyes 58/59, I F 2
Trujillo (Peru) 167 B 5
– (Spanien) 74/75, I C 4
Trukinseln 142/143, I F 4
Truro 62/63, I D 5
Trutnov = Trautenau
Trydek-Mistek 30/31 H 4
Trysilelv 70/71, I B/C 4
Tsabong 108, II C 3
Tsamkong = Chan-jiang
Tsane 108, II C 2
Tsángpo 130/131, I C 4
Tsaratanana 110/111, IV E 3
Tsavo-Nationalpark 109, II C 2
Tschad 106/107 E/F 3
Tschagda 120/121 M 4
Tschagosinseln 172/173, I N 5
Tschandarnagar 112/113, I
Tschanysee 120/121 F 4
Tschara 120
Tschardarinsker Stausee 129, II D 2
Tschardshou 129, II B 3
Tscharysch 129, I C 3
Tschausy 48/49 P 2
Tscheboksary 124/125 F/G 2
Tschechoslowakei 48/49 F 3–K 4
Tschegdomyn 120/121 M 4
Tscheleken 120/121 D 6
Tscheljabinsk 124/125 K 3
Tschelkar 120/121 D/E 5
Tschenstochau (Częstochowa) 48/49 I 3
Tscheremchowo 120/121 I 4
Tscherepowez 124/125 D 2
Tscherkassy 124/125 B 4
Tscherkessk 123, IV B 1
Tschernigow 124/125 B 4
Tschernitz 39, II C 1
Tschernjachowsk = Insterburg
Tschernogorsk 129, I F/G 3
Tschernowzy 48/49 M 4
Tschernychewskij 120/121 K 3
Tschersker Gebirge 120/121 M/N 3
Tscherwen 48/49 O 2
Tschetschen 123, IV E/F 1
Tschetschersk 48/49 P 2
Tschiatura 123, IV C 2
Tschimkent 120/121 E 5
Tschirtschik 129, II E/F 2
Tschistopol 124/125 G 3
Tschita 120/121 K 4
Tschoibalsan 130/131, I F 2
Tschokurdach 120/121 N 2
Tschona 120/121 I 3
Tschop 48/49 L 4
Tschortkow 48/49 M/N 4
Tschu (O. u. Fl.) 120/121 F 5
Tschudowo 70/71, I G 5
Tschuktschenhalbinsel 120/121 R 3
Tschuktschensee 120/121 R 2/3
Tschulman 120/121 L 4
Tschulym (Fl.) 120/121 G 4
– (O.) 129, I B 2
Tschumikan 120/121 M 4
Tschuna 120/121 H 4
Tschunskij 120/121 V A 1
Tschussowoi 124/125 I 2
Tsetserleg 130/131, I E 2
Tshaidambecken 130/131, I D 3
Tshela 110/111, IV B 2
Tshikapa 110/111, IV B/C 2
Tshuapa 110/111, IV C 2
Tshushimastraße 134/135, I C 7–D 6
Tsingtau (Qing-dao) 130/131, I G 3
Tsitsihar (Qi-qi-ha-er) 130/131, I G 2
Tsumeb 108, II B 1
Tsuruga 134/135, I F/G 6
Tsushima 130/131, I G/H 3
Tua 74/75, I B 3
Tuamotu-Archipel 174/175, I B 5–C 6
Tuapse 120–122, I B 5
Tuas 140/141, IV A 1
Tuba 129, I G/H 3
Tubarão (Espíritu Santo, Brasilien) 168/169, I H 2
– (Santa Catarina, Brasilien) 168/169, I F 4
Tubas 118, IV B 2
Tubuai-Inseln 142/143, I L 7
Tubingen 20/21 D/E 3
Tucheler Heide 47, I B 1/2
Tucson 148/149, II D 4
Tucumán 168/169, I B 4
Tucupita 167 E 2
Tucurui 164/165, I D/E 3
Tudela 74/75, I E 2
Tuguegarao 140/141, III D 1
Tuktoyaktuk 155, II A 2
Tula 124/125 D 3
Tulcea 80/81, I H 2
Tulelake 150, II C 1
Tuléar 110/111, IV E 4
Tülikkala 73, I A 1
Tulkarm 118, IV B 2
Tulle 58/59, I D 4
Tulln 54, III A 1 u. 52/53, II H 1
Tuloma 70/71, I G/H 2
Tulsa 148/149, II F 4
Tultschin 48/49 O 4
Tu-lu-fan = Turfan
Tulun 120/121 H/I 4
Tumaco 164/165, I B 2
Tumbasee 110/111, IV B 2
Tumbes 164/165, I A/B 3
Tu-men 130/131, I G/H 2
Tummo 106/107 E 2
Tunb 116/117, I F/G 4
Tunduru 110/111, IV D 3
Tundža 80/81, I G 3
Tunesien 106/107 D 1
Tungabhadra 136/137, I B 3
Tungelsta 72, III A/B 1
Tuniberg 32, III A 1/2
Tunis 100/101, I F 3
Tunja 167 C 2
Tuohikotti 73, III A/B 1
Tura (Fl.) 120/121 E 4
– (O., UdSSR) 120/121 H 3
Turan 120/121 D/E 5
Turbo 164/165, I B 2
Turda 48/49 L 5
Turek 30/31 H 2
Turfan (Tu-lu-fan) 130/131, I C/D 2
Turgai 120/121 E 5
Turgaisenke 120/121 E 4
Turia 74/75, I E 4
Turin (Torino) 76/77, I B 2
Turinsk 124/125 K/L 2
Turjak 52/53, II F 4
Turkanasee (Rudolfsee) 109, II C 1
Türkei 100/101, I K/L 3
Türkenfeld 22, II B 1
Turkestan (O.) 129, II E 1
Turkmenistan 120/121 D 5–E 6
Turksinseln 160/161, III E/F 2
Turku (Abo) 70/71, I E 4
Turmberg 47, I C 1
Turnhout 56/57, I C/D 3
Türnich 40, I
Türnitz 52/53, II G 2
Turnu Măgurele 48/49 M 7
Turoszów 30/31 F 3
Turracher Höhe 52/53, II E/F 3
Turtkul 120/121 E 5
Turuchansk 120/121 G/H 3
Turumiquire 164/165, I C 1
Tusculum (Antiker Ort) 78, II B 1
Tuticorin 136/137, I B 4
Tüttendorf 8, II A 2
Tuttlingen 20/21 D/E 4
Tutuila 142/143, I I/K 6
Tutzing 20/21 G 4
Tuukkala 73, III A 1
Tuvalu (Ellice-Inseln) 142/143, I H 5
Tuxer Alpen 52/53, II C 2
Túy 74/75, I A 2
Tuz gölü 120/121 B 6
Tuzla 80/81, I C 2
Tweed 62/63, I E 3
Twiskepolder 56/57, V B 1
Twistringen 6/7 D 3
Two Harbors 152/153, I B 2
Tychy 47, II C 2
Tyin 73, I E 1
Tylösand-Halmstad 72, IV D 1
Tyn 20/21 K 2
Tyndinskij 120/121 L 4
Tynemouth 62/63, I F 3
Tynset 70/71, I B 4
Tyonek 155, I B 1
Tyresö 72, III B 1
Tyrrhenisches Meer 76/77, I D–F 4/5

U

Uaupés 164/165, I C 3
Ubaa 109, I B 2
Übach-Palenberg 14/15 B 3
Ubangi 110/111, IV B 1
Ube 134/135, I D 7
Ubeda 74/75, I D 4
Uberaba 164/165, I E 4
Überherrn 38, II A 1
Uberlândia 164/165, I D/E 4
Überlingen 20/21 E 4
Überlinger See (Bodensee) 20/21 E 4
Ubin 140/141, IV B 1
Ubon 136/137, I E 3
Ubort 48/49 N 3
Ubsa-Nur 130/131, I D 1
Ubundu 110/111, IV C 2
Ucayali 164/165, I B 3
Uchiurabai 130/131, I I 2
Ucholowo 124/125 E 3
Uchta 120/121 D 3
Uchte 6/7 G 3
Uckermark 6/7 I/K 2
Uda (Fl. zum Jenissej) 120/121 H 4
– (Fl. zum Ochotskischen Meer) 120/121 M 4
Udaipur 136/137, I B 2
Uddevalla 70/71, I B 5

V

W

Nördlicher Sternhimmel

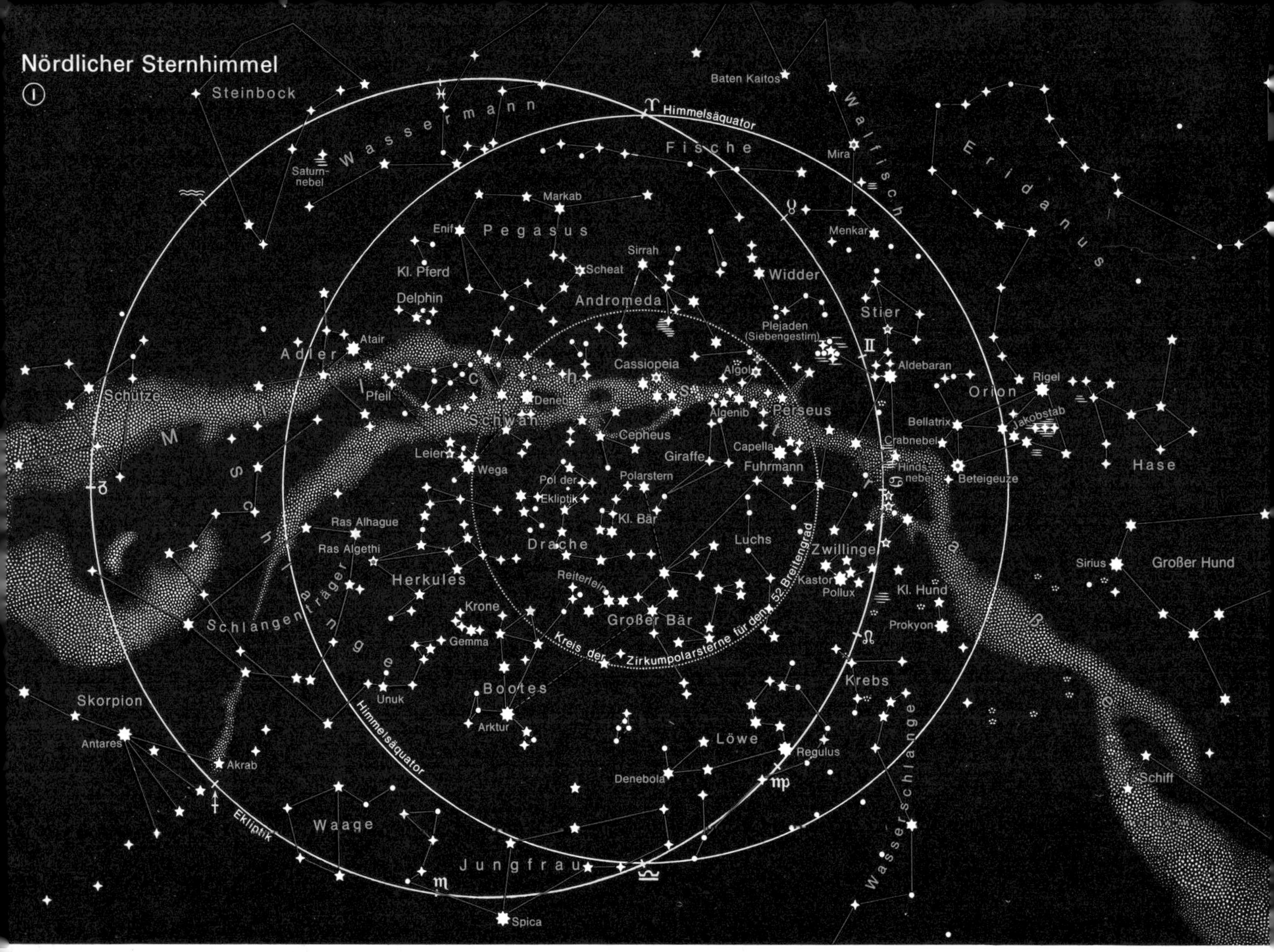

(I)

Steinbock · Wassermann · Himmelsäquator · Fische · Baten Kaitos · Walfisch · Eridanus · Mira · Saturnnebel · Markab · Menkar · Pegasus · Enif · Andromeda · Sirrah · Widder · Kl. Pferd · Scheat · Stier · Delphin · Algenib · Perseus · Plejaden (Siebengestirn) · Aldebaran · Rigel · Atair · Pfeil · Cassiopeia · Algol · Orion · Adler · Deneb · Cepheus · Capella · Bellatrix · Jakobstab · Schwan · Giraffe · Crabnebel · Hase · Schütze · Leier · Polarstern · Fuhrmann · Hindsnebel · Beteigeuze · M · Wega · Pol der Ekliptik · Kl. Bär · Zwillinge · Sirius · Großer Hund · Ras Alhague · Drache · Luchs · Kastor · Kl. Hund · Ras Algethi · Herkules · Reiterlein · Pollux · Prokyon · Krone · Großer Bär · Gemma · Kreis der Zirkumpolarsterne für den 52. Breitengrad · Krebs · Skorpion · Unuk · Bootes · Löwe · Wasserschlange · Antares · Himmelsäquator · Arktur · Regulus · Schiff · Akrab · Denebola · Ekliptik · Waage · Jungfrau · Spica

Südlicher Sternhimmel

(II)

Widder · Markab · Pegasus · Perseus · Himmelsäquator · Fische · Enif · Delphin · Plejaden (Siebengestirn) · Walfisch · Wassermann · Kl. Pferd · Stier · Menkar · Mira · Baten Kaitos · Atair · Pfeil · Aldebaran · Deneb Kaitos · Fomalhaut · Saturnnebel · Adler · Eridanus · Südl. Fisch · Steinbock · Crabnebel · Bellatrix · Jakobstab · Rigel · Phönix · Kranich · Archarnach · Hindsnebel · Beteigeuze · Orion · Hase · Taube · Kleine · Pfau · Südl. Krone · Schütze · Kanopus · Pol der Ekliptik · Wasserschlange · Großer Hund · (Kiel) · Südl. Dreieck · Sirius · Schiff · Antares · Ras Alhague · (Schiff) · (Segel) · Kreuz des Südens · Skorpion · Schlangenträger · Ras Algethi · Zwillinge · Centaur · Herkules · Kl. Hund · Waage · Prokyon · Unuk · Pollux · Wasserschlange · Rabe · Spica · Krebs · Ekliptik · Himmelsäquator · Jungfrau · Löwe · Regulus

Sternengröße
1. · 2. · 3. · 4.

Veränderliche Sterne · Nebel · Sternhaufe
Verbindungslinien in den Sternbilde
Hilfslinien zum Auffinden der Sterne

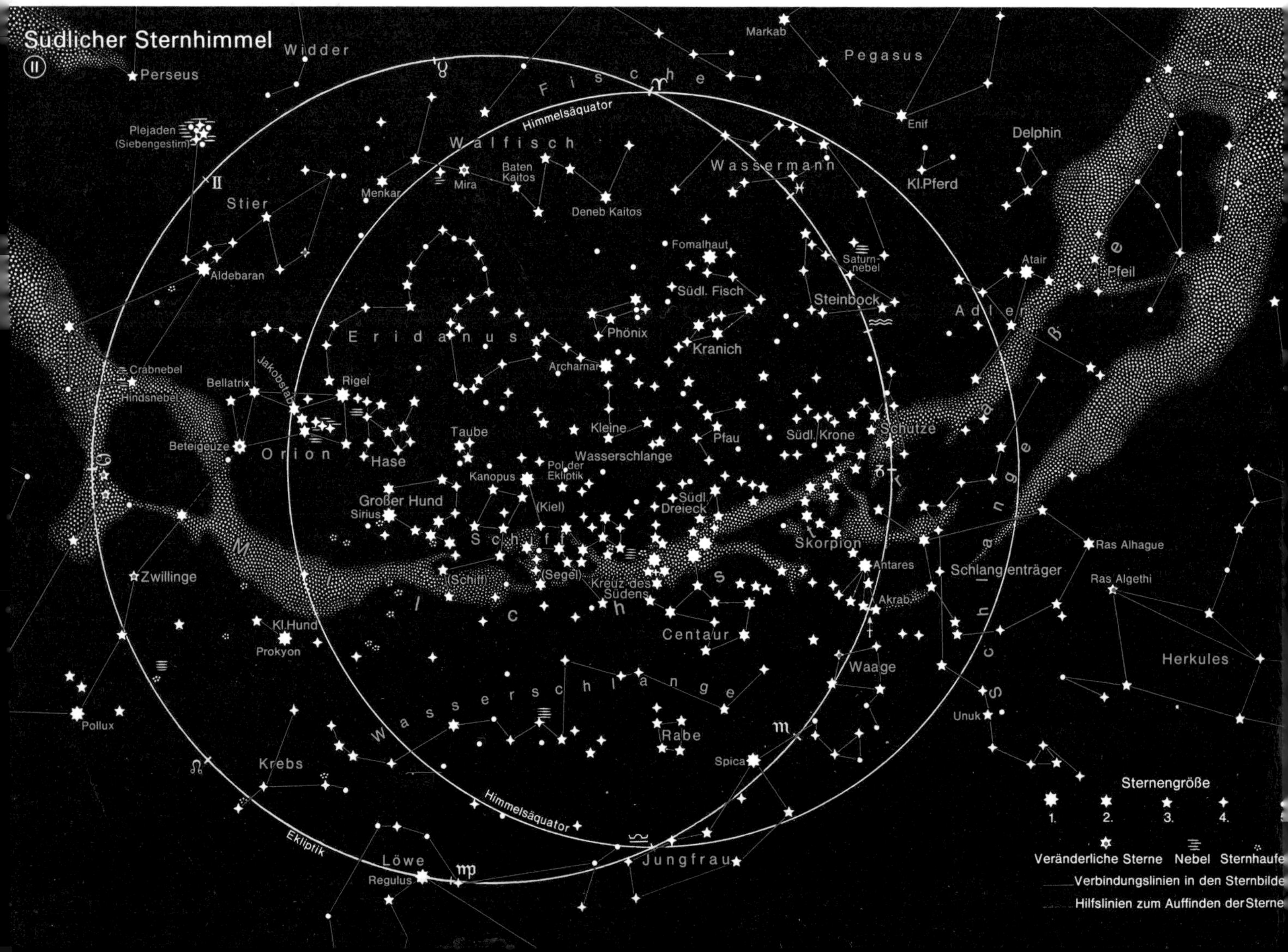